Wahlen und politische Einstellungen im vereinigten Deutschland

Empirische und methodologische Beiträge zur Sozialwissenschaft

Herausgegeben von Jürgen Falter und Rainer B. Pelka

Band 13

PETER LANG
Frankfurt am Main · Berlin · Bern · New York · Paris · Wien

Hans Rattinger
Oscar W. Gabriel
Wolfgang Jagodzinski
(Hrsg.)

Wahlen und politische Einstellungen im vereinigten Deutschland

2., unveränderte Auflage

PETER LANG
Europäischer Verlag der Wissenschaften

Die Deutsche Bibliothek - CIP-Einheitsaufnahme

Wahlen und politische Einstellungen im vereinigten
Deutschland / Hans Rattinger ... (Hrsg.). - 2., unveränd. Aufl. -
Frankfurt am Main ; Berlin ; Bern ; New York ; Paris ; Wien :
Lang, 1996
  (Empirische und methodologische Beiträge zur
  Sozialwissenschaft ; Bd. 13)
  ISBN 3-631-30764-0

NE: Rattinger, Hans [Hrsg.]; GT

ISSN 0172-1739
ISBN 3-631-30764-0
2., unveränderte Auflage 1996
© Peter Lang GmbH
Europäischer Verlag der Wissenschaften
Frankfurt am Main 1994
Alle Rechte vorbehalten.

Das Werk einschließlich aller seiner Teile ist urheberrechtlich
geschützt. Jede Verwertung außerhalb der engen Grenzen des
Urheberrechtsgesetzes ist ohne Zustimmung des Verlages
unzulässig und strafbar. Das gilt insbesondere für
Vervielfältigungen, Übersetzungen, Mikroverfilmungen und die
Einspeicherung und Verarbeitung in elektronischen Systemen.

Printed in Germany 1 2 3 4 6 7

INHALT

Vorwort der Herausgeber   3

Teil I: Die erste gesamtdeutsche Bundestagswahl

Soziale Konflikte und Wählerverhalten:
Die erste gesamtdeutsche Bundestagswahl im Kontext der längerfristigen
Entwicklung des Parteiensystems der Bundesrepublik Deutschland
Oscar W. Gabriel und Frank Brettschneider   7

Steigt die Zahl der Wechselwähler?
Trends des Wahlverhaltens und der Parteiidentifikation
Carsten Zelle   47

Wählerwanderungsanalysen der Bundestagswahl 1990:
Eine Überprüfung des infas-Konzepts mit den Daten
der Forschungsgruppe Wahlen
Uwe W. Gehring   93

Mobilisieren Interessengegnerschaften?
Die "Hostility"-Hypothese, Wahlbeteiligung und Wahlentscheidung
bei der Bundestagswahl 1990
Bernhard Weßels   113

Partei- oder Kandidatenkompetenz?
Zum Einfluß der wahrgenommenen Sachkompetenzen
auf die Wahlabsichten bei der Bundestagswahl 1990
Hans Mathias Kepplinger, Hans-Bernd Brosius und Stefan Dahlem   153

Vermittlungswelten westdeutscher und ostdeutscher Wähler:
Interpersonale Kommunikation, Massenkommunikation und
Parteipräferenzen vor der Bundestagswahl 1990
Rüdiger Schmitt-Beck   189

Erwartete Knappheit und Höhe der Wahlbeteiligung bei der
Bundestagswahl 1990:
Unterschiedliche Ergebnisse für die alten und neuen Bundesländer
Gebhard Kirchgässner und Anne Meyer zu Himmern   235

Teil II: Politische Einstellungen im vereinigten Deutschland

Parteineigungen, Sachfragen- und Kandidatenorientierungen
in Ost- und Westdeutschland 1990 -1992
Hans Rattinger 267

Bedeutungsinvarianz und Bedeutungswandel der politischen
Richtungsbegriffe "links" und "rechts"
Wolfgang Jagodzinski und Steffen M.Kühnel 317

Der Einfluß der erwerbsbiographischen Situation auf die
politische Einstellung:
Eine Panel-Analyse mit Längsschnittdaten von Langzeitsarbeitslosen
Jürgen W. Falter und Felix Büchel 369

Kognitive Strukturierung und Wählerrationalität
Joachim Behnke 399

Sicherheitspolitischer Konsens?
Eine Längsschnittanalyse einschlägiger Einstellungen
bei Sympathisanten verschiedener Parteien
Zoltán Juhász 427

Nationale Identität der Deutschen nach der Vereinigung:
Zur Asymmetrie deutschen Nationalstolzes
Bettina Westle 453

Teil III: Theorie und Methoden, historische Aspekte

Die Kriterien der Wahlentscheidung in Rational-Choice-Modellen
Reinhard Zintl 501

Total Design - Einmal anders:
Überlegungen zum Ablauf mündlicher Befragungen
Siegfried Schumann 525

Parteienaktivität und Wahlverhalten:
Theoretische Überlegungen und empirische Analysen zum Einfluß der
nationalsozialistischen Propaganda auf das Wahlverhalten
Wolfgang Jagodzinski und Dieter Ohr 565

Die Autoren 595

Vorwort der Herausgeber

Die Arbeitsgruppe "Wahl- und Einstellungsforschung" im Rahmen der Sektion "Politische Soziologie" der Deutschen Vereinigung für Politische Wissenschaft wurde im Sommer 1986 ins Leben gerufen. Ihre erste Arbeitstagung fand im April 1987 in Bamberg statt. Bis 1991 folgten vier weitere Tagungen in Köln, Mainz, Koblenz und Hannover. Die auf diesen ersten fünf Tagungen gehaltenen Vorträge wurden in drei Sammelbänden veröffentlicht, die als Nr. 5, 6 und 12 in dieser Reihe erschienen sind.

Der vorliegende Band setzt diese Tradition fort. Er versammelt die Beiträge zur sechsten (Bamberg, März 1992) und siebten (Schloß Rauischholzhausen bei Gießen, März 1993) Zusammenkunft der Arbeitsgruppe. Angesichts der deutschen Vereinigung standen auf beiden Tagungen Fragen nach Besonderheiten und Determinanten von Wahlentscheidungen bei der ersten gesamtdeutschen Bundestagswahl und nach der Entwicklung von politischen Einstellungen im vereinigten Deutschland im Vordergrund. Die Ausarbeitungen für die beiden Tagungen dokumentieren, daß die deutsche Wahl- und Einstellungsforschung sich im internationalen Vergleich nach wie vor bestens sehen lassen kann und innerhalb kurzer Zeit aufgrund bewährter Theorieansätze und Methoden grundlegende Analysen über die Rahmenbedingungen des Vereinigungsprozesses auf der Mikroebene, also die politischen Einstellungen und Verhaltensweisen der einzelnen Bürger, erarbeitet hat.

Auf die kurze Zusammenfassung der einzelnen Beiträge zu diesem Band in zwei oder drei Sätzen verzichten wir an dieser Stelle bewußt. Über den Inhalt des Bandes informiert das Inhaltsverzeichnis. Die einzelnen Beiträge aber wollen gelesen werden - aufmerksam und kritisch. Wir wünschen uns, daß sie die Leser informieren und zu weiterem Nachdenken und vielleicht eigener Forschung anregen.

Ohne die Mithilfe einer Reihe von Institutionen und Personen wären weder die beiden genannten Tagungen noch dieser Band möglich gewesen. Die Tagung in Bamberg wurde durch Mittel der Forschungsförderung der Universität Bamberg unterstützt, die Tagung in Schloß Rauischholzhausen durch Mittel der Universität Gießen. Die organisatorische Vorbereitung und Durchführung der Bamberger Tagung wurde von Frau Sabine Kempfer, die der Tagung in Gießen/Rauischholzhausen von Frau Martina Theiß sorgfältig und zuverlässig bewerkstelligt. Die satzfertige

Aufbereitung der Manuskripte nahmen in Bamberg Frau Iris Krimmel und Herr Jürgen Krämer zügig und mit gewohnter Präzision vor. Ihnen allen sei für ihre Unterstützung und Mithilfe herzlich gedankt.

Bamberg, Köln und Stuttgart, im Februar 1994

Hans Rattinger
Wolfgang Jagodzinski
Oscar W. Gabriel

Teil I:

Die erste gesamtdeutsche Bundestagswahl

Oscar W. Gabriel / Frank Brettschneider

Soziale Konflikte und Wählerverhalten:
Die erste gesamtdeutsche Bundestagswahl im Kontext der längerfristigen Entwicklung des Parteiensystems der Bundesrepublik Deutschland

1. Das Untersuchungsproblem

Mit dem politischen Umbruch in der ehemaligen DDR hat sich der Objektbereich der deutschen Wahl- und Parteienforschung grundlegend verändert. Nur bei oberflächlicher Betrachtung kann man die aus der ersten gesamtdeutschen Bundestagswahl hervorgegangene parteipolitische Kräfteverteilung als Beleg für eine weitgehende Gleichförmigkeit des politischen Verhaltens in Ost- und Westdeutschland ansehen. Der empirischen Forschung stellt sich vielmehr die Frage, ob die überraschend große Übereinstimmung der Wahlergebnisse in beiden Teilen Deutschlands nicht auf die besonderen Eigenschaften der ersten gesamtdeutschen Wahl zurückzuführen und insofern eine vorübergehende Erscheinung war, die die Unterschiede in der gesellschaftlichen Fundierung des Parteienwettbewerbs verdeckte.

Der Zusammenschluß zweier Staaten mit gänzlich unterschiedlichen gesellschaftlichen Strukturen stellt eine Herausforderung für die sozialstrukturelle Theorie des Wählerverhaltens dar. Vor dem Hintergrund dieser Theorie müßten sich aus divergierenden gesellschaftlichen Strukturen unterschiedliche parteipolitische Kräfteverhältnisse ergeben. Dies macht eine vergleichende Analyse des Wählerverhaltens im Osten und Westen der Bundesrepublik zu einer reizvollen Aufgabe. Dementsprechend steht die empirische Untersuchung des Zusammenhanges zwischen gesellschaftlichen Strukturen, den daraus resultierenden Konflikten und der Wahlabsicht der Ost- und Westdeutschen im Mittelpunkt dieses Beitrags. Die Untersuchung erfolgt in drei Schritten: Zunächst werden die Annahmen der Cleavage-Theorie dargelegt, im zweiten Teil wird die langfristige Entwicklung des Wahlverhaltens sozialer Gruppen in den alten Bundesländern untersucht. Dabei soll die Frage geklärt werden, ob sich im Laufe der letzten vierzig Jahre die traditionellen Loyalitätsbeziehungen zwischen den Wählern und den politischen Parteien geändert haben und wie sich dies auf die parteipolitische Kräfteverteilung in der Bundesrepublik ausgewirkt hat. Am Schluß des Beitrags steht ein Ost-West-Vergleich der sozialstrukturellen Determinanten der Wahlabsicht bei der Bundestagswahl 1990. Untersucht werden der Einfluß von Religion und Schicht- bzw. Klassenzugehörigkeit, die organisatorische Vermittlung dieser Einflüsse und die zwischen diesen Variablen bestehenden Wechselwirkungen. Da nach der Bundestagswahl 1990 bereits mehrere Umfragen durchgeführt wurden, ist zudem ein erstes, noch vorläufiges Ausloten der Entwicklungsperspektiven des ostdeutschen Parteiensystems möglich. Dabei steht die Frage im Vordergrund, ob sich seit 1990 die Parteipräferenzen in den neuen Ländern dem Muster der alten Länder angeglichen haben oder ob die besondere Konstellation der Bundestagswahl 1990 in der Folgezeit erhalten blieb.

Die für die vorliegende Untersuchung ausgewerteten Daten basieren zum einen auf der Wahlstudie 1990 der Mannheimer Forschungsgruppe Wahlen e.V.. Für den Westen wurden die erste Panelwelle (November/Dezember 1989) sowie die kumulierten Trenddaten August bis November 1990 verwendet, für den Osten ebenfalls die kumulierten Trenddaten von August bis November 1990. Ferner wurden Umfragen benutzt, die im Auftrag des IPOS-Instituts in den Jahren 1991 und 1992 in Ostdeutschland durchgeführt wurden. Die Bundestagswahl 1953 wurde mit Hilfe der Bundesstudie 1953 analysiert.[1]

2. Die Annahmen der Cleavage-Theorie

2.1 Politische Spaltungslinien in den alten Ländern

In der empirischen Wahlforschung entwickelten sich seit den fünfziger Jahren mehrere, einander keineswegs ausschließende Untersuchungsstrategien. Sie themati-

---

1 Die Daten, die in diesem Beitrag benutzt werden, wurden vom Zentralarchiv für empirische Sozialforschung, Universität zu Köln, zugänglich gemacht. Die Daten für die Wahlstudie 1990 (1. Panelwelle West: ZA-Nr. 1915, 2056 Befragte; kumulierte Trenddaten August-November West: ZA-Nr. 1920, 4026 Befragte; kumulierte Trenddaten August-November Ost: ZA-Nr. 1987, 3169 Befragte) wurden im Auftrag der Mannheimer Forschungsgruppe Wahlen e.V. erhoben. Die Daten der IPOS-Umfrage 1991 Ost (ZA-Nr. 2121, 1084 Befragte) und der IPOS-Umfrage 1992 Ost (ZA-Nr. 2288, 1171 Befragte) wurden im Auftrag des IPOS-Instituts erhoben. Die Bundesstudie 1953 (ZA-Nr. 145, 3246 Befragte) wurde im Auftrag der UNESCO durchgeführt. Sämtliche Daten wurden vom Zentralarchiv für empirische Sozialforschung für die Analyse aufbereitet und dokumentiert. Weder die vorgenannten Institute noch das Zentralarchiv tragen irgendeine Verantwortung für die Analyse oder Interpretation der Daten in diesem Beitrag.

sieren unterschiedliche Aspekte des komplexen Prozesses der Bildung individueller Wahlentscheidungen und ihrer Auswirkungen auf der Kollektivebene. Zu den soziologischen Erklärungsansätzen auf der Makro-Ebene des politischen Systems gehört die von LIPSET und ROKKAN (1967) formulierte Cleavage-Theorie. Sie führt die parteipolitische Kräfteverteilung in einem Land auf die Zahl und Abfolge bestimmter gesellschaftlicher Konflikte und ihre Politisierung zurück. Soziale Gegensätze werden als Cleavages definiert, wenn sie die folgenden drei Eigenschaften aufweisen:

(1) Sie sind in der Struktur der Gesellschaft verankert.

(2) Die Konfliktparteien rechtfertigen ihre Position durch eine Bezugnahme auf Ideologien oder generelle Wertesysteme.

(3) Die Gegensätze werden nicht nur durch politische Parteien, sondern auch durch andere soziale Organisationen repräsentiert.

Nach den Annahmen von LIPSET und ROKKAN kommt vier Konfliktlinien eine parteibildende Kraft zu: den Gegensätzen zwischen Zentrum und Peripherie, Kirche und Staat, Stadt und Land sowie Arbeit und Kapital. Die Ableitung dieser Spaltungslinien aus einer Theorie historischer Entwicklungskrisen ist in unserem Zusammenhang ebensowenig von Belang wie die funktionalistische Begründung des Konzepts. Interessanter ist die Frage nach der Relevanz dieser Konfliktlinien für den Parteienwettbewerb in der Bundesrepublik und nach ihrer Bedeutung für das Parteiensystem der neuen Bundesländer.

In zahlreichen Analysen des Wählerverhaltens in den alten Bundesländern (vgl. PAPPI 1977, 1983; KLINGEMANN 1985) wurde eine Verankerung des Parteienwettbewerbs in zwei gesellschaftlichen Konfliktlinien unterstellt: Neben dem für alle westeuropäischen Staaten typischen sozio-ökonomischen Gegensatz zwischen der Arbeiterschaft und dem ökonomisch selbständigen Bürgertum prägen die Trennlinie zwischen Katholiken und Nichtkatholiken (konfessioneller Konflikt) sowie die Intensität der religiösen Bindung (religiöser Konflikt) die Parteipräferenzen der Bundesbürger. Obwohl die konfessionell-religiösen und die ökonomischen Konflikte dem bundesdeutschen Parteiensystem während der vergangenen vierzig Jahre seine Stabilität verliehen, wurde die relative Bedeutung dieser beiden Spaltungslinien bisher nicht eindeutig bestimmt. Während DALTON (1988) beide Faktoren in der Bundesrepublik als etwa gleichbedeutend einschätzt, zeigten FALTER und SCHUMANN (1992) auf, daß dem konfessionell-religiösen Faktor die größere Bedeutung zukommt.

Umstritten ist ferner die Frage, ob die traditionellen Allianzen zwischen einzelnen Bevölkerungsgruppen und politischen Parteien in den vergangenen vierzig Jahren intakt geblieben sind, sich abgeschwächt haben (Dealignment) oder durch neue Koalitionen zwischen Parteien und Wählern ersetzt oder zumindest ergänzt wurden (Realignment, vgl. zu dieser Diskussion: DALTON/BECK/FLANAGAN 1984; DALTON 1984).

2.2 Das Dealignment-Konzept, seine Bedeutung und seine Implikationen für die Gültigkeit der Cleavage-Theorie

Daß die traditionellen ökonomischen und religiösen Konflikte das Wählerverhalten und den Parteienwettbewerb in der Bundesrepublik auch heute noch beeinflussen, ist in der einschlägigen Forschung unumstritten. Allerdings war die empirische Gültigkeit der "freezing-Hypothese" (vgl. genauer: LIPSET/ROKKAN 1967: 50ff.) angesichts der zunehmenden Volatilität des Wählerverhaltens seit einigen Jahren wachsenden Zweifeln ausgesetzt (vgl. CREWE/DENVER 1985; MAGUIRE 1983; PEDERSEN 1983). Unter der Überschrift "Vom Dealignment zum Realignment" entwickelte sich eine intensive Diskussion über die Frage, ob die für alle westlichen Gesellschaften typischen Veränderungen der Sozialstruktur in der Bundesrepublik zu einer Lockerung - wenn nicht gar Auflösung - der historisch gewachsenen Koalitionen zwischen den Parteien und einzelnen sozialen Gruppen geführt hätten (vgl. z.B. DALTON 1984; DALTON/FLANAGAN/BECK 1984).

Auf den ersten Blick scheint die empirische Gültigkeit der Dealignment-Realignment-Hypothese relativ einfach prüfbar zu sein - mit entsprechend eindeutigen Konsequenzen für die Gültigkeit der Cleavage-Theorie. Wegen der unterschiedlichen Verwendung des Dealignment-Konzepts in der Forschungspraxis stellt sich die tatsächliche Sachlage erheblich komplizierter dar, so daß keine eindeutige Verbindung zwischen der Theorie und den empirischen Befunden besteht. Zunächst kann man den Begriff "Dealignment" auf Veränderungen in den Beziehungen von Individuen zu politischen Parteien beziehen. In diesem Fall beschreibt er die Abwendung der Individuen von politischen Parteien, denen sie sich auf Grund ihrer ökonomischen Interessen oder ihrer religiösen Überzeugungen ursprünglich verbunden gefühlt hatten. Darüber hinaus können mit dem Begriff des Dealignment Wandlungsprozesse auf der Aggregatebene, nämlich der Beziehungen von Großgruppen zu politischen Parteien, bezeichnet werden.

Auf der Individualebene läßt sich die Lockerung der Bindungen an eine politische Partei auf zwei unterschiedliche Sachverhalte zurückführen:

(1) Die ökonomischen Interessen bzw. die religiösen Überzeugungen der Individuen bleiben gleich, jedoch ändert sich die Position der Parteien im gesellschaftlichen Konfliktsystem. Infolgedessen verlieren die Parteien ihre Funktion als Repräsentanten bestimmter gesellschaftlicher Gruppen.

(2) Die ökonomischen Interessen bzw. die religiösen Überzeugungen der Individuen ändern sich. Dies führt dazu, daß die betreffenden Parteien bei konstant bleibender Position im gesellschaftlichen Konfliktsystem ihre ursprüngliche Funktion als Transmissionsorgane bestimmter Interessen und Werte nicht mehr angemessen erfüllen.

Da die für eine empirische Analyse dieser Konstellation benötigten Langzeitpaneldaten für die Bundesrepublik nicht vorliegen, ist eine Reformulierung der Aussagen über die Auflösung von Parteibindungen auf der Aggregatebene erforderlich. Ihre Prüfung erfolgt nunmehr mittels längerfristig erhobener Trenddaten.

(3) Überträgt man die beiden ersten Annahmen auf die Aggregatebene, dann ist die Abschwächung gruppenspezifischer Verhaltensmuster als Dealignment-Prozeß anzusehen. In der Gruppe der kirchentreuen Katholiken müßte im Zeitverlauf der Anteil der Unionswähler sinken, in der Gruppe der gewerkschaftlich organisierten Arbeiter der SPD-Anteil. Eine derartige Entwicklung würde die empirische Gültigkeit der Cleavage-Theorie in Frage stellen.

(4) In einer zweiten Variante des Dealignment-Konzeptes geht es nicht um gruppenspezifische Wahlnormen und ihre Befolgung durch die Gruppenmitglieder,

sondern um das Gewicht von Gruppen mit festen Parteiloyalitäten innerhalb des Elektorats. Dealignment-Prozesse sind somit an Veränderungen der sozialstrukturellen Zusammensetzung des Elektorats festzumachen, in deren Verlauf der Anteil von Gruppen mit historisch gewachsenen und stabil bleibenden Parteibindungen schrumpft und der Anteil der Gruppen ohne derartige Parteiloyalitäten wächst (vgl. BAKER/DALTON/ HILDEBRANDT 1981; DALTON 1984, 1988; DALTON/ROHRSCHNEIDER 1990). Als Dealignment kann dieser Prozeß deshalb bezeichnet werden, weil die sozialstrukturellen Wandlungsprozesse zwar nicht die Beziehungen einzelner Wählergruppen zu einzelnen Parteien betreffen, wohl aber die sozialstrukturelle Grundlage des Parteiensystems insgesamt. Die mit diesem Prozeß einhergehende Verschiebung der parteipolitischen Kräfteverteilung stellt die empirische Gültigkeit der Cleavage-Theorie allerdings nicht in Frage, denn die von dieser Theorie behaupteten Koalitionen zwischen Parteien und sozialen Gruppen bestehen fort. Dagegen werden die in der Cleavage-Theorie enthaltenen Randbedingungen zunehmend irrelevant, da das (theoriekonforme) Verhalten der sozialen Gruppen die parteipolitische Kräfteverteilung insgesamt immer weniger beeinflußt.

3. Die empirische Relevanz der Cleavage-Theorie für das Wahlverhalten in den alten Bundesländern

3.1 Dealignment durch abnehmende Gruppengrößen

Am Beginn der empirischen Analyse der sozialstrukturellen Grundlage des Parteiensystems steht die Veränderung der sozialen Komposition des bundesdeutschen Elektorats und deren Auswirkung auf den Parteienwettbewerb. Als die wichtigste Ursache der Veränderung der sozialen Basis des Parteienwettbewerbs wird das Entstehen einer Dienstleistungsgesellschaft angesehen. In Folge des damit verbundenen Bedeutungsgewinns des tertiären Sektors zu Lasten des primären und des sekundären Sektors wandelte sich auch die Zusammensetzung der Erwerbsbevölkerung nachhaltig. So nahm der Anteil der Arbeiter an den Erwerbstätigen in den alten Bundesländern zwischen 1950 und 1990 von 51 auf 37,4 Prozent ab. Eine noch stärkere Verschiebung ergab sich bei den Selbständigen, Landwirten und mithelfenden Familienangehörigen (1950: 28,3 Prozent; 1990: 10,8 Prozent) sowie bei den Angestellten und

Beamten, deren Anteil von 20,6 (1950) auf 51,8 Prozent (1990) stieg und die damit die Arbeiter als zahlenmäßig stärkste Gruppe auf dem Arbeitsmarkt ablösten.

Unter dem Gesichtspunkt der sozialen Komposition des westdeutschen Elektorats trifft die Dealignment-These also insofern zu, als der Anteil der durch ihre sozio-ökonomische Interessenlage traditionell mit einer bestimmten Partei verbundenen Wählergruppen zwischen 1950 und 1990 drastisch abnahm - von 80 auf 50 Prozent der Beschäftigten. Dadurch wird den vom Wandel der Beschäftigungsstruktur betroffenen Parteien ein Teil ihrer ursprünglichen sozialen Basis entzogen. Der Rückgang des Anteils der Selbständigen und Landwirte wirkte sich vermutlich zu Lasten der CDU/CSU, der Rückgang des Arbeiteranteils zuungunsten der Sozialdemokraten aus.

Die tatsächlichen Implikationen des sozialen Wandels für die parteipolitische Kräfteverteilung lassen sich durch eine vergleichsweise einfache Berechnung abschätzen, die für den Zeitraum von 1953 bis 1990 konstante Erwerbsstrukturen unterstellt. Um diese Bedingung zu simulieren, werden die Berufsgruppen entsprechend ihrer Verteilung am Beginn der Untersuchungsperiode gewichtet[2]. Aus dem Vergleich der Beobachtungswerte für 1990 mit den auf der Basis der Stabilitätsannahme berechneten (gewichteten) Werten läßt sich das Ausmaß der wandlungsbedingten Gewinne bzw. Verluste der Parteien ermitteln.

Wie diese Berechnung der Parteipräferenzen in einer Gesellschaft ohne Veränderung der Berufsstatusgruppen zeigt, schwächte der Wandel der Beschäftigungsstruktur vor allem die CDU/CSU (vgl. Tabelle 1). Sie erhielt 1990 bei der Sonntagsfrage 33,7 Prozent. Wäre die Struktur der Berufsstatusgruppen 1990 noch die gleiche wie 1953 gewesen, hätte sie ceteris paribus 34,7 Prozent für sich verbuchen müssen. Die CDU/CSU mußte also vor allem infolge der Abnahme des Anteils der Selbständigen und Landwirte eine Einbuße von einem Prozentpunkt hinnehmen. Entgegen den Erwartungen verlor die SPD nicht durch den Strukturwandel, sondern sie gewann sogar 1,5 Prozentpunkte. Offenbar wurde der Rückgang des Arbeiteranteils durch den Zuwachs des Angestellten- und Beamtenanteils aufgefangen.

---

2   Die Gewichtungsfaktoren finden sich im Anhang 1. Diesem kann man ebenfalls die sozialstrukturellen Veränderungen zwischen 1953 und 1990 entnehmen.

Die durch den Wandel der Beschäftigungsstruktur eingetretene Neuverteilung der parteipolitischen Kräfte ist nicht als dramatisch zu bezeichnen. Die politischen Parteien konnten die wandlungsbedingten Verluste offenkundig durch das Eindringen in neue Wählerschichten ausgleichen. Allerdings bleibt die Tatsache bestehen, daß die stark gewachsene Gruppe der Angestellten und Beamten in ihrer parteipolitischen Loyalität weniger festgelegt ist als die Selbständigen und die Arbeiter. Durch ihre Zugewinne bei den Angehörigen der Neuen Mittelschicht erreichten die beiden großen Parteien keine verläßliche, d.h. stabile, sondern lediglich eine von Wahl zu Wahl erneut herzustellende Kompensation der durch das Schrumpfen der Stammwählerschaften eingetretenen Verluste.

Für das ökonomische Cleavage ist jedoch nicht ausschließlich die Zugehörigkeit zu einer bestimmten Berufsgruppe von Belang, sondern auch die Frage, ob die Wähler einer Organisation angehören, in der spezifische Wahlnormen gelten, die Koalitionen zwischen bestimmten Berufsgruppen und Parteien abstützen. Als Prototyp derartiger Organisationen im System sozio-ökonomischer Interessenvermittlung sind die Gewerkschaften anzusehen, die in Deutschland als Vorfeldorganisationen der SPD entstanden sind und auch nach der Bildung einer Einheitsgewerkschaft eine enge Bindung an diese Partei behalten haben. Es ist also anzunehmen, daß sich ein steigender gewerkschaftlicher Organisationsgrad zugunsten der SPD auswirkt.

Während im Jahre 1953 11,6 Prozent der Befragten angaben, einer Gewerkschaft anzugehören, lag der betreffende Anteil 1990 um fünf Prozentpunkte höher. Diese Veränderung hatte die erwarteten Konsequenzen: Durch die zunehmende Zahl von Gewerkschaftsmitgliedern konnte die SPD einen - im Umfang allerdings bescheidenen - Gewinn an politischer Unterstützung erzielen, die Union hingegen mußte einen leichten Verlust hinnehmen; die Anteile der übrigen Parteien blieben von diesem Wandel im System der Interessenvermittlung praktisch unbeeinflußt.

Für die soziale Fundierung des Parteienwettbewerbs in der Bundesrepublik ist neben dem Klassenkonflikt traditionell die religiöse Spaltung bedeutsam. Sie manifestiert sich in zwei unterschiedlichen Formen. Als konfessionelle Spaltung wird der im 19. Jahrhundert entstandene (parteipolitische) Gegensatz zwischen Katholiken und Protestanten verstanden, der allerdings mit der Bildung der CDU/CSU als interkonfessioneller Sammlungspartei einiges von seiner Brisanz verloren hat (vgl. SCHMITT

1984). Wichtiger ist seither der als religiöse Spaltung bezeichnete Gegensatz zwischen praktizierenden Christen und Nichtgläubigen, der sich in einer Vielzahl politischer Themen manifestiert (vgl. NEU 1992: 20ff.).

Tabelle 1: Gewinne und Verluste der Parteien wegen einer 1990 im Vergleich zu 1953 veränderten Sozialstruktur (in Prozentpunkten)

		Gewinne und Verluste wegen ...			
	Sonntagsfrage 1990	Berufsstatus	Gewerkschaftsmitgliedschaft	Konfession	Kirchgangshäufigkeit
CDU/CSU	33,7	-1,0	-0,5	-0,7	-6,1
SPD	40,2	+1,5	+0,8	+0,1	+4,1
FDP	6,1	-	-0,1	-	-0,2
Grüne	7,2	+0,5	+0,2	+0,4	+1,2
Republikaner	4,4	-	+0,1	+0,1	+0,5
Sonstige	2,0	-0,1	-0,1	-	-0,1
Nichtwähler	6,5	-0,7	-0,3	-	+0,7

Lesebeispiel: Durch die veränderte Kirchgangshäufigkeit hat die CDU/CSU 1990 auf die Sonntagsfrage 6,1 Prozentpunkte weniger erhalten, als es bei im Vergleich zu 1953 unveränderter Kirchenbindung und unter sonst gleichen Bedingungen der Fall gewesen wäre.

	Sonntagsfrage 1990	Gewinne und Verluste wegen einer veränderten Kombination aus Berufsstatus, Gewerkschaftsmitgliedschaft und Kirchenbindung
CDU/CSU	33,7	-5,9
SPD	40,2	+4,4
FDP	6,1	+0,1
Grüne	7,2	+1,2
Republikaner	4,4	+0,5
Sonstige	2,0	-
Nichtwähler	6,5	-0,2

Datenbasis: Bundesstudie 1953 (ZA-Nr. 145) und 1. Panelwelle der FGW-Wahlstudie 1990 (ZA-Nr. 1915).

Im religiösen Leben der Bundesrepublik traten seit dem Ende des Zweiten Weltkrieges dramatische Verschiebungen ein. Sie betreffen allerdings kaum die Verteilung der Bevölkerung auf die beiden großen Glaubensgemeinschaften, die in den alten Bundesländern zwischen 1953 und 1990 weitgehend konstant blieb: Der Anteil der Katholiken an allen Befragten lag 1990 mit 45,1 Prozent fast genauso hoch wie 1953. Auch der Anteil der Protestanten war in der Umfrage 1990 mit 47,5 Prozent ähnlich hoch wie 1953. Deutlich gestiegen ist nur der Anteil der Konfessionslosen - von 2,7 Prozent 1953 auf 7,4 Prozent 1990. So blieben auch die Auswirkungen der veränderten konfessionellen Zusammensetzung des Elektorats auf die Parteipräferenzen unbedeutend: Lediglich bei der CDU/CSU ist 1990 im Vergleich mit 1953 ein Verlust von 0,7 Prozentpunkten festzustellen (vgl. Tabelle 1), bei den übrigen Parteien änderte sich die Anhängerschaft infolge des konfessionellen Wandels kaum.

Für die Vermittlung gruppenspezifischer Wahlnormen ist die Kirchgangshäufigkeit jedoch wesentlich bedeutsamer als die Konfessionszugehörigkeit. Diese Aussage gilt vor allem in säkularisierten Gesellschaften, in denen die Konfessionszugehörigkeit für einen großen Teil der Bevölkerung lediglich formaler Natur ist und keine Integration in das religiöse Leben impliziert. Das Wachstum der Gruppe der kirchlich Ungebundenen verweist bereits auf die abnehmende Bedeutung der Religion im öffentlichen Leben der Bundesrepublik. Für einen wachsenden Teil der Bevölkerung besitzen religiöse Werte und Normen keine Relevanz mehr, die Kirchen fallen dadurch als Vermittlungsinstanzen der entsprechenden Werte und Normen weitgehend aus. Allerdings bleibt der Säkularisierungsprozeß nicht auf die Gruppe der Konfessionslosen beschränkt, sondern auch unter den Mitgliedern der beiden großen Kirchen schwächt sich die religiöse Bindung ab. Dieser Vorgang ist an zahlreichen Indikatoren festzumachen. In der Wahlforschung verwendet man vorzugsweise die Kirchgangshäufigkeit als Indikator für die Integration in Religionsgemeinschaften (vgl. SCHMITT 1984).

Gemessen an diesem Indikator vollzog sich in den alten Bundesländern ein einschneidender Säkularisierungsprozeß. Zwischen 1953 und 1990 nahm der Anteil der regelmäßigen Kirchgänger von 38 auf 17,5 Prozent ab. Von dieser Lockerung der kirchlichen Bindung waren beide Konfessionen betroffen, wenn auch in unterschiedlichem Ausmaß. Wie die Kirchgängerquote von 60 Prozent zeigt, gehörte der allsonntägliche Kirchenbesuch im Jahre 1953 für die Mehrheit der Katholiken zu den als verbindlich anerkannten Normen. Bis zum Jahr 1990 hatte sich dieser Anteil halbiert. Dagegen betrachten die Protestanten den regelmäßigen Gottesdienstbesuch traditionell nicht als verpflichtend. Dementsprechend fiel der Anteil wöchentlicher Kirchgänger bereits 1953 mit 19 Prozent erheblich niedriger aus als bei den Katholiken. Dennoch ist seither - selbst auf diesem niedrigen Niveau - ein starker Rückgang zu verzeichnen: 1990 wurden bei den Protestanten nur noch neun Prozent wöchentliche Gottesdienstbesucher registriert. Diese Entwicklung ist insofern von politischer Tragweite, als infolge der tiefgreifenden Säkularisierung gegenwärtig nur noch eine kleine Minderheit unter den nominellen Kirchenmitgliedern regelmäßig mit den Werten und

Normen der organisierten Religion konfrontiert wird, während der weitaus größte Teil der Bevölkerung als schwach oder gar nicht kirchengebunden anzusehen ist.

Verglichen mit den bisher behandelten Variablen kommt der Säkularisierung für den Parteienwettbewerb eine große Bedeutung zu. Auf der Basis der Annahme einer im Zeitraum von 1953 bis 1990 konstant gebliebenen Kirchgangshäufigkeit ist es möglich, die Auswirkungen dieses Prozesses auf die parteipolitische Kräfteverteilung zu bestimmen. Erwartungsgemäß zeigen sich bei der CDU/CSU starke Verluste (-6,1 Prozentpunkte), bei SPD und Grünen dagegen Gewinne (+4,1 bzw. +1,2 Prozentpunkte). Bei anhaltender Säkularisierung wäre eine weitere Verlagerung der Gewichte zuungunsten der Unionsparteien zu erwarten. Allerdings dürfte sich diese Entwicklung wegen des bereits sehr niedrigen Niveaus der Kirchenbindung künftig allenfalls in verlangsamtem Tempo fortsetzen.

Auf der Grundlage der bisher präsentierten Daten ist eine erste Zwischenbilanz der Auswirkungen des gesellschaftlichen Wandels auf den Parteienwettbewerb in den alten Bundesländern möglich. Drei der vier in unsere Untersuchung einbezogenen Variablen - die Veränderungen der Berufsstruktur, des gewerkschaftlichen Organisationsgrades und der Konfessionsstruktur - waren für die parteipolitische Kräfteverteilung zwar nicht bedeutungslos, doch blieben ihre Implikationen für den Wandel des westdeutschen Parteiensystems begrenzt. Eine beträchtliche Rolle für die Kräfteverteilung zwischen den Parteien spielte dagegen die Säkularisierung der Gesellschaft. In der Vorwahlstudie 1990 hatten sich 33,7 Prozent der Befragten für die Unionsparteien und 40,2 Prozent für die SPD ausgesprochen. Hätte die Kirchgangshäufigkeit auf dem Niveau des Jahres 1953 gelegen, wäre die Verteilung der Wahlabsichten wesentlich anders ausgefallen: der Anteil der CDU/CSU hätte 39,8 Prozent betragen, derjenige der SPD nur 36,1 Prozent. Wenn zwischen 1953 und 1990 in der Bundesrepublik ein Dealignment-Prozeß eintrat, dann liegen seine Ursachen eher im religiösen als im sozio-ökonomischen Wandel.

Die bisherige Dateninterpretation basiert allerdings auf einer stark vereinfachten und empirisch kaum haltbaren Sicht gesellschaftlicher Umbrüche und der durch sie verursachten Veränderungen der Parteipräferenz. Bei der Prüfung der Auswirkungen einzelner Aspekte des gesellschaftlichen Strukturwandels auf die parteipolitische Kräfteverteilung wurde nämlich eine isolierte Wirkung der Variablen Beruf, Gewerkschaftsmitgliedschaft, Konfession und Kirchenbindung unterstellt. Tatsächlich ist aber zu erwarten, daß diese Determinanten der Parteipräferenz miteinander verflochten sind und sich in ihrer Wirkung zum Teil verstärken, zum Teil aufheben. Ein verläßliches Bild von den Auswirkungen des sozialstrukturellen Wandels auf den Parteienwettbewerb gewinnt man insofern nur bei einer simultanen Berücksichtigung aller bisher diskutierten Faktoren, die es erlaubt, eine aus dem Strukturwandel der Gesellschaft resultierende Gewinn- und Verlustbilanz der Parteien zu erstellen (vgl. auch: PAPPI 1977, 1983).

Das gesamte Ausmaß der wandlungsbedingten Neuverteilung der Anhängerschaft der politischen Parteien geht aus Tabelle 1 hervor. Stellt man alle diese Faktoren in Rechnung, dann befindet sich die SPD auf der Gewinner-, die Union auf der Verliererseite. Die durch den gesellschaftlichen Wandel hervorgerufenen Verluste der Union belaufen sich auf 5,9 Prozentpunkte, die entsprechenden Gewinne der SPD auf 4,4 Prozentpunkte. Wie bereits erwähnt, entfielen in der Vorwahlumfrage 1990 40,2 Prozent der Angaben zur Wahlabsicht auf die SPD. Sie lag damit in der Wählerunterstützung klar vor den Unionsparteien (33,7 Prozent). In einer Gesellschaft ohne Wandel der Berufsstruktur und der Kirchenbindung sowie mit einem konstanten gewerkschaftlichen Organisationsgrad hätte die CDU/CSU dagegen knapp die führende Position (39,6 Prozent) vor der SPD (35,8 Prozent) behauptet. Auch die Grünen schneiden auf Grund der veränderten Berufsstruktur, des gestiegenen gewerkschaftlichen Organisationsgrades und der rückläufigen Kirchenbindung etwas besser ab als es in einer Gesellschaft ohne entsprechende Veränderungen der Fall wäre. Die Position der FDP blieb dagegen von den Veränderungen weitgehend unbeeinflußt, weil ihr der gesellschaftliche Strukturwandel zum Teil nutzte, zum Teil schadete.

Infolge des sozio-ökonomischen Wandels haben sich in der Bundesrepublik die Beziehungen zwischen den Wählern und den politischen Parteien verändert. Sofern von einem Dealignment-Prozeß die Rede sein kann, läßt er sich in erster Linie auf die Säkularisierung der bundesdeutschen Gesellschaft zurückführen. Nur aus diesem Wandlungsprozeß, weniger dagegen aus der Veränderung der Berufsstruktur, resultierte eine strukturelle Verschiebung der parteipolitischen Kräfteverhältnisse zugunsten der SPD. Ob diese Entwicklungen bei Bundestagswahlen wirksam werden, hängt allerdings auch von kurzfristig veränderlichen Größen ab, insbesondere von den Kandidaten und vom Themenangebot der Parteien. Bislang führten diese Kurzzeiteinflüsse zu relativ starken Abweichungen vom sozialstrukturell bestimmten Entwicklungstrend.

3.2 Dealignment durch Lockerung der Parteibindungen innerhalb sozialer Gruppen

Die Tatsache, daß sich im Laufe der Nachkriegszeit die Struktur der bundesdeutschen Gesellschaft veränderte, ist ebenso unumstritten wie die daraus resultierenden Auswirkungen auf den Parteienwettbewerb: Die auf Grund ihrer Interessenlage und ihrer Wertorientierungen in einer engen Loyalitätsbeziehung zu einer Partei stehenden Wählergruppen sind zahlenmäßig schwächer geworden, und hieraus ergibt sich eine zunehmende Flexibilität der Parteipräferenzen.

Allerdings lassen sich aus diesem Sachverhalt keineswegs eindeutige Konsequenzen für die empirische Gültigkeit der Cleavage-Theorie ableiten. Jedenfalls gilt dies, solange sich die Unterstützung der Parteien durch ihre traditionellen Klientelgruppen nicht ändert. Die Frage, ob das Wahlverhalten einzelner gesellschaftlicher Gruppen konstant geblieben ist oder ob sich die Parteiloyalitäten dieser Gruppen im Sinne der Dealignment-Hypothese abgeschwächt haben, ist empirisch zu klären.

Von einem Dealignment-Prozeß im engeren Sinne kann nur dann die Rede sein, wenn die Wähleranteile der Unionsparteien, der SPD und der FDP in ihren traditionellen Stammwählergruppen seit 1953 deutlich zurückgegangen sind. Zur Klärung dieser Frage vergleichen wir die Struktur der Parteibindungen im Jahre 1953 mit den Verhältnissen in den achtziger Jahren. Dabei geht es um die Stabilität der Parteipräferenzen einzelner sozio-ökonomischer und konfessioneller bzw. religiöser Gruppen. Weil nicht nur die Schicht- bzw. Klassenzugehörigkeit, sondern auch die Mitgliedschaft in einer Gewerkschaft für das Wählerverhalten von Bedeutung ist, wurden Berufsstatus sowie Gewerkschaftsmitgliedschaft miteinander kombiniert. In derselben Weise wurde in Bezug auf Konfessionszugehörigkeit und Kirchgangshäufigkeit verfahren.[3] Hinter diesem Vorgehen steht die Annahme, daß nicht in erster Linie die

---

3 Der Berufsstatus wurde unterteilt in Selbständige/Landwirte, Angestellte/Beamte sowie Arbeiter. Ferner wurden Gewerkschaftsmitglieder und Nichtmitglieder unterschieden. Hinsichtlich der Konfessionszugehörigkeit wurde zwischen Katholiken, Protestanten und Konfessionslosen unterschieden, bei der Kirchgangshäufigkeit zwischen den Merkmalsausprägungen regelmäßig, unregelmäßig und nie.

Zugehörigkeit zum Katholizismus oder zum Protestantismus das Wählerverhalten prägt, sondern die Intensität der Verbundenheit mit der Normen vermittelnden Instanz - nämlich den Kirchen (ähnlich das Vorgehen bei KLINGEMANN 1985).

In den Tabellen 2 und 3 ist die Entwicklung der Unterstützung der beiden großen bundesdeutschen Parteien, CDU/CSU und SPD, wiedergegeben. In den Tabellen 2a und 3a finden sich die Parteienanteile bei Berücksichtigung aller an der Wahl beteiligten Parteien. Da sich zwischen 1953 und 1990 einige Parteien aufgelöst haben, andere hingegen hinzugekommen sind, erscheint es sinnvoll, in einem zweiten Schritt lediglich die Wahlabsicht zugunsten der CDU/CSU und der SPD zu prozentuieren und die übrigen Parteien unberücksichtigt zu lassen. Ein solches Vorgehen läßt sich auch theoretisch begründen. Es sind nämlich vor allem die Union (bzw. ihre Vorläufer) und die SPD, die in der Formierungsphase des deutschen Parteiensystems Koalitionen mit bestimmten gesellschaftlichen Gruppen geschlossen haben - die SPD mit der organisierten Arbeiterschaft, die Vorläufer der Union mit den Kirchen. Zwar wäre auch eine Berücksichtigung der FDP theoretisch zu begründen (Koalition mit dem Alten Mittelstand), doch ist in den Umfragen die Fallzahl der FDP-Wähler zu klein, um diese Partei problemlos in die Analysen einbeziehen zu können.

Wie die Daten in Tabelle 2 zeigen, erzielte die Union 1953 erwartungsgemäß bei den Selbständigen und Landwirten den höchsten Anteil. Ebenfalls erwartungsgemäß schnitt die SPD bei den gewerkschaftlich organisierten Arbeitern besonders gut ab. Bei den gewerkschaftlich ungebundenen Arbeitern erzielten die Sozialdemokraten einen geringeren Anteil als bei den Gewerkschaftsmitgliedern dieser Berufsgruppe. Dies bestätigt die Annahme, daß die Arbeiter zwar generell über eine enge Bindung an die Sozialdemokratie verfügen, daß diese Bindung jedoch dann noch stärker hervortritt, wenn die Mitgliedschaft in einer Gewerkschaft hinzukommt.

Die in der Gründungsphase der Bundesrepublik Deutschland bestehenden Parteiloyalitäten entsprachen also weitgehend den Annahmen der Cleavage-Theorie: CDU/CSU und SPD waren überdurchschnittlich stark in bestimmten gesellschaftlichen Gruppen repräsentiert, und die Koalition dieser Parteien mit den betreffenden Großgruppen wurde durch bestimmte Organisationen und Institutionen vermittelt.

Tabelle 2: CDU/CSU- und SPD-Anteile in durch Berufsstatus und Gewerkschaftsmitgliedschaft bestimmten Gruppen 1953, 1980, 1983, 1987 und 1990

2a: bei Berücksichtigung sämtlicher Wähler

	CDU/CSU					SPD				
	'53	'80	'83	'87	'90	'53	'80	'83	'87	'90
Selbst./Landwirte	51,6	55,6	67,8	59,2	55,5	8,9	33,3	26,1	17,3	20,4
Angest./Beamte + Gew.mtgl.	34,4	24,8	31,6	33,8	29,4	56,3	64,5	56,6	48,1	46,9
Angest./Beamte + kein Gew.mtgl.	48,0	43,7	45,2	48,8	40,4	23,0	43,0	44,8	29,6	37,7
Arbeiter + Gew.mtgl.	22,0	22,7	27,4	25,7	19,9	68,6	68,7	65,2	63,2	65,6
Arbeiter + kein Gew.mtgl.	32,4	36,0	45,1	42,2	30,9	47,3	56,3	51,7	48,7	50,8
Gesamt	39,9	38,0	43,8	44,5	36,1	34,4	51,3	48,5	38,1	43,3

Cramer's V: 1953=0,27; 1980=0,13; 1983=0,13; 1987=0,16; 1990=0,14

2b: bei Berücksichtigung nur der CDU/CSU- und SPD-Wähler

	CDU/CSU					SPD				
	'53	'80	'83	'87	'90	'53	'80	'83	'87	'90
Selbst./Landwirte	85,3	62,5	77,2	77,4	73,1	14,7	37,5	27,8	22,6	26,9
Angest./Beamte + Gew.mtgl.	37,9	27,8	35,8	41,3	38,5	62,1	72,2	64,2	58,7	61,5
Angest./Beamte + kein Gew.mtgl.	67,6	50,4	50,2	62,2	51,7	32,4	49,6	49,8	37,8	48,3
Arbeiter + Gew.mtgl.	24,3	24,8	29,6	28,9	23,3	75,7	75,2	70,4	71,1	76,7
Arbeiter + kein Gew.mtgl.	40,6	39,0	46,6	46,4	37,9	59,4	61,0	53,4	53,6	62,1
Gesamt	53,7	42,6	47,4	53,9	45,5	46,3	57,4	52,6	46,1	54,5

Cramer's V: 1953=0,46; 1980=0,25; 1983=0,22; 1987=0,28; 1990=0,26

Datenbasis: Bundesstudie 1953 (ZA-Nr. 145), September 1980-Umfrage der FGW-Wahlstudie 1980 (ZA-Nr. 1053), 1. Panelwelle der FGW-Wahlstudie 1983 (ZA-Nr. 1276), Februar 1987-Umfrage der FGW-Wahlstudie 1987 (ZA-Nr. 1536) und 1. Panelwelle der FGW-Wahlstudie 1990 (ZA-Nr. 1915).
Fallzahlen: siehe Anhang 2.

Allerdings fungierten weder die SPD noch die Unionsparteien als exklusive Repräsentanten dieser Gruppen, sondern es gab im Lager der Selbständigen wie auch in dem der gewerkschaftlich organisierten Arbeiter eine in ihren Parteipräferenzen von der Gruppennorm abweichende Minderheit (vgl. auch PAPPI 1977, 1983; KLINGEMANN 1985).

In ihrer strikten Variante fordert die Dealignment-Hypothese eine Lockerung der Allianz zwischen politischen Parteien und gesellschaftlichen Großgruppen: Träfe diese Annahme zu, dann müßte die Unterstützung der Unionsparteien und der SPD durch ihre traditionellen Klientelgruppen in den 80er und 90er Jahren deutlich schwächer ausfallen als in der Gründungsphase der Bundesrepublik. Wie jedoch die in Tabelle 2 enthaltenen Daten zeigen, bevorzugen die Landwirte und Selbständigen bei sämtlichen seit 1980 durchgeführten Bundestagswahlen mehrheitlich die CDU/CSU. Dieselbe Aussage gilt für das Verhältnis der gewerkschaftlich organisierten Arbeiter zur SPD. Zwei weitere Ergebnisse stützen die Cleavage-Theorie: Gewerkschaftlich organisierte Angestellte und Beamte lassen eine wesentlich stärkere Neigung zur SPD erkennen als Angehörige dieser Berufsgruppe, die keiner Gewerkschaft angehören. Dementsprechend liegt der SPD-Anteil in der ersten Gruppe stets über dem der Unionsparteien, dagegen schneidet die CDU/CSU beim nicht gewerkschaftlich orientierten Neuen Mittelstand ausnahmslos besser ab als die Sozialdemokraten. Ähnlich stellt sich die Sachlage bei den Arbeitern dar. Zwar erzielt die SPD in dieser Gruppe durchweg deutlich höhere Anteile als die CDU/CSU, die SPD-Neigung wird aber durch eine Gewerkschaftsmitgliedschaft verstärkt und durch eine fehlende Mitgliedschaft in einer Gewerkschaft erheblich abgeschwächt.

Im Hinblick auf die zentralen sozio-ökonomischen Bestimmungsfaktoren der Parteibindung - die Berufstätigkeit und die Gewerkschaftsmitgliedschaft - läßt sich ein Dealignment-Prozeß also nicht nachweisen: In ihren traditionellen Kerngruppen verfügen die beiden großen Parteien der Bundesrepublik nach wie vor über einen starken Rückhalt. Schwankungen der Prozentanteile treten zwar auf, sie lassen aber keinen eindeutigen Trend in Richtung auf eine Lockerung der traditionellen Koalitionen zwischen den Parteien und bestimmten sozio-ökonomischen Gruppen erkennen.

Bei der Schätzung der Auswirkungen der veränderten Sozialstruktur auf die parteipolitische Kräfteverteilung hatte sich gezeigt, daß sozio-ökonomischen Variablen nur eine begrenzte Bedeutung für die Umstrukturierung der Parteiloyalitäten zukommt. Erheblich wichtiger für die Struktur des Parteienwettbewerbs war der Säkularisierungsprozeß. Es ist nicht auszuschließen, daß die Säkularisierung der Gesellschaft die

Tabelle 3: CDU/CSU- und SPD-Anteile in durch Konfession und Kirchgangshäufigkeit bestimmten Gruppen 1953, 1980, 1983, 1987 und 1990

3a: bei Berücksichtigung sämtlicher Wähler

	CDU/CSU					SPD				
	'53	'80	'83	'87	'90	'53	'80	'83	'87	'90
Katholiken										
+ regelmäßig	70,9	76,1	72,2	71,7	64,4	11,4	16,9	24,5	18,0	20,1
+ unregelmäßig	36,5	40,5	46,2	49,9	40,5	38,8	50,5	45,9	35,5	38,8
+ nie	17,6	17,3	32,1	36,5	22,8	58,8	65,4	52,8	36,5	43,0
Protestanten										
+ regelmäßig	51,0	53,7	41,9	44,3	43,9	20,4	34,1	52,7	27,9	40,4
+ unregelmäßig	31,5	29,5	40,2	34,6	28,7	36,2	58,4	49,9	48,5	52,9
+ nie	23,0	20,3	21,1	26,0	19,9	59,0	66,7	65,1	44,5	51,8
Konfessionslose	18,2	13,1	26,5	21,0	22,8	63,6	66,7	53,0	38,7	44,9
Gesamt	44,5	37,9	44,0	43,7	36,0	30,5	50,7	46,7	37,8	43,0

Cramer's V: 1953=0,21; 1980=0,22; 1983=0,17; 1987=0,19; 1990=0,15

3b: bei Berücksichtigung nur der CDU/CSU- und SPD-Wähler

	CDU/CSU					SPD				
	'53	'80	'83	'87	'90	'53	'80	'83	'87	'90
Katholiken										
+ regelmäßig	86,1	81,8	74,6	79,9	76,2	13,9	18,2	25,4	20,1	23,8
+ unregelmäßig	48,4	44,5	50,2	58,4	51,0	51,6	55,5	49,8	41,6	49,0
+ nie	23,1	20,9	37,8	50,0	34,6	76,9	79,1	62,2	50,0	65,4
Protestanten										
+ regelmäßig	71,4	61,1	44,3	61,4	52,1	28,6	38,9	55,7	38,6	47,9
+ unregelmäßig	46,5	33,5	44,6	41,7	35,2	53,5	66,5	55,4	58,3	64,8
+ nie	28,0	23,3	24,5	36,9	27,7	72,0	76,7	75,5	63,1	72,3
Konfessionslose	22,2	16,4	33,3	35,2	33,7	77,8	83,6	66,7	64,8	66,3
Gesamt	59,3	42,8	48,6	53,6	45,6	40,7	57,2	51,4	46,4	54,4

Cramer's V: 1953=0,44; 1980=0,41; 1983=0,27; 1987=0,30; 1990=0,30

Datenbasis: Bundesstudie 1953 (ZA-Nr. 145), September 1980-Umfrage der FGW-Wahlstudie 1980 (ZA-Nr. 1053), 1. Panelwelle der FGW-Wahlstudie 1983 (ZA-Nr. 1276), Februar 1987-Umfrage der FGW-Wahlstudie 1987 (ZA-Nr. 1536) und 1. Panelwelle der FGW-Wahlstudie 1990 (ZA-Nr. 1915). Fallzahlen: siehe Anhang 2.

Unionsparteien einem "Modernisierungsdruck" aussetzte, der die stark religiös orientierte Bevölkerung von ihrem traditionellen politischen Sprachrohr entfremdete. Von besonderem Interesse ist hierbei die Parteibindung der Katholiken mit regelmäßigem Kirchgang, da es sich um eine zahlenmäßig beachtenswerte Gruppe handelt, deren Angehörige einem besonders rigiden Normensystem verpflichtet sind.

Während sich eine grundsätzliche Abschwächung der sozio-ökonomisch bedingten Loyalitätsbeziehungen zwischen Wählern und Parteien nicht nachweisen läßt, sind die Ergebnisse, die sich aus der Analyse des Zusammenhanges zwischen Konfession, Religion und Parteipräferenz ergeben, weniger eindeutig. Wie die Cleavage-Theorie fordert, dominierte die Union 1953 erwartungsgemäß bei den regelmäßigen katholischen Kirchgängern (vgl. Tabelle 3). Lediglich halb so stark - und damit schwächer als die SPD - war die Unterstützung bei den Katholiken mit unregelmäßigem Kirchgang. Den geringsten Zuspruch erfuhren Christdemokraten und Christsoziale bei den Konfessionslosen und den Personen, die nie in die Kirche gehen. In diesen Gruppen erreichte die SPD jeweils ca. 60 Prozent der Stimmen, während sie bei den Katholiken mit regelmäßigem Kirchgang lediglich von gut einem Zehntel unterstützt wurde. Auf niedrigerem Niveau zeigen sich bei den Protestanten dieselben Strukturen.

Mit Blick auf die Dealignment-Hypothese stellt sich erneut die Frage, ob sich in den 80er und 90er Jahren an diesen Verteilungen etwas geändert hat. Man kann diese Frage sowohl bejahen als auch verneinen. Verneinen muß man sie in Bezug auf die Verteilungsmuster: Die Union ist nach wie vor am stärksten bei den Katholiken mit starker Kirchenbindung, die SPD ist am stärksten bei den Personen ohne Kirchgang. Veränderungen lassen sich dagegen feststellen, wenn man das Niveau und die Entwicklung des CDU/CSU-Anteils bei den regelmäßigen Kirchgängern unter den Katholiken in den 80er und 90er Jahren betrachtet: Seit 1980 verlor die Union in dieser Gruppe kontinuierlich an Unterstützung. Ob diese Veränderung tatsächlich als Dealignment interpretiert werden kann, muß sich erst zeigen, denn es ist nicht auszuschließen, daß kurzfristige Einflüsse einen längerfristigen Entwicklungstrend überlagern.

3.3 Die Erklärungskraft sozialstruktureller Variablen

Die bisherigen Aussagen stützten sich auf die Ergebnisse relativ einfacher statistischer Analyseverfahren. Die Frage, welche Erkenntnisse sich bei einer gleichzeitigen Berücksichtigung sämtlicher theoretisch relevanter Prädiktorvariablen der Parteipräferenz gewinnen lassen, wurde nur im ersten Teil dieses Beitrags kurz angeschnitten. Ein geeignetes Verfahren zur Prüfung der simultanen Effekte von Beruf, Gewerkschaftsmitgliedschaft, Konfession und Kirchgang auf die Parteipräferenz stellt die Diskriminanzanalyse dar (vgl. KLECKA 1980; Einzelheiten zur Anwendung dieses Verfahrens auf unseren Objektbereich finden sich bei KNUTSEN 1988, 1989; GABRIEL 1993). Träfe die Dealignment-Annahme zu, müßte eine mit den 1953 erhobenen Daten durchgeführte Diskriminanzanalyse deutlich bessere Ergebnisse bringen als eine entsprechende Analyse mit den Daten aus dem Jahr 1990. Dies müßte sich an der Ladung der Cleavage-Variablen auf den Diskriminanten, an der Positionierung der Parteien im sozialstrukturellen Raum und schließlich am Anteil der korrekten Zuordnungen der Befragten zu den politischen Parteien zeigen.

In einem ersten Untersuchungsschritt wurde mit den Daten der Wahlstudie 1953 eine Diskriminanzanalyse unter Berücksichtigung sämtlicher neun Merkmalsausprägungen der Wahlabsichtsfrage durchgeführt. Als unabhängige Variablen wurden die Kirchgangshäufigkeit sowie die Zugehörigkeit zu bestimmten sozialen und konfessionellen Gruppen verwendet.[4] Mit diesem Modell gelang zwar die Ermittlung zweier theoretisch sinnvoll interpretierbarer Diskriminanten, doch blieb die Abgrenzung der parteipolitischen Lager äußerst unbefriedigend: Der Anteil der korrekt zugeordneten Befragten lag lediglich bei 28,1 Prozent. Es wäre allerdings voreilig, in diesem schlechten Ergebnis einen Beleg für die Inadäquanz der Cleavage-Theorie zu sehen, ohne die Auswirkungen geringfügiger Modifikationen des Ausgangsmodells geprüft zu haben.

Die Erklärungsleistung des Analysemodells läßt sich deutlich verbessern, wenn man lediglich CDU/CSU, SPD und FDP/DVP in die Analyse einbezieht. Dies ist vertretbar, weil sich die Aussagen der Cleavage-Theorie vor allem auf die Koalitionen zwischen sozialen Gruppen und den traditionellen Parteifamilien beziehen. Auf etliche bei der Bundestagswahl 1953 kandidierende Parteien, z.B. die DP und den BHE, ist die Cleavage-Theorie kaum anwendbar, weil die Position dieser Parteien im soziopolitischen Konfliktsystem nicht aus dieser Theorie ableitbar ist. Bei einer Begrenzung der Analyse auf die drei wichtigsten Parteien wird die Leistungsfähigkeit des Schätzmodells erheblich verbessert: Der Anteil der korrekt zugeordneten Befragten steigt auf 59 Prozent, allerdings sind die beiden ermittelten Diskriminanten nicht mehr eindeutig

---

4   Bei der Kirchgangshäufigkeit wurden die Merkmalsausprägungen regelmäßig, unregelmäßig und nie codiert. Darüber hinaus wurden Dummy-Variablen für die Berufsgruppen Arbeiter, Alter Mittelstand (Selbständige), Neuer Mittelstand (Angestellte und Beamte), Landwirte sowie die Gewerkschaftsmitgliedschaft und die Zugehörigkeit zu konfessionellen Gruppen (katholisch, evangelisch und konfessionslos) gebildet.

interpretierbar. Berücksichtigt man nur die CDU/CSU und die SPD, dann steigt der Anteil der korrekt zugeordneten Befragten auf 70,7 Prozent, und sämtliche Ladungen der Variablen auf den Diskriminanten lassen sich sinnvoll interpretieren (vgl. die Angaben für 1953 und für 1990 - Variante 1 - in Tabelle 4).[5]

Fünf der neun schrittweise in die Analyse einbezogenen Variablen leisten einen statistisch signifikanten Beitrag zur Beschreibung des Parteienwettbewerbs in der Frühphase der Bundesrepublik.[6] Die Bestimmung der Zahl der Diskriminanten ist vor allem im Hinblick auf die Frage von Interesse, ob sich verschiedene sozialstrukturelle Cleavages empirisch voneinander trennen lassen. Für die Entscheidung über die Zahl der Diskriminanten ist zunächst das formale Kriterium der statistischen Signifikanz maßgeblich. Unter diesem Gesichtspunkt wurde eine Diskriminante ermittelt (vgl. Tabelle 4a), auf der die Variablen Arbeiter und Kirchenbindung hoch laden. Die übrigen Variablen stehen zwar in einer schwächeren Beziehung zu dieser Diskriminanten, jedoch entsprechen die Vorzeichen der Ladungskoeffizienten den Erwartungen. Die CDU/CSU steht mit dieser Diskriminanten in stark negativer Beziehung, die SPD in deutlich positiver (vgl. Tabelle 4b).

Im Falle der empirischen Gültigkeit der Dealignment-These müßte die Leistung des Diskriminanzmodells bei einem Vergleich der Jahre 1953 und 1990 deutlich abnehmen. Im Hinblick auf die Zahl korrekter Zuordnungen der Befragten zu den Parteien ist dies der Fall: Sowohl das Ausgangsmodell, das alle zwölf Parteien in die Schätzung einbezog (korrekte Zuordnungen: 13 Prozent), als auch die ausschließlich für die CDU/CSU und die SPD durchgeführte Schätzung (korrekte Zuordnungen: 64,1 Prozent) bringen deutlich schlechtere Ergebnisse als die entsprechenden Analysen mit den Daten von 1953. Die 1990 ermittelten Ladungsmuster stimmen zum Teil mit denen des Jahres 1953 überein, zum Teil unterscheiden sie sich von ihnen, jedoch treten keine Abweichungen von den theoretisch zu erwartenden Ladungsmustern auf.

---

5   Für das Jahr 1990 werden in der Tabelle zwei Varianten für die alten Bundesländer präsentiert. Variante 1 enthält die unabhängigen Variablen, die sowohl 1953 als auch 1990 erhoben wurden und eignet sich daher für den Vergleich zwischen 1953 und 1990. Variante 2 hingegen enthält lediglich die unabhängigen Variablen, die 1990 auch in Ostdeutschland erhoben wurden (dabei handelt es sich um die Variablen aus Variante 1, mit Ausnahme der Kirchgangshäufigkeit, der Gewerkschaftsmitgliedschaft und der Landwirte). Diese Variante eignet sich für einen Ost-West-Vergleich für das Jahr 1990.

6   Wilk's Lambda für Kirchgangshäufigkeit$=0,86$, Arbeiter$=0,97$, Gewerkschaftsmitglied$=0,75$, evangelisch$=0,76$, Alter Mittelstand$=0,74$.

Eine Ausnahme stellt allenfalls der Neue Mittelstand dar, der in der klassischen Version der Cleavage-Theorie noch keine Berücksichtigung gefunden hatte.

In einer ersten Analyse der Effekte des sozialen Wandels auf den Parteienwettbewerb hatte sich ergeben, daß die Unionsparteien von den Veränderungen der Sozialstruktur stärker betroffen sind als die SPD. Dieses Ergebnis wird auch durch die aus der Diskriminanzanalyse gewonnenen Erkenntnisse bestätigt: Während der Anteil korrekter Klassifikationen bei der SPD 1990 annähernd so hoch ausfällt wie 1953, lassen sich die Anhänger der CDU/CSU 1990 wesentlich schlechter im sozio-politischen Konfliktsystem der alten Bundesländer lokalisieren als 1953 (74,5 bzw. 62,8 Prozent). Dies ist vor allem auf die Säkularisierung der Gesellschaft zurückzuführen, die die Union erheblich schwächte. Nicht die Entwicklung zu einer Dienstleistungsgesellschaft, sondern die Säkularisierung der Gesellschaft war für die Veränderung des parteipolitischen Kräfteverhältnisses zwischen Union und Sozialdemokraten in der Bundesrepublik ausschlaggebend.

Die von VEEN und GLUCHOWSKI (1988: 246; vgl. ähnlich: GIBOWSKI/ KAASE 1991: 15) aufgestellte Behauptung, daß "die alten Sozialmilieus, in denen sich Sozialstruktur mit weltanschaulicher, klassenkämpferischer oder religiöser Orientierung und Sinngebung politisch stabilisierend verbanden, im Wechsel der Generationen an Bedeutung" verlieren, findet in unseren Analysen allenfalls ansatzweise Rückhalt (vgl. ähnlich: PAPPI/TERWEY 1982; KLINGEMANN 1985). Ob man andererseits den in einigen empirischen Untersuchungen konstatierten Rückgang der Parteiidentifikation als Beleg für die Gültigkeit der Dealignment-Annahme akzeptiert (vgl. DALTON/ROHRSCHNEIDER 1990; KLINGEMANN/WATTENBERG 1990), muß offen bleiben, solange nicht eindeutig geklärt ist, welche gesellschaftlichen Entwicklungen zur Lockerung der Parteiidentifikation geführt haben. Die empirische Gültigkeit der Cleavage-Theorie wird durch einen derartigen Wandel in den Beziehungen zwischen Wählern und Parteien nur dann tangiert, wenn dies mit einer Auflösung der traditionell bestehenden Koalitionen zwischen Wählern und Parteien einhergeht. Der Nachweis, daß in der Bundesrepublik ein derartiger Auflösungsprozeß stattgefunden hat, steht bislang noch aus. Klar ist jedoch auch, daß der Anteil der fest mit einer bestimmten Partei verbundenen gesellschaftlichen Gruppen infolge sozialstruktureller Wandlungsprozesse deutlich geschrumpft ist.

Tabelle 4: Diskriminanzanalyse 1953, 1990 West, 1990 Ost, 1991 Ost und 1992 Ost

4a: Standardisierte Koeffizienten der Diskriminanzfunktion

	1953	1990 West V 1	1990 West V 2	1990 Ost	1991 Ost	1992 Ost
Arbeiter	0,45	0,76	-0,33			0,78
Alter Mittelstand	-0,14		0,63			
Neuer Mittelstand		0,64		0,41	0,29	1,21
Gewerkschaftsmitglied	0,28	0,42				
Evangelisch	0,38					
Katholisch		-0,30		0,54	-0,17	-0,26
konfessionslos				-0,27	0,88	0,84	0,71
Kirchenferne	0,56	0,54				

4b: Einordnung der Gruppenzentroide auf der Diskriminanzfunktion

	1953	1990 West V 1	1990 West V 2	1990 Ost	1991 Ost	1992 Ost
CDU/CSU	-0,60	-0,33	0,26	-0,13	-0,32	-0,21
SPD	0,57	0,38	-0,30	0,22	0,24	0,12

4c: Anteil korrekter Klassifikationen

	1953	1990 West V 1	1990 West V 2	1990 Ost	1991 Ost	1992 Ost
CDU/CSU	74,5	62,8	48,4	52,1	56,5	48,5
SPD	67,2	65,7	73,6	63,1	68,0	63,8
Gesamt	70,7	64,1	60,1	56,2	63,1	58,2

Datenbasis: Bundesstudie 1953 (ZA-Nr. 145), August-November 1990-Umfrage der FGW-Wahlstudie 1990 West (ZA-Nr. 1920), August-November 1990-Umfrage der FGW-Wahlstudie 1990 Ost (ZA-Nr. 1987), IPOS-Studie 1991 (ZA-Nr. 2121) und IPOS-Studie 1992 (ZA-Nr. 2288).
Abhängige Variable: Sonntagsfrage (berücksichtigt werden nur die Ausprägungen CDU/CSU bzw. CDU und SPD).
Einbezogene unabhängige Variablen:
1953: Arbeiter, Alter Mittelstand, Neuer Mittelstand, Landwirte, katholisch, evangelisch, konfessionslos, Gewerkschaftsmitgliedschaft, Kirchgangshäufigkeit.
1990 West - Variante 1: Arbeiter, Alter Mittelstand, Neuer Mittelstand, Landwirte, katholisch, evangelisch, konfessionslos, Gewerkschaftsmitgliedschaft, Kirchgangshäufigkeit.
1990 West- Variante 2: Arbeiter, Alter Mittelstand, Neuer Mittelstand, katholisch, evangelisch, konfessionslos.
1990 Ost: Arbeiter, Alter Mittelstand, Neuer Mittelstand, katholisch, evangelisch, konfessionslos.
1991 Ost: Arbeiter, Alter Mittelstand, Neuer Mittelstand, katholisch, evangelisch, konfessionslos. Das Einbeziehen der Variable Kirchgangshäufigkeit änderte am Ergebnis nichts.
1992: Arbeiter, Alter Mittelstand, Neuer Mittelstand, katholisch, evangelisch, konfessionslos. Das Einbeziehen der Variablen Kirchgangshäufigkeit und Gewerkschaftsmitgliedschaft verschlechterte das Ergebnis.

4. Die sozialstrukturellen Grundlagen des Parteienwettbewerbs in den fünf neuen Bundesländern

Wie die Analyse der langfristigen Entwicklung parteipolitisch bedeutsamer sozialstruktureller Größen zeigt, waren die gesellschaftlichen Grundlagen des Parteienwettbewerbs in der Bundesrepublik in den vergangenen vierzig Jahren nachhaltigen Veränderungen unterworfen, die vor allem die Anhängerschaft der beiden Großparteien betrafen. Mit dem Beitritt der fünf neuen Bundesländer verbindet sich ein zusätzlicher Veränderungsschub. Infolge des Hinzukommens von mehr als zehn Millionen Wahlberechtigten, die auf Grund ihrer politischen Sozialisation kaum stabile Bindungen an die Parteien der alten Bundesrepublik ausbilden konnten (vgl. allerdings einschränkend: BLUCK/KREIKENBOM 1993), dürfte sich die gesamtdeutsche Wählerschaft nach der Wiedervereinigung durch eine deutlich stärkere Volatilität auszeichnen als vor diesem Datum. Allenfalls mittelfristig ist zu erwarten, daß einzelne Bevölkerungsgruppen in den neuen Ländern in die traditionellen Wähler-Parteien-Koalitionen einbezogen werden und die langfristig bestehende, sozialstrukturell vermittelte Kräfteverteilung zwischen den politischen Parteien beeinflussen. Obgleich im Wahlgebiet Ost eine Art Parteiidentifikation im Entstehen begriffen zu sein scheint (vgl. dazu RATTINGER in diesem Band), liegt die Vermutung nahe, daß die Wähler-Parteien-Beziehungen in den neuen Ländern noch über eine längere Periode hinweg wesentlich instabiler bleiben werden als in der alten Bundesrepublik. Hierfür sprechen zwei Gründe:

(1) Mit dem Beitritt wurde den neuen Ländern das Interessenvermittlungssystem der bisherigen Bundesrepublik ohne große Änderungen übergestülpt (vgl. Einzelheiten bei VOLKENS/KLINGEMANN 1992; FALTER 1992). Über die langfristige Verankerung des Parteiensystems in der Gesellschaft der neuen Länder und die in ihm bestehende längerfristige Kräfteverteilung ist damit allerdings keineswegs entschieden. Erste Analysen des Zusammenhangs zwischen Sozialstruktur und Parteiensystem im wiedervereinigten Deutschland zeigen vielmehr deutliche Ost-West-Unterschiede auf (vgl. z.B. GIBOWSKI/KAASE 1991; JUNG/ROTH 1992). Drei Jahre nach dem Beitritt der fünf neuen Länder lassen die vorliegenden Daten erste vorsichtige Aussagen darüber zu, ob sich die gesellschaftliche Grundlage des Parteienwettbewerbs in den neuen Ländern der in den alten Ländern bestehenden Konstellation angleicht oder ob die für die

Übergangsphase typischen Divergenzen erhalten blieben oder sich sogar verfestigten.

(2) Insbesondere für den Fall, daß sich derartige Angleichungsprozesse nachweisen lassen, sind Informationen über die sozialstrukturelle Komposition der Wählerschaft in den neuen Ländern von Interesse. Auf dieser Basis sind nämlich Aussagen darüber möglich, ob das Hineinwachsen einer zahlenmäßig starken neuen Wählergruppe ins bundesdeutsche Elektorat die im Westen aufgezeigte Verlagerung der parteipolitischen Kräfteverteilung verstärkt, abschwächt oder gar nicht beeinflußt.

4.1 Soziale Differenzierung und politisches System in der ehemaligen DDR

Eine Anwendung des Cleavage-Konzeptes auf die Wahlabsicht in den neuen Bundesländern ist im Hinblick auf die schicht- bzw. klassenbezogenen wie auch auf die religionsbezogenen Variablen schwierig und nicht zuletzt deshalb interessant. Aus dem Verlauf der gesellschaftlichen Entwicklung in der ehemaligen DDR könnte man nämlich die Annahme ableiten, daß die Variablen Religion und Schicht in den Jahren 1949 bis 1990 ihre verhaltensprägende Kraft verloren haben. Diese Vermutung läßt sich wie folgt begründen: Mit der Umgestaltung der Gesellschaft im Sinne der sozialistischen Doktrin war der Anspruch verbunden, die für bürgerliche Gesellschaften typischen Klassenstrukturen zu zerschlagen und eine im Hinblick auf die materiellen Interessenlagen und die aus diesen resultierenden ideologischen Dispositionen homogene Gesellschaft zu schaffen. Damit sollte der für die bürgerliche Gesellschaft und ihr Parteiensystem konstitutive Gegensatz zwischen Arbeit und Kapital aufgehoben werden. In einer Gesellschaft, die die Herrschaft der Arbeiterklasse und die Eliminierung der bürgerlichen Schichten, ihrer Interessen und Wertvorstellungen zur offiziellen Staatsdoktrin erhoben hatte, bestand kein Raum für eine Institutionalisierung und parteipolitische Kanalisierung von Klassengegensätzen. Im Falle eines Erfolges dieser über vierzig Jahre verfolgten Bemühungen zur Nivellierung der traditionellen Klassengegensätze dürften sozio-ökonomische Faktoren für das Wählerverhalten in den neuen Bundesländern bedeutungslos geworden sein (vgl. auch NEU 1992: 26ff.). Es ist nämlich höchst unwahrscheinlich, daß der nach dem Beitritt der fünf neuen Länder zur Bundesrepublik einsetzende Wandel der ökonomischen Strukturen die langfristig zustandegekommenen Einstellungen und Verhaltensdispositionen sofort unwirksam werden ließ.

Ähnlich stellt sich die Sachlage bezüglich der konfessionellen und religiösen Cleavages dar. Zu den zentralen Elementen des Aufbaus einer sozialistischen Gesellschaft gehörte die Transformation des gesellschaftlichen Wertesystems, was nicht zuletzt eine nachhaltige Säkularisierung der Gesellschaft implizierte. Zwar waren die neuen Bundesländer vor der Etablierung der ehemaligen DDR konfessionell homogen, einen Gegensatz zwischen kirchlich orientierten und säkularisierten Bevölkerungsgruppen gab es vermutlich jedoch bereits in der Vorkriegszeit. In dem Maße, in dem die Säkularisierungspolitik des kommunistischen Staates Erfolg zeigte, war mit einem Wegfall der gesellschaftlichen Voraussetzungen für die Etablierung religiös orientierter und laizistischer Parteien zu rechnen. Die gesamte Gesellschaft wurde auf die säkularen Werte des Sozialismus verpflichtet (vgl. auch NEU 1992: 19ff.).

Das politische Leben der ehemaligen DDR richtete sich auf das in der Verfassung postulierte Ziel der gesellschaftlichen Umgestaltung aus. Den politischen Parteien, Verbänden und Massenorganisationen war in der offiziellen Staatsdoktrin nicht die Aufgabe zugedacht, gesellschaftliche Gegensätze zu artikulieren, zu kanalisieren, zu politisieren und sie damit politisch bearbeitbar zu machen. Vielmehr bestand ihre Funktion darin, die Bevölkerung für den Aufbau einer sozialistischen Gesellschaftsordnung zu mobilisieren. Konsequenterweise fand dies im Zusammenschluß der politischen Parteien zur Nationalen Front seinen Ausdruck. Innerhalb der Nationalen Front übernahm die SED die Rolle einer "Speerspitze der Arbeiterklasse", unter deren Führung die Blockparteien ihren Beitrag zur Integration bürgerlicher Restgruppen in die sozialistische Gesellschaft zu leisten hatten.

In Anbetracht der vierzig Jahre dauernden gegensätzlichen Entwicklung beider Teile Deutschlands liegen in den alten und neuen Bundesländern sehr unterschiedliche Voraussetzungen für die Transformation sozialer Konflikte in den Parteienwettbewerb vor. In den alten Ländern bestehen die im Modernisierungs- und Demokratisierungsprozeß entstandenen Interessen- und Wertedivergenzen fort. Diese Gegensätze finden ihren Ausdruck im Konflikt zwischen Parteien und sonstigen Massenorganisationen. In den neuen Ländern mögen diese Divergenzen auch vor 1990 latent vorhanden gewesen sein, jedoch fehlte jede Möglichkeit, sie durch konkurrierende Organisationen in den politischen Prozeß einzubringen. Diesen, in einer langen Entwicklung entstandenen Unterschieden in den sozio-politischen Strukturen Ost- und Westdeutschlands müßte für das Wählerverhalten bei der Bundestagswahl 1990 eine wesentlich größere Bedeutung zukommen als den kurzfristigen, seit dem Regimewechsel eingetretenen Veränderungen der ökonomischen Bedingungen.

Auf der anderen Seite ist ein Fortwirken der in traditionellen gesellschaftlichen Konflikten verankerten parteipolitischen Loyalitäten in der ehemaligen DDR nicht vollständig auszuschließen. Möglicherweise erhielten die in der Vorkriegszeit sozialisierten Generationseinheiten eine politische Prägung durch ihre Elternhäuser, der während der Zeit des SED-Regimes zwar die politischen Ausdrucksmöglichkeiten vorenthalten waren, die gleichwohl aber latent vorhanden blieb, möglicherweise sogar an nachfolgende Generationen weitergegeben und nach der Etablierung eines Systems des Parteienwettbewerbs wieder verhaltensrelevant wurde. Für eine derartige Möglichkeit spricht auch die Tatsache, daß die politischen Kommunikationsstrukturen zwischen Ost- und Westdeutschland nach der deutschen Teilung nicht vollständig zerschlagen wurden, sondern infolge der breiten Nutzung des Westfernsehens durch die DDR-Bevölkerung bis zu einem gewissen Grade erhalten blieben (vgl. auch die Befunde bei BLUCK/KREIKENBOM 1993).

Eine Analyse der sozialstrukturellen Grundlagen des Parteienwettbewerbs in den neuen Ländern ist demzufolge weniger als Bestandsaufnahme der aktuellen Situation denn im Hinblick auf die in der Sozialstruktur angelegten Entwicklungspotentiale von Interesse.

4.2 Die Sozialstruktur der neuen und alten Bundesländer im Vergleich

Aus einer Reihe von Gründen stehen verläßliche Daten über die Sozialstruktur der neuen Bundesländer erst seit 1989/90 zur Verfügung. Auf dieser Grundlage ergeben sich zwischen der Beschäftigungsstruktur der alten und der neuen Länder erhebliche Unterschiede. Der Arbeiteranteil ist in Ostdeutschland mit 52 Prozent wesentlich höher als in Westdeutschland. Er befindet sich ungefähr auf dem 1950 in den alten Bundesländern gemessenen Niveau. Dementsprechend fällt der Anteil der Angestellten mit 45 Prozent etwas niedriger aus als in den alten Bundesländern. Infolge der seit der

Gründung der DDR forciert vorangetriebenen Verstaatlichungspolitik schrumpfte die Gruppe der Selbständigen auf einen extrem niedrigen Wert (1990: drei Prozent). Unter der Prämisse einer zunehmenden Angleichung des Wählerverhaltens an die im Westen bestehenden Verhältnisse dürfte die SPD von den derzeitigen Beschäftigungsstrukturen in den fünf neuen Ländern eher profitieren als die Union.

Eine ähnliche Aussage dürfte für die religionsbezogenen Variablen gelten. In dieser Hinsicht brachte der Beitritt der neuen Länder zwei wichtige, für die Unionsparteien nachteilige Ergebnisse: Zunächst verschoben sich die Gewichte in Gesamtdeutschland eindeutig zuungunsten der Katholiken, die 1991 in den neuen Ländern mit einem Anteil von sechs Prozent an der Bevölkerung nur eine kleine Minderheit bildeten. Anders als vor dem Zweiten Weltkrieg gehören auch nur noch 33 Prozent protestantischen Kirchen an, während sich 61 Prozent als konfessionslos bezeichnen. Schon der extrem hohe Anteil Konfessionsloser macht deutlich, daß das kommunistische Regime beim Versuch der Eliminierung der Religion aus dem öffentlichen Leben weitgehend erfolgreich war. Insofern bewirkte der Beitritt der neuen Länder einen Säkularisierungsschub in der bundesdeutschen Gesellschaft, der die langfristige Entwicklung im Westen nochmals nachhaltig verstärkte. Überraschenderweise findet aber die Annahme, die während der DDR-Zeit in den großen Religionsgemeinschaften verbliebenen Menschen wiesen eine im Vergleich mit dem Westen engere Kirchenbindung auf (vgl. NEU 1992: 23), in den IPOS-Daten von 1991 keinen Rückhalt. Vielmehr liegt der Anteil regelmäßiger Kirchgänger sowohl bei den Katholiken (22 Prozent) als auch bei den Protestanten (fünf Prozent) nochmals deutlich unter dem Westniveau. Das Hinzukommen einer großen Zahl kirchenferner Wähler dürfte die CDU strukturell schwächen.

Im Hinblick auf den Wandel der Sozialstruktur Gesamtdeutschlands stellt der Beitritt der neuen Länder somit einen wichtigen Einschnitt dar. Einerseits verstärkte dieses Ereignis den Säkularisierungstrend, andererseits weist die Gesellschaft in den neuen Ländern auf dem Weg zum Postindustrialismus einen deutlichen Rückstand gegenüber dem Westen auf.

Falls die Anstrengungen der DDR-Führung, die Gesellschaft im Sinne des Sozialismus zu transformieren, erfolgreich gewesen sein sollten, müßte die sozialstrukturelle Verortung der Parteien in den neuen Ländern weniger eindeutig ausfallen als im

Westen der Bundesrepublik. In diesem Sinne wurde die erste gesamtdeutsche Wahl als Issuewahl interpretiert, bei der die mit dem Beitritt verbundenen wirtschaftlichen Erwartungen im Vordergrund standen (vgl. GIBOWSKI/KAASE 1991). Auf der anderen Seite ist nicht auszuschließen, daß sich mit fortschreitender Integration der neuen Länder in die Bundesrepublik auch die traditionellen Loyalitätsbeziehungen zwischen der Bevölkerung und den Parteien etablieren werden. Die empirische Analyse der Beziehungen zwischen Sozialstruktur und Parteienwettbewerb ist insofern unter zwei Gesichtspunkten von Interesse: erstens im Hinblick auf den Ost-West-Vergleich der Anteile von CDU und SPD in den theorierelevanten gesellschaftlichen Gruppen und zweitens im Hinblick auf die zwischen 1990 und 1992 in den neuen Bundesländern eingetretene Entwicklung.

4.3 Sozialstruktur und Parteipräferenz in den neuen Ländern

Betrachtet man zunächst einmal die Daten für 1990, so fällt das günstige Abschneiden der CDU auf. Etwa 43 Prozent der Wähler äußerten Präferenzen für die Union, aber nur 26 Prozent unterstützten die SPD, was vor allem auf die Position der beiden Parteien und ihrer Spitzenkandidaten in Bezug auf die Gestaltung der deutschen Einheit zurückzuführen ist (vgl. GIBOWSKI/KAASE 1991). Damit lag der CDU-Anteil deutlich über, der SPD-Anteil deutlich unter den entsprechenden Ergebnissen in den alten Bundesländern und dies, obwohl die sozialstrukturelle Zusammensetzung des Ost-Elektorats Vorteile für die SPD erwarten ließ. Wie ein Blick auf die Anteile der Parteien in den einzelnen sozio-ökonomischen Gruppen zeigt, bestanden die aus den alten Bundesländern bekannten Koalitionen zwischen Parteien und sozialen Gruppen 1990 zum Teil auch in den neuen Bundesländern, zum Teil gab es aber auch erhebliche Abweichungen von den Gegebenheiten in den alten Ländern (vgl. Tabelle 5). Als das auffälligste Ergebnis der Untersuchung für das Jahr 1990 ist der hohe CDU-Anteil unter den Arbeitern anzusehen. Mit 50,6 Prozent erzielte die CDU in dieser Gruppe das beste Ergebnis überhaupt. Am schwächsten schnitt sie bei den Angestellten und Beamten ab, die ihrerseits überdurchschnittlich stark die PDS, nicht aber die SPD präferierten. Die Sozialdemokraten erzielten in allen drei Berufsgruppen etwa ein Viertel der Stimmen.

Die Parteipräferenz der Selbständigen und Landwirte entspricht zwar den Erwartungen, jedoch fällt der Anteil der CDU in dieser Gruppe deutlich niedriger aus als im Westen. Zudem erzielte die CDU bei den Arbeitern einen höheren Anteil als bei den Landwirten und Selbständigen. Wegen der kleinen Zahl von Selbständigen sollte man dieses Ergebnis allerdings nicht überinterpretieren.

Auch die Ergebnisse bei den Angehörigen verschiedener Konfessionen bzw. den Konfessionslosen stützen die Erwartung, daß in den neuen Bundesländern 1990 noch keine dauerhaften politischen Konfliktlinien ausgebildet sein konnten. Sowohl bei den Katholiken als auch bei den Protestanten und den Konfessionslosen erzielte die CDU ein erheblich besseres Ergebnis als die SPD. Anders als bei der Berufszugehörigkeit kann man hier jedoch wenigstens die erwartete Reihenfolge feststellen: Die größte Unterstützung erhielt die CDU bei der zahlenmäßig unbedeutenden Gruppe der Katholiken, die geringste bei den Konfessionslosen.

Erwartungsgemäß fiel die sozialstrukturelle Verankerung des Parteienwettbewerbs in den neuen Ländern schwächer aus als in den alten: Insbesondere ließen sich die für Westdeutschland typischen Konfliktlinien im Osten nicht feststellen. Vielmehr dominierte die CDU in allen gesellschaftlichen Gruppen. Unterschiedlich war lediglich das Ausmaß ihrer Dominanz.

Wendet man sich der Entwicklung im Zeitraum von 1990 bis 1992 zu, dann gibt es ebenfalls ein charakteristisches Ergebnis: Die Unterstützung der CDU in allen gesellschaftlichen Gruppen ging dramatisch zurück; von 43 Prozent im Jahre 1990 sank sie über 30 (1991) auf 21 Prozent im Jahre 1992. Die SPD hingegen konnte sich von 26 (1990) auf 40 Prozent (1991) verbessern. 1992 lag sie bei 37 Prozent. Vermutlich reflektiert dieses Ergebnis die Enttäuschung zahlreicher CDU-Wähler über die allenfalls schleppende Verbesserung der wirtschaftlichen Lage Ostdeutschlands. Die SPD konnte von diesen Enttäuschungen bisher jedoch nur teilweise profitieren.

Tabelle 5: CDU- und SPD-Anteile in durch Berufsstatus, Gewerkschaftsmitgliedschaft und Konfession bestimmten Gruppen in den neuen Bundesländern 1990, 1991 und 1992

5a: bei Berücksichtigung sämtlicher Wähler

	CDU			SPD		
	1990	1991	1992	1990	1991	1992
Selbst./Landwirte	45,6	35,2	27,8	26,7	32,4	24,1
Angest./Beamte	37,7	25,5	18,7	25,2	41,0	38,6
Arbeiter	50,6	36,4	24,0	26,8	40,7	37,8
Gewerkschaftsmitglied			14,4			35,8
kein Gewerkschaftsmitglied			24,1			37,6
Katholisch	64,0	54,2	37,5	20,8	22,9	33,3
Protestantisch	52,6	41,8	28,8	22,9	34,3	39,4
Konfessionslos	35,7	21,7	17,1	27,9	44,7	36,5
regelmäßiger Kirchgang		58,6	40,0		31,0	30,0
unregelmäßiger Kirchgang		45,1	27,4		30,5	38,9
nie Kirchgang		23,5	18,4		43,9	36,9
Gesamt	43,2	30,5	21,4	25,7	39,9	37,1

Cramer's V: Berufsstatus 1990=0,15, 1991=0,16, 1992=0,20; Gewerkschaftsmitgliedschaft 1992=0,17; Konfession 1990=0,19, 1991=0,22, 1992=0,20; Kirchgangshäufigkeit 1991=0,21, 1992=0,18

5b: bei Berücksichtigung nur der CDU- und der SPD-Wähler

	CDU			SPD		
	1990	1991	1992	1990	1991	1992
Selbst./Landwirte	63,1	52,1	53,6	36,9	47,9	46,4
Angest./Beamte	60,0	38,2	32,6	40,0	61,7	67,4
Arbeiter	65,4	47,2	38,8	34,6	52,8	61,2
Gewerkschaftsmitglied			28,7			71,3
kein Gewerkschaftsmitglied			39,0			61,0
Katholisch	75,5	70,3	52,9	24,5	29,7	47,1
Protestantisch	60,7	54,9	42,2	30,3	45,1	57,8
Konfessionslos	56,1	32,7	31,9	43,9	67,3	68,1
regelmäßiger Kirchgang		65,4	57,1		34,6	42,9
unregelmäßiger Kirchgang		59,6	41,3		40,4	58,7
nie Kirchgang		34,9	33,2		65,1	66,8
Gesamt	62,6	43,3	36,5	37,3	56,7	63,5

Cramer's V: Berufsstatus 1990=0,06, 1991=0,10, 1992=0,11; Gewerk-schaftsmitgliedschaft 1992=0,10; Konfession 1990=0,15, 1991=0,26, 1992=0,14; Kirchgangshäufigkeit 1991=0,25, 1992=0,12

Datenbasis: August-November 1990-Umfrage der FGW-Wahlstudie 1990 Ost (ZA-Nr. 1987), IPOS-Studie 1991 (ZA-Nr. 2121) und IPOS-Studie 1992 (ZA-Nr. 2288). Fallzahlen: siehe Anhang 3.

Die im Gesamtelektorat der neuen Länder feststellbare Verschiebung zuungunsten der CDU ist auch in einzelnen gesellschaftlichen Gruppen erkennbar. Zwar erhielt die Union 1991 nach wie vor eine überdurchschnittliche Unterstützung durch die Arbeiter, gleichwohl lag der SPD-Anteil in dieser Gruppe bereits höher als der der Christdemokraten. Zwischen 1991 und 1992 verstärkte sich dieser Abwärtstrend der Union bei den Arbeitern: Nur noch ein Viertel der Angehörigen dieser Gruppe präferierten die CDU, während die Sozialdemokraten 37,8 Prozent für sich verbuchen konnten. Bei den Selbständigen und Landwirten verlor die CDU zwar auch an Boden, allerdings blieb ihr Anteil in dieser Berufsgruppe größer als der der SPD. Möglicherweise deuten diese Daten auf eine langfristige Angleichung der sozio-ökonomischen Grundlagen des Parteienwettbewerbs in den neuen Ländern an die aus den alten Ländern bekannten Strukturen hin. Für eine solche Annahme sprechen auch die Parteianteile bei den gewerkschaftlich Organisierten bzw. Ungebundenen. So schnitt die SPD bei den Gewerkschaftsmitgliedern um 20 Prozentpunkte besser ab als die CDU, während die Differenz bei den Nichtmitgliedern lediglich 13 Prozentpunkte betrug. Auf der anderen Seite sprechen die gleich hohen Anteile der SPD bei den gewerkschaftlich Ungebundenen und bei den gewerkschaftlich Organisierten gegen die Annahme eines sozio-ökonomischen Cleavages in den neuen Ländern.

Als Zwischenergebnis kann man also festhalten, daß die Parteipräferenz der Bevölkerung der neuen Bundesländer 1990 nicht durch sozio-ökonomische Cleavages bestimmt war. Zwar haben sich in den beiden darauffolgenden Jahren die parteipolitischen Kräfteverhältnisse in die aus den alten Bundesländern bekannte Richtung verschoben, jedoch ist es noch zu früh, dies als Ausdruck der traditionellen Cleavagestruktur zu interpretieren.

Diese Aussage trifft auch für die konfessionelle Spaltungslinie zu. Nach wie vor fällt der CDU-Anteil bei den Katholiken am größten, bei den Konfessionslosen am niedrigsten aus. Dies entspricht dem aus Westdeutschland bekannten Muster. Abweichend von den Verhältnissen in den alten Bundesländern ist die SPD jedoch in allen drei Gruppen 1992 etwa gleich stark vertreten. Ähnlich stellt sich der Sachverhalt bei der Kirchenbindung dar: Unter den regelmäßigen Kirchgängern ist die CDU stärker vertreten als bei den Personen, die nie die Kirche aufsuchen. Die SPD hingegen schneidet bei den regelmäßigen Kirchgängern nicht wesentlich schlechter ab als bei Personen mit schwächerer Kirchenbindung.

In dieses Bild passen auch die Ergebnisse einer Diskriminanzanalyse für die alten und die neuen Bundesländer (vgl. Tabelle 4). In den alten Ländern traten ausnahmslos theorieadäquate Ladungen der Variablen auf den Diskriminanten auf, und die Diskriminanzfunktionen leisten zumeist eine zufriedenstellende Zuordnung der Befragten zu den Parteien. In den neuen Ländern ist dies nicht der Fall. Generell fällt die Zuordnung der Befragten zu den Parteien schlechter aus als in Westdeutschland, darüber hinaus passen die Ladungen der Variablen auf den Diskriminanten nur bedingt zur Cleavage-Theorie. Insbesondere spielt die Zugehörigkeit zum Neuen Mittelstand in den neuen Ländern eine große Rolle als Determinante des Parteienwettbewerbs. Die SPD (und die PDS) weisen ihre soziale Basis schwerpunktmäßig im kirchenfernen Angestellten- und Beamtenmilieu auf, in dem die Union dementsprechend unterdurchschnittlich abschneidet. Die klaren, theoretisch prognostizierten Effekte der alten Cleavages lassen sich in den neuen Ländern nur bedingt nachweisen.

5. Diskussion

Trotz der einschneidenden gesellschaftlichen Wandlungsprozesse, denen die alte Bundesrepublik seit dem Ende des Zweiten Weltkriegs ausgesetzt war, erweisen sich die im 19. und 20. Jahrhundert gebildeten Koalitionen zwischen Wählern und politischen Parteien als ziemlich stabil. Wenn das System des Parteienwettbewerbs seit dem Ende des Zweiten Weltkriegs Stabilität verlor, dann war dies nicht in erster Linie auf eine Lockerung der traditionellen Wähler-Parteien-Koalitionen, sondern auf Veränderungen der Berufsstruktur und vor allem auf den Säkularisierungsprozeß zurückzuführen. Diese Veränderungen brachten es mit sich, daß die Stammklientele der beiden großen Parteien schrumpften. Die gesellschaftlichen Gruppen, die sich traditionell mit einer bestimmten Partei verbunden fühlen, behielten ihre Loyalität im Prinzip bei. Auf der anderen Seite gibt es eine große und tendenziell größer werdende Gruppe ohne historisch gewachsene Bindungen an eine bestimmte Partei.

Da in den neuen Ländern ein demokratischer Wettbewerb zwischen den Repräsentanten bestimmter Interessen und Wertvorstellungen sechzig Jahre lang unterbrochen war, konnten sich die gesellschaftlichen Grundlagen des Parteienwettbewerbs dort nicht klar entfalten. Dementsprechend ist es nicht überraschend, wenn die aus dem

Westen bekannten Koalitionen zwischen Parteien und gesellschaftlichen Gruppen sich im Osten nicht oder nur in abgeschwächter Form zeigen und wenn innerhalb eines kurzen Zeitraums geradezu dramatische Veränderungen in der sozialen Basis des Parteienwettbewerbs auftraten. Für die Unterschiede zwischen dem Osten und dem Westen ist sicherlich die kurze Bestandsdauer des demokratischen Parteiensystems der neuen Bundesländer maßgeblich. Nicht weniger bedeutsam dürfte jedoch der Umstand sein, daß sich der Parteienwettbewerb in den neuen Ländern unter gesellschaftlichen Bedingungen formiert, die sich erheblich von denen der zweiten Hälfte des 19. Jahrhunderts unterscheiden, in der das deutsche Parteiensystem in seinen Grundzügen entstand. Ob sich im Laufe der Zeit eine Angleichung des Parteienwettbewerbs in den alten und den neuen Bundesländern einstellen wird, ob sich der Ost-West-Unterschied im Sinne des Zentrum-Peripherie-Konfliktes zu einer neuen Spannungslinie formieren wird oder ob stabile Koalitionen zwischen Wählern und Parteien in den neuen Ländern überhaupt nicht entstehen werden, läßt sich derzeit nicht einmal in groben Umrissen erkennen.

Literatur

BAKER, Kendall/DALTON, Russell J./HILDEBRANDT, Kai 1981: Germany Transformed, Cambridge: Harvard University Press.

BLUCK, Carsten/KREIKENBOM, Henry 1993: Quasiparteibindung und Issues - zur Mehrdimensionalität der Einflußfaktoren im Wahlverhalten Jenaer Bürger, in: GABRIEL, Oscar W./TROITZSCH, Klaus G. (Hrsg.): Wahlen in Zeiten des Umbruchs, Frankfurt/M.: Peter Lang, S. 455-470.

CREWE, Ivor/DENVER, David (Hrsg.) 1985: Electoral Change in Western Democracies. Patterns and Sources of Electoral Volatility, New York: St. Martin's Press.

DALTON, Russell J. 1984: The West German Party System between Two Ages, in: DALTON, Russell J./FLANAGAN, Scott C./BECK, Paul Allen (Hrsg.): Electoral Change in Advanced Industrial Democracies. Realignment or Dealignment? Princeton, N.J.: Princeton University Press, S. 104-133.

DALTON, Russell J. 1988: Citizen Politics in Western Democracies. Public Opinion and Political Parties in the United States, Great Britain, West Germany, and France, Chatham, N.J.: Chatham House Publishers.

DALTON, Russell J./BECK, Paul Allen/FLANAGAN, Scott C. 1984: Introduction: Electoral Change in Advanced Industrial Democracies, in: DALTON, Russell J./FLANAGAN, Scott C./BECK, Paul Allen (Hrsg.): Electoral Change in Advanced Industrial Democracies. Realignment or Dealignment? Princeton, N.J.: Princeton University Press, S. 3-22.

DALTON, Russell J./FLANAGAN, Scott C./BECK, Paul Allen (Hrsg.) 1984: Electoral Change in Advanced Industrial Democracies. Realignment or Dealignment? Princeton, N.J.: Princeton University Press.

DALTON, Russell J./ROHRSCHNEIDER, Robert 1990: Wählerwandel und die Abschwächung von Parteineigungen von 1972 bis 1987, in: KAASE, Max/KLINGEMANN, Hans-Dieter (Hrsg.): Wahlen und Wähler. Analysen aus Anlaß der Bundestagswahl 1987, Opladen: Westdeutscher Verlag, S. 297-324.

FALTER, Jürgen W. 1992: Wahlen 1990. Die demokratische Legitimation für die deutsche Einheit mit großen Überraschungen, in: JESSE, Eckard/MITTER, Armin (Hrsg.): Die Gestaltung der deutschen Einheit. Geschichte - Politik - Gesellschaft, Bonn: Bouvier, S. 163-188.

FALTER, Jürgen W./SCHUMANN, Siegfried 1992: Politische Konflikte, Wählerverhalten und die Struktur des Parteiensystems, in: GABRIEL, Oscar W. (Hrsg.): Die EG-Staaten im Vergleich. Strukturen, Prozesse, Politikinhalte, Opladen: Westdeutscher Verlag, S. 192-219.

GABRIEL, Oscar W. 1993: Erklären von Parteienkonflikten, in: GABRIEL, Oscar W. (Hrsg.): Verstehen und Erklären von Konflikten. Beiträge zur nationalen und internationalen Politik, München: K.G. Saur Verlag, S. 107-143.

GIBOWSKI, Wolfgang G./KAASE, Max 1991: Auf dem Weg zum politischen Alltag. Eine Analyse der ersten gesamtdeutschen Bundestagswahl vom 2. Dezember 1990, in: Aus Politik und Zeitgeschichte, B11-12/91, S. 3-20.

JUNG, Matthias/ROTH, Dieter 1992: Politische Einstellungen in Ost- und Westdeutschland seit der Bundestagswahl 1990, in: Aus Politik und Zeitgeschichte, B19/92, S. 3-16.

KLECKA, William R. 1980: Discriminant Analysis, Beverly Hills/London/New Delhi: Sage.

KLINGEMANN, Hans-Dieter 1985: West Germany, in: CREWE, Ivor/DENVER, David (Hrsg.): Electoral Change in Western Democracies. Patterns and Sources of Electoral Volatility, New York: St. Martin's Press, S. 230-263.

KLINGEMANN, Hans-Dieter/WATTENBERG, Martin P. 1990: Zerfall und Entwicklung von Parteiensystemen: Ein Vergleich der Vorstellungsbilder von den politischen Parteien in den Vereinigten Staaten von Amerika und der Bundesrepublik Deutschland, in: KAASE, Max/KLINGEMANN, Hans-Dieter (Hrsg.): Wahlen und Wähler. Analysen aus Anlaß der Bundestagswahl 1987, Opladen: Westdeutscher Verlag, S. 325-344.

KNUTSEN, Oddbjörn 1988: The Impact of Structural and Ideological Party Cleavages in West European Democracies: A Comparative Empirical Analysis, in: British Journal of Political Science, 18, S. 323-352.

KNUTSEN, Oddbjörn 1989: Cleavages Dimensions in Ten West European Countries: A Comparative Empirical Analysis, in: CPS, 21, S. 495-534.

LIPSET, Seymour Martin/ROKKAN, Stein 1967: Cleavage Structures, Party Systems, and Voter Alignments. An Introduction, in: dies. (Hrsg.): Party Systems and Voter Alignments: Cross National Perspectives, New York/London: Collier, Macmillan, S. 1-64.

MAGUIRE, Maria 1983: Is There Still Persistence? Electoral Change in Western Europe, in: DAALDER, Hans/MAIR, Peter (Hrsg.): Western European Party Systems. Continuity and Change, Beverly Hills/London/New Delhi: Sage, S. 67-94.

NEU, Viola 1992: Theoretische Erklärungsansätze des Wählerverhaltens in den neuen Ländern der Bundesrepublik Deutschland, Sankt Augustin: Konrad-Adenauer-Stiftung.

PAPPI, Franz Urban 1977: Sozialstruktur, gesellschaftliche Wertorientierungen und Wahlabsicht, in: KAASE, Max (Hrsg.): Wahlsoziologie heute. Analysen aus Anlaß der Bundestagswahl 1976, PVS Heft 2/3, S. 195-229.

PAPPI, Franz Urban 1983: Die Links-Rechts-Dimension des deutschen Parteiensystems und die Parteipräferenz-Profile der Wählerschaft, in: KAASE, Max/KLINGEMANN, Hans-Dieter (Hrsg.): Wahlen und politisches System. Analysen aus Anlaß der Bundestagswahl 1980, Opladen: Westdeutscher Verlag, S. 422-441.

PAPPI, Franz Urban/TERWEY, Michael 1982: The German Electorate: Old Cleavages and New Political Conflicts, in: DÖRING, Herbert/SMITH, Gordon (Hrsg.): Party Government and Political Culture in Western Germany, London/Basingstoke: Macmillan, S. 174-196.

PEDERSEN, Mogens N. 1983: Changing Patterns of Electoral Volatility in European Party Systems, 1948-1977: Explorations and Explanations, in: DAALDER, Hans/MAIR, Peter (Hrsg.): Western European Party Systems. Continuity and Change, Beverly Hills/London/New Delhi: Sage, S. 29-66.

SCHMITT, Karl 1984: Inwieweit bestimmt auch heute noch die Konfession das Wählerverhalten? Konfession, Parteien und politisches Verhalten in der Bundesrepublik, in: LANDESZENTRALE FÜR POLITISCHE BILDUNG BADEN-WÜRTTEMBERG (Hrsg.): Konfession - eine Nebensache? Politische, soziale und kulturelle Ausprägungen religiöser Unterschiede in Deutschland, Stuttgart u.a., S. 21ff.

VEEN, Hans-Joachim/GLUCHOWSKI, Peter 1988: Sozialstrukturelle Nivellierung bei politischer Polarisierung - Wandlungen und Konstanten in den Wählerstrukturen der Parteien 1953-1987, in: Zeitschrift für Parlamentsfragen, 2, S. 225-248.

VOLKENS, Andrea/KLINGEMANN, Hans-Dieter 1992: Die Entwicklung der deutschen Parteien im Prozeß der Vereinigung, in: JESSE, Eckard/MITTER, Armin (Hrsg.): Die Gestaltung der deutschen Einheit. Geschichte - Politik - Gesellschaft, Bonn: Bouvier, S. 189-214.

Anhang 1: Gewichtungsfaktoren für die Berechnung der Gewinne und Verluste der Parteien wegen einer 1990 im Vergleich zu 1953 veränderten Sozialstruktur

	1953 (%)	(N)	1990 (%)	(N)	Gewicht
Berufsstatus					
Selbständige/Landwirte	28,8	(579)	10,1	(155)	2,85
Beamte/Angestellte	24,5	(492)	54,8	(839)	0,45
Arbeiter	46,8	(941)	35,1	(537)	1,33
Gewerkschaftsmitgliedschaft					
Mitglied	11,6	(376)	16,6	(341)	0,70
kein Mitglied	88,3	(1301)	83,4	(1710)	1,06
Konfession					
Katholisch	47,6	(1530)	45,1	(917)	1,06
Evangelisch	49,6	(1594)	47,5	(965)	1,04
Konfessionslos	2,7	(87)	7,4	(150)	0,36
Kirchenbindung					
regelmäßig	38,0	(1234)	17,5	(360)	2,17
unregelmäßig	49,6	(1609)	62,3	(1281)	0,80
nie	12,4	(403)	20,2	(415)	0,61
Berufsstatus, Gewerkschaftsmitgliedschaft und Kirchenbindung					
Selbständige/Landwirte + regelmäßig	14,9	(299)	1,7	(26)	8,77
Selbständige/Landwirte + unregelmäßig	12,5	(251)	6,3	(96)	1,98
Selbständige/Landwirte + nie	1,4	(29)	2,2	(33)	0,64
Beamte/Angestellte + Gewerkschaft + regelmäßig	1,1	(23)	2,0	(31)	0,55
Beamte/Angestellte + Gewerkschaft + unregelmäßig	2,3	(47)	6,8	(104)	0,34
Beamte/Angestellte + Gewerkschaft + nie	0,8	(17)	2,2	(33)	0,36
Beamte/Angestellte + nicht Gewerk. + regelmäßig	7,6	(152)	8,8	(134)	0,86
Beamte/Angestellte + nicht Gewerk. + unregelmäßig	9,3	(187)	26,1	(398)	0,36
Beamte/Angestellte + nicht Gewerk. + nie	3,2	(65)	8,8	(135)	0,36
Arbeiter + Gewerkschaft + regelmäßig	3,1	(63)	0,8	(12)	3,88
Arbeiter + Gewerkschaft + unregelmäßig	6,7	(135)	7,4	(113)	0,91
Arbeiter + Gewerkschaft + nie	3,8	(77)	2,3	(35)	1,65
Arbeiter + nicht Gewerkschaft + regelmäßig	10,3	(208)	3,3	(50)	3,12
Arbeiter + nicht Gewerkschaft + unregelmäßig	17,5	(351)	16,2	(248)	1,08
Arbeiter + nicht Gewerkschaft + nie	5,3	(107)	5,2	(79)	1,02

(Fortsetzung Anhang 1)

Datenbasis: Bundesstudie 1953 (ZA-Nr. 145) und 1. Panelwelle der FGW-Wahlstudie 1990 (ZA-Nr. 1915); prozentuiert wurde stets auf alle Befragten außer den Antwortverweigerern.

Anhang 2: Fallzahlen der CDU/CSU und der SPD in verschiedenen sozialen Gruppen 1953, 1980, 1983, 1987 und 1990

	CDU/CSU					SPD				
	'53	'80	'83	'87	'90	'53	'80	'83	'87	'90
Beruf + Gewerkschaftsmitgliedschaft										
Selbst./Landwirte	116	70	78	106	76	20	42	30	31	28
Angest./Beamte + Gew.	11	30	43	45	47	18	78	77	64	75
Angest./Beamte + kein Gew.	71	180	220	323	247	34	177	218	196	231
Arbeiter + Gew.	26	37	37	44	30	81	112	88	108	99
Arbeiter + kein Gew.	67	89	142	149	103	98	39	163	172	169
Gesamt	291	406	520	667	503	251	548	576	571	602
Konfession + Kirchgangshäufigkeit										
Katholiken + regelmäßig	236	153	156	215	170	38	34	53	54	53
Katholiken + unregelmäßig	62	125	156	226	197	66	156	155	161	189
Katholiken + nie	6	9	17	19	18	20	34	28	19	34
Protestanten + regelmäßig	50	22	31	27	25	20	14	39	17	23
Protestanten + unregelmäßig	120	124	215	213	195	138	246	267	298	359
Protestanten + nie	14	28	23	38	28	36	92	71	65	73
Konfessionslose	6	11	22	25	31	21	56	44	46	61
Gesamt	494	472	620	763	664	339	632	657	660	792

Datenbasis: Bundesstudie 1953 (ZA-Nr. 145), September 1980-Umfrage der FGW-Wahlstudie 1980 (ZA-Nr. 1053), 1. Panelwelle der FGW-Wahlstudie 1983 (ZA-Nr. 1276), Februar 1987-Umfrage der FGW-Wahlstudie 1987 (ZA-Nr. 1536) und 1. Panelwelle der FGW-Wahlstudie 1990 (ZA-Nr. 1915).

Anhang 3: Fallzahlen der CDU und der SPD in verschiedenen sozialen Gruppen in den neuen Bundesländern 1990, 1991 und 1992

	CDU			SPD		
	1990	1991	1992	1990	1991	1992
Selbst./Landwirte	41	25	15	24	23	13
Angest./Beamte	506	110	76	338	177	157
Arbeiter	513	108	78	271	121	123
Gewerkschaftsmitglied			37			92
kein Gewerkschaftsmitglied			137			214
Katholisch	80	26	18	26	11	16
Protestantisch	462	117	68	201	96	93
Konfessionslos	517	107	94	404	220	201
regelmäßiger Kirchgang		17	12		9	9
unregelmäßiger Kirchgang		102	57		69	81
nie Kirchgang		134	111		250	223
Gesamt	1059 - 1060	243 - 253	169 - 180	631 - 633	321 - 328	293 - 313

Datenbasis: August-November 1990-Umfrage der FGW-Wahlstudie 1990 Ost (ZA-Nr. 1987), IPOS-Studie 1991 (ZA-Nr. 2121) und IPOS-Studie 1992 (ZA-Nr. 2288).

Carsten Zelle

Steigt die Zahl der Wechselwähler?
Trends des Wahlverhaltens und der Parteiidentifikation

In der deutschen und in der internationalen Wahlforschung haben in den letzten Jahren Thesen an Bedeutung gewonnen, die einen Wandel des Wahlverhaltens in den westlichen Demokratien behaupten. Dabei wird im wesentlichen auf folgende, miteinander verknüpfte Aspekte eingegangen:

- Im Aggregat veränderten sich die Koalitionen bestimmter sozialer Gruppen mit Parteien. Nach dem von LIPSET und ROKKAN (1967: 50) beschriebenen "freezing of the major party alternatives" sei das Gefüge der sozialen Basen der Parteien im Tauen begriffen.

- Das Individuum verliere die soziostrukturell verankerte Anbindung an eine Partei. Die Folge sei ein Rückgang der Parteiidentifikation und ein Anstieg des Wechselwähleranteils.

- Damit im Zusammenhang stehe auch der in einigen Ländern zu beobachtende Rückgang der Wahlbeteiligung.

Wenn diese Thesen im Zusammenhang betrachtet werden, ist die Schlußfolgerung eines Wandels im Wahlverhalten unausweichlich. Denn zum einen ist das Wachstum der parteipolitisch heterogenen "neuen Mittelschicht" auf Kosten der traditionellen Stammwählergruppen der großen Parteien - vor allem das kirchliche Umfeld und gewerkschaftlich organisierte Arbeiter - eindeutig belegt (vgl. BRINKMANN 1988, ZAPF 1989). Zum anderen werden in den gesunkenen Wahlbeteiligungsraten in Bundes- und Landtagswahlen Veränderungen in Verhaltensmustern der Wähler deutlich, die in offenkundigem Bezug zu ihrem Verhältnis zu den Parteien stehen: So wurde in den USA der Rückgang der Parteiidentifikation als eine Ursache der gesunkenen Wahlbeteiligung herausgestellt (vgl. SHAFFER 1981; ABRAMSON/ALDRICH

1982). Ganz ohne Zweifel hat sich die Beziehung der Wählerschaft zu den Parteien in diesen Aspekten gewandelt.

Daß sich die Bedingungen des Wählerverhaltens in einigen Aspekten ändern, darf aber nicht zu der Schlußfolgerung verleiten, das Wahlverhalten sei in jeder Beziehung im Wandel begriffen. So steht in Großbritannien denjenigen, die einen Niedergang der Bedeutung der sozialen Klasse oder des sozialen Zusammenhangs insgesamt für das Wahlverhalten konstatieren (FRANKLIN 1985; ROSE/McALLISTER 1986), ein Autorenteam gegenüber, das keinen Bedeutungsverlust der sozialen Lage des einzelnen für die Parteipräferenzen feststellt (HEATH u.a. 1985, vgl. neuerdings auch ROSE/McALLISTER 1990). In Deutschland hat in ähnlicher Weise PAPPI auf der bleibenden Bedeutung der Klassenlage für die Parteipräferenz insistiert, selbst wenn von einer konstanten Konfliktstruktur nicht gesprochen werden könne (PAPPI 1990). SCHMITT (1990: 198) stellte zudem fest, daß sich die niedrigere Bindungskraft der Kirchen (noch) nicht in der erwarteten Weise im Wählerverhalten niederschlagen konnte.

Thema des vorliegenden Beitrags ist die Frage der Stabilität der Parteipräferenz bei Wahlen. Auch diese ist in Großbritannien diskutiert worden: Zusammen mit dem "withering away of class" wurde die These eines Anstiegs der individuellen "volatility", der Wechselbereitschaft im Wählerverhalten, formuliert. Empirisches Standbein dieser Thesen ist zum einen ein Rückgang der Parteiidentifikation, zum anderen ein Anstieg der Wechselaktivität bei Unterhauswahlen (vgl. ROSE/ McALLISTER 1986; SÄRLVIK/CREWE 1983). Zumindest der letztgenannte Punkt wurde in einer jüngeren Untersuchung entkräftet (vgl. HEATH u.a. 1991: 20).

Die Literaturlage in der deutschen Wahlforschung erscheint in dieser Frage dagegen eher homogen. So stellte SCHULTZE (1991) in seiner Bestandsaufnahme des Standes der Wahlforschung fest, "über die abnehmenden Bindungen in der Wählerschaft ist man sich im *Mainstream* der westdeutschen Wahlforschung dabei durchaus einig". GIBOWSKI und KAASE (1991: 6) gehen in ihrer Analyse der letzten Bundestagswahl von einer "von der Wahlforschung zweifelsfrei belegten zunehmenden Wechselbereitschaft" aus. Derartige Aussagen lassen schnell vergessen, daß bis dato noch kein eindeutiger empirischer Beleg für eine Destabilisierung des Wahlverhaltens in Deutschland vorliegt: Die umfassendste Studie der Stabilität der westdeutschen

Parteipräferenzen mündet in der Schlußfolgerung einer "fragilen Stabilität", nicht etwa einer Destabilisierung (vgl. KLINGEMANN 1985). Vor diesem Hintergrund untersucht der vorliegende Beitrag
- ob die Schwankungen der Wahlergebnisse in den letzten Jahrzehnten zugenommen haben,
- ob sich Belege für eine Destabilisierung des individuellen Verhaltens bei Bundestagswahlen finden lassen,
- ob das Wahlverhalten bei Landtagswahlen an Stabilität eingebüßt hat,
- inwieweit von einem Niedergang der Parteiidentifikation gesprochen werden kann.

Untersuchungsgegenstand sind dabei langfristige Trends, die auf originäre Verhaltensänderungen hindeuten. Veränderungen des Wechselwahlverhaltens, die aufgrund parteipolitischer oder institutioneller Umgestaltungen vorhersehbar waren, sollen hier nicht als Ausdruck von Verhaltensänderungen gewertet werden.

Bewußt ausgeklammert aus allen hier berichteten Analysen ist der Aspekt der Nichtwahl. Damit soll wohlgemerkt nicht die Bedeutung der gesunkenen Wahlbeteiligung als Indikator sich wandelnder Beziehungen zu den Parteien herabgesetzt werden. In der Tat kann auch der Wechsel in die und aus der Nichtwählerschaft als Wechselwählen verstanden werden: Wenn die Wahlabstinenzler als "Partei der Nichtwähler" bezeichnet werden, erscheinen Parteiwechsel und Nichtwählen als zwei Seiten einer Medaille (vgl. VEEN 1992). Hier wird es jedoch als wichtig erachtet, die verschiedenen Formen der Entwicklung des Wahlverhaltens isoliert zu betrachten und nicht in weitgefaßten Wandelthesen untergehen zu lassen. Im Mittelpunkt des Interesses stehen hier die Wechselwähler im engeren Sinne, also Wähler, die zwischen verschiedenen Wahlen ihre Parteipräferenz wechseln (vgl. KAASE 1967: 81).

Dieser Beitrag beschäftigt sich mit Entwicklungen der Wählerlandschaft. Das in der Sozialforschung ohnehin allseits drängende Problem unterschiedlicher gesellschaftlicher Voraussetzungen im Westen und im Osten Deutschlands stellt sich hier in besonderer Schärfe. Weil es schlicht unangemessen ist, im Osten Deutschlands von Wählertraditionen zu sprechen, muß sich hier auf die alte Bundesrepublik beschränkt werden, ohne daß damit die Bedeutung der neuen Länder für die zukünftige Entwicklung des Wahlverhaltens verkannt wird.

1. Die Entwicklung des Wechselwählens bei Bundestagswahlen

1.1 Thesen der zunehmenden Wechselaktivität

Folgende Gründe werden für eine Destabilisierung der Parteipräferenzen zum Wechselwählen zwischen Parteien genannt:

- Der Wandel der Sozialstruktur bedeutete ein Wachstum der neuen Mittelschicht aus Angestellten und Beamten, die weder in den konfessionellen Konflikt und den Konflikt zwischen Arbeit und Kapital noch in die dazugehörigen intermediären Organisationen (vor allem Kirchen) eingebettet ist. Ihr soziales Umfeld und ihre soziale Lage drängen infolgedessen nicht auf eine bestimmte Parteipräferenz hin (vgl. VEEN 1988a; BRINKMANN 1988; DALTON 1984b: 107).

- Die Individualisierung von Lebensstilen verschaffe dem Bürger eine hohe Zahl von Entscheidungsmöglichkeiten über die Lebensgestaltung. Daher wandelten sich Interessenlagen und somit auch Parteipräferenzen relativ häufig (vgl. ZAPF u.a. 1987: 133; GLUCHOWSKI 1987).

- Die Expansion des Bildungsniveaus und die gewachsene Zugänglichkeit politischer Information durch die elektronischen Medien steigere die politische Kompetenz des Individuums. Die funktionale Parteiidentifikation, die als Orientierungsrahmen in der komplexen politischen Welt dient (vgl. SHIVELY 1979), verliere dadurch an Notwendigkeit (vgl. DALTON 1984a).

In allen diesen Fällen ist die Schlußfolgerung eines Anstiegs des Wechselwählens durchaus plausibel, in keinem dieser Fälle aber ist sie zwingend. Denn es ist ebenfalls plausibel, sich die Parteipräferenz als durch längerfristige Wertorientierungen oder durch individuell geformte soziale Milieus (Familie, Freundeskreise) stabilisiert vorzustellen.

1.2 Zum Begriff des Wechselwählers

Dem intuitiven Verständnis eines Wechselwählers entspricht wohl der Wählertypus, für den die Wahlentscheidung keine feste Größe ist, sondern der sie zur Disposition stellt und zu revidieren bereit ist. Ein Wechselwähler kann also durchaus mehrere Wahlen hintereinander konstant wählen. Die Definitionsprobleme beginnen, wenn festgelegt werden soll, wie oft ein Wähler mindestens wechseln muß, um als Wechselwähler zu gelten. In der Tat ist auch ein völlig auf die Einstellung des Wählers gemünzter Begriff denkbar, der bereits das stete Überprüfen der Wahlentscheidung hinreichen läßt, auch wenn nicht tatsächlich gewechselt wird (vgl. die Darstellung bei KAASE 1967: 73-75). Ähnlich unklar ist, ob nur Bundestagswahlen oder auch Wahlen auf anderen staatlichen Ebenen mit zum Teil sehr unterschiedlichen Parteienkonstellationen einbezogen werden sollen. Der Begriff des Wechselwählers ist also schon aus der konzeptuellen Perspektive äußerst unscharf. Eine große Anzahl unterschiedlicher Definitionen ist denk- und vertretbar.

In der Praxis wird die Definition des Wechselwählers von den begrenzten Möglichkeiten der empirischen Methodik bestimmt. Da tatsächliches Wahlverhalten nicht im individuellen Zeitvergleich meßbar ist, muß auf in Umfragen berichtetes Wahlverhalten ausgewichen werden. Weil zudem Panel-Befragungen, die (mindestens) eine ganze Legislaturperiode umspannen, nicht im Zeitablauf vorliegen, muß sich auf das vom Befragten über Jahre erinnerte Wahlverhalten in Querschnittsanalysen gestützt werden.

Zwei in Querschnittsanalysen gebräuchliche Instrumente zum Erfassen von Wechselwählern stehen hier zur Verfügung: zum einen die direkte Frage, ob sich "im Laufe der Zeit schon mal für eine andere Partei entschieden" wurde, zum anderen die Wechselaktivität zwischen zwei bestimmten Wahlen durch den Vergleich der rückerinnerten Wahlentscheidung in der vergangenen mit der Wahlabsicht in der kommenden Wahl. Diese beiden Konstrukte stellen Extrempunkte des Kontinuums denkbarer Definitionen des Wechselwählens dar: Das erste Instrument läßt im äußersten Falle auch den als Wechselwähler gelten, der ein einziges Mal in einer nicht spezifizierten Wahl von einer sonst konstanten Parteipräferenz abwich. Dagegen erfaßt der Vergleich von vergangener und kommender Wahl nur den als Wechselwähler, der in einer bestimmten Wahl wechselt. Beide Definitionen sind nicht vollständig befriedigend.

Die Antworten auf die direkte Frage nach dem vergangenen Wahlverhalten ergeben einen Rückgang stabilen Wahlverhaltens. Vor der Bundestagswahl 1983 gaben 31 Prozent der Befragten an, in der Vergangenheit nicht immer dieselbe Partei gewählt, sondern "sich im Laufe der Zeit schon mal für eine andere Partei entschieden" zu haben. Nach der Bundestagswahl sagten dies bereits fünf Prozentpunkte mehr, inzwischen sind es gut 40 Prozent. So klar dieser Trend ist, so wenig greifbar ist seine Bedeutung. Denn die weite Auffassung des Wechsels läßt offen, auf welcher staatlichen Ebene und in welchen politischen Konstellationen gewechselt wurde. Für die Thesen des Wählerwandels ist dies deswegen von Bedeutung, weil sich durch die Einführung der Direktwahlen zum Europaparlament, die häufig als "Nebenwahl" verstanden und für Denkzettel-Wahlverhalten genutzt werden (vgl. REIF/SCHMITT 1980), der institutionelle Rahmen für Wechselwahlverhalten im Betrachtungszeitraum geändert hat. Zudem hat die FDP zur Bundestagswahl 1983 ihren Koalitionspartner gewechselt, was eine darauf folgende Umstrukturierung ihrer Wählerschaft erwarten ließ. Schon durch diese beiden Veränderungen auf institutioneller und parteipolitischer Ebene war ein Anstieg derer, die "sich schon mal für eine andere Partei entschieden" haben, zu erwarten. Um von einem Wandel des Wahlverhaltens sprechen zu können, muß jedoch eine Veränderung nachweisbar sein, die nicht aufgrund von Änderungen im Bereich der politischen Institutionen vorhersehbar gewesen wäre (vgl. FLANIGAN/ ZINGALE 1985: 28).

Aus diesem Grund beruhen die hier präsentierten Analysen auf dem Vergleich der Wahlabsicht mit der Rückerinnerung. Die verwendete Definition entspricht damit Kaases Wechselwähler vom Typ 1 (vgl. KAASE 1967: 81). Zwei wichtige Einwände gegen diese Methode können geltend gemacht werden. Erstens ist sowohl zur vergangenen als auch zur kommenden Wahl ein hoher Anteil von Antwortfehlern zu verzeichnen. Über diesen Einwand kann man sich hier jedoch hinwegsetzen, da weniger der absolute Anteil der Wechselwähler als seine Variation über Zeit und zwischen Bevölkerungssegmenten im Blickfeld steht. Dies impliziert die Annahme, daß sich die Qualität der Antworten zu den Wahlfragen nicht verändert hat und sich zwischen den Bevölkerungssegmenten nicht unterscheidet, d.h. der Meßfehler nicht mit der Zeit und nicht mit den betrachteten Sozialstrukturvariablen korreliert.

Der zweite Einwand gegen die Operationalisierung des Wechselwählens im Wege des Vergleichs von rückerinnerter Wahlentscheidung und Wahlabsicht bezieht sich auf die Beschränkung dieser Methode auf zwei Wahlen. Dadurch werden Parteiwechsel, die sich über eine vorübergehende Nichtwahl als Zwischenstufe vollziehen, ausgeklammert. Zwar ist es nicht der Anspruch dieses Beitrags, über das Phänomen der Wahlenthaltung als solches Aussagen zu machen, der Parteiwechsel verliert für die Thesen des Wählerwandels aber nicht an Bedeutung, wenn er eine Phase der Wahlabstinenz umspannt. Dieses methodenbedingte Manko lastet auf allen hier präsentierten Trendreihen des Wahlverhaltens. Es bleibt späteren Analysen vorbehalten, zu prüfen, in welchem Ausmaß die Nichtwahl Übergangsstadium des Parteiwechsels ist.

Die Beschränkung auf die Parteiwechsler zwischen zwei Wahlen erfolgt zwar unfreiwillig, diese Gruppe ist aber nicht ohne politikpraktische Relevanz, denn sie ist ein Indikator dafür, was die Überzeugungsarbeit der Parteien leisten konnte, um Wähler von einer Wahl zur nächsten - ohne den Umweg der Nichtwahl - zum Parteiwechsel zu bewegen. Für die Bewertung der Effizienz von Wahlkämpfen ist dies nicht ohne Bedeutung.

1.3 Die Veränderung der Parteipräferenzen bei Bundestagswahlen von 1972-1990

CONRADT (1986: 133) und KLINGEMANN (1985: 240-242) kommen mit der Methode des Vergleichs von rückerinnerter Wahlentscheidung und Wahlabsicht in Vorwahlumfragen der Forschungsgruppe Wahlen[1] zu unterschiedlichen Ergebnissen: Während CONRADT einen kontinuierlichen Rückgang konsistenten Wahlverhaltens von 1965 bis 1983 feststellt, ergibt sich bei KLINGEMANN kein Anstieg des Wechselwählens. JUNG (1990b) stellt für 1983 und 1987 höhere Wechselaktivität als für 1980 fest. Hier sollen die Daten des Bereichs Forschung und Beratung der Konrad-Adenauer-Stiftung von 1972-1990 dargestellt werden, lediglich für die Bundestags-

---

1 Wenn hier von Daten der Forschungsgruppe Wahlen gesprochen wird, so werden darunter der sprachlichen Einfachheit zuliebe die Wahlstudien von 1972 (vgl. BERGER/GIBOWSKI/KAASE/ROTH/SCHLETH/WILDEMANN) und 1969 (vgl. KLINGEMANN/PAPPI) mitverstanden, ohne daß damit die Autorenschaft der früheren Studien verkannt wird.

wahl von 1987 wurde auf die Wahlstudie der Forschungsgruppe Wahlen zurückgegriffen (vgl. Appendix für die verwendeten Umfragen).

Aus diesen Daten ergibt sich tatsächlich ein Anstieg der Wechselaktivität bei Bundestagswahlen seit 1983, der allerdings nur von geringem Ausmaß ist: Wechselten zwischen 1969 und 1972 14,1 Prozent derer, die zu beiden Wahlen eine Partei angaben, die Parteipräferenz, so waren es zwischen 1980 und 1983 18,2 Prozent, bei der letzten Bundestagswahl waren es 16 Prozent. Eine Recall-Gewichtung, die der Verzerrung der rückerinnerten Wahlentscheidung Rechnung zu tragen sucht, führt zu keinem anderen Ergebnis.

Wie gestaltet sich dieser, wenn auch bescheidene, Anstieg der Wechselaktivität? Die einzige Kategorie des Wechsels, die im Betrachtungszeitraum nennenswert angestiegen ist, ist der Wechsel zwischen SPD und Grünen. Der Wechsel zwischen den "Altparteien" Union, SPD und FDP ist dagegen rückläufig, denn der Wechsel zwischen SPD und FDP hat sich nach 1983 stark reduziert, ohne daß eine Zunahme der Wechselaktivität zwischen CDU und FDP zu beobachten wäre. Mit dem Anstieg des Wechselwählens bei Bundestagswahlen ist demnach nichts gesagt, was in einer Beschreibung des Aufkommens der Grünen, das ohne Wechselaktivität kaum denkbar wäre, nicht bereits impliziert wäre.

Damit soll nicht die Bedeutung des Phänomens "Grüne" für den Wählerwandel geschmälert werden. Mit den Grünen verschaffte sich, je nach Sichtweise, der Wertewandel (vgl. DALTON 1984b; INGLEHART 1989), Systemunzufriedenheit (vgl. VEEN/HOFFMANN 1992: 92-117), bestimmte ökonomische Interessen (vgl. ALBER 1985; BÜRKLIN 1987) oder die Besorgnis über neue Themen (vgl. CHANDLER/SIAROFF 1986) Ausdruck - in jedem Falle repräsentieren sie einen Wandel in der Wählerschaft. Seit ihrem Einzug in den Bundestag besteht ein breiter gefächertes Angebot an den Wähler und somit eine erhöhte Möglichkeit des Wechselwählens, die sich in der leicht gestiegenen Wechselaktivität niederschlägt (vgl. OBERNDÖRFER/MIELKE 1990: 17-18).

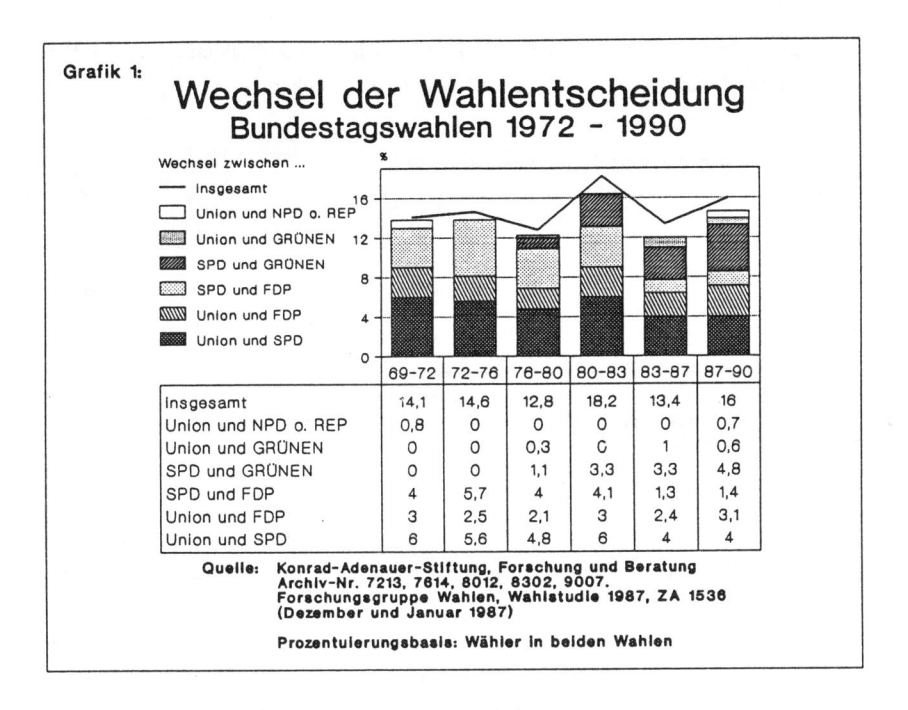

Grafik 1: Wechsel der Wahlentscheidung
Bundestagswahlen 1972 - 1990

Wechsel zwischen ...
— Insgesamt
☐ Union und NPD o. REP
▨ Union und GRÜNEN
▨ SPD und GRÜNEN
☐ SPD und FDP
▨ Union und FDP
■ Union und SPD

Wechsel zwischen...	69-72	72-76	76-80	80-83	83-87	87-90
Insgesamt	14,1	14,6	12,8	18,2	13,4	16
Union und NPD o. REP	0,8	0	0	0	0	0,7
Union und GRÜNEN	0	0	0,3	0	1	0,6
SPD und GRÜNEN	0	0	1,1	3,3	3,3	4,8
SPD und FDP	4	5,7	4	4,1	1,3	1,4
Union und FDP	3	2,5	2,1	3	2,4	3,1
Union und SPD	6	5,6	4,8	6	4	4

Quelle: Konrad-Adenauer-Stiftung, Forschung und Beratung
Archiv-Nr. 7213, 7614, 8012, 8302, 9007.
Forschungsgruppe Wahlen, Wahlstudie 1987, ZA 1536
(Dezember und Januar 1987)

Prozentuierungsbasis: Wähler in beiden Wahlen

Dabei treten die Grünen keineswegs als Durchgangslager in Erscheinung. Denn ihre Wählerschaft weist eine tendenziell sogar höhere Konsistenz zwischen Rückerinnerung und Wahlabsicht auf als die FDP-Wähler (vgl. Tabelle 1). Dies spricht für diejenigen Thesen, die von einer Verfestigung einer Grünen- Stammwählerschaft, die in einem links-alternativen Milieu stabilisiert wird, ausgehen (vgl. VEEN 1988b).

Die hier gezogenen Schlüsse bezüglich der Wechselaktivität folgen aus den ungewichteten Daten ebenso wie aus der Zeitreihe mit politischer Gewichtung. Letztere zeigt jedoch zusätzlich einen weiteren Befund auf: Sie verzeichnet einen starken Wechsel zwischen der SPD und der FDP bei der Bundestagswahl 1983. Dieser Sachverhalt geht in den ungewichteten Daten verloren, weil die FDP in dem Datensatz stark unterrepräsentiert ist. Aber auch diese starke Wechselaktivität zwischen FDP und SPD 1983 berührt die Schlußfolgerung nicht: Hiermit wird der Koalitionswechsel der FDP nachvollzogen, die FDP verlor zwei Drittel ihrer Wählerschaft von 1980 (vgl. Tabelle 1), die Wechselaktivität war damit vorhersehbar.

Tabelle 1: Wiederwahlquoten für die Bundestagsparteien

	1969-72 %	1972-76 %	1976-80 %	1980-83 %	1983-87 %	1987-90 %
CDU/CSU	92	93	90	89	90	89
SPD	87	82	87	86	87	86
FDP	53	69	76	30	65	67
Grüne	-	-		77	79	64

Quelle: Konrad-Adenauer-Stiftung,Forschung und Beratung, Archiv-Nr. 7213, 7614, 8012, 8302, 9007. Forschungsgruppe Wahlen, Wahlstudie 1987, ZA 1536 (Dezember 1986 und Januar 1987). Prozentuierungsbasis: Wähler in beiden Wahlen.

Die unterstützende Betrachtung der Bundestagswahlergebnisse führt zu keinem anderen Ergebnis. Hierfür wird der Pedersen-Index der Volatilität (Wechselhaftigkeit) verwendet (vgl. PEDERSEN 1979, 1983). Dieses einfache Maß der Schwankung in Wahlergebnissen läßt sich durch die Summierung der Stimmengewinne derjenigen Parteien, deren Anteil sich bei einer Wahl erhöht hat, errechnen. Der Pedersen-Index stellt also die Summe der Veränderungen zwischen zwei Wahlen in Prozentpunkten dar. Von Rundungsfehlern abgesehen ergibt sich ein identisches Ergebnis durch die Addition des Betrags der Verluste.[2]

Diese Maßzahl ist seit 1969 bemerkenswert konstant geblieben (vgl. Tabelle 2). Ebenso wie die Individualdaten verzeichnet der Pedersen-Index 1976 als den Zeitpunkt des geringsten Ausmaßes des Wechsels (3,9), 1983 als den Höhepunkt (8,4). Im übrigen schwanken die Werte zwischen 4,5 und 5,7; ein steigender Trend ist nicht ersichtlich. Um das Aufkommen der neuen Partei zu isolieren, wurde der Index für die "Altparteien" CDU/CSU, SPD und FDP getrennt errechnet. (Hierfür wurde der Betrag der Veränderungen der drei Parteien addiert und durch zwei dividiert.) Hier zeigt sich, wiederum in Bestätigung der Individualdaten, von 1983 abgesehen, eine rückläufige Entwicklung des Wechsels. Das Ergebnis von CDU/CSU, SPD und FDP

---

2 KLINGEMANN (1985: 238) berechnet den Pedersen-Index unter Einbezug der Nichtwähler als gesonderte Kategorie. Der hier engeren Fragestellung, die sich auf die Parteiwechsler beschränkt, ist dagegen der auf die Parteianteile beschränkte Index besser angemessen.

auf dem Gebiet der alten Bundesrepublik (ohne Berlin) bei der Bundestagswahl von Dezember 1990 ist dasjenige im gesamten Betrachtungszeitraum, das am geringsten vom Ergebnis der Vorwahl abwich.

Ergebnis: Bei Bundestagswahlen ist ein leichter Anstieg des Wechselwählens feststellbar. Dieser geht aber nicht über das hinaus, was zum einen nach parteipolitischen Veränderungen (Koalitionswechsel der FDP), zum anderen nach einer andersgearteten Veränderung des Wahlverhaltens, der Bildung einer grünen Wählerschaft, zu erwarten gewesen wäre.

Tabelle 2: Volatilität bei Bundestagswahlergebnissen

	Pedersen-Index	Pedersen-Index nur für Union, SPD und FDP
1957-61	9,5	7,2
1961-65	6,7	4,4
1965-69	5,5	4,3
1969-72	5,7	3,5
1972-76	3,9	3,7
1976-80	4,5	3,6
1980-83	8,4	6,3
1983-87	5,7	3,9
1987-90*	4,8	1,4

* Wegen Trendvergleich Wahlergebnis auf dem Gebiet der alten Bundesrepublik ohne Berlin.

1.4 Wechselwählen im System konkurrierender Lager

Um die Relevanz der Entwicklung der Wechselwählerschaft für Politik und Parteien darzustellen, ist es zweckmäßig, die Struktur des deutschen Parteiensystems einzubeziehen. Hier hat sich die Interpretation des Parteiensystems im Westen Deutschlands zumindest bis zur Bundestagswahl 1990 als Lagersystem aus Union und FDP auf der einen und SPD und Grünen auf der anderen Seite durchgesetzt. Dieses Verständnis des Parteiensystems legt die Differenzierung zwischen zwei Typen des Wechselwählens nahe. Diesen Wechseltypen kommt unterschiedliche politische Bedeutung zu: Die "Kanzlerfrage" stellt sich nur bei einem Wechsel zwischen den Lagern, Wechsel innerhalb der Lager berühren nicht das Kräfteverhältnis zwischen Regierung und Opposition - vorausgesetzt die kleinen Parteien überwinden die Fünf-Prozent-Hürde. Natürlich ist auch der lagerinterne Wechsel politisch gewichtig. Jeder Partei wird ein Verlust von Wählern an den Lagerpartner gegenüber von Verlusten an das gegnerische Lager aber als das kleinere Übel erscheinen. Um diese Differenzierung sinnvoll auf das Wechselwahlverhalten anwenden zu können, muß sich zeigen lassen, daß sich die angenommene Struktur des Parteiensystems in der Perzeption der Wählerschaft wiederfindet. Dafür sprechen folgende Befunde aus der Herbstumfrage 1990 des FuB:

- Die Anhängerschaften aller Parteien stuften 1990 die CDU und die FDP im Durchschnitt rechts von der Mitte, die SPD und die Grünen links von der Mitte ein. Die durchschnittliche Selbsteinschätzung der Anhängerschaften entspricht dieser Einstufung der Parteien.

- Gut 80 Prozent der Befragten ordnen die vier Parteien gemäß der Lagertheorie auf der Rechts-Links-Skala an: SPD und Grüne werden links von CDU/CSU und FDP eingestuft.

- Den Anhängerschaften aller vier Lagerparteien ist die jeweilige Partnerpartei im Lager nach der eigenen Partei im Durchschnitt die sympathischste. Dabei sind die Anhänger von Union und Grünen beiden Parteien des gegenüberstehenden Lagers unsympathisch, während sich FDP- und SPD-Anhänger im Durchschnitt gegenseitig leicht positive Werte geben.

- 54 Prozent der lagerinternen Wechselwähler gaben eine "grundsätzliche Parteineigung" (dazu siehe unten) an, im Gegensatz zu 38 Prozent der Wechsler zwischen den Lagern.

Nun ist die politisch gravierendere Form des Wechsels, der Wechsel zwischen Regierungs- und Oppositionslager, in den politisch gewichteten Daten seit 1972 bemerkenswert konstant geblieben, in den ungewichteten Daten ist sie sogar eher rückläufig (von 8,9 Prozent 1972 und 8,1 Prozent 1976 auf 6,3 Prozent 1990, vgl. Grafik 2). (Die Bundestagswahl von 1983 konnte hierbei nicht berücksichtigt werden, weil sich die Zusammensetzung der Lager zwischen den Bundestagswahlen veränderte). Dagegen ist der lagerinterne Wechsel in den 80er Jahren gestiegen. Im Durchschnitt der Wahlen von 1972 bis 1980 betrug der lagerinterne Wechsel 4,6 Prozent, im Durchschnitt von 1987 und 1990 betrug er 6,8 Prozent. Dies korrespondiert mit der erweiterten Möglichkeit des lagerinternen Wechsels durch das Aufkommen der Grünen, wodurch erstmals seit der Konzentration des Parteiensystems Wechselwählen innerhalb der parlamentarischen Opposition möglich ist.

Die Auffassung des Parteiensystems als Lagersystem ermöglicht auch einen anderen Blickwinkel auf die Bundestagswahlergebnisse. SHIVELY (1992) stellte für die Präsidentschaftswahlen in den Vereinigten Staaten seit 1960 fest, daß sich trotz sinkender Wahlbeteiligung der Anteil der jeweils erfolgreichen Partei an den Wahlberechtigten im Vergleich zur Vorwahl erhöhte, während in früheren Präsidentschaftswahlen meist beide Parteien parallel verloren oder gewannen. Das Wahlergebnis war dann eine Frage der besseren Mobilisierung. SHIVELYs daran anknüpfenden Analysen der Aggregatdaten sprechen für die aus diesen Befunden gewonnene Hypothese, daß der Wechsel zwischen den Parteien im Verhältnis zur Mobilisierung potentieller Nichtwähler an Bedeutung gewonnen hat.

Es war hier noch nicht möglich, diese Berechnungen auf den deutschen Kontext zu übertragen. Aber schon ein Blick auf die Wahlergebnisse legt nahe, daß die Entwicklung in Westdeutschland anders geartet ist als die in den Vereinigten Staaten. Denn bei den letzten beiden Bundestagswahlen (für 1990 Wahlergebnis in der alten Bundesrepublik ohne Berlin) verringerte sich - anders als in den USA - der Anteil sowohl des Regierungslagers als auch des Oppositionslagers an den Wahlberechtigten (nicht an den abgegebenen Stimmen). So schrumpfte das bürgerliche Lager von 49,2 Prozent (1983) über 44,6 Prozent (1987) auf 42,5 Prozent (1990), das linke Lager von 38,6 Prozent über 37,8 auf 31,5 Prozent. Anders als in den USA, wo mit der veränderten Wahlkampftechnik ein Umstieg von Wählermobilisierung auf Wählerkonversion stattfand, dürfte in den Bundestagswahlen in Westdeutschland weniger die Konversion zwischen Regierung und Opposition als die (De-)Mobilisierung im Vordergrund stehen.

Grafik 2:

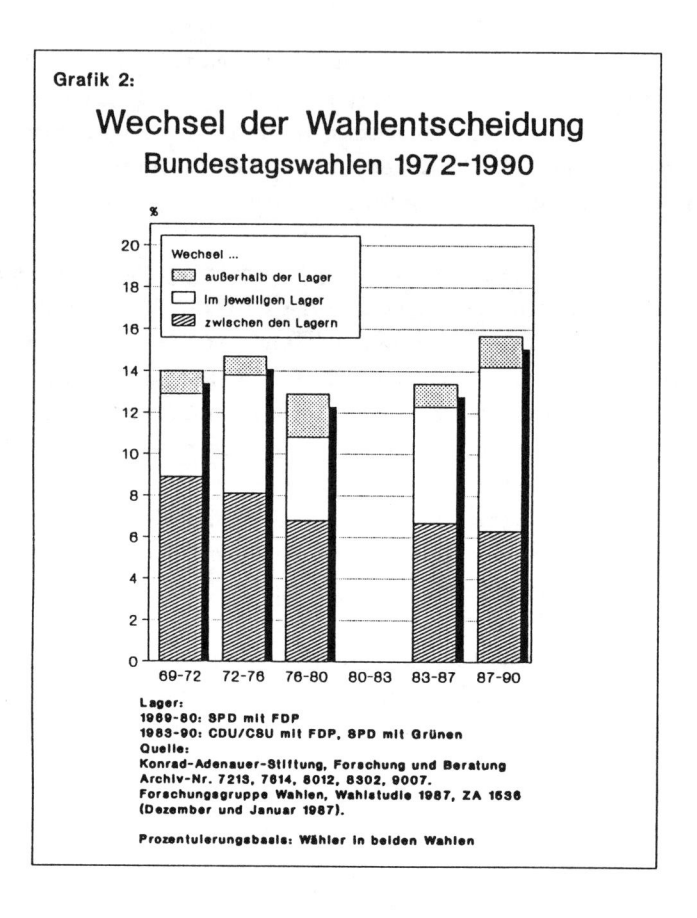

Wechsel der Wahlentscheidung
Bundestagswahlen 1972-1990

Wechsel ...
- außerhalb der Lager
- Im jeweiligen Lager
- zwischen den Lagern

Lager:
1969-80: SPD mit FDP
1983-90: CDU/CSU mit FDP, SPD mit Grünen
Quelle:
Konrad-Adenauer-Stiftung, Forschung und Beratung
Archiv-Nr. 7213, 7614, 8012, 8302, 9007.
Forschungsgruppe Wahlen, Wahlstudie 1987, ZA 1536
(Dezember und Januar 1987).

Prozentuierungsbasis: Wähler in beiden Wahlen

2. Die Schwankungen in Landtagswahlergebnissen

Im Zusammenhang mit Beschreibungen des Wählerwandels ist die These geäußert worden, in den Landtagswahlen der letzten Jahre zeigten sich stärkere Schwankungen als in den vergangenen Legislaturperioden (vgl. DALTON/ROHRSCHNEIDER 1990: 301). Auch dieser These soll hier nachgegangen werden. Anders als im Falle der Bundestagswahlen kann sich diese Untersuchung aber nicht auf Individualdaten stützen. Zwar liegt eine große Anzahl von Umfragen zu Landtagswahlen vor, aus denen sich ein - wenn auch lückenhafter - Langfristtrend bilden ließe. Bei Umfragen auf Landesebene haben sich jedoch in den letzten Jahren Telefonumfragen durchgesetzt, bei denen die Befragten anders auf die Wahlfragen reagieren (vgl. JUNG 1990a). Noch wird an einem Verfahren gearbeitet, diese methodenbedingten Effekte zu isolieren und so zu einem aussagefähigen Langfristtrend auf Individualebene zu gelangen. Hier muß sich auf die Analyse der Wahlergebnisse beschränkt werden. Dies geschieht durch den Pedersen-Index der Volatilität, der bereits ergänzend bei der Betrachtung der Bundestagswahlen hinzugezogen wurde.

Damit stellen sich alle bekannten methodischen Probleme, die die Nutzung von Aggregatdaten für die Analysen individuellen Verhaltens erschweren. Von der Schwankung in Wahlergebnissen darf nicht auf das Ausmaß des individuellen Wechsels geschlossen werden, weil sich individuelle Bewegungen nicht addieren müssen, sondern gegenseitig neutralisieren können: Ein gestiegener Wechselwähleranteil kann sich zwar im Wahlergebnis niederschlagen, er muß es aber nicht notwendigerweise. Immerhin kann aber die auf einer probabilistischen Argumentation fußende Vermutung geäußert werden, daß sich eine steigende Wechselwählerschaft im Durchschnitt mehrerer Wahlen wahrscheinlich bemerkbar machen wird. Dies gilt insbesondere, wenn bedacht wird, daß Wechselwählerströme nicht unbedingt zufällig sein müssen, sondern Bewertungen von Parteien und Politikern folgen, die, wenn ein bestimmtes Meinungsklima vorliegt, von einer großen Zahl der Wähler geteilt werden. Dies führt zu parallelen, nicht von entgegengesetzten Strömungen neutralisierten Wählerwanderungen, deren Ausmaß mit steigendem Wechselwähleranteil zunimmt.

Landtagswahlergebnisse sind abhängig von den Legislaturperioden des Bundestages: In der Mitte der Legislaturperiode steigt die Neigung zu Denkzettelwahlen (vgl. DINKEL 1989). Deswegen wird hier der Pedersen-Index der Volatilität im Schnitt aller Landtagswahlergebnisse in den Legislaturperioden des Bundestages präsentiert.[3]

Daraus ergibt sich ein recht klares Bild (vgl. Grafik 3). Die intensivsten Schwankungen in Landtagswahlergebnissen finden sich zu Beginn des hier betrachteten Zeit-

---

3   Dabei entstand ein Problem bei der Gewichtung der kleineren Parteien. Um die Bewegung zwischen den Sonstigen nicht überzubewerten, wurden alle Sonstigen-Parteien außer NPD und Republikaner/DVU als eine Partei betrachtet. Insbesondere betrifft dies die Regionalparteien und die DP zu Beginn der 60er Jahre. In Hamburg fanden 1982 zwei Bürgerschaftswahlen statt. Der Mittelwert der beiden Wahlergebnisse wurde für die weitere Analyse verwandt.

raums: zwischen 1961 und 1972 (Pedersen-Index zwischen 9,5 und 8,6). Darin manifestiert sich, daß sich zu Beginn der 60er Jahre die Konzentration des Parteiensystems vollendete und die Regionalparteien und die DP ihre Wählerbasen verloren. Die starken Veränderungen in den späten 60er und frühen 70er Jahren spiegeln zusätzlich das Aufkommen und den Niedergang der NPD wider. Die vier Bundestagsperioden von 1972 bis 1987 waren dagegen durch ruhigere Landtagswahlergebnisse gekennzeichnet: Hier liegt der durchschnittliche Index zwischen 5,6 und 6,5. Die hinsichtlich der Landtagswahlergebnisse stabilste Wahlperiode (von 1976 bis 1980) ist auch diejenige, in der das Ausmaß des Wechsels bei der Bundestagswahl am geringsten war (s.o.).

In den Legislaturperioden nach 1980, besonders seit 1987, steigt der Pedersen-Index wieder deutlich an. Für die Wahlen von 1987 bis 1990 liegt er bei durchschnittlich 7,6, für die ersten sechs Landtagswahlen in der laufenden Bundestagsperiode erreichte der Index den Wert 8,5 und damit in etwa das Niveau der 60er Jahre. Diese kurvilineare Beziehung der Volatilität mit der Zeit zeigt sich in sechs der elf alten Länder in aller Deutlichkeit. Meßbar wird dies durch die Korrelation des Pedersen-Index mit dem Quadrat der Zeit (z-score), mit der sich parabelförmige Trends darstellen lassen (vgl. Tabelle 3). In diesen sechs Ländern korreliert die Volatilität mit über ,50 mit dem Quadrat der Zeit, in fünf dieser Länder ist diese Beziehung statistisch signifikant ($p < ,05$). Bemerkenswerterweise sind dies Länder mit geringer Bevölkerungszahl. In den bevölkerungsreicheren Ländern Baden-Württemberg und Nordrhein-Westfalen ist kein starker linearer oder kurvilinearer Trend feststellbar, in Bayern besteht eine signifikante negative Korrelation mit der Zeit (-,65), hier hat sich die Volatilität im Betrachtungszeitraum verringert. (Hamburg stellt einen Sonderfall dar: Hier korreliert die Volatilität negativ mit dem Quadrat der Zeit.) Die Beschränkung der beschriebenen kurvilinearen Entwicklung auf bevölkerungsarme Länder sollte aber nicht überbewertet werden. Es ist wenig wahrscheinlich, daß sich die Wählerschaft in den kleineren Ländern in dieser Beziehung wesentlich anders entwickelt hat als in den größeren. Vielmehr ist in den kleineren Ländern weniger wahrscheinlich, daß bestimmte Wählerbewegungen durch andere neutralisiert werden als in den "Vielvölkerstaaten" Baden-Württemberg, Bayern und Nordrhein-Westfalen. In der Summe bleibt das Ergebnis, daß sich die Volatilität in Landtagswahlen gegenüber den 70er Jahren erhöht hat.

Anders als im Falle der Bundestagswahlen läßt sich diese Entwicklung nicht durch das Aufkommen der neuen Parteien erklären: Auch der für die Altparteien CDU/CSU, SPD und FDP errechnete Pedersen-Index verläuft in der beschriebenen kurvilinearen Form, die Anteile von Union und SPD schwankten in der Wahlperiode 1987-90 und in der laufenden Wahlperiode stärker als in den späten 70er und 80er Jahren (vgl. Grafik 3). Bei Landtagswahlen beschreibt die Volatilität ein über das Aufkommen der Grünen hinausgehendes Phänomen.

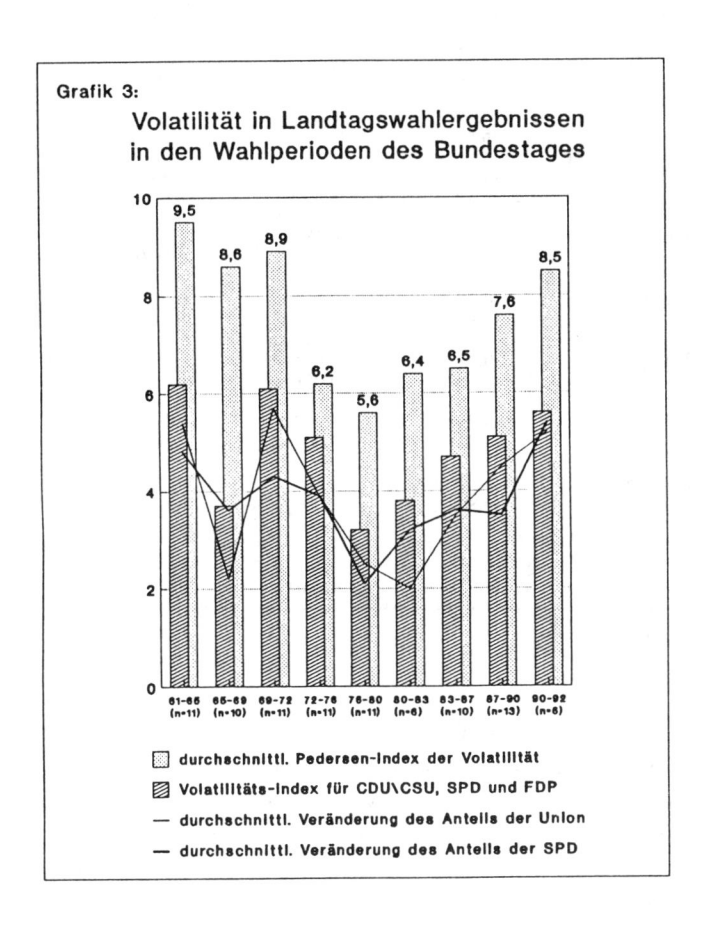

Grafik 3:
Volatilität in Landtagswahlergebnissen in den Wahlperioden des Bundestages

Wahlperiode	61-65 (n=11)	65-69 (n=10)	69-72 (n=11)	72-76 (n=11)	76-80 (n=11)	80-83 (n=6)	83-87 (n=10)	87-90 (n=13)	90-92 (n=8)
durchschnittl. Pedersen-Index		9,5		8,9					8,5
Volatilitäts-Index CDU\CSU, SPD, FDP		8,6			6,2		6,4	7,6	
weitere Werte						5,6		6,5	

- durchschnittl. Pedersen-Index der Volatilität
- Volatilitäts-Index für CDU\CSU, SPD und FDP
— durchschnittl. Veränderung des Anteils der Union
— durchschnittl. Veränderung des Anteils der SPD

Tabelle 3: Die Veränderung der Volatilität in Landtagswahlergebnissen von 1960-1992

	Korrelation des Pedersen-Index der Volatilität mit...			
	T	T²	multiples R²	N
Baden-Württemberg	-0,18 (n.s.)	0,03 (n.s.)	0,03 (n.s.)	9
Bayern	-0,65* (0,04)	0,14 (n.s.)	0,42 (n.s.)	8
Berlin	0,33 (n.s.)	0,84* (0,003)	0,77* (0,01)	9
Bremen	-0,41 (n.s.)	0,80* (0,008)	0,87* (0,007)	8
Hamburg	0,24 (n.s.)	-0,67* (0,03)	0,47 (n.s.)	9
Hessen	-0,43 (n.s.)	-0,30 (n.s.)	0,30 (n.s.)	9
Niedersachsen	-0,79* (0,01)	0,53 (n.s.)	0,86* (0,007)	8
Nordrhein-Westfalen	-0,20 (n.s.)	-0,1 (n.s.)	0,08 (n.s.)	7
Rheinland-Pfalz	0,12 (n.s.)	0,61* (0,05)	0,38 (n.s.)	8
Saarland	-0,76* (0,02)	0,85* (0,007)	0,96* (0,002)	7
Schleswig-Holstein	0,27 (n.s.)	0,59* (0,05)	0,39 (n.s.)	9
Gesamt	-0,21* (0,02)	0,28* (0,003)	0,12* (0,004)	91

* = signifikant mit $p < 0,05$

Die Volatilität in Landtagswahlen in jüngerer Zeit geht aber nicht über das Maß hinaus, das im gesamten Zeitraum der 60er Jahre zu beobachten war; ein Anstieg ist nur gegenüber den 70er Jahren feststellbar. Nun lassen parabelförmige Zeitabläufe offen, ob der Anstieg seit der Mitte des Intervalls oder die Übereinstimmung an dessen Endpunkten betont werden soll. Die Definition dessen, was als "normal" gelten soll, ist ein Problem subjektiver Wertung: Waren die 70er Jahre außerordentlich stabil, oder sind die späten 80er ebenso wie die 60er sehr unruhig? Dies soll hier offen gelassen werden. In jedem Fall kann von einer Destabilisierung im Vergleich zu den 70er Jahren gesprochen werden, nicht aber von einer Volatilität beispiellosen Ausmasses.

Die Analyse der Schwankungen in Landtagswahlergebnissen darf allerdings den Aspekt der Wahlbeteiligung nicht ausklammern. Vor allem angesichts der sinkenden Wahlbeteiligung erscheint es durchaus möglich, daß die Veränderung in den Wahlergebnissen durch ein parteipolitisch asymmetrisches Verhältnis von Mobilisierung und Enthaltung zustande kommt. Um die Schlußfolgerung eines Anstiegs des Wechselwählens bei Landtagswahlen zu tragen, muß auf Individualebene eine Destabilisierung der Parteipräferenzen gezeigt werden können. Da aus Landtagswahlstudien zur Zeit noch keine Trendreihen auf Individualebene erstellt werden können (s.o.), muß ein indirekter Zugang gefunden werden: die Konsistenz zwischen Bundes- und Landesparteipräferenz.

Eine Stütze des Volatilitätsarguments in den USA ist die Zunahme des "Ticket-Splitting", der abweichenden Wahlentscheidung bei gleichzeitig stattfindenden Wahlen für die Präsidentschaft und den Kongreß (vgl. FLANIGAN/ZINGALE 1985: 30-32; WATTENBERG 1986: 17-23). Zusätzlich wurde, ebenfalls aus den USA, aber auch aus Kanada, berichtet, daß die Zahl derer, die auf den verschiedenen Ebenen des föderalen Staates unterschiedliche Parteiidentifikationen angeben, zugenommen hat (vgl. NIEMI u.a. 1987; CLARKE/STEWART 1987; MARTINEZ 1990). Das unterschiedliche Ausmaß der Volatilität würde plastisch, wenn die Bereitschaft, sich in Bundestagswahlen und Landtagswahlen für unterschiedliche Parteien zu entscheiden, zugenommen hätte. Diese These läßt sich mit Daten des FuB prüfen. In fünf bundesweiten Umfragen zwischen 1980 und 1991 wurde sowohl die Präferenz in einer Landtagswahl als auch in einer Bundestagswahl "jetzt" erfragt. Der Anteil derer, die abweichende Präferenzen angaben, stieg von sieben Prozent in der Umfrage von 1980 auf 12,2 Prozent in der von 1991 (vgl. Tabelle 4). Der größte Anteil dieser Entwicklung läßt sich durch das Aufkommen der Grünen erklären: Die Verteilung der Präferenzen auf SPD und Grüne stieg von 0,9 Prozent (1980) auf 3,7 Prozent (1991). Gleichzeitig stieg jedoch die Verteilung der Präferenzen auf Union und FDP, ohne daß das Splitting zwischen SPD und FDP abnahm. So werden 2,8 Prozentpunkte des Anstiegs um 5,2 Prozentpunkte durch das Aufkommen der Grünen erklärbar, die restlichen 2,4 Prozentpunkte bedeuten eine darüber hinausgehende, wenn auch geringe Zunahme des

Splitting. Dieses "föderale Splitting" macht die Destabilisierung der Landtagswahlergebnisse bei gleichzeitiger Stabilität in Bundestagswahlen verständlich.

Tabelle 4: Abweichung der Landes- von Bundesparteienpräferenz

	1980 %	1981 %	1982 %	1985 %	1991 (West) %
Bei Bundes- und Landtagswahlen würden wählen					
dieselbe Partei	93,0	93,2	89,8	88,9	87,8
verschiedene Parteien	7,0	6,8	10,2	11,1	12,2
Präferenzen verteilt auf:					
CDU/CSU und SPD	2,8	2,4	4,0	3,5	2,2
CDU/CSU und FDP	0,8	0,7	1,1	2,3	2,9
CDU/CSU und Grüne	0,5	0,4	0,9	0,6	0,4
SPD und FDP	1,4	1,3	1,9	1,1	1,7
SPD und Grüne	0,9	0,6	1,3	3,0	3,7
CDU/CSU oder SPD und Sonstige	-	1,1	0,5	-	0,9
N (zwei Parteien angegeben)	3236	1924	2576	2854	1972

Quelle: Konrad-Adenauer-Stiftung, Forschung und Beratung, Archiv-Nr. 8052, 8103, 8202, 8510, 9105.

3. Zur Entwicklung der Parteiidentifikation

Im Zusammenhang mit den Thesen ansteigender Wechselaktivität wird in der Regel die Entwicklung der Parteiidentifikation betrachtet. In der Theorie ist die Parteiidentifikation eine in der Phase der politischen Sozialisation erworbene Bindung an eine bestimmte Partei, deren Festigung von der Wahlerfahrung und (retrospektiven) Evaluierungen der Parteien abhängt (vgl. CAMPBELL u.a. 1960; FIORINA 1981: 89-102; GLUCHOWSKI 1983). Sie bestimmt das Wahlverhalten wesentlich mit. Eine Abschwächung dieser Parteiidentifikation könnte auf eine zunehmende Wechselbereitschaft hindeuten. Diese Abschwächung könnte auf vier verschiedene Arten stattfinden:

- Die Häufigkeit von Parteiidentifikationen könnte zurückgehen,
- die Intensität der Parteiidentifikation könnte abnehmen,
- die Parteiidentifikation könnte an Effektivität bei der Bestimmung des Wahlverhaltens verlieren und
- die Parteiidentifikation könnte an Stabilität einbüßen.

Im folgenden soll geprüft werden, ob eine Abschwächung der Parteiidentifikation in einer oder mehrerer dieser Formen zu beobachten ist.

3.1 Zur Häufigkeit der Parteiidentifikation

Die Parteiidentifikation wird in Deutschland durch die Frage nach einer Partei, der der Befragte eher zuneigt als den anderen Parteien, erfaßt (Parteineigung). In den Untersuchungen des FuB wurde dem häufig die Frage angeschlossen, ob die Parteineigung grundsätzlich oder nur augenblicklich sei. Diese grundsätzliche Parteineigung soll bei den Analysen der Parteiidentifikation als härterer Indikator miteinbezogen werden (zur Problematik der Messung vgl. GLUCHOWSKI 1983)

Auf Daten der Forschungsgruppe Wahlen basierende Untersuchungen stellten einen leichten Rückgang der Häufigkeit der Parteineigung von 1976 bis 1987 fest (vgl. GABRIEL 1988; DALTON 1989; OBERNDÖRFER/MIELKE 1990; JUNG 1990b).[4] Dieser rückläufige Trend ist aber nicht eindeutig (vgl. Tabelle 5). Denn erstens lag die Parteineigung 1983 und 1987 zwar niedriger als 1976, aber auf dem Niveau von 1972. Zweitens ist sie zur Bundestagswahl 1990 leicht angestiegen, ohne allerdings den hohen Wert von 1976 zu erreichen.

---

4   Dabei hat es sich eingebürgert, die Restkategorien (keine Angabe, weiß nicht, verweigert) als nicht vorhandene Neigung zu interpretieren. Diesem Verfahren soll sich hier angeschlossen werden. Zur Kontrolle wurden die Trends jedoch zusätzlich unter Ausschluß dieser Kategorien berechnet. Hierbei ergibt sich, von Einzelfällen abgesehen, kein wesentlich anderes Bild.

Tabelle 5: Die Parteineigung einige Monate vor Bundestagswahlen in den Daten der Forschungsgruppe Wahlen

	BTW 1972 %	BTW 1976 %	BTW 1980 %	BTW 1983 %	BTW 1987 %	BTW 1990 %
Parteineigung insgesamt	70,8	78,8	76,6	69,9	69,5	72,2
ziemlich/ sehr stark	49,8	43,8	48,6	36,3	35,4	34,7
keine	20,3	15,1	13,9	22,3	23,0	17,8
W.N., K.A., Verweigert	9,0	6,1	9,5	7,3	7,5	10,0
N	2052	2076	1518	1622	1954	2056

Quelle: aktualisiert nach Gabriel (1988) mit Vorwahlstudien (erste Panelwellen 1972, 1976, 1983, 1990, Septemberumfrage 1980, Oktoberumfrage 1987)

Auch die Daten des FuB, die eine Trendreihe auch für die Zeit zwischen den Bundestagswahlen ermöglichen, lassen den Schluß auf einen Rückgang der Häufigkeit der Parteineigung nicht zu (vgl. Grafik 4). Sowohl die Parteineigung als auch die grundsätzliche Parteineigung zeigen Schwankungen, insbesondere einen Anstieg jeweils zu den Bundestagswahlen, der in den Jahren 1980 und vor allem 1983 - also relativ "aufregenden" Wahlen - besonders stark ausfiel, ein klarer Trend liegt aber nicht vor.

Die Parteineigung vor der Bundestagswahl 1990 war nach der Septemberumfrage des FuB zwar auf dem Niveau der Bundestagswahlen von 1972 und 1976 und damit niedriger als vor den Bundestagswahlen von 1980, 1983 und 1987, dies scheint dem Kurvenverlauf zufolge aber eher in einer geringeren Politisierung vor der Bundestagswahl 1990 als in einem generellen Trend begründet zu sein. Die grundsätzliche Parteineigung, als härterer Indikator der Parteiidentifikation, unterscheidet sich vor der Bundestagswahl 1990 nicht wesentlich von der Situation vor der Bundestagswahl 1987. Ein einheitlicher Trend der Parteineigung ist also nicht ersichtlich. Von einem Rückgang der Häufigkeit der Parteineigung kann daher nicht gesprochen werden.

Grafik 4:

Entwicklung der Parteineigung
Westdeutschland, 1971–1990

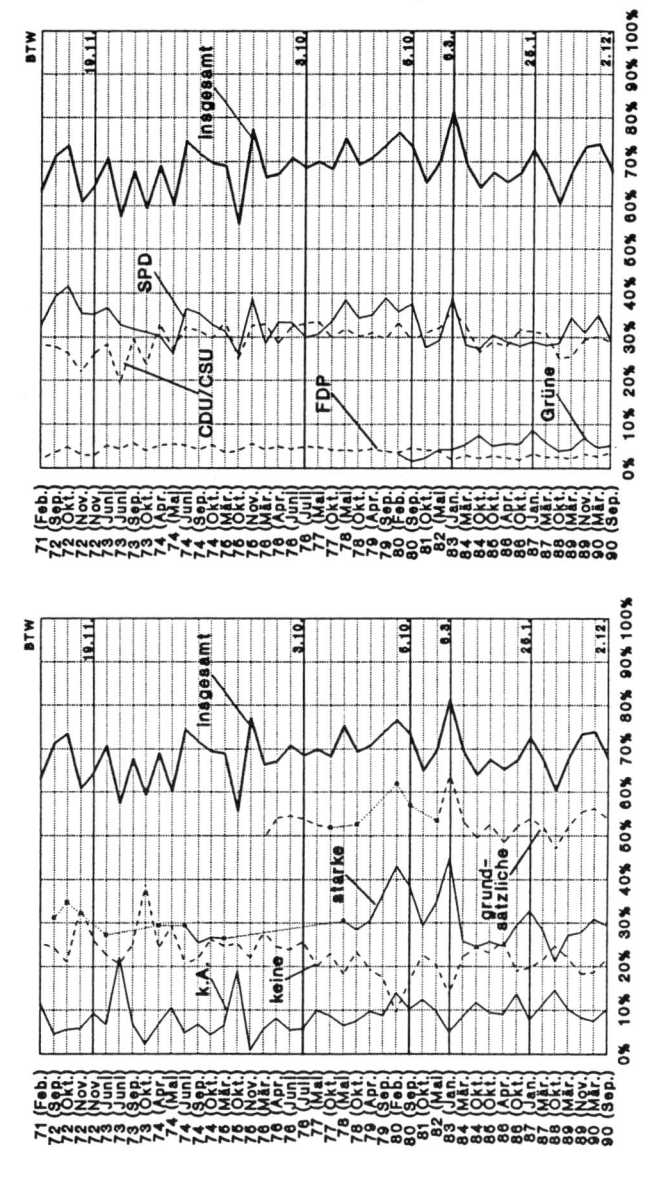

Quelle: Konrad-Adenauer-Stiftung, Forschung und Beratung

3.2 Die Intensität der Parteineigung

Sowohl in den Umfragen der Forschungsgruppe Wahlen als auch in denen des FuB wurde der Neiger-Frage die Frage nach der Intensität dieser Neigung nachgestellt, wobei die Antwortvorgaben zwischen den Mannheimer Studien und den FuB-Studien jedoch variieren. Auf der Basis der Daten der FGW heben GABRIEL (1988) und DALTON (1989) hervor, daß insbesondere die starke Parteineigung rückläufig ist, die Parteineigung also an Intensität eingebüßt hat. Dieser Rückgang der starken Parteineigung fand mit erstaunlicher Deutlichkeit zwischen 1980 und 1983 statt (um 12 Prozentpunkte, vgl. Tabelle 5). Danach blieb der Anteil starker Parteineigung konstant.

Die Trendreihe zur Intensität der Parteineigung in den Daten des FuB ist recht lückenhaft, sie läßt sich erst seit 1978 durchgängig verfolgen. Demnach zeigt sich ein Rückgang starker Parteineigung in den achtziger Jahren, der im wesentlichen als Stufe zwischen den Bundestagswahlen von 1983 und 1987 - also eine Legislaturperiode später als in den Daten der FGW - zutage tritt. Dieser auf die achtziger Jahre beschränkte Befund läßt sich dadurch in Beziehung zu den sporadischen und nicht an Bundestagswahlen orientierten Messungen der siebziger Jahre setzen, daß die Differenz zwischen der Häufigkeit von Parteineigungen insgesamt und der starken Parteineigung betrachtet wird. Denn ausgehend von dem Ergebnis, daß die Parteineigung insgesamt keinen rückläufigen Trend zeigt, müßte sich ein Rückgang starker Parteineigung dadurch zeigen lassen, daß die Spanne zwischen Parteineigung und starker Parteineigung wächst. Dies ist nicht der Fall. In den siebziger Jahren (11 Meßpunkte) betrug diese Differenz zwischen 39 und 47 Prozentpunkten. Im Zeitraum von 1979 bis 1983 schrumpfte sie auf 34 bis 37 Prozentpunkte - starke Parteineigungen waren hier relativ häufig - um nach 1984 wieder auf das in den siebziger Jahren beobachtete Niveau anzusteigen. Die starke Parteineigung hat sich also nicht von der Parteineigung abgekoppelt, ein langfristiger Trend rückläufiger Intensität der Parteineigung läßt sich aus diesen Daten nicht ablesen. Überdies legt der weitgehend parallele Kurvenverlauf der Parteineigung und der starken Parteineigung die Vermutung nahe, daß die starke ebenso wie die allgemeine Parteineigung - dem theoretischen Anspruch zuwider - stimmungsbedingten Schwankungen unterliegt und nur bedingt als Bodensatz konstanter Parteineigungen verstanden werden sollte.

Die Datenlage zur Intensität der Parteineigungen führt also zu keinem klaren Ergebnis. Die Entwicklung der starken Parteineigung ist aber deswegen von besonderer Bedeutung für die Fragestellung dieses Beitrags, weil gezeigt worden ist, daß die starke Parteineigung stabiler ausfällt und stärkere Prägekraft für das Wahlverhalten hat als die nur schwache oder mäßige Parteineigung (vgl. LANDUA 1989: 11; HEATH u.a. 1991: 13). Ein Intensitätsverlust der Parteineigung könnte also mit einem Verlust an Stabilität und Effektivität einhergehen. Im folgenden soll untersucht werden, ob eine derartige Veränderung des Charakters der Parteineigung feststellbar ist.

3.3 Die Effektivität der Parteineigung

Die Bedeutung des Konzepts der Parteiidentifikation für die Wahlforschung liegt auf der einen Seite in ihrer Stabilität, auf der anderen Seite in ihrer Erklärungskraft für das Wahlverhalten: Nach der Theorie der Parteiidentifikation wird in der Regel die Identifikationspartei gewählt, nur in Einzelfällen wird den Kandidaten und den Themen einer Wahl in einem von der Identifikation abweichenden "defecting vote" Rechnung getragen. Wenn sich zeigen ließe, daß dieses defecting vote häufiger wurde, und die Parteineigung damit an Prägekraft für das Wahlverhalten verlor, so bedeutete dies eine zunehmende Unvorhersehbarkeit der Wahlentscheidung, die als steigende Volatilität interpretiert werden könnte.

Hier kann die grundsätzliche Parteineigung als härterer Indikator der Parteiidentifikation verwendet werden. Nach den Daten des FuB ist der Unionsanteil in der Wahlabsicht unter den ihr grundsätzlich Zugeneigten seit 1976 tatsächlich leicht zurückgegangen (vgl. Tabelle 6). Seit 1983 kommt dieses defecting vote aber so gut wie ausschließlich der FDP zugute, so daß die Ausschöpfung der grundsätzlichen Unionsneiger durch das bürgerliche Lager auf dem Niveau liegt, daß die Union 1976 allein erhielt. Das relativ "schlechteste" Abschneiden der Union bei ihren Neigern (94 Prozent bei der Bundestagswahl 1980) geht wohl auf die polarisierende Kandidatenkonstellation zurück (vgl. FALTER/RATTINGER 1983). Die Ausschöpfung der grundsätzlichen SPD-Neiger zeigt keinen Trend, sowohl isoliert betrachtet als auch im Zusammenhang mit dem jeweiligen Lagerpartner. Lediglich der Anteil der FDP unter ihren grundsätzlichen Neigern ist deutlicher zurückgegangen. Insgesamt kann, unter

Berücksichtigung der veränderten Parteienkonstellation, ein Effektivitätsverlust der Parteineigung nicht festgestellt werden.

Tabelle 6: Parteiidentifikation und Wahlentscheidung

	Stimmenanteil der jeweiligen Partei				
	1976 %	1980 %	1983 %	1987 %	1990 %
grundsätzliche Neigung zu					
CDU/CSU	98	94	93	90	93
SPD	92	93	93	94	92
FDP	94	88	83	81	72
Grüne	-	79	76	92	81

	Stimmenanteil der Koalition bzw. des jeweiligen Lagers				
	1976 %	1980 %	1983 %	1987 %	1990 %
grundsätzliche Neigung zu					
CDU/CSU 76-80: allein 83-90: mit FDP	98	94	96	97	98
SPD 76-80: mit FDP 83-90: mit Grünen	97	97	95	95	96
FDP 76-80: mit SPD 83-90: mit CDU/CSU	100	94	96	93	88
Grüne 83-90: mit SPD	-	-	87	97	97

Quelle: Konrad-Adenauer-Stiftung, Forschung und Beratung, Archiv-Nr. 7614, 8012, 8302, 8701, 9007. Prozentuierungsbasis: Wähler.

3.4 Die Stabilität der Parteineigung

Zuletzt ist zu klären, ob die Parteineigung als Indikator der Parteiidentifikation an Stabilität verloren hat. Der Theorie zufolge dürfte die Parteiidentifikation nur selten schwanken, diesem Anspruch wird die Parteineigung jedoch nicht gerecht. Wenn zudem gezeigt werden kann, daß sich die Stabilität der Parteineigung verringert hat, die das Wählerverhalten stabilisierende Größe also selbst an Stabilität verloren hat, kann gewiß von einer Zunahme der Volatilität gesprochen werden. Im Sinne der Wandelthesen wäre ein derartiger Stabilitätsverlust der Parteineigung durchaus zu erwarten, denn sie gehen von einer seltener werdenden sozialen Verankerung der Parteineigung aus. BERGER hat bereits 1977 zumindest in der Tendenz gezeigt, daß die sozial abgeleitete Parteineigung stabiler ausfällt als die auf Einstellungen gegründete.

Die Stabilität der Parteineigung steht im Zusammenhang mit ihrer Effektivität. GLUCHOWSKI (1978) hat gezeigt, daß die Parteineigung - entgegen dem theoretischen Anspruch - in der Regel mit der Parteipräferenz schwankt. Die vorangegangenen Betrachtungen zur Effektivität der Parteineigung bedeuteten dann einen theoretisch überhöhten Zugang zu den Daten, wenn sich die Stabilität der Parteineigung im Betrachtungszeitraum verringert hätte.

Diese These soll hier mittels dreier Panels des FuB aus den Jahren 1971-72, 1975-76 und 1980-82 und den von LANDUA (1989) dargestellten Stabilitäten von Parteineigungen im Socio-Economic-Panel (SOEP) von 1984 bis 1988 untersucht werden.[5] Der Zeitraum zwischen den Panelwellen betrug dabei jeweils etwa ein Jahr (vgl. Tabelle 7). Bei den FuB-Panels aus den 70er Jahren handelt es sich um Vorwahlpanels, der beste Bezugspunkt in den SOEP-Wellen ist demnach die Veränderung von 1986-87, die den Zeitraum bis kurz nach einer Wahl umfaßt.

Auch diese Daten zeigen keinen Trend. Parteineigungen hatten im gesamten Zeitraum nicht das Ausmaß an Stabilität, das sie der Theorie nach als Indikator der Parteiidentifikation haben müßten. Trotz der Meßprobleme wäre zu erwarten, daß sich ein Stabilitätsverlust der Parteiidentifikation in der Stabilität der Parteineigung niederschlüge. Eine Destabilisierung der Parteineigung ist jedoch nicht feststellbar. Die Stabilität der Parteineigung fluktuiert, die der großen Parteien zwischen 70 und 85 Prozent. Die Stabilität der kleineren Parteien liegt auf geringerem Niveau, im Falle der FDP zeigt sich hier aber eher eine Zunahme der Stabilität als ein Rückgang. Eine Zunahme instabiler Parteineigungen läßt sich aus diesen Daten nicht ablesen.

---

5   Um die Daten an das von LANDUA genutzte Format anzugleichen, wurden die nicht verwertbaren Antwortkategorien hier aus der Umfrage entfernt und nicht in die Prozentuierungsbasis einbezogen.

Tabelle 7: Stabilität von Parteineigungen in Paneluntersuchungen im Zeitvergleich 1972-1988
- Reihenprozente -

		In zweiter Panelwelle Abwanderung zu/Verbleib bei:						
		CDU/CSU	SPD	FDP	Grüne	Andere	keine Neigung	N
		%	%	%	%	%	%	
Neigung in erster Panelwelle für:								
CDU/CSU								
11/71	10/72	**69,5**	11,2	1,4	-	0,6	17,3	636
11/75 -	9/76	**81,2**	4,7	1,3	-	0,4	12,5	558
9/80	2/82	**83,6**	4,4	1,4	0,8	-	9,5	1173
84 -	85	**75,7**	2,5	2,3	0,4	0,3	8,9	
85 -	86	**78,9**	1,5	0,9	0,3	0,1	18,3	
86 -	87	**82,8**	2,1	1,7	0,3	0,3	12,7	
87 -	88	**73,1**	2,7	1,5	0,2	0,6	21,8	
SPD								
11/71 -10/72		5,4	**77,1**	3,2	-	1,2	14,2	817
11/75 -	9/76	5,4	**83,4**	1,3	-	-	9,9	667
9/80 -	2/82	7,7	**72,4**	4,8	2,9	-	12,2	1465
84 -	85	2,2	**75,2**	0,6	1,4	0,2	20,5	
85 -	86	2,0	**77,7**	0,5	1,6	0,2	18,0	
86 -	87	3,2	**78,1**	1,4	2,2	0,3	14,8	
87 -	88	1,8	**85,0**	0,3	0,7	-	12,1	
FDP								
11/71 -10/72		(14)	(14)	**(49)**	-	(2)	(20)	49
11/75 -9/76		11	26	**45**	-	-	18	89
9/80 -	2/82	15,2	15,8	**49,1**	1,8	-	18,1	171
84 -	85	9,9	4,7	**58,4**	2,1	-	24,9	
85 -	86	10,8	7,0	**47,2**	-	-	35,0	
86 -	87	8,6	2,9	**72,0**	-	0,2	16,3	
87 -	88	5,3	6,4	**54,7**	0,6	1,0	32,0	
Grüne								
9/80 -	2/82	(7)	(14)	(5)	**(56)**	(2)	(16)	43
84 -	85	1,8	13,7	0,0	**70,2**	0,0	14,2	
85 -	86	3,2	10,2	0,3	**67,4**	0,0	19,0	
86 -	87	1,7	12,0	0,4	**70,5**	1,2	14,1	
87 -	88	5,3	21,1	0,0	**59,3**	0,6	13,6	

Zahlen in Klammern: geringe Prozentuierungsbasis
Quelle: 71-72: Konrad-Adenauer-Stiftung, Forschung und Beratung, Archiv-Nr. 7203 und 7212 (2. und 3. Welle), N (3. Welle) = 4885; 75-76: Archiv-Nr. 7514 und 7616 (1. und 2. Welle), N (2. Welle) = 1690; 80-82: Archiv-Nr. 8012 und 8204 (1. und 2. Welle), N (2. Welle) = 3933; 84-88: Landua (1989: S.12) mit Daten des Sozio-Economic-Panel (SOEP), N (1984) = ca. 12.000, N (1988) = ca. 10.000.

In der Summe stützen die Daten zur Parteineigung die These des Rückgangs der Parteiidentifikation nicht. Die Parteineigung ist nicht seltener geworden, nicht weniger stabil und nicht weniger effektiv in der Bestimmung des Wahlverhaltens. Man mag diesem Befund angesichts der Schwächen des Indikators Parteineigung jegliche Bedeutung absprechen. Ein empirischer Test der Wandelthesen unter Verwendung eines härteren Indikators der Parteiidentifikation, der noch zu entwickeln wäre, steht dann jedoch noch aus. Vom einem nachweislichen Niedergang der Parteiidentifikation kann unter den gegebenen Umständen nicht gesprochen werden.

4. Die soziale Verortung der Wechselwähler

4.1 Zur Sozialstruktur von Wechselwählern

Die Thesen von einem Anstieg der Wechselwählerschaft lokalisieren diese in der gut gebildeten neuen Mittelschicht aus Angestellten und Beamten. Den ernüchternden Ergebnissen der frühen Wahlforschung, die eine nur geringe politische Involviertheit und indirekt auch geringe Bildung bei instabilen Wählern konstatierte und die Rationalität des Wahlverhaltens in Frage stellte (vgl. BERELSON u.a. 1954: 241-252, 306-311), stellt sich so das Bild der gebildeten, interessierten, issue-orientierten und je nach Verständnis des Begriffes vielleicht sogar rationalen Wechselwählerschaft entgegen. In der Bundesrepublik Deutschland stellte KAASE (1967: 107-112) auf der Basis der Wahlstudie 1961 nur relativ geringe soziodemographische Unterschiede zwischen Wechselwählern und konstanten Wählern fest. Mittels der Daten der Herbstumfrage 1990 des FuB sollen die Aspekte Bildung, Alter und Beruf der Wechselwählerschaft kurz beleuchtet werden.

Ein erster Blick auf die Sozialstruktur der Wechselwählerschaft bestätigt den Zusammenhang zwischen gesellschaftlicher Umstrukturierung und flexiblem Wahlverhalten. Es sind vor allem junge Wähler, gut gebildete und solche, die im Angestellten- oder Beamtenverhältnis beschäftigt sind, die ihre Wahlentscheidung zur Disposition stellen. Diese Unterscheidung wird schon in der Altersverteilung deutlich. 28 Prozent der unter 25jährigen - für die 1990 erst die zweite Bundestagswahl ihres Lebens war - gaben für die Bundestagswahl 1990 eine andere Partei an als zur Bundestagswahl 1987. In den Altersgruppen bis 44 betrug dieser Anteil immer noch 20

Prozent. Ältere Befragte gaben häufiger konstante Parteipräferenzen an: Nur acht Prozent der 45- bis 59jährigen und 14 Prozent der über 60jährigen wählten 1990 anders als 1987 (vgl. Tabelle 8).

Allerdings müssen auch hier die verschiedenen Arten des Wechsels einbezogen werden. Es ist gezeigt worden, daß sich der Anstieg der Wechselaktivität bei Bundestagswahlen auf die nahe Form des Wechsels, also auf die Verschiebung zwischen den Parteien eines bestimmten Lagers beschränkte, während der Wechsel zwischen den Lagern 1990 ähnlich selten war wie in den 70er Jahren. Ein entsprechender Befund ergibt sich auch hier: Die jüngsten Wähler wechseln zwar viermal so häufig innerhalb der Lager wie die ältesten Wähler (20 gegenüber fünf Prozent), hinsichtlich der Fluktuation zwischen den Lagern unterscheiden sich die Altersgruppen aber nur wenig und unregelmäßig.

Zu einem analogen Ergebnis führt die Betrachtung der Bildungs- und Berufsgruppen. Absolventen der Hauptschule neigen deutlich seltener zum Wechsel der Wahlentscheidung als formal höher Gebildete. Aber auch hier beschränken sich die Unterschiede auf den lagerinternen Austausch, während der Sprung zwischen den Blöcken von allen Bildungsschichten gleich häufig gewagt wird.

Die Unterschiede zwischen den Berufsgruppen fallen etwas weniger deutlich aus, folgen aber dem skizzierten Muster. Zwar wechselten ebensoviele Angestellte und Beamte wie Arbeiter zwischen rechtem und linken Block, die Bereitschaft zum lagerinternen Wechsel war unter höheren Angestellten und Beamten aber gut doppelt so hoch wie unter Arbeitern. Im jüngeren Teil der Angestellten und Beamtenschaft steigt diese Bereitschaft noch einmal deutlich an. Dadurch erhöht sich aber nicht der Abstand zu den Arbeitern: Auch jüngere Arbeiter machen wesentlich aktiver als ihre älteren Kollegen von der Möglichkeit Gebrauch, die Partei zu wechseln. Die von BRINKMANN (1988) vorgeschlagene Operationalisierung der neuen Mittelschicht aus Berufsgruppe, Ausbildung und Alter führt zu keinem anderen Ergebnis. Hausfrauen sind eher stabile Wähler. Dagegen verhalten sich die überwiegend jungen Schüler, Studenten und Auszubildenden vergleichsweise unstet. Auch hier sind Lagerwechsler aber kaum überdurchschnittlich häufig vorzufinden.

Die sozialen Gruppen unterscheiden sich also kaum hinsichtlich ihrer Bereitschaft, zwischen den Bundestagswahlen von 1987 und 1990 zwischen Regierung und Opposition zu wechseln. Daß der lagerinterne Wechsel unter den Jüngeren, den gut Gebildeten und den Angestellten und Beamten vermehrt zu beobachten ist, steht in Beziehung mit dem besseren Abschneiden der kleinen Parteien in diesen Gruppen.

Tabelle 8: Wechselaktivität zwischen 1987 und 1990 und Sozialstruktur

	Es wechselten ...					
	insgesamt %	zwischen den Lagern %	innerhalb: beider Lager zusammen %	des Union-FDP-Lagers %	des SPD-Grüne-Lagers %	Fallzahl
unter 25 Jahre	24,8	6,0	15,4	5,1	10,3	117
25 - 29 Jahre	24,4	7,8	15,0	1,1	13,9	180
30 - 44 Jahre	19,1	7,3	10,2	3,2	7,0	587
45 - 59 Jahre	11,1	4,6	5,6	3,4	2,2	496
60 Jahre u.ä.	12,7	6,3	3,6	2,9	0,7	544
Volksschule	12,6	6,2	4,1	1,9	2,2	1154
Mittlere Reife	20,9	7,2	12,1	4,7	7,4	444
Fachhochschulreife, Abitur	22,0	5,6	16,1	5,3	10,8	323
Wähler unter 40 Jahren:						
Volksschule	18,7	9,2	6,7	1,1	5,6	284
Mittlere Reife	24,8	7,9	15,4	4,2	11,2	214
Fachhochschulreife, Abitur	25,5	6,4	19,1	4,4	14,7	204
Arbeiter	13,8	6,0	5,5	1,6	3,9	571
untere und mittlere Angestellte und Beamte	16,8	7,1	8,0	3,6	4,4	770
höhere Angestellte und Beamte	17,9	5,2	10,4	6,	44,0	251
Selbständige, freie Berufe	16,8	5,0	10,1	3,4	6,7	119

Quelle: Konrad-Adenauer-Stiftung, Forschung und Beratung, Archiv-Nr. 9007
Prozentuierungsbasis: Wähler in beiden Wahlen. Die Berufsgruppen verstehen sich als eigener Beruf des Befragten.

Diese Unterschiede im Wahlverhalten sozialer Segmente stehen nur eingeschränkt im Zusammenhang mit der Parteibindung, die innerhalb dieser Gruppierungen besteht. Trotz der höheren Wechselaktivität der Angestellten und Beamten gibt hier ein ebenso großer Anteil eine grundsätzliche Neigung zu einer Partei an, wie in der Arbeiterschaft: etwa 55 Prozent (vgl. Grafik 5). Ein Blick auf die Bildungsgruppen liefert ein entsprechendes Resultat. Die erhöhte Bereitschaft zum Wechsel in der "neuen Mittelschicht" beinhaltet also keine überdurchschnittliche Loslösung von den Parteien.

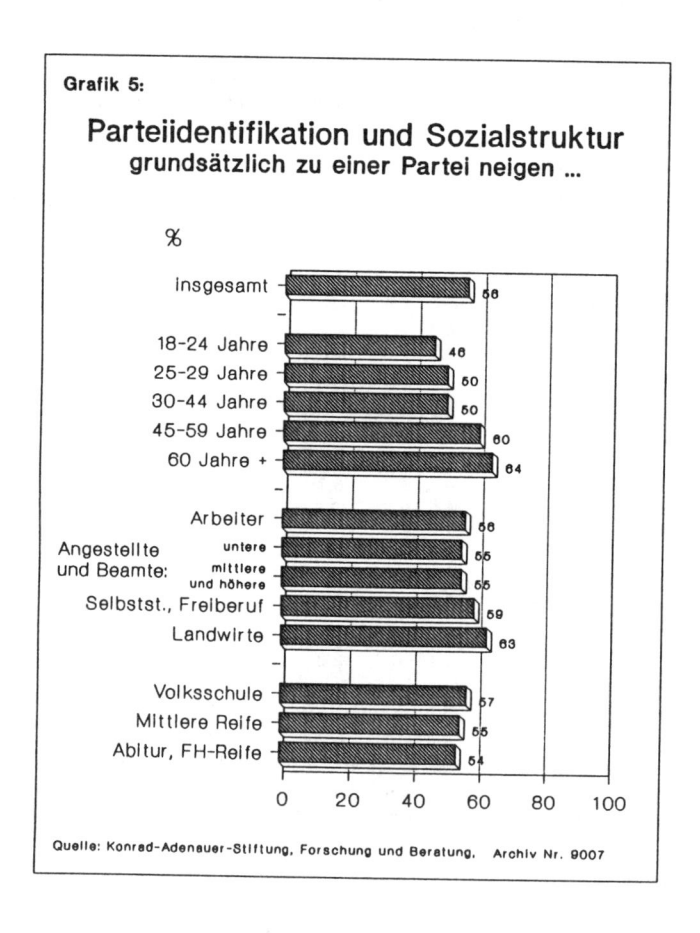

Grafik 5:

Parteiidentifikation und Sozialstruktur
grundsätzlich zu einer Partei neigen ...

%

insgesamt	56
18-24 Jahre	46
25-29 Jahre	50
30-44 Jahre	50
45-59 Jahre	60
60 Jahre +	64
Arbeiter	56
Angestellte und Beamte: untere	55
mittlere	55
und höhere	
Selbstst., Freiberuf	59
Landwirte	63
Volksschule	57
Mittlere Reife	55
Abitur, FH-Reife	54

0   20   40   60   80   100

Quelle: Konrad-Adenauer-Stiftung, Forschung und Beratung.   Archiv Nr. 9007

Das etwas instabilere Wahlverhalten spiegelt sich vielmehr darin wider, daß häufiger abweichend von der Parteiidentifikation gewählt wird. Jeder zehnte aus dem Kreis der Angestellten und Beamten gab an, am 2.12.1990 eine andere Partei wählen zu wollen als die, zu der man sich langfristig gebunden fühlt, während kaum ein Arbeiter derartiges plante (vgl. Tabelle 9). Allerdings kam dieses "defecting vote" fast ausschließlich der jeweiligen Partnerpartei im politischen Lager zugute. Vielleicht kann dieses lagerinterne "defecting vote" als Ausdruck einer Art "Koalitionsidentifikation" gesehen werden.

Tabelle 9: **Parteiidentifikation und Wahlentscheidung in Berufsgruppen**

	Von denen, die eine grundsätzliche Parteineigung angaben, wählten ...		
	die entsprechende Partei %	die nahestehende Partei %	Fallzahl
Arbeiter	96	2	441
untere und mittlere Angestellte und Beamte	90	6	586
höhere Angestellte und Beamte	89	9	188
Volksschule	96	2	897
Mittlere Reife	86	10	346
FHS-Reife, Abitur	85	12	269

Quelle: Konrad-Adenauer-Stiftung, Forschung und Beratung, Archiv-Nr. 9007, Prozentuierungsbasis: Wähler.

Thesen einer Veränderung des individuellen Wahlverhaltens, die auf soziostrukturellen Veränderungen basieren, richten ein besonderes Augenmerk auf die jüngeren Altersgruppen, weil in ihnen der Wandel besonders zur Geltung kommen müßte. Es spräche also für zunehmende Volatilität, wenn sich zeigen ließe, daß jüngere Wahlberechtigte besonders selten eine Bindung an eine Partei verspüren. Nun ist der Befund geringerer Parteiidentifikationen der Jüngeren so alt wie die Theorie der Parteiidentifikation (vgl. CAMPBELL u.a. 1960: 160-167). Zu fragen ist, ob sich die Spanne zwischen Jung und Alt im Betrachtungszeitraum vergrößert hat.

GABRIEL (1988) stellte auf der Basis der Daten der FGW eine derartige Entwicklung bis 1987 fest. In den Daten des FuB ist die grundsätzliche Parteineigung der Jungwähler 1990 jedoch um einige Prozentpunkte ausgeprägter als die der Jungwähler 1987. Über den gesamten Betrachtungszeitraum weisen die nachwachsenden Wahlberechtigten ein unterschiedliches Maß grundsätzlicher Parteineigung auf, ein Trend ist allerdings nicht ersichtlich: Den höchsten Anteil grundsätzlicher Parteineigung wiesen die Jungen - ebenso wie alle Altersgruppen - 1983 auf, der niedrigste findet sich 1976 und 1987. 1990 lag die grundsätzliche Parteineigung der jüngsten Altersgruppe auf dem Niveau von 1980, und damit über dem von 1976.

Eine Betrachtung der Intensität der Parteineigung in den Altersgruppen führt zu einem geringfügig andersartigen Ergebnis. Zwischen 1972 und 1990 hat sich in der Tat die Spanne zwischen Jung und Alt in der Stärke der Parteineigung vergrößert, die starke Parteineigung in den jüngeren Altersgruppen erscheint rückläufig. Diese Entwicklung ist aber von äußerst bescheidenem Ausmaß: In keiner Altersgruppe hat sich der Anteil starker Parteineigung gegenüber 1972 um mehr als vier Prozentpunkte verringert, in der jüngsten Altersgruppe schrumpfte er von 27 auf 24 Prozent. Die Spanne zwischen Jung und Alt stieg von acht auf zehn Prozentpunkte. Überdies verläuft die Entwicklung nicht stetig, denn die intensivste Parteineigung der Jungen ist wiederum 1983 zu verzeichnen. Unter diesen Umständen fällt es schwer, von einem nachgewiesenen Nachwachsen nicht parteigebundener Jugendlicher zu sprechen.

Tabelle 10: Parteiidentifikation in den Altersgruppen

	Es geben eine grundsätzliche Neigung zu einer Partei an ...				
	1976 (Juli) %	1980 (Sept.) %	1983 (Januar) %	1987 (Januar) %	1990 (Sept.) %
18 - 24 Jahre	39,8	43,7	51,5	39,4	43,4
25 - 29 Jahre	47,5	54,9	58,6	50,0	47,5
30 - 44 Jahre	57,1	57,1	62,9	54,0	49,0
45 - 59 Jahre	57,5	61,7	65,3	58,7	59,2
60 Jahre u. ä.	54,5	63,3	71,4	61,8	62,0
Fallzahl	1074	5941	2082	1053	3033

Quelle: Konrad-Adenauer-Stiftung, Forschung und Beratung, Archiv-Nr. 7614, 8012, 8302, 8701, 9007.

4.2 Die soziale Einbindung der Wahlentscheidung

Ein Aspekt der Thesen des Wählerwandels ist der der Auflösung politisch homogener sozialer Milieus. Vor allem im katholischen Bürgertum und der gewerkschaftlichen Arbeitnehmerschaft wird die Wahlentscheidung sozial stabilisiert. Mit dem Schrumpfen dieser Milieus wachse der Anteil derer, die ihre Wahlentscheidung individuell, und damit häufig weniger dauerhaft fällen. Empirisch lassen sich soziale Kontexte der Wahlentscheidung kaum im Zeitablauf erfassen, die Methoden der Kontextanalyse sind erst in jüngerer Zeit verfeinert worden. Ein skizzenhafter Test der These des Verfalls der sozialen Einbindung der Wahlentscheidung läßt sich allerdings mittels einer im Abstand von fast 20 Jahren gestellten Frage nach der Reaktion des sozialen Umfeldes auf die Entscheidung bei der vergangenen Bundestagswahl durchführen. Die Frage lautet: "Angenommen, Ihre Familienangehörigen wüßten, welcher Partei Sie bei der letzten Bundestagswahl Ihre Stimme gegeben haben, würde Ihre Familie Ihre Wahlentscheidung eher befürworten oder eher ablehnen?" (eher befürworten, eher ablehnen, ist unterschiedlich, darum kümmert sich niemand, weiß nicht).

Diese Fragestellung wurde für den Freundes- oder Bekanntenkreis, die Arbeitskollegen und die Nachbarn wiederholt (vgl. Tabelle 11). Mit der Vorstellung politisierter Milieus am besten vereinbar sind befürwortende Reaktionen des sozialen Umfeldes, aber auch ablehnende Reaktionen setzen eine gewisse Homogenität des Umfeldes voraus, dem sich der einzelne entgegensetzt. Von einer Auflösung der Einbindung der Wahlentscheidung kann also vor allem dann gesprochen werden, wenn die neutralen Reaktionen zunehmen (unterschiedlich, darum kümmert sich niemand, weiß nicht). Unter den betrachteten Umfeldsegmenten (Familie, Freunde, Kollegen, Nachbarn) ist dies in der Tat für die Familienmitglieder der Fall: Die neutralen Reaktionen stiegen von 30 Prozent 1973 auf 39 Prozent 1991.

Bevor dieser Befund allerdings im Sinne einer Bestätigung der Wandelshypothesen gedeutet werden kann, muß zunächst das Wahlverhalten dieser Befragten in politisch neutralem Familienumfeld untersucht werden. Hier zeigt sich kein Zusammenhang zwischen Wechselaktivität und positiver bzw. neutraler Reaktion der Familie. Sowohl im Lager als auch zwischen den Lagern wird in etwa gleichermaßen häufig gewechselt (vgl. Tabelle 12). Lediglich diejenigen, die einer negativen Reaktion der Familie ausgesetzt sind, wechseln häufiger lagerintern (nicht zwischen den Lagern), diese Gruppe ist zwischen 1973 und 1991 aber nicht gewachsen.

Tabelle 11: Soziale Einbindung der Wahlentscheidung

	Familien-angehörige		Freundes- und Bekanntenkreis		Arbeitskollegen		Nachbarn	
	1973 %	1991 %	1973 %	1991 %	1973 %	1991 %	1973 %	1991 %
Wahlentscheidung bei letzter BTW würde								
eher befürwortet	59	48	35	35	15	17	11	16
eher abgelehnt	5	4	5	3	5	3	6	4
unterschiedlich/ darum kümmert sich niemand/ weiß nicht	30	39	56	57	45	50	81	76
trifft nicht zu	3	4	1	0	32	25	0	0
keine Angabe	3	5	3	5	4	5	2	5

Quelle: Konrad-Adenauer-Stiftung, Forschung und Beratung, Archiv-Nr. 7304 (N=2000), 9205 (N=2710).

Auffällig ist dagegen, daß diejenigen, die von einer neutralen Reaktion der Familie ausgehen, häufig zugeben, bei der vergangenen Wahl nicht gewählt zu haben oder (seltener) bei einer kommenden Wahl nicht wählen wollen. Es hieße aber wohl, die Daten übermäßig zu strapazieren, wenn daraus der - inhaltlich durchaus plausible - Schluß gezogen würde, die Nichtwahl sei ein Phänomen politisch neutraler Milieus, denn diejenigen, die in der Rückerinnerung die Nichtwahl zugeben, können kaum sinnvoll auf die Frage antworten, wie etwa die Familienangehörigen dazu stehen, welcher Partei bei der letzten Bundestagswahl die Stimme gegeben wurde. Dieses Frageinstrument ist zum Erfassen der Nichtwahl nicht geeignet. Es trägt aber die Schlußfolgerung, daß kein Anstieg der Wechselwählerschaft in politisch neutralem Umfeld feststellbar ist.

Tabelle 12: Soziale Einbindung und Konstanz des Wahlverhaltens

	insgesamt	Reaktion Familie			Reaktion Freunde			Reaktion Kollegen			Reaktion Nachbarn		
		positiv	neutral	negativ	positiv	neutral	negativ	positiv	neutral	negativ	positiv	neutral	negativ
Rückerinnerung BTW 1990 und Wahlsimulation Herbst 1991													
Konstant	69	81	57	54	82	62	65	82	65	68	83	67	71
Wechsel im Lager	5	5	5	11	5	4	6	4	5	10	4	5	8
Wechsel zwischen den Lagern	7	6	7	6	5	7	10	7	7	14	6	7	4
Nichtwahl (Erinnerung oder Absicht)	20	10	31	30	7	27	20	8	22	8	7	21	18
N	2471	1212	872	86	870	1321	71	418	1166	72	392	1787	86

Quelle: Herbststudie 1991 des Bereichs Forschung und Beratung der Konrad-Adenauer-Stiftung, Archiv-Nr. 9105

5. Zusammenfassung und Schlußfolgerung

Es wurde untersucht, inwieweit sich Anzeichen einer Destabilisierung des Wahlverhaltens und einer Abschwächung der Parteiidentifikation finden lassen. In Landtagswahlen sind derartige Tendenzen feststellbar: Die Schwankungen in Landtagswahlergebnissen haben sich in den späten 80er Jahren erhöht. Die vergangenen Landtagswahlergebnisse schwankten etwa in dem Ausmaß, das in den 60er Jahren zu beobachten war. Diese Entwicklung geht mit einer Tendenz zum "föderalen Splitting", einem häufigeren Abweichen der Landes- von der Bundesparteipräferenz, einher.

Bis zu einem gewissen Grad ist auch eine Veränderung des Wechselwahlverhaltens in Bundestagswahlen feststellbar: Die Wechselaktivität bei Bundestagswahlen hat sich erhöht, dieser Anstieg bleibt aber auf den Wechsel zwischen SPD und Grünen beschränkt. Der Wechsel zwischen Union, SPD und FDP ist rückläufig. Der regierungsentscheidende Wechsel zwischen den Lagern ist nicht häufiger geworden.

Eine Reihe von Befunden weisen auf Stabilität hin:

-   Parteineigungen sind nicht seltener geworden.

-   Der Charakter der Parteineigung hat sich nicht verändert: Sie hat nicht an Stabilität und an Prägekraft für die Parteipräferenz verloren.

-   Die Jungen, die gut Gebildeten sowie die Angestellten und Beamten wechselten zwischen 1987 und 1990 zwar überdurchschnittlich häufig die Parteipräferenz, dies gilt aber nur für den lagerinternen Wechsel. Bezüglich des lagerübergreifenden Wechsels ist kein Unterschied zwischen den sozialen Gruppen nachweisbar.

-   Bei nachwachsenden Wahlberechtigten der letzten Bundestagswahl besteht im Vergleich zur Situation bei früheren Bundestagswahlen kein niedrigeres Ausmaß der grundsätzlichen Parteibindung.

-   Es ist kein Wechselwahlverhalten begünstigender Rückgang der sozialen Absicherung der Wahlentscheidung feststellbar.

Im Zentrum dieser Ergebnisse steht das Wahlverhalten bei Bundestagswahlen. Wie die Bedeutung der Verhaltensänderung bei Bundestagswahlen veranschlagt werden soll, ist offen für individuelle Bewertung. Unbestreitbar ist die politikpraktische Relevanz konstanter Wechselaktivität zwischen Regierung und Opposition. Offen ist dagegen, ob man die Grünen als Folge der Volatilität sehen will, oder die zunehmende Wechselaktivität als Ausfluß des Aufkommens der "grünen Option" (vgl. OBERNDÖRFER/MIELKE 1990: 16-17), das auf einen andersgearteten Wandel in der Wählerschaft zurückgeht. Allerdings wird, wenn der Anstieg der Wechselaktivität lediglich als Ursache gesehen werden soll, schwer erklärbar, warum sich dieser Anstieg auf den Wechsel zwischen SPD und Grünen beschränkt. Hier wird der Ansicht zugeneigt, daß von einer originären Destabilisierung des Wahlverhaltens nur dann gesprochen werden sollte, wenn ein Anstieg des Wechselwählens über das mit dem Aufkommen der Grünen zusammenhängende Maß feststellbar ist.

Ein Argument, das im Zusammenhang mit Thesen eines Anstiegs des Wechselwählens häufig genannt wird, ist das Aufkommen der neuen Rechtsparteien. Nun haben sich die jüngsten Wahlerfolge der Rechten in den Schwankungen der Landtagswahlergebnisse bemerkbar gemacht. Dabei sollte aber nicht übersehen werden, daß Rechtsparteien in der Bundesrepublik kein unbekanntes Phänomen sind. Ende der 60er/Anfang der 70er Jahre haben sich bereits die Wahlerfolge der NPD destabilisierend auf Wahlergebnisse ausgewirkt; den Anteil der NPD an der Bundestagswahl 1969 haben die Republikaner in einer Bundestagswahl bei weitem (noch) nicht erreichen können. Der Eindruck einer Destabilisierung kann auch dadurch entstehen, daß ein idealisiertes Bild in der Vergangenheit zugrunde gelegt wird. Ähnlich argumentieren auch OBERNDÖRFER und MIELKE (1990: 20) im Hinblick auf den politisch relevanten sozialen Wandel: "Man sollte allerdings in der gegenwärtigen wahlsoziologischen Diskussion das Bild vormals sozial und politisch homogener Milieus nicht überzeichnen. Einerseits zeigen sozialgeschichtliche Fallstudien, daß die heute bisweilen stilisierten Arbeiter- und Katholikenmilieus durch die Bank in sich recht heterogen waren. Andererseits war die politische Geschlossenheit der Katholiken oder Arbeiter während des Kaiserreiches oder der Weimarer Republik keinesfalls so überwältigend, wie es die gegenwärtigen, nostalgischen Verweise auf die "Traditionsmilieus" insinuieren."

Schlußfolgerungen über die Stabilität des Wahlverhaltens stehen wegen der methodischen Probleme stets auf schwachen Beinen. Angesichts der geringen Qualität der hier verwandten Indikatoren - berichtete Wahlentscheidung, Wahlergebnisse im Aggregat, Parteineigung - können die Ergebnisse dieses Beitrages angefochten oder ihre Relevanz für Thesen des Wählerwandels abgestritten werden. Solange härtere Daten nicht im Zeitablauf berichtet worden sind, darf dann jedoch von einer zunehmenden Volatilität bei Bundestagswahlen, die sich über das Aufkommen der Grünen hinaus auswirkt, oder die das Kräfteverhältnis zwischen Regierung und Opposition betrifft, lediglich in der Form von Hypothesen, nicht aber als von der Wahlforschung erbrachter Befund gesprochen werden.

Eine letzte Bemerkung aus vergleichender Perspektive: Nach den hier präsentierten Daten unterscheidet sich die Entwicklung des Wahlverhaltens der Westdeutschen von der Entwicklung in den USA, wo, wie im Text hervorgehoben, ein Rückgang der Parteiidentifikation und eine Destabilisierung des Wahlverhaltens wiederholt dokumentiert wurde. Nun hat die amerikanische Wahlforschung bei der Erklärung dieses Prozesses den sozialen Wandel zwar nicht außer acht gelassen, den Veränderungen im politischen Prozeß aber hervorragende Bedeutung zugesprochen. Hier ist insbesondere die Verlagerung des Wahlkampfschwerpunktes von den Parteien auf die Kandidaten, die personenorientierte Fernsehwahlkämpfe austragen, angeführt worden. Für den Wähler sichtbare Zeichen dieses Wandels sind die TV-Debatten vor Präsidentschaftswahlen (seit 1960) und TV-Wahlspots, in denen die Partei eine untergeordnete Rolle spielt, teilweise sogar unerwähnt bleibt. Die resultierende Ausrichtung der Wählerschaft an den Kandidaten bringt eine Destabilisierung des Wahlverhaltens aus der Sicht der Parteien mit sich (vgl. für diese Argumentation u.a. NIE/VERBA/ PETROCIK 1976: 47-73, 346-347; WATTENBERG 1986, 1991; SHIVELY 1992). Vergleichbare Veränderungen fanden in der Bundesrepublik nicht statt. Der Hauptfaktor, auf den die Destabilisierung des amerikanischen Wahlverhaltens zurückgeführt wurde, fehlt damit in Deutschland. Aus dieser Perspektive, die sich an der Kommunikation der Kandidaten und Parteien mit der Wählerschaft orientiert, war eine steigende Volatilität in Westdeutschland demnach nicht zu erwarten.

Literatur

ABRAMSON, Paul, R./ALDRICH, John H. 1982: The Decline of Electoral Participation in America, in: American Political Science Review, Vol. 76, No. 3, S. 502-521.

ALBER, Jens 1985: Modernisierung, neue Spannungslinien und die politischen Chancen der Grünen, in: Politische Vierteljahresschrift, Jg. 26, Heft 3, S. 211-226.

BERGER, Manfred 1977: Stabilität und Intensität von Parteibindungen, in: KAASE, Max (Hrsg.), Wahlsoziologie heute, Opladen, S. 501-509.

BERELSON, Bernard R./LAZARSFELD, Paul F./McPHEE, William N. 1954: Voting. A Study of Opinion Formation in a Presidential Campaign, Chicago: University of Chicago Press.

BRINKMANN, Heinz Ulrich 1988: Wahlverhalten der "neuen Mittelschicht" in der Bundesrepublik Deutschland, in: Aus Politik und Zeitgeschichte, B 30-31/88, S. 19-32.

BÜRKLIN, Wilhelm 1987: Governing Left Parties Frustrating the Radical Nonestablished Left: the Rise and Inevitable Decline of the Greens, in: European Sociological Review, Vol. 3, No. 2, S. 109-126.

CAMPBELL, Angus/CONVERSE, Philip E./MILLER, Warren E./STOKES, Donald E. 1960: The American Voter, New York: Wiley.

CHANDLER, William M./SIAROFF, Alan 1986: Postindustrial Politics in Germany and the Origins of the Greens, in: Comparative Politics, Vol. 18, No. 3, S. 303-325.

CLARKE, Harold D./STEWART, Marianne C. 1987: Partisan Inconsistency and Partisan Change in Federal States: The Case of Canada, in: American Journal of Political Science, Vol. 31, No. 2, S. 383-407.

CONRADT, David P. 1986: The German Polity, 3.A., New York: Longman.

DALTON, Russell J. 1984a: Cognitive Mobilization in Advanced Industrial Democracies, in: Journal of Politics, Vol. 46, No.1, S. 264-284.

DALTON, Russell J. 1984b: The West German Party System between Two Ages, in: DALTON, Russell J./FLANAGAN, Scott C./BECK, Paul A. (Hrsg.): Electoral Change in Advanced Industrial Democracies, Princeton: Princeton University Press, S. 104-133.

DALTON, Russell J. 1989: The German Voter, in: SMITH, Gordon/PATERSON, William E./MERKL, Peter H. (Hrsg.): Developments in West German Politics, London: MacMillan, S. 99-121.

DALTON, Russell J./ROHRSCHNEIDER, Robert 1990: Wählerwandel und Abschwächung der Parteineigungen von 1972 bis 1987, in: KAASE, Max/KLINGEMANN, Hans-Dieter (Hrsg.): Wahlen und Wähler, Opladen: Westdeutscher Verlag, S. 297-324.

DINKEL, Reiner H. 1989: Landtagswahlen unter dem Einfluß der Bundespolitik. Die Erfahrung der letzten Legislaturperioden, in: FALTER, Jürgen W./RATTINGER, Hans/TROITZSCH, Klaus G. (Hrsg.): Wahlen und politische Einstellungen in der Bundesrepublik Deutschland, Frankfurt/Main: Peter Lang.

FALTER, Jürgen W./RATTINGER, Hans 1983: Parteien, Kandidaten und politische Streitfragen bei der Bundestagswahl 1980: Möglichkeiten und Grenzen der Normal-Vote-Analyse, in: KAASE, Max/KLINGEMANN, Hans-Dieter (Hrsg.): Wahlen und politisches System, Opladen: Westdeutscher Verlag, S. 320-421.

FIORINA, Morris P. 1981: Retrospective Voting in American National Elections, New Haven: Yale University Press.

FLANIGAN, William H./ZINGALE, Nancy H. 1985: United States, in: CREWE, Ivor/DENVER, David (Hrsg.): Electoral Change in Western Democracies. Patterns and Sources of Electoral Volatility, London: Croom Helm, S. 23-49.

FRANKLIN, Mark N. 1985: The Decline of Class Voting in Britain: Changes in the Basis of Electoral Choice, 1964-1983, Oxford: Clarendon.

GABRIEL, Oscar W. 1988: Zerfall der Parteiidentifikation - Krise der Volksparteien?, in: Jugendforum, Heft 6, S. 161-172.

GIBOWSKI, Wolfgang G./KAASE, Max 1991: Auf dem Weg zum politischen Alltag. Eine Analyse der ersten gesamtdeutschen Bundestagswahl vom 2. Dezember 1990, in: Aus Politik und Zeitgeschichte, B 11-12/91, S. 3-20.

GLUCHWOSKI, Peter 1978: Parteiidentifikationen im politischen System der Bundesrepublik Deutschland. Zum Problem der empirischen Überprüfung eines Konzepts unter variierten Systembedingungen, in: OBERNDÖRFER, Dieter (Hrsg.): Wählerverhalten in der Bundesrepublik Deutschland, Berlin: Duncker und Humblot, S. 265-323.

GLUCHOWSKI, Peter 1983: Wahlerfahrung und Parteiidentifikation. Zur Einbindung von Wählern in das Parteiensystem der Bundesrepublik, in: KAASE, Max/KLINGEMANN, Hans-Dieter (Hrsg.): Wahlen und politisches System, Opladen: Westdeutscher Verlag, S. 442-477.

GLUCHOWSKI, Peter 1987: Lebensstile und Wandel der Wählerschaft in der Bundesrepublik Deutschland, in: Aus Politik und Zeitgeschichte, B 12/87, S. 18-32.

HEATH, Anthony/JOWELL, Roger/CURTICE, John 1985: How Britain Votes, Oxford: Pergamon Press.

HEATH, Anthony/JOWELL, Roger/CURTICE, John/EVANS, Geoff/FIELD, Julia/ WITHERSPOON, Sharon 1991: Understanding Political Change. The British Voter 1964-1987, Oxford: Pergamon Press.

INGLEHART, Ronald 1989: Kultureller Umbruch. Wertewandel in der westlichen Welt, Frankfurt: Campus.

JUNG, Matthias 1990a: Auf dem Weg zu einer besseren Datenqualität. Ein Zwischenbericht über die Erfahrungen mit telefonischen Umfragen, in: SCHMITT, Karl (Hrsg.): Wahlen, Parteieliten, politische Einstellungen, Frankfurt/Main: Peter Lang.

JUNG, Matthias 1990b: Der Wechselwähler - das unbekannte Wesen, in: WEHLING, Hans-Georg (Hrsg.): Wahlverhalten, Stuttgart: Landeszentrale für politische Bildung: Der Bürger im Staat, 40 Jg., Heft 3, S. 181-185.

KAASE, Max 1967: Wechsel von Parteipräferenzen. Eine Analyse am Beispiel der Bundestagswahl 1961, Meisenheim: Anton Hain.

KLINGEMANN, Hans-Dieter 1985: West Germany, in: CREWE, Ivor/DENVER, David (Hrsg.): Electoral Change in Western Democracies. Patterns and Sources of Electoral Volatility, London: Croom Helm, S. 230-263.

KLINGEMANN, Hans-Dieter/WATTENBERG, Martin P. 1990: Zerfall und Entwicklung von Parteiensystemen: Ein Vergleich der Vorstellungsbilder von den politischen Parteien in den Vereinigten Staaten von Amerika und der Bundesrepublik Deutschland, in: KAASE, Max/KLINGEMANN, Hans-Dieter (Hrsg.): Wahlen und Wähler, Opladen: Westdeutscher Verlag, S. 325-344.

LANDUA, Detlef 1989: Stabilität und Wandel von Parteieigungen. Eine Panelanalyse politischer Präferenzen in der Bundesrepublik, Berlin: Wissenschaftszentrum Berlin, WZB-paper P 89-105.

LIPSET, Seymour M./ROKKAN, Stein 1967: Cleavage Structures, Party Systems, and Voter Alignments: An Introduction, in: LIPSET, Seymour M./ROKKAN, Stein (Hrsg.): Party Systems and Voter Alignments: Cross-National Perspectives, New York: The Free Press, S. 1-64.

MARTINEZ, Michael D. 1990: Partisan Reinforcement in Context and Cognition: Canadian Federal Partisanships, 1974-79, in: American Journal of Political Science, Vol. 34, No. 3, S. 822-845.

NIE, Norman H./VERBA, Sidney/PETROCIK, John R. 1976: The Changing American Voter, Cambridge, Massachusets: Harvard University Press.

NIEMI, Richard G./WRIGHT, Stephen/POWELL, Lynda W. 1987: Multiple Party Identifiers and the Measurement of Party Identification, in: Journal of Politics, Vol. 49, No. 4, S. 1093-1103.

OBERNDÖRFER, Dieter/MIELKE, Gerd 1990: Stabilität und Wandel in der westdeutschen Wählerschaft. Das Verhältnis von Sozialstruktur und Wahlverhalten im Zeitraum von 1976 bis 1987, Freiburg: Arnold Bergstraesser Institut.

PAPPI, Franz U. 1990: Klassenstruktur und Wahlverhalten im Wandel, in: KAASE, Max/KLINGEMANN, Hans-Dieter (Hrsg.): Wahlen und Wähler, Opladen: Westdeutscher Verlag, S. 15-30.

PEDERSEN, Mogens N. 1979: The Dynamics of European Party Systems: Changing Patterns of Electoral Volatility, in: European Journal of Political Research, Vol. 7, No. 1, S. 1-26.

PEDERSEN, Mogens N. 1983: Changing Patterns of Electoral Volatility in European Party Systems, 1948-1977: Explorations in Explanation, in: DAALDER, Hans/MAIR, Peter (Hrsg.): Western European Party Systems. Continuity & Change, London: Sage, S. 29-66.

REIF, Karlheinz/SCHMITT, Hermann 1980: Nine second-order national elections - a conceptual framework for the analysis of European election results, in: European Journal of Political Research, Heft 1, S. 3-44.

ROSE, Richard/McALLISTER, Ian 1986: Voters Begin to Choose. From Closed Class to Open Elections in Britain, London: Sage.

ROSE, Richard/McALLISTER, Ian 1990: The Loyalities of Voters. A Lifetime Learning Model, London: Sage.

SÄRLVIK, Bo/CREWE, Ivor 1983: Decade of Dealignment. The Conservative Victory of 1979 and Electoral Trends in the 1970s, Cambridge: Cambridge University Press.

SCHMITT, Karl 1990: Religious Cleavages in the West German Party System: Persistence and Change, 1949-1987, in: ROHE, Karl (Hrsg.): Elections, Parties and Political Traditions. Social Foundations Of German Parties and Party Systems, 1867-1987, New York, Oxford, München: Berg, S. 179-201.

SCHULTZE, Rainer-O. 1991: Außengeleitete Innovation und innengeleiteter Methodenrigorismus - Deutsche Wahlsoziologie auf dem Prüfstand internationalen Vergleichs, in: Zeitschrift für Parlamentsfragen, Heft 3, S. 481-494.

SHAFFER, Stephen D. 1981: A Multivariate Explanation of Decreasing Turnout in Presidential Elections, 1960-1976, in: American Journal of Political Science, Vol. 25, No. 1, S. 68-95.

SHIVELY, W. Phillips 1979: The Development of Party Idenfication among Adults: Exploration of a Functional Model, in: American Political Science Review, Vol. 73, No. 4, S. 1039-1054.

SHIVELY, W. Phillips 1992: From Differential Abstention to Conversion: A Change in Electoral Change, 1864-1988, in: American Journal of Political Science, Vol. 36, No. 2, S. 309-330.

VEEN, Hans-Joachim 1988a: Die Wähler sind wählerischer geworden, in: Frankfurter Allgemeine Zeitung, 20.10.1988.

VEEN, Hans-Joachim 1988b: Die Grünen als Milieupartei, in: MAIER, Hans u.a. (Hrsg.): Politik, Philosophie, Praxis. Festschrift für Wilhelm Hennis zum 65. Geburtstag, Stuttgart: S. 454-476.

VEEN, Hans-Joachim 1992: Die wachsende Bedeutung des Nichtwählens, Vortrag anläßlich der Expertentagung "Keine Wahl - auch eine Wahl" im Landtag von Baden-Württemberg, 4. Februar 1992, Dokumentation der Landeszentrale für politische Bildung Baden-Württemberg.

VEEN, Hans-Joachim/GLUCHOWSKI, Peter 1988: Sozialstrukturelle Nivellierung bei politischer Polarisierung - Wandlungen und Konstanten in den Wählerstrukturen der Parteien 1953-1987, in: Zeitschrift für Parlamentsfragen, 19. Jg., Heft 2, S. 225-248.

VEEN, Hans-Joachim/HOFFMANN, Jürgen 1992: Die Grünen zu Beginn der neunziger Jahre. Profil und Defizite einer fast etablierten Partei, Bonn: Bouvier.

WATTENBERG, Martin P. 1986: The Decline of American Political Parties 1952-1984, Cambridge, Massachusetts: Harvard University Press.

WATTENBERG Martin P. 1991: The Rise of Candidate-Centered Politics. Presidential Elections of the 1980s, Cambridge, Massachusetts: Harvard University Press.

ZAPF, Wolfgang/BREUER, Sigrid/HAMPEL, Jürgen/KRAUSE, Peter/MOHR, Hans-Michael/WIEGAND, Erich 1987: Individualisierung und Sicherheit. Untersuchungen zur Lebensqualität in der Bundesrepublik Deutschland, München: Beck.

ZAPF, Wolfgang 1989: Die Sozialstruktur der Bundesrepublik in den 1980er Jahren, Berlin: Wissenschaftszentrum Berlin, WZB-paper, P 89-101.

Anhang

Verwendete Umfragen

Die Querschnittsanalysen beruhen auf dem westdeutschen Teil der September-Umfrage 1990 des Bereichs Forschung und Beratung der Konrad-Adenauer-Stiftung, die von GETAS (Hamburg) an 3033 Befragten (ungewichtet) durchgeführt wurde.

Die Längsschnittsanalysen der Wechselaktivität entstammen Umfragen, deren Feldzeit höchstens zwei bis drei Monate vor der Bundestagswahl lag.

Jahr	1972	1976	1980	1983	1987	1990
Monat	11	7	9	1	12/86 u. 1/87 kumuliert)	9
Befragte (ungewichtet)	1203	1074	6206	2082	2049	3033
davon: Partei zu beiden Wahlen angegeben	867	801	4068	1572	1671	2018
Institut	INFRATEST	GETAS	CONTEST	CONTEST	MARPLAN	GETAS

Die 87er Umfragen wurden im Auftrag der Forschungsgruppe Wahlen durchgeführt und sind beim Zentralarchiv für empirische Sozialforschung in Köln erhältlich. Die anderen Untersuchungen erfolgten im Auftrag des Bereichs Forchung und Beratung der Konrad-Adenauer-Stiftung.

Uwe W. Gehring

Wählerwanderungsanalysen der Bundestagswahl 1990:
Eine Überprüfung des infas-Konzepts mit Daten der Forschungsgruppe Wahlen

1. Einleitung

Wählerwanderungsanalysen sind seit ihrer erstmaligen Verwendung bei der Bundestagswahl 1972 ständiger Kritik ausgesetzt. Aus theoretischer Perspektive sicher unumstritten - berühren sie doch die Kardinalfrage jeder Wahlforschung "Wer wählte Wen und Warum?" - ergeben sich aus methodischer Sicht eine Reihe von Fragen und Probleme, deren bis heute unbefriedigende Lösungsversuche die Aussagekraft der Analysen einschränken. Hauptanliegen der Wählerwanderungsbilanz ist die Sichtbarmachung der "verdeckten" Veränderungen im Wählerverhalten - die Bruttowählerströme, anstelle der sonst zwischen zwei Wahlen erkennbaren Nettowählerströme. Dabei gewinnt die Analyse der Wählerwanderungen umso mehr an Bedeutung, je größer die Umschichtung der Wählerpotentiale ist. Theoretisch bedeutsam erscheinen Wählerwanderungsanalysen dabei, weil sie als "ein wichtiger Schritt" in Richtung einer Prozeßanalyse des politischen Systems (KÜCHLER 1977: 158) gesehen werden.

Der Schwerpunkt der Diskussion um die Erstellung von Wählerwanderungsbilanzen liegt bei der methodischen Vorgehensweise vom *Institut für Angewandte Sozialwissenschaft (infas)*. Kritiker sprechen dem Verfahren jegliche wissenschaftlich fundierte Aussagekraft ab. Peter HOSCHKA und Hermann SCHUNK, die Ende der 60er Jahre selbst an der Entwicklung dieses Verfahrens beteiligt waren, kommen 1975 zu dem Ergebnis, daß "die Wählerwanderungen beim gegenwärtigen Stand der Forschung nicht zuverlässig geschätzt werden können. Den ermittelnden Zahlen kann noch nicht einmal die Qualität von Orientierungsgrößen zugesprochen werden, geschweige denn die Qualität von gesicherten Ergebnissen" (HOSCHKA/ SCHUNK 1975: 523). 1982 kommen die beiden Autoren zu dem Ergebnis, daß sich an diesem Befund nichts wesentliches geändert hat (HOSCHKA/ SCHUNK 1982: 113ff), und auch KÜCHLER (1980: 582) bestätigt dies. Allerdings weist KÜCHLER

(1983: 650) darauf hin, daß "das entscheidende Problem bei der Bestimmung von Wählerwanderungen weniger in den statistischen Analyseverfahren liegt als vielmehr in einer Verbesserung der Validität der Umfragedaten". FALTER/SCHUMANN (1989: 9) schließlich bemerken zur Erstellung von Wählerwanderungsbilanzen, daß "mit ihrer Hilfe normalerweise nur Informationen über die Größenordnung der stattgefundenen Austauschbeziehungen zwischen den Parteien untereinander, zwischen den Parteien und dem Nichtwählerlager etc. gewonnen werden können. Zum numerischen Nennwert sollten ihre Ergebnisse möglichst nicht genommen werden, da die durch sie produzierten Ungenauigkeiten zumindest potentiell zu groß sind".

Ziel dieser Arbeit ist es, nach einer kurzen Darstellung der Vorgehensweise bei der Erstellung von Wählerwanderungsbilanzen, die von *infas* vorgelegten Wählerwanderungsbilanzen der Bundestagswahl 1990 anhand von Daten der *Forschungsgruppe Wahlen (FGW)* zu überprüfen. Die Daten entstammen der Wahltagsbefragung der *FGW*, bei der 17144 Wähler im Wahlgebiet West und 8121 Wähler im Wahlgebiet Ost befragt wurden. Da *infas* für die Wählerwanderungsanalysen im Wahlgebiet Ost die Volkskammerwahl im März 1990 als Vergleichswahl heranzieht, die *FGW* jedoch die Landtagswahlen im Oktober 1990 (bzw. die Kommunalwahl im Mai 1990 in Berlin-Ost), werden aus Gründen der Vergleichbarkeit die empirischen Analysen nur für das Wahlgebiet West durchgeführt. Beide Institute ziehen für dieses Wahlgebiet die Bundestagswahl 1987 (bzw. die Abgeordnetenhauswahl 1989 für Berlin-West) als Vergleichswahl heran. Um Verzerrungen durch nicht-neutrale Stichprobenausfälle zu vermeiden, werden die Daten mittels des von der *FGW* bereitgestellten Gewichtungsfaktors gewichtet.

2. Methode der Wählerwanderungsbilanz

Wählerwanderungsbilanzen können im Prinzip auf zwei Wegen erstellt werden. Aufgrund von amtlichen Wahlkreis- oder Stimmbezirksergebnissen lassen sich mittels ökologischer Regression Schätzungen über Wählerwanderungen in bestimmten Gebieten ermitteln *(Aggregatdatenanalyse)*, oder es kann anhand von repräsentativen Umfragen direkt individuelles Wählerverhalten über Zeit beobachtet werden *(Individualdatenanalyse)*. Beide Verfahren können auch - wie dies bei *infas* geschieht - zu einem sogenannten "integrierten" Verfahren kombiniert werden.

2.1 Aggregatdatenanalyse

Auf den ersten Blick scheinen Aggregatdatenanalysen vielversprechender für die Ermittlung von Wählerwanderungen zu sein. Sie haben den Vorteil, auf mehr oder weniger exakte Informationen über einen Wahlkörper und das darin ausgeübte Wahlverhalten zugreifen zu können. Bis zur Ebene von Wahlkreisen sind die amtlichen Informationen über die Veränderungen des Wahlkörpers, wie sie sich aus Ortswechsel (Weggezogene, Zugezogene) und Generationenwechsel (Verstorbene, Erstwähler) ergeben, relativ verläßlich. Probleme ergeben sich aber aus unterschiedlichen Erhebungszeitpunkten für die amtlichen Daten und der Wahltermine oder auch aus Veränderungen der Wahlkreisgrenzen zwischen zwei Wahlen. Schwierigkeiten resultieren auch aus dem Verfahren der ökologischen Regression. Zum einen sind mit dieser Technik bei Aggregatdatenanalysen üblicherweise unrealistische Annahmen verbunden - zum Beispiel konstante Wanderungswahrscheinlichkeiten in den einzelnen Untersuchungseinheiten (=Wahlkreise oder Stimmbezirke). Die Untersuchungseinheiten sind auch keine unabhängigen Realisationen eines Zufallsereignisses, wie dies die Regressionstheorie eigentlich voraussetzt, und aufgrund ihrer immanenten Struktur kommt es zu einer hohen Multikollinearität der Daten, die Parameterschätzungen eigentlich ganz unmöglich macht. Zudem sind die Schätzungen für Wählerwanderungsanalysen oftmals unsinnig (also kleiner Null oder größer Eins), ganz abgesehen von der Gefahr eines ökologischen Fehlschlusses. Tatsächlich ist man sich - trotz aller sonstigen Kontroversen - in der Literatur darüber einig, daß reine Aggregatdatenanalysen keine realistischen Annahmen über Wählerwanderungen erlauben (HOSCHKA/SCHUNK 1975: 502; KRAUSS/SMID 1981: 90; FALTER/SCHUMANN 1989: 10).

Deshalb wurden auch Modifizierungen des Verfahrens der ökologischen Regression vorgeschlagen, wie z.B. die "Ridge Regression" von MILLER (1972), oder eine quadratische Optimierung der Wanderungswahrscheinlichkeiten durch McCARTHY/RYAN (1977). Diese Verfahren wurden jedoch von KÜCHLER (1983) und von KRAUSS/SMID (1981) überprüft und als ebenso untauglich wie das ursprüngliche Verfahren zurückgewiesen. KÜCHLER erscheinen bei der Ridge-Regression "die inhaltlichen Konsequenzen von teilweise recht willkürlichen technischen Entscheidungen während des Analyseprozesses [d.i.: Wahl der Ridge-Konstanten k; U.W.G.] kaum präzise zu bestimmen" (1983: 648), während KRAUSS/SMID die Tatsache, daß bei der von McCARTHY/RYAN vorgestellten Methode viele Regressionskoeffizienten gleich Null geschätzt werden - was ein ziemlich unrealistisches Bild der Wanderungswahrscheinlichkeiten ergeben würde - in Frage stellen. Sie kommen zu dem Schluß, daß "auf ökologischer Ebene die Schätzungen der Übergangswahrscheinlichkeiten nicht die Sicherheit für sich in Anspruch nehmen können, wie es manchmal angenommen wird" (1981: 90).

2.2 Individualdatenanalyse

Bei der Analyse von Umfragedaten kann man nochmals zwei Verfahren unterscheiden. Zunächst erlaubt die *Panel-Untersuchung*, also eine mehrmalige Befragung ein und derselben Person im Zeitverlauf, die ziemlich exakte Feststellung des Wahlverhaltens, wobei der Vorteil darin liegt, daß die speziellen Probleme einer Rückerinnerung nicht, bzw. kaum auftreten (s.u.). Auch wäre - eine entsprechend lange Laufzeit des Panels vorausgesetzt - nicht nur die Analyse der Wählerwanderungen zwischen zwei, sondern mehrerer aufeinanderfolgender Wahlen - auch verschiedener Ebenen - möglich. Leider unterliegt die Panel-Untersuchung neben den Schwierigkeiten, die bei jeder Umfrage auftauchen, eigenen Gesetzen wie z.B. der Panel-Mortalität, die eine systematische Verzerrung der Stichprobe bewirken. Diese sind umso höher, je länger die Laufzeit des Panels ist. Panel-Studien sind zudem wegen der damit verbunden ungleich höheren Kosten eher selten. Unverständlicherweise verzichtet sogar die in der Bundesrepublik bislang größte Panel-Untersuchung, das seit 1984 jährlich durchgeführte Sozio-ökonomische Panel, auf die Erfassung relevanter Variablen zur politischen Betätigung, insbesondere aber auf die Frage nach dem Wahlverhalten (DIW 1990). Panel-Untersuchungen kommen also für systematische Wählerwanderungsanalysen nicht in Betracht.

Als letzte Möglichkeit bleibt somit die *Recall-Befragung*, die die Grundlage für die Wählerwanderungsbilanzen bei *infas* und der *FGW* bildet, wobei die Daten bei der sogenannten Wahltags(nach)befragung erhoben werden. Neben den üblichen Umfrageproblemen, die auch nicht bzw. nur wenig durch eine überaus große Stichprobe (*1990: infas*: ca. 18000, *FGW*: 25265 Befragte) ausgeglichen werden können, sind bei diesem Verfahren vor allem Fehler durch die Rückerinnerungsfrage selbst von Bedeutung (WEIR 1975; BAUR 1976). Neben bewußt unwahren Angaben oder tatsächlichen Erinnerungsschwächen, ist hier vor allem das Phänomen der "kognitiven Dissonanz" zu erwähnen (FESTINGER 1963). Danach ist es der mehr oder weniger bewußt wahrgenomme Spannungszustand, der durch zwei heterogene Einstellungen (wie etwa die Entscheidung für verschiedene Parteien zum Zeitpunkt t_0 und t_1) entsteht, der zur "Anpassung" der Erinnerung über die zurückliegende Wahlentscheidung an die aktuelle Parteipräferenz führt. Dadurch werden aber bei auf Recall-Fragen aufbauenden Wählerwanderungsanalysen sehr viel mehr Wähler als stabil identifiziert, als es tatsächlich gibt, das eigentlich zu beobachtende Phänomen der Wählerwanderung also unterschätzt. BAUR etwa beziffert die Differenz auf bis zu 20 Prozentpunkte (1976: 290).

Darüberhinaus wirft aber gerade dieser Aspekt Fragen auf die Ergiebigkeit von Wählerwanderungsanalysen auf. In Zeiten poltischer Instabilität oder schnellem gesellschaftlichen Wandel wäre es besonders interessant, Wechselwählerverhalten zu beobachten und zu analysieren. Dann wird aber auch der durch die Recall-Frage entstandene Fehler besonders groß sein, größer jedenfalls als in stabilen Zeiten mit wenig Veränderungen. Aber dann machen auch Wählerwanderungsanalysen kaum Sinn.

2.3 Integrierte Vorgehensweise

Nach anfänglicher Zurückhaltung über ihre Vorgehensweise in den 70er Jahren (RIEMENSCHNITTER 1973; LIEPELT/RIEMENSCHNITTER 1974), machten Mitarbeiter von *infas* Anfang der 80er Jahre das bei ihnen zur Anwendung kommende Verfahren publik (KRAUSS 1980; KRAUSS/SMID 1981).

Prinzipiell versucht *infas*, individuelle Wählerwanderungen zu beschreiben, und dabei die Veränderungen des gesamten Wahlkörpers, also auch der Zu- und Abgänge sowie das spezifische Wahlverhalten der Zu- und Abgänge und der Nichtwähler zu berücksichtigen. Ausgangspunkt bilden dabei die sogenannten Übergangswahrscheinlichkeiten, die angeben, mit welcher Wahrscheinlichkeit ein Wähler der Partei A zum Zeitpunkt t_0 diese oder eine andere Partei zum Zeitpunkt t_1 wählt. Diese Übergangswahrscheinlichkeiten ergeben sich aus der am Wahltag durchgeführten Befragung nach einer einfachen Kreuztabulation zwischen den Angaben zu jetzigem und vorherigem Wahlverhalten (s.o.). Die von der *FGW* (1990: 52ff) dargestellten Zahlen sind also nichts anderes als die mit dem Faktor 100 multiplizierten Übergangswahrscheinlichkeiten.

Es ist jedoch klar, daß sich zwischen zwei Wahlen Verschiebungen im Wahlkörper ergeben haben, die durch Ortswechsel bzw. Generationenwechsel zustande kommen. Ortswechsel bedeutet das Hinzukommen neuer Wähler aufgrund von Zuzug in das Wahlgebiet, bzw. das Wegfallen von Wählern aufgrund von Wegzug aus dem Wahlgebiet. Mit Generationenwechsel bezeichnet man dagegen das Hinzukommen neuer Wähler aufgrund des Erreichens des Wahlalters (Erstwähler) bzw. das Wegfallen von Wählern aufgrund von Sterbefällen, naturgemäß vor allem in den oberen Altersgruppen. Bei diesen Veränderungen - in ihrer Größenordnung bei verschiedenen Wahlen sicher von gleichbleibender Bedeutung - sind vor allem die Anteile für die verschiedenen Parteien wichtig. Wie aus den repräsentativen Wahlstatistiken recht genau hervorgeht, wählen die älteren Bürger überproportional CDU, während bei den Erstwählern am meisten die SPD profitiert. Beim Vergleich dieser beiden Parteien wird also v.a. die SPD vom Generationenwechsel profitieren. Weiterhin muß bedacht werden, daß bei der Wahltagsbefragung ja nur aktuelle Wähler befragt werden, Angaben zur Wahlenthaltung bei der jetzigen Wahl also nicht vorliegen, diese aber auch in den Wählerwanderungsbilanzen berücksichtigt werden sollen.

Die Wählerwanderungsbilanz muß also die aus den Veränderungen des Wahlkörpers <u>und</u> das in bestimmten Gruppen (z.B. der Erstwähler oder, für die letzte Wahl, der Gestorbenen) ausgeübte spezifische Wahlverhalten in die Gesamtrechnung miteinbeziehen. D.h., die Übergangswahrscheinlichkeiten werden zunächst um die geschätzten Angaben zum aktuellen Nichtwählerverhalten ergänzt (die Nichtwähler werden hierbei als Partei aufgefaßt) und anschließend mit einer Zahl gewichtet, in die neben der Stimmenzahl einer Partei bei der früheren Wahl der Wähleranteil dieser Partei in den Gruppen, die bei der jetzigen Wahl nicht mehr teilnehmen (Gestorbene und Weggezogene) eingeht. Diese für jede Partei zu ermittelnden Werte sind die sog. "ersten Schätzungen" (s.u.).

Berechnet man aus den ersten Schätzungen und dem früheren Wahlergebnis das aktuelle Wahlergebnis, stimmen in aller Regel die Resultate nicht mit dem tatsächlichen Wahlergebnis überein. Es wird deshalb noch ein Ausgleichsverfahren angewendet, das die ersten Schätzungen so an das frühere und das jetzige Wahlergebnis anpaßt, daß a) die ersten Schätzungen selbst nur möglichst wenig verändert werden und b) die Randbedingungen (=Wahlergebnisse, Gestorbene, Erstwähler, Weggezogene, Zugezogene) eingehalten werden.

Das Problem besteht also darin, ein geeignetes Verfahren zu finden, das zwei Häufigkeitsverteilungen so einander anpaßt, bzw. den Abstand zwischen ihnen minimiert, daß die Ausgangsdaten selbst nur möglichst wenig verändert werden. *infas* greift dabei auf ein Abstandsmaß von ROTHKIRCH (1973: 98) zurück, dessen Lösung iterativ durch sog. "Matrix-Skalierung" gefunden werden kann. Dabei werden die ersten Schätzungen nacheinander zeilen- und spaltenweise so oft verändert, bis das sich ergebende alte und neue Wahlergebnis mit den tatsächlichen Wahlergebnissen identisch ist, bzw. sich keine Verbesserung der aufgrund der geschätzten Werte ermittelten Randwerte mehr ergibt. Die so erhaltenen Schätzwerte sind das Ergebnis der Wählerwanderungsbilanz. Die Verwendung des ROTHKIRCHschen Algorithmus hat gegenüber anderen Verfahren den Vorteil, daß keine negativen Wählerströme entstehen können und Anfangsschätzungen von null nicht verändert werden (zu anderen Verfahren z.B.: HOSCHKA/SCHUNK 1975: 514ff).

Die Genauigkeit der ersten Schätzungen ist für das ganze Verfahren von ausschlaggebender Bedeutung. Das Ausgleichsverfahren selbst verändert die ersten Schätzungen nicht so sehr und kann dies auch gar nicht, da es nicht auf die "ideale" Lösung konvergiert. Bestehen also erhebliche Fehler in den Ausgangsdaten, werden auch die Ergebnisse des Ausgleichsverfahrens (die geschätzten Randbedingungen) noch erheblich von den wahren Werten abweichen. Nach KRAUSS (1980: 582) und KRAUSS/SMID (1981: 95) gibt auch die Anzahl der Iterationen, die das Verfahren benötigt, einen Hinweis auf die Güte der Ausgangsdaten. So sollte die Anzahl der Iterationen um die 20 liegen. Ein Blick auf die Zielfunktion (s.u.) zeigt aber auch, daß das Verfahren keine Fehler in den Schätzwerten "minimieren" kann, wie dies von LIEPELT (1980: 584) behauptet wurde, sondern die Fehler verteilt. Denn es werden ja alle Schätzungen in einer Zeile oder Spalte um dasselbe Verhältnis ($b_i/b^{(t)}_i$, bzw. $a_j/a^{(t+1)}_j$) verändert, obwohl es ja sein könnte, daß nur ein Wert stark vom "wahren" Wert abweicht und somit zur Differenz zwischen b_i und $b^{(t)}_i$, bzw. a_j und $a^{(t+1)}_j$ beiträgt.

Probleme dieser integrierten Vorgehensweise ergeben sich auch bei der Ermittlung der Absolutzahlen und der Parteianteile in den Gruppen der Zu- und Weggezogenen und der Gestorbenen und Erstwähler sowie der Nichtwähler bei der jetzigen Wahl. So wird für die Nichtwähler und die Ortswechsler angenommen, daß ihr Wahlverhalten dem der Gesamtbevölkerung entspricht (Proportionalitätsannahme). Die daraus entstehenden Schätzungen sind somit mit einem Fehler unbekannter Richtung und Grössenordnung behaftet, da diese Annahmen rein hypothetischen Charakter haben. Die Parteianteile der Gestorbenen werden aus den repräsentativen Wahlstatistiken der letzten Wahl geschätzt. Ursprünglich galt diese Schätzungsart auch für die Parteianteile der Erstwähler, neuerdings werden diese aber auf Grundlage der Wahltagsbefragung selbst geschätzt. Es ist jedoch klar, daß in allen drei Fällen nicht nur Stichprobenfehler sondern auch systematische Fehler zum Tragen kommen. Die Nichtwähler der vorigen Wahl, die auch jetzt nicht wählen (sog. "doppelte Nichtwähler"), müssen ebenfalls geschätzt werden. *infas* ermittelt diese Zahl mittels einer ökologischen Regression, wobei seit der Bürgerschaftswahl in Bremen 1991 ein von THOMSEN (1987) entwickeltes Verfahren benutzt wird. Weitere Informationen hierzu sollen in einer Arbeit dargelegt werden, die *infas* dem Verfasser dieser Arbeit gegenüber angekündigt worden hat.

Wie sehr gerade die Proportionalitätsannahme und die Schätzung des Anteils der doppelten Nichtwähler zum Gelingen der Wanderungsbilanz beitragen, hat LAEMMERHOLD (1983) angemerkt. Danach stellen die Nichtwähler "die wesentliche Manipulationsmasse zur Anpassung der Rohdaten an die Wahlergebnisse dar" (1983: 628). Bei Vorliegen einer "idealen" Matrix der Übergangswahrscheinlichkeiten - spaltenweise ergibt sich das alte Wahlergebnis, zeilenweise das neue - wäre die Aussage für die Nichtwähler trivial: Keine Partei gewinnt oder verliert durch die Wahlenthaltung. Der Idealfall wird jedoch nie vorkommen und so entstünden durch das Ausgleichsverfahren unplausible, willkürliche Aussagen über Gewinne oder Verluste durch die Wahlenthaltung.

Konkret kann eine Fehlerannahme bzw. -berechnung des Verfahrens nur für die ersten Schätzungen durchgeführt werden, da Fehleranalysen des ROTHKIRCHschen Algorithmus nur anhand von Simulationen möglich sind (KRAUSS/SMID 1981: 102). HOSCHKA/SCHUNK geben für die ersten Schätzungen einen Fehlerbereich von ± 1 bis $\pm 8,5$ Prozentpunkte an (1975: 523).

KRAUSS/SMID (1981) führen eine Fehlerrechnung des Ausgleichsverfahrens mittels Monte-Carlo-Simulationen durch. Allerdings testen sie neben einem zufälligen Fehler nur einen systematischen Fehler in den Ausgangsdaten bei den Erstwähleranteilen. Da jedoch alle in die Ausgleichsrechnung eingehenden Werte (mit Ausnahme der Ergebnisse der beiden Wahlen) mit Fehlern behaftet sind, aber deren Größenordnung und Richtung, wie bereits ausgeführt wurde, teilweise nicht bekannt sind, erscheint diese Fehlerrechnung als ungenügend. Und selbst KRAUSS/SMID müssen ungeachtet ihrer optimistischen Interpretation als Ergebnis der Fehlerrechnung festhalten, daß "Einschränkungen in bezug auf die Genauigkeit zu berücksichtigen sind" (1981: 107).

KRAUSS/SMID (1981: 93f) und KRAUSS (1980: 581) folgend läßt sich das Verfahren formal wie folgt zusammenfassen (vgl. auch Schaubild 1):

Es ist:

G   = Zahl der seit der letzten Wahl Gestorbenen
W   = Zahl der seit der letzten Wahl Weggezogenen
E   = Zahl der Erstwähler
Z   = Zahl der seit der letzten Wahl Zugezogenen
a_j = Stimmenzahl der Partei j bei früherer Wahl
b_i = Stimmenzahl der Partei i bei jetziger Wahl
g_j = Anteil der Partei j bei den Gestorbenen
w_j = Anteil der Partei j bei den Weggezogenen
e_i = Anteil der Partei i bei den Erstwählern
z_i = Anteil der Partei i bei den Zugezogenen
p_{ij} = Anteil der Wähler der Partei j bei früherer Wahl,
      die jetzt Partei i gewählt haben (Übergangswahrscheinlichkeiten).

Die Spaltensummen entsprechen dem früheren Wahlergebnis, die Zeilensummen dem neuen Wahlergebnis. Die Übergangswahrscheinlichkeiten beziehen sich auf das frühere Wahlergebnis, d.h. sie geben an welcher Anteil von Partei j jetzt Partei i wählt. Infolgedessen summieren sich die Übergangswahrscheinlichkeiten spaltenweise auf 1. Nichtwähler werden als Partei aufgefaßt.

f^0_{ij} ist die Häufigkeit in der Zelle der i-ten Zeile und j-ten Spalte des Tableaus, d.h. die erste Schätzung. Sie ergibt sich aus

$$f^0_{ij} = (a_j - G \cdot g_j - W \cdot w_j) \cdot p_{ij}$$

Spaltenweise addiert ($= a^0_j$) sollten dann die ersten Schätzungen das alte Wahlergebnis (a_j) wiedergeben ($a^0_j = a_j$), zeilenweise addiert das neue Wahlergebnis ($b^0_i = b_i$) ergeben. Das wird jedoch aufgrund der Ungenauigkeit der ersten Schätzungen kaum der Fall sein. Der Ausgleichsalgorithmus muß also die f^0_{ij} so verändern, daß b^0_i gegen b_i und a^0_j gegen a_j geht. Das von ROTHKIRCH (1973: 98) angegebene, und von *infas* verwendete Abstandsmaß lautet

$$D = \sum_i \sum_j \left(\frac{f_{ij}}{d} \cdot \ln\left(\frac{f_{ij}}{f_{ij}^0} \cdot \frac{d^0}{d}\right) \right)$$

wobei $\quad d = \sum_i \sum_j f_{ij}$

Die Minimierung dieser Zielfunktion ergibt

$$f_{ij}^{t+1} = \frac{b_i}{b_i^t} \cdot f_{ij}^t$$

$$f_{ij}^{t+2} = \frac{a_j}{a_j^{t+1}} \cdot f_{ij}^{t+1}$$

wobei

t $\quad = 0,1,2,...$

D.h. es werden so viele neue Berechnungen notwendig, bis die Lösung die gewünschten Bedingungen erfüllt ($a^0_j = a_j$ und $b^0_i = b_i$), bzw. näherungsweise erfüllt. Ein vom Verfasser dieser Arbeit erstelltes FORTRAN-Programm berechnet nach Eingabe der Übergangswahrscheinlichkeiten und der Randbedingungen die ersten sowie die endgültigen Schätzwerte nach diesem Verfahren.[*]

Schaubild 1: Schema der Wählerwanderungsbilanzmatrix

			BTW 1987 & AHW 1989								Erst.	Zug.
			CDU	SPD	FDP	GRÜ	PDS	REP	AND	NW		
			a1	a2	a3	a4	a5	a6	a7	a8	E	Z
BTW 1990	CDU	b1									E*e1	Z*z1
	SPD	b2									E*e2	Z*z2
	FDP	b3									E*e3	Z*z3
	GRÜ/B90	b4					f(ij)				E*e4	Z*z4
	PDS	b5									E*e5	Z*z5
	REP	b6									E*e6	Z*z6
	AND	b7									E*e7	Z*z7
	NW	b8									E*e8	Z*z8
	Gest.	G	G*g1	G*g2	G*g3	G*g4	G*g5	G*g6	G*g7	G*g8		
	Weg.	W	W*w1	W*w2	W*w3	W*w4	W*w5	W*w6	W*w7	W*w8		

---

[*] Das Programm ist auf Anfrage beim Verfasser erhältlich.

3. Vergleich der Wählerwanderungsbilanzen bei *FGW* und *infas*

Da die von *infas* veröffentlichte Wählerwanderungsbilanz (INFAS 1991: A2) einen Fehler enthielt, wurde für die nachfolgenden Tabellen auf neue Berechnungen zurückgegriffen, die dem Verfasser von Herrn Menno Smid (*infas*) freundlicherweise zur Verfügung gestellt wurden. Diese korrigierte Wählerwanderungsbilanz ist den Tabellen 2 und 3 zu entnehmen. Im übrigen summieren alle nachfolgenden Tabellen zu Wählerwanderungen in der Spalte auf das Wahlergebnis der Vorwahl, die Prozentangaben beziehen sich daher auf das alte Wahlergebnis.

Während die *FGW* bei ihrer Wahlanalyse wegen der methodischen Schwierigkeiten auf die Erstellung von umfangreichen Wählerwanderungsbilanzen verzichtet und es bei der einfachen Kreuztabulation der Angaben zur Stimmabgabe bei vorheriger Wahl und Stimmabgabe bei jetziger Wahl beläßt (FGW 1990: 52ff), bilanziert *infas* nicht nur die gesamten Wählerwanderungen, sondern erstellt darüberhinaus sog. "Wählerstromkonten" und quantifiziert die Ergebnisse auf 1000 Stimmen genau (INFAS 1991: 100ff).

Tabelle 1: Wählerwanderungsbilanz der *FGW*

	CDU/CSU	SPD	FDP	GRÜ	PDS	REP	Andere	NW
CDU/CSU	84,3	6,6	17,6	5,1	-	47,6	20,7	39,0
SPD	4,1	81,8	8,1	34,1	-	5,6	13,2	31,3
FDP	8,0	6,6	71,1	6,5	-	6,0	6,1	9,6
GRÜNE/B90	0,9	2,9	1,5	49,5	-	-	4,2	10,4
PDS	0,0	0,2	-	1,9	-	-	2,5	1,3
REP	1,7	0,9	0,7	0,6	-	38,9	30,5	4,2
Andere	1,0	1,0	1,0	2,3	-	1,9	22,8	4,2

Quelle: FGW 1990, S.52

Die *FGW* hebt in ihrer Analyse der "Austauschbeziehungen" den starken Wechsel, der innerhalb, aber auch zwischen den politischen Lagern erfolgte, hervor (Tabelle 1). Nach ihrer Analyse können die großen Parteien zwar mehr als 80 Prozent ihrer Wähler von der Vorwahl behalten (sog. "Haltequoten" bei CDU/CSU: 84,3 Prozent; SPD: 81,8 Prozent), immerhin entscheiden sich aber vier Prozent der früheren Wähler von CDU/CSU, diesmal die SPD zu wählen, und acht Prozent wählen die FDP.

Von den früheren Wählern der SPD gehen 6,6 Prozent zu CDU/CSU und 6,6 Prozent zur FDP, macht insgesamt 13,2 Prozent Wähler, die ins Regierungslager wechseln. Bei den kleinen Parteien fällt die Haltequote deutlich geringer aus, so bei der FDP 71,1, bei den GRÜNEN nur 49,5, und bei den Republikaner sogar nur 38,9 Prozent. Bei der FDP fallen die Verluste an die CDU/CSU auf (17,6 Prozent) aber auch an die SPD (8,1 Prozent), die auch viele ehemalige GRÜNEN Wähler für sich gewinnen kann (34,1 Prozent). Zudem verlieren die GRÜNEN noch 5,1 Prozent an die CDU/CSU und 6,5 Prozent an die FDP, insgesamt also 11,6 Prozent ans Regierungslager.

Die Analyse der *FGW* berücksichtigt natürlich nicht die Verluste der Parteien in die Wahlenthaltung, bzw. die Verluste durch verstorbene oder weggezogene Wähler. Deshalb unterscheiden sich die Angaben von *infas* auf den ersten Blick. Im Trend kommt *infas* jedoch zu denselben Ergebnissen (Tabelle 2). Hohen Haltequoten bei der CDU/CSU (73 Prozent) und SPD (69 Prozent) stehen geringere von FDP (56 Prozent), GRÜNEN (36 Prozent) und Republikaner (7 Prozent) gegenüber. Außerdem fällt die hohe Abwanderung von der FDP zur CDU/CSU (18 Prozent) und die von den GRÜNEN zur SPD (25 Prozent) auf. Aber auch *infas* hebt die lagerübergreifende Wählerwanderung hervor. So gab die CDU/CSU zwar nur zwei Prozent und die FDP nur acht Prozent an die Opposition ab, aber von SPD und GRÜNEN entschieden sich jeweils neun bzw. zehn Prozent ins Regierungslager zu wechseln.

Tabelle 2: **Wählerwanderungsbilanz des *infas***

	CDU/CSU	SPD	FDP	GRÜ	PDS	REP	Andere	NW	Erst.	Zug.
CDU/CSU	73,0	5,0	18,0	6,0	-	6,0	19,0	14,0	26,0	35,0
SPD	2,0	69,0	6,0	25,0	-	4,0	10,0	11,0	27,0	28,0
FDP	4,0	4,0	56,0	4,0	-	4,0	0,0	3,0	7,0	8,0
GRÜNE/B90	0,0	1,0	2,0	36,0	-	2,0	1,0	1,0	8,0	4,0
PDS	0,0	0,0	0,0	2,0	-	3,0	2,0	0,0	1,0	0,0
REP	2,0	1,0	0,0	1,0	-	7,0	24,0	1,0	2,0	2,0
Andere	1,0	1,0	2,0	6,0	-	7,0	25,0	1,0	2,0	2,0
NW	11,0	12,0	11,0	19,0	-	61,0	13,0	64,0	27,0	20,0
Gestorben	6,0	5,0	4,0	2,0	-	6,0	4,0	4,0		
Verzogen	1,0	1,0	1,0	1,0	-	0,0	1,0	1,0		

Quelle: infas, Mitteilung von M. Smid an den Verfasser, Okt. 1991

Bei der *infas*-Wählerwanderungsbilanz fallen außerdem noch die Verluste der Parteien ins Nichtwählerlager auf, vor allem bei den Republikaner (61 Prozent) und den GRÜNEN (19 Prozent). Wie zu erwarten war verliert die CDU/CSU Stimmen durch den Generationenwechsel, während alle anderen Parteien hier Gewinne verzeichnen können. So wählen 27 Prozent der Erstwähler SPD, aber nur 26 CDU/CSU, acht entscheiden sich für die GRÜNEN und sieben für die FDP.

Im nachfolgenden soll die *infas*-Wählerwanderungsbilanz anhand von Daten der *FGW* nachgerechnet werden. Tabelle 3 enthält die Wählerwanderungsbilanz für das Wahlgebiet West, wie sie von *infas* erstellt wurde. Die Randbedingungen für die Gestorbenen, die Erstwähler, die Zugezogenen sowie die Weggezogenen werden aus dieser Tabelle übernommen, da sie - laut *infas* - mit den Ausgangsdaten nahezu identisch sind. Die amtlichen Wahlergebnisse von 1987 und 1990 entstammen den einschlägigen Veröffentlichungen des Statistischen Bundesamtes, bzw. des Statistischen Landesamtes Berlin. Die Anzahl der Parteiwähler von 1987 plus die Anzahl der Erstwähler plus die Anzahl der Zugezogenen muß der Anzahl der Parteiwähler von 1990 plus der Anzahl der Gestorbenen plus der Anzahl der Weggezogenen entsprechen. Das ist jedoch hier nicht der Fall. Die Zahl der Erstwähler und der Zugezogenen wird deshalb um jeweils 2000 nach oben, die der Gestorbenen und der Weggezogenen um jeweils 2000 nach unten korrigiert. Der Anteil der doppelten Nichtwähler wird auf 59 Prozent geschätzt. Diese Angaben sowie die mit den *FGW*-Daten ermittelten Übergangswahrscheinlichkeiten bilden den Input des Modells. In Tabelle 4 ist der mit dem FORTRAN-Programm ermittelte Output wiedergegeben.

Die beiden Tabellen unterscheiden sich zunächst kaum. Die größte absolute Abweichung bei den Übergängen zwischen den Parteien tritt bei der Haltequote der SPD auf. Während *infas* hier eine Zahl von 10012000 ermittelt, ergeben sich mit *FGW*-Daten nur 9621000 "Stammwähler" (-391000). Auch die Haltequote der CDU/CSU fällt etwas geringer aus (-317000). Große Veränderungen ergeben sich allerdings bei den GRÜNEN/B90, deren Haltequote etwas geringer ausfällt (-119000), dafür jedoch die Zahl der Abwanderer zur SPD wesentlich größer wird (+313000).

Tabelle 3: *infas*-Wählerwanderungsbilanz (in 1000 Stimmen)

	Ges.	CDU/CSU	SPD	FDP	GRÜ	PDS	REP	Andere	NW	Erst.	Zug.
Gesamt	17215	14474	3488	3268	0	90	523		7803	2925	955
CDU/CSU	16578	12650	790	638	187	0	5	100	1099	774	337
SPD	13352	309	10012	222	804	0	4	54	873	804	272
FDP	3957	692	636	1952	130	0	4	2	269	191	81
GRÜ/B90	1778	47	182	53	1162	0	2	4	59	232	37
PDS	126	1	11	3	61	0	3	10	4	31	2
REP	870	403	154	6	45	0	6	128	64	47	17
Andere	760	144	105	56	202	0	6	130	53	49	15
Nichtwähler	10677	1817	1737	397	607	0	55	69	5005	797	194
Gestorben	2355	1047	759	140	51	0	5	23	329		
Verzogen	286	105	88	21	20	0	0	3	48		

Quelle: infas, Mitteilung von M. Smid an den Verfasser, Okt. 1991

Tabelle 4: Wählerwanderungsbilanz nach *infas*-Verfahren mit *FGW*-Daten (in 1000 Stimmen)

	Ges.	CDU/CSU	SPD	FDP	GRÜ	PDS	REP	Andere	NW	Erst.	Zug.
Gesamt	17213	14470	3486	3265	0	89	530		7412	2925	955
CDU/CSU	16582	12333	942	659	196	0	42	96	1203	774	337
SPD	13363	481	9621	239	1117	0	0	44	785	804	272
FDP	3955	796	645	1854	173	0	0	15	200	191	81
GRÜ/B90	1778	69	204	24	1043	0	0	5	164	232	37
PDS	124	0	17	0	45	0	0	5	24	31	2
REP	873	271	139	27	24	0	39	168	141	47	17
Andere	744	149	146	37	92	0	0	117	139	49	15
Nichtwähler	10298	1964	1911	487	505	0	4	55	4381	797	194
Gestorben	2349	1046	758	139	51	0	4	23	328		
Verzogen	279	104	87	20	19	0	0	2	47		

Quelle: Eigene Berechnungen auf Grundlage der Wahltagsbefragung der FGW
Anmerkung: Anzahl der Iterationen: 18

Es fällt außerdem auf, daß mit *FGW*-Daten die Abwanderer ins Nichtwählerlager bei CDU/CSU, SPD und FDP etwas größer, bei GRÜNEN/B90 jedoch etwas kleiner geschätzt wird, so daß sich im Vergleich der beiden kleinen Parteien mit *FGW*-Daten kaum Unterschiede zeigen (+18000 bei GRÜNEN/B90), bei *infas* diese jedoch erheblich sind (+210000). Auch die Zahl der doppelten Nichtwähler ist mit *FGW*-Daten um 624000 geringer als bei *infas*. Betrachtet man diese Unterschiede prozentual, fallen die erwähnten Veränderungen in den Haltequoten der beiden großen Parteien mit -2,51 (CDU/CSU) und -3,91 Prozent (SPD) kaum ins Gewicht. Große Veränderungen erscheinen jedoch bei der Haltequote der GRÜNEN/B90 (-10,24 Prozent) sowie der Abwanderung von GRÜNEN/B90 zur SPD (+38,93 Prozent), so daß mit *FGW*-Daten mehr Wähler von den GRÜNEN/B90 zur SPD wandern als bei dieser Partei bleiben, während *infas* zu dem umgekehrten Ergebnis kommt. Auch für die Republikaner sind die Aussagen der beiden Tabellen grundverschieden. Während bei *infas* die Republikaner mehr als die Hälfte ihrer Wähler ins Nichtwählerlager verliert und von den restlichen sich die meisten entscheiden, wieder Republikaner zu wählen, verlieren mit *FGW*-Daten die Republikaner nur einen Bruchteil an die Nichtwähler, während der größte Teil zur CDU/CSU wechselt und nur unwesentlich weniger Wähler bei den Republikaner bleiben.

Es kann daraus gefolgert werden, daß die Ergebnisse tendenziell weitgehend identisch sind. So bleiben die Unterschiede zwischen den Zellbesetzungen - vor allem bei den großen Parteien - weitgehend gleich. Das stimmt jedoch nicht für die GRÜNEN/B90 und die kleineren Parteien, bei denen sich erhebliche Unterschiede in der inhaltlichen Interpretation ergeben. Die Anzahl der Iterationen liegt dabei mit 18 in dem oben genannten Bereich von um die 20, so daß von einer akzeptablen Güte der Ausgangsdaten ausgegangen werden kann.

Ob damit die geäußerte Kritik, daß die *infas*-Wählerwanderungsbilanz nicht in der Lage sei, ein realistisches Abbild der Wählerwanderungen wiederzugeben, bestätigt werden kann, läßt sich jedoch noch nicht abschließend beurteilen. Zum einen ist es möglich, daß die Randbedingungen, die der ursprünglichen Rechnung von *infas* zugrunde liegen, doch von den hier verwendeten abweichen. Das gilt vor allem für die Schätzung des Anteils der doppelten Nichtwähler, über den *infas* keine offiziellen Angaben macht.

Um die von KÜCHLER (1983: 650) und HOSCHKA/SCHUNK (1982: 114) hervorgehobene Anfälligkeit des Verfahrens gegenüber Stichprobenfehlern überprüfen zu können, werden die Berechnungen kreuzvalidiert: Aus den Daten der *FGW* werden zwei gleichgroße Zufallsstichproben gezogen, für die getrennte Wählerwanderungsbilanzen erstellt werden. Da hierbei die Randbedingungen identisch sind, können

Abweichungen nur auf die zufälligen Schwankungen der Stichprobe zurückzuführen sein. Die Ergebnisse sind in den Tabellen 5a und 5b dargestellt.

Tabelle 5a: Wählerwanderungsbilanz nach *infas*-Verfahren mit *FGW*-Daten, Sample A (in 1000 Stimmen)

	Ges.	CDU/CSU	SPD	FDP	GRÜ	PDS	REP	Andere	NW	Erst.	Zug.
Gesamt		17214	14470	3486	3266	0	88	530	7413	2925	955
CDU/CSU	16581	12388	898	636	217	0	39	72	1220	774	337
SPD	13361	492	9673	220	1073	0	0	34	793	804	272
FDP	3958	760	637	1878	153	0	2	16	240	191	81
GRÜ/B90	1779	71	210	13	1071	0	0	8	137	232	37
PDS	124	0	6	0	59	0	0	7	19	31	2
REP	872	267	170	28	21	0	36	184	102	47	17
Andere	746	108	136	60	98	0	2	131	147	49	15
Nichtwähler	10298	1978	1895	492	504	0	5	53	4380	797	194
Gestorben	2349	1046	758	139	51	0	4	23	328		
Verzogen	279	104	87	20	19	0	0	2	47		

Quelle: Eigene Berechnungen auf Grundlage der Wahltagsbefragung der FGW
Anmerkung: Anzahl der Iterationen: 18

Tabelle 5b: Wählerwanderungsbilanz nach *infas*-Verfahren mit *FGW*-Daten, Sample B (in 1000 Stimmen)

	Ges.	CDU/CSU	SPD	FDP	GRÜ	PDS	REP	Andere	NW	Erst.	Zug.
Gesamt		17213	14471	3486	3265	0	89	530	7412	2925	955
CDU/CSU	16584	12206	930	684	164	0	34	115	1340	774	337
SPD	13363	496	9708	281	1174	0	0	54	574	804	272
FDP	3954	795	592	1771	175	0	0	11	338	191	81
GRÜ/B90	1778	67	213	40	1037	0	0	2	150	232	37
PDS	124	0	29	0	49	0	0	4	9	31	2
REP	873	284	117	30	20	0	45	155	158	47	17
Andere	743	212	166	19	90	0	0	108	84	49	15
Nichtwähler	10299	2003	1871	502	486	0	6	56	4384	797	194
Gestorben	2349	1046	758	139	51	0	4	23	328		
Verzogen	279	104	87	20	19	0	0	2	47		

Quelle: Eigene Berechnungen auf Grundlage der Wahltagsbefragung der *FGW*
Anmerkung: Anzahl der Iterationen: 16

Große absolute Abweichungen sind bei den Haltequoten von CDU/CSU (Differenz: 182000) und der FDP (107000) zu erkennen. Außerdem differieren die Wanderungsströme von den GRÜNEN/B90 zur SPD (101000) und die Haltequote der GRÜNEN/B90 (34000) wieder in entgegengesetzter Richtung, was die inhaltliche Interpretation erneut verändert. Im Sample A verlieren die GRÜNEN/B90 nur 2000 Wähler mehr an die SPD als sie behalten können, im Sample B verlieren sie 137000 mehr. Ebenfalls große Unterschiede ergeben sich für die Wähler aus dem Nichtwählerbereich, die zur CDU/CSU (120000) bzw. zur SPD (219000) wechseln, sowie für Wähler der Republikaner, die im Sample A mehrheitlich zur CDU/CSU wechseln, während sie im Sample B mehrheitlich wieder Republikaner wählen. Prozentual betrachtet ergeben sich große Unterschiede bei den Wählern, die von der FDP zu den GRÜNEN/B90 wechseln (207,69 Prozent), und bei denen, die von den GRÜNEN/B90 zur CDU/CSU (27,73 Prozent) wechseln. Bei einer Gesamtbetrachtung der 51 Zellen, die überhaupt Werte größer Null aufweisen, ergeben sich in 36 Zellen Abweichungen größer als fünf, in 27 Zellen größer als zehn Prozent.

Die Abweichungen, die sich aufgrund zufälliger Schwankungen der Stichprobe ergeben, fallen damit m.E. im Durchschnitt zu groß aus, als daß man davon ausgehen kann, daß "die Wählerströme der Größenordnung und der Richtung nach ein realistisches Abbild der Wählerbewegung darstellen", wie dies KRAUSS/SMID (1981: 107) formulierten.

4. Schlußfolgerung

Wählerwanderungsbilanzen sind für die Erstellung von Wahlanalysen ein wichtiges und interessantes Hilfsmittel. Sie können über das Nettoergebnis der Wahl hinaus Aufschlüsse über die Bruttoveränderungen zwischen den Parteien geben und bringen ein - wenn auch kurzfristiges - dynamisches Element in die zumeist sonst eher statisch angelegten Wahlanalysen. Methodisch gesehen ist die Erstellung von Wählerwanderungsbilanzen jedoch (noch) mit zu vielen Fehlern behaftet, als daß die Ergebnisse als Faktum akzeptiert oder gar für eine theoretisch gehaltvolle Interpretation und Erklärung des Wählerverhaltens herangezogen werden könnten.

Insbesondere erscheinen die Annahmen über aktuelles Nichtwählerverhalten als zu willkürlich, Schätzungen über das Wahlverhalten der sonstigen Zu- und Abgänge als zu unsicher, als daß auf ihrer Grundlage gesicherte Aussagen über Wählerwanderungen möglich seien. Zwar ergeben sich bei einer Überprüfung des *infas*-Konzepts mit Daten der *FGW* für die größeren Parteien nur relativ kleine Veränderungen, die die für diese Parteien gemachten Aussagen kaum verändern, für kleinere Parteien können die aus systematischen und zufälligen Fehlern resultierenden Abweichungen jedoch so groß sein, daß sich erhebliche Veränderungen in der inhaltlichen Gesamtinterpretation ergeben.

Der bisher vorgebrachten Kritik an dem Verfahren ist deshalb grundsätzlich zuzustimmen, wenngleich damit der Wählerwanderungsbilanz nicht die Existenzberechtigung abgestritten werden soll. Das Prinzip, neben den Angaben der Befragten auch Veränderungen des Wahlkörpers zu berücksichtigen, ist gegenüber anderen Verfahren vorzuziehen. Fragwürdig erscheint aber die immer noch geübte Praxis, selbst für kleine und kleinste Parteien sowie die Abwanderung in die Wahlenthaltung Wanderungsströme bis auf 1000 Stimmen genau anzugeben, ohne jedoch gleichzeitig über die Fehleranfälligkeit dieser Aussagen zu informieren bzw. informieren zu können.

Literatur

BAUR, Detlef 1976: Wählerwanderungen und Wahlprognosen. Ein Vergleich zweier Erhebungsmethoden zur Ermittlung von Wanderungsbilanzen, in: Zeitschrift für Politik, 23, S.281-294.

Deutsches Institut für Wirtschaftsforschung (DIW) 1990: Das Sozio-ökonomische Panel (SOEP), Benutzerhandbuch, Version 4, Berlin: DIW.

FALTER, Jürgen W./SCHUMANN, Siegfried 1989: Methodische Probleme von Wahlforschung und Wahlprognose, in: Aus Politik und Zeitgeschichte, B43, S.3-14.

FESTINGER, Leon 1963: A Theory of Cognitive Dissonance, Stanford: University Press.

FORSCHUNGSGRUPPE WAHLEN (FGW) 1990: Bundestagswahl 1990. Eine Analyse der ersten gesamtdeutschen Bundestagswahl am 2. Dezember 1990 (Berichte der FGW Nr. 61), Mannheim: FGW.

HOSCHKA, Peter/SCHUNCK, Hermann 1975: Schätzung von Wählerwanderungen. Puzzlespiel oder gesicherte Ergebnisse? in: Politische Vierteljahresschrift, 16, S.491-539.

HOSCHKA, Peter/SCHUNCK, Hermann 1982: Das Puzzlespiel der Wählerwanderungen: noch immer ungelöst, in: Zeitschrift für Parlamentsfragen, 13, S. 113-115.

Institut für angewandte Sozialwissenschaft (INFAS) 1991: infas-report: politogramm. Bundestagswahl 1990. Wahl zum 12. Deutschen Bundestag am 2. Dezember 1990. Analysen und Dokumente, Bonn-Bad Godesberg: infas.

KRAUSS, Fritz 1980: Das infas-Modell der Wählerwanderungen, in: Umschau in Wissenschaft und Technik, 80, S.579-582.

KRAUSS, Fritz/SMID, Menno 1981: Wählerwanderungsanalysen. Ein Vergleich verschiedener Ansätze am Beispiel der Bundestagswahl 1980, in: Zeitschrift für Parlamentsfragen, 12, S.83-108.

KÜCHLER, Manfred 1977: Was leistet die empirische Wahlsoziologie? Eine Bestandsaufnahme, in: Politische Vierteljahresschrift, 18, S.145-168.

KÜCHLER, Manfred 1980: Wählerwanderungsbilanzen - Noch immer ein Puzzlespiel, in: Umschau in Wissenschaft und Technik, 80, S.582.

KÜCHLER, Manfred 1983: Die Schätzung von Wählerwanderungen: Neue Lösungsversuche, in: KAASE, Max/KLINGEMANN, Hans-Dieter (Hrsg.): Wahlen und politisches System. Analysen aus Anlaß der Bundestagswahl 1980, Opladen: Westdeutscher Verlag, S.632-651.

LAEMMERHOLD, Claus 1983: Auf Biegen oder Brechen: Die Nichtwähler im Prokrustesbett der Wanderungsbilanzen, in: KAASE, Max/KLINGEMANN, Hans-Dieter (Hrsg.): Wahlen und politisches System. Analysen aus Anlaß der Bundestagswahl 1980, Opladen: Westdeutscher Verlag, S.624-631.

LIEPELT, Klaus 1980: Wie zuverlässig sind Wahlanalysen? in: Umschau in Wissenschaft und Technik, 80, S.583-585.

LIEPELT, Klaus/RIEMENSCHNITTER, Hela 1974: Die Wählerwanderungsbilanz, in: JUST, Dieter/ROMAIN, Lothar (Hrsg.): Auf der Suche nach dem mündigen Wähler. Die Wahlentscheidung 1972 und ihre Konsequenzen, Bonn: Bundeszentrale für politische Bildung, S.149-160.

McCARTHY, Colm/RYAN, Terence M. 1977: Estimates of Voter Transition Probabilities from the British General Elections of 1974, in: Journal of the Royal Statistical Society, Serie A, 140, S.78-85.

MILLER, William L. 1972: Measures of Electoral Change Using Aggregate Data, in: Journal of the Royal Statistical Society, Serie A, 135, S.122-142.

RIEMENSCHNITTER, Hela 1973: Verfahren zur Ermittlung von Wählerwanderungen des Instituts für angewandte Sozialwissenschaften (Infas), in: Zeitschrift für Parlamentsfragen 4, S.88-91.

ROTHKIRCH, Christoph von 1973: Konsistente Disaggregation. Ökonometrische Verfahren zur Vergrößerung der Informationsbasis in Planungs- und Prognosemodellen (Bericht Nr.117 der Studiengruppe für Systemforschung), Heidelberg: Studiengruppe für Systemforschung.

THOMSEN, Sören R. 1987: Danish Elections 1920-1979. A Logit Approach to Ecological Analysis and Inference, Aarhus: Politica.

WEIR, Blair T. 1975: The Distortions of Voter Recall, in: American Journal of Political Science, 19, S.53-62.

Bernhard Weßels

Mobilisieren Interessengegnerschaften?
Die "Hostility"-Hypothese, Wahlbeteiligung und Wahlentscheidung bei der Bundestagswahl 1990[*]

1. Einleitung

Wahlen stellen den wahlberechtigten Bürger, ob individuell rationalisiert oder nicht, vor zwei Entscheidungen. Zum einen muß er entscheiden, ob er sich überhaupt an der Wahl beteiligen will, und wenn er sich beteiligen will, muß er entscheiden, welcher Partei er seine Stimme gibt. Sowohl die Bestimmungsgründe der Wahlentscheidung, als auch die Bestimmungsgründe der Wahlbeteiligung gehören, wenngleich in unterschiedlichem Maße, sicherlich zu den am intensivsten untersuchten Verhaltensdeterminanten überhaupt. Zentral für die Wahlentscheidung ist, ob eine Bindung an eine Partei (Parteiidentifikation) existiert oder eine Partei hinsichtlich ihres politischen Angebots positiv beurteilt wird (Issue Voting) (s. die knappe Zusammenstellung von Erklärungsmodellen bei FALTER/SCHUMANN/WINKLER 1990). Auch die Wahlbeteiligung hängt zentral von der Stärke der parteipolitischen Bindung ab. Personen, die in politisch homogene Umwelten eingebunden sind und ihre politischen Orientierungen mit denen von politischen Parteien oder Kandidaten in Übereinstimmung sehen, gehen häufiger zur Wahl als Personen mit dissonanten Orientierungen aufgrund sogenannter cross pressures (BÜRKLIN 1988: 85f.). Jenseits nicht politischer Gründe der Wahlenthaltung (Krankheit, Abwesenheit, Wetter) und demographischer Faktoren (RATTINGER 1992), scheint als politischer Faktor darüber hinaus die Wahrnehmung, ob eine Wahl eher knapp ausgeht oder nicht, die Wahlbeteiligung zu beeinflussen (KIRCHGÄSSNER 1990).

Das Argument dieses Aufsatzes ist es, daß mit der in den meisten Studien zum Wahlverhalten dominierenden Perspektive auf die positiven Motivationsgründe die

---

[*] Dieser Beitrag ist im Rahmen des von der Deutschen Forschungsgemeinschaft geförderten Projekts "Vergleichende Wahlstudie - Bundestagswahl 1990 in West- und Ostdeutschland" entstanden.

zureichend spezifiziert sind. Die hier vertretene These lautet, daß das Wahlverhalten über die positive Referenz von Wählern auf eine bestimmte Partei hinaus - ob affektiv oder rational begründbar -, insbesondere in Parteiensystemen mit ausgeprägten Cleavages (LIPSET/ROKKAN 1967) stark von negativen Referenzen geprägt wird. Parteianhängerschaft ist in diesem Sinne die Entscheidung für eine bestimmte Partei im Kontext der im Parteiensystem existierenden Alternativen (RICHARDSON 1991: 759). Während dieser Aspekt in der Wahlforschung, wenn auch unzureichende, so doch Beachtung gefunden hat (vgl. Abschnitt 2), erscheint ein weiterer Aspekt in diesem Diskussionszusammenhang nahezu vollständig vernachlässigt zu sein: Durch Cleavages geprägte Parteiensysteme erfahren eine wichtige Abstützung durch die jeweiligen Verbändesysteme. Letztere stellen den quasi institutionellen "Unterbau" der sich in Parteiensystemen ausdrückenden Konfliktlinien dar (vgl. WESSELS 1991b). Dementsprechend, so die hier im Anschluß an referenzgruppentheoretische Überlegungen (MERTON 1962) vertretene These, tragen auch positive oder negative Orientierungen gegenüber den Cleavages repräsentierenden Verbänden im Zusammenhang mit den Orientierungen gegenüber den politischen Parteien zur Erklärung von Wahlbeteiligung und Wahlverhalten bei (vgl. Abschnitt 3).

2. Die "Hostility"-Hypothese

2.1 Resultate

Obwohl CAMPBELL u.a. darauf hingewiesen haben, daß "the political party serves as the group toward which the individual may develop an identification, positive or negative, of some intensity" (1960: 122), hat sich die traditionelle Theorie der Parteiidentifikation insbesondere auf die positiven affektiven Bindungen als die dominanten Verhaltensmotivationen konzentriert (RICHARDSON 1991:759). Andererseits haben V.O. KEY (1960), FIORINA (1974) u.a. (s. zusammenfassend MAGGIOTTO/PIERESON 1977: 748-750) festgestellt, daß Wähler ihre Stimmen eher gegen als für Kandidaten abgaben. CREWE hat am Michigan-Konzept der Parteiidentifikation kritisiert, daß es nicht unterscheidet zwischen dem positiven Enthusiasmus für eine bestimmte Partei gegenüber allen anderen Parteien und einer relativ zurückhaltenden Präferenz für eine bestimmte Partei aus Gründen der Ablehnung der anderen Parteien (CREWE 1976: 52). In der britischen Wahlumfrage vom Februar 1974 konnte er verschiedene Typen von Parteiidentifikation identifizieren, wobei im Hinblick auf die Gegnerschaft gegenüber anderen Parteien zwei Typen prominent vertreten waren. 25 Prozent derjenigen, die der Conservative Party und 26 Prozent derjenigen, die der Labour Party zuzurechnen waren, zeigten eine hohe Identifikation mit der eigenen Partei bei gleichzeitig starker Ablehnung anderer Parteien, und 30 Prozent der Wähler der Conservatives und 23 Prozent der Labour-Wähler lehnten die gegnerische Partei in stärkerem Maße ab als sie ihre eigene Partei befürworteten. MAGGIOTTO und PIERESON konnten anhand von drei Wahlumfragen in Präsidentschaftswahljahren und vier "Midterm"-Wahlumfragen zwischen 1964 und 1974 zeigen, daß relativ unabhängig vom elektoralen Kontext die Evaluierung der jeweils "gegnerischen" Partei einen dauerhaften und systematischen Einfluß auf die Wahlentscheidung hat (MAGGIOTTO/PIERESON 1977: 757). Der Effekt von Gegnerschaft erwies sich als unabhängig von Issue-Präferenzen (MAGGIOTTO/ PIERESON 1977: 759), die Abweichung im Wahlverhalten von der Parteiidentifikation als eine Funktion der Stärke, respektive Schwäche der negativen Haltung gegenüber der gegnerischen Partei (MAGGIOTTO/PIERESON 1977: 756). RICHARDSON konnte für die Parteiensysteme Großbritanniens, der Niederlande und Deutschlands zum einen nachweisen, daß die Stabilität der Parteiloyalität von der Größe der wahrgenommen ideologischen Distanz zwischen der eigenen und den gegnerischen Parteien abhängt. Er konnte darüber hinaus einen etwa gleich großen Einfluß stabiler Parteiloyalitäten einerseits und der Wahrnehmung von ideologischen Distanzen zwischen der eigenen und der gegnerischen Partei auf das Wahlverhalten andererseits ausmachen, wobei beide Einflußfaktoren in ihrer Stärke mit der Bedeutung politischer Cleavages in den drei Nationen variierte: in Großbritannien erwiesen sie sich am stärksten, in Deutschland am geringsten (RICHARDSON 1991: 756, 761f.).

Die angeführten Forschungsergebnisse sprechen eine deutliche Sprache: Die Position, die Wähler in bezug auf die politischen Parteien einnehmen, scheint nicht in jedem Falle eindimensional durch die positive Orientierung auf eine einzige Partei geprägt zu sein, sondern auch relational durch die Wahrnehmung von politischer Nähe und Entfernung, von positiver Identifikation und Gegnerschaft in bezug auf alle oder zumindest doch unmittelbar konkurrierende politische Parteien. Die Autoren verbinden damit jedoch höchst unterschiedliche Konsequenzen und Hypothesen über die resultierende Struktur verhaltenswirksamer Einstellungen oder Einstellungsmuster.

2.2 Die "Hostility"-Hypothese und das Referenzgruppen-Konzept

Wenngleich sich die Ansätze, die von der These ausgehen, das Wahlverhalten und die Orientierung gegenüber politischen Parteien seien - zumindest auch - von negativen Orientierungen gegenüber den politischen Akteuren bestimmt, darin einig sind, daß die dominierenden Forschungsansätze zu wenig komplex seien, weil sie lediglich auf die Verhaltenswirksamkeit positiver Identifikation mit politischen Akteuren abstellen, weisen sie selbst wiederum sehr unterschiedliche Komplexitätsgrade auf. Es lassen sich drei Konzepte unterscheiden: erstens die "simple" Hostility-These, zweitens die These möglicher parteipolitischer Differenzbildung, und drittens die These von komplexen Deutungsschemata.

MAGGIOTTO und PIERESON lassen sich leicht als Vertreter einer "simplen" Hostility-These identifizieren. Sie gehen davon aus, daß das Konzept der Parteiidentifikation negative Einstellungen gegenüber der gegnerischen Partei einschließt. "In focusing upon attitudes toward the opposition, therefore, we are not speaking of a notion that is clearly separable from partisan identification. [...] the unmeasured construct, party identification, causes the enduring attitudes measured in our analysis: the sense of partisan attachment or loyalty [...] and the degree of hostility harbored toward the opposition." (MAGGIOTTO/PIERESON 1977: 747, 763). Dieses Konzept läßt sich deshalb als "simple" bezeichnen, weil der Bezugspunkt für Hostilität die Identifikation ist. In ihrem Ansatz sind negative Einstellungen gegenüber Parteien gebunden an eine positive Orientierung an eine Partei.

CREWE hingegen geht in seiner Überlegung insofern darüber hinaus, als er eine Typologie von Wählern entwirft und empirisch überprüft, die einerseits negative Orientierungen gegenüber politischen Parteien auch ohne gleichzeitige positive Identifikation zuläßt. Die Aussage "Labour is not as bad as the Conservatives" (CREWE 1976: 52) setzt nicht voraus, sich mit Labour positiv zu identifizieren. Umgekehrt geht in seinem Konzept mit der positiven Orientierung auf eine Partei nicht notwendigerweise eine negative Haltung gegenüber einer anderen Partei einher. Mit anderen Worten: bei CREWE ist die parteipolitische Differenzbildung möglich, nicht aber konzeptuell notwendig mit der positiven Identifikation mit einer Partei verbunden, wie bei MAGGIOTTO und PIERESON.

Gegenüber diesen beiden ist RICHARDSONs Konzept das wohl komplexeste. Unter Bezugnahme auf die Schema-Theorie-Ansätze von NISBET und ROSS (1980) und FISKE (1982) geht er davon aus, daß insbesondere in den europäischen Parteiensystemen aufgrund ihrer relativ starken Cleavagestrukturen Parteiloyalitäten, Ideologien, Werte und Einstellungen in einem starken Zusammenhang stehen und Parteiloyalitäten aus komplexen "Sets" politischer Zeichen, Schlüssel und Alternativen resultieren. In seinem Konzept sind "party loyalties ... a constrained cluster of interrelated bits of information, beliefs, and affective orientations stored in individual memory under a broad categorial label and retrieved in response to relevant stimuli" (RICHARDSON 1991: 753). Hierzu gehört auch die "interparty affective hostility".

Vergleicht man diese drei Konzepte mit der Referenzgruppentheorie MERTONs, lassen sich Anknüpfungs-, aber auch Kritikpunkte finden. Auf das "simple" Hostility-Konzept von MAGGIOTTO und PIERESON läßt sich in gewisser Weise die Kritik anwenden, die MERTON gegenüber dem in-group/out-group-Konzept von SUMNER äußert. MERTON kritisiert SUMNER, weil dieser davon ausgeht, daß die Loyalität gegenüber einer Gruppe notwendigerweise die Hostilität gegenüber anderen Gruppen oder außerhalb der eigenen Gruppe Stehenden hervorbringe (MERTON 1962: 351f.). Auch MAGGIOTTO und PIERESON betrachten Parteiidentifikation als ein latentes Konstrukt, das positive und negative Orientierungen gegenüber Parteien einschließt - wenngleich sie die Variabilität von Hostilität sehen.

Die Typologie von Parteiloyalitäten von CREWE läßt sich eher mit der Referenzgruppentheorie von MERTON in Übereinstimmung bringen. Er geht, wie MERTON, nicht davon aus, daß "inner-cohesion-and-outer-hostility" (MERTON 1962: 352) das einzige Muster der Beziehung zwischen Gruppen ist. Generell gesprochen heißt dies, daß Referenzgruppen den Rahmen für den Vergleich und die Evaluierung anderer Gruppen abgeben können (comparison type), dies aber nicht notwendigerweise müssen, sondern auch ohne Vergleich für die Einstellungen, Verhaltensweisen, Standards usw. von Individuen von Bedeutung sein können (normative type) (MERTON 1962: 337f.).

Beide Überlegungen, die von MAGGIOTTO und PIERESON und die von CREWE, beziehen sich im Gegensatz zu dem Ansatz von RICHARDSON allerdings nur auf Parteien als Referenzpunkte. RICHARDSONs Konzept ist breiter angelegt und läßt - auch wenn er empirisch nicht über Parteien hinausgeht - Referenzpunkte außerhalb des Parteiensystems zu. Prinzipiell scheint er damit am ehesten mit einer allgemeinen Referenzgruppentheorie im Sinne MERTONs vereinbar. Das hat einige Implikationen für die Hypothesen, die sich im Zusammenhang mit Loyalität oder Bindung und Gegnerschaft formulieren und auf das Wahlverhalten beziehen lassen.

Erstens sind Loyalität, Identifikation oder Bindung einerseits und Gegnerschaft oder negative Evaluierung andererseits voneinander zu trennende Einstellungen. Auch mit Blick auf politische Parteien kann nicht davon ausgegangen werden, daß "positive Identifikation" mit "Hostilität" in einem gemeinsamen latenten Konzept der Identifikation aufgehen. Theoretisch und empirisch ist es also möglich, daß, jeweils getrennt voneinander, positive oder negative Attitüden auch gegenüber Akteuren der gleichen Funktion existieren können. Das heißt auch, daß sie nicht in einem gemeinsamen Meßkonzept bestimmt werden müssen - wie eigentlich im Konzept von MAGGIOTTO und PIERESON angelegt, aber empirisch nicht eingelöst (MAGGIOTTO/PIERESON 1977: 747). Sie können damit nicht nur, sondern müssen unabhängig voneinander gemessen werden.

Zweitens ist mit Blick auf die Verhaltenswirksamkeit bei Wahlen davon auszugehen, daß nicht nur allein Parteien als Referenzgruppen dienen können. Insbesondere dort, wo sich entlang sozio-politischer Cleavages relativ feste Koalitionen zwischen Parteien und Verbänden gebildet haben und durch entsprechende Allianzen abgestützt werden (vgl. zu Allianzen und Koalitionen STINCHCOMBE 1975: 575f.), kann auch die Orientierung gegenüber den involvierten Interessenorganisationen das politische Verhalten beeinflussen.

Für eine erste generelle Hypothese heißt dies, daß das Verhalten bei Wahlen in der Bundesrepublik Deutschland, aber auch in anderen politischen Systemen mit ausgeprägten sozio-politischen Spannungslinien, geprägt ist von möglicherweise unterschiedlich komplexen Sets von Einstellungen gegenüber auf "Cleavage-politics" bezogenen Akteuren. Bei relativ einfachen Einstellungsschemata kann das Wahlverhalten eindimensional durch einfache positive Identifikation mit einem Akteur beeinflußt sein oder durch bloße Gegnerschaft, komplexere Schemata können positiv auf mehrere Akteure und sogar auf Akteure unterschiedlicher Institutionenebenen, wie Parteiensystem und Verbändesystem, bezogen sein. Die komplexesten Sets von Einstellungen schließlich haben ebenfalls multiple Referenzpunkte, aber kombiniert mit positiven und negativen Einstellungen gegenüber den Akteuren. Sie spiegeln die Konflikt- und Koalitionslinien im Parteien- und Verbändesystem wider.

Dabei kann man von der zweiten generellen Hypothese ausgehen, daß die Verhaltenswirksamkeit von Einstellungen um so größer ist, je konsonanter und je komplexer ein Einstellungsset ist. Diese Hypothese ist mit Blick auf die Wahlbeteiligung und die Wahlentscheidung weiter unten noch näher zu spezifizieren.

3. Konfliktkonstellationen in der Bundesrepublik Deutschland

Die sich im bundesdeutschen Parteiensystem ausdrückenden Konfliktlinien sind nach wie vor maßgeblich durch zwei zentrale Dimensionen bestimmt, die LIPSET und ROKKAN (1967) in ihrer Cleavage-Theorie besonders hervorgehoben haben: den sozio-ökonomischen Verteilungskonflikt und den konfessionell-religiösen Konflikt (PAPPI 1979, 1984). In der sozio-ökonomischen Konfliktlinie steht die SPD einer Koalition der "bourgeoisen" wirtschaftspolitischen Ziele in der CDU und F.D.P. gegenüber. Ihr liegt die Allianz der Arbeiter mit der SPD und der Selbständigen mit CDU und F.D.P. (PAPPI 1984: 17f.) zugrunde. Während beim sozio-ökonomischen Cleavage die jeweiligen konfligierenden Gruppen sowohl im Parteiensystem als auch auf der Ebene des Verbändesystems festgemacht werden können (Gewerkschaften vs. Unternehmer- bzw. Arbeitgeberverbände), zeichnet die konfessionell-religiöse Spannungslinie aus, daß sie sich bereits unmittelbar nach dem Zweiten Weltkrieg transformiert hat in eine Konfliktlinie zwischen den religiösen Traditionalisten der beiden großen Kirchen in Deutschland, den Katholiken und Protestanten, auf der einen Seite und dem säkularisierten Teil der Bevölkerung auf der anderen Seite. Zwar läßt sich immer noch eine Differenz des Stimmenanteils der CDU unter Katholiken und Protestanten nachweisen. Diese geht aber darauf zurück, daß die religiösen Traditionalisten unter Katholiken überrepräsentiert sind (PAPPI 1984: 18).

Mit Blick auf die Frage, ob Interessengegnerschaften (hostilities) zwischen organisierten Gruppen einen Einfluß auf die Wahlbeteiligung und die Wahlentscheidung haben, stellt sich damit hinsichtlich des konfessionell-religiösen Cleavage das Problem, daß jenseits politischer Parteien Organisationen, die unmittelbar Ausdruck konfligierender Interessen sind, nicht existieren. Es ist eben nicht der Gegensatz zwischen katholischer und protestantischer Kirche, der diese Spannungslinie auszeichnet, sondern der Gegensatz zwischen Gruppen, die sich durch Verhaltens- bzw. Orientierungsgleichheit und nicht durch Organisation auszeichnen. Aufgrund der hier zur Verfügung stehenden Indikatoren, die auf Interessenaffinitäten und Interessengegnerschaften in bezug auf Organisationen abstellen, bleibt diese bedeutende Konfliktlinie außer acht.

Neben diesen beiden traditionellen Konfliktlinien hat seit Ende der siebziger Jahre eine neue Konfliktdimension zunehmende Bedeutung erlangt und sich mit dem Erfolg der Grünen seit 1983, als sie zum ersten Mal in den Bundestag einzogen, auch zunehmend stabilisiert. Es ist dies der Gegensatz zwischen "alter" und "neuer" Politik (HILDENBRANDT/DALTON 1977). Die alte Politik, gekennzeichnet durch eine Befürwortung repräsentativ-autoritativer Politik, einer im wesentlichen auf sozialstaatliche Politiken beschränkte Interventionsrolle des Staates, eine uneingeschränkte Befürwortung von Wirtschaftswachstum als Mittel der Wohlstandsgarantie und Ausdruck des Wohlstandsstrebens sowie einen Konsens über den wissenschaftlich-technischen Fortschritt und seine Nutzung, war lange Zeit unumstrittener "Basiskonsens" (vgl. STÖSS 1983: 154-159, 204-209) in der Bundesrepublik. Seit Ende der siebziger Jahre hat sich mit den neuen sozialen Bewegungen, Umweltorganisationen und den grün-alternativen Listen und Parteien ein Widerspruchspotential gegen die repräsentativ-autoritative Form politischer Willensbildung, die wirtschaftlichen Adaptionsmechanismen, das existierende Verhältnis von Staat und Wirtschaft und die Rolle von Technologie und technischem Forschritt herauskristallisiert (vgl. WESSELS 1991a: Kap. 3 u. 4). Das besondere dieser Konfliktdimension ist, daß die ihr zugrundeliegenden Interessen maßgebliche Implikationen im Sinne einer "neuen Verteilungsfrage" haben, die die Kontrahenten des traditionellen Verteilungskonflikts mehr oder minder gleichermaßen tangiert. Gesellschaftliche Zielprioritäten sollen umgestellt werden von Verteilungs- auf ökologische Logiken, Umweltschutz soll Vorrang vor Wirtschaftswachstum haben, der staatlich verwaltete Anteil des gesellschaftlichen Reichtums soll nicht für traditionelle Politikziele wie Wirtschaft, Verkehr, Verteidigung, öffentliche Sicherheit, sondern primär für Umweltschutz und neue Techniken ausgegeben werden, der industrielle Umweltschutz soll maßgeblich von den Verursachern der Umweltverschmutzung finanziert werden (WESSELS 1991a: Kap. 6).

Damit könnte sich die Konfliktkonstellation im ökonomischen Bereich grundlegend von einer bipolaren in eine tripolare verändert haben. Nicht mehr nur Arbeit und Kapital stehen sich in der verteilungspolitischen Dimension gegenüber, sondern sie sind konfrontiert mit einem dritten Interessenbündel, das in gewisser Weise quer zur sozioökonomischen Konfliktlinie steht. Zum einen ergeben sich Interessenkonflikte zwischen den "unternehmenden" Akteuren des Wirtschaftssystems und Umweltinteressen in bezug auf die Kostendimension des Umweltschutzes und den konkurrierenden Interessen an der staatlichen Ausgabenpolitik, zum anderen zwischen Umweltschutz und Arbeit, weil Wirtschaftswachstum und technischer Fortschritt als Garanten verteilungspolitischer Erfolge in der Auseinandersetzung zwischen Arbeit und Kapital in Frage stehen und Umweltschutz vor Arbeitsplätzen Priorität haben soll (vgl. SIEGMANN 1985a, 1985b).

Die resultierende tripartite Konfliktkonstellation zwischen Wirtschaft, Arbeit und Umwelt findet sowohl auf der Ebene des Parteiensystems als auch im Verbändesystem seinen Ausdruck (vgl. Schaubild 1).

Wirtschaftsinteressen sind im Verbändesystem durch die entsprechenden Verbände, im Parteiensystem durch die CDU(/CSU) und die F.D.P. repräsentiert, Arbeitnehmerinteressen durch Gewerkschaften und SPD, Umweltinteressen durch Umweltverbände und Grüne.

Die drei jeweils resultierenden, u.a. auf Verteilungsfragen basierenden Interessengegensätze machen es wahrscheinlich, daß Individuen in unterschiedlichem Maße Affinitäten und Gegnerschaften zu den organisatorischen Vertretern der drei Interessenpole in diesem tripartiten Bezugsrahmen entwickeln und ihr politisches Verhalten entsprechend ausrichten.

Zur Beantwortung der Frage, ob und wenn, in welchem Ausmaß das der Fall ist, wird hier auf die 1. Welle der "Vergleichenden Wahlstudie - Bundestagswahl 1990 in West- und Ostdeutschland" zurückgegriffen, in der die Interessenorientierung der Wähler in bezug auf Verbände, Kirchen und politische Parteien mit folgendem Instrument gemessen wurde:

Schaubild 1: Die tripartite Konfliktstruktur "Wirtschaft-Arbeit-Umwelt"

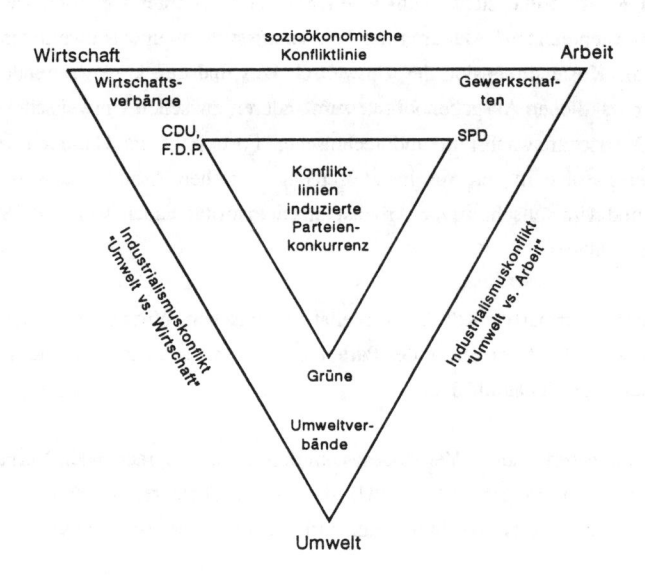

```
                    sozioökonomische
     Wirtschaft      Konfliktlinie              Arbeit
           Wirtschafts-            Gewerkschaf-
            verbände                    ten
              CDU,                    SPD
              F.D.P.
                     Konflikt-
                      linien
      I                induzierte              I
       nd              Parteien-              nd
        us             konkurrenz             us
         tri                                    tri
          ali                                    ali
           sm                                     sm
            us                                    us
             ko                                    ko
              nfl                                  nfl
               ikt                                  ikt
              "Umwelt                          "Umwelt
               vs.                              vs.
              Wirtschaft"                      Arbeit"
                          Grüne
                       Umweltver-
                         bände

                          Umwelt
```

"Auf dieser Liste finden Sie Organisationen, von denen sich viele Bürger vertreten fühlen. - Abgesehen davon, ob Sie in einer der Organisationen Mitglied sind: Sagen Sie mir bitte zu jeder Organisation, ob diese Ihre Interessen vertritt oder ob diese Ihren Interessen entgegensteht." Vorgegeben waren die Antwortmöglichkeiten "vertreten meine Interessen", "stehen meinen Interessen entgegen", "weder-noch, neutral", weiß nicht, kann ich nicht beurteilen", "kenne die Organisation nicht, Name unbekannt".

Tabelle 1: **Vertretenheit durch und Interessengegensatz zu Verbänden und Parteien**

1. Westdeutschland (n = 1340)

	Gewerk-schaften	Wirtschafts-verbände	Umwelt-verbände	CDU/CSU	SPD	F.D.P.	Grüne
Vertreten Interessen	36,3	16,0	57,5	32,9	31,4	14,4	25,6
Stehen Interessen entgegen	7,2	12,4	2,1	19,6	12,8	12,8	16,9
weder noch	55,7	68,1	39,8	47,1	55,4	72,1	56,6
weiß nicht, k.A.	0,7	3,5	0,6	0,4	0,4	0,7	0,9

2. Ostdeutschland (n = 692)

	Gewerk-schaften	Wirtschafts-verbände	Umwelt-verbände	CDU	SPD	F.D.P.	Grüne
Vertreten Interessen	49,0	17,3	55,9	41,5	32,8	25,3	31,8
Stehen Interessen entgegen	6,6	10,7	3,0	14,2	11,8	11,1	12,6
weder noch	27,7	26,3	22,8	29,5	41,5	44,5	40,2
weiß nicht, k.A.	16,6	45,7	18,2	14,9	13,9	19,1	15,5

Betrachtet man zunächst die Verteilungen der Antworten auf diese Frage für die Gewerkschaften, Wirtschaftsverbände, Umweltverbände sowie die CDU/CSU, bzw. CDU in Ostdeutschland, die SPD, F.D.P. und die Grünen, zeigt sich, daß nur ein relativ kleiner Teil der Befragten davon ausgeht, die jeweiligen Organisationen würden den eigenen Interessen entgegenstehen (vgl. Tabelle 1).

Auch Interessengegnerschaften, verstanden als wahrgenommene Vertretenheit durch den einen und wahrgenommenen Interessengegensatz zu dem anderen Kontrahenten entsprechend der Konflikttypologie in Schaubild 1, sind, bezogen auf alle Befragten, nicht sehr häufig zu konstatieren (vgl. Tabelle 2).

Das Bild ändert sich allerdings dramatisch - zumindest in Westdeutschland - wenn nur diejenigen betrachtet werden, die sich von einem der Kontrahenten in einer Konfliktdimension vertreten fühlen. In Westdeutschland sehen über 30 Prozent derjenigen, die sich entweder durch die Gewerkschaften oder durch die

Wirtschaftsverbände vertreten fühlen, die jeweilige konfligierende Organisation als den eigenen Interessen entgegenstehend an, zwischen Umweltgruppen und Wirtschaftsverbänden sind es 20 Prozent der Vertretenen, zwischen Umweltverbänden und Gewerkschaften jedoch lediglich acht Prozent (vgl. Tabelle 2).

Auf der Ebene des Verbändesystems läßt sich also festhalten, daß die Konfliktdimension "Arbeits vs. Kapital" die höchste, der Industrialismuskonflikt "Umwelt vs. Wirtschaft" die zweithöchste, und der Industrialismuskonflikt "Arbeit vs. Umwelt" die geringste Bedeutung, gemessen an den Gegnerschaftswahrnehmungen, hat.

Auf der Ebene des Parteiensystems ergibt sich eine etwas anders gelagerte Struktur. Generell läßt sich zunächst festhalten, daß Gegnerschaften hier weit häufiger wahrgenommen werden als auf der Ebene des Verbändesystems. Darüber hinaus ergeben sich aber auch Verschiebungen in der Bedeutung der Konfliktdimensionen. So bringt der Parteiengegensatz zwischen CDU/CSU und F.D.P. auf der einen und den Grünen auf der anderen Seite einen deutlich höheren Anteil von Gegnerschaftswahrnehmungen hervor (bis zu 45 Prozent) als die sozio-ökonomische Konfliktlinie, ausgedrückt im Parteiengegensatz zwischen CDU/CSU und F.D.P. auf dem einen und SPD auf dem anderen Pol (vgl. Tabelle 2).

Die Befunde in Ostdeutschland decken sich, soweit es die Struktur betrifft, weitgehend mit den für Westdeutschland beschriebenen. Aber Gegnerschaftswahrnehmungen sind in Ostdeutschland deutlich, z.T. um die Hälfte, geringer. Mit diesem quantitativ beträchtlichen Unterschied dürfte, so ist zu vermuten, auch eine Qualitätsveränderung verbunden sein im Hinblick auf die verhaltensprägende Kraft von Organisationsorientierungen und insbesondere von in Bedeutungsschemata integrierten Gegnerschaftswahrnehmungen.

Allgemein läßt sich für Westdeutschland und in eingeschränktem Maße für Ostdeutschland festhalten, daß die Wähler ihre Organisationsorientierungen zu einem beträchtlichen Teil in den Bezugsrahmen von den benannten Konfliktlinien stellen. Dafür sprechen die Anteile der Gegnerschaftswahrnehmungen, die die Anteile der bloßen Feststellung entgegenstehender Interessen sehr deutlich, zum Teil um ein Vielfaches, übertreffen.

Die empirische Frage ist, ob sich hieraus Konsequenzen für das individuelle Verhalten bei der Bundestagswahl 1990 ergeben.

Tabelle 2: **Gegnerschaften[a] im Verbände- und Parteiensystem in Westdeutschland (WD) und Ostdeutschland (OD)**

Gegnerschaft zwischen:	Anzahl der Befragten:				Es nehmen Gegnerschaft wahr:			
	die Gegnerschaft wahrnehmen		die sich vertreten fühlen		in % der Vertretenen		in % aller Befragten	
	WD	OD	WD	OD	WD	OD	WD	OD
a. Verbändesystem								
Gewerkschaften und Wirtschaftsverbände	153	59	505	387	30,3	15,2	11,4	8,5
Umweltverbände und Wirtschaftsverbände	133	58	676	422	19,7	13,7	9,9	8,4
Umweltverbände und Gewerkschaften	66	32	815	489	8,1	6,5	4,9	4,6
b. Parteiensystem								
CDU/CSU - Grüne	306	102	688	419	44,5	24,3	22,8	14,7
CDU/CSU - SPD	311	110	766	435	40,6	25,3	23,2	15,9
F.D.P. - Grüne	151	69	460	322	32,8	21,4	11,3	10,0
SPD - F.D.P.	146	60	524	322	27,9	18,6	10,9	8,7
SPD - Grüne	51	46	518	340	9,8	13,5	3,8	6,6

a   Gegnerschaften sind definiert durch die wahrgenommene Vertretenheit durch eine Organisation und wahrgenommenen Interessengegensatz zu einer zweiten Organisation.

4. Interessengegnerschaften und Wahlbeteiligung

Eine vermutete und begründet erwartbare Konsequenz von Gegnerschaftswahrnehmungen in bezug auf politische Parteien oder mit ihnen - wie lose auch immer - koalierenden Verbänden ist, daß sie die Wahlbeteiligung positiv beeinflussen. Schon MAGGIOTTO und PIERESON haben diese Hypothese formuliert, ohne ihr jedoch empirisch nachzugehen. Ihr Argument für diese Annahme ist, daß die Bedeutung der Wahlentscheidung für diejenigen Parteianhänger, die der konkurrierenden Partei feindlich (hostile) gegenüberstehen, größer ist, als für diejenigen, die keine negative

Position gegenüber konkurrierenden Parteien einnehmen. Wenn aber die Bedeutung der Wahlentscheidung individuell zunehme, erhöhe sich auch die Wahlbeteiligung (MAGGIOTTO/PIERESON 1977: 765).

So plausibel diese Begründung auf den ersten Blick sein mag, gibt sie doch keinen unmittelbaren Hinweis darauf, warum mit einer Gegnerschaftswahrnehmung die Bedeutung des Wahlaktes für den Wähler generell steigen sollte. Zumindest zwei Situationen, für die eine derartige Annahme zutreffen kann, liegen jedoch mehr oder minder auf der Hand.

Erstens, die Partei, der man feindlich oder negativ gegenübersteht, regiert. Das Motiv für die Wahlbeteiligung ist dann die Abwahl der gegnerischen und der Wahlgewinn der eigenen Partei. Für Personen mit deutlicher Aversion gegen die konkurrierende Partei ist die Motivation zur Wahlbeteiligung sicher stärker als für Personen, die - auch wenn sie einer anderen Partei positiv gegenüberstehen - der regierenden Partei gegenüber indifferent sind.

Zweitens, die Partei, mit der man sich identifiziert oder die man positiv beurteilt, verfügt zwar über die Mehrheit, der Ausgang der anstehenden Wahl ist jedoch ungewiß. In diesem Falle kann ebenfalls unterstellt werden, daß die Motivation zur Wahlbeteiligung bei denjenigen größer ist, die eine negative Haltung gegenüber der Minderheitspartei hegen. Sie sind in stärkerem Maße daran interessiert, deren Wahlsieg zu verhindern als diejenigen, die der Minderheitspartei indifferent gegenüberstehen.

Daß eine Situation, in der die favorisierte Partei die deutliche Mehrheit stellt und ihre Position auch durch die anstehende Wahl voraussichtlich nicht in Frage gestellt wird, ebenfalls eine stärkere Motivierung zur Wahlbeteiligung bei denjenigen erwarten läßt, die der Oppositionspartei gegenüber negativ eingestellt sind, läßt sich im Bezugsrahmen eines engen Modells rationaler Entscheidung nicht begründen.

In einem weiteren Modell ließe sich argumentieren, daß es in einer solchen Situation für den Wähler nur um den "konsumptiven" Nutzen der Wahlbeteiligung gehen kann, ein also vom Wahlausgang unabhängiger Nutzen, der z.B. daraus resultiert, "daß der Wähler, der an einer Wahl teilnimmt, ein Gefühl der Befriedigung empfindet, weil er/sie die staatsbürgerlichen Pflichten erfüllt hat." (KIRCHGÄSSNER 1990:

448). Dann aber ließe sich nicht begründen, warum wahrgenommene Gegnerschaften stärker zur Wahlbeteiligung motivieren, als die bloße positive Identifikation.

Eine andere Interpretationsmöglichkeit ist die von FEREJOHN und FIORINA vorgeschlagene. Danach verhalten sich die Wähler so, daß sie die geringen Kosten der Wahlbeteiligung auf sich nehmen, um einen großen, wenngleich sehr unwahrscheinlichen Schaden, nämlich den Wahlgewinn der gegnerischen Partei, zu vermeiden (vgl. KIRCHGÄSSNER 1990: 448f). Dann aber wäre zu erwarten, daß auch in der Situation eines sicheren Wahlausgangs Wähler, die Gegnerschaften wahrnehmen, stärker motiviert sind, sich an der Wahl zu beteiligen als diejenigen, die keine Gegnerschaften wahrnehmen.

Insgesamt läßt sich damit die Hypothese mit Blick auf die Orientierungen gegenüber politischen Parteien auch ganz generell aufrechterhalten, nämlich daß bei Wahrnehmung politischer Gegnerschaften die Motivation, sich an den Wahlen zu beteiligen steigt.

Diese Hypothese läßt sich allerdings nicht unmittelbar ausdehnen auf die Verhaltenswirksamkeit von Orientierungen gegenüber Verbänden - auch dann nicht, wenn sie in die sich im Parteiensystem widerspiegelnden Konfliktdimensionen direkt involviert sind. Vielmehr ist davon auszugehen, daß Orientierungen gegenüber Verbänden lediglich additiv wirksam werden, ihr Einfluß mithin gebunden ist an die (wahrgenommene) Existenz von Koalitionen zwischen Parteien und Verbänden. Dann allerdings können sie verstärkend oder abschwächend wirken auf das durch Parteiorientierungen geprägte Wahlverhalten. Derartige Koalitionen und Unterstützungsbeziehungen zwischen Verbänden und Parteien werden allerdings von beträchtlichen Teilen der Wählerschaft wahrgenommen. Die Struktur der wahrgenommenen Koalitionen entspricht dabei neuen und alten Spannungslinien oder Konfliktdimensionen. Jeweils etwa 70 Prozent oder mehr gingen bei der Bundestagswahl 1990 davon aus, daß die Gewerkschaften die SPD unterstützen, die Wirtschaftsverbände die CDU und die Umweltschutzorganisationen die Grünen; jeweils lediglich etwa zehn Prozent, daß keine Unterstützungsbeziehungen zwischen Verbänden und Parteien existieren (WESSELS 1992: Tabelle 1).

Diese Ergebnisse stützen die eingangs formulierte Hypothese, daß unterschiedlich komplexe Sets von Einstellungen gegenüber "Cleavage-politics" bezogenen Akteuren existieren, die unter Umständen auch Akteure unterschiedlicher Institutionenebenen einschließen. Empirisch zu überprüfen ist vor diesem Hintergrund, ob Interessengegensätze und wahrgenommene Interessengegnerschaften zwischen Organisationen die Bereitschaft, sich an Wahlen zu beteiligen, positiv beeinflussen.

Die Wahlbeteiligungsbereitschaft wurde gemessen anhand folgender Frage: "Die nächste Bundestagswahl wird am 2. Dezember dieses Jahres als gesamtdeutsche Wahl stattfinden. Werden Sie bei dieser Bundestagswahl zur Wahl gehen? Ja, nein, weiß nicht". Zwar ist die Bestimmung der Wahlbeteiligung bzw. der Nichtwahl mit Umfragen problematisch, weil eine systematische Verzerrung der Ergebnisse in Richtung höherer Wahlbeteiligungsbereitschaft in Umfragen im Vergleich zur amtlichen Statistik zu konstatieren ist. Hierfür ist wahrscheinlich die soziale Wahlnorm, die in der Interviewsituation durchschlägt, verantwortlich zu machen. Da es hier jedoch nicht um die Frage geht, die tatsächliche Wahlbeteiligung zu bestimmen, sondern die Determinanten der Wahlbeteiligung, kann dieses Problem außer acht gelassen werden.

Die Wahlbeteiligungsfrage wurde in Westdeutschland von 85,1 Prozent, in Ostdeutschland von 89,0 Prozent der Befragten mit "ja" beantwortet, 5,2 bzw. 4,2 Prozent sagten definitiv "nein", weitere 9,6 bzw. 7,7 Prozent gaben keine oder die Antwort "weiß nicht". Zum Zwecke der Analyse wurden die Antworten auf diese Frage dichotomisiert in die Befragten, die positiv entschieden waren, sich an der Wahl zu beteiligen, und jene, die das nicht waren (nein, weiß nicht, keine Antwort).

Ersteren wurde der Wert "1", letzteren der Wert "0" zugewiesen. Dieses Vorgehen gewährleistet, daß die resultierenden Mittelwerte für bestimmte Gruppen von Befragten Prozentsätzen entsprechen. Der Vorteil des hier gewählten varianzanalytischen Verfahrens ist, daß Abweichungen vom Mittelwert der Wahlbeteiligung identisch sind mit den Prozentpunktabweichungen vom Prozentsatz der durchschnittlichen Wahlbeteiligung.

Zur Überprüfung der Referenzgruppenhypothese in bezug auf die Wahlbeteiligung wurden die Befragten nach ihren Orientierungen gegenüber den Akteurspaaren auf der

Ebene des Parteien- und auf der Ebene des Verbändesystems innerhalb einer Konfliktdimension klassifiziert, und zwar danach, ob sie

- keine Angabe zu den Akteuren machen,
- beiden Akteuren explizit indifferent gegenüberstehen,
- nur einen Interessengegensatz benennen, also einen oder beide Akteure den eigenen Interessen entgegenstehend ansehen, ohne sich von einem der beiden vertreten zu fühlen,
- nur Interessenvertreter benennen, oder
- eine Interessengegnerschaft benennen, der eine Akteur also die eigenen Interessen vertritt, und der andere Akteur den eigenen Interessen entgegenstehend angesehen wird.

In Westdeutschland stützen die Ergebnisse eindeutig die Hypothese, mit der Wahrnehmung von Interessengegnerschaften steige die Motivation, sich an Wahlen zu beteiligen (vgl. Tabelle 3a). Betrachtet man zunächst nur die Ebene des Parteiensystems, so ergibt sich sowohl in der sozioökonomischen Konfliktdimension als auch im Industrialismuskonflikt, daß die Wahlbeteiligung regelmäßig bei denjenigen am höchsten ist, die sich von der einen Partei vertreten fühlen und die andere als den eigenen Interessen entgegenstehend ansehen. Auf der sozioökonomischen Konfliktlinie, auf der sich einerseits CDU und SPD und andererseits SPD und F.D.P. gegenüberstehen, liegt die Wahlbeteiligungsbereitschaft dieser Bürger 11 bzw. neun Prozentpunkte höher, als im Bevölkerungsdurchschnitt und immerhin noch sechs bzw. zwei Prozentpunkte höher, als bei denjenigen, die nur eine positive Identifikation mit einer der Parteien aufweisen. Ähnliches gilt - wenn auch im abgeschwächten Maße - für den Industrialismuskonflikt, also die Gegensätze in der Dimension "Wirtschaft vs. Umwelt" zwischen CDU und Grünen und F.D.P. und Grünen, und auch den Gegensatz in der Dimension "Arbeit vs. Umwelt" zwischen SPD und Grünen (vgl. Tabelle 3a).

Damit läßt sich mit Blick auf den Referenzpunkt "Parteiensystem" festhalten, daß die Wahrnehmung von Parteienkonflikten oder Parteienkonkurrenz maßgeblich und stärker als eine lediglich positive Affinität zu einer Partei zur Beteiligung an der Bundestagswahl 1990 in Westdeutschland beigetragen hat.

Tabelle 3a: Wahlbeteiligung, Parteien- und Verbändekonflikt in Westdeutschland

Konfliktlinie: Akteurspaar:	Parteiensystem Verbändesystem	Sozioökonomische Konfliktlinie				Industrialismus-Konflikt							
		CDU, SPD Gewerkschaften, Wirtschaftsverb.		SPD, F.D.P. Gewerkschaften, Wirtschaftsverb.		CDU/CSU, Grüne Umweltverbände, Wirtschaftsverb.		Grüne, F.D.P. Umweltverbände, Wirtschaftsverb.		SPD, Grüne Gewerkschaften, Umweltverb.	
		unkontr. Effekt	kontroll. Effekt	unkontr. Effekt	kontroll. Effekt	unkontr. Effekt	kontroll. Effekt	unkontr. Effekt	kontroll. Effekt	unkontr. Effekt	kontroll. Effekt
Grand Mean Wahlbeteiligung		85,1		85,1		85,1		85,1		85,1	
Haltung gegenüber beiden Akteuren:											
a) Parteiensystem											
keine Angaben		-9	-5	-9	-5	-8	-5	-9	-7	-9	-6
explizit indifferent		-13	-14	-6	-6	-10	-10	-5	-4	-6	-7
nur Interessengegensatz benannt		-2	-2	+5	+6	+2	+2	+4	+6	+9	+10
nur Interessenvertreter benannt		+6	+5	+6	+6	+3	+3	+4	+2	+6	+3
Interessenvertreter u. Gegner		+11	+11	+9	+8	+11	+10	+10	+8	+5	+5
b) Verbändesystem											
keine Angaben		-8	-8	-8	-7	-7	-7	-7	-6	-10	-8
explizit indifferent		-2	0	-2	0	-5	-2	-5	-4	-6	-4
nur Interessengegensatz benannt		-4	-5	-4	-6	0	-2	0	-2	-1	-7
nur Interessenvertreter benannt		+8	+7	+8	+7	+6	+5	+6	+5	+5	+4
Interessenvertreter u. Gegner		+6	+2	+6	+3	+4	0	+4	+1	+3	-1
Signifikanz Parteieneffekt		0,00		0,00		0,00		0,00		0,00	
Verbändeeffekt		0,00		0,00		0,00		0,00		0,00	
Eta Parteieneffekt		0,27		0,19		0,23		0,17		0,21	
Verbändeeffekt		0,18		0,18		0,17		0,17		0,17	
Beta Parteieneffekt		0,26		0,17		0,21		0,14		0,19	
Verbändeeffekt		0,16		0,15		0,14		0,14		0,13	
R^2		0,10		0,06		0,07		0,05		0,06	

Tabelle 3b: Wahlbeteiligung, Parteien- und Verbändekonflikt in Ostdeutschland

Konfliktlinie: Akteurspaar: Parteiensystem Verbändesystem	Sozioökonomische Konfliktlinie				Industrialismus-Konflikt					
	CDU, SPD Gewerkschaften, Wirtschaftsverb.		SPD, F.D.P. Gewerkschaften, Wirtschaftsverb.		CDU/CSU, Grüne Umweltverbände, Wirtschaftsverb.		Grüne, F.D.P. Umweltverbände, Wirtschaftsverb.		SPD, Grüne Gewerkschaften, Umweltverb.	
	unkontr. Effekt	kontroll. Effekt	unkontr. Effekt	kontroll. Effekt	unkontr. Effekt	kontroll. Effekt	unkontr. Effekt	kontroll. Effekt	unkontr. Effekt	kontroll. Effekt
Grand Mean Wahlbeteiligung	**89,0**		**89,0**		**89,0**		**89,0**		**89,0**	
Haltung gegenüber beiden Akteuren:										
a) Parteiensystem										
keine Angaben	-5	-3	-3	-1	-4	-3	-1	0	-3	-1
explizit indifferent	0	0	+1	+1	+1	+1	0	0	+1	0
nur Interessengegensatz benannt	-8	-8	-4	-3	-3	-12	-8	-9	0	0
nur Interessenvertreter benannt	+2	+2	+1	+1	+4	+4	+4	+4	+2	+2
Interessenvertreter u. Gegner	+3	+2	+1	0	+1	0	-2	-3	-6	-7
b) Verbändesystem										
keine Angaben	-2	-2	-2	-2	-2	-2	-2	-2	-4	-4
explizit indifferent	+5	+4	+5	+5	-1	-1	-1	0	+4	+4
nur Interessengegensatz benannt	-11	-10	-10	-10	0	+4	0	+6	-1	-1
nur Interessenvertreter benannt	0	-1	0	0	+2	+1	+2	+2	+1	+1
Interessenvertreter u. Gegner	+11	+11	+11	+11	+4	+5	+4	+4	+2	+3
Signifikanz Parteieffekt Verbändeeffekt	0,20 0,02		0,85 0,01		0,01 0,61		0,09 0,51		0,57 0,45	
Eta Parteieffekt Verbändeeffekt	0,11 0,15		0,06 0,15		0,14 0,07		0,11 0,07		0,08 0,09	
Beta Parteieffekt Verbändeeffekt	0,10 0,13		0,05 0,14		0,14 0,07		0,07 0,07		0,07 0,08	
R^2	0,03		0,02		0,03		0,02		0,01	

In bezug auf das Verbändesystem scheinen demgegenüber die Koalitionen zwischen Verbänden und Parteien oder die Allianzen zwischen sozialen Gruppen und Verbänden den stärkeren Einfluß auf die Wahlbeteiligung zu haben als die wahrgenommene Interessengegnerschaft zwischen Verbänden. So weisen durchweg diejenigen eine höhere Wahlbeteiligungsbereitschaft auf, die sich von einem der konkurrierenden Verbände einer Konfliktdimension mit ihren Interessen vertreten fühlen und nicht gleichzeitig den Konkurrenzverband als den eigenen Interessen entgegenstehend ansehen.

Zwar sind die Unterschiede nicht sehr beträchtlich, aber sie sind konsistent über alle Konfliktkonstellationen in den beiden Konfliktdimensionen zu finden. Die Wahlbeteiligung ist unter denjenigen, die sich von einem Verband vertreten fühlen, zwischen sieben und vier Prozentpunkte höher als im Durchschnitt der Befragten, bei denjenigen, die Interessenvertreter und -gegner im Verbändesystem nennen, liegt sie lediglich maximal vier Prozentpunkte über dem Durchschnitt. In Ostdeutschland lassen sich im Unterschied zu Westdeutschland keine signifikanten Effekte von Affinitäten und Aversionen gegenüber Parteien und Verbänden auf die Wahlbeteiligungsbereitschaft ausmachen (vgl. Tabelle 3b). Das mag unter anderem dadurch zu begründen sein, daß Cleavages im Sinne verfestigter Allianzen zwischen sozialen Gruppen und kollektiven Akteuren auf der einen Seite und dauerhafte Koalitionen zwischen kollektiven Akteuren auf der anderen Seite zwar absehbar, nicht aber bereits etabliert sind. Darüber hinaus ist eine Verhaltenswirksamkeit von Gruppennormen im Sinne politischer Koalitionen abhängig von der Dauer, mit der diese existieren (STINCHCOMBE 1975: 580).

Zusammenfassend läßt sich damit festhalten, daß die Grundannahme, Interessengegnerschaften oder "Hostilities" seien vor allem in politischen Systemen mit starken Cleavagestrukturen für das Wahlverhalten von Bedeutung, insofern bestätigt wird, als sich in Westdeutschland deutliche Effekte feststellen lassen.

In Ostdeutschland hingegen, wo Kristallisationsprozesse, die Sozialstruktur, Interessengruppen und politische Parteien miteinander verbinden, erst anlaufen, lassen sich keine derartigen Effekte feststellen. Weiterhin kann festgehalten werden, daß die Wahlbeteiligung in Westdeutschland bei denjenigen am höchsten war, für die positive und negative Referenzpunkte im Parteiensystem existieren und die gleichzeitig in ihrer Interessenposition durch die positive Affinität zu einem Verband abgestützt sind.

Damit ist aber - zumindest mit Blick auf die Wahlbeteiligung - die Hypothese zu revidieren, die stärksten Verhaltenseffekte würden sich bei denjenigen ergeben, die Interessenvertreter und -gegner auf beiden Institutionenebenen konsistent und konkordant benennen. Hinsichtlich der Wahlbeteiligung kann man die Rolle der Orientierung an den Verbänden wohl eher im Sinne sozialer Integration und Verfestigung oder Abstützung der eigenen Interessenposition interpretieren. "Hostilities" werden für die Wahlbeteiligung erst relevant, wenn sie sich auf politische Parteien beziehen.

5. Interessengegnerschaften und Wahlabsicht

Während Interessengegensätze und Interessengegnerschaften in bezug auf die Wahlbeteiligung bisher kaum thematisiert, vor allem aber nicht empirisch untersucht worden sind, gilt dies nicht mit Blick auf die Wahlentscheidung. Die wichtigsten Ergebnisse wurden bereits im zweiten Abschnitt zusammengefaßt.

Eine Überprüfung der "Hostility"-Hypothese im Rahmen eines breiteren Ansatzes, der als Bezugspunkte des Individuums nicht nur Parteien, sondern die komplexen Sets von durch Cleavages geprägten individuellen Einstellungen berücksichtigt und ihre Bedeutung für das Wahlverhalten überprüft, steht wohl noch aus. RICHARDSON (1991) ist bisher mit einem schema-theoretischen Ansatz am weitesten in diese Richtung gegangen. Allerdings konnte auch er seinen theoretischen Bezugsrahmen empirisch nicht voll einlösen. Seine Analysen blieben beschränkt auf Variablen wie Distanzen zwischen Parteien, Issuepositionen, Parteiloyalitäten und deren Stabilität sowie die Wahlentscheidung.

Hier kann einem Ansatz mit diesem Komplexitätsgrad empirisch zwar auch nicht entsprochen, aber eine zu RICHARDSON komplementäre Analyseperspektive eröffnet werden. Wie schon für die Wahlbeteiligung sollen auch für die Wahlentscheidung nicht nur die Effekte, die sich aus den Gegensätzen und Gegnerschaftswahrnehmungen im Parteiensystem ergeben, mit in die Analyse einbezogen werden, sondern auch Interessengegensätze zwischen auf politische Spannungslinien bezogenen Akteuren im Verbändesystem. Allerdings kann bei der Frage nach dem Einfluß auf die Wahlentscheidung nicht, wie bei der Wahlbeteiligung, die Information genügen, ob Interessengegensätze benannt oder Interessengegnerschaften wahrgenommen werden.

Bei der Wahlentscheidung kommt es maßgeblich darauf an, zu welchem Akteur eine Interessenaffinität oder ein Interessengegensatz besteht und zwischen welchen Akteuren eine Interessengegnerschaft wahrgenommen wird. In der tripartiten Konfliktstruktur zwischen Wirtschaft, Arbeit und Umwelt stehen sich bestimmte Koalitionen zwischen Parteien und Interessengruppen gegenüber: die aus CDU oder F.D.P. und Wirtschaftsverbänden für den Pol Wirtschaft, die aus SPD und Gewerkschaften für den Pol Arbeit und die aus den Grünen und Umweltverbänden für den Pol Umwelt.

Generell sind also drei Fragen zu beantworten:

- Erstens, welcher Effekt ergibt sich für die Wahlentscheidung allein aus der positiven Affinität zu Akteuren einer Konfliktdimension?
- Zweitens, verstärkt sich dieser Effekt, wenn darüber hinaus zu dem jeweils opponierenden Akteur ein Interessengegensatz wahrgenommen wird?
- Drittens, und dies ist die zentrale Frage dieser Analyse, verstärkt sich der Effekt auf die Wahlentscheidung nochmals, wenn auf beiden Institutionenebenen (Verbände und Parteien) Vertretenheit und Gegnerschaft entsprechend den Koalitionen und Konfliktdimensionen wahrgenommen werden?

5.1 Die sozioökonomische Konfliktdimension

Bezogen auf die sozioökonomische Konfliktlinie heißt das, den Einfluß der Orientierungen gegenüber CDU und SPD bzw. F.D.P. und SPD einerseits und gegenüber Wirtschaftsverbänden und Gewerkschaften andererseits auf die Wahlentscheidung zu überprüfen. Betrachtet werden also immer die Orientierungen gegenüber Parteipaaren und Verbandspaaren.

Wird entsprechend den ersten beiden Fragen zunächst nur der bivariate Zusammenhang zwischen Organisationsorientierungen und Wahlentscheidung betrachtet, ergibt sich ein die "Hostility"-Hypothese im wesentlichen bestätigendes Ergebnis.

Wendet man sich zunächst den Parteipaaren als Orientierungsobjekten zu, so zeigt sich, daß bei denjenigen, die sich von der CDU vertreten fühlen und der SPD explizit indifferent gegenüberstehen, 39 Prozentpunkte mehr als der Durchschnitt (28,5 Prozent) der CDU ihre Stimme geben, bei denjenigen, die sich von der CDU vertreten fühlen, und die SPD als den eigenen Interessen entgegenstehend ansehen, sind es 48 Prozentpunkte mehr als im Durchschnitt der Befragten. Mit anderen Worten: Gegenüber einer bloßen positiven Affinität zur CDU erhöht sich der Anteil derjenigen, die die CDU wählen wollen, wenn sie der SPD negativ gegenüberstehen, um neun Prozentpunkte (vgl. Tabelle 4a). Ein ähnliches Ergebnis läßt sich für die Wahlentscheidung zugunsten der SPD feststellen. Von allen Befragten wollten 24,7 Prozent der SPD ihre Stimme geben, bei denen, die eine Interessenaffinität zur SPD feststellten, waren es 42 Prozentpunkte mehr und bei jenen mit Interessenaffinität zur SPD und Gegnerschaft zur CDU 47 Prozentpunkte mehr. Für das Parteipaar SPD-F.D.P. sieht das Ergebnis ähnlich aus. Eine Entscheidung zugunsten der F.D.P. scheint demgegenüber maßgeblich von Affinität und deutlich weniger durch Interessengegensätze geprägt zu sein. Allerdings ist der Anteil der CDU-Wähler unter denjenigen, die sich von der F.D.P. vertreten fühlen und die SPD als Gegner wahrnehmen, extrem hoch: 72,6 Prozent. Hier scheint die Gegnerschaftswahrnehmung zu bewirken, daß angesichts der Stärke des Gegners SPD dem im Koalitionslager stärkeren Partner die Stimme gegeben wird. Insofern kann auch dieses Ergebnis als konform mit der "Hostility"-Hypothese angesehen werden.

In Ostdeutschland sind die Ergebnisse der bivariaten Analyse des Einflusses der Orientierungen gegenüber Parteipaaren in der Struktur denen für die westdeutschen Wähler sehr ähnlich. Bezogen auf den Effekt von Gegnerschaftswahrnehmungen fallen sie in bezug auf das Parteipaar CDU-SPD sogar noch etwas prägnanter aus (vgl. Tabelle 4b).

Hinsichtlich des bivariaten Effekts der Orientierung gegenüber den beiden Protagonisten der sozioökonomischen Konfliklinie im Verbändesystem, den Wirtschaftsverbänden und den Gewerkschaften, ergibt sich für die Wahlentscheidung ein ähnliches Resultat: Auch hier spielen Hostilities eine große Rolle. Grundsätzlich ergibt sich schon dann ein positiver Effekt auf die Wahlentscheidung, wenn nur ein Interessengegensatz wahrgenommen wird. So übersteigt der Anteil der SPD-Wähler in Westdeutschland den Durchschnitt bereits um sieben Prozentpunkte, wenn die Wirtschaftsverbände als den eigenen Interessen entgegenstehend angesehen werden, ohne daß man sich von den Gewerkschaften vertreten fühlt; hinsichtlich der Wahlentscheidung zugunsten der CDU bei Wahrnehmung eines Interessengegensatzes zu den Gewerkschaften bereits um 27 Prozentpunkte. Eine positive Orientierung gegenüber den Gewerkschaften bei gleichzeitiger expliziter Indifferenz gegenüber den Wirtschaftsverbänden erbringt einen 17 Prozentpunkte höheren Stimmenanteil für die SPD. Die umgekehrte Konstellation bringt der CDU 14 Prozentpunkte, der F.D.P. sieben Prozentpunkte über dem jeweiligen Durchschnittsstimmenanteil. Die weitaus stärksten positiven Abweichungen vom Stimmenanteil für die Parteien ergeben sich allerdings, wenn Vertretenheit mit der Wahrnehmung eines Interessengegensatzes einhergeht: Bei denjenigen, die sich durch die Gewerkschaften vertreten fühlen und die Wirtschaftsverbänden als Interessengegner ansehen, kann die SPD 50,7 Prozent der Stimmen für sich verbuchen - das sind 26 Prozentpunkte mehr als der Durchschnitt. Die umgekehrte Situation läßt den Anteil der CDU-Zweitstimmen von 28,5 Prozent im Durchschnitt auf 72,5 Prozent ansteigen. Lediglich für die F.D.P. ist der Effekt der Gegnerschaftswahrnehmung zwischen Wirtschaftsverbänden und Gewerkschaften geringer, als die Interessenaffinität gegenüber den Wirtschaftsverbänden (+3 Prozentpunkte).

In Ostdeutschland ist der Einfluß der Orientierung gegenüber den Wirtschaftsverbänden und Gewerkschaften etwas anders gelagert als in Westdeutschland. Die Entscheidung zugunsten der CDU ist hiervon nicht in dem Maße geprägt wie die zugunsten der SPD und F.D.P. Die Wahrnehmung eines Interessengegensatzes zu den Gewerkschaften, bloßer Vertretenheit durch die Wirtschaftsverbände oder Gegnerschaftswahrnehmung zwischen Wirtschaftsverbänden und Gewerkschaften bei Vertretenheit durch die Wirtschaftsverbände erbringt relativ einheitlich "nur" acht bis neun Prozentpunkte Plus für die CDU.

Die bloße Wahrnehmung eines Interessengegensatzes zwischen eigenen Interessen und den Interessen der Wirtschaftsverbände ergibt - im Gegensatz zu Westdeutschland - keinen positiven Effekt für die SPD, ebenso der Interessengegensatz zu den Gewerkschaften keinen positiven Effekt für die F.D.P. Ein starker positiver Effekt für die SPD ergibt sich erst dann, wenn die Gewerkschaften als Interessenpartner und die Wirtschaftsverbände als Interessengegner angesehen werden (+ 18 Prozentpunkte), für die F.D.P. bei umgekehrter Konstellation (+25 Prozentpunkte).

Tabelle 4a: Soziökonomische Konfliktlinie: Parteienkonflikt, Verbändekonflikt und Wahlverhalten in Westdeutschland

Haltung zu Parteien		Parteieneffekte: nicht kontroll. Effekt	kontroll. Effekt	Haltung zu Verbänden		Verbändeeffekte: nicht kontroll. Effekt	kontroll. Effekt
1. CDU-Zweitstimme:							
Grand Mean		28,5				28,5	
CDU	SPD			Wirtsch.-V.	Gewerksch.		
vertreten	Gegner	+48	+45	vertreten	Gegner	+44	+17
vertreten	indiff.	+39	+39	vertreten	indiff.	+14	+5
andere Haltung		-16	-16	indiff.	Gegner	+27	+15
				andere Haltung		-3	-1
Signifikanz		0,00				0,00	
Eta		0,58				0,56	
Beta		0,21				0,09	
R^2							0,35
2. SPD-Zweitstimme:							
Grand Mean		24,7				24,7	
SPD	CDU			Gewerksch.	Wirtsch.-V.		
vertreten	Gegner	+47	+45	vertreten	Gegner	+26	+4
vertreten	indiff.	+42	+41	vertreten	indiff.	+17	+7
andere Haltung		-15	-14	indiff.	Gegner	+7	+9
				andere Haltung		-6	-2
Signifikanz		0,00				0,01	
Eta		0,60				0,26	
Beta		0,58				0,08	
R^2							0,37
SPD	F.D.P.			Gewerksch.	Wirtsch.-V.		
vertreten	Gegner	+49	+46	vertreten	Gegner	+26	+7
vertreten	indiff.	+42	+40	vertreten	indiff.	+17	+6
andere Haltung		-14	-14	indiff.	Gegner	+7	+13
				andere Haltung		-6	-2
Signifikanz		0,00				0,00	
Eta		0,58				0,26	
Beta		0,56				0,09	
R^2		0,35					
3. F.D.P.-Zweitstimme:							
Grand Mean		5,5				5,5	
F.D.P.	SPD			Wirtsch.-V.	Gewerksch.		
vertreten	Gegner	+12	+13	vertreten	Gegner	+3	-3
vertreten	indiff.	+21	+21	vertreten	indiff.	+7	+5
andere Haltung		-2	-2	indiff.	Gegner	-3	-5
				andere Haltung		0	0
Signifikanz		0,00				0,14	
Eta		0,24				0,08	
Beta		0,24				0,06	
R^2							0,06

Im bivariaten Vergleich läßt sich also festhalten, daß auf der sozioökonomischen Konfliktlinie die Wahlentscheidung im großen und ganzen wie erwartet durch Organisationsorientierungen beeinflußt wird. Erstens führt die positive Affinität zu einem Akteur eines Konfliktpols zur überproportionalen Wahl der Partei, die diesen Pol repräsentiert. Dies gilt im bivariaten Vergleich auch dann, wenn es sich um Organisationen des Verbändesystems und nicht um politische Parteien handelt.

Darüber hinaus ergeben sich aber deutliche Verstärkereffekte, wenn in der Wahrnehmung der Befragten die Konfliktdimension sozusagen "mit Leben" gefüllt wird, wenn also auch Interessengegner ausgemacht werden. Dieses Ergebnis gilt für beide Institutionenebenen. Damit bestätigt sich zum einen die "Hostility"-Hypothese und zum anderen die im Sinne der Cleavage-Theorie formulierten Koalitionsannahmen zwischen Parteien und Verbänden auf der sozioökonomischen Konfliktlinie.

Inwieweit sich jedoch Abstützungs- und Verstärkereffekte durch die *Sets* von Einstellungen auf beiden Institutionenebenen ergeben, läßt sich durch die bivariate Analyse nicht klären. Daher sind in Tabelle 4a und 4b auch die kontrollierten Effekte ausgewiesen. Sie geben Auskunft darüber, welchen Einfluß die Orientierung gegenüber Parteien auf die Wahlentscheidung hat, wenn der Zusammenhang zwischen Orientierungen gegenüber Verbänden und Wahlentscheidung konstant gehalten wird. Dabei zeigt sich, daß die kontrollierten Effekte der Parteiorientierungen auf die Wahlentscheidung nur wenig geringer sind als die unkontrollierten. Dementsprechend geht die Stärke der Effekte der Orientierungen gegenüber den Verbänden hinsichtlich der Wahlabsicht durch die Kontrolle der Orientierungen gegenüber den Parteien stark zurück. Gleichwohl, sie sind nach wie vor vorhanden, allerdings nicht mehr in einer so klaren Struktur. Mit Ausnahme der Wahlentscheidung zugunsten der F.D.P. gehen in Westdeutschland die stärkeren Effekte der Verbandsorientierungen auf die Wahlentscheidung hauptsächlich von der Wahrnehmung von Interessengegensätzen aus. So wählen diejenigen am häufigsten die CDU, die sich von der CDU und den Wirtschaftsverbänden vertreten fühlen und die SPD und Gewerkschaften als Gegner ansehen. Der Effekt der Verbandsorientierungen beträgt +17 Prozentpunkte. Aber nicht die Vertretenheit durch die Wirtschaftsverbände scheint hier entscheidend zu sein, sondern die Wahrnehmung der Gewerkschaften als Gegner. Denn bei gleicher Orientierung auf die Parteien erbringt die Vertretenheit durch Wirtschaftsverbände lediglich fünf Prozentpunkte, die Wahrnehmung der Gewerkschaften als Gegner jedoch 15 Prozentpunkte plus. Ähnliches läßt sich für die Entscheidung zugunsten der SPD feststellen. Auch hier erbringt nicht die Vertretenheit durch die Gewerkschaften, sondern die Gegnerschaft zu den Wirtschaftsverbänden den stärksten Effekt (vgl. Tabelle 4a).

Das Stärkeverhältnis der Effekte von Partei- und Verbandsorientierungen ist dabei sehr unterschiedlich, von 2:1 bis 7:1. Aber die Verbandsorientierungen bleiben auch unter Kontrollbedingungen signifikant einflußreich für die Wahlentscheidung. Die Varianzaufklärung von Partei- und Verbandsorientierungen beträgt für die CDU- und SPD-Zweitstimme deutlich über 30 Prozent, für die F.D.P. jedoch lediglich sechs Prozent - ein für die kleinen Parteien durchaus übliches Ergebnis.

In Ostdeutschland hingegen sind keine systematischen Effekte der Verbandsorientierungen auf das Wahlverhalten mehr festzustellen, wenn für die Parteiorientierungen kontrolliert wird. Die Effekte sind ebenfalls nicht signifikant (vgl. Tabelle 4b).

In bezug auf die sozioökonomische Konfliktlinie läßt sich also festhalten, daß in Westdeutschland das komplexe Set von Einstellungen sowohl gegenüber Parteien als auch gegenüber mit ihnen koalierenden Verbänden die Wahlentscheidung deutlich beeinflußt. Die Wahrnehmung von Interessengegensätzen oder -gegnerschaften übt dabei einen über bloße positive Orientierungen hinausgehenden Einfluß aus. In Ostdeutschland hingegen stimmen die Ergebnisse mit der "Hostility"-Hypothese nur in bezug auf die Orientierung gegenüber Parteien überein, nicht jedoch gegenüber Verbänden. Das bedeutet, daß das Wahlverhalten in Ostdeutschland noch nicht in dem Maße von den informellen Strukturen des intermediären Systems geprägt ist wie in Westdeutschland. Koalitionen zwischen Parteien und Verbänden, sofern sie bereits existieren, entfalten noch nicht die Wirksamkeit im Sinne von Gruppennormen und Gruppeneinfluß wie in Westdeutschland (vgl. auch WESSELS 1992).

Tabelle 4b: Sozioökonomische Konfliktlinie: Parteienkonflikt, Verbändekonflikt und Wahlverhalten in Ostdeutschland

Haltung zu Parteien	Parteieneffekte: nicht kontroll. Effekt		kontroll. Effekt	Haltung zu Verbänden	Verbändeeffekte: nicht kontroll. Effekt		kontroll. Effekt
1. CDU-Zweitstimme:							
Grand Mean		32,1				32,1	
CDU SPD				Wirtsch.-V. Gewerksch.			
vertreten Gegner	+43		+44	vertreten Gegner	+8		-16
vertreten indiff.	+33		+34	vertreten indiff.	+9		-2
andere Haltung	-14		-14	indiff. Gegner	+8		+3
				andere Haltung	-1		0
Signifikanz		0,00				0,68	
Eta		0,48				0,05	
Beta		0,48				0,04	
R^2							0,23
2. SPD-Zweitstimme:							
Grand Mean		16,8				16,8	
SPD CDU				Gewerksch. Wirtsch.-V.			
vertreten Gegner	+46		+45	vertreten Gegner	+18		+3
vertreten indiff.	+26		+26	vertreten indiff.	+1		-2
andere Haltung	-7		-7	indiff. Gegner	-17		-9
				andere Haltung	-2		0
Signifikanz		0,00				0,87	
Eta		0,45				0,14	
Beta		0,44				0,03	
R^2							0,20
SPD F.D.P.				Gewerksch. Wirtsch.-V.			
vertreten Gegner	+35		+33	vertreten Gegner	+18		+10
vertreten indiff.	+30		+30	vertreten indiff.	+1		-1
andere Haltung	-6		-6	indiff. Gegner	-17		-11
				andere Haltung	-2		-1
Signifikanz		0,00				0,19	
Eta		0,38				0,14	
Beta		0,37				0,08	
R^2							0,15
3. F.D.P.-Zweitstimme:							
Grand Mean		4,9				4,9	
F.D.P. SPD				Wirtsch.-V. Gewerksch.			
vertreten Gegner	+8		+6	vertreten Gegner	+25		+16
vertreten indiff.	+19		+18	vertreten indiff.	+2		-2
andere Haltung	-2		-2	indiff. Gegner	-5		-7
				andere Haltung	0		0
Signifikanz		0,00				0,10	
Eta		0,28				0,14	
Beta		0,27				0,09	
R^2							0,09

5.2 Umwelt vs. Wirtschaft und Arbeit

Im Gegensatz zu der sozioökonomischen Konfliktlinie handelt es sich bei den Dimensionen Umwelt vs. Wirtschaft und Umwelt vs. Arbeit um sehr junge Konflikte, für die nach wie vor nicht gesichert anzunehmen ist, daß sie eine neue Spannungslinie im Sinne der Cleavage-Theorie darstellen (vgl. PAPPI 1979: 476ff.). Gleichwohl kann man davon ausgehen, daß Umweltinteressen inzwischen starke organisatorische Anknüpfungspunkte sowohl im Parteien- als auch im Verbändesystem haben. Dementsprechend stellt sich die Frage, ob sich - zumindest in Westdeutschland - Anzeichen dafür ergeben, daß die entsprechenden Interessenkonflikte nicht nur vermittelt über die Parteienkonkurrenz, sondern auch bereits vermittelt über das Verbändesystem politisches Verhalten beeinflussen.

Immerhin wird ein Interessengegensatz zwischen Wirtschaftsverbänden und Umweltverbänden von einem ähnlich großen Anteil der Bevölkerung wahrgenommen wie zwischen Wirtschaftsverbänden und Gewerkschaften. Die Wahrnehmung eines Interessengegensatzes zwischen Umweltverbänden und Gewerkschaften ist allerdings weitaus geringer. Bezogen auf Interessengegensätze zwischen politischen Parteien wird der zwischen Grünen und CDU sowie F.D.P. nicht wesentlich weniger wahrgenommen als der zwischen CDU und SPD oder F.D.P. und SPD. Demgegenüber ist der zwischen Grünen und SPD lediglich schwach ausgeprägt (vgl. Tabelle 2). Daraus ließe sich schließen, daß - sofern überhaupt - ein prägender Einfluß auf das Wahlverhalten eher von der Konfliktdimension Umwelt vs. Wirtschaft als von Umwelt vs. Arbeit ausgeht.

Werden zunächst die bivariaten Zusammenhänge zwischen der Orientierung gegenüber konfligierenden Parteien und dem Wahlverhalten betrachtet, läßt sich festhalten, daß wahrgenommene Interessengegnerschaften - also Vertretenheit durch die eine, Interessengegensatz zur anderen Partei - nicht durchgängig wie bei der sozioökonomischen Konfliktlinie die höchsten positiven Effekte auf das Wahlverhalten aufweisen. "Hostilities" in diesem Sinne weisen in Westdeutschland gegenüber bloßer Interessenaffinität zu einer Partei einen stärkeren Effekt im Parteienkonflikt zwischen Grünen und CDU auf. Vertretenheit durch die Grünen und Gegnerschaft gegenüber der CDU erbringt einen Zugewinn für die Grünen von 24 Prozentpunkten.

Tabelle 5a: Industrialismus-Konflikt: Parteienkonflikt, Verbändekonflikt und Wahlverhalten in Westdeutschland

Haltung zu Parteien		Parteieneffekte: nicht kontroll. Effekt	kontroll. Effekt	Haltung zu Verbänden		Verbändeeffekte: nicht kontroll. Effekt	kontroll. Effekt
1. Grünen-Zweitstimme:							
Grand Mean		7,2				7,2	
Grüne	CDU			Umwelt-V.	Wirtsch.-V.		
vertreten	Gegner	+24	+24	vertreten	Gegner	+7	-1
vertreten	indiff.	+18	+17	vertreten	indiff.	+4	+1
andere Haltung		-5	-5	indiff.	Gegner	-7	-6
				andere Haltung		-3	0
Signifikanz		0,00				0,50	
Eta		0,41				0,15	
Beta		0,71				0,04	
R^2							0,17
Grüne	F.D.P.			Umwelt-V.	Wirtsch.-V.		
vertreten	Gegner	+17	+16	vertreten	Gegner	+7	+1
vertreten	indiff.	+21	+21	vertreten	indiff.	+4	+1
andere Haltung		-5	-5	indiff.	Gegner	-7	-6
				andere Haltung		-3	0
Signifikanz		0,00				0,36	
Eta		0,38				0,15	
Beta		0,37				0,05	
R^2							0,15
Grüne	SPD			Umwelt-V.	Gewerksch.		
vertreten	Gegner	+18	+18	vertreten	Gegner	0	0
vertreten	indiff.	+34	+34	vertreten	indiff.	+5	+3
andere Haltung		-3	-3	indiff.	Gegner	-7	-5
				andere Haltung		-1	-1
Signifikanz		0,00				0,06	
Eta		0,38				0,12	
Beta		0,37				0,07	
R^2							0,15
2. CDU-Zweitstimme:							
Grand Mean		28,5				28,5	
CDU	Grüne			Wirtsch.-V.	Umwelt-V.		
vertreten	Gegner	+55	+54	vertreten	Gegner	+5	-3
vertreten	indiff.	+30	+30	vertreten	indiff.	+21	+5
andere Haltung		-15	-15	indiff.	Gegner	+8	+12
				andere Haltung		-1	0
Signifikanz		0,00				0,56	
Eta		0,56				0,09	
Beta		0,56				0,03	
R^2							0,32

(Fortsetzung Tabelle 5a)

Haltung zu Parteien		Parteieneffekte: nicht kontroll. kontroll. Effekt Effekt		Haltung zu Verbänden		Verbändeeffekte: nicht kontroll. kontroll. Effekt Effekt	
3. F.D.P.-Zweitstimme:							
Grand Mean		5,5				5,5	
F.D.P.	**Grüne**			**Wirtsch.-V.**	**Umwelt-V.**		
vertreten	Gegner	+9	+9	vertreten	Gegner	-6	-4
vertreten	indiff.	+21	+21	vertreten	indiff.	+4	+2
andere Haltung		-2	-2	indiff.	Gegner	-6	-5
				andere Haltung		0	0
Signifikanz		0,00				0,81	
Eta		0,24				0,04	
Beta		0,24				0,03	
R^2							0,06
4. SPD-Zweitstimme:							
Grand Mean		24,7				24,7	
SPD	**Grüne**			**Gewerksch.**	**Umwelt-V.**		
vertreten	Gegner	+47	+46	vertreten	Gegner	+6	+9
vertreten	indiff.	+49	+49	vertreten	indiff.	+17	+8
andere Haltung		-8	-8	indiff.	Gegner	-12	-5
				andere Haltung		-1	-1
Signifikanz		0,00				0,19	
Eta		0,45				0,10	
Beta		0,44				0,05	
R^2							0,21

Vertretenheit durch die CDU und Gegnerschaft gegenüber den Grünen erbringt einen Zugewinn für die CDU von 54 Prozentpunkten. Im Parteienkonflikt zwischen Grünen und SPD oder Grünen und F.D.P. gilt dies hingegen nicht. Dort hat die positive Orientierung auf eine Partei bei gleichzeitiger Indifferenz gegenüber der zweiten den jeweils größten positiven Effekt auf die Wahlentscheidung. Lediglich in der Konstellation SPD vs. Grüne ist der "Hostility"-Effekt ähnlich hoch wie die bloße positive Affinität (vgl. Tabelle 5a).

In Ostdeutschland ergibt sich ein anderes Bild: Von "Hostilities" profitieren die Grünen in den Gegensatzpaaren Grüne-CDU und Grüne-F.D.P. und die SPD im Gegensatzpaar SPD-Grüne stärker als von bloßer Affinität. Die CDU hingegen profitiert eher von positiver Affinität als von Gegnerschaftswahrnehmungen. Ebenso sind

Gegnerschaftswahrnehmungen weniger positiv wirksam zugunsten der F.D.P. und der Grünen im Falle des Gegensatzes Grüne-SPD (vgl. Tabelle 5b).

Die Ergebnisse sprechen dem Augenschein nach nicht durchweg für die "Hostility"-Hypothese. Allerdings ist - wie schon im Falle der F.D.P. in der sozioökonomischen Konfliktlinie festgestellt - hierbei entscheidend, daß diejenigen, die sich von einer kleinen Partei, z.b. den Grünen, vertreten fühlen, aber eine große Partei als Interessengegner wahrnehmen, dazu neigen, einer anderen großen Partei die Stimme zu geben. Bei denjenigen, die sich von den Grünen vertreten fühlen und die CDU als Gegner ansehen, wählen in Westdeutschland etwa 31 Prozent die Grünen, aber fast 45 Prozent die SPD, in Ostdeutschland sind es 27 zu 33 Prozent. Umgekehrt wählen von denjenigen, die sich von den Grünen vertreten fühlen und die SPD als Gegner ansehen, in Westdeutschland etwa 25 Prozent die Grünen, in Ostdeutschland etwa 14 Prozent, aber in Westdeutschland auch 25 Prozent die CDU, in Ostdeutschland sogar 52 Prozent.

Indirekt zeigen auch hier Interessengegnerschaften ihre Wirksamkeit für die Wahlentscheidung, allerdings sind die Kalküle der Wähler, wenn sie sich von relativ kleinen Parteien vertreten fühlen, augenscheinlich etwas komplizierter, als wenn sie sich von großen Parteien vertreten fühlen.

Während die Orientierungen gegenüber den politischen Parteien dann besonders verhaltenswirksam sind, wenn nicht nur positive Affinitäten sondern auch Interessengegensätze wahrgenommen werden, läßt sich ähnliches nicht für die Orientierung gegenüber den Verbandspaaren Umwelt- und Wirtschaftsverbände für den Gegensatz Umwelt-Wirtschaft und Umweltverbände-Gewerkschaften für den Gegensatz Umwelt-Arbeit festhalten. Schon im bivariaten Vergleich ergeben sich allenfalls schwache, wenngleich zum Teil in der Struktur den Erwartungen entsprechende Abweichungen im Wahlverhalten. Wird dieser Zusammenhang jedoch für die Orientierung gegenüber den Parteien kontrolliert, verschwindet der Zusammenhang fast ganz. Zudem sind die Effekte der Orientierungen an Verbandspaaren allesamt nicht signifikant. Das gilt für West- und Ostdeutschland gleichermaßen.

Tabelle 5b: Industrialismus-Konflikt: Parteienkonflikt, Verbändekonflikt und Wahlverhalten in Ostdeutschland

Haltung zu Parteien		Parteieneffekte: nicht kontroll. Effekt	kontroll. Effekt	Haltung zu Verbänden		Verbändeeffekte: nicht kontroll. Effekt	kontroll. Effekt
1. Grünen-Zweitstimme:							
Grand Mean		7,5				7,5	
Grüne	CDU			Umwelt-V.	Wirtsch.-V.		
vertreten	Gegner	+20	+20	vertreten	Gegner	+5	0
vertreten	indiff.	+11	+10	vertreten	indiff.	+3	+3
andere Haltung		-3	-3	indiff.	Gegner	+12	+11
				andere Haltung		-1	-1
Signifikanz		0,00				.55	
Eta		0,26				0,09	
Beta		0,26				0,05	
R^2							0,07
Grüne	F.D.P.			Umwelt-V.	Wirtsch.-V.		
vertreten	Gegner	+16	+15	vertreten	Gegner	+5	+2
vertreten	indiff.	+6	+6	vertreten	indiff.	+3	+2
andere Haltung		-2	-2	indiff.	Gegner	+12	+14
				andere Haltung		-1	-1
Signifikanz		0,00				0,40	
Eta		0,17				0,09	
Beta		0,16				0,07	
R^2							0,03
Grüne	SPD			Umwelt-V.	Gewerksch.		
vertreten	Gegner	+4	+7	vertreten	Gegner	-8	-10
vertreten	indiff.	+15	+15	vertreten	indiff.	+1	0
andere Haltung		-2	-2	indiff.	Gegner	-8	-5
				andere Haltung		0	0
Signifikanz		0,00				0,28	
Eta		0,20				0,06	
Beta		0,21				0,08	
R^2							0,05
2. CDU-Zweitstimme:							
Grand Mean		32,1				32,1	
CDU	Grüne			Wirtsch.-V.	Umwelt-V.		
vertreten	Gegner	+27	+28	vertreten	Gegner	+68	+78
vertreten	indiff.	+34	+35	vertreten	indiff.	-9	-19
andere Haltung		-10	-10	indiff.	Gegner	+35	+2
				andere Haltung		0	0
Signifikanz		0,00				0,01	
Eta		0,39				0,10	
Beta		0,40				0,12	
R^2							0,17

(Fortsetzung Tabelle 5b)

Haltung zu Parteien	Parteieneffekte: nicht kontroll. Effekt	kontroll. Effekt	Haltung zu Verbänden	Verbändeeffekte: nicht kontroll. Effekt	kontroll. Effekt
3. F.D.P.-Zweitstimme:					
Grand Mean	4,9			4,9	
F.D.P. Grüne			**Wirtsch.-V. Umwelt-V.**		
vertreten Gegner	+1	+1	vertreten Gegner	-5	-3
vertreten indiff.	+20	+20	vertreten indiff.	+10	+7
andere Haltung	-2	-2	indiff. Gegner	-5	-3
			andere Haltung	0	0
Signifikanz	0,00			0,34	
Eta	0,28			0,10	
Beta	0,27			0,07	
R^2					0,08
4. SPD-Zweitstimme:					
Grand Mean	16,8			16,8	
SPD Grüne			**Gewerksch. Umwelt-V.**		
vertreten Gegner	+36	+36	vertreten Gegner	-2	-2
vertreten indiff.	+25	+25	vertreten indiff.	-4	-5
andere Haltung	-4	-4	indiff. Gegner	-17	-12
			andere Haltung	0	+1
Signifikanz	0,00			0,59	
Eta	0,29			0,05	
Beta	0,29			0,05	
R^2					0,09

Die Erwartung, daß sich zumindest in Westdeutschland in der umweltbezogenen Konfliktdimension schon so etwas ergeben haben könnte wie eine gegenseitige Abstützung von grüner Partei und Verbänden, die in ähnlicher Weise für das Wahlverhalten wirksam wird wie in der sozioökonomischen Konfliktlinie, läßt sich mit diesem Ergebnis nicht aufrechterhalten.

Das mag auch damit zusammenhängen, daß das Parteiensystem Entscheidungen weitaus eher erzwingt, als das Verbändesystem. Während das Parteiensystem im Sinne politischer Alternativen strukturiert ist, ist das Verbändesystem funktional differenziert. Lediglich im Bereich Wirtschaft und Arbeit ist es "antagonistisch" konzipiert. Ansonsten ermöglicht es weitaus eher, und das gilt insbesondere unter Einbeziehung von Umweltinteressen, multiple Referenzpunkte, die nicht notwendigerweise als cross pressure empfunden werden und damit auch nicht notwendigerweise trade offs verlangen.

6. Zusammenfassung

Ausgehend von der These, daß das Wahlverhalten sich nur unzureichend allein aus positiven Motivationsgründen erklären läßt, wurde unter Rückgriff auf die "Hostility"-Hypothese und MERTONs Konzept negativer Referenzgruppen untersucht, inwieweit die Wahlbeteiligung und die Wahlentscheidung von wahrgenommenen Interessengegensätzen und Interessengegnerschaften zwischen politischen Akteuren geprägt werden.

Die Wahlentscheidung ist in diesem Sinne zu verstehen als eine Entscheidung für eine Partei im Kontext der im Parteiensystem existierenden Alternativen. Die Entscheidung, sich an der Wahl zu beteiligen, ist davon abhängig, wie stark das Motiv ist, einen Wahlgewinn einer bestimmten Partei zu vermeiden, weil sie als "Interessengegner" wahrgenommen wird. Die Wahrscheinlichkeit, daß Interessengegnerschaften das politische Verhalten maßgeblich mitbestimmen, ist wiederum davon abhängig, wie stark ein politisches System durch politische Spannungslinien (cleavages) gekennzeichnet ist. Wenn aber politische Spannungslinien die Struktur sind, in der der Wähler politische Alternativen und Interessen abwägt, ist es naheliegend - so die hier vertretene These - nicht nur Parteien als Orientierungsobjekte, sondern auch die mit ihnen koalierenden Interessenverbände als quasi-institutionellen Unterbau des Parteiensystems mit in die Analyse einzubeziehen.

Empirisch wurde der Zusammenhang zwischen Wahlverhalten und Orientierungen gegenüber Parteien und Verbänden in der tripartiten Konfliktstruktur Wirtschaft-Arbeit-Umwelt untersucht. Sie beinhaltet zum einen die traditionelle sozioökonomische Konfliktlinie zwischen Kapital und Arbeit und zum anderen die neuen Konflikte zwischen Umwelt und Wirtschaft und Umwelt und Arbeit, von denen bisher noch nicht abzusehen ist, ob sie eine dauerhafte Spannungslinie bilden werden. Jedoch haben sich Umweltinteressen inzwischen organisatorisch verfestigt und mit den Grünen auch im Parteiensystem etabliert.

Die Ergebnisse zur Analyse der Wahlbeteiligung bestätigen für Westdeutschland die Hypothese, daß die Wahrnehmung einer den eigenen Interessen entgegenstehenden Partei zu einer höheren Wahlmotivation führt als eine lediglich positive Affinität zu einer Partei. Das gilt, wenn Interessengegensätze sowohl in der sozioökonomischen Konfliktlinie als auch im Bereich des Industrialismuskonflikt betrachtet werden. Die These, daß auch wahrgenommene Interessengegensätze im Verbändessystem die Wahlbeteiligungsbereitschaft verstärken, ließ sich jedoch nicht bestätigen. In Ostdeutschland konnten keine signifikanten Effekte von Affinitäten und Aversionen gegenüber Parteien und Verbänden ausgemacht werden. Einer der möglichen Gründe für diesen Unterschied kann an der Tatsache liegen, daß Spannungslinien im Sinne verfestigter Allianzen zwischen sozialen Gruppen und kollektiven Akteuren sowie feste Koalitionen zwischen kollektiven Akteuren in Ostdeutschland noch nicht existieren.

Die Wahlentscheidung ist noch stärker als die Wahlbeteiligung mit beeinflußt durch negative Referenzen auf Parteien und mit ihnen koalierenden Verbänden. Bezogen auf die Orientierungen gegenüber den politischen Kontrahenten in der sozioökonomischen Konfliktlinie läßt sich festhalten, daß die Wahrnehmung von entsprechenden Interessengegnern im Parteien- und Verbändesystem verstärkt zur Wahl der Partei führt, von der man sich vertreten fühlt. Der positive Einfluß von Orientierungen gegenüber Verbänden auf das Wahlverhalten bleibt in Westdeutschland auch dann erhalten, wenn der Einfluß von Orientierungen gegenüber politischen Parteien auf die Wahlentscheidung kontrolliert wird. In Ostdeutschland hingegen verschwindet dann der Einfluß von Verbandsorientierungen. Dieser Unterschied zwischen alten und neuen Bundesländern läßt sich wiederum damit erklären, daß das Wahlverhalten in Ostdeutschland noch nicht in dem Maße von den informellen Strukturen politischer Koalitionen zwischen Parteien und Verbänden des intermediären Systems geprägt ist wie in Westdeutschland.

Neue Konflikte und deren Wahrnehmung in Form von Interessengegnerschaften zwischen Parteien und Verbänden weisen gegenüber den in der sozioökonomischen Konfliktlinie wahrgenommenen Interessendifferenzen keine so starke verhaltensprägende Kraft auf. Allerdings ist auch hier ein Einfluß von negativen Referenzen gegenüber Parteien auf das Wahlverhalten festzustellen. Hingegen treten hier, wie bei der sozioökonomischen Konfliktlinie in Westdeutschland, keine "Verstärkereffekte" durch die Orientierungen gegenüber konfligierenden Verbänden auf. Eine "Abstützung" des

Wahlverhaltens durch die Orientierung gegenüber Akteuren auf beiden Ebenen - Parteien - und Verbändesystem - läßt sich für den Industrialismuskonflikt also nicht konstatieren. Das gilt für West- und Ostdeutschland gleichermaßen.

Als generelles Ergebnis bleibt festzuhalten, daß die Entscheidung für die Beteiligung an der Wahl und für eine bestimmte Partei bei den Wählern positiver ausfällt, die über eine Interessenaffinität hinaus auch einen Interessengegner identifizieren als bei jenen, die lediglich positive Referenzpunkte benennen. Sowohl die Wahlbeteiligung als auch das Wahlverhalten sind durch komplexe Sets von Einstellungen und Orientierungen geprägt, in denen Denken in Alternativen und Gegensätzen eine prominente Rolle spielt.

Literatur

BÜRKLIN, Wilhelm 1988: Wählerverhalten und Wertewandel, Opladen: Leske + Budrich.

CAMPBELL, Angus/CONVERSE, Philip E./MILLER, Warren E./STOKES, Donald E. 1960: The American Voter, Chicago: John Wiley & Son, (Midway Reprint 1980).

CREWE, Ivor 1976: Party Identification Theory and Political Change in Britain, in: BUDGE, Ian/CREWE, Ivor/FARLIE, Dennis (Hrsg.), Party Identification and Beyond, London/New York/Sydney/Toronto: John Wiley & Sons, S. 33-61.

FALTER, Jürgen W./SCHUMANN, Siegfried/WINKLER, Jürgen 1990: Erklärungsmodelle von Wählerverhalten, in: Aus Politik und Zeitgeschichte, Beilage zur Wochenzeitung das Parlament, B 37-38/90, S. 3-13.

FIORINA, Morris P. 1974: Representatives, Roll Calls, and Constituencies, Lexington, Mass.: Lexington Books.

FISKE, Susan T. 1982: Schema-triggered Affect: Applications to Social Perceptions, in: CLARKE, Margeret S./FISKE, Susan T. (Hrsg.): Affect and Cognition, Hillsdale, NJ: Lawrence Erlbaum, S. 55-78.

HILDENBRANDT, Kai/DALTON, Russell J. 1977: Die neue Politik - Politischer Wandel oder Schönwetterpolitik?, in: KAASE, Max (Hrsg.): Wahlsoziologie heute - Analysen aus Anlaß der Bundestagswahl 1976. PVS 18 (Sonderheft), S. 230-256.

KEY, V. O. 1960: The Responsible Electorate, New York: Vintage Books.

KIRCHGÄSSNER, Gebhard 1990: Hebt ein "knapper" Wahlausgang die Wahlbeteiligung?, in: KAASE, Max/KLINGEMANN, Hans-Dieter (Hrsg.): Wahlen und Wähler. Analysen aus Anlaß der Bundestagswahl 1987, Opladen: Westdeutscher Verlag, S. 445-477.

LIPSET, Seymour Martin/ROKKAN, Stein 1967: Cleavage Structures, Party Systems, and Voter Alignments - An Introduction, in: LIPSET, Seymour Martin/ROKKAN, Stein (Hrsg.): Party Systems and Voter Alignments, New York: Free Press, S. 1-64.

MAGGIOTTO, Michael A./PIERESON, James E. 1977: Partisan Identification and Electoral Choice: The Hostility Hypothesis, in: American Journal of Political Science, 21, S. 745-767.

MERTON, Robert K. 1962: Social Theory and Social Structure, Glencoe, Ill.: The Free Press.

NISBET, Richard/ROSS, Lee 1980: Human Inference: Strategies and Shortcomings of Social Judgement, Englewood Cliffs: Prentice Hall.

PAPPI, Franz Urban 1979: Konstanz und Wandel der Hauptspannungslinien in der Bundesrepublik, in: MATTHES, Joachim (Hrsg.): Sozialer Wandel in Westeuropa, Frankfurt a.M./New York: Campus, S. 465-479.

PAPPI, Franz Urban 1984: The West German Party System, in: West European Politics, 7, S. 7-26.

RATTINGER, Hans 1992: Demographie und Politik in Deutschland: Befunde der repräsentativen Wahlstatistik 1953-1990, in: KLINGEMANN, Hans-Dieter/KAASE, Max (Hrsg).: Wahlen und Wähler. Analysen aus Anlaß der Bundestagswahl 1990, Opladen: Westdeutscher Verlag (erscheint 1993).

RICHARDSON, Bradley M. 1991: European Party Loyalties Revisited, in: American Political Science Review, Vol. 85, 3, S. 751-775.

SIEGMANN, Heinrich 1985a: The conflict between labor and environmentalism in the Federal Republic of Germany and the United States, Aldershot: Gower.

SIEGMANN, Heinrich 1985b: Gewerkschaften contra Umweltschützer?, in: Wissenschaftszentrum Berlin, Internationales Institut für Umwelt und Gesellschaft (Hrsg.), IIUG report 85-4, Berlin.

STÖSS, Rihard 1983: Struktur und Entwicklung des Parteiensystems in der Bundesrepublik - Eine Theorie, in: STÖSS, Richard (Hrsg.), Parteienhandbuch Bd. 1, Opladen: Westdeutscher Verlag 1983, S. 17-310.

STINCHCOMBE, Arthur L. 1975: Sozial Structure and Politics, in: GREENSTEIN, Fred I./POLSBY, Nelon W. (Hrsg.), Macropolitical Theory, Handbook of Political Science Vol. 3, Reading, Mass.: Addison-Wesley, S. 557-622.

WESSELS, Bernhard 1991a: Erosion des Wachstumsparadigmas: Neue Konfliktstrukturen im politischen System der Bundesrepublik?, Opladen: Westdeutscher Verlag.

WESSELS, Bernhard 1991b: Vielfalt oder strukturierte Komplexität? Zur Institutionalisierung politischer Spannungslinien im Verbände und Parteiensystem in der Bundesrepublik, in: Kölner Zeitschrift für Soziologie und Sozialpsychologie, 43, S. 454-475.

WESSELS, Bernhard 1992: Gruppenbindung und rationale Faktoren als Determinanten der Wahlentscheidung in Ost- und Westdeutschland, in: KLINGEMANN, Hans-Dieter/KAASE, Max (Hrsg.): Wahlen und Wähler. Analysen aus Anlaß der Bundestagswahl 1990, Opladen: Westdeutscher Verlag (erscheint 1993).

Hans Mathias Kepplinger / Hans-Bernd Brosius / Stefan Dahlem

Partei- oder Kandidatenkompetenz?
Zum Einfluß der wahrgenommenen Sachkompetenzen auf die Wahlabsichten bei der Bundestagswahl 1990

1. Einleitung

Die politischen Parteien in Deutschland besitzen seit jeher eine relativ starke ideologische Ausrichtung. Sie treten dauerhaft für bestimmte Ziele und Gruppen ein, sie stellen ihre politischen Grundsätze und Absichten in umfangreichen Programmen dar, und sie leiten diese Programme aus allgemeinen Werten wie Gleichheit, Gerechtigkeit und Freiheit ab (KAACK 1971). Die Rangordnung dieser Werte unterscheidet sich von Partei zu Partei. Dies ist eine Ursache ihrer unterschiedlichen Ausrichtung sowie der entgegengesetzten Beurteilung von Sachverhalten. Neuere Beispiele hierfür sind der Streit um die Nachrüstung, die Zulässigkeit der Abtreibung und das Grundrecht auf Asyl. In allen genannten Fällen ging und geht es nicht nur um pragmatische Lösungen, sondern auch um die Rangordnung allgemeiner Werte.

Die Interessenlagen der Wähler und ihre politischen Einstellungen stimmen mit der ideologischen Ausrichtung der Parteien, ihren Grundsatzprogrammen und den aktuellen Zielen mehr oder weniger gut überein. Sie bilden deshalb eine Grundlage der Wahlentscheidungen. Die Wähler entscheiden sich mit anderen Worten deshalb für eine Partei, weil diese Partei mehr als andere die materiellen und immateriellen Interessen der sozialen Kategorie (Klasse, Schicht, Berufsgruppe, Religionsgemeinschaft usw.) vertreten, der sie angehören. In den vergangenen Jahren ist der Einfluß dieser Faktoren jedoch deutlich zurückgegangen. Dies zeigt sich u.a. daran, daß die Parteien in ihren traditionellen Hochburgen, bzw. bei ihrer alten Stammwählerschaft Stimmen verloren haben. Für die CDU/CSU handelt es sich dabei um die Katholiken in kleinen Gemeinden, bei der SPD um die Arbeiter in den Großstädten (vgl. hierzu RITTER/ NIEHUSS 1987, SCHULTZE 1991).

Die skizzierte Entwicklung besitzt mehrere Ursachen, deren Einfluß bisher nicht hinreichend geklärt ist. Sie können deshalb hier nur global angesprochen werden.

Erstens: In der Bundesrepublik Deutschland zeigen sich - wie in anderen weiterentwickelten Industrieländern - starke Veränderungen der Beschäftigungs-, und daraus resultierend der Sozialstruktur. Der Anteil der im primären (Landwirtschaft) und sekundären (Industrie) Sektor Beschäftigten nimmt ab, der Anteil der im tertiären (Dienstleistungen) Sektor Beschäftigten dagegen zu. Diese Entwicklung hat zur Herausbildung einer "neuen Mittelklasse" geführt, die weniger soziostrukturell und ideologisch gebunden ist. Sie wird von einer Auflösung traditioneller Parteibindungen begleitet (SCHULTZE 1983, 1991; VON WINTER 1987; FEIST/KRIEGER 1987; DALTON/ROHRSCHNEIDER 1990).

Zweitens: Die ideologischen Unterschiede zwischen den beiden großen Parteien haben sich verringert. Dieser Trend zur Mitte ist begleitet von der Integration unterschiedlicher Ansprüche und Vorstellungen innerhalb der beiden Volksparteien SPD und CDU (SMITH 1976; FEIST/GÜLLNER /LIEPELT 1978; SCHULTZE 1983).

Drittens: Die Massenmedien spielen in den Wahlkämpfen eine immer größere Rolle. Die Wahlkampfaktivitäten werden zunehmend auf die Massenmedien ausgerichtet, weil die Beachtung durch die Massenmedien eine wesentliche Voraussetzung für die Aufmerksamkeit der Masse der Wähler ist (RADUNSKI 1980; WOLF 1985; GÄRTNER 1986; STAAB 1986). Dies trifft auch auf die Wahlveranstaltungen im engeren Sinne zu, bei denen das anwesende Publikum zu Statisten bei einer Inszenierung wird, deren eigentliche Adressaten ganz andere Personen sind - die Leser, Zuhörer und vor allem die Zuschauer der Berichte von Presse, Hörfunk und Fernsehen (KEPPLINGER 1983, 1985; KERNELL 1986).

Die wachsende Bedeutung der Massenmedien im Wahlkampf war von zwei medieninternen Entwicklungen begleitet, die die Gewichte zusätzlich verschoben haben. Bei der ersten Entwicklung handelte es sich um das weitgehende Verschwinden der Parteipresse sowie der konfessionellen Blätter (MEYN 1985: 59ff; FISCHER 1971; FISCHER 1981: 321ff), die durch die überparteilichen und konfessionslosen Publikationen verdrängt wurden. Die Parteien verloren dadurch einen eigenständigen Zugang zu weiten Teilen ihrer angestammten Wähler. Zudem gelang es ihnen immer weniger, ihre Sichtweise in den noch verbliebenen Zeitungen gegen den dominierenden Medientenor durchzusetzen (ASP 1983). Bei der zweiten Entwicklung handelte es sich um die Ausbreitung des Fernsehens, die zwei wesentliche Folgen besaß. Zum einen erreichte das Fernsehen zunehmend auch jene Menschen, die sich nicht für Politik interessieren. Dadurch breitete sich das Interesse für Politik in der Gesellschaft aus, ohne daß sich die entsprechenden Kenntnisse verbesserten (NOELLE-NEUMANN 1979; KEPPLINGER 1984). Zum anderen wurden die Spitzenkandidaten der Parteien nahezu allgegenwärtig. Sie rückten immer mehr in den Blickpunkt der Bevölkerung und damit in den Mittelpunkt des Interesses.

Die genannten Entwicklungen trugen - neben den zuvor genannten und einer Reihe anderer Faktoren - wesentlich zu einer Entideologisierung und zu einer Personalisierung der Wahlkämpfe bei. Dadurch hat sich vermutlich der Einfluß der Parteipräferenzen und der Kandidatenpräferenzen auf die Wahlabsichten und Wahlentscheidungen verschoben. Der Einfluß der Parteipräferenzen dürfte zurückgegangen, der Einfluß der Kandidatenpräferenzen dagegen gestiegen sein, was nicht ausschließt, daß es auch in der Vergangenheit Wahlen gegeben hat, deren Ausgang wesentlich von einzelnen Kandidaten abhing. Falls diese Annahme zutrifft, hat sich eine Diskrepanz zwischen der sachlichen Bedeutung der Erst- und Zweitstimme einerseits und der psychologischen Bedeutung der Partei- und Kandidatenpräferenzen entwickelt: Die Zweitstimmen für die Parteien entscheiden zwar die Wahlen, sie beruhen jedoch weniger auf der Attraktivität der Parteien als auf der Zustimmung zu ihren Spitzenkandidaten.

Wir untersuchen den Einfluß der Wahrnehmung von Parteien und Kandidaten auf die Wahlabsichten anhand der Bundestagswahl 1990. Dabei konzentrieren wir uns auf die Sachkompetenzen, die die Wähler den Hauptgegnern der CDU/CSU und der SPD sowie ihren jeweiligen Spitzenkandidaten Helmut Kohl und Oskar Lafontaine zuschrieben. Im Frühjahr 1990 war die Wahl scheinbar zugunsten der SPD entschieden. Die SPD und Lafontaine lagen in der Gunst der Wähler deutlich vor der CDU/CSU und Kohl. Von Oktober 1989 bis März 1990 nahm der Anteil von Bürgern der Bundesrepublik, die die SPD wählen wollten, kontinuierlich zu. Im gleichen Zeitraum nahmen die Wahlabsichten für die CDU/CSU ab. Im März erklärten rund 39 Prozent der Wähler in der Bundesrepublik, sie würden, falls die Wahl am nächsten Sonntag stattfinden würde, die SPD wählen. Dagegen entschieden sich nur 36 Prozent für die

CDU/CSU (NOELLE-NEUMANN 1990a, b). Zum gleichen Zeitpunkt wollten 42 Prozent Oskar Lafontaine, jedoch nur 35 Prozent Helmut Kohl als Bundeskanzler. Der Vorsprung Lafontaines in der Gunst der Wähler hielt bis Ende Mai 1990 an (Allensbacher Archiv, IFD-Umfragen 5032, 5034, 5035, 5036).

In den folgenden Monaten änderte sich dieses Bild aufgrund der aktuellen politischen Entwicklung bzw. ihrer Darstellung durch die Massenmedien fundamental. Kohl riß die politische Initiative an sich, Lafontaine zögerte mit seiner Kanzlerkandidatur und scheiterte mit seinem Widerstand gegen eine schnelle Vereinigung der DDR mit der Bundesrepublik. Die Massenmedien stellten das Vorgehen der Bundesregierung überwiegend neutral oder positiv, die Ziele und Einwände der Opposition dagegen eher neutral oder negativ dar. Im Sommer wuchs die Zustimmung zur CDU/CSU sowie zu Kohl vor allem auf Kosten der SPD und ihres Kanzlerkandidaten. Im Herbst hatte die Regierungskoalition bereits einen erheblichen Vorsprung vor der Opposition. Im September erklärten rund 43 Prozent der Wahlberechtigten in der Bundesrepublik, sie würden die CDU/CSU wählen, falls am nächsten Sonntag Bundestagswahl wäre. Dagegen wollten nur rund 37 Prozent für die SPD stimmen. Zum gleichen Zeitpunkt sprachen sich 48 Prozent für Helmut Kohl und nur 34 Prozent für Oskar Lafontaine aus (NOELLE-NEUMANN 1990a). Der Wahlausgang war damit bereits lange vor dem Wahltag am 2. Dezember absehbar. Vor dem Hintergrund dieser Entwicklung stellt sich die Frage, woran sich die Wähler bei ihrer Wahlentscheidung orientiert haben, an der Kompetenz der Parteien oder der Kompetenz ihrer Spitzenkandidaten bzw. - um genauer zu sein - an ihren Vorstellungen von den Kompetenzen der Parteien oder den Kompetenzen der Kandidaten, die sich im Laufe der Monate entwickelt hatten.

2. Theoretische Annahmen

2.1 Typologie der Einflußfaktoren

Wahlen sind Entscheidungssituationen. Die Wähler entscheiden sich zwischen zwei oder mehr Parteien bzw. zwischen zwei oder mehr Kandidaten. Auf die Wahlentscheidung wirken zahlreiche Kräfte ein, die man entsprechend ihrer Lokalisierung in externe und interne Faktoren sowie entsprechend der Dauer ihrer Wirksamkeit in langfristige und kurzfristige Faktoren unterteilen kann (CAMPBELL/CONVERSE/ MILLER/STOKES 1960). Als externe Faktoren bezeichnen wir alle Kräfte, die von außen auf den Wähler einwirken, wie z.b. Verhaltenserwartungen, die aus der Zugehörigkeit zu bestimmten sozialen Kategorien resultieren (Schichtzugehörigkeit, Religionszugehörigkeit, Berufszugehörigkeit usw.). Als interne Faktoren bezeichnen wir alle Kräfte, die aus dem Wähler heraus auf die Wahlentscheidung einwirken, wie z.b. politische Einstellungen und Wahltraditionen. Die internen Faktoren besitzen vermutlich externe Ursachen. Entscheidend ist im vorliegenden Zusammenhang jedoch, daß sie eigenständig auf die Entscheidung einwirken.

Als langfristige Faktoren bezeichnen wir alle Kräfte, die über längere Zeiträume relativ kontinuierlich in eine Richtung wirken, ohne daß sich der Betreffende ihnen leicht entziehen kann, wie z.b. die Religionszugehörigkeit und die Wahltradition. Als kurzfristige Faktoren bezeichnen wir alle Kräfte, die zum Zeitpunkt der Wahlentscheidung ihren Einfluß entfalten, der jedoch nicht von größerer Dauer sein muß, wie z.b. die wahrgenommene Kompetenz der Parteien und der Kandidaten sowie ihre Darstellung durch die Massenmedien. Unter Kompetenz verstehen wir dabei die (wahrgenommene) Fähigkeit von Parteien und Kandidaten zur Lösung konkreter Probleme, z.B. der Arbeitslosigkeit, der Abrüstung und der Umweltbelastung. Schaubild 1 zeigt diese Typologie mit einigen Beispielen.

Schaubild 1: Typologie der Einflußfaktoren

		Dauer	
		langfristig	kurzfristig
Lokalisierung	extern	Verhaltenserwartungen anderer aufgrund von Status, Rolle, Religion usw.	Massenmedien Soziale Kontakte
	intern	Politische Einstellungen, Wahltraditionen, Zukunftserwartungen	Kompetenz von Parteien und Kandidaten, Charakter der Kandidaten

2.2 Modelle der Urteilsbildung

Die Wähler können sich theoretisch auf zwei Weisen ein vergleichendes Urteil über die Kompetenz der Parteien und Kandidaten bilden. Sie können erstens die Kompetenz jeder Partei (jedes Kandidaten) unabhängig voneinander einschätzen und dann die beiden Einzelurteile saldieren. Sie könne z.B. die Fähigkeit der SPD zur Lösung der Umweltprobleme als sehr gut und die Fähigkeit der CDU/CSU hierzu als gut beurteilen. Aus dem Saldo beider Urteile würde sich ergeben, daß die SPD hierzu (etwas) besser geeignet erscheint als die CDU. Die Wähler können jedoch zweitens die Fähigkeiten der beiden Parteien direkt gegeneinander abwägen und dabei die SPD der CDU vorziehen. Urteile, die auf die zuerst genannte Weise gebildet werden, sind zweifellos differenzierter als Urteile, die auf die danach skizzierte Weise entstehen. Das zuerst genannte Verfahren stellt jedoch an den Urteilenden zugleich weitaus höhere Anforderungen, die vermutlich über die Möglichkeiten der meisten Wähler hinausgehen. Wir legen unserer Studie deshalb das zweite Modell der Urteilsbildung zugrunde.

In der vorliegenden Studie analysieren wir das Zusammenwirken der internen Faktoren. Die Einbeziehung der externen Faktoren würde den Rahmen dieser Untersuchung sprengen. Ihr Einfluß wird deshalb in einem eigenen Beitrag analysiert (KEPPLINGER/DAHLEM/BROSIUS 1993). Konzentriert man sich auf die internen Faktoren, kann man sechs Hypothesen formulieren: Erstens, die Wähler besitzen Vorstellungen von der Kompetenz der Parteien. Je kompetenter ihnen eine Partei im Vergleich zu den anderen Parteien erscheint, desto eher werden sie diese Partei wählen. Zweitens, die Wähler besitzen Vorstellungen von der Kompetenz der Kandidaten. Je kompetenter ihnen ein Kandidat im Vergleich zu den anderen Kandidaten erscheint, desto eher werden sie ihn wählen. Drittens, die Vorstellungen von der Kompetenz der Parteien wirkt sich auch auf die Bereitschaft aus, ihre Kandidaten zu wählen. Viertens, die Vorstellungen von der Kompetenz der Kandidaten wirkt sich auch auf die Bereitschaft aus, ihre Partei zu wählen. Fünftens, die Wahltradition besitzt einen Einfluß auf die Absicht, eine Partei zu wählen. Sechstens, die Wahltradition besitzt einen Einfluß auf die Absicht, einen Kandidaten zu wählen. Die genannten Zusammenhänge sind in Schaubild 2 dargestellt, wobei wir uns auf den rechten gestrichelten Kasten konzentrieren, der die internen Faktoren zusammenfaßt.

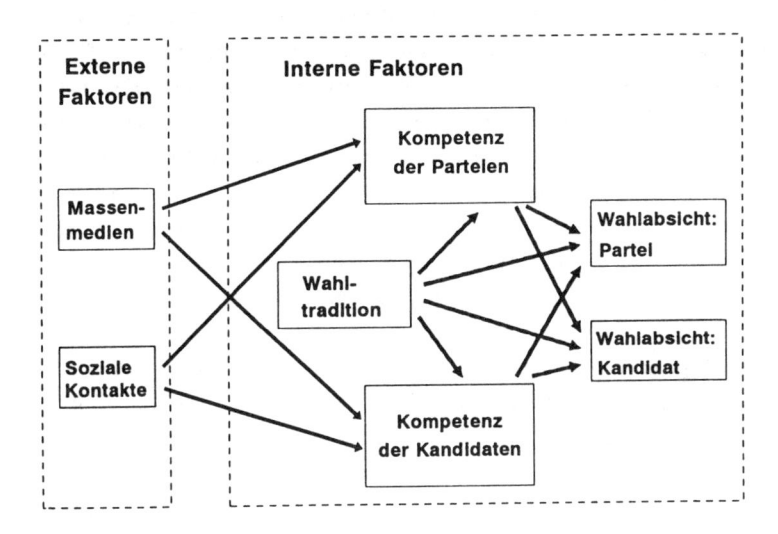

Schaubild 2: Zusammenhänge zwischen den wichtigsten Faktoren

```
Externe Faktoren:                Interne Faktoren:
  - Massenmedien                   - Kompetenz der Parteien
  - Soziale Kontakte               - Wahltradition
                                   - Kompetenz der Kandidaten
                                   - Wahlabsicht: Partei
                                   - Wahlabsicht: Kandidat
```

3. Methode

Die Daten für diese Studie wurden vor der Bundestagswahl 1990 mit einer dreiwelligen Telefonbefragung ermittelt, die als Panel angelegt war. Befragt wurde eine repräsentative Stichprobe von wahlberechtigten Bürgern der Stadt Mainz. Zentrales Thema der Befragung war die bevorstehende Bundestagswahl. Die Interviews der ersten Welle wurden acht Wochen vor dem Wahltag vom 8. bis 12. Oktober durchgeführt; die Interviews der zweiten Welle fanden vier Wochen vor dem Wahltag vom 5. bis 8. November statt; die Interviews der dritten Welle wurden eine Woche vor der Bundestagswahl vom 26. bis 30 November durchgeführt.

3.1 Stichprobe

Aus der neuesten Ausgabe des lokalen Telefonbuches wurde eine systematische Zufallsstichprobe von 1200 Haushalten gezogen. Wie in anderen westlichen Ländern auch hat die Verbreitung von Telefonanschlüssen in der Bundesrepublik nahezu 100 Prozent der Haushalte erreicht. Die sozio-demographischen Merkmale der Haushalte, die sich nicht im örtlichen Telefonbuch eintragen lassen, unterscheiden sich etwas von den aufgelisteten Haushalten. Mehrere Studien zeigen jedoch, daß die Unterschiede klein sind (RICH 1977; AYIDIYA/McCLENDON 1990). Innerhalb eines Haushalts wurde ein Mitglied, das wahlberechtigt war, als Interviewpartner nach der "last birthday"-Methode ausgewählt. In der ersten Welle wurden aus den 1200 Haushalten 620 Interviews erfolgreich durchgeführt. Diese Interviewpartner erklärten sich bereit, nochmals kontaktiert und befragt zu werden. Die Ausschöpfung der Stichprobe betrug 52 Prozent. Die Verweigerungsrate betrug 31 Prozent, die übrigen 17 Prozent setzten sich hauptsächlich aus solchen Haushalten zusammen, die nicht erreicht werden konnten. In Einzelfällen war der Anschluß nicht mehr verfügbar, die Interviewpartner brachen das Interview ab, oder es handelte sich um Geschäftsanschlüsse.

Die Befragten, die in der ersten Welle erfolgreich interviewt worden waren, wurden für die zweite und dritte Welle erneut angerufen. In der zweiten Welle erfüllten 395 Befragte das Interview (= 33 Prozent der Ausgangsstichprobe), in der dritten Welle waren es 381 Befragte (= 32 Prozent der Ausgangsstichprobe). Insgesamt 331 Befragte gaben in allen drei Wellen ein Interview (= 28 Prozent der Ausgangsstichprobe). Das Alter der Befragten reichte von 18 bis 91 Jahren; das mittlere Alter betrug 42 Jahre. Bei 47 Prozent der Befragten handelte es sich um Männer, 53 Prozent waren Frauen.

3.2 Durchführung

Die Interviews wurden von 36 Interviewern durchgeführt, von denen die meisten an allen drei Befragungswellen teilnahmen. Die Interviewer stellten sich als Studenten der Universität Mainz vor, die die Ansichten der Mainzer Bürger zum bevorstehenden Bundestagswahlkampf untersuchen wollten. Die Interviewer riefen in allen drei Wellen an verschiedenen Tagen und zu verschiedenen Zeiten die Haushalte bis zu fünfmal an, um eine Zielperson zu identifizieren und zu befragen. Dadurch konnten Verzerrungen der Stichprobe so gering wie möglich gehalten werden. In der zweiten und dritten Welle wurden die Befragten nach Möglichkeit von den gleichen Interviewern angerufen wie zuvor. Dieses Vorgehen erhöht die Ausschöpfung der Stichprobe in der zweiten und dritten Welle um ca. zehn Prozent (vgl. DONSBACH/BROSIUS 1991).

Die Interviews enthielten Fragen zur Beurteilung der beiden Kanzlerkandidaten, Helmut Kohl und Oskar Lafontaine; der beiden großen Volksparteien, CDU und SPD; der aktuellen politischen und wirtschaftlichen Lage; der künftigen Entwicklungen und der Wichtigkeit politischer Maßnahmen. Die Mediennutzung wurde mit mehreren Einzelfragen sehr differenziert erhoben. Schließlich wurde nach den früheren Wahlentscheidungen und der gegenwärtigen Wahlabsicht gefragt. Die Interviews in allen drei Wellen enthielten weitgehend die gleichen Fragen. Allerdings wurden die demographischen Merkmale der Befragten und ihre Mediennutzung nur in der ersten Welle erhoben. Die Interviews dauerten zwischen 20 und 30 Minuten, je nachdem, wie zügig die Befragten antworteten.

3.3 Unabhängige Variablen

Die Wahltradition wurde in der ersten Welle mit zwei Fragen ermittelt. Mit der ersten Frage wurde die Stimmabgabe bei der letzten Bundestagswahl erhoben: "Für welche Partei haben Sie bei der letzten Bundestagswahl 1987 gestimmt?" Die zweite Frage ermittelte die Loyalität zur gewählten Partei: "Wählen Sie eigentlich normalerweise immer die gleiche Partei oder wechseln Sie gelegentlich?" Aus beiden Fragen wurde ein Index der Wahltradition berechnet, der von +2 (starke Wahltradition zugunsten der CDU/CSU) bis -2 (starke Wahltradition zugunsten der SPD) reichte. Diejenigen, die 1987 die CDU gewählt hatten und angaben, immer die gleiche Partei zu wählen, erhielten den Wert +2, diejenigen, die angaben, die CDU gewählt zu haben, aber gelegentlich wechselten, erhielten den Wert +1. Analog dazu wurde bei den SPD-Wählern verfahren. Alle, die 1987 eine dritte oder keine Partei gewählt hatten, erhielten - unabhängig von ihrer Parteitreue - den Wert 0. Für die Analyse des Zusammenhangs zwischen der wahrgenommenen Kompetenz und der Wahlpräferenz wurden Fragen aus allen drei Wellen der Umfrage herangezogen.

Die wahrgenommene Sachkompetenz der Parteien (CDU bzw. SPD) wurde in der ersten und der dritten Welle anhand einer Liste von 17 Items ermittelt, die sich auf spezifische politische Sachfragen bezogen. Bei den Sachfragen handelte es sich hauptsächlich um sogenannte Valenz-Issues. Tabelle 1 gibt einen Überblick über die 17 Sachfragen. Die Frage lautete wie folgt: "Alle Parteien haben ja ihre Stärken und Schwächen. Ich nenne Ihnen nun einige politische Ziele. Bitte sagen Sie mir jedesmal, welche Partei diese Ziele nach Ihrer Ansicht eher verwirklichen kann - die CDU/CSU oder die SPD." Die Befragten konnten sich klar zwischen den beiden Lagern entscheiden, indem sie die Kompetenzen einer der beiden Parteien zuschrieben ("CDU/CSU" oder "SPD"). Sie konnten einer derart klaren Entscheidung jedoch auch ausweichen, indem sie die Kompetenzen beiden Parteien gleichermaßen zusprachen ("beide gleich gut") oder absprachen ("keine von beiden"). Schließlich konnten sie jede inhaltliche Stellungnahme verweigern ("weiß nicht").

Die wahrgenommene Sachkompetenz der Kandidaten wurde in der zweiten Welle mit der gleichen Liste von 17 Items erhoben. Wir haben die Sachkompetenz der Kandidaten nicht in der gleichen Welle wie die der Parteien erhoben, weil dadurch zum einen konsistente Urteile provoziert und zum anderen die Befragten durch das zweimalige Vorlegen der Liste gelangweilt worden wären. Die entsprechende Frage lautete wie folgt: "Helmut Kohl und Oskar Lafontaine haben ja ihre Stärken und Schwächen. Ich nenne Ihnen nun einige politische Ziele. Bitte sagen Sie mir jedesmal, welcher der beiden Politiker diese Ziele nach Ihrer Ansicht eher verwirklichen kann - Helmut Kohl oder Oskar Lafontaine?" Die Befragten konnten sich wieder klar zwischen den beiden Kandidaten entscheiden, indem sie einem von ihnen die jeweils genannte Kompetenz zuschrieben. Sie konnten jedoch auch wie in der zuvor genannten Frage einer derart klaren Entscheidung ausweichen, indem sie die Kompetenz beiden zu- oder absprachen bzw. die Antwort verweigerten.

Die Urteile über die Kompetenz der Parteien und die Kompetenz der Kandidaten wurden vergleichbar erfaßt und dementsprechend auch in gleicher Weise klassifiziert. Präferenzen für die CDU/CSU und für Kohl wurden als +1 codiert, Präferenzen für die SPD und Lafontaine als -1. Alle ausweichenden Antworten wurden als 0 codiert. Die Wahrnehmung der Sachkompetenz von Parteien und Kandidaten haben wir also in relativer, nicht in absoluter Form gemessen. Dies dürfte der Situation in einem Wahlkampf und der Urteilsbildung der Wähler am ehesten entsprechen. Es kommt nicht in erster Linie darauf an, ob z.B. einer der beiden Kandidaten kompetent ist oder nicht, ein bestimmtes politisches Problem zu lösen, sondern wer von beiden als kompetenter erscheint (RAHN/ALDRICH/BORGIDA/SULLIVAN 1990; MARKUS 1988). Dieses Fragemodell erlaubt darüber hinaus durch seine Ökonomie die problemlose Messung von zahlreichen Urteilen über verschiedene Sachverhalte. Dies zeigt sich u.a. daran, daß alle Befragten die Fragebatterie bereitwillig beantwortet haben.

3.4 Abhängige Variablen

Die abhängigen Variablen der Untersuchung waren Wahlpräferenzen für die Parteien und die Kandidaten. Die Kandidatenpräferenz wurde mit zwei Fragen in der dritten Welle kurz vor der Wahl gemessen[1]. Die erste Frage lautete: "Alles in allem - haben Sie eher eine gute oder eher eine schlechte Meinung von Helmut Kohl?" Die zweite Frage lautete: "Alles in allem - haben Sie eher eine gute oder eher eine schlechte Meinung von Oskar Lafontaine?" Die Antwortmöglichkeiten waren "eher eine gute Meinung", "eher eine schlechte Meinung" und "weiß nicht, unentschieden". Aus den Antworten wurde ein Präferenzmaß berechnet, das von +2 bis -2 reichte. Eine gute Meinung über Kohl bei einer schlechten Meinung über Lafontaine wurde als +2, eine gute Meinung über Lafontaine bei einer schlechten Meinung über Kohl mit -2 codiert. Eine gute Meinung über den einen bei einer neutralen Meinung über den anderen wurde mit +1 (Kohl) bzw. -1 (Lafontaine) codiert. Neutrale Meinungen oder gleiche Meinungen über beide wurden als 0 codiert.

Die Parteipräferenz wurde ebenfalls in der dritten Welle mit der folgenden Frage gemessen: "Am nächsten Sonntag ist ja Bundestagswahl. Welche Partei würden Sie wählen?" Befragte, die die CDU wählen wollten, erhielten den Wert +1, Befragte, die die SPD wählen wollten, erhielten den Wert -1 zugewiesen. Alle anderen Befragten (diejenigen, die eine andere Partei nannten und diejenigen, die nicht wählen würden oder noch unentschieden waren) erhielten den Wert 0. Aufgrund der Codierung der Antworten zeigen positive Werte immer Präferenzen für Kohl bzw. die CDU an, negative Werte Präferenzen für Lafontaine bzw. die SPD.

Die unabhängigen Variablen (wahrgenommene Sachkompetenz der Parteien und der Kandidaten) wurden in der ersten und dritten (Parteikompetenz) bzw. zweiten Welle (Kandidatenkompetenz) ermittelt. Die abhängigen Variablen (Parteipräferenz und Kandidatenpräferenz) wurden in der dritten Welle erhoben. Dadurch ist eine Bedingung für eine kausale Interpretation der Befunde erfüllt. Dennoch stellen die ermittelten Ergebnisse keinen Kausalbeweis im strengen Sinn dar, weil der Einfluß anderer Faktoren nicht ausgeschlossen werden kann.

---

[1] Die gleichen Fragen wurden auch in der ersten und zweiten Welle gestellt.

4. Ergebnisse

4.1 Übersicht

Wir analysieren die Befragungsergebnisse in vier Schritten. Im ersten Schritt ermitteln wir die Politikfelder, für die den Parteien und Kandidaten Sachkompetenzen zu- oder abgesprochen werden. Dazu führen wir Faktorenanalysen der entsprechenden Antworten durch. Im zweiten Schritt stellen wir fest, welchen Parteien und Kandidaten die Kompetenz für die ermittelten Politikfelder zugeschrieben wurde. Im dritten Schritt ermitteln wir den Einfluß der wahrgenommenen Kompetenzen auf die Entscheidung zwischen den Parteien und Kandidaten (Wahlabsichten). Dabei betrachten wir zunächst die wahrgenommenen Partei- und Kandidatenkompetenzen getrennt. Anschließend stellen wir den Einfluß fest, den sie unabhängig voneinander besitzen. Im vierten Schritt ziehen wir die langfristigen Wahltraditionen in die Betrachtung ein und stellen fest, ob und wie sie die aktuellen Einflüsse der wahrgenommenen Partei- und Kandidatenkompetenzen überlagern.

4.2 Relevante Politikfelder

Im ersten Schritt identifizieren wir die Politikfelder, für die die Befragten den Parteien und Kandidaten Sachkompetenz zugeschrieben haben. Dazu führen wir eine Faktorenanalyse der Antworten auf die 17 Fragen nach der Sachkompetenz für verschiedene Probleme durch (Hauptkomponentenmethode, VARIMAX-Rotation).

Dies geschah, um die folgenden Analyseschritte auf die verschiedenen Dimensionen der Sachkompetenz und nicht auf einzelne Items zu stützen. Die Faktorenanalysen ergeben sowohl für die Partei- als auch für die Kandidatenkompetenz eine Dreifaktoren-Lösung, die 48,7 Prozent (Parteien) bzw. 52,7 Prozent (Kandidaten) der Varianz erklärt.

Tabelle 1: Dimensionen der Sachkompetenz der Kandidaten- Faktorenanalyse der 17 Kompetenzen, Dreifaktoren-Lösung (N=395) -

	Kompetenz für Sozialpolitik	Kompetenz für Wirtschaftspolitik	Kompetenz für Außenpolitik
daß die Wohnungsnot wirksam bekämpft wird	0,77	0,21	0,11
daß der Umweltschutz verbessert wird	0,77	0,08	0,23
daß Familien mit Kindern mehr gefördert werden	0,75	0,11	0,06
daß die Gleichberechtigung der Frauen durchgesetzt wird	0,75	0,01	-0,00
daß die Abrüstung vorankommt	0,60	-0,02	0,42
daß die Renten gesichert sind	0,51	0,37	0,30
daß ehemalige Stasi-Mitarbeiter aus ihren Positionen entfernt werden	0,36	0,25	0,22
daß die Zahl der Asylanten geringer wird	0,00	0,67	-0,25
daß mehr für Recht und Ordnung getan wird	-0,04	0,64	0,00
daß die Preise stabil bleiben	0,07	0,63	0,46
daß die Steuern nicht erhöht werden	0,21	0,58	0,19
daß uns d. Kosten der Einheit n. über den Kopf wachsen	0,36	0,53	0,23
daß die Staatschulden nicht zu groß werden	0,30	0,52	0,23
daß die Arbeitslosigkeit zurückgeht	0,38	0,40	0,35
daß die europäische Integration Fortschritte macht	0,17	0,12	0,77
daß die Aussöhnung mit dem Osten weitergeht	0,41	-0,06	0,66
daß der wirtschaftliche Aufschwung anhält	-0,01	0,47	0,59
Eigenwert	5,76	1,99	1,21
Erklärte Varianz	33,9%	11,7%	7,1%

Anmerkung: Wenn eine Kompetenz eher Helmut Kohl zugeschrieben wurde, wurde das entsprechende Item mit +1 codiert; wenn eine Kompetenz eher Oskar Lafontaine zugeschrieben wurde, wurde das entsprechende Item mit -1 codiert. Alle anderen Antworten (beide gleich, weiß nicht, etc.) wurde mit 0 codiert

Die drei Faktoren ähneln sich sehr stark und wurden von uns "Kompetenz für Sozialpolitik", "Kompetenz für Wirtschaftspolitik" und "Kompetenz für Außenpolitik" genannt. Der erste Faktor Sozialpolitik repräsentiert Kompetenzen für soziale und umweltpolitische Sachfragen. Der zweite Faktor Wirtschaftspolitik umfaßt Kompetenzen für wirtschaftliche und ordnungspolitische Sachfragen. Der dritte Faktor Außenpolitik betrifft Kompetenzen für zwischenstaatliche Beziehungen. Mit einer Ausnahme (weitere Aussöhnung mit dem Osten) laden die 17 Items in beiden Lösungen auf den gleichen Faktoren. Die Tabellen 1 und 2 zeigen die 17 Sachfragen und die Faktorenladungen entsprechend der jeweiligen Dreifaktoren-Lösung.

Tabelle 2: Dimensionen der Sachkompetenz der Parteien - Faktorenanalyse der 17 Kompetenzen, Dreifaktoren-Lösung (N=395) -

	Kompetenz für Sozialpolitik	Kompetenz für Wirtschaftspolitik	Kompetenz für Außenpolitik
daß die Wohnungsnot wirksam bekämpft wird	0,68	0,21	0,02
daß der Umweltschutz verbessert wird	0,69	0,03	0,13
daß Familien mit Kindern mehr gefördert werden	0,65	0,23	-0,01
daß die Gleichberechtigung der Frauen durchgesetzt wird	0,68	-0,08	-0,02
daß die Abrüstung vorankommt	0,63	0,01	0,37
daß die Renten gesichert sind	0,49	0,36	0,35
daß ehemalige Stasi-Mitarbeiter aus ihren Positionen entfernt werden	0,49	0,25	0,05
daß die Zahl der Asylanten geringer wird	-0,11	0,57	-0,20
daß mehr für Recht und Ordnung getan wird	-0,10	0,52	0,39
daß die Preise stabil bleiben	0,07	0,64	0,40
daß die Steuern nicht erhöht werden	0,28	0,53	0,13
daß uns d. Kosten der Einheit n. über den Kopf wachsen	0,33	0,65	-0,06
daß die Staatschulden nicht zu groß werden	0,07	0,68	0,21
daß die Arbeitslosigkeit zurückgeht	0,28	0,56	0,27
daß die europäische Integration Fortschritte macht	0,22	0,03	0,71
daß die Aussöhnung mit dem Osten weitergeht	0,60	-0,05	0,41
daß der wirtschaftliche Aufschwung anhält	0,04	0,40	0,70
Eigenwert	4,99	2,14	1,15
Erklärte Varianz	29,3%	12,6%	6,8%

Anmerkung: Wenn eine Kompetenz eher Helmut Kohl zugeschrieben wurde, wurde das entsprechende Item mit +1 codiert; wenn eine Kompetenz eher Oskar Lafontaine zugeschrieben wurde, wurde das entsprechende Item mit -1 codiert. Alle anderen Antworten (beide gleich, weiß nicht, etc.) wurde mit 0 codiert.

4.3 Sachkompetenz von Parteien und Kandidaten

Die zentrale Frage dieser Untersuchung lautet: Welchen Einfluß besitzen die wahrgenommene Sachkompetenz der Parteien und ihrer Spitzenkandidaten auf die Wahlabsichten? Zugespitzt kann man auch fragen: Was hat den größeren Einfluß auf die Wahlabsichten - die wahrgenommene Sachkompetenz der Parteien oder die wahrgenommene Sachkompetenz der Spitzenkandidaten? Noch einmal umformuliert könnte man auch fragen: Ist das Erscheinungsbild der Parteien oder das Erscheinungsbild der Spitzenkandidaten wichtiger für die Wahlabsichten und damit - zumindest indirekt -

für den Wahlausgang? Alle diese Fragen suggerieren ein Problem , das möglicherweise nicht existiert. Sie beruhen nämlich alle auf der impliziten Annahme, daß die Wähler einen Unterschied zwischen den Parteien und ihren Spitzenkandidaten machen, daß sie z. B. Kohl andere Kompetenzen zu- oder absprechen als der CDU/CSU. Gegen diese Annahme spricht die Vermutung, daß sich die Wähler ein stimmiges Bild von den Parteien und ihren Spitzenkandidaten machen, daß sie ihnen also mehr oder weniger die gleichen Kompetenzen zu- oder absprechen. Wenn dies aber der Fall wäre, dann wären die genannten Fragen überflüssig, weil es gleichgültig wäre, ob sich die Wähler an der Sachkompetenz der Parteien oder an der Sachkompetenz ihrer Spitzenkandidaten orientieren. Die Konsequenzen für ihre Wahlentscheidungen wären in beiden Fällen mehr oder weniger gleich.

Die Übereinstimmung und Unterschiede in der Wahrnehmung der Parteien und ihrer Spitzenkandidaten ermitteln wir anhand der vorliegenden Daten. Wir berechnen dazu für jede der 17 Skalen, mit denen wir die Wahrnehmung der Sachkompetenz erhoben haben, die Korrelation zwischen den Urteilen über die Parteien und die Kandidaten. Hohe Korrelationen ergeben sich, wenn die Befragten eine Sachkompetenz eher der SPD als der CDU und zugleich eher Lafontaine als Kohl zuschrieben, bzw. wenn sie diese Sachkompetenz eher bei der CDU als bei der SPD und zugleich eher bei Kohl als bei Lafontaine sahen. In diesen Fällen schrieben die Wähler den Parteien und ihren Spitzenkandidaten die gleichen Kompetenzen zu. Dabei ist es hier zunächst unerheblich, ob sie die jeweilige Sachkompetenz eher bei der Regierung oder eher bei der Opposition sahen. Die Ergebnisse dieser Analyse widerlegen die Vermutung, die Wähler würden den Parteien und ihren Spitzenkandidaten in der Regel die gleichen Kompetenzen zusprechen (oder absprechen) eindeutig. Zwar bestehen zwischen den Urteilen über die Parteien und ihre Kandidaten durchaus bemerkenswerte Übereinstimmungen. Diese Übereinstimmungen lassen jedoch einen weiten Raum für unterschiedliche Urteile. Alle ermittelten Korrelationen liegen zwischen 0,40 und 0,57. Damit beträgt die Schnittmenge der Urteile über die Parteien und ihre Spitzenkandidaten maximal 36 Prozent. Mit anderen Worten bestehen über die Gemeinsamkeiten hinaus deutliche Unterschiede (Tabelle 3).

Etwas stärker wird der Zusammenhang zwischen wahrgenommener Kompetenz der Kandidaten und Parteien, wenn man die jeweils drei Faktoren, die sich aus der Faktorenanalyse ergeben, miteinander korreliert. Für den Faktor "Sozialpolitik" beträgt die

Korrelation 0,69, für den Faktor "Wirtschaftspolitik" 0,68 und für den Faktor "Außenpolitik" 0,50. Für die nachfolgenden Analysen bedeutet dies, daß zum einen ein hoher Anteil gemeinsamer Varianzaufklärung durch Partei- und Kandidatenkompetenz zu erwarten ist und zum anderen geprüft werden muß, ob die Ergebnisse der multiplen Regressionen durch Multikollinearitätseffekte verzerrt sind.

Bevor wir den Einfluß der wahrgenommenen Sachkompetenzen auf die Entscheidung zwischen den Parteien und ihre Spitzenkandidaten analysieren, muß geklärt werden, welche Sachkompetenzen die Befragten eher der CDU/CSU als der SPD bzw. eher Lafontaine als Kohl zuschrieben. Darüber hinaus interessiert in diesem Zusammenhang, welche Eigenschaften sie eher bei der CDU/CSU als bei Kohl bzw. eher bei Lafontaine als bei der SPD sahen. Grundlage der folgenden Betrachtung ist jeweils der Anteil der Personen, die die Sachkompetenz eher bei der einen oder der anderen Partei, bzw. eher bei dem einen oder anderen Spitzenkandidaten vermuteten.

Tabelle 3: Zusammenhänge zwischen der Zuschreibung der Sachkompetenz von Parteien (1. Welle) und Kandidaten (2. Welle) - Produkt-Moment-Korrelationen -

daß die Staatschulden nicht zu groß werden	0,54
daß die Aussöhnung mit dem Osten weitergeht	0,54
daß Familien mit Kindern mehr gefördert werden	0,55
daß die Steuern nicht erhöht werden	0,54
daß mehr für Recht und Ordnung getan wird	0,40
daß die Wohnungsnot wirksam bekämpft wird	0,48
daß die Gleichberechtigung der Frauen durchgesetzt wird	0,47
daß die Zahl der Asylanten geringer wird	0,46
daß der wirtschaftliche Aufschwung anhält	0,54
daß der Umweltschutz verbessert wird	0,47
daß die Abrüstung vorankommt	0,53
daß die europäische Integration Fortschritte macht	0,41
daß die Preise stabil bleiben	0,56
daß die Arbeitslosigkeit zurückgeht	0,57
daß uns die Kosten der Einheit nicht über den Kopf wachsen	0,44
daß ehemalige Stasi-Mitarbeiter aus ihren Positionen entfernt werden	0,53
daß die Renten gesichert sind	0,49

Anmerkung: Sowohl Partei- als auch Kandidatenkompetenz wurde vergleichend erfragt. Die Befragten konnten der SPD oder der CDU (bzw. Kohl oder Lafontaine) mehr Kompetenz zuschreiben oder sich nicht entscheiden bzw. unentschieden sein.

Die Stärke der CDU/CSU lag nach Ansicht der Befragten im Bereich der Wirtschaftspolitik und im Bereich der Außenpolitik. Hierfür wurde ihr wesentlich häufiger als der SPD die bessere Sachkompetenz zugeschrieben. Die Stärke der SPD lag dagegen ebenso eindeutig auf der Sozialpolitik. Hier wurde der SPD wesentlich häufiger als der CDU/CSU die bessere Sachkompetenz zuerkannt. Die positiven Ansichten über die Sachkompetenz der CDU/CSU besaßen damit eine breitere Basis als die positiven Ansichten über die Sachkompetenz der SPD. Dies sagt zwar nichts über die subjektive Bedeutung der verschiedenen Bereiche für die Wahlentscheidung aus. So kann z. B. die Sozialpolitik wichtiger sein als die Wirtschaftspolitik und die Außenpolitik zusammen. Dies dürfte jedoch nicht den Normfall darstellen, so daß allein die Breite der zuerkannten Sachkompetenzen eine vorentscheidende Bedeutung für das Wahlverhalten haben kann.

Die Stärke Kohls lag - wie die Stärke der CDU/CSU - nach Ansicht der Befragten im Bereich der Wirtschaftspolitik und im Bereich der Außenpolitik. Die Stärke Lafontaines lag - ebenfalls wie die Stärke der SPD - dagegen im Bereich der Sozialpolitik. Diese Übereinstimmungen scheinen den vorangegangenen Analyseergebnissen zu widersprechen. Dies ist jedoch aus zwei Gründen nicht der Fall.

Zum einen haben wir oben - vergleichsweise differenziert - die Urteile der einzelnen Befragten über die Parteien und die Spitzenkandidaten gegenübergestellt, während wir hier nur - vergleichsweise grob - verschiedene Gruppen miteinander vergleichen, was individuelle Unterschiede und Zusammenhänge zwischen den Urteilen verdeckt. Zum anderen zeigt auch eine genauere Analyse der oben genannten Meinungsverteilungen, daß zwischen den Ansichten über die Parteien und ihre Spitzenkandidaten erhebliche Unterschiede bestanden, die vermutlich wahlentscheidend waren.

Die Befragten schrieben Kohl generell erheblich mehr Sachkompetenz zu als der CDU/CSU: in 15 von 17 Fällen sprechen die Ergebnisse eher für ihn als für seine Partei. Zugleich schrieben sie Lafontaine deutlich weniger Sachkompetenz zu als der SPD: in 12 von 17 Fällen sprechen die Ergebnisse eher für seine Partei als für ihn. Betrachtet man die einzelnen Politikfelder, werden diese Unterscheide noch markanter. Die Befragten sahen bei Lafontaine zwar erheblich mehr Sachkompetenz für die Sozialpolitik als bei Kohl. Allerdings hielten sie die SPD zugleich für wesentlich kompetenter als ihren Spitzenkandidaten, während sie bei Kohl immerhin noch etwas mehr Sachkompetenz erblickten als bei seiner Partei. Kohl konnte damit die geringe Sachkompetenz, die seiner Partei für die Sozialpolitik zugebilligt wurde, etwas kompensieren. Lafontaine wurde dagegen der hohen Sachkompetenz, die seiner Partei hierfür zugebilligt wurde, nicht gerecht. Ähnliche Ergebnisse zeigen sich bei einer detaillierten Betrachtung der Sachkompetenzen für die Bereiche der Wirtschaftspolitik und der Außenpolitik. Hier konnte Kohl die Stärken seiner Partei weiter ausbauen, während Lafontaine die Schwächen seiner Partei eher noch vergrößerte (Tabelle 4).

Tabelle 4: **Wahrgenommene Sachkompetenz der Parteien und Kandidaten (N=395)**

	Parteikompetenz		Kandidatenkompetenz	
	CDU %	SPD %	Kohl %	Lafontaine %
daß die Wohnungsnot wirksam bekämpft wird	15	46	16	48
daß der Umweltschutz verbessert wird	13	53	16	48
daß Familien mit Kindern mehr gefördert werden	18	68	22	60
daß die Gleichberechtigung der Frauen durchgesetzt w.	7	64	10	54
daß die Abrüstung vorankommt	20	39	27	35
daß die Renten gesichert sind	29	26	33	27
daß ehemalige Stasi-Mitarbeiter aus ihren Positionen entfernt werden	20	30	23	27
Durchschnitt "Sozialpolitik"	**17,4**	**46,6**	**21,0**	**42,7**
daß die Zahl der Asylanten geringer wird	43	25	42	30
daß mehr für Recht und Ordnung getan wird	46	11	53	9
daß die Preise stabil bleiben	39	20	42	14
daß die Steuern nicht erhöht werden	29	32	36	24
daß uns d. Kosten der Einheit n. über den Kopf wachsen	22	31	27	31
daß die Staatschulden nicht zu groß werden	45	26	41	38
daß die Arbeitslosigkeit zurückgeht	32	26	39	24
Durchschnitt "Wirtschaftspolitik"	**36,6**	**24,4**	**40,0**	**24,3**
daß die europäische Integration Fortschritte macht	38	16	49	12
daß die Aussöhnung mit dem Osten weitergeht	32	26	46	23
daß der wirtschaftliche Aufschwung anhält	64	10	71	5
Durchschnitt "Außenpolitik"	**44,7**	**17,3**	**55,3**	**13,3**
Gesamtdurchschnitt	**30,1**	**32,3**	**34,9**	**29,9**

Anmerkung: Ausgewiesen sind die Prozentanteile derjenigen, die der CDU oder der SPD bzw. Kohl oder Lafontaine mehr Kompetenz zugeschrieben haben.

4.4 Einfluß der Sachkompetenzen auf die Wahlabsichten

Im nächsten Analyseschritt ermitteln wir den Einfluß der wahrgenommenen Sachkompetenz der Parteien und Kandidaten auf die Wahlabsichten. Dazu berechneten wir aufgrund der Faktorenlösung sowohl für die Partei- als auch für die Kandidatenkompetenz individuelle Faktorenwerte, die die Position jedes Befragten auf den drei Kompetenzdimensionen bezeichnen. Diese sechs Faktorenwerte gehen als unabhängige Variablen in zwei multiple Regressionen ein, eine mit der Parteipräferenz, die andere mit der Kandidatenpräferenz als abhängiger Variablen. Positive beta-Gewichte zeigen - entsprechend der im Methodenteil beschriebenen Codierungen - an, daß die Wähler die Partei oder den Kandidaten bevorzugten, der bzw. dem sie mehr Kompetenzen für das jeweilige Politikfeld zutrauten. Die Höhe der beta-Gewichte gibt Auskunft darüber, wie stark die Ansichten über die Kompetenzen für die jeweiligen Politikfelder die Partei- bzw. Kandidatenpräferenzen beeinflußten.

Die wahrgenommene Sachkompetenz der Kandidaten (gemessen etwa vier Wochen vor der Wahl) besaß einen erheblichen Einfluß auf die Wahlabsichten (eine Woche vor der Wahl). Ihr Einfluß erstreckte sich dabei nicht nur auf die Entscheidung zwischen Kohl und Lafontaine. Er wirkte sich vielmehr mit der gleichen Stärke auch auf die Entscheidung zwischen der CDU/CSU und der SPD aus. Den stärksten Einfluß hatten die Ansichten über die Kompetenz der *Kandidaten* für Sachfragen der Sozialpolitik. Allerdings besaßen auch die Ansichten über ihre Kompetenz für die Sachfragen der Wirtschaftspolitik und für die Außenpolitik erhebliche Auswirkungen auf die Wahlabsichten der Befragten. Aufgrund dieser Befunde kann man folgende Feststellungen treffen: Je kompetenter die *Kandidaten* für die Sachfragen der Sozialpolitik, der Wirtschaftspolitik und der Außenpolitik erschienen, desto eher entschieden sich die Befragten für die Kandidaten und ihre Parteien.

Um zu prüfen, ob die Ergebnisse aufgrund der hohen Korrelationen der Faktoren zu Kandidaten- und Parteikompetenz verzerrt sind, haben wir zusätzlich einfache Korrelationen zwischen den sechs Kompetenzfaktoren und den beiden abhängigen Variablen Partei- und Kandidatenpräferenz berechnet. Auch hier zeigt sich ein deutlich stärkerer Zusammenhang zwischen wahrgenommener Kompetenz und der Präferenz für Kandidaten und Parteien. Für den Bereich der Sozialpolitik beträgt die Korrelation zwischen wahrgenommener Kandidatenkompetenz und Präferenz 0,48

(Kandidatenpräferenz) bzw. 0,47 (Parteipräferenz), während die Korrelation für die wahrgenommene Parteikompetenz und Präferenz bei 0,36 und 0,35 liegen. Dadurch kann man feststellen, daß die wahrgenommene Kompetenz der Kandidaten auch bei univariater Betrachtungsweise einen etwas stärkeren Einfluß hat als die wahrgenommene Kompetenz der Parteien. Zugleich kann ausgeschlossen werden, daß es sich bei den Ergebnissen um methodische Artefakte handelt. Dennoch müssen die Varianzanteile in Tabelle 7 vorsichtig interpretiert werden.

Die ermittelten Ergebnisse mögen trivial erscheinen. Ihre Bedeutung erhalten sie jedoch erst vor dem Hintergrund der restlichen Befunde. Die wahrgenommene Kompetenz der Parteien hatte etwa acht Wochen vor der Wahl nur einen geringen Einfluß auf die Wahlabsichten der Befragten. Dies betraf sowohl die Entscheidung zwischen der CDU/CSU und der SPD als auch die Bevorzugung von Kohl oder Lafontaine. Der relativ geringe Einfluß der Sachkompetenz der Parteien beschränkte sich zudem weitgehend auf den Bereich der Außenpolitik. Dies steht in einem bemerkenswerten Kontrast zu dem großen Einfluß der wahrgenommenen Kompetenz der Kandidaten und in einem scharfen Gegensatz zu den landläufigen Meinungen über die Bedeutung der wahrgenommenen Kompetenzen der Parteien für den Ausgang von Bundestagswahlen (Tabelle 5).

Tabelle 5: **Einfluß der wahrgenommenen Sachkompetenz der Parteien (1.Welle) und Kandidaten (2. Welle) auf die Wahlabsichten (beta Gewichte; N=331)**

	Partei-präferenz	Kandidaten-präferenz
Parteikompetenzen		
Kompetenz für Sozialpolitik	0,15*	0,07
Kompetenz für Wirtschaftspolitik	0,06	0,07
Kompetenz für Außenpolitik	0,20***	0,18***
Kandidatenkompetenzen		
Kompetenz für Sozialpolitik	0,33***	0,39***
Kompetenz für Wirtschaftspolitik	0,23***	0,23***
Kompetenz für Außenpolitik	0,19***	0,27***
Multiples R	0,67	0,70
F-Wert	44.12	51.15
Signifikanz	0,0001	0,0001

* $p < 0,05$; *** $p < 0,001$

Die Urteile über die Sachkompetenz der Parteien wurden in der ersten, die Urteile über die Sachkompetenz der Kandidaten dagegen in der zweiten Welle erhoben. Der zeitliche Abstand zwischen den Urteilen und der Wahlentscheidung war damit im zweiten Fall geringer als im ersten Fall. Je näher der Wahltag rückt, desto stimmiger werden, wie LAZARSFELD und seine Mitarbeiter gezeigt haben (LAZARSFELD/ BERELSON/GAUDET 1944), die wahlrelevanten Ansichten der Befragten. Berücksichtigt man diesen Sachverhalt, kann man vermuten, daß es sich bei dem relativ großen Einfluß der wahrgenommenen Kandidatenkompetenz bei einem relativ kleinen Einfluß der wahrgenommenen Parteienkompetenz um ein Artefakt der Messungen handelt. Der Einfluß der Kandidaten muß danach schon deshalb größer sein als der Einfluß der Parteien, weil er näher am Wahltag ermittelt wurde.

Um den Einfluß der Erhebungszeitpunkte auf die Ergebnisse zu prüfen, führen wir die oben dargestellte Analyse mit einer Variation noch einmal durch. Dazu ziehen wird die Urteile über die Kompetenz der Kandidaten in der zweiten Welle und die Urteile über die Kompetenz der Parteien in der dritten Welle heran. Nun liegen also die Urteile über die Kompetenz der Parteien näher am Wahltag als die Urteile über die Kompetenz der Kandidaten. Folglich müßten nun die Ansichten über die Kompetenz der Parteien - falls der Zeitpunkt der Befragung eine wesentliche Rolle spielt - einen größeren Einfluß auf die Wahlabsichten besitzen als die Ansichten über die Kompetenz der Kandidaten. Dies ist jedoch nicht der Fall.

Die wahrgenommene Sachkompetenz der Kandidaten besaß auch bei dem neuen Analyse-Design einen erheblichen Einfluß auf die Entscheidung zwischen den Kandidaten und ihren Parteien. Die wahrgenommene Sachkompetenz der Parteien wirkte sich dagegen auch jetzt nicht stärker auf die Wahlabsichten aus als zuvor. Zudem war nun ihr geringer Einfluß z. T. sogar gegenläufig. Dies gilt vor allem für die Ansichten über die Kompetenz der Parteien für die Sachfragen der Sozialpolitik. Die Wähler schrieben sie eher der SPD als der CDU zu und wählten sie - wie aus dem negativen Vorzeichen hervorgeht - dennoch nicht (Tabelle 6).

Die ermittelten Befunde kann man zu folgenden Feststellungen zusammenfassen: Die Wähler entschieden sich erstens weitgehend ohne Rücksicht auf die wahrgenommene Sachkompetenz der Parteien für den Kandidaten, dem sie die entsprechende Sachkompetenz zutrauten und für die Partei, die er vertrat. Je näher der Wahltag rückte, desto geringer wurde zweitens der Einfluß der wahrgenommenen Sachkompetenz der Parteien auf die Wahlabsichten, wobei sie sich kurz vor der Wahl im Konfliktfall eher für den kompetenten Kandidaten als für die kompetente Partei entschieden. Sie entschieden sich beispielsweise für Kohl, obwohl sie der SPD eine größere Kompetenz für die Sachfragen der Sozialpolitik zusprachen und umgekehrt.

Die wahrgenommene Sachkompetenz der Parteien und Kandidaten ist miteinander korreliert. Dadurch kann die Höhe der beta-Gewichte und des multiplen R irreführend sein. Daher haben wir im folgenden Schritt den exklusiven Einfluß der Kandidaten- und der Sachkompetenz berechnet.

Tabelle 6: **Einfluß der wahrgenommenen Sachkompetenz der Parteien (3.Welle) und Kandidaten (2. Welle) auf die Wahlabsichten (beta Gewichte; N=331)**

	Partei- präferenz	Kandidaten- präferenz
Parteikompetenzen		
Kompetenz für Sozialpolitik	0,12*	-0,21***
Kompetenz für Wirtschaftspolitik	0,02	0,03
Kompetenz für Außenpolitik	-0,04	-0,01
Kandidatenkompetenzen		
Kompetenz für Sozialpolitik	0,43***	0,41***
Kompetenz für Wirtschaftspolitik	0,26***	0,26***
Kompetenz für Außenpolitik	0,29***	0,30***
Multiples R	0,66	0,71
F-Wert	42.15	55.69
Signifikanz	0,0001	0,0001

* $p < 0,05$; *** $p < 0,001$

Den exklusiven Einfluß der wahrgenommenen Sachkompetenz der *Kandidaten* auf die Wahlabsichten ermittelten wir in zwei Schritten. Zunächst berechnen wir eine multiple Regression, in die sechs unabhängige Variablen eingingen, die Ansichten über die Sachkompetenzen der Parteien und der Kandidaten für jeweils drei Politikfelder. Die unabhängigen Variablen bilden wieder die Präferenzen für die Parteien bzw. Kandidaten. Das ermittelte R^2 gibt Auskunft über die erklärte Varianz, d.h. darüber, wieviel der Wahlabsichten auf alle Faktoren gemeinsam zurückgeführt werden kann. Im Anschluß daran nehmen wir die Angaben über die wahrgenommene Kompetenz der *Parteien* aus den Regressionsgleichungen heraus und berechnen erneut das zugehörige R^2. Die Veränderung des multiplen R^2, d.h. der Verlust an erklärter Varianz, gibt Auskunft darüber, welcher Betrag der Wahlabsichten nur durch die wahrgenommene Kompetenz der Parteien erklärt werden kann. Auf die gleiche Art bestimmen wir den Effekt, der ausschließlich von der wahrgenommenen Kompetenz der Kandidaten ausging.

Die wahrgenommene Sachkompetenz der Kandidaten besaß einen eigenständigen Einfluß auf die Entscheidungen für einen der beiden Kandidaten sowie auf die Entscheidung für eine der beiden Parteien, der nicht auf die wahrgenommene Kompetenz der Parteien zurückgeführt werden kann. Dieser Einfluß erklärt allein 6,3 Prozent der Parteipräferenz und 9,2 Prozent der Kandidatenpräferenz. Die wahrgenommene Sachkompetenz der Kandidaten wirkte sich damit vor allem auf die Entscheidung zwischen den Kandidaten aus. Sie erstreckte sich jedoch darüber hinaus auch auf die Entscheidung für eine der beiden Parteien. Hierbei zeigten sich deutliche Unterschiede zwischen Wählern mit niedriger und hoher Schulbildung. Bei Befragten mit niedriger Schulbildung (ohne Abitur) wirkte sich die wahrgenommene Kompetenz der Kandidaten stärker auf die Entscheidung für einen der beiden Kandidaten aus, bei Befragten mit hoher Schulbildung (mit Abitur) schlug sie sich dagegen mehr in der Entscheidung für eine der beiden Parteien nieder.

Die wahrgenommene Sachkompetenz der Parteien besaß ebenfalls einen eigenständigen Einfluß auf die Entscheidung für eine der beiden Parteien sowie auf die Entscheidung für einen der beiden Kandidaten. Allerdings war dieser Einfluß vergleichsweise schwach. Er erklärt dementsprechend nur 3,0 Prozent der Parteipräferenz und 2,0 Prozent der Kandidatenpräferenz. Bei den Befragten mit niedriger Schulbildung schlug sich die wahrgenommene Kompetenz der Parteien etwas stärker in der Präferenz für eine Partei nieder. In allen anderen Fällen war der Einfluß nicht signifikant. Damit kann man feststellen, daß die wahrgenommene Sachkompetenz der Kandidaten einen wesentlich größeren eigenständigen Einfluß auf die Wahlabsichten besaß als die wahrgenommene Kompetenz der Parteien (Tabelle 7).

Tabelle 7: **Exklusiver Einfluß der wahrgenommenen Sachkompetenz der Parteien und Kandidaten auf die Wahlabsichten bei Befragten mit niedriger und hoher Schulbildung - Erklärte Varianz in Prozent -**

	Partei-kompetenz	Kandidaten-kompetenz	Varianz insgesamt
Alle Befragten (N=321)			
Parteipräferenz	3,0**	6,3***	45,4
Kandidatenpräferenz	2,0**	9,2***	49,1
Befragte mit niedriger Bildung (N=169)			
Parteipräferenz	4,1**	6,7***	45,6
Kandidatenpräferenz	1,7	9,9***	46,4
Befragte mit höherer Bildung (N=152)			
Parteipräferenz	1,7	9,1***	48,3
Kandidatenpräferenz	2,3	7,6***	55,0

** p < 0,01; *** p < 0,001

4.5 Einfluß der Wahltradition auf die Zusammenhänge zwischen Kompetenz und Wahlabsicht

Die Wahltradition kann man als eine langfristig wirkende Kraft verstehen, die den Einfluß kurzfristiger Faktoren wie z. B. der augenblicklich wahrgenommenen Sachkompetenz der Parteien und Kandidaten modifiziert. Um den Einfluß der Wahltradition auf die Wahlabsichten zu erfassen, führen wir diesen Faktor zusätzlich in die multiple Regression ein und berechneten danach den eigenständigen Einfluß der verschiedenen Faktoren, indem wir sie nacheinander aus den Gleichungen eliminierten. Die Veränderungen des multiplen R^2 geben dabei wieder Auskunft über den Einfluß, den die jeweiligen Faktoren unabhängig von den anderen Ursachen besaßen.

Die Wahltradition besaß erwartungsgemäß einen erheblichen Einfluß auf die Wahlpräferenz. Sie allein erklärt 14,3 Prozent der Entscheidung zwischen den beiden Parteien. In den Entscheidungen der Befragten mit niedriger Schulbildung schlug sie sich stärker (15,3 Prozent), in den Entscheidungen der Befragten mit hoher Schulbildung dagegen schwächer (11,1 Prozent) nieder. Die Wahltradition hatte auch einen eigenständigen Einfluß auf die Entscheidung zwischen den beiden Kandidaten. Dieser Einfluß war jedoch vergleichsweise schwach und nur bei Befragten mit niedriger Schulbildung signifikant.

Tabelle 8: Exklusiver Einfluß der wahrgenommenen Sachkompetenz der Parteien und Kandidaten auf die Wahlabsichten unter Berücksichtigung der Wahltradition
- Erklärte Varianz in Prozent -

	Partei-kompetenz	Kandidaten-kompetenz	Wahltra-dition	Varianz insgesamt
Alle Befragten (N=321)				
Parteipräferenz	0,9	2,9**	14,3***	59,7
Kandidatenpräferenz	1,1	7,4***	1,7**	50,8
Befragte mit niedriger Bildung (N=169)				
Parteipräferenz	0,9	3,1**	15,3***	60,9
Kandidatenpräferenz	0,7	7,6***	3,6**	50,0
Befragte mit höherer Bildung (N=152)				
Parteipräferenz	1,2	4,1**	11,1***	59,3
Kandidatenpräferenz	2,0	6,2***	0,7	55,7

* p < 0,05; ** p < 0,01; *** p < 0,001

Die zentrale Frage im vorliegenden Zusammenhang lautet, ob die langfristig wirkende Wahltradition den aktuellen Einfluß der wahrgenommenen Sachkompetenz der Parteien und Kandidaten so überlagerte, daß er bedeutungslos wurde, oder ob die genannten Faktoren auch dann noch einen eigenständigen Einfluß auf die Wahlabsichten besaßen. Die Antworten auf diese Fragen sind eindeutig. Erstens, die wahrgenommene Sachkompetenz der Parteien besaß, wenn man die langfristige Wahltradition mit berücksichtigt, keinen eigenständigen Einfluß auf die Wahlabsichten. Dies gilt für die Parteipräferenzen wie für die Kandidatenpräferenzen. Die aktuellen Einflüsse der wahrgenommenen Kompetenz der Parteien gingen damit sozusagen in den dauerhaften Wahltraditionen auf. Zweitens, die wahrgenommene Sachkompetenz der Kandidaten besaß auch dann, wenn man die langfristigen Wahltraditionen der Befragten berücksichtigt, einen eigenständigen Einfluß auf die Wahlabsichten. Dieser Einfluß schlug sich vor allem in der Entscheidung zwischen den Kandidaten nieder. Er erstreckte sich jedoch auch auf die Entscheidung zwischen den beiden Parteien. Im ersten Fall erklärt die wahrgenommene Kompetenz der Kandidaten 7,4 Prozent, im zweiten Fall 2,9 Prozent der Wahlabsichten, wobei zwischen den Befragten mit niedriger und hoher Schulbildung nur graduelle Unterschiede bestanden (Tabelle 8).

5. Zusammenfassung

Wir fassen die Ergebnisse unserer Analysen in zehn Feststellungen zusammen:

1. Die Befragten schrieben den Parteien und Kandidaten die Sachkompetenz zur Lösung verschiedener politischer Probleme zu oder ab. In der Vorstellungswelt der Wähler handelte es sich dabei in der Reihenfolge ihrer Wichtigkeit um die Sachkompetenz für drei Politikfelder, die wir Sozialpolitik, Wirtschaftspolitik und Außenpolitik nennen.

2. Die Befragten schrieben die Sachkompetenz zur Lösung von Problemen im Bereich der Sozialpolitik eindeutig der SPD zu. Dagegen sahen sie die Sachkompetenz zur Lösung von Problemen in den Bereichen der Wirtschaftspolitik und der Außenpolitik eindeutig bei der CDU/CSU.

3. Die Befragten schrieben Lafontaine eindeutig die Sachkompetenz zur Lösung von Problemen der Sozialpolitik zu. Sie hielten Kohl jedoch für kompetenter zur Lösung von Problemen im Bereich der Wirtschaftspolitik und der Außenpolitik.

4. Die Befragten schrieben Kohl zur Lösung der Probleme in allen drei Politikfeldern mehr Sachkompetenz zu als der CDU/CSU. Dagegen sahen sie bei Lafontaine zur Lösung von Problemen in zwei der drei Politikfelder eindeutig weniger Sachkompetenz als bei seiner Partei.

5. Die Vorstellungen der Befragten von der Sachkompetenz der Spitzenkandidaten, Kohl und Lafontaine, besaß einen bemerkenswerten Einfluß auf die Wahlabsichten. Dieser Einfluß erstreckte sich mit etwa gleicher Stärke auf die Entscheidung

für einen der beiden Spitzenkandidaten und auf die Entscheidung für eine der beiden Volksparteien.

6. Die Vorstellungen der Befragten von der Sachkompetenz der beiden Volksparteien, CDU/CSU und SPD, besaßen nur einen vergleichsweise geringen Einfluß auf die Wahlabsichten, der sich zudem mit dem Heranrücken des Wahltages noch abschwächte. Auch dieser Einfluß erstreckte sich jedoch auf die Entscheidung für eine der beiden Parteien und auf die Entscheidung für einen der beiden Kandidaten.

7. Den größten Einfluß auf die Wahlabsichten besaß die wahrgenommene Kompetenz der Kandidaten für die Lösung von Problemen der Sozialpolitik, die die Befragten eindeutig Lafontaine zuschrieben. Dem stand der Einfluß der Sachkompetenz zur Lösung von Problemen der Wirtschaftspolitik und der Außenpolitik gegenüber, die die Befragten eindeutig bei Kohl sahen.

8. Die Vorstellungen der Befragten von der Sachkompetenz der Parteien und Kandidaten überlappen sich zum Teil. Berücksichtigt man nur den Einfluß, den die Vorstellungen von der Sachkompetenz der Kandidaten auf die Wahlabsichten besaßen, indem man den Einfluß herausrechnet, den man (auch) auf ihre Vorstellungen von der Sachkompetenz der Parteien zurückführen kann, dann ergeben sich folgende Befunde: Die Vorstellungen von der Sachkompetenz der Kandidaten allein erklärt 9,2 Prozent der Entscheidungen zwischen Kohl und Lafontaine sowie 6,3 Prozent der Entscheidungen zwischen der CDU/CSU und der SPD. Bei Befragten mit niedriger und hoher Schulbildung wirkten sich die genannten Vorstellungen weitgehend ähnlich aus.

9. Berücksichtigt man nur den Einfluß, den die Vorstellungen von der Sachkompetenz der Parteien auf die Wahlabsichten hatten, indem man auf ähnliche Weise den Einfluß der Kandidatenkompetenz herausrechnet, ergibt sich folgendes Bild: Die Vorstellung von der Sachkompetenz der Parteien erklärt allein 3,0 Prozent der Entscheidung zwischen der CDU/CSU und der SPD sowie 2,0 Prozent der Entscheidung zwischen Kohl und Lafontaine. Bei einer getrennten Betrachtung

von Befragten mit niedriger und hoher Schulbildung zeigte sich ein signifikanter Einfluß nur auf die Parteipräferenz der Befragten mit niedriger Schulbildung.

10. Der Einfluß der wahrgenommenen Sachkompetenz der Kandidaten und Parteien während einer Wahl muß vor dem Hintergrund der Wahltradition der Befragten, ihrer vorangegangenen Wahlentscheidung und ihrer Loyalität zu einer Partei gesehen werden. Der Einfluß dieser langfristig wirkenden Faktoren modifiziert den Einfluß kurzfristiger Kräfte. Berücksichtigt man nur den eigenständigen Einfluß, den die verschiedenen Faktoren besaßen, indem man den Einfluß der jeweils anderen Kräfte herausrechnet, ergeben sich folgende Befunde: Die Wahltradition allein erklärt 14,3 Prozent der Entscheidungen zwischen den Parteien und 1,7 Prozent der Entscheidungen zwischen deren Spitzenkandidaten. Die Vorstellungen von der Sachkompetenz der Kandidaten erklärt allein 2,9 Prozent der Entscheidungen zwischen den Parteien und 7,4 Prozent der Entscheidungen zwischen ihren Spitzenkandidaten. Die Vorstellungen von der Sachkompetenz der Parteien besaß dagegen keinen eigenständigen Einfluß auf die Wahlabsichten der Befragten. Dies gilt sowohl für die Parteipräferenzen als auch für die Kandidatenpräferenzen. Der eigenständige Einfluß, den die langfristige Wahltradition und die kurzfristige Wahrnehmung der Sachkompetenz der Spitzenkandidaten besaß, wirkte sich auf die Wahlabsichten der Befragten mit niedriger und hoher Schulbildung weitgehend ähnlich aus. Damit kann man feststellen, daß die Vorstellungen von der Sachkompetenz der Spitzenkandidaten auch bei Berücksichtigung der langfristigen Wahltradition der Befragten einen eigenständigen Einfluß auf die Wahlabsichten besaßen, der sich vor allem in der Präferenz für einen der beiden Spitzenkandidaten niederschlug, jedoch auch auf die Präferenz für die jeweiligen Parteien ausstrahlte.

6. Diskussion

Wir sind bei unserer Untersuchung von der Annahme ausgegangen, daß die Befragten eine Vorstellung von der Sachkompetenz der Parteien und Kandidaten besitzen, die ihre Wahlabsichten und Wahlentscheidungen beeinflußt. Die Ergebnisse unserer Analysen zeigen, daß dies für die wahrgenommene Sachkompetenz der Kandidaten uneingeschränkt, für die wahrgenommene Sachkompetenz der Parteien jedoch nur eingeschränkt zutrifft: Die Vorstellung von der Sachkompetenz der Spitzenkandidaten besaß einen eigenständigen Einfluß auf die Entscheidungen zwischen den Spitzenkandidaten und ihren Parteien. Diese Behauptung ist jedoch nicht zwingend, weil man den ermittelten Zusammenhang theoretisch auch als Folge einer Rationalisierung von Entscheidungen betrachten kann, die ganz andere Ursachen haben. Die Befragten haben sich nach dieser Ansicht für eine Partei oder einen Spitzenkandidaten entschieden, denen sie - bewußt oder unbewußt - aufgrund ihrer Entscheidung dann bestimmte Kompetenzen zugeschrieben haben, um ihre Entscheidung innerlich zu rechtfertigen. In diesem Fall wäre die Vorstellung von der Sachkompetenz nicht die Ursache, sondern die Folge der Entscheidung.

Die Entscheidung für eine Partei oder einen Spitzenkandidaten dürfte vermutlich die Ansichten über ihre jeweiligen Sachkompetenzen tatsächlich beeinflußt haben. Dies kann zumindest anhand der vorliegenden Daten nicht ausgeschlossen werden. Die entscheidende Frage lautet jedoch nicht, ob ein solcher Einfluß bestand. Sie lautet vielmehr, ob man damit die ermittelten Zusammenhänge erklären kann. Falls sich die Befragten zuerst für eine Partei und einen Kandidaten entschieden haben, dem sie dann bestimmte Kompetenzen zugeschrieben haben, um ihre Entscheidung zu untermauern, dann müßten folgende Annahmen zutreffen:

Erstens, die Entscheidung für die Parteien und Kandidaten hätte der Zuschreibung von Sachkompetenzen vorausgehen müssen. Diese Annahme kann mit den vorhandenen Daten nicht exakt geprüft werden, weil sich zahlreiche Befragte vermutlich lange vor unserer ersten Befragung im Oktober 1990 ein Bild von der Sachkompetenz der Parteien und Kandidaten gemacht und für die eine oder andere Seite entschieden haben. Der Zusammenhang zwischen den Vorstellungen von der Sachkompetenz der Parteien und Kandidaten einerseits und den Wahlabsichten andererseits weist jedoch zumindest innerhalb unseres Untersuchungszeitraums eine klare zeitliche Ordnung auf: Die Urteile über die Sachkompetenz der Parteien und Kandidaten wurden acht bzw. vier Wochen vor dem Wahltermin ermittelt und gehen den Wahlabsichten, die kurz vor der Wahl festgestellt wurden, damit um mehrere Wochen voraus. Dies spricht eher gegen als für die erste Annahme, ohne sie allerdings wirksam zu entkräften.

Zweitens, die Befragten hätten den Parteien, für die sie sich entschieden haben, etwa in gleichem Maße Sachkompetenzen zuschreiben müssen wie den Kandidaten, für die sie sich entschieden haben. Dies war jedoch nicht der Fall. Vielmehr bestand zwischen der Kandidatenpräferenz und der wahrgenommenen Kandidatenkompetenz ein relativ starker, zwischen der Parteipräferenz und der wahrgenommenen Parteikompetenz dagegen nahezu kein Zusammenhang. Da man kaum unterstellen kann, daß die Befragten die eine Entscheidung rationalisieren, die andere jedoch nicht, muß die zweite Annahme verworfen werden.

Drittens, die Befragten hätten den Parteien und Kandidaten, für die sie sich entschieden haben, etwa in gleichem Maße Sachkompetenz für alle drei Politikfelder zuschreiben müssen. Dies war jedoch nicht der Fall. Die Befragten schrieben vielmehr den bevorzugten Parteien und Kandidaten für einige Politikfelder relativ viel, für andere Politikfelder dagegen relativ wenig bzw. nahezu keine Sachkompetenz zu. Da man kaum unterstellen kann, daß sie zur Rationalisierung ihrer Entscheidung nur einige Sachkompetenzen herangezogen haben, andere jedoch nicht, muß auch die dritte Annahme verworfen werden.

Zusammenfassend kann man damit feststellen, daß die Befragten möglicherweise ihre Entscheidungen für eine Partei und für einen Kandidaten rationalisierten, indem sie der bevorzugten Partei bzw. dem bevorzugten Kandidaten eine besondere Sachkompetenz zuschrieben. Diese Rationalisierungen kann man jedoch nicht als alleinige Ursache der ermittelten Zusammenhänge betrachten. Die Vorstellungen von der Sachkompetenz der Spitzenkandidaten besaßen vielmehr - auch wenn man die Wirksamkeit anderer Einflußfaktoren in Rechnung stellt - einen signifikanten Einfluß auf die Entscheidung zwischen den Kandidaten und Parteien.

Wir haben den Einfluß der Vorstellungen von der Sachkompetenz der Kandidaten auf die Wahlabsichten während des Bundestagswahlkampfes 1990 anhand einer repräsentativen Stichprobe von wahlberechtigten Bürgern in Mainz untersucht. Damit stellen sich zwei weitere Fragen. Die erste Frage lautet, ob man die Befunde für die wahlberechtigte Bevölkerung insgesamt verallgemeinern kann. Die Wahlabsichten (und das Wahlverhalten) der Mainzer Bevölkerung unterschied sich deutlich vom Ergebnis der Bundestagswahl am 3. Dezember 1990, weil sich ein höherer Anteil zu Lafontaine und der SPD bekannte. Es gibt jedoch keine Hinweise darauf, daß sich die

Informationsverarbeitung der Mainzer Wahlbevölkerung von der Informationsverarbeitung andere Wählerschaften unterschied. Dagegen spricht vielmehr vor allem die Tatsache, daß die ermittelten Zusammenhänge von anderen Faktoren, wie z. B. der Schulbildung, relativ unabhängig waren. Man kann deshalb davon ausgehen, daß die ermittelten Einflüsse bei der gesamten Wahlbevölkerung bestanden.

Die zweite Frage lautet, ob man die Befunde unrelativiert auf andere Bundestagswahlen übertragen kann. Eine solche Verallgemeinerung dürfte aus mehreren Gründen nur mit Vorbehalten möglich sein. Die Bundestagswahl 1990 war aus mehreren Gründen atypisch. Sie fand vor dem Hintergrund eines historischen Ereignisses statt, das alle anderen Sachfragen überlagerte - der deutschen Vereinigung. Bei diesem historischen Ereignis spielte einer der Spitzenkandidaten, Kohl, eine so herausragende Rolle, wie sie ein Politiker normalerweise nicht einnimmt. In den Monaten vor der Bundestagswahl vollzog sich in der Bevölkerung ein ungewöhnlich starker Meinungswandel, der die scheinbar stabilen Mehrheitsverhältnisse in ihr Gegenteil verkehrte. Während dieser Phase interessierte sich die Bevölkerung in einem Maße für die Berichterstattung der Massenmedien über das aktuelle Geschehen, wie dies nur ganz selten vorkommt. Zugleich berichteten die Massenmedien wesentlich umfangreicher und lebhafter über das aktuelle Geschehen als bei allen vorangegangenen Wahlen.

Aus den genannten Gründen besaßen die Kanzlerkandidaten vor der Bundestagswahl 1990 einzigartige Möglichkeiten der politischen Gestaltung und öffentlichen Selbstdarstellung. Dies alles spricht dagegen, daß man die ermittelten Ergebnisse unrelativiert auf andere Bundestagswahlen übertragen kann. Auf der anderen Seite ist es - angesichts der Stärke des Einflusses, den die Vorstellung von der Sachkompetenz der Kandidaten auf die Wahlabsichten besaß - höchst unwahrscheinlich, daß er bei zukünftigen Wahlen unter anderen Voraussetzungen überhaupt nicht besteht. Ebenso unwahrscheinlich ist es, daß die Vorstellungen von der Sachkompetenz der Parteien dann einen wesentlichen größeren Einfluß auf die Wahlentscheidungen hätten als 1990. Aus beiden Überlegungen kann man schließen, daß die Vorstellungen von der Sachkompetenz der Kandidaten generell einen größeren Einfluß auf die Wahlabsichten der Bevölkerung ausüben als die Vorstellungen von der Sachkompetenz der Parteien - wobei die relative Stärke der beiden Faktoren jedoch von den Umständen der jeweiligen Wahl abhängen dürfte.

7. Folgerungen

Die Ergebnisse unserer Analyse werfen eine theoretische Frage auf und legen eine politische Folgerung nahe. Die theoretische Frage lautet: Welche Quellen besitzen die Vorstellungen von der Sachkompetenz der Kandidaten (und Parteien) und wie werden sie vermittelt? Die wichtigsten Quellen der Vorstellungen dürften Gesprächspartner und Massenmedien sein, da persönliche Kontakte mit den Kandidaten in den weitaus meisten Fällen ausscheiden. Aus dem Blickpunkt der einzelnen Wahlbürger betrachtet, dürften dabei die Gesprächspartner einen größeren Einfluß ausüben als die Massenmedien (LAZARSFELD/BERELSON/GAUDET 1944; KATZ/LAZARSFELD 1955; FEIST/LIEPELT 1986). Dies wird jedoch dem tatsächlichen Einfluß der Massenmedien nicht gerecht, weil die jeweiligen Gesprächspartner ihre Sichtweise - möglicherweise vermittelt durch andere Gesprächspartner - letztlich auf die Berichterstattung der Massenmedien stützen. Wie der Inhalt der Berichterstattung dabei verarbeitet wird, wieviel umgedeutet oder einfach weitergegeben wird, ist eine offene Frage, die hier nicht beantwortet werden kann.

Die Vorstellungen von der Sachkompetenz der Kandidaten (und Parteien) können theoretisch verbal und visuell vermittelt werden. Bei den verbalen Aussagen kann es sich dabei um explizite Hinweise auf die Sachkompetenz der Politiker zur Lösung bestimmter Probleme handeln, die von den jeweiligen Politikern oder anderen Personen stammen. Ein Beispiel hierfür ist die Behauptung, dem Politiker X könne man am ehesten eine Verringerung der Arbeitslosigkeit zutrauen. In diesem Fall spricht man auch von expliziten Wertungen. Bei den verbalen Aussagen kann es sich jedoch auch um implizite Hinweise handeln, aus denen die Leser, Hörer oder Zuschauer auf die Sachkompetenz der angesprochenen Politiker schließen. Ein Beispiel hierfür ist die Behauptung, daß in der Regierungszeit von X die Arbeitslosigkeit abgenommen hat, was nicht notwendigerweise auf die Politik von X zurückgehen muß, vermutlich jedoch so verstanden wird. In diesem Fall spricht man von impliziten Wertungen. Die Berichterstattung der Massenmedien enthält weitaus mehr implizite als explizite Wertungen (KEPPLINGER 1989). Man kann daher vermuten, daß die Leser, Hörer und Zuschauer ihre Ansichten über die Sachkompetenz der Kandidaten eher aus der neutralen Darstellung der Leistungen und Fehler der Kandidaten folgern als von anderen Urhebern übernehmen.

Bei den visuellen Elementen, die die Vorstellungen von den Kandidaten (und Parteien) beeinflussen, kann es sich um das nonverbale Verhalten der Kandidaten sowie um Reaktionen seiner Umwelt handeln. So dürfte einem Politiker um so mehr außenpolitische Sachkompetenz zugeschrieben werden, je häufiger er im Fernsehen mit Politikern anderer Staaten erscheint und je souveräner er sich dabei verhält. Dieser Eindruck dürfte sich noch verstärken, wenn er dabei erkennbar Beifall findet. Für diese Annahmen gibt es zwar experimentelle Belege (BAGGALEY 1980; KEPPLINGER 1991). Allerdings existieren bisher keine Untersuchungen, aus denen hervorgeht, ob sich z. B. die Fernsehzuschauer eher an verbalen oder visuellen Informationen orientieren und auf welche visuellen Informationen sie ihre Vorstellungen von der Sachkompetenz der Politiker (und Parteien) stützen. Hierzu sind systematische Analysen der Rezeption der Fernsehdarstellungen erforderlich, die in Zusammenhang mit dieser Untersuchung durchgeführt wurden, im Rahmen dieses Beitrags jedoch nicht dargestellt werden können (KEPPLINGER/DAHLEM/ BROSIUS 1993).

Die politische Folgerung, die man aus den vorliegenden Ergebnissen ziehen kann, lautet: Die psychologische Bedeutung der Spitzenkandidaten für den Wahlausgang ist größer als die sachliche Bedeutung der Erststimmen. Die Vorstellungen von der Sachkompetenz der Spitzenkandidaten beeinflussen nämlich nicht nur die Entscheidungen zwischen den Kandidaten. Sie wirken sich vielmehr auch auf die Entscheidung zwischen den Parteien aus. Sie besitzen einen Einfluß auf die Mehrheitsverhältnisse im Bundestag, auf die Regierungsmehrheit sowie auf die Wahl des Kanzlers. Die Bundestagswahlen enthalten daher heute vermutlich mehr plebiszitäre Elemente, als das Wahlrecht vorsieht und die Wahlforschung annimmt.

Literatur

ASP, Kent 1983: The Struggle for the Agenda. Party Agenda, Media Agenda and Voters' Agenda in the 1979 Swedish Election Campaign, in: SCHULZ, Winfried/SCHÖNBACH, Klaus (Hrsg.): Massenmedien und Wahlen, München: Ölschläger, S. 301-320.

AYIDIYA, Stephen A./McCLENDON, McKee J. 1990: Response Effects in Mail Surveys, in: Public Opinion Quarterly, 54, S. 229-247.

BAGGALEY, Jon 1980: Psychology of the TV Image, Westmead, Farnborough: Gower.

CAMPBELL, Angus/CONVERSE, Philip E./MILLER, Warren E. STOKES, Donald E. 1960: The American Voter, New York: Wiley.

DALTON, Russell J./ROHRSCHNEIDER, Robert 1990: Wählerwandel und die Abschwächung der Parteineigungen von 1972 bis 1987, in: KAASE, Max/KLINGEMANN, Hans-Dieter (Hrsg.): Wahlen und Wähler. Analysen aus Anlaß der Bundestagswahl 1987, Opladen: Westdeutscher Verlag, S. 297-324.

DONSBACH, Wolfgang/BROSIUS, Hans-Bernd 1991: Panel Surveys by Telephone: How to Improve Response Rates and Sample Quality, in: Marketing and Research Today, August, S. 143-150.

FEIST, Ursula/GÜLLNER, Manfred/LIEPELT, Klaus 1978: Structural Assimilation versus Ideological Polarization: On Changing Profiles of Political Parties in West Germany, in: KAASE, Max/VON BEYME, Klaus (Hrsg.): Elections & Parties, London/Beverly Hills: Sage, S. 171-189.

FEIST, Ursula/KRIEGER, Hubert 1987: Alte und neue Scheidelinien des politischen Verhaltens, in: Aus Politik und Zeitgeschichte, B 21, S. 33-47.

FEIST, Ursula/LIEPELT, Klaus 1986: Vom Primat des Primären. Massenkommunikation im Wahlkampf, in: KLINGEMANN, Hans-Dieter/KAASE, Max (Hrsg): Wahlen und politischer Prozeß. Analysen aus Anlaß der Bundestagswahl 1983, Opladen: Westdeutscher Verlag.

FISCHER, Heinz-Dietrich 1971: Parteien und Presse in Deutschland seit 1945, Bremen: Schünemann.

FISCHER, Heinz-Dietrich 1981: Handbuch der politischen Presse in Deutschland 1480-1980, Düsseldorf: Droste.

GÄRTNER, Hans-Dieter 1986: Wahlkampf und Presse. Portrait der Zeitungslandschaft Hessen anhand von pressestatistischen Daten und einer Fallstudie, Königstein/Ts.: Hain.

KAACK, Heino 1971: Geschichte und Struktur des deutschen Parteiensystems, Opladen: Westdeutscher Verlag.

KATZ, Elihu/LAZARSFELD, Paul F. 1955: Personal Influence, Glencoe: Free Press.

KEPPLINGER, Hans Mathias 1983: Funktionswandel der Massenmedien, in: RÜHL, Manfred/STUIBER, Heinz Werner (Hrsg.): Kommunikation in Forschung und Anwendung. Festschrift für Heinz Ronneberger, Düsseldorf: Droste, S. 47-64.

KEPPLINGER, Hans Mathias 1984: Development of Communication in Postwar Germany: Remarks on Media Use and Social Change, in: Bulletin of the Institute for Communication Research. Keio University, Tokyo 23, S. 1-29.

KEPPLINGER, Hans Mathias 1985: Systemtheoretische Aspekte politischer Kommunikation, in: Publizistik, 30, S. 247-264.

KEPPLINGER, Hans Mathias 1989: Künstliche Horizonte. Folgen, Darstellung und Akzeptanz von Technik in der Bundesrepublik Deutschland, Frankfurt/M.: Campus.

KEPPLINGER, Hans Mathias 1991: The Impact of Presentation Techniques: Theoretical Aspects and Empirical Findings, in: Frank BIOCCA, Frank (Hrsg.): Television and Political Advertising. Vol. 1: Psychological Processes, Hillsdale, N.J.: Erlbaum, S. 173-194.

KEPPLINGER, Hans Mathias/DAHLEM, Stefan/BROSIUS, Hans-Bernd 1993: Helmut Kohl und Oskar Lafontaine im Fernsehen. Quellen der Wahrnehmung ihres Charakters und ihrer Kompetenz, in: HOLTZ-BACHA, Christina/KAID, Lynda Lee (Hrsg.): Die Massenmedien im Wahlkampf. Untersuchungen aus dem Wahljahr 1990. Opladen: Westdeutscher Verlag, S. 144-184.

KERNELL, Samuel 1986: Going Public. New Strategies of Presidential Leadership, Washington, DC: CQ Press.

LAZARSFELD, Paul F./BERELSON, Bernard/GAUDET, Hazel 1944: The People's Choice, New York: Columbia University Press.

MARCUS, George E. 1988: The Structure of Emotional Response: 1984 Presidential Candidates, in: American Political Science Review, 82, S. 737-761.

MEYN, Hermann 1985: Massenmedien in der Bundesrepublik Deutschland, überarbeitete Neuauflage, Berlin: Colloquium.

NOELLE-NEUMANN, Elisabeth 1979: Werden wird alle Proletarier? Wertewandel in unserer Gesellschaft, 2. Auflage, Zürich: edition interfrom.

NOELLE-NEUMANN, Elisabeth 1990a: Die Bonner Koalition in ganz Deutschland in Führung, in: Frankfurter Allgemeine Zeitung, 26. September, S. 5.

NOELLE-NEUMANN, Elisabeth 1990b: Karlsruhe berührt vorwiegend das linke Parteispektrum, in: Frankfurter Allgemeine Zeitung, 2./3. Oktober 1990, S. 7.

RADUNSKI, Peter 1980: Wahlkämpfe. Moderne Wahlkampfführung als politische Kommunikation, München/Wien: Olzog.

RAHN, Wendy M./ALDRICH, John H./BORGIDA, Eugene/SULLIVAN, John L. 1990: A Social-cognitive Model of Candidate Appraisal, in: FEREJOHN, John A./KUKLINIKI, James H. (Hrsg.): Information and Democratic Processes, Urbana: University of Illinois Press, S. 136-159.

RICH, Charles L. 1977: Is Random Digit Dialing Really Necessary?, in: Journal of Marketing Research, 14, S. 300-305.

RITTER, Gerhard A./NIEHUSS, Merith 1987: Wahlen in der Bundesrepublik Deutschland. Bundestags- und Landtagswahlen 1946 - 1987, München: Beck (Statistische Arbeitsbücher zur neueren deutschen Geschichte).

SCHULTZE, Rainer-Olaf 1983: Wählerverhalten und Parteiensystem in der Bundesrepublik Deutschland. Konstanz und Wandel in Wählerverhalten und Parteienlandschaft, in: Westeuropas Parteiensysteme im Wandel. Stuttgart u.a.: Kohlhammer, S. 9-44.

SCHULTZE, Rainer-Olaf 1991: Wählerverhalten und Parteiensystem, in: Wahlverhalten. Stuttgart, Berlin, Köln: Kohlhammer, S. 11-43.

SMITH, Gordon 1976: West Germany and the Politics of Centrality, in: Government and Opposition, 11, S. 387-407.

STAAB, Joachim Friedrich 1986: Direktkandidaten in den Bundestagswahlkämpfen 1969 - 1983. Erfahrungen im Umgang mit der lokalen und regionalen Tagespresse, in: Publizistik, 31, S. 296-314.

VON WINTER, Thomas 1987: Politische Orientierungen und Sozialstruktur. Ein Beitrag zur Theorie des Wählerverhaltens, Frankfurt/New York: Campus.

WOLF, Werner 1985: Wahlkampf und Demokratie, Köln: Wissenschaft und Politik.

Rüdiger Schmitt-Beck

Vermittlungsumwelten westdeutscher und ostdeutscher Wähler: Interpersonale Kommunikation, Massenkommunikation und Parteipräferenzen vor der Bundestagswahl 1990

1. Einleitung

Wenn sich Wähler vor einer anstehenden Wahl entscheiden, welcher der konkurrierenden Parteien sie ihre Stimme geben, dann tun sie dies in der Regel nicht in einem sozialen Vakuum. Vielmehr sind die meisten Bürger in kommunikative Kontexte eingebettet, aus denen heraus ihnen mit mehr oder weniger großer Intensität und mehr oder weniger großer Regelmäßigkeit politische Botschaften zufließen. Diese Kommunikationsumwelten erfüllen für die Bürger eine essentielle Vermittlungsfunktion: Aufgrund der wachsenden Erfahrungsferne, Komplexität und Ambiguität der Politik ist es für den ganz überwiegenden Teil der Bevölkerung immer weniger möglich, Politik und ihre Wirkungen unmittelbar sinnlich als solche zu erfahren. Soweit Politik wahrnehmbar wird, handelt es sich also um eine vermittelte Erfahrung (LIPPMANN 1949; NIMMO/COMBS 1990).

Zwei Typen von Kommunikationskanälen sind in erster Linie für diesen Prozeß der Politikvermittlung relevant: die *Netzwerke interpersonaler Kommunikation*, welche den einzelnen Bürger mit Familienmitgliedern, Arbeitskollegen, Freunden usw. zusammenschließen, und das *System der Massenkommunikation*, d.h. die verschiedenen aktuellen und nichtaktuellen Printmedien und audiovisuellen Medien. Diese Untersuchungsgegenstände sind für die Wahlforschung keineswegs neu; schon vor fast einem halben Jahrhundert standen sie im Mittelpunkt der grundlegenden Studien der Columbia-Schule (LAZARSFELD/BERELSON/GAUDET 1968; BERELSON/LAZARSFELD/McPHEE 1954; KATZ/LAZARSFELD 1955). Aber die hier entwickelte Forschungsperspektive begründete keine fortdauernde Traditionslinie in der Wahlforschung. In diesem Teilbereich der politischen Soziologie dominierten in den folgenden Jahrzehnten einerseits die individualistisch verengten Erklärungsparadigmen der Michigan-Schule und des Rational-Choice-Ansatzes, welche Wahlentscheidungen primär aus intraindividuell lokalisierten Erklärungsvariablen herzuleiten suchen und dabei von den kommunikativen Einbindungen der individuellen Wähler abstrahieren, und andererseits das sozialstrukturelle Erklärungsmuster des Cleavage-Ansatzes, der relativ direkt die soziale Gruppenzugehörigkeit von Individuen mit deren Wahlverhalten verknüpft, ohne die notwendigerweise dazwischengeschalteten Vermittlungsinstanzen einem näheren Studium zu unterziehen (KNOKE 1990: 29ff; BECK 1991: 372).

Es wäre sicherlich unangemessen, zu konstatieren, daß die Bedeutung von Vermittlungsumwelten für das Wahlverhalten von der Wahlsoziologie gänzlich ignoriert worden wäre. Im Gegenteil: Gerade über die Wirkungen der Massenmedien auf Wahlentscheidungen gibt es eine außerordentlich umfangreiche Literatur (SCHÖNBACH 1987; ANSOLABEHERE/BEHR/IYENGAR 1991). Auch die Bedeutung interpersonaler Kommunikationsnetzwerke für politische Einstellungen und politisches Verhalten wurde zum Gegenstand empirischer Forschung, wenn auch weniger intensiv und selten direkt im sachlichen Kontext von Wahlen (SHEINGOLD 1973; KNOKE 1990: 29ff). Fast gänzlich vernachlässigt wurde nach den grundlegenden Columbia-Studien jedoch die *simultane Analyse* von interpersonaler und Massenkommunikation, d.h. des gesamten Kommunikationskontextes der Individuen.

Aus den Einseitigkeiten des analytischen Zugriffs beim Studium von Vermittlungsumwelten ergeben sich Erkenntnisdefizite: So kritisieren ERBRING/GOLDENBERG/MILLER (1980: 18) zu Recht die vorherrschende Forschungsstrategie der (Massen-)Kommunikationsforschung, welche sich nur für den Reflex der Medieninhalte in den Orientierungen des Publikums interessiert und dabei vernachlässigt, daß diese auch ganz andere Quellen als die Massenmedien haben können. Zu diesen gehört nicht zuletzt auch die interpersonale Kommunikation. Die (Massen-)Kommunikationsforschung muß auch in ihren Forschungsstrategien der Tatsache Rechnung tragen, daß das Medienpublikum gerade keine "Masse" atomisierter Individuen ist. Die Medienbotschaften treffen vielmehr auf eine Gesellschaft, die durch komplexe Beziehungsgeflechte strukturiert ist (CHAFFEE 1972: 114; SCHENK 1977: 120; KNOKE 1990: 54).

Umgekehrt übersieht die Untersuchung der politischen Kommunikation in den Netzwerken alltäglicher Interaktion, daß diese noch sehr nah beim Individuum lokalisiert sind und durch weitere Vermittlungsinstanzen an die alltagsferne Welt der Politik angeschlossen werden müssen. Anders gesagt: Sie können als intermediäre Institution die Kluft zwischen der Mikro-Ebene des Individuums und der Makro-Ebene des politischen Systems nicht zur Gänze überbrücken. Außerdem ist davon auszugehen, daß politische Botschaften die Bürger nicht nur vermittelt über ihr persönliches Umfeld erreichen, sondern auch direkt aus den Massenmedien, und zwar vermutlich in immer stärkerem Maße. Hieraus ergeben sich wieder Konsequenzen für die interpersonale Kommunikation: "Interpersonal interaction today takes on a new dimension, growing out of the fact that millions of people can receive the same message at about the same time." (CHAFFEE 1972: 95ff). Es erscheint daher angebracht, bei der Analyse von interpersonaler Kommunikation auch die Massenkommunikation nicht außer acht zu lassen.

Eine neuere Konzeptualisierung des Verhältnisses von interpersonaler und Massenkommunikation[1] plädiert dafür, von der Vorstellung einer *dynamischen Wechselbeziehung* zwischen interpersonaler Kommunikation und Massenkommunikation auszugehen. Demnach erscheinen diese Kommunikationskanäle aus der Sicht der Individuen, die Information nachfragen, partiell *komplementär*. Ihre Suche nach Information wird besonders dann angeregt, wenn die Informationen, die ihnen bereits aus verschiedenen Quellen zugeflossen sind, widersprüchlich und mehrdeutig sind. Weitere Kommunikation hat dann die Funktion des *Realitätstests*. Die Entscheidung für den einen oder den anderen der beiden Typen von Kommunikationskanälen hängt dabei vor allem von zwei Variablen ab: der Zugänglichkeit des Kanals und der Wahrscheinlichkeit, daß er die benötigte Information bereithält (CHAFFEE 1972, 1986). Während die Stärke der Massenkommunikation vor allem im Bereich der Vermittlung von Primärinformationen über alltagsferne Sachverhalte und Geschehnisse liegt, steuert interpersonale Kommunikation vor allem Meta-Informationen über diese Informationen bei. Die Massenkommunikation erzeugt also in erster Linie spezifische Wissensstrukturen, während in der interpersonalen Kommunikation die massenmedial vermittelten Themen weiterverarbeitet werden, indem als Interpretationshilfen "akzeptable Selektionsentwürfe in Form von Meinungen (Bewertungen)" beigesteuert werden (MERTEN 1982: 38). Mit anderen Worten: Die Bedeutung der Massenkommunikation liegt eher im kognitiven Bereich der Wissensvermittlung, die der

---

1 Zur Theoriediskussion bezüglich des Verhältnisses von interpersonaler und Massenkommunikation siehe SCHMITT-BECK (1993b).

interpersonalen Kommunikation eher im evaluativ gefärbten Bereich der Einstellungsbildung und -änderung.

2. Fragestellung und Daten der Untersuchung

Im Rahmen des internationalen Projektverbundes "Comparative National Election Project (CNEP)" wird in jüngerer Zeit der Versuch unternommen, die brachliegende Forschungsagenda der Columbia-Schule wiederaufzunehmen. BECK (1991) hat in diesem Kontext kürzlich einen ersten Ansatz zur simultanen Analyse des gesamten, durch interpersonale und Massenkommunikation definierten politischen Vermittlungskontextes der Bürger vorgelegt, und zwar anhand der amerikanischen Präsidentschaftswahl 1988. Der vorliegende Beitrag stellt den primär als deskriptive Bestandsaufnahme angelegten Versuch einer Replikation dieser Studie am Beispiel der Bundestagswahl 1990 dar. Er vergleicht westdeutsche und ostdeutsche Wähler.

In den folgenden Kapiteln 3. und 4. werden interpersonale und massenmediale Kommunikationsumwelten der deutschen Wähler hinsichtlich zweier Aspekte analysiert: der *Intensivität der politischen Kommunikation* und der *parteipolitischen Konkordanz bzw. Diskordanz*, d.h. des Ausmaßes der Übereinstimmung bzw. Nicht-Übereinstimmung der Parteipräferenzen der Wähler mit den von ihnen wahrgenommenen parteipolitischen Orientierungen der Personen, mit denen sie im Alltag kommunizieren und schließlich der Massenmedien, die sie rezipieren. Die Analysen geben Anhaltspunkte, um in vergleichender Perspektive zwei Fragen zu beantworten: Erstens: Wie wichtig sind interpersonale und massenmediale Kommunikationsumwelten für westdeutsche und ostdeutsche Wähler als Instanzen der Politikvermittlung? Zweitens: In welchem Ausmaß fungieren interpersonale und massenmediale Kommunikationsumwelten als Quellen der Bestätigung oder als Einfallstor für die Erosion der Parteipräferenzen von Wählern in West- und Ostdeutschland? Kapitel 5. wendet sich schließlich der simultanen Analyse von interpersonalen und massenmedialen Kommunikationsumwelten zu und beschreibt Zusammenhänge zwischen diesen beiden Typen politischer Kommunikation.

Die ausgewerteten Daten wurden im Kontext des Projekts "Vergleichende Wahlstudie 1990" erhoben.[2] Es handelt sich um je eine repräsentative dreiwellige Wiederholungsbefragung der wahlberechtigten Bevölkerung im westlichen und im östlichen Wahlgebiet, von der jeweils die ersten beiden Panelwellen in die Analysen einbezogen wurden. Die 1. Panelwelle wurde während des beginnenden Wahlkampfes erhoben (Feldzeit: 3. Oktober - 16. November 1990), die 2. Panelwelle unmittelbar vor dem Wahltermin (10. November - 1. Dezember 1990). Die Fallzahlen betragen für die ersten beiden Befragungswellen N=1340 bzw. N=449 in Westdeutschland (incl. West-Berlin) und N=692 bzw. N=253 in Ostdeutschland (incl. Ost-Berlin).[3]

3. Interpersonale Kommunikationsumwelten

3.1 Politische Kontaktintensität

Um die interpersonalen Kommunikationsumwelten der westdeutschen und ostdeutschen Wähler empirisch abzubilden, wurde auf das Konzept des egozentrierten Netzwerkes zurückgegriffen, d.h. die relevanten Kommunikationsbeziehungen der Befragten wurden so ermittelt, wie sie sich aus ihrer eigenen Wahrnehmungsperspektive darstellten (PAPPI 1991). Da von Interesse ist, wie sich die Kommunikation über politische Themen in die alltägliche Kommunikation der Wähler mit ihren wichtigsten Kommunikationspartnern einfügte, wurde das Netzwerk über einen thematisch unspezifischen Namensgenerator aufgespannt (PAPPI 1990: 179, 1991, BURT 1984). Die Befragten wurden gebeten, Personen anzugeben, mit denen sie in den letzten sechs Monaten "wichtige Angelegenheiten" besprochen hatten. Bis zu vier

---

2 Das Projekt "Vergleichende Wahlstudie 1990" ist das deutsche Teilprojekt des CNEP-Projektverbundes. Es wird gemeinsam geleitet von Max Kaase (Berlin), Hans-Dieter Klingemann (Berlin), Manfred Küchler (New York) und Franz Urban Pappi (Mannheim). Verantwortliche Projektbearbeiter sind Rüdiger Schmitt-Beck und Ingo Koßmann (beide Mannheim). Ferner sind an dem Vorhaben wissenschaftlich beteiligt Rolf Hackenbroch (Berlin), Rainer Mathes (Frankfurt), Barbara Pfetsch (Mannheim), Peter Schrott (Mannheim), Katrin Voltmer (Berlin) und Bernhard Weßels (Berlin).

3 Es ist offenkundig, daß die Quoten der Panelausschöpfung in der westlichen und der östlichen Teilstudie relativ gering sind. Aus diesem Grund wurden sorgfältige Datenprüfungen durchgeführt, um die Repräsentativitätsannahme abzusichern. Wie sich zeigte, gibt es in der 2. und 3. Welle in beiden Teilstudien keine gravierenden Verzerrungen. Zu erwähnen ist an dieser Stelle lediglich eine verstärkte Selbstselektion für die Wiederholungsbefragungen bei politisch interessierten Befragten. Dies ist bei Panelbefragungen mit politischer Thematik normal. Die Analyseoptionen werden vor allem durch die geringen Fallzahlen beeinträchtigt.

Personen konnten genannt werden. Zunächst wurde dann die Kontakthäufigkeit mit jeder der angegebenen Personen ermittelt und erst im Anschluß daran wurde erhoben, ob und in welchem Umfang die Befragten mit diesen Personen auch Unterhaltungen über politische Fragen führten. Sodann wurde eruiert, ob es eine zusätzliche Person gebe, mit der die Befragten politische Gespräche führten. Dadurch sollte gewährleistet werden, daß "schwache Bindungen" (GRANOVETTER 1973) mit spezifisch politischer Beziehungscharakteristik ebenfalls in das Netzwerk aufgenommen werden würden. Tabelle 1 zeigt die Zahl der Nennungen von Netzwerkpartnern. Jeder sechste westdeutsche und jeder fünfte ostdeutsche Befragte gab keinen Kommunikationspartner an. Die höchstmögliche Anzahl von fünf Gesprächspartnern nannten nur relativ wenige Befragte: vier Prozent in Westdeutschland und acht Prozent in Ostdeutschland. Die durchnittliche Größe der Netzwerke liegt jeweils bei rund zwei Partnern. Zusätzliche politische Gesprächspartner gaben sieben Prozent der westdeutschen Befragten an, zwei Drittel davon, nachdem sie bereits vier sonstige Gesprächspartner genannt hatten.[4]

Tabelle 1: Zahl der genannten Personen (Zeilenprozente)

	Keine	1 Person	2 Personen	3 Personen	4 Personen	5 Personen	N
Westdeutsches Elektorat	16,0	22,7	23,6	18,9	14,7	4,2	1340
Ostdeutsches Elektorat	20,4	15,9	22,1	18,1	15,6	7,9	692

Tabelle 2 demonstriert zweierlei: Erstens nahm die Kontakthäufigkeit mit zunehmendem Rangplatz der genannten Kommunikationspartner ab, d.h. diejenigen Personen, mit denen die Befragten am häufigsten in Kontakt standen, wurden als erste genannt. Zweitens war die Kontakthäufigkeit in Ostdeutschland erheblich höher als in Westdeutschland. Die Mehrheit der westdeutschen Befragten hatte nur mit dem ersten Kommunikationspartner fast täglichen Kontakt, bei allen anderen betrug dieser Anteil nur ein Drittel oder weniger. Insgesamt am seltensten waren die Kontakte mit den auf Rangplatz vier genannten Kommunikationspartnern und mit den zusätzlichen politi-

---

[4] In Ostdeutschland scheint es einen Erhebungsfehler dergestalt gegeben zu haben, daß nach dem zusätzlichen politischen Gesprächspartner nur dann gefragt wurde, wenn bereits vier andere Nennungen vorlagen. Jedenfalls gibt es in der ostdeutschen Stichprobe keine Befragten mit einem politischen Zusatzpartner und weniger als vier sonstigen Netzwerkpersonen. Trotzdem ist der Anteil der Befragten mit politischem Zusatzpartner etwas größer als im Westen.

schen Gesprächspartnern. Die Modalkategorie lautet bei allen Netzwerkpersonen mit Ausnahme der ersten: "Mindestens einmal pro Woche". Die ostdeutschen Befragten hatten demgegenüber mit allen Gesprächspartnern wesentlich öfter Kontakt. Die Kontakthäufigkeiten mit den Partnern auf den Rangplätzen vier und fünf fallen wie im Westen recht ähnlich aus. Bemerkenswert ist, daß in den alten und in den neuen Bundesländern sehr wenige Kommunikationspartner genannt wurden, mit denen die Befragten nur selten in Kontakt standen. In mehr als drei Viertel aller Fälle handelte es sich um Personen, mit welchen die Befragten wenigstens einmal in der Woche und damit sehr regelmäßig kommunizierten.

Tabelle 2: **Kontakthäufigkeit nach Rangplatz der Netzwerkpersonen**

	1. Person	2. Person	3. Person	4. Person	Zusatzperson
Westdeutsches Elektorat					
Fast täglich	61,2	35,3	32,7	28,6	29,7
Mind. 1x pro Woche	28,0	45,5	46,2	45,3	45,1
Mind. 1x pro Monat	8,8	15,9	18,9	24,8	18,7
Seltener	2,0	3,3	2,2	1,3	6,6
N	1126	819	493	234	91
Ostdeutsches Elektorat					
Fast täglich	68,1	51,7	46,2	42,6	39,3
Mind. 1x pro Woche	24,9	35,1	38,9	32,7	35,7
Mind. 1x pro Monat	5,8	10,2	11,8	18,5	21,4
Seltener	1,3	2,9	3,1	6,2	3,6
N	551	441	288	162	56

Wenn ein Ehe- oder Lebenspartner in das Kommunikationsnetzwerk einbezogen wurde, dann fast immer auf dem ersten Rangplatz (Tabelle 3). Verwandte spielen auf den folgenden Rangplätzen eine dominante Rolle, allerdings in Ostdeutschland durchweg stärker als in Westdeutschland. Dafür hat die Kategorie "Freund" in den neuen Bundesländern eine wesentlich geringere Bedeutung als in der alten Bundesrepublik. Dies könnte Ausdruck einer stärkeren Neigung der Westdeutschen sein, engere Sozialkontakte auf der Basis selbstgewählter statt askriptiv definierter Beziehungen einzugehen. Hierfür lassen sich verschiedene Erklärungshypothesen denken, vom Individualisierungstheorem, das postuliert, daß in den modernen Gesellschaften des Westens zunehmend die Wahl zum dominanten Muster der individuellen Lebensgestaltung wird (BECK 1986), bis zu der entgegengesetzten Vermutung, daß sich in einer autoritären Überwachungsgesellschaft wie jener der DDR die engeren Sozialbeziehungen auf askriptiv fundierte Primärbindungen konzentrieren, weil bei Sekundärbeziehungen die nötige persönliche Vertrauensbasis unterminiert ist (INGLEHART 1988). Der zweiten Annahme widerspricht freilich, daß in Ostdeutschland auch Arbeitskollegen wesentlich häufiger als Kommunikationspartner genannt wurden als in Westdeutschland, wo sie nur als politische Zusatzpartner eine gewichtigere Rolle spielten. Dieser Unterschied ist kein Ausdruck einer anderen Gelegenheitsstruktur, die sich aus der zum Erhebungszeitpunkt noch höheren Erwerbsquote in den neuen Bundesländern ergab. Auch bei Kontrolle nach Erwerbstätigkeit bleibt ein Unterschied von rund 23 Prozent bestehen. Auffällig ist, daß Nachbarn relativ selten zu den wichtigsten Gesprächspartnern gezählt wurden. Möglicherweise ist dies ein Indiz für eine zumal in Westdeutschland schon sehr weit vorangeschrittene Auflösung sozialräumlich definierter Kontaktstrukturen. Die gemeinsame Mitgliedschaft in Verbänden und Vereinen stellt die quantitativ unwichtigste Quelle von engeren Sozialkontakten dar.

Die Bürger der neuen Bundesländer hatten vor der Bundestagswahl nicht nur im Durchschnitt häufiger Kontakt mit ihren Netzwerkpartnern. Wenn sie Kontakt hatten, unterhielten sie sich auch sehr viel häufiger über Politik (Tabelle 4). In Westdeutschland tauschten sich nur zwischen 13 und 18 Prozent bei fast jedem Kontakt über politische Themen aus; etwas weniger als die Hälfte führte wenigstens manchmal politische Gespräche. Mit den politischen Zusatzpartnern gab es allerdings deutlich öfter politische Gespräche - ein Ausdruck der spezifischen Beziehungscharakteristik. Aber die Ostdeutschen tauschten sich insgesamt erheblich häufiger über politische Fragen aus, und zwar mit allen Netzwerkpartnern. Die politischen Zusatzpartner hatten in den neuen Bundesländern kein von den anderen Netzwerkpersonen diesbezüglich stark abweichendes Profil. Daß Politik so oft bei den alltäglichen Kontakten der ostdeutschen Wähler thematisiert wurde, ist vermutlich ein situativ gebundener Ausdruck der enorm hohen Politisierung in der ehemaligen DDR während der politischen Umbruchsperiode des Jahres 1990. Den Alltag der Westdeutschen hatte dieser Prozeß längst nicht so stark tangiert. Neun von zehn Ostdeutschen sprachen bei ihren Kontakten manchmal oder fast immer auch über Politik, in Westdeutschland hingegen ein gutes Drittel selten oder überhaupt nicht.

Tabelle 3: Art der Beziehung nach Rangplatz der Netzwerkpersonen (Spaltenprozente; Mehrfachnennungen möglich)

	1.Person	2. Person	3.Person	4.Person	Zusatz-person	Mindestens eine Nennung im Netzwerk
Westdeutsches Elektorat						
Ehepartner/Lebenspartner	45,2	6,0	6,9	5,6	2,2	53,9
Verwandter	15,2	26,4	25,2	23,9	23,1	35,5
Nachbar	5,3	9,0	7,3	6,4	11,0	13,7
Selber Verein/Verband	1,8	3,2	3,7	3,8	4,4	4,5
Arbeitskollege	6,7	15,1	11,8	12,4	22,0	19,1
Freund	24,4	34,8	38,3	40,2	29,7	46,9
Andere Kontakte	2,5	6,5	8,3	9,4	9,9	8,1
N	1126	819	493	234	91	1126
Ostdeutsches Elektorat						
Ehepartner/Lebenspartner	41,6	5,9	3,8	3,7	5,4	49,6
Verwandter	17,2	30,8	28,5	27,8	26,8	41,9
Nachbar	6,0	12,0	10,1	9,9	10,7	18,5
Selber Verein/Verband	2,5	3,4	2,8	4,9	3,6	6,4
Arbeitskollege	19,4	29,9	37,5	34,0	32,1	43,2
Freund	12,5	17,9	16,3	22,2	25,0	29,4
Andere Kontakte	1,3	1,6	2,4	0,6	1,8	3,1
N	551	441	288	162	56	551

Tabelle 4: Häufigkeit politischer Unterhaltungen nach Rangplatz der Netzwerkpersonen (Spaltenprozente)

	1. Person	2. Person	3. Person	4. Person	Zusatz-person
Westdeutsches Elektorat					
Fast immer	18,2	13,3	14,8	15,4	31,9
Manchmal	47,8	49,6	46,2	47,4	44,0
Selten	24,0	26,8	29,0	28,6	19,8
Nie	9,9	10,2	9,7	8,5	4,4
N	1123	816	492	234	91
Ostdeutsches Elektorat					
Fast immer	54,6	48,7	51,0	52,8	50,0
Manchmal	37,6	42,6	38,9	35,4	41,1
Selten	7,1	7,5	9,4	10,5	7,1
Nie	0,7	1,1	0,7	1,2	1,8
N	548	439	288	161	56

Die Unterschiede in der Inzidenz politischer Diskussionen zwischen den verschiedenen Typen von Beziehungen waren in Ostdeutschland ebenfalls geringer als in Westdeutschland (Tabelle 5). Dies kann gleichfalls als Ausdruck der hohen Politisierung in den neuen Bundesländern gedeutet werden: Die Politik drang in alle Beziehungstypen ein. Etwas häufiger als mit den anderen Typen von Beziehungen wurden politische Gespräche in Ostdeutschland mit Ehe- und Lebenspartnern sowie mit Arbeitskollegen, Freunden und Mitgliedern derselben Vereine geführt. In Westdeutschland ist aber eine wesentlich deutlichere Konzentration der politischen Gespräche auf die Ehe- und Lebenspartner und auf die Arbeitskollegen feststellbar. Arbeitsplatzkontakte stellten in den alten Bundesländern den am stärksten politisierten Beziehungstyp dar; daß bei den Gesprächen mit Arbeitskollegen Politik überhaupt nicht zum Thema wurde, kam äußerst selten vor. In Verwandtschaftsbeziehungen drang die Politik andererseits insgesamt am seltensten ein. Aber auch Vereins- und Verbandskontakte zeigten sich vergleichsweise unpolitisch.

Tabelle 5: **Häufigkeit politischer Unterhaltungen nach Art der Beziehung (Spaltenprozente)**

	Ehe-/Lebenspartner	Verwandter	Nachbar	Selber Verein/Verband	Arbeitskollege	Freund	Andere Kontakte
Westdeutsches Elektorat							
Fast immer	21,0	13,7	6,0	11,8	25,1	15,0	13,2
Manchmal	49,0	47,4	53,3	52,9	50,2	46,4	34,1
Selten	24,9	24,4	31,4	21,6	22,8	27,7	26,4
Nie	4,9	14,5	9,2	13,7	1,9	10,8	26,4
N	603	388	153	51	215	527	91
Ostdeutsches Elektorat							
Fast immer	51,9	46,2	45,1	68,6	51,3	53,4	52,9
Manchmal	40,1	43,0	44,1	25,7	41,2	37,2	41,2
Selten	7,0	9,3	9,8	5,7	7,1	8,7	0,0
Nie	0,4	1,5	1,0	0,0	0,4	0,7	5,9
N	270	229	102	35	238	161	17

Die interpersonalen Kommunikationsumwelten der Ostdeutschen waren also vor der Bundestagswahl 1990 weitaus stärker politisiert als diejenigen der Westdeutschen. Dieser Tatbestand drückt sich einmal in der insgesamt größeren Häufigkeit politischer Gespräche aus, zum anderen findet er seinen Niederschlag in den geringen Unterschieden, die hinsichtlich der politischen Gesprächsintensität zwischen den verschiedenen Netzwerkpartnern bestanden.

Zum Abschluß der Bestandsaufnahme der Intensität politischer Diskussionen in den interpersonalen Kommunikationsumwelten westdeutscher und ostdeutscher Wähler wird in explorativer Absicht nach den Determinanten der Häufigkeit politischer Gespräche gefragt. Wovon hing es ab, ob westdeutsche und ostdeutsche Wähler vor der Bundestagswahl 1990 eher häufig oder eher selten mit ihren Netzwerkpartnern politische Unterhaltungen geführt haben? Da vermutlich nicht für alle Arten von persönlichen Beziehungen dieselben Gesetzmäßigkeiten gelten, wird diese Analyse getrennt nach den verschiedenen Typen von Beziehungen durchgeführt.[5] Die Analyse stützt sich auf multiple Regressionen[6], in die eine Reihe von soziodemographischen Basismerkmalen (formales Bildungsniveau, Geschlecht, Alter)[7], politische Variablen (politisches Interesse, politische Kompetenz, Stärke der ideologischen Bindung, Wahlabsicht für eine Regierungs- oder für eine Oppositionspartei)[8] sowie Merkmale der interpersonalen Kommunikationsumwelten (Größe der Kontaktnetze, Kontakthäufigkeit)[9] als unabhängige Variablen aufgenommen wurden (Tabelle 6). Abhängige

---

5 Wenn in einem Netzwerk mehrere Personen desselben Beziehungstyps vorkommen, dann bezieht sich die Analyse jeweils auf diejenigen mit dem niedrigsten Rangplatz, d.h. diejenigen, die am frühesten genannt wurden.
6 Basis der Analyse sind Wähler mit mindestens einem Netzwerkpartner. Aus Gründen der Vergleichbarkeit mit den im folgenden noch berichteten analogen Analysen wurde auf eine Modelloptimierung verzichtet. Stattdessen wurde das einfache Verfahren gewählt, alle unabhängigen Variablen simultan in die Gleichungen einzubeziehen. Das Interesse bei den Analysen gilt nicht sparsamen Modellen mit maximaler Erklärungskraft, sondern den Mustern der relevanten Regressionskoeffizienten.
7 Codierung: Formales Bildungsniveau: 1 = Abitur/EOS oder Studium, 0 = sonstige Abschlüsse bzw. kein Abschluß. Geschlecht: 1 = männlich, 0 = weiblich.
8 Codierung: Politisches Interesse: 5 = sehr stark, 4 = stark, 3 = mittel, 2 = wenig, 1 = überhaupt nicht. Politische Kompetenz: Factor Scores einer Hauptkomponente, die auf Zustimmung bzw. Ablehnung von vier Aussagen basiert ("Die Teilnahme an Diskussionen über politische Themen fällt mir leicht"; "In der Bewertung politischer Sachverhalte bin ich eher unsicher"; "Denken in politischen Zusammenhängen liegt mir"; "Kein Mensch kann alles. Für Politik habe ich einfach keine Antenne."). Ideologische Bindung: Distanz der Selbsteinstufung auf der Links-Rechts-Skala vom Skalenmittelpunkt, variiert von 0.5 bis 4.5. Wahlabsicht für eine Regierungsbzw. eine Oppositionspartei: 1 = CDU/CSU oder FDP, 0 = eine der sonstigen Parteien.
9 Codierung: Größe des Kontaktnetzes: Zahl der genannten Netzwerkpersonen, variiert von eins bis fünf. Kontaktintensität: Durchschnitt der Kontakthäufigkeit über alle Netzwerkpersonen, wobei 4 = fast täglicher Kontakt. 3 = mind. 1x pro Woche, 2 = mind. 1x pro Monat, 1 = seltener.

Variable ist die Häufigkeit politischer Diskussionen mit den jeweiligen Netzwerkpartnern.[10]

Tabelle 6: Determinanten der Häufigkeit politischer Unterhaltungen nach Art der Beziehung (Beta-Gewichte)

	Ehe-/Lebenspartner	Verwandter	Nachbar	Selber Verein/Verband	Arbeitskollege	Freund
Westdeutsches Elektorat						
Bildung	0,06	0,06	-0,07		<u>0,18</u>	0,00
Geschlecht	<u>-0,21</u>	0,05	0,06		<u>0,10</u>	0,06
Alter	<u>0,13</u>	0,03	-0,07		0,06	<u>0,12</u>
Politisches Interesse	<u>0,18</u>	<u>0,23</u>	<u>0,26</u>		<u>0,21</u>	<u>0,29</u>
Politische Kompetenz	<u>0,28</u>	<u>0,20</u>	<u>0,26</u>		<u>0,17</u>	<u>0,23</u>
Ideologie	-0,01	-0,00	0,09		-0,03	<u>0,08</u>
Wahlabsicht	-0,03	<u>-0,12</u>	0,02		0,04	0,04
Regierung vs. Opposition						
Kontakthäufigkeit	<u>0,12</u>	0,01	<u>0,30</u>		<u>0,24</u>	<u>0,10</u>
Netzwerkgröße	<u>0,08</u>	0,10	<u>0,02</u>		-0,02	<u>0,14</u>
Adj. R²	0,18	0,19	0,32	(0,00)	0,24	0,28
N	396	265	108	32	155	353
Ostdeutsches Elektorat						
Bildung	-0,12	-0,13	-0,04		0,00	0,01
Geschlecht	<u>-0,22</u>	0,06	-0,04		-0,01	-0,11
Alter	0,00	-0,06	-0,02		0,08	-0,06
Politisches Interesse	0,11	0,15	0,02		0,10	<u>0,25</u>
Politische Kompetenz	<u>0,36</u>	<u>0,24</u>	<u>0,54</u>		<u>0,38</u>	<u>0,29</u>
Ideologie	0,05	0,08	-0,08		-0,10	<u>0,01</u>
Wahlabsicht	0,04	-0,01	-0,01		0,02	0,02
Regierung vs. Opposition						
Kontakthäufigkeit	0,04	0,12	0,04		<u>0,21</u>	0,03
Netzwerkgröße	-0,01	-0,09	-0,03		<u>-0,05</u>	-0,03
Adj. R²	0,11	0,09	0,17	(0,23)	0,17	0,13
N	181	153	64	27	165	111

Unterstreichungen bedeuten: Beta signifikant auf 5 Prozent-Niveau; Klammern bedeuten: R² nicht signifikant auf 5 Prozent-Niveau

Insgesamt gelingt es in Westdeutschland besser als in Ostdeutschland, die Hintergründe der Häufigkeit politischer Diskussionen in den interpersonalen Kommunikationsumwelten der Wähler aufzuhellen. Die generell schwächere Erklärungskraft der für die neuen Bundesländer spezifizierten Modelle könnte eine Folge der dortigen politischen Sondersituation im historischen Wahljahr 1990 sein, welche die Diskussionsintensität generell stark erhöht zu haben scheint. Die selbstzugeschriebene politi-

---

10 Codierung der abhängigen Variablen (Häufigkeit politischer Gespräche): fast immer = 4, manchmal = 3, selten = 2, nie = 1.

sche Kompetenz war eine zentrale Determinante der politischen Diskussionshäufigkeit; in den alten und in den neuen Bundesländern tauschten sich Wähler, die sich selbst großen politischen Sachverstand zusprachen, mit allen Kontaktpartnern häufiger über politische Themen aus als Wähler mit geringerem politischem Selbstvertrauen. Ein Einfluß des politischen Interesses als motivationale Basis für interpersonale Kommunikation über Politik wird - außer bei Freundschaftsbeziehungen - nur in Westdeutschland erkennbar. Auch dies könnte mit der spezifischen Situation in den neuen Bundesländern zusammenhängen, wo das politische Interesse 1990 in der Wählerschaft außerordentlich hoch war und infolgedessen wenig variiert hat. In Westdeutschland sprachen überdies Wähler, die mit ihren Netzwerkpartnern besonders häufig Kontakt haben, mit ihren Ehe- oder Lebenspartnern sowie mit Nachbarn, Kollegen und Freunden öfter über Politik. In Ostdeutschland gilt dasselbe für politische Gespräche unter Arbeitskollegen und vielleicht[11] auch für Verwandte und Vereinskontakte.

Zwar waren politische und beziehungsstrukturelle Variablen somit die wichtigsten Determinanten, aber in differenzierter Weise beeinflußten auch soziodemographische Variablen die Intensität der persönlichen politischen Kommunikation. So sprachen Frauen mit ihren Ehe- oder Lebenspartnern häufiger über Politik als Männer, während Männer umgekehrt ihre politischen Gesprächspartner eher außerhalb der Kernfamilie suchten. Unter westdeutschen Ehe- und Lebenspartnern nahm die politische Diskussionsintensität überdies mit steigendem Lebensalter zu. Höher Gebildete besprachen in Westdeutschland häufiger politische Themen mit ihren Arbeitskollegen als Personen mit einfacherem Bildungshintergrund.

3.2 Parteipolitische Konkordanz

Mit welchen politischen Botschaften werden Wähler konfrontiert, wenn sie mit ihren Gesprächspartnern über politische Gegenstände diskutieren? In solchen Diskussionen geht es häufig um den Austausch von politischen Standpunkten. Die Gesprächspartner können dabei das Ziel verfolgen, sich selbst durch zusätzliche Gesichtspunkte einen eigenen Standpunkt zu bilden, oder auch, eine bereits bestehende Meinung durch äußere Bestätigung abzusichern. Politische Unterhaltungen können

---

11 Beta-Gewichte knapp nicht signifikant auf 5 Prozent-Niveau.

aber auch geführt werden, um einen Partner mit abweichender Haltung von der eigenen Position zu überzeugen (CHAFFEE 1981: 192ff). Ein wichtiges Konzept in diesem Zusammenhang ist die "Homophilie" von Kommunikationspartnern, d.h. ihre Ähnlichkeit bezüglich verschiedener Attribute, wie z.B. ihrer politischen Einstellungen. ROGERS (1973) postuliert eine nicht-rekursive Beziehung zwischen Homophilie und effektiver Kommuniktion: Personen tendieren einerseits dazu, am ehesten mit Personen zu kommunizieren, die ihnen ähnlich sind. Kurz: "[L]ike talks to like" (CHAFFEE 1972: 99). Je mehr andererseits aber die Mitglieder einer Dyade miteinander kommunizieren, desto ähnlicher werden sie einander dadurch auch werden: "Homophily and effective communication nurture each other" (ROGERS 1973: 301; ROGERS/BHOWMIK 1970). Von daher werden in den persönlichen Kontaktnetzen Beziehungen zwischen einander Ähnlichen dominieren.

Im folgenden Abschnitt gilt das Interesse einem speziellen Aspekt von Homophilie, nämlich der Konkordanz der parteipolitischen Orientierungen der westdeutschen und ostdeutschen Wähler mit den Parteipräferenzen der Kommunikationspartner in ihren egozentrierten Netzwerken, d.h. dem Grad, in dem die Wähler und die Personen, mit denen sie im Alltag kommunizieren, dieselbe Wahlabsicht haben. Gegenstand der Untersuchung ist die "subjektive" Homophilie bzw. komplementär dazu die "subjektive" Heterophilie, d.h. die parteipolitische Konkordanz bzw. Diskordanz von interpersonalen Kommunikationsbeziehungen wird einseitig aus der Sicht der Wähler analysiert.

Tabelle 7 zeigt die Wahlabsichten der westdeutschen und ostdeutschen Wähler (Zweitstimme) im Oktober 1990 im Vergleich zu den von ihnen wahrgenommenen Wahlabsichten ihrer Netzwerkpartner. An dieser Aggregatbetrachtung ist vor allem bemerkenswert, daß sie eigentlich wenig Auffälliges zeigt. Die verbreitete Einschätzung, daß die Regierungskoalition in den Präferenzen der Wählerschaft ein Übergewicht habe und infolgedessen die Bundestagswahl gewinnen würde[12], war offenbar kein Ausdruck einer Beobachtung des unmittelbaren persönlichen Umfeldes, denn die Netzwerkpartner wollten - aus der Sicht der Wähler - die Regierungsparteien nur unwesentlich oder gar nicht häufiger wählen als sie selbst. Sie war also mit ziemlicher Sicherheit medieninduziert. Erwähnenswert ist, daß die Gewißheit über die Wahlab-

---

12 73 Prozent der westdeutschen und 79 Prozent der ostdeutschen Befragten erwarteten, daß dies der Fall sein würde. Zur Entwicklung im Verlauf des Jahres 1990 siehe FORSCHUNGSGRUPPE WAHLEN (1990:23).

sichten der Kommunikationspartner mit steigendem Rangplatz nicht abnahm, denn eine systematische Zunahme der "Weiß nicht"-Antworten ist nicht erkennbar. Besonders gut informiert waren die Befragten über die Parteipräferenzen der zusätzlichen politischen Gesprächspartner - ein Ausdruck der Bedeutung von Politik als Kommunikationsgegenstand in diesen Beziehungen.

Tabelle 7: **Eigene Wahlabsicht und wahrgenommene Wahlabsichten der Netzwerkpersonen nach Rangplatz (Spaltenprozente)**

	Selbst	1.Person	2.Person	3.Person	4.Person	Zusatzperson
Westdeutsches Elektorat						
CDU/CSU	28,6	25,4	24,3	24,9	24,8	29,7
SPD	24,8	27,3	24,7	25,5	30,3	27,5
FDP	5,5	2,2	3,7	3,4	2,5	5,5
Grüne	7,3	4,9	7,4	8,9	8,5	8,8
REP	1,0	0,7	0,7	0,2	0,8	2,2
Sonstige Parteien	0,5	1,0	0,1	0,8	0,8	1,0
Weiß nicht	17,7	23,7	26,5	23,9	20,5	15,4
Nichtwahl	5,2	2,9	1,5	1,6	2,1	3,3
K.A. (i)	9,2	11,8	11,1	10,5	9,4	6,5
N	1335	1126	819	493	234	91
Ostdeutsches Elektorat						
CDU	32,1	36,5	34,7	34,0	35,2	41,1
SPD	16,8	16,5	19,9	19,8	16,0	16,1
PDS	3,9	4,3	4,3	5,2	4,9	7,1
FDP	4,9	3,4	2,3	4,5	6,2	0,0
DSU	0,9	0,5	0,7	0,3	0,6	0,0
B90/Grüne	7,5	6,2	4,5	5,2	8,0	8,9
REP	0,7	1,1	1,4	1,4	1,8	5,3
Sonstige Parteien	4,3	0,3	0,0	0,0	0,0	0,0
Weiß nicht	18,2	21,8	25,4	23,6	22,8	16,1
Nichtwahl	4,2	2,7	1,8	1,4	1,8	3,6
K.A. (i)	6,5	6,5	5,0	4,5	2,5	1,8
N	692	551	441	288	162	56

(i) Überwiegend Verweigerungen

Die Konkordanz der Wahlabsichten der Befragten mit den wahrgenommenen Wahlabsichten ihrer Kommunikationspartner nimmt mit steigendem Rangplatz der Partner kontinuierlich ab, jedoch auf insgesamt hohem Niveau (Tabelle 8).[13] Die Quoten parteipolitisch konkordanter Beziehungen sind in Ostdeutschland durchgängig

---

13 Konkordant sind Dyaden, wenn Befragte und Netzwerkpartner jeweils dieselbe Partei wählen wollen, diskordant sind sie, wenn der Netzwerkpartner eine andere Partei wählen will. Von Neutralität der Beziehung wird entweder dann gesprochen, wenn ein Netzwerkpartner aus der Sicht eines Wählers nicht wählen will, oder wenn der Wähler nicht über dessen Wahlabsicht informiert ist und mit "Weiß nicht" antwortet.

etwas niedriger als in Westdeutschland. Die Anteile der Paare, in denen beide Partner für dieselbe Partei stimmen wollten, sinken von 63 Prozent in Westdeutschland und 56 Prozent in Ostdeutschland bei den Netzwerkpersonen auf Rangplatz eins bis auf 41 Prozent auf Rangplatz vier in Westdeutschland und 39 Prozent auf Rangplatz fünf in Ostdeutschland. Letzteres ist ein bedeutsames Ergebnis: In Ostdeutschland war die Konkordanz mit den politischen Zusatzpartnern die geringste von allen Kommunikationspartnern. Aber auch im Westen war sie relativ schwach. Und der Anteil parteipolitisch diskordanter Dyaden war umgekehrt sowohl in Ost- als auch in Westdeutschland in diesem politisch besonders akzentuierten Beziehungstyp am größten (38 Prozent in Westdeutschland, 44 Prozent in Ostdeutschland). Wenn die egozentrierten Netzwerke von Wählern also zusätzliche Kommunikationspartner enthielten, mit denen diese sich speziell über Politik austauschten, dann mußten sie sich besonders häufig mit Parteipräferenzen auseinandersetzen, die von ihren eigenen abwichen. In Ostdeutschland überstieg bei diesen Partnern die Zahl diskordanter Dyaden sogar etwas die der konkordanten Paare.

Tabelle 8: Konkordanz, Diskordanz und Neutralität der Wahlabsichten der Netzwerkpersonen relativ zu eigener Wahlabsicht, nach Rangplatz der Netzwerkpersonen (Spaltenprozente)

	1. Person	2. Person	3. Person	4. Person	Zusatzperson
Westdeutsches Elektorat					
Konkordant	63,0	51,7	49,4	41,2	47,0
Neutral	18,9	22,2	21,4	24,1	14,7
Diskordant	18,0	26,0	29,1	34,7	38,2
N	709	549	350	170	68
Ostdeutsches Elektorat					
Konkordant	56,0	47,7	47,0	40,3	39,5
Neutral	17,4	19,7	19,3	15,1	16,3
Diskordant	26,6	32,7	33,6	44,5	44,2
N	368	300	202	119	43

Differenziert nach Typ der Beziehung zeigt sich erwartungsgemäß, daß Konkordanzen mit den Ehe- und Lebenspartnern mit Abstand am häufigsten vorkommen (Tabelle 9). In rund zwei von drei Lebensgemeinschaften wählten die Partner nach eigenem Bekunden dieselbe Partei. In allen anderen Typen von Beziehungen war die parteipolitische Übereinstimmung deutlich geringer. Nicht die Primärbeziehungen generell, sondern vor allem die Kernfamilie bildet somit den "harten Kern" der parteipolitischen Konkordanz innerhalb der interpersonalen Kontaktnetze. In dem Maße, in dem die Wähler über den intimen Hort der Paarbeziehung hinaus in politische Kommunikation eintreten - und dies tun, wie wir gesehen haben, Männer häufiger als Frauen - sinkt die Chance, für die eigenen parteipolitischen Überzeugungen Bestätigung durch Gleichgesinnte zu erhalten. Im Vergleich besonders gering ist die Übereinstimmung der Parteipräferenzen zwischen den Wählern und ihren Kommunikationspartnern in West- und Ostdeutschland nicht zuletzt unter den Arbeitskollegen; am Arbeitsplatz, wo sich die Wähler besonders oft über Politik austauschen, müssen sie sich offenkundig auch besonders häufig mit abweichenden politischen Meinungen auseinandersetzen. Auch der Kontext der Erwerbswelt hält zwar in erheblichem Umfang parteipolitische Bekräftigungen bereit; er stellt aber im Vergleich zu anderen Kommunikationsarenen auch eine wichtige Quelle möglicher Erosion von Parteineigungen dar. In der Kommunikation zwischen den Mitgliedern sekundärer Assoziationen scheint Diskordanz ebenfalls relativ stark ausgeprägt zu sein.

Um die interpersonalen Kommunikationsumwelten der Wähler in ihrer Gesamtcharakteristik analysieren zu können, werden Instrumente benötigt, welche die Konkordanzen und Diskordanzen für sämtliche jeweils genannten Kommunikationspartner in den egozentrierten Netzwerken zusammengefaßt zum Ausdruck bringen. Daher wurden Indizes der Gesamtkonkordanz bzw. Gesamtdiskordanz der interpersonalen Kommunikationsumwelten gebildet, und zwar für jeden Befragten durch Division der Zahl seiner parteipolitisch konkordanten bzw. diskordanten Beziehungen durch die Gesamtzahl seiner konkordanten, neutralen und diskordanten Beziehungen zu Netzwerkpartnern. Der Indexwert 1.0 steht für eine parteipolitisch vollständig konkordante bzw. diskordante interpersonale Kommunikationsumwelt, der Indexwert 0.0 für eine überhaupt nicht konkordante bzw. diskordante interpersonale Kommunikationsumwelt.

Tabelle 9: Konkordanz, Diskordanz und Neutralität der wahrgenommenen Wahlabsichten der Netzwerkpersonen relativ zu eigener Wahlabsicht, nach Art der Beziehung (Spaltenprozente)

	Ehe-/Lebenspartner	Verwandter	Nachbar	Selber Verein/Verband	Arbeitskollege	Freund	Andere Kontakte
Westdeutsches Elektorat							
Konkordant	69,6	56,3	49,6	50,0	49,0	51,8	40,5
Neutral	13,0	17,2	26,5	15,6	23,8	25,1	31,0
Diskordant	17,1	26,4	23,9	34,4	27,2	23,1	28,6
N	392	261	113	32	151	342	42
Ostdeutsches Elektorat							
Konkordant	64,7	49,4	50,8	55,6	47,3	48,3	36,4
Neutral	10,3	16,0	29,2	14,8	21,0	17,8	27,3
Diskordant	25,0	34,6	20,0	29,6	31,7	33,9	36,4
N	184	156	65	27	167	118	11

Auch in der zusammenfassenden Analyse der gesamten egozentrierten Netzwerke[14] überwiegt deutlich der Eindruck der Konkordanz (Schaubild 1). Wiederum gilt dies aber eher für West- als für Ostdeutsche. Mehrheiten von 38 Prozent der Wähler in den alten Bundesländern und 31 Prozent der Wähler in den neuen Bundesländern sahen sich selbst in völlig konkordanten interpersonalen Kommunikationsumwelten; sie kommunizierten ausschließlich mit Personen, die ihre eigene Parteipräferenz teilten. Wenigstens zur Hälfte konkordant waren die Kontaktnetze von immerhin 62 Prozent der westdeutschen und 54 Prozent der ostdeutschen Wähler. Unmittelbar nach der deutschen Vereinigung war die gesellschaftliche Verankerung des neuen Parteiensystems in den neuen Bundesländern noch erheblich schwächer als im Westen der Republik. Infolgedessen waren die Loyalitäten der Wähler dort noch weniger klar strukturiert. Die ostdeutschen Wähler mußten sich dementsprechend bei den Gesprächen mit ihren Verwandten und Bekannten häufiger als die westdeutschen Wähler mit anderen als ihren eigenen parteipolitischen Auffassungen auseinandersetzen. Das impliziert, daß der Spielraum für kurz- oder mittelfristige Umorientierungen von Parteipräferenzen vor der Bundestagswahl 1990 in Ostdeutschland größer war als in Westdeutschland.

---

14 Basis der Analyse sind Wähler mit mindestens einem konkordanten, neutralen oder diskordanten Netzwerkpartner.

Vermittlungsumwelten westdeutscher und ostdeutscher Wähler

Schaubild 1:
Gesamtkonkordanz der interpersonalen
Kommunikationsumwelten (Prozent)

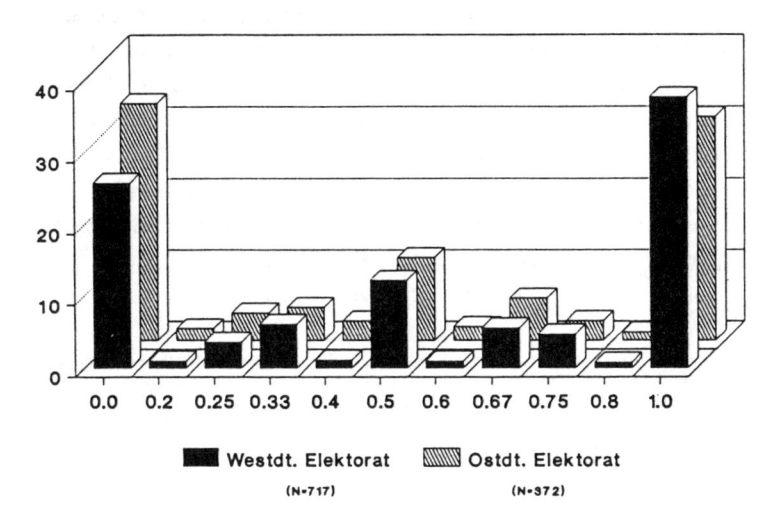

■ Westdt. Elektorat   ▨ Ostdt. Elektorat
  (N=717)   (N=372)

Schaubild 2:
Gesamtdiskordanz der interpersonalen
Kommunikationsumwelten (Prozent)

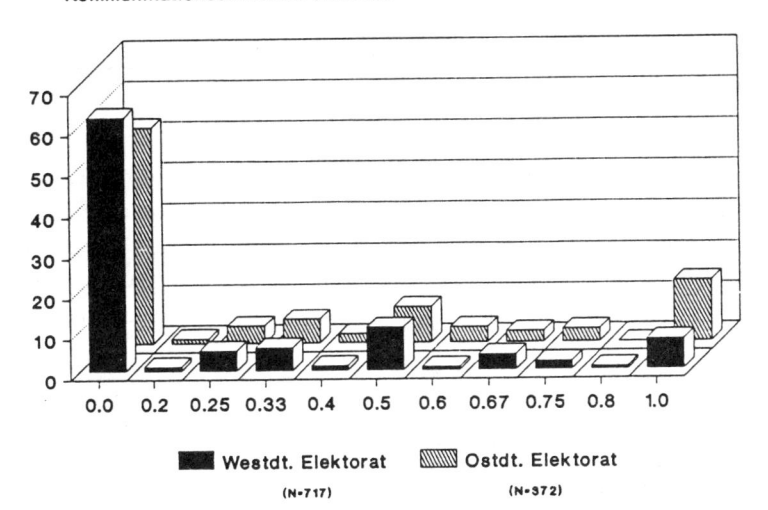

■ Westdt. Elektorat   ▨ Ostdt. Elektorat
  (N=717)   (N=372)

Bemerkenswert ist aber auch, daß immerhin ein Viertel der Wähler in den alten Bundesländern bzw. ein Drittel der Wähler in den neuen Bundesländern aus den persönlichen Kontaktnetzen keine parteipolitische Bekräftigung beziehen konnte. Diese Wähler kommunizierten mit keinem einzigen Gesprächspartner, der ihre Wahlabsicht teilte. Mit der ständigen Herausforderung vollständig diskordanter Kontaktnetze waren in beiden Wahlgebieten jedoch nur relativ wenige Wähler - 15 Prozent im Osten und sieben Prozent im Westen - konfrontiert (Schaubild 2). Wieder ist in Ostdeutschland das größere Veränderungspotential zu beobachten. Etwas mehr als die Hälfte der ostdeutschen und fast zwei Drittel der westdeutschen Wähler blieben bei den Gesprächen mit ihren wichtigsten Bezugspersonen aber von jeglicher Konfrontation mit andersartigen Parteipräferenzen verschont.

Tabelle 10: Determinanten des Grades der Konkordanz der interpersonalen Kommunikationsumwelt (Beta-Gewichte)

	Westdeutsches Elektorat	Ostdeutsches Elektorat
Bildung	0,01	-0,02
Geschlecht	0,02	-0,03
Alter	0,04	0,03
Politisches Interesse	-0,04	0,03
Politische Kompetenz	0,01	-0,02
Ideologie	0,14	0,15
Wahlabsicht Regierung vs. Opposition	-0,12	0,18
Wahlabsicht Große vs. kleine Partei	0,34	0,29
Politische Diskussionshäufigkeit	0,03	0,14
Kontakthäufigkeit	0,03	-0,01
Adj0, R^2	0,13	0,16
N	656	346

Unterstreichungen bedeuten: Beta signifikant auf 5 Prozent-Niveau.

Zum Abschluß dieses Teils der Untersuchung ist zu prüfen, wovon das Ausmaß der parteipolitischer Konkordanz in den interpersonalen Kommunikationswelten abhängt. Tabelle 10 zeigt wieder die Ergebnisse von multiplen Regressionen.[15] Die unabhängigen Variablen entsprechen weitgehend denjenigen von Tabelle 6. Zwei unabhängige Variablen wurde zusätzlich in die Modelle aufgenommen: die durchschnittliche Häu-

---

15 Basis der Analyse sind Wähler mit mindestens einem konkordanten, neutralen oder diskordanten Netzwerkpartner. Abhängige Variable ist ein Index, der sich an den von BECK (1991:387, FN 6) konzipierten Konkordanz-Diskordanz-Index anlehnt. Dabei wird jeder konkordanten Wähler-Partner-Relation der Wert 1, jeder diskordanten Wähler-Partner-Relation der Wert -1 und den neutralen Beziehungen der Wert null zugeordnet. Diese Werte werden dann für jeden Wähler über alle Partner summiert.

figkeit politischer Diskussionen der Wähler mit den Partnern in ihren egozentrierten Netzwerken[16] sowie eine Variable, die mißt, ob der Befragte eine große Partei oder eine kleine Partei zu wählen beabsichtigte.[17] Hintergrund ist dabei das Konzept der Gelegenheitsstruktur: Da es mehr Anhänger großer Parteien als Anhänger kleiner Parteien gibt, haben diese vermutlich größere Chancen, miteinander in Kontakt zu treten.

Diese Variable erklärt in der Tat einen erheblichen Anteil der Varianz des Grades der Konkordanz bzw. Diskordanz in den egozentrierten Netzwerken: Die interpersonalen Kommunikationsumwelten von Wählern, die eine der großen Parteien zu wählen beabsichtigten, waren vor den Bundestagswahl parteipolitisch wesentlich konkordanter als diejenigen der Wähler kleiner Parteien (vgl. analog PFENNING/PFENNING/MOHLER 1989). Außerdem waren die Kontaktnetze von ausgeprägt ideologischen Wählern stärker durch Konkordanz geprägt. Wähler, die sich eher der Mitte des ideologischen Spektrums zuordneten, kamen demgegenüber im persönlichen Gespräch häufiger mit diskordanten Präferenzen in Kontakt. Diese Zusammenhänge charakterisieren die Wähler sowohl in West- als auch in Ostdeutschland. Aber es gibt auch Unterschiede zwischen den beiden Wahlgebieten. Während sich in den alten Bundesländern eher Anhänger der Oppositionsparteien von konkordanten Netzwerken umgeben sahen, galt dies in den neuen Bundesländern umgekehrt für die Anhänger der Regierungsparteien. Die Häufigkeit politischer Diskussionen trug nur in Ostdeutschland zur Erhöhung der Konkordanz in den interpersonalen Kommunikationsumwelten bei.

4. Massenmediale Kommunikationsumwelten

4.1 Politische Kontaktintensität

Die Massenmedien sind die zweite politisch relevante Kommunikationsumwelt der Wähler. Ihrer Berichterstattung wird nicht selten eine sehr weitgehende Prägekraft für Wahlentscheidungen zugesprochen. Auf jeden Fall stellen sie für die Wähler eine kaum verzichtbare Wissensquelle über die entfernte Welt der Politik dar, deren in-

---

16 Codierung der Ausgangsvariablen, die der Durchschnittsbildung zugrundeliegen: fast immer = 4, manchmal = 3, selten = 2, nie = 1.
17 Codierung: 1 = CDU/CSU oder SPD, 0 = eine der sonstigen Parteien.

formative Vermittlungsleistung durch interpersonale Kommunikation nicht substituierbar ist. Hinsichtlich der Formung und Veränderung von Einstellungen hingegen sind ihre Einflußmöglichkeiten vergleichsweise begrenzt. Die Ostdeutschen sind generell erheblich intensivere Mediennutzer als die Westdeutschen (KIEFER 1992: 21ff). Man kann dies als Ausdruck größerer Mediendependenz (BALL-ROKEACH 1985) in Zeiten rapiden gesellschaftlichen und politischen Umbruchs deuten.

Tabelle 11: Regelmäßige oder gelegentliche Lektüre von Tageszeitungen (Zeilenprozente)

	Keine Tageszeitung	Nur Boulevardzeitung	1 Abonnementzeitung	1 Abonnementztg. +Boulevardtzg.	2 Abonnementzeitungen	N
Westdeutsches Elektorat	26,9	12,7	37,3	13,9	9,2	1340
Ostdeutsches Elektorat	10,0	4,0	40,3	31,8	13,9	692

Rund drei von vier westdeutschen und neun von zehn ostdeutschen Wahlberechtigten lasen vor der Bundestagswahl regelmäßig oder gelegentlich eine Tageszeitung (Tabelle 11). 60 Prozent der Westdeutschen und sogar 86 Prozent der Ostdeutschen nutzten regionale oder überregionale Abonnementzeitungen. Manche von ihnen rezipierten zusätzlich mehr oder weniger regelmäßig noch eine zweite Zeitung. Häufig handelte es sich dabei allerdings um Boulevardzeitungen[18], die wohl eher ein Unterhaltungs- als ein Informationsbedürfnis befriedigen, in etlichen Fällen war es aber auch eine weitere Abonnementzeitung. Auffällig ist, daß sich in den neuen Bundesländern wesentlich weniger Bürger mit der ausschließlichen Lektüre von Boulevardzeitungen begnügten. Selbst wer auf die Rezeption tagesaktueller Printmedien verzichtete, wurde fast immer von dem ubiquitären Medium Fernsehen erreicht. Nur drei Prozent der Befragten in Westdeutschland und ein Prozent in Ostdeutschland besaßen kein Fernsehgerät. In den alten Bundesländern konnten im Herbst 1990 rund 70 Prozent außer den öffentlich-rechtlichen Programmen ARD und ZDF auch mindestens ein Privatprogramm empfangen.[19] In Ostdeutschland war der Empfang dieser

---

18   Bei folgenden Zeitungen handelt es sich um Boulevardzeitungen (Kaufzeitungen): Abendzeitung, München; Bild, versch. Regionalausgaben; B.Z., Berlin; Express, Köln; Hamburger Morgenpost; tz, München. Vgl. REGIONALPRESSE (1991:253).
19   Erfragt wurde der Empfang der beiden Privatprogramme mit der größten Reichweite, RTLplus und SAT.1.

Programme zu dieser Zeit ebenfalls für einige Fernsehteilnehmer bereits möglich, wurde jedoch nicht erhoben. Aber rund 85 Prozent der ostdeutschen Fernsehzuschauer stand außer den beiden Programmen des Deutschen Fernsehfunks (DFF) mindestens eines der westdeutschen öffentlich-rechtlichen Programme zur Verfügung. Allerdings konnten sie vielfach nur in schlechter Qualität empfangen werden, was sich sicherlich in den Sehgewohnheiten niedergeschlagen hat (SCHMITT-BECK/SCHROTT 1992; SCHMITT-BECK 1992: 484ff).

Tabelle 12: **Nutzungshäufigkeit von Tageszeitungen und ihren politischen Inhalten nach Typ der Zeitung (Spaltenprozente)**

	Lektüre Zeitung		Lektüre politischer Berichte		Lektüre politischer Kommentare	
	Abonnementzeitung	Boulevardzeitung	Abonnementzeitung	Boulevardzeitung	Abonnementzeitung	Boulevardzeitung
Westdeutsches Elektorat						
nie	0,3	0,0	3,6	8,2	9,3	18,8
1 Tag	1,5	1,6	4,8	7,1	10,3	12,2
2 Tage	3,2	9,9	9,8	17,0	13,0	16,0
3 Tage	4,8	10,4	14,2	14,3	12,6	10,5
4 Tage	5,5	9,3	9,8	14,3	9,8	8,3
5 Tage	8,5	17,0	8,6	12,1	8,3	11,6
6 Tage	71,3	45,6	46,3	25,3	35,1	21,5
7 Tage	5,0	6,0	2,9	1,6	1,7	1,1
N	787	182	787	182	786	181
Durchschnitt	5,5	4,9	4,5	3,6	3,8	3,0
r		0,17**		0,17**		0,13**
Tau-B		0,17		0,15		0,11
Ostdeutsches Elektorat						
nie	0,0	0,0	1,2	3,3	4,0	13,3
1 Tag	0,7	6,7	1,5	6,7	6,7	10,0
2 Tage	1,5	10,0	4,1	13,3	8,6	13,3
3 Tage	3,1	16,7	8,4	13,3	13,9	6,7
4 Tage	5,1	13,3	7,2	10,0	8,2	13,3
5 Tage	5,1	6,7	7,5	13,3	5,3	10,0
6 Tage	82,2	36,7	68,1	33,3	51,7	30,0
7 Tage	2,2	10,0	1,9	6,7	1,5	3,3
N	584	30	583	30	582	30
Durchschnitt	5,7	4,5	5,2	4,3	4,5	3,6
r		0,24**		0,14**		0,09
Tau-B		0,17		0,12		0,08

**: Signifikant mit P<0,001

Tabelle 12 zeigt die Nutzungsfrequenzen des Mediums Tageszeitung und seiner politischen Inhalte.[20] 71 Prozent der westdeutschen und über 82 Prozent der ostdeutschen Leser von Abonnementzeitungen nutzten das Medium an jedem Erscheinungstag. Im Unterschied dazu wurden Boulevardzeitungen eher gelegentlich als systematisch und regelmäßig zur Kenntnis genommen, und zwar besonders in Ostdeutschland. Freilich implizierte die Lektüre der Tageszeitung noch nicht, daß auch in jedem Fall die politischen Informationsangebote, und erst recht nicht, daß die politischen Kommentare und Leitartikel wahrgenommen wurden. Aber während Abonnementzeitungen in Ostdeutschland insgesamt nur an wenig mehr Tagen im Durchschnitt gelesen wurden als in Westdeutschland, wandten sich die ostdeutschen Leser doch erheblich häufiger den politischen Inhalten zu. Die politisch meinungsbildenden Angebote wurden nur von einem Drittel der westdeutschen, jedoch der Hälfte der ostdeutschen Zeitungsleser an jedem Erscheinungstag wahrgenommen.

Interpretiert man Tabelle 13 vor dem Hintergrund der Allgegenwart des Mediums Fernsehen, dann ergibt sich der Schluß, daß der größte Teil derjenigen Wähler, die das Medium Tageszeitung nicht oder nicht intensiv und regelmäßig nutzten, wenigstens aus dem Fernsehen politische Informationen bezog. Anders als bei der Tageszeitung, die von substantiellen Anteilen der ost- und vor allem der westdeutschen Wähler nicht auf einer regelmäßigen Basis rezipiert wurde, gab es nur sehr wenige Wähler, die das Medium Fernsehen überhaupt nicht als politische Informationsquelle wahrnahmen. Das bedeutet zugleich, daß auch viele derjenigen, die sich politischer Kommunikation im interpersonalen Umfeld verweigerten, von den politischen Botschaften des Fernsehen erreicht - und vielleicht umso eher beeinflußt - wurden.

Einen ähnlich deutlichen Modalwert, wie er bei den Abonnementzeitungen erkennbar wird, gibt es bei der Nutzungshäufigkeit von Nachrichtensendungen im Fernsehen nicht. Während Abonnementzeitungen von ihren Lesern unter jedem der erfragten Aspekte am häufigsten an sechs Tagen in der Woche und mithin an jedem Erscheinungstag rezipiert wurden, verteilte sich das Sehen von Nachrichtenprogrammen viel stärker über die Woche.

---

20 Die folgenden Analysen zu Tageszeitungen beziehen sich bei Personen, die mehr als eine Zeitung angegeben haben, auf die von ihnen zuerst genannte.

Tabelle 13: Nutzungshäufigkeiten von Nachrichtensendungen nach Programmempfang (Spaltenprozent)

Westdeutsches Elektorat	Tagesschau		Heute		Tagesthemen		Heute-Journal		SAT.1-Blick		RTL-aktuell	
Fernseh-empfang	Nur ÖR Programm	Auch Priv.prg.	Nur ÖR Programm	Auch Priv.prg.	nur ÖR Programm	Auch Priv.prg.	Nur ÖR Programm	Auch Priv.Prog.	Auch Sat.1		Auch RTLplus	
nie	4,6	6,2	19,0	21,8	23,6	27,4	22,4	32,1	48,7		42,4	
1 Tag	6,3	9,0	9,5	15,2	19,6	22,5	20,1	22,0	18,3		18,3	
2 Tage	14,3	15,7	21,6	21,3	25,9	20,3	27,1	21,0	14,7		17,5	
3 Tage	17,5	18,7	20,5	16,1	12,8	11,1	14,6	11,2	8,7		11,5	
4 Tage	16,0	13,1	11,8	9,7	11,2	7,3	7,6	6,3	3,9		4,0	
5 Tage	10,9	11,3	7,0	5,1	2,7	4,8	4,4	3,2	1,7		2,1	
6 Tage	16,4	12,8	7,6	6,4	2,1	5,0	3,0	2,5	3,1		2,7	
7 Tage	13,9	11,2	3,0	4,4	2,1	1,6	0,8	1,7	1,0		1,6	
N	475	814	473	816	475	813	473	813	716		772	
Durchschnitt	4,0	3,6	2,6	2,4	1,9	1,9	1,9	1,6	1,2		1,4	
r	0,10**		0,06		0,01		0,08*					
Tau-B	0,08		0,06		0,03		0,09					

Ostdeutsches Elektorat	AK am Abend		AK Zwo		Tagesschau		Heute		Tagesthemen		Heute-Journal	
Fernseh-empfang	Nur DFF	Auch ÖR Westprogramm	Nur DFF	Auch ÖR Westprogramm	Auch ARD		Auch ZDF		Auch ARD		Auch ZDF	
nie	9,6	27,1	47,0	54,8	7,7		16,3		38,9		33,5	
1 Tag	6,0	14,1	8,4	14,2	5,4		9,2		15,4		16,9	
2 Tage	8,4	15,0	10,8	11,6	9,4		12,5		17,6		19,8	
3 Tage	10,8	11,9	9,6	6,7	11,6		13,7		10,8		11,6	
4 Tage	7,2	8,4	4,8	4,9	10,5		10,7		5,8		7,6	
5 Tage	10,8	5,7	6,0	3,5	12,6		9,4		4,3		2,5	
6 Tage	8,4	5,5	3,6	2,2	13,8		7,8		2,7		2,5	
7 Tage	38,6	12,3	9,6	2,0	29,1		20,0		4,6		5,5	
N	83	595	83	593	553		588		586		550	
Durchschnitt	4,6	2,6	2,0	1,2	4,5		3,6		1,7		1,9	
r	0,26**		0,13**									
Tau-B	0,21		0,08									

*: Signifikant mit P<0,01; **: Signifikant mit P<0,001.

Dies dürfte eine Konsequenz des konkurrierenden Angebotes der verschiedenen Sender sein. Wenige Zuschauer dürften auf eine ganz bestimmte Nachrichtensendung eingeschworen sein; die meisten integrieren das Nachrichtensehen vermutlich in ihren Fernsehabend und schalten diejenige Sendung ein, die am besten mit ihren sonstigen Programmpräferenzen vereinbar ist. Insgesamt scheint dies am ehesten für die "Tagesschau" der ARD um 20.00 Uhr zu gelten, die für viele Zuschauer so etwas wie einen habituellen Einstieg in die abendliche prime time darstellen dürfte. Die "Aktuelle Kamera" des DFF scheint vor der Bundestagswahl 1990 für die wenigen ostdeutschen Zuschauer ohne Westempfang eine analoge Funktion erfüllt zu haben. Wenn diese Möglichkeit allerdings bestand, dann erwies sich der Abkömmling des ehemaligen DDR-Staatsfernsehens als ziemlich chancenlos; dann war nämlich die "Tagesschau" mit großem Abstand der Favorit der Zuschauer. Sie wurde in Ostdeutschland sogar häufiger gesehen als in Westdeutschland. Analoges gilt für "heute", die Hauptnachrichtensendung des ZDF.

Tabelle 13 verdeutlicht auch, wie die vermehrten Wahloptionen durch die Möglichkeit zum Empfang von Privatprogrammen in Westdeutschland von den meisten tagesaktuellen politischen Angeboten der öffentlich-rechtlichen Sender Zuschauer abzogen. Die eigenen Angebote der privatkommerziellen Kanäle in dieser Programmsparte wurden allerdings erkennbar nicht als Substitut akzeptiert und fanden nur wenige Interessenten. Aufschlußreich ist schließlich die Inspektion der selbstzugeschriebenen Aufmerksamkeit, mit der die politische Berichterstattung von Tageszeitungen und Fernsehnachrichten von den jeweiligen Rezipienten verfolgt wurde. Auch hier wird die auf allen Dimensionen stärkere Hinwendung der ostdeutschen Wähler zu den politischen Angeboten der Massenmedien sichtbar (Tabelle 14). Überraschend ist, daß im Westen insgesamt die Abonnementzeitungen am aufmerksamsten genutzt wurden, im Osten dagegen die Fernsehnachrichten.

Welche Faktoren beeinflußten die Häufigkeit, mit der westdeutsche und ostdeutsche Wähler die politischen Informationsangebote der Tageszeitung und des Fernsehens zur Kenntnis genommen haben? Die im folgenden diskutierten multiplen Regressionen (Tabelle 15) stützen sich auf denselben Satz unabhängiger Variablen wie die in Tabelle 6 ausgewiesenen Analysen, mit Ausnahme der beziehungsstrukturellen Netzwerkvariablen.[21] Westdeutsche und ostdeutsche Wähler rezipierten politische Medieninhalte umso häufiger, je älter sie waren und je mehr sie sich für Politik interessierten. Beides gilt stärker für das Fernsehen als für die Tageszeitung. Der Zusammenhang mit dem Lebensalter spricht zwar für eine wachsende Bedeutung medienvermittelter politischer Information mit steigendem Alter, ist aber zumindest partiell auch ein Ausdruck der generellen Charakteristik des Fernsehens als eines Mediums, das stärker von Älteren als von Jüngeren in Anspruch genommen wird (KIEFER 1992: 149ff). Hohe politische Kompetenz begünstigte ebenfalls den politischen Medienkonsum, jedoch primär bei Tageszeitungen. Die Fernsehnachrichten wurden in Westdeutschland überdies häufiger von Wählern mit geringerem formalem Bildungsniveau als von Wählern mit höherem Bildungsabschluß rezipiert.

Tabelle 14: Aufmerksamkeit der Rezeption der Fersehnachrichten und der politischen Berichterstattung in der Tageszeitung (Spaltenprozente).

	Westdeutsches Elektorat			Ostdeutsches Elektorat		
	Abonne-mentztg.	Boule-vardztg.	TV-Nach-richten	Abonne-mentztg.	Boule-vardztg.	TV-Nach-richten
Sehr aufmerksam	26,2	13,3	23,6	34,3	26,7	38,2
Aufmerksam	50,0	46,1	53,5	54,7	33,3	50,0
Weniger aufmerksam	21,2	35,6	19,6	10,3	36,7	10,6
Nicht aufmerksam	2,6	5,0	3,4	0,7	3,3	1,2
N	782	180	1255	583	30	670
Tau-B(i)		0,15			0,10	

(i) nur Tageszeitungen

---

21 Basis der Analyse sind Wähler, die die jeweiligen Medien, d.h. Tageszeitung bzw. Fernsehen, nutzen. Abhängige Variablen sind die Häufigkeit des Lesens politischer Berichte in der Tageszeitung und ein Index der Häufigkeit des Sehens von Fernsehnachrichten. Dieser Index basiert auf einer Addition der Sehhäufigkeiten aller Nachrichtensendungen und wurde gruppenweise in Abhängigkeit von den unterschiedlichen Möglichkeiten zum Programmempfang z-standardisiert. Die Nutzungshäufigkeiten können nicht unstandardisiert in die Analyse eingeführt werden, weil die Variablenwerte dann sowohl die Nutzungshäufigkeit von Sendungen selbst als auch die Anzahl der technisch empfangbaren Sendungen reflektieren würden.

Tabelle 15: Determinanten der Häufigkeit der Nutzung politischer Informationsangebote in den Massenmedien (Beta-Gewichte)

	Westdeutsches Elektorat		Ostdeutsches Elektorat	
	Lektüre von pol.Ber. in Tageszeitungen	Sehen von TV-Nachrichten	Lektüre von pol. Ber. in Tageszeitungen	Sehen von TV-Nachrichten
Bildung	-0,01	<u>-0,10</u>	-0,01	-0,04
Geschlecht	-0,01	<u>-0,02</u>	0,01	-0,04
Alter	<u>0,11</u>	<u>0,21</u>	<u>0,17</u>	<u>0,26</u>
Politisches Interesse	<u>0,13</u>	<u>0,25</u>	<u>0,17</u>	<u>0,17</u>
Politische Kompetenz	<u>0,34</u>	<u>0,12</u>	<u>0,24</u>	0,07
Ideologie	0,00	0,02	-0,08	-0,01
Wahlabsicht Regierung vs. Opposition	0,05	-0,02	0,06	-0,07
Adj. R^2	0,19	0,13	0,13	0,09
N	655	828	395	424

Unterstreichungen bedeuten: Beta signifikant auf 5 Prozent-Niveau

4.2 Parteipolitische Konkordanz

Objektive Berichterstattung durch die Verpflichtung auf "wahrheitsgemäße" Faktenwiedergabe wird in den einschlägigen Funktionskatalogen regelmäßig als eines der zentralen normativen Operationsprinzipien der Massenmedien hervorgehoben (WILDENMANN/KALTEFLEITER 1965: 21ff; SEVERIN/TANKARD 1988: 212ff). Freilich verlangt die liberale Theorie der Massenkommunikation nicht unbedingt, daß jedes einzelne Medium diesen Erfordernissen strikt genügt. Je nach Art des Mediums kann die Objektivität der Berichterstattung durch binnenplurale oder durch außenplurale Balance gewährleistet werden. Wenn auch offene Formen der Unterstützung von Parteien wie die "endorsements" in den Leitartikeln amerikanischer Zeitungen in der deutschen Presse nicht üblich sind, so gibt es doch diffizilere Formen, durch die ebenfalls parteipolitisch akzentuierte Tendenzen in der Berichterstattung zum Ausdruck gebracht werden können. Bei Tageszeitungen nehmen die Leser jedenfalls durchaus Redaktionslinien wahr (DONSBACH 1990). Während im Bereich der Printmedien im allgemeinen die herrschende Angebotsvielfalt als ausreichender Garant für die Objektivität der Presse gesehen wird, wird die Objektivitätsnorm als Gebot der Ausgewogenheit an den Rundfunk, vor allem an den öffentlich-rechtlichen Rundfunk, in sehr viel stärkerem Maße angelegt. Zugleich gibt es aber begründeten Verdacht, daß gerade er ein reiches Betätigungsfeld für Parteieinflüsse auf die Berichterstattung darstellt (LANGENBUCHER/LIPP 1982).

In welchem Umfang haben die Wahlberechtigten vor der Bundestagswahl 1990 in der Berichterstattung der von ihnen genutzten Medien parteipolitische Ungleichgewichte wahrgenommen? Hinsichtlich der Tageszeitungen fallen drei Ergebnisse auf (Tabelle 16):[22] Erstens hatten die meisten westdeutschen und ostdeutschen Zeitungsleser nicht die Wahrnehmung, daß das von ihnen gelesene Blatt über manche Parteien besser berichtete als über andere. Davon abgesehen jedoch erkannten, zweitens, die westdeutschen Zeitungsleser wesentlich öfter eine Bevorzugung einer bestimmten Partei als die ostdeutschen Zeitungsleser. Drittens schließlich war die Partei, die gemäß dieser Wahrnehmungen von ungleichgewichtiger Berichterstattung vor allem zu profitieren schien, ganz eindeutig die CDU/CSU bzw. CDU. Mehr als ein Viertel der westdeutschen und 15 Prozent der ostdeutschen Zeitungsleser nahmen in ihrer Zeitung eine Bevorzugung der Unionsparteien wahr. Eine SPD-Färbung der Berichterstattung stellten nur halb so viele Zeitungsrezipienten fest.

Tabelle 16: **Wahrnehmungen der Bevorzugung von Parteien in Tageszeitungen (Prozente; Mehrfachnennungen möglich)**

	Westdeutsches Elektorat		Ostdeutsches Elektorat
CDU/CSU	28,5	CDU	15,3
FDP	1,8	FDP	2,3
SPD	13,4	SPD	7,3
Grüne	0,6	B90/Grüne	1,6
Keine Partei	57,5	PDS	3,1
Weiß nicht	2,8	Keine Partei	77,1
N	428	N	262

Wegen der Vielfalt der gelesenen Zeitungen verbietet sich eine tiefergehende Analyse. Spezifischer kann der wahrgenommene parteipolitische "bias" jedoch bei den Fernsehprogrammen ermittelt werden (Tabelle 17).[23] Parteipolitische Unausgewogenheiten wurden im Fernsehen etwas seltener festgestellt als in den Zeitungen. Bei keinem Kanal lag die Zahl der Fernsehzuschauer, die sich nicht in der Lage sahen, eine Bevorzugung bestimmter Parteien zu erkennen, unter 60 Prozent. Am häufigsten wurde beim ZDF eine unausgewogene Berichterstattung wahrgenommen, und zwar sowohl in Westdeutschland als auch in den Regionen Ostdeutschlands, wo dieses Pro-

---

22 Die geringen Fallzahlen sind darauf zurückzuführen, daß die Wahrnehmung parteipolitischer Tendenzen in den Medien (als einzige der hier behandelten Gruppen von Variablen) in der 2. Panelwelle erhoben wurde.
23 Prozentuierungsbasis sind jeweils diejenigen Fernsehzuschauer, die das betreffende Programm empfangen können.

gramm gesehen werden konnte. Außerdem waren sich die west- und die ostdeutschen Zuschauer mit erstaunlich ähnlichen Anteilen von immerhin jeweils einem guten Fünftel darin einig, daß es die CDU/CSU bzw. CDU sei, welche von der Berichterstattung im ZDF profitiere. Auch hinsichtlich der ARD ist es durchaus bemerkenswert, wie sehr sich die Wahrnehmungen von West- und Ostdeutschen im Aggregat ähnelten: Die großen Parteien CDU/CSU und SPD wurden jeweils etwa gleich häufig als Günstlinge der ARD perzipiert. Die westdeutschen Privatprogramme RTLplus und SAT.1 waren für viele Befragte schwer einzustufen, wie die hohen Anteile der "Weiß nicht"-Kategorie belegen. Für eine evidente Bevorzugung einer bestimmten Partei in ihrer Berichterstattung gibt es keine Anzeichen. Dies dürfte nicht zuletzt daher rühren, daß die Politik in den Programmplänen dieser Kanäle generell nur eine marginale Rolle spielt. Außerdem wurden die spärlichen politischen Informationsangebote ohnehin nur von wenigen Zuschauern genutzt. Die Berichterstattung des früheren DDR-Staatsfernsehens DFF war dem Urteil seiner Zuschauer zufolge im vorletzten Jahr seiner Sendetätigkeit ein Musterbeispiel parteipolitischer Neutralität. Weniger als zehn Prozent der ostdeutschen Fernsehteilnehmer konnten ein Ungleichgewicht feststellen. Dieses Ergebnis ist besonders bemerkenswert im Vergleich zu der deutlich anders gearteten Wahrnehmung der westdeutschen öffentlich-rechtlichen Sender.

Betrachtet man die Wahrnehmungen der Wähler über parteipolitische Verzerrungen in der Berichterstattung von Tageszeitungen und Fernsehprogrammen in Zusammenhang mit ihren eigenen Parteipräferenzen, dann ergeben sich naturgemäß zum Teil ähnliche Regelmäßigkeiten (Tabelle 18)[24]: In Westdeutschland wurden die Privatsender als die neutralsten Medien wahrgenommen, die Tageszeitungen hingegen als diejenigen Medien mit dem stärksten parteipolitischen "bias".

---

[24] Als konkordant wird eine Tageszeitung bzw. ein Fernsehprogramm dann eingestuft, wenn sie/es aus Sicht des Wählers die Partei bevorzugt, die er wählen will, als diskordant wird sie/es eingestuft, wenn sie/es nur eine oder mehrere andere Parteien bevorzugt. D.h. wenn eine Bevorzugung mehrerer Parteien einschließlich der vom Befragten favorisierten vorliegt, erfolgt eine Kategorisierung als konkordant. Die Kategorie "neutral" schließt "Weiß nicht"-Antworten ein.

Tabelle 17: **Wahrnehmungen der Bevorzugung von Parteien in Fernsehprogrammen** (Prozente; Mehrfachnennungen möglich)

Westdeutsches Elektorat	ARD	ZDF	RTLplus	SAT.1
CDU/CSU	12,8	21,2	4,6	7,8
FDP	1,1	2,1	0,4	0,5
SPD	11,2	7,1	7,1	4,1
Grüne	0,2	0,5	0,8	0,5
Sonstige Parteien	1,3	0,7	0,4	0,5
Keine Partei	68,5	62,9	69,4	69,6
Weiß nicht	8,2	9,4	20,5	19,3
N	425	426	239	217

Ostdeutsches Elektorat	DFF 1	DFF 2	ARD	ZDF
CDU	4,4	3,7	14,6	22,8
FDP	0,8	1,2	1,9	2,0
SPD	2,8	3,7	13,2	7,0
Bündnis 90/Grüne	0,4	0,4	-	-
PDS	1,6	1,2	-	-
Keine Partei	90,7	89,7	76,4	73,1
Weiß nicht	2,0	2,4	1,0	1,0
N	248	244	212	197

Die ostdeutschen Wähler nahmen die beiden Programme des DFF als die neutralsten Medienangebote wahr. Die meisten Konkordanzen gab es aus ihrer Sicht in der Berichterstattung von ARD und ZDF, die meisten Diskordanzen hingegen in den ostdeutschen Tageszeitungen. Bemerkenswert ist, daß fast alle Medien dann, wenn man in ihrer Berichterstattung eine Verzerrung erkannte, so gesehen wurden, wie es die "hostile-media"-These (DONSBACH 1990: 279) erwarten läßt: Die meisten Wähler, die die Wahrnehmung hatten, daß ein Medium einseitig eine bestimmte Partei bevorzugte, waren nämlich der Auffassung, daß es sich dabei nicht um die Partei handle, deren Anhänger sie selbst waren. Die einzige Ausnahme von dieser Regel bildeten die westdeutschen Privatkanäle. Hintergrund der "hostile-media"-These ist die Überlegung, daß die Anhänger von Parteien durch einen Mechanismus "negativer Projektion" dazu neigen, eine tatsächlich weitgehend neutrale Berichterstattung der Medien als ihren Präferenzen entgegengerichtet wahrzunehmen (VALLONE/ROSS/LEPPER 1985).

Tabelle 18: Konkordanz, Diskordanz und Neutralität der wahrgenommenen Bevorzugung von Parteien in den Massenmedien relativ zu eigener Wahlabsicht (Spaltenprozente)

Westdeutsches Elektorat	Tageszeitungen	ARD	ZDF	RTLplus	SAT.1
Konkordant	16,4	7,3	10,2	6,1	7,0
Neutral	57,8	76,7	70,1	89,4	87,3
Diskordant	25,8	16,0	19,7	4,4	6,0
N	322	313	314	180	158

Ostdeutsches Elektorat	Tageszeitungen	DFF 1	DFF 2	ARD	ZDF
Konkordant	5,8	1,1	1,2	8,0	10,1
Neutral	73,5	93,5	95,2	77,3	74,8
Diskordant	20,6	5,3	3,6	14,7	15,1
N	189	169	166	150	139

Um die parteipolitische Konkordanz bzw. Diskordanz der massenmedialen Kommunikationsumwelten insgesamt zu analysieren, wurden analog zum Vorgehen bei der Analyse der interpersonalen Kommunikationsumwelten Indizes konstruiert, die für jeden Befragten sämtliche von ihm rezipierten Medien berücksichtigen. Es handelt sich jeweils um den Quotienten der Zahl konkordanter bzw. diskordanter Medien durch die Summe der konkordant, diskordant oder parteipolitisch neutral wahrgenommenen Medien. Der Indexwert 1.0 steht für eine parteipolitisch vollständig konkordante bzw. diskordante massenmediale Kommunikationsumwelt, der Indexwert 0.0 für eine massenmediale Kommunikationsumwelt ohne Konkordanzen bzw. Diskordanzen. Waren die interpersonalen Kommunikationsumwelten der Wähler in West- und Ostdeutschland stark durch Konkordanz geprägt, so verhielt es sich bei den massenmedialen Kommunikationsumwelten gerade umgekehrt (Schaubild 3).[25] Massenmediale Kommunikationsumwelten, die wenigstens zur Hälfte durch Konkordanz der parteipolitischen Orientierungen gekennzeichnet waren, prägten den Erfahrungsraum von nicht einmal zehn Prozent der westdeutschen und fünf Prozent der ostdeutschen Wähler. Umgekehrt entnahmen über 70 Prozent der westdeutschen und über 80 Prozent der ostdeutschen Wähler nach eigener Einschätzung keinem einzigen der von ihnen rezipierten Medien parteipolitische Botschaften, die ihre eigene Präferenz bekräftigten. Beimischungen von diskordanten Botschaften, zumal in größerem Umfang, wurden allerdings ebenfalls selten festgestellt; 57 Prozent der westdeutschen und so-

---

25 Basis der Analyse sind Wähler, die mindestens ein Medium rezipieren.

gar 68 Prozent der ostdeutschen Wähler wurden nach eigener Einschätzung durch keines der Medien, die sie nutzten, parteipolitisch herausgefordert (Schaubild 4). Die Massenmedien wurden also als weitaus neutralere Kommunikationsumwelt gesehen als die egozentrierten Netzwerke. Aber soweit sie parteipolitisch gefärbt erschienen, wirkten sie häufiger als Herausforderung denn als Bekräftigung der eigenen Position.

Wiederum ist abschließend durch eine explorative multiple Regression zu prüfen, ob sich Determinanten des Grades der Konkordanz bzw. Diskordanz massenmedialer Kommunikationsumwelten identifizieren lassen (Tabelle 19).[26] Lediglich zwei unabhängige Variablen waren hierfür eindeutig bedeutsam: Wähler von Regierungsparteien nahmen ihre massenmedialen Kommunikationsumwelten eher konkordant wahr als Wähler von Oppositionsparteien. Dies galt freilich nur für die alten Bundesländer und war eine Folge der CDU/CSU-Dominanz, die in der Berichterstattung der meisten Medien wahrgenommen wurde, sofern überhaupt ein parteipolitisches Ungleichgewicht erkannt wurde. Außerdem nahmen in den alten und den neuen Bundesländern die Wähler großer Parteien sehr viel eher Konkordanzen wahr als die Wähler kleiner Parteien. Aus den Tabellen 16 und 17 wird ja ersichtlich, daß kaum je der Eindruck entstand, ein Medium begünstige eine der kleinen Parteien. Daneben liegen in Westdeutschland die soziodemographischen Merkmale der Rezipienten knapp unterhalb der Signifikanzschwelle. Es mag also sein, daß auch weniger Gebildete, Männer sowie jüngere Wähler dazu neigen, mehr Konkordanz im Mediensystem zu beobachten. Dasselbe gilt auch für Wähler, die sich ideologisch eher in der Mitte des Spektrums sahen.[27]

---

26   Basis der Analyse sind Wähler, die mindestens ein Medium rezipieren. Abhängige Variable ist ein Index, der sich an den von BECK (1991:387, FN 6) konzipierten Konkordanz-Diskordanz-Index anlehnt. Dabei wird jeder konkordanten Wähler-Medium-Relation der Wert 1, jeder diskordanten Wähler-Medium-Relation der Wert -1 und den neutralen Beziehungen der Wert null zugeordnet. Diese Werte werden dann für jeden Wähler über alle von ihm genutzten Tageszeitungen und Fernsehprogramme summiert.
27   Wenn man als abhängige Variable den - aus Verteilungsgründen problematischen - Konkordanzindex benutzt, der in Schaubild 3 präsentiert ist und den Vorteil hat, nicht durch die Zahl der genutzten Medien konfundiert zu sein, dann zeigt sich, daß die Chance, aus den Massenmedien konkordante parteipolitische Botschaften zu empfangen, mit der Zahl der genutzten Medien sinkt (vgl. SCHMITT-BECK 1993a: 38ff) - ein Ausdruck der Vorzüge von Medienvielfalt.

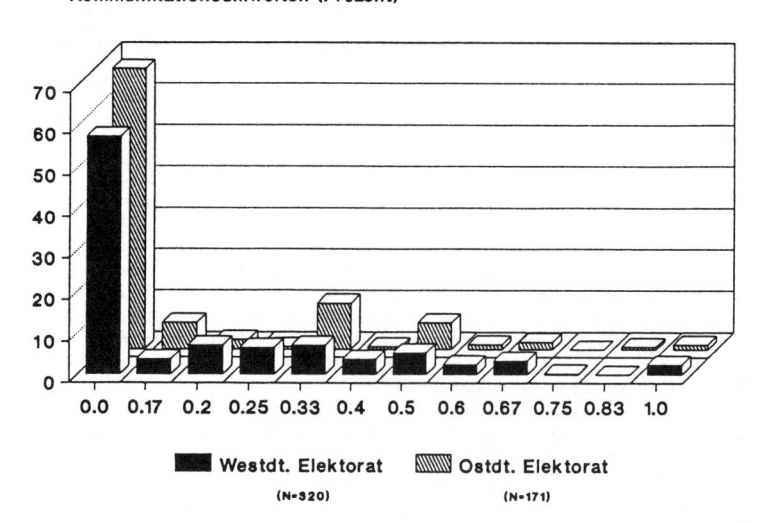

Schaubild 3:
Gesamtkonkordanz der massenmedialen Kommunikationsumwelten (Prozent)

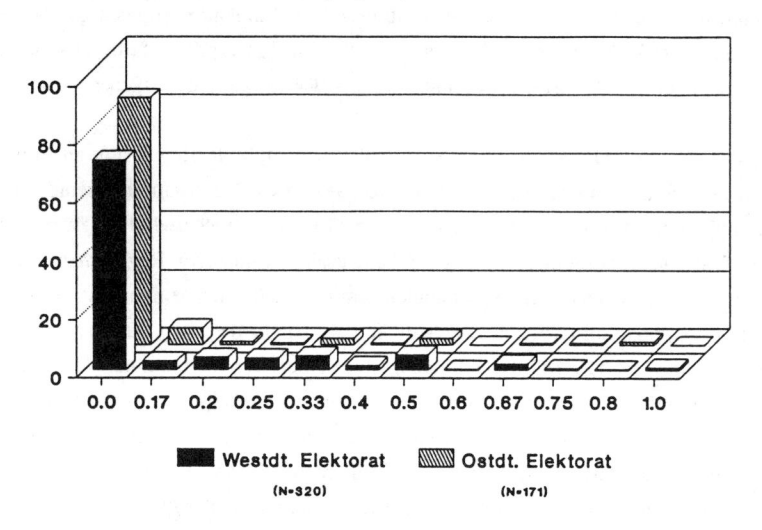

■ Westdt. Elektorat (N=320)   ▨ Ostdt. Elektorat (N=171)

Schaubild 4:
Gesamtdiskordanz der massenmedialen Kommunikationsumwelten (Prozent)

■ Westdt. Elektorat (N=320)   ▨ Ostdt. Elektorat (N=171)

Tabelle 19: **Determinanten des Grades der Konkordanz der massenmedialen Kommunikationsumwelt (Beta-Gewichte)**

	Westdeutsches Elektorat	Ostdeutsches Elektorat
Bildung	-0,08	-0,01
Geschlecht	0,09	-0,03
Alter	-0,09	-0,08
Politisches Interesse	-0,05	0,09
Politische Kompetenz	0,01	-0,01
Ideologie	-0,09	-0,01
Wahlabsicht Regierung vs. Opposition	<u>0,22</u>	0,10
Wahlabsicht große vs. kleine Partei	<u>0,26</u>	<u>0,45</u>
Häufigkeit der Lektüre von pol. Berichten in Tageszeitung	-0,06	-0,02
Häufigkeit des Sehens von TV-Nachrichten	-0,01	-0,03
Adj. R^2	0,14	0,19
N	306	160

Unterstreichungen bedeuten: Beta signifikant auf 5 Prozent-Niveau.

5. Simultane Analyse von interpersonalen und massenmedialen Kommunikationsumwelten

Den Ausgangspunkt für die hier vorgestellten Analysen bildete das Argument, daß es für ein adäquates Verständnis der kommunikativen Bedingungen des Wahlverhaltens darauf ankomme, interpersonale und massenmediale Vermittlungsumwelten simultan in ihrer wechselseitigen Verschränkung und Überlagerung zu betrachten. Daher bildet die gemeinsame Betrachtung von interpersonaler und Massenkommunikation über politische Themen den Abschluß dieses Beitrages. Zunächst ist dabei von Interesse, wie sich interpersonale und massenmediale Kommunikationsumwelten hinsichtlich der Intensität, mit der sie als politische Vermittlungsinstanzen genutzt werden, zueinander verhalten. Neigen Wähler zu Spezialisierung in dem Sinne, daß sie ihre politischen Kommunikationsaktivitäten bevorzugt auf eine der beiden Vermittlungsumwelten konzentrieren? Oder unterscheiden sich die Wähler eher danach, mit welcher Intensität sie sich allen beiden Instanzen der Politikvermittlung gleichermaßen zuwenden? In Westdeutschland ist die Antwort auf diese Fragen ganz eindeutig: Beide Formen der politischen Kommunikation sind auf der Aktivitätsdimension eng miteinander korreliert (Tabelle 20):[28] Wähler, die bei vielen Gelegenheiten mit Personen in ihrem unmittelbaren Umfeld politische Diskussionen führten, nutzten in der Regel

---

28 Basis der folgenden Analysen sind Wähler mit mindestens einem Netzwerkpartner, die mindestens eine Tageszeitung bzw. ein Fernsehprogramm rezipieren.

auch sehr viel häufiger die politischen Informationsangebote der Medien Tageszeitung und Fernsehen. Anders in den neuen Bundesländern: Dort lasen diskussionsfreudige Wähler zwar ebenfalls häufiger die politischen Berichte in ihrer Tageszeitung als Wähler, die eher selten über Politik sprachen. Aber sie taten dies nicht um soviel häufiger wie ihr westliches Pendant. Und das Nachrichtensehen hatte als politische Kommunikationsaktivität schließlich eine völlig andere Charakteristik. Ob ein Wähler seltener oder häufiger die Nachrichtensendungen des Fernsehens anschaltete, war ganz unabhängig davon, ob er sich mit seinen Verwandten und Bekannten häufig oder selten über politische Themen austauschte. Die diskussionsfreudigen Wähler rezipierten genauso selten oder oft die Nachrichten wie die diskussionsabstinenten Wähler. Die Intensität interpersonaler politischer Kommunikation hatte in der ehemaligen DDR also einen schwächeren positiven Zusammenhang mit der massenmedialen politischen Kommunikation, soweit es um das Medium Tageszeitung ging, aber keinen Zusammenhang, soweit es das Fernsehen anbetraf. Mit den vorliegenden Daten läßt sich nicht entscheiden, ob sich dahinter eine grundsätzlich andere Spezifik politischer Kommunikation in den neuen Bundesländern verbirgt oder ob diese Ergebnisse der historischen Sondersituation im Zusammenhang mit dem Prozeß der deutschen Vereinigung zuzuschreiben sind.

Wie sieht das Verhältnis zwischen interpersonalen und massenmedialen Kommunikationsumwelten hinsichtlich der parteipolitischen Charakteristik der Botschaften aus, die sie den Wählern zutragen? Tabelle 21 zeigt, wie sich diese beiden Vermittlungsinstanzen überlagern.[29] Wie schon belegt, fungierte die interpersonale Kommunikation im Umfeld der alltäglichen Gesprächspartner als eine weitaus wichtigere Quelle parteipolitischer Bestätigung durch konkordante Botschaften als die Massenkommunikation, und zwar in Ostdeutschland infolge der aus Wählersicht neutraleren Medienlandschaft noch deutlicher als in Westdeutschland. Anders verhielt es sich mit diskordanten Kommunikationsinhalten, die bestehende Parteipräferenzen herausfordern und unterminieren konnten. Sie entstammten in den alten Bundesländern häufiger den Massenmedien, in den neuen Bundesländern hingegen öfter der interpersonalen Kommunikation. Geht man davon aus, daß persönliche Gespräche im Hinblick auf die Beeinflussung und Veränderung von Einstellungen wirkungsmächtiger

---

29　Die Tabelle basiert, nach dem Muster von BECK (1991:387, Tab. 7), auf den für die Analyse der Determinanten der Konkordanz von Kommunikationsumwelten als abhängige Variablen gebildeten Indizes (vgl. Fußnoten 15 und 26). Die Indizes wurden für die tabellarische Darstellung trichotomisiert.

sind als die Berichte und Kommentare der Medien, dann ist zu konstatieren, daß das Elektorat der Neubürger in der ehemaligen DDR im Vergleich zu dem der alten Bundesrepublik stärker durch eine Gemengelage parteipolitischer Konfliktlinien geprägt war, die ein größeres Potential für Umstrukturierungen in sich trug.

Tabelle 20: **Lektürehäufigkeit politischer Berichte von Tageszeitungen und Sehhäufigkeit von Fernsehnachrichten nach Häufigkeit politischer Diskussionen (Zeilenprozente)**

Häufigkeit pol. Diskussionen	Lektüre von Tageszeitung			Sehen von Nachrichten		
	Unterdurch-schnittlich	Überdurch-schnittlich	N	Unterdurch-schnittlich	Überdurch-schnittlich	N
Westdeutsches Elektorat						
Unterdurch-schnittlich	64,7	35,3	252	61,5	38,5	317
Überdurch-schnittlich	41,0	59,0	349	40,5	59,5	422
r (i) Tau-B (i)	0,35** 0,25			0,35** 0,24		
Ostdeutsches Elektorat						
Unterdurch-schnittlich	34,9	65,1	175	48,4	51,6	190
Überdurch-schnittlich	23,3	76,7	172	51,9	48,1	183
r (i) Tau-B (i)	0,19** 0,15			-0,02 0,01		

(i) Nicht recodierte Variablen

Vor allem weil das Mediensystem keine bedeutende Quelle konkordanter parteipolitischer Botschaften war, befand sich insgesamt nur eine kleine Minderheit von Wählern in einer Kommunikationssituation, in der ausschließlich Bekräftigung vermittelt wurde (neun Prozent in Westdeutschland, sechs Prozent in Ostdeutschland). Daß Wähler umgekehrt sowohl durch interpersonale Kommunikation als auch durch Massenkommunikation per saldo nur diskordanten Botschaften ausgesetzt wurden, kam etwas häufiger vor. Diese Konstellation, der jegliches Potential zur kommunikativen Stabilisierung von Parteipräferenzen abging und die daher ein hohes Maß an wahlpolitischer Fluktuation erwarten ließ, charakterisierte rund ein Zehntel der Wählerschaft. Hinsichtlich des Wirkungspotentials der Massenkommunikation ist darüber hinaus beachtenswert, daß nicht mehr als knapp die Hälfte der Wähler, die sich einer diskordanten Medienumwelt ausgesetzt sahen, durch die "politischen Kokons" konkordanter persönlicher Beziehungsnetze vor Medieneinflüssen abgeschirmt wurden.

Tabelle 21: Überlappung von Konkordanz, Neutralität und Diskordanz der interpersonalen und massenmedialen Kommunikationsumwelten (Zellenprozente)

Interpersonale Kommunikationsumwelt	diskordant	neutral	konkordant	Summe
Westdeutsches Elektorat				
diskordant	10,4	7,6	2,8	20,8
neutral	6,6	11,8	5,2	23,5
konkordant	15,6	31,1	9,0	55,7
Summe	32,5	50,5	17,0	100,0
N	94	146	49	289
Ostdeutsches Elektorat				
diskordant	10,2	19,0	2,0	31,3
neutral	4,1	13,6	2,7	20,4
konkordant	10,2	32,0	6,1	48,3
Summe	24,5	64,6	10,9	100,0
N	36	95	16	147

Die Modalkategorie in der Kreuzklassifikation von Kommunikationsumwelten wird mit Anteilen von jeweils einem knappen Drittel durch Wähler gebildet, denen aus ihrem persönlichen Umfeld heraus parteipolitisch bestätigende konkordante Botschaften vermittelt wurden, welche von neutralen Medien nicht konterkariert wurden. Dieses quantitativ bedeutsamste, gleichwohl jedoch keineswegs die Mehrheit des Elektorats ausmachende Wählersegment dürfte wahlpolitisch weitgehend stabil zu seinen Präferenzen gestanden haben.

6. Resümee

Interpersonale Kommunikation und Massenkommunikation sind Instanzen der Politikvermittlung, die dazu beitragen, die Kluft zu überbrücken, die den Bürger vom politischen System trennt, und ihn dadurch befähigen, politische Entscheidungen zu treffen. Während die Hauptbedeutung der Massenkommunikation im Bereich der Erzeugung von Wissensstrukturen liegt, trägt die alltägliche interpersonale Kommunikation der Wähler mit den Personen ihres engeren sozialen Umfeldes dazu bei, Meinungen und Einstellungen über diese Wissensbestände auszubilden, zu stabilisieren oder zu verändern. Ziel des vorliegenden Beitrages war es, Basisinformationen über die interpersonalen und massenmedialen Kommunikationsumwelten westdeutscher und ostdeutscher Wähler vor der Bundestagswahl 1990 zu ermitteln. Im Zentrum standen dabei zwei Dimensionen: die politische Kontaktintensität und die parteipolitische Färbung, wie sie sich aus der Sicht der Wähler darstellte. Von besonderem Interesse war die simultane Analyse dieser beiden Typen politischer Kommunikation.

Die Nachrichtensendungen des Fernsehens sind in beiden Regionen der Bundesrepublik diejenigen Quellen, aus denen die meisten Wähler politische Informationen beziehen. Fast alle besitzen einen Fernsehempfänger und nahezu jeder Fernsehzuschauer nimmt wenigsten gelegentlich auch die Nachrichten zur Kenntnis. Für diejenigen Wähler, die keine Tageszeitungen rezipieren - und das sind vor allem in Westdeutschland nicht wenige - stellen sie den einzigen massenmedialen Zugang zum aktuellen politischen Geschehen dar. Motivationale Faktoren üben die stärksten Einflüsse auf die Intensität der politischen Mediennutzung aus, und zwar mit interessanten Akzentuierungen von Print- und elektronischen Medien: Die Tageszeitung ist eher das Medium derjenigen Wähler, die sich selbst eine hohe politische Kompetenz zuschreiben; für die Rezeption von Fernsehnachrichten ist hingegen die Stärke des politischen Interesses die wichtigere Determinante. Hinzu kommt eine erhöhte Zuwendung mit steigendem Alter, die auch die Nutzungscharakteristik des Mediums Fernsehen selbst reflektiert. Nachrichten im Fernsehen werden nicht zuletzt auch auf der Basis eines habituellen "Mitnahmeeffekts" gesehen.

In den alltäglichen Gesprächen mit Verwandten, Freunden und Bekannten gehört die Politik häufig zum Themenrepertoire. Die Mehrheit der Wähler erörtert mehr oder weniger regelmäßig politische Fragen. Zwischen Ehe- und Lebenspartnern gibt es besonders oft politische Unterhaltungen; davon abgesehen treten Primärbindungen jedoch hinsichtlich ihrer Bedeutung für politische Kontakte hinter Sekundärbeziehungen zurück. Besonders die Erwerbswelt stiftet einen Beziehungskontext, der stark politisiert ist. Mit Verwandten bestehen zwar die dichteren Kontakte, aber über Politik wird bei diesen Gelegenheiten vergleichsweise selten kommuniziert. Auch die interpersonale politische Kommunikation ist eher eine Domäne der politisch Kompetenten. Bemerkenswert ist, daß die Kernfamilie nach wie vor verstärkt von Frauen zum politischen Austausch genutzt wird, während Männer ihre Gesprächspartner eher außerhalb der Familie suchen.

Die Wähler in den neuen Bundesländern erweisen sich vor der Bundestagswahl 1990 auf allen Dimensionen der Vermittlung politischer Information als kommunikationsfreudiger. Sie waren hinsichtlich der Zahl der in Anspruch genommenen Medien und hinsichtlich der Häufigkeit und Aufmerksamkeit ihrer Rezeption intensivere Nutzer der tagesaktuellen Massenmedien. Aber auch Gespräche über Politik führten sie erheblich öfter als die westdeutschen Wähler - übrigens im Rahmen einer ohnehin dichteren persönlichen Kontaktstruktur. Zudem waren die Intensitätsunterschiede interpersonaler politischer Kommunikation zwischen verschiedenen Typen von Beziehungen kleiner. Mit großer Wahrscheinlichkeit war diese Konstellation nicht zuletzt Ausdruck der umfassenden Politisierung der Gesellschaft der ehemaligen DDR im Prozeß der deutschen Vereinigung. Die Politik hatte alle Sozialbeziehungen durchdrungen, während die westdeutsche Gesellschaft davon weit weniger tangiert wurde. Ob diese Ergebnisse reine Periodeneffekte zum Ausdruck bringen oder ob sie als Resultate stehen können, die wenigstens in der Tendenz allgemeingültig sind, muß an dieser Stelle offen bleiben. Neuere Erkenntnisse aus der Medienforschung deuten allerdings darauf hin, daß der Ost-West-Unterschied zumindest hinsichtlich der Mediennutzung nach wie vor besteht (GERHARD 1993).

Die Elektorate der alten und der neuen Bundesländer unterscheiden sich auch im Hinblick auf das Verhältnis zwischen interpersonaler und Massenkommunikation: Westdeutsche Wähler, die intensiv die politischen Informationsangebote der Medien nutzen, tauschen sich auch besonders oft mit den Kontaktpartnern in ihrem persönlichen Umfeld über politische Themen aus. Umgekehrt sprechen Personen, die wenig Zeit in den politischen Medienkonsum investieren, auch mit Verwandten und Bekannten eher selten über Politik. D.h. in den alten Bundesländer gibt es einerseits eine Gruppe von Wählern, die jede Form politischer Kommunikation intensiv pflegt, und andererseits eine Gruppe von Wählern, die beide Instanzen der Politikvermittlung selten in Anspruch nimmt. Dasselbe gilt zwar abgeschwächt auch für die Zeitungsleser in den neuen Bundesländern. Aber das Medium Fernsehen hat dort offensichtlich eine ganz eigene Nutzungscharakteristik. Die Häufigkeit, mit der die ostdeutschen Fernsehzuschauer die tagesaktuelle Berichterstattung dieses Mediums verfolgen, hat keinerlei Zusammenhang mit der Intensität ihrer persönlichen politischen Kommunikation.

Der interpersonale Austausch zwischen Wählern ist durch die Regel "Like talks to like" treffend charakterisiert. In der Mehrheit der Fälle findet er zwischen Partnern statt, die sich als parteipolitisch konkordant wahrnehmen, und trägt mithin dazu bei, ihre politischen Präferenzen zu bestätigen. Zumal Ehe- und Lebenspartner zumeist dieselbe Partei favorisieren. Freilich sinkt die Chance, konkordante Gesprächspartner zu finden, sobald der "Kokon" der Kernfamilie verlassen wird. Gerade im hoch politisierten Kontext des Arbeitsplatzes müssen sich die Wähler relativ häufig mit Parteineigungen auseinandersetzen, die ihren eigenen nicht entsprechen. Mit diskordanten Auffassungen werden sie auch in erheblichem Umfang durch entfernte Bekannte konfrontiert, mit denen sie eine politisch akzentuierte "schwache Bindung" verknüpft. Ein durchaus nicht unerheblicher Anteil von mehr als einem Viertel der Wähler hat keinen Kontakt mit Personen derselben parteipolitischen Affinität. Die Funktion des "Schutzschirms" gegen diskordante Medieneinflüsse, welche die Columbia-Studien und daran anknüpfende Arbeiten (FEIST/LIEPELT 1986) als entscheidende Größe im Prozeß der Politikvermittlung gesehen haben, werden die interpersonalen Kommunikationsumwelten dieser Wähler gewiß nicht erfüllen.

In welchem Umfang Wähler bei politischen Gesprächen mit konkordanten oder aber mit diskordanten Parteipräferenzen konfrontiert werden, ist zunächst eine Funktion einer spezifischen Gelegenheitsstruktur des deutschen Mehrparteiensystems: Die Wähler der großen Parteien haben größere Chancen, sich hauptsächlich oder ausschließlich mit Gleichgesinnten auszutauschen, die Wähler der kleinen Parteien sehen sich hingegen öfter abweichenden Auffassungen ausgesetzt. Mehr Konkordanz und weniger Diskordanz kennzeichnet aber auch die Kontaktnetze ausgeprägt ideologischer Wähler, während die Moderaten mit mehr diskordanten Personen ins Gespräch kommen. Häufige politische Diskussionen gehen bemerkenswerterweise nur in den neuen Bundesländern mit größerer Konkordanz einher.

Die Massenmedien werden zwar mehrheitlich als neutrale Vermittlungsagenturen perzipiert. Aber wenn Wähler doch eine parteipolitische Färbung der Berichterstattung zu erkennen glauben, dann öfter zugunsten einer anderen als der von ihnen unterstützten Partei. Dies entspricht den Erwartungen der "hostile-media"-These und impliziert, daß das Mediensystem in nicht vernachlässigbarem Umfang auch als Quelle diskordanter Botschaften fungiert. Zumal dann, wenn Parteipräferenzen nicht durch Gespräche in den persönlichen Kontaktnetzen abgestützt werden, ist es also durchaus denkbar, daß die Berichterstattung der Massenmedien ein wahlpolitisches Veränderungspotential entfalten kann. Falls es bei der Bundestagswahl 1990 zu einem solchen Prozeß gekommen ist, hat er vermutlich den großen Parteien, und zwar besonders den Unionsparteien genutzt, denn diese wurden aus Wählersicht in den Medien am ehesten begünstigt. Die Ursachen einer solchen Wahrnehmung müssen durch Analysen der Medieninhalte selbst aufgehellt werden. Ein Grund könnte in dem ausgeprägten "Regierungsbonus" in Form eines massiven quantitativen Übergewichts liegen, der die Berichterstattung vor der Bundestagswahl prägte (SCHMITT-BECK/PFETSCH 1994).

Auch hinsichtlich der Konkordanz bzw. Diskordanz ihrer Kommunikationsumwelten gibt es einige beachtliche Unterschiede zwischen westdeutschen und ostdeutschen Wählern, die wohl ebenfalls nicht zuletzt den historischen Kontext reflektieren. Daß sie auch heute noch bestehen, kann an dieser Stelle nur vermutet, jedoch nicht durch empirische Evidenz untermauert werden. Die interpersonalen Kommunikationsumwelten der Wähler in den neuen Bundesländern sind diskordanter als die der Wähler in den alten Bundesländern. Das neue Parteiensystem ist in der ostdeutschen Gesellschaft weniger stark verankert als in der alten Bundesrepublik, wo es über vier Jahrzehnte gewachsen ist. Das Elektorat der Neubürger in der ehemaligen DDR ist noch stärker durch eine Gemengelage parteipolitischer Konfliktlinien gekennzeichnet. Da Parteipräferenzen infolgedessen seltener durch konkordante Kommunikation untermauert und öfter durch diskordante Kommunikation unterminiert werden, besteht ein größeres Potential für wahlpolitische Umschichtungen. Dies gilt umso eher, als das Mediensystem im Osten Deutschlands seltener als Quelle parteipolitischer Bestätigung oder Herausforderung in Erscheinung tritt. Die ostdeutschen Medien werden nämlich neutraler wahrgenommen als die westdeutschen Medien. Im Gegensatz zu den alten Bundesländern werden die Wähler in den neuen Bundesländern häufiger von ihren interpersonalen Kommunikationsumwelten mit Diskordanz konfrontiert als von den Massenmedien. Und interpersonale Kommunikation ist aus einer Reihe von Gründen eher als die Massenkommunikation imstande, Einstellungen zu verändern, wie schon LAZARSFELD/BERELSON/GAUDET (1968: 150ff) in ihrer Pionierstudie festgestellt haben. Auch aus der Perspektive einer reinen Kommunikationsanalyse zeigt sich also: In den neuen Bundesländern besteht noch ein größerer Spielraum für Bewegungen bei Wahlen.

Literatur

ANSOLABEHERE, Stephen/BEHR, Roy/IYENGAR, Shanto 1991: Mass Media and Elections. An Overview, in: American Politics Quarterly, 19, S. 109-139.

BALL-ROKEACH, Sandra J. 1985: The Origins of Individual Media-System Dependency. A Sociological Framework, in: Communication Research, 12, S. 485-510.

BECK, Paul Allen 1991: Voters' Intermediation Environments in the 1988 Presidential Contest, in: Public Opinion Quarterly, 55, S. 371-394.

BECK, Ulrich 1986: Risikogesellschaft. Auf dem Weg in eine andere Moderne, Frankfurt: Suhrkamp.

BERELSON, Bernard R./LAZARSFELD, Paul F./McPHEE, William N. 1954: Voting. A Study of Opinion Formation in a Presidential Campaign, Chicago: University of Chicago Press.

BURT, Ronald S. 1984: Network Items and the General Social Survey, in: Social Networks, 6, S. 293-339.

CHAFFEE, Steven H. 1972: The Interpersonal Context of Mass Communication, in: KLINE, F. Gerald/TICHENOR, Phillip J. (Hrsg.): Current Perspectives in Mass Communication Research, Beverly Hills etc.: Sage, S. 95-120.

CHAFFEE, Steven H. 1981: Mass Media in Political Campaigns: An Expanding Role, in: RICE, Ronald E./PAISLEY, William J. (Hrsg.): Public Communication Campaigns, Beverly Hills etc.: Sage, S. 181-198.

CHAFFEE, Steven H. 1986: Mass Media and Interpersonal Channels: Competitive, Convergent, or Complementary?, in: GUMPERT, Gary/CATHCART, Robert (Hrsg.): Inter/Media. Interpersonal Communication in a Media World, 3.Auflage, New York/Oxford: Oxford University Press, S. 62-80.

DONSBACH, Wolfgang 1990: Wahrnehmung von redaktionellen Tendenzen durch Zeitungsleser, in: Medienpsychologie, 2, S. 275-301.

ERBRING, Lutz/GOLDENBERG, Edie N./MILLER, Arthur H. 1980: Front-Page News and Real-World Cues: A New Look at Agenda-Setting by the Media, in: American Journal of Political Science, 24, S. 16-49.

FEIST, Ursula/LIEPELT, Klaus 1986: Vom Primat des Primären. Massenkommunikation im Wahlkampf, in: KAASE, Max/KLINGEMANN, Hans Dieter (Hrsg.): Wahlen und politischer Prozeß. Analysen aus Anlaß der Bundestagswahl 1983, Opladen: Westdeutscher Verlag, S. 153-179.

FORSCHUNGSGRUPPE WAHLEN e.V. 1990: Bundestagswahl 1990. Eine Analyse der ersten gesamtdeutschen Bundestagswahl am 2. Dezember 1990. Berichte der Forschungsgruppe Wahlen e.V. Nr. 61, Mannheim: FGW.

GERHARD, Heinz 1993: Die doppelte Öffentlichkeit. Mediennutzung in Ost und West, in: ZDF-Jahrbuch 1992, Mainz: ZDF, S. 177-178.

GRANOVETTER, Mark S. 1973: The Strength of Weak Ties, in: American Journal of Sociology, 78, S. 1360-1380.

INGLEHART, Ronald 1988: Politische Kultur und stabile Demokratie, in: Politische Vierteljahresschrift, 29, S. 369-387.

KATZ, Elihu/LAZARSFELD, Paul F. 1955: Personal Influence. The Part Played by People in the Flow of Mass Communication, Glencoe/Ill.: The Free Press.

KIEFER, Marie Luise 1992: Massenkommunikation IV, in: BERG, Klaus/KIEFER, Marie Luise (Hrsg.): Massenkommunikation IV, Baden-Baden: Nomos, S. 13-298.

KNOKE, David 1990: Political Networks. The Structural Perspective, Cambridge/MA u.a.: Cambridge University Press.

LANGENBUCHER, Wolfgang R./LIPP, Michael 1982: Kontrollieren Parteien die politische Kommunikation?, in: RASCHKE, Joachim (Hrsg.): Bürger und Parteien, Opladen: Westdeutscher Verlag, S. 217-234.

LAZARSFELD, Paul F./BERELSON, Bernard/GAUDET, Hazel 1968: The People's Choice. How the Voter Makes Up his Mind in a Presidential Campaign, 3. Auflage, New York/London: Columbia University Press.

LIPPMANN, Walter 1949: Public Opinion, 12. Auflage, New York: Macmillan.

MERTEN, Klaus 1982: Wirkungen der Massenkommunikation. Ein theoretisch-methodischer Problemaufriß, in: Publizistik, 27, S. 26-48.

NIMMO, Dan/COMBS, James E. 1983: Mediated Political Realities, New York: Longman.

PAPPI, Franz Urban 1990: Neue soziale Bewegungen und Wahlverhalten in der Bundesrepublik, in: KAASE, Max/KLINGEMANN, Hans Dieter (Hrsg.): Wahlen und Wähler. Analysen aus Anlaß der Bundestagswahl 1987, Opladen: Westdeutscher Verlag, S. 143-192.

PAPPI, Franz Urban 1991: Personal Environments in the Process of Political Intermediation as a Topic of the Comparative National Election Study, Arbeitspapier, Universität Mannheim.

PFENNING, Astrid/PFENNING, Uwe/MOHLER, Peter Ph. 1989: Parteipräferenzen in sozialen Netzwerken, in: ZUMA-Nachrichten, 24, S. 73-86.

REGIONALPRESSE (Hrsg.) 1991: Verbreitungsatlas 1991-1992, Frankfurt: Regionalpresse.

ROGERS, Everett M. 1973: Mass Media and Interpersonal Communication, in: FREY, Frederick W./SCHRAMM, Wilbur/MACCOBY, Nathan/PARKER, Edwin P. (Hrsg.): Handbook of Communication, Chicago: Rand McNally, S. 290-310.

ROGERS, Everett M./BHOWMIK, Dilip K. 1970: Homophily-Heterophily: Relational Concepts for Communiation Research, in: Public Opinion Quarterly, 34, S. 523-538.

SCHENK, Michael 1977: Strategische Positionen in Informationsnetzen, in: REIMANN, Horst/REIMANN, Helga (Hrsg.): Information, München: Goldmann, S. 101-127.

SCHMITT-BECK, Rüdiger 1992: Satellitenfernsehen in Deutschland. Eine Bestandsaufnahme von Angebot, Empfangswegen und Reichweiten der neuen Satellitenprogramme, in: Media Perspektiven, 8, S. 470-497.

SCHMITT-BECK, Rüdiger 1993a: Konkordanz und Diskordanz von Kommunikationsumwelten in West- und Ostdeutschland: Interpersonale Kommunikation, Massenkommunikation und politische Einstellungen vor der Bundestagswahl 1990, Beitrag zur Tagung des DVPW-Arbeitskreises "Wahl- und Einstellungsforschung" am 4.-5.03.1993 in Gießen/Rauischholzhausen.

SCHMITT-BECK, Rüdiger 1993b: Interpersonale Kommunikation und Massenkommunikation als Instanzen der Politikvermittlung, erscheint in: Österreichische Zeitschrift für Politikwissenschaft, 22.

SCHMITT-BECK, Rüdiger/PFETSCH, Barbara 1994: Politische Akteure und die Medien der Massenkommunikation. Zur Generierung von Öffentlichkeit in Wahlkämpfen, erscheint in: NEIDHARDT, Friedhelm (Hrsg.): Öffentlichkeit und soziale Bewegungen (Sonderheft 35 der Kölner Zeitschrift für Soziologie und Sozialpsychologie), Opladen: Westdeutscher Verlag.

SCHMITT-BECK, Rüdiger/SCHROTT, Peter 1992: Dimensionen der Mediennutzung in West- und Ostdeutschland. Eine vergleichende Analyse zu Rezeptionsmustern von Tageszeitung und Fernsehen, in: Media-Perspektiven, 6, S. 376-392.

SCHÖNBACH, Klaus 1987: The Role of Mass Media in West German Election Campaigns, in: Legislative Studies Quarterly, XII, S. 373-394.

SEVERIN, Werner J./TANKARD, James W. 1988: Communication Theories. Origins, Methods, Uses, 2. Auflage, New York/London: Longman.

SHEINGOLD, Carl A. 1973: Social Networks and Voting: The Resurrection of a Research Agenda, in: American Sociological Review, 38, S. 712-720.

VALLONE, Robert P./ROSS, Lee/LEPPER, Mark R. 1985: The Hostile Media Phenomenon: Biased Perception and Perceptions of Media Bias in Coverage of the Beirut Massacre, in: Journal of Personality and Social Psychology, 49, S. 577-585.

WILDENMANN, Rudolf/KALTEFLEITER, Werner 1965: Funktionen der Massenmedien, Frankfurt/Bonn: Athenäum.

Gebhard Kirchgässner / Anne Meyer zu Himmern

**Erwartete Knappheit und Höhe der Wahlbeteiligung
bei der Bundestagswahl 1990:
Unterschiedliche Ergebnisse für die alten und die neuen Bundesländer**

1. Einleitung

Die Behauptung, daß dann, wenn die Wähler einen knappen Wahlausgang erwarten, die Wahlbeteiligung - ceteris paribus - höher ist, geht wohl auf DOWNS (1957) zurück. Sie ist seitdem eine der am häufigsten diskutierten Fragen der Theorie rationalen Wählerverhaltens,[1] und es liegen auch - mit allerdings sehr unterschiedlicher Evidenz - eine Reihe empirischer Arbeiten für die verschiedensten Länder vor.[2] Auch im politischen Raum spielt diese Behauptung eine große Rolle: Politiker versuchen gelegentlich - gegen besseres Wissen - einen Wahlausgang als knapp hinzustellen, obwohl sie aufgrund der Ergebnisse von Meinungsumfragen, die ihnen, aber nicht der Bevölkerung zugänglich sind, längst wissen, daß die Wahl entschieden ist. Sie versuchen damit ihre letzten potentiellen Wähler zu mobilisieren, um das Steuer vielleicht doch noch herum zu reißen.[3]

Eine solche Hypothese für das Ergebnis nationaler Wahlen wie z.B. der Bundestagswahlen statistisch zu untersuchen, scheint zunächst nahezu unmöglich zu sein. Zum einen liegen, selbst wenn man die gesamte Geschichte der Bundesrepublik Deutschland betrachten würde, mit inzwischen 12 Bundestagswahlen viel zuwenig Beobachtungen vor, um statistisch zuverlässige Aussagen machen zu können. Außerdem gab es für die meisten Bundestagswahlen entscheidende politische Themen wie z.B. 1972 die neue Ostpolitik oder 1990 die Vereinigung, welche die politische Dis-

---

1 Siehe als neuere Arbeiten z.B. PALFREY und ROSENTHAL (1983, 1985); LEDYARD (1984); GLAZAR (1987); SCHRAM und VAN WINDEN (1991) sowie die Übersicht in STRUTHERS und YOUNG (1989).
2 Zur Übersicht über die bisherigen Arbeiten siehe z.B. KIRCHGÄSSNER und SCHNEIDER (1979) oder STRUTHERS und YOUNG (1989).
3 Dabei wird freilich übersehen, daß es a priori völlig offen ist, wem die daraus möglicherweise resultierende höhere Wahlbeteiligung letztlich zu Gute kommt. Siehe hierzu KIRCHGÄSSNER (1986).

kussion im Vorfeld der Wahl entscheidend geprägt und damit vermutlich auch einen Einfluß auf die Wahlbeteiligung gehabt haben. Auch wurde zumindest in den letzten Jahrzehnten kaum jemals ein knappes Wahlergebnis erwartet: Seit 1972 konnte man den Sieger bzw. die siegreiche Koalition jeweils mit ziemlicher Sicherheit vorhersagen. Ein besonderer Knappheitseffekt dürfte bei diesen Wahlen nicht vorgelegen haben.

Was für das gesamte Bundesgebiet gilt, muß nicht für die einzelnen Wahlkreise gelten. Auch wenn die im Bund siegreiche Koalition längst feststeht, kann das Ergebnis in einem Wahlkreis offen sein. Dies gilt nicht nur beim Mehrheitswahlsystem wie z.B. im Vereinigten Königreich, sondern auch beim Wahlsystem für Bundestagswahlen mit seiner Trennung zwischen Erst- und Zweitstimmen. Für die einzelnen Kandidatinnen und Kandidaten ist dies zumindest dann nicht unerheblich, wenn sie nicht über ihre Landesliste abgesichert sind. Wenn man die Knappheitshypothese somit auch kaum für die Bundestagswahlen insgesamt überprüfen kann, so ist dies zumindest für die Ergebnisse in den einzelnen Wahlkreisen möglich.

Solche Untersuchungen wurden in KIRCHGÄSSNER (1990) für die Bundestagswahlen 1983 und 1987 vorgestellt.[4] Der - aus der hier gewählten Forschungsperspektive - wesentliche Unterschied zwischen diesen beiden Wahlen besteht darin, daß die Wahl im Jahr 1983 kurz nach einem (nicht vom Wähler ausgelösten) Regierungswechsel stattfand, der mit erheblichen Umwälzungen in der Wählerschaft verbunden war, während 1987 die im Amt befindliche Regierung zur Wiederwahl antrat. Da 1983 völlig offen war, wem wieviele FDP-Wähler ihre Erststimme geben würden, konnten die Wähler kaum verläßliche Erwartungen über die Ergebnisse in den einzelnen Wahlkreisen bilden. Dies war 1987 anders. Insofern verwundert es nicht, daß für die Wahl im Jahr 1987 ein deutlich signifikanter Knappheitseffekt gefunden wurde, für die davor liegende Bundestagswahl jedoch nicht.

Die Wahl zum 12. Deutschen Bundestag am 2. Dezember 1990 ist deshalb besonders interessant, weil wir hier parallel zwei unterschiedliche Situationen haben. Während in den alten Bundesländern die bisherige Regierung zur Wiederwahl antrat und die Wähler deshalb wie im Jahr 1987 ihre Erwartungen relativ zuverlässig bilden konnten, wurden in den neuen Bundesländern sowie in Berlin zum ersten Mal Bundes-

---

4   Für die Bundestagswahl 1987 siehe auch KIRCHGÄSSNER und SCHIMMELPFENNIG (1992).

tagswahlen durchgeführt. Einigermaßen zuverlässige Erwartungen darüber zu bilden, die Erstkandidaten welcher Partei in den neu konstituierten Wahlkreisen siegreich sein würden, war kaum möglich. Wenn man die Erfahrungen der Wahlen von 1983 und 1987 auf diese Situation überträgt, dann kann man bei der Bundestagswahl 1990 für die Wahlkreise in den alten Bundesländern wieder einen signifikanten Knappheitseffekt erwarten, während in den neuen Bundesländern und in Berlin ein solcher Effekt nicht auftreten sollte.

Bevor im folgenden die empirischen Ergebnisse in Abschnitt 4 vorgestellt werden, sollte die unseren Schätzungen zugrunde liegende ökonomische Theorie der Wahlbeteiligung kurz dargestellt (Teil 2) und der Schätzansatz vorgestellt werden (Teil 3). Zum Abschluß (Teil 5) wird nochmals auf die in den vorgelegten Schätzungen gefundenen Unterschiede zwischen den alten und den neuen Bundesländern eingegangen.

2. Das theoretische Modell

Ziel der ökonomischen Theorie des Wählerverhaltens ist es, das Wählen als Handeln 'rationaler' Individuen zu begreifen. Ein rationaler Wähler geht dann und nur dann zur Wahl, wenn der Nutzen, den er sich aus seiner Teilnahme an dieser Wahl verspricht, die ihm dabei entstehenden Kosten übersteigt. Entsprechend dem von DOWNS (1957: 35ff.) aufgestellten und von RIKER und ORDESHOOK (1968) formalisierten Kalkül ergibt sich sein erwarteter Nutzen aus dem Nutzengewinn, den er dadurch erhält, daß die von ihm bevorzugte Partei oder Koalition (und nicht die Gegenpartei) die Wahl gewinnt, B, gewichtet mit der Wahrscheinlichkeit, daß er durch seine Teilnahme die Wahl entscheidet, P. Die Kosten, C, ergeben sich z.B. dadurch, daß er Zeit aufwenden muß, um an der Wahl teilzunehmen, aber auch, um sich zu informieren. Der erwartete Nettonutzen der Wahlteilnahme, R, ist daher

(1) $\qquad R = P \cdot B - C.$

Ist dieser Nettonutzen größer als Null, so geht das rationale Individuum zur Wahl, ansonsten übt es Wahlenthaltung. Dieser Ansatz unterstellt, daß Individuen an einer Wahl oder Abstimmung teilnehmen, weil sie davon ausgehen, daß ihre Stimme die Wahl entscheiden könnte (Entscheidungshypothese).

Bei Wahlen oder Abstimmungen, bei denen die Zahl der Teilnehmer groß ist, ist die Wahrscheinlichkeit dafür, daß eine einzelne Stimme den Ausschlag gibt, sehr gering.[5] Auch der erwartete Nutzen ist daher sehr klein, in der Regel sogar vernachlässigbar gering. Verglichen damit sind die Kosten, auch wenn sie absolut gering sein mögen, hoch. Daher ist R in Beziehung (1) in aller Regel negativ, weshalb sich niemand an einer Wahl beteiligen dürfte. Sollte jedoch niemand zur Wahl gehen, wird es für einen einzelnen Wähler wieder lohnend, sich zu beteiligen, da man jetzt (als einziger Wähler) die Wahl entscheiden kann. Je mehr Wähler eine solche Überlegung anstellen, desto geringer wird aber für den einzelnen wieder die Wahrscheinlichkeit, die entscheidende Stimme abzugeben, und damit auch wieder der Anreiz, sich zu beteiligen. Insofern ist zwar eine sehr geringe, aber nicht eine hohe Wahlbeteiligung mit (1) vereinbar. Wegen der jedoch häufig beobachteten hohen Wahlbeteiligung ergibt sich daher das 'Paradox des Nicht-Wählens': Eine Theorie, die das Wählen als rationale Handlung erklären will, gelangt zu dem Ergebnis, daß das tatsächliche Wählerverhalten rational nicht erklärbar ist.

Um diesem Paradox zu entgehen, schlagen RIKER und ORDESHOOK (1968) eine Reformulierung von (1) vor. Nach ihrem Ansatz erlangt der Wähler auch Nutzen aus seiner bloßen Teilnahme an einer Wahl, unabhängig von deren Ausgang. Neben dem 'investiven' Nutzen gibt es eine 'konsumptive' Nutzenkomponente, D. Damit ergibt sich als Beziehung für den erwarteten Nettonutzen der Wahlteilnahme

(2) $\quad R = P \cdot B + D - C.$

Der vom Wahlausgang unabhängige Nutzen D resultiert z.B. daraus, daß der Wähler ein Gefühl der Befriedigung empfindet, wenn er durch seine Teilnahme an einer Wahl seine staatsbürgerlichen Pflichten erfüllt.[6] Beziehung (2) sagt zunächst nichts über die Höhe der Wahlbeteiligung aus. Sie entgeht damit dem gegen (1) erhobenen Einwand. Nach wie vor aber gilt, daß P und damit auch P · B vernachlässigbar klein sind. In allen relevanten Fällen reduziert sich (2) damit faktisch auf

---

5 Zur Berechnung der Wahrscheinlichkeit, daß ein einzelner Wähler die entscheidende Stimme abgibt, siehe CHAMBERLAIN und ROTHSCHILD (1981).
6 Zur genaueren Erläuterung siehe RIKER und ORDESHOOK (1968: 28). Entsprechende Überlegungen finden sich bereits bei DOWNS (1957: 262ff). Zur Kritik an diesem Ansatz siehe z.B. ZINTL (1986).

(3) $R = D - C$,

da $P \cdot B \approx 0$. Solange keine expliziten Annahmen darüber gemacht werden, welche Einflußgrößen auf D und C einwirken, ist Modell (3) tautologisch, zumindest aber trivial. C und D sind außerdem bei verschiedenen Wahlen gleichen Typs für den einzelnen Wähler in der Regel gleich, so daß unterschiedliche Wahlbeteiligungen bei verschiedenen Wahlen gleichen Typs durch Beziehung (3) nicht erklärt werden können. Und schließlich ist die einzige Größe, die dem Wähler überhaupt einen Anreiz gibt, zur Wahl zu gehen, eine typisch 'soziologische' Größe, die nicht ohne weiteres mit einem Modell des rationalen Wählerverhaltens vereinbar ist.[7]

Es gab eine Reihe von Versuchen, das ökonomische Modell der Wahlbeteiligung auch insoweit zu 'retten', als es auf der Entscheidungshypothese aufbaut. Sie sind jedoch alle wenig überzeugend.[8] So bleibt es zunächst dabei, daß die von diesen Modellen prognostizierte Wahlbeteiligung nahe bei Null liegt und/oder die erwartete Knappheit des Wahlergebnisses keinen Einfluß auf die Wahlbeteiligung hat. Auch ohne eingehende statistische Untersuchung kann die erste Behauptung zurückgewiesen werden. Die Wahlbeteiligung ist in vielen Fällen und insbesondere in der Bundesrepublik Deutschland recht hoch. Was den Einfluß der erwarteten Knappheit des Wahlergebnisses betrifft, so wurde, wie oben bereits erwähnt wurde, zwar nicht für die Bundestagswahl 1983, wohl aber für die Bundestagswahl 1987 ein hoch signifikanter Einfluß festgestellt. Sowohl die Nutzengröße B als auch die Wahrscheinlichkeit P scheinen neben C und D einen Einfluß auf die Wahlbeteiligung zu haben. Wie aber kann dies geschehen, wenn $P \cdot B = 0$ gilt?

Wenn die vom Wahlausgang unabhängige Nutzenkomponente D überhaupt einen Einfluß auf die Höhe der Wahlbeteiligung hat, und daran dürfte angesichts der hohen Wahlbeteiligungen in der Bundesrepublik Deutschland kein Zweifel bestehen, dann ist dieser Einfluß nicht unabhängig von der Bedeutung, die eine Wahl für den einzelnen Wähler und/oder die gesamte Wählerschaft hat. Wenn es ein solches 'Pflichtgefühl' gibt, wie RIKER und ORDESHOOK (1968) vermuten, dann dürfte dies bei 'wich-

---

7   Siehe hierzu KIRCHGÄSSNER (1980). Zur Kritik an diesem Modell siehe auch BARRY (1970: 13ff.); FEREJOHN und FIORINA (1974); STROM (1975: 908) sowie ZINTL (1986).
8   Siehe z.B. FEREJOHN und FIORINA (1974) (zur Kritik daran STROM 1975) oder SCHWARZ (1987) (zur Kritik daran KIRCHGÄSSNER und SCHIMMELPFENNIG 1992).

tigen' Wahlen größer sein als bei weniger wichtigen: Je wichtiger eine Wahl in den Augen der Bürger ist, desto höher wäre damit die Wahlbeteiligung. Wichtig aber ist eine Wahl nicht nur für die Bürger, sondern auch für die Kandidaten bzw. die sie tragenden Parteien. Auch ihr Aufwand, die Wähler zu mobilisieren, wird um so größer sein, je bedeutsamer für sie diese Wahl ist. Daher werden sie auch um so mehr bereit sein, die Kosten zu senken, die den einzelnen Bürgern durch eine Teilnahme an der Wahl entstehen. Dies kann z.B. dadurch geschehen, daß sie Information liefern, um die Informationskosten zu senken, oder auch indem sie älteren Mitbürgern kostenlose Fahrgelegenheiten zum Wahllokal anbieten. Für die Kandidaten und ihre Parteien ist dabei aber nicht nur entscheidend, wie wichtig die entsprechende Wahl ist, sondern vor allem, welchen Einfluß solche Aktivitäten auf das Wahlergebnis haben können. Kandidaten, die in einem 'sicheren' Wahlkreis antreten, haben - ceteris paribus - einen geringeren Anreiz, ihre Wähler zu mobilisieren als jene Kandidaten, für die der Ausgang offen ist. Je offener das Rennen, d.h. je knapper der erwartete Wahlausgang ist, desto mehr werden sie an die staatsbürgerlichen Pflichten ihrer Wähler appellieren und desto mehr werden sie auch bereit sein, für diese die Kosten der Wahlbeteiligung zu reduzieren. Daher gilt

(4a) $D = D(E(CL), B)$, $D_1 > 0, D_2 > 0$,
(4b) $C = C(E(CL), B)$, $C_1 < 0, C_2 < 0$.

Damit sind die nicht vom Wahlausgang abhängige Nutzenkomponente D sowie die Kosten der Wahlbeteiligung C für die einzelnen Bürger nicht fest vorgegeben. Sie sind vielmehr ihrerseits abhängig von der erwarteten Knappheit des Wahlausgangs, E(CL), die eine (negativ) monotone Funktion der Wahrscheinlichkeit P ist, daß der einzelne Wähler die Wahl entscheidet, sowie von der Wichtigkeit der Wahl, die sich für den einzelnen Wähler in dem Nutzen B manifestiert, den er bei einem für ihn positiven Wahlausgang zusätzlich erhält. Neben dem direkten Einfluß von B und möglicherweise auch von P auf den Investitionswert der Wahlbeteiligung haben damit beide interessierenden Variablen auch einen indirekten Einfluß auf den Konsumwert, selbst wenn $P \cdot B = 0$ gilt. Damit macht die 'Mobilisierungshypothese' im Gegensatz zur 'Entscheidungshypothese' eine Reaktion der Wähler auf die erwartete Knappheit der Entscheidung mit rationalem Verhalten vereinbar.[9]

---

9   Die Idee, daß die erwartete Knappheit des Wahlergebnisses deshalb einen Einfluß auf die Höhe der Wahlbeteiligung hat, weil die Parteien oder Kandidaten sich mehr um die Mobilisierung ihrer Wähler bemühen werden, und nicht, weil die Wähler glauben, sie hätten als Individuen um so

Diese Einflüsse sind jedoch abhängig vom Wahlsystem. In einem reinen Verhältniswahlsystem zählt nur das Gesamtergebnis; insbesondere hat die erwartete Knappheit des Ergebnisses in einem einzelnen Wahlkreis keinen oder allenfalls einen geringen Einfluß auf die Anstrengungen des Kandidaten, soweit es überhaupt einzelnen Wahlkreisen zugeordnete Kandidaten gibt. Gilt dagegen ein reines Mehrheitswahlrecht, so ist das erwartete Gesamtergebnis sekundär. Unabhängig von diesem werden Kandidaten in umstrittenen Wahlkreisen eine sehr viel höhere Motivation zum Engagement zeigen als Kandidaten in sicheren Wahlkreisen. Außerdem werden die Parteien mehr in umstrittene Wahlkreise 'investieren', sei es, daß sie den lokalen Kandidaten und Komitees mehr finanzielle Mittel zukommen lassen, sei es, daß sie dort verstärkt Großveranstaltungen durchführen, um ihre Wähler und vor allem ihre Parteiaktivisten zu motivieren, die dann ihrerseits als Multiplikator wirken und Wähler mobilisieren sollen. Im System der Bundesrepublik Deutschland spielen beide Ebenen eine Rolle. Da die Zusammensetzung des Parlaments letztlich durch das Verhältniswahlrecht bestimmt wird, ist auf der zentralen Ebene das erwartete Gesamtergebnis maßgebend. Auch für die Planung der zentralen Aktivitäten ist entscheidend, wo besonders große Wählerreserven vermutet werden, unabhängig davon, ob dies in umkämpften oder sicheren Wahlkreisen der Fall ist. Andererseits müssen die einzelnen Kandidaten, zumindest soweit sie nicht auf einer Landesliste abgesichert sind, ihren Wahlkreis gewinnen, um in das Parlament einziehen zu können. Hierfür sind die von ihnen erhaltenen Erststimmen maßgeblich. Daher ist zu erwarten, daß es einen Zusammenhang zwischen erwarteter Knappheit des Wahlausgangs und der Höhe der Wahlbeteiligung in dem entsprechenden Wahlkreis gibt: Je knapper das erwartete Ergebnis ist, desto mehr Wähler sollten - ceteris paribus - zur Urne gehen.

3. Der Schätzansatz

Will man diese Hypothese mit Hilfe eines Regressionsansatzes empirisch überprüfen, so ergibt sich ein wesentliches Problem daraus, daß wir die erwartete Knappheit nicht kennen. Geht man von 'rationalen Erwartungen' der Wähler im Sinne von

---

eher einen Einfluß auf das Wahlergebnis, je knapper das erwartete Ergebnis ist, ist nicht ganz neu. Es handelt sich hierbei um eine Variante der Behauptung, die Mobilisierung der Wähler und damit die Wahlbeteiligung sei um so höher, je stärker der Wettbewerb der Kandidaten oder Parteien untereinander ist. Entsprechende Überlegungen finden sich z.B. bei KEY (1950: 507); PALDA (1975); CHAMBERS und DAVIES (1978); CALDEIRA und PATTERSON (1982); PATTERSON und CALDEIRA (1983) sowie COX (1988).

MUTH (1961) aus, so kann man zur Schätzung im Regressionsmodell die realisierte anstelle der erwarteten Knappheit als erklärende Variable verwenden. Eine wesentliche Voraussetzung dafür ist jedoch, daß die Wähler, aber vor allem die Kandidaten solche Erwartungen überhaupt bilden können. Wie in der Einleitung bereits ausgeführt wurde, muß hierfür die Entscheidungssituation im jeweiligen Wahlkreis hinreichend bekannt sein. Dies kann man in den westdeutschen Wahlkreisen unterstellen, wo 1990 nach 1983 und 1987 zum dritten Mal in Folge bei (nahezu) unveränderten Wahlkreiseinteilungen und unter der gleichen Bonner Konstellation gewählt wurde, und wo zum Teil auch die alten Bewerber wieder kandidierten. Völlig anders sieht die Situation in West-Berlin und insbesondere in Ost-Berlin und den neuen Bundesländern aus. Dort stellten sich neue Bewerber in neuen Wahlkreisen zur Wahl, wobei dies für den Osten Deutschlands überhaupt die ersten Bundestagswahlen waren. Zwar hatte man bereits bei den Wahlen zur Volkskammer am 18. März 1990 seit vielen Jahrzehnten zum ersten Mal frei und geheim gewählt, aber obwohl damals im wesentlichen die gleichen Parteien kandidierten, sind diese beiden Wahlen kaum miteinander vergleichbar. Zudem war die Erwartungsbildung bei den Volkskammerwahlen ganz anders (und offensichtlich falsch) verlaufen: Während man einen klaren Sieg der SPD erwartet hatte, kam es zu einem deutlichen Sieg der konservativen 'Allianz für Deutschland' aus CDU, Demokratischem Aufbruch und DSU.[10] Unter diesen Bedingungen konnten auch die Kandidaten in den einzelnen Wahlkreisen nur sehr schwer abschätzen, welche Wahlkreise 'knapp' werden würden und welche nicht. Daher kann man nicht davon ausgehen, daß dort über die Erwartungsbildung der Kandidaten ein statistisch signifikanter positiver Zusammenhang zwischen der Knappheit des späteren Wahlergebnisses und den Mobilisierungsbemühungen der Kandidaten und damit der Höhe der Wahlbeteiligung zustande gekommen ist.

Neben der erwarteten Knappheit gibt es weitere Einflußfaktoren auf die Höhe der Stimmbeteiligung. So wird mit zunehmender Größe des Wahlkreises die einzelne Stimme immer unbedeutender. Dies hat Einfluß auf die Wahrscheinlichkeit, der entscheidende Wähler zu sein. Gemäß der Entscheidungshypothese ist hier eine negative Beziehung zu erwarten.[11] Folgt man der Mobilisierungshypothese, so ist, falls ein Einfluß besteht, dessen Richtung offen: Wenn die bevölkerungsmäßig größeren Wahlkreise hauptsächlich in Städten liegen und die kleineren Wahlkreise eher auf dem

---

10 Siehe hierzu z.B. SCHULTZE (1991).
11 Für eine theoretische Begründung dieses Einflusses siehe HANSEN/PALFREY/ROSENTHAL (1987).

Land und flächenmäßig damit größer sind, kann die Mobilisierung in letzten schwieriger sein. Dann wäre ein positiver Zusammenhang zwischen der zahlenmäßigen Größe des Wahlkreises und der Wahlbeteiligung zu erwarten.[12]

Aus der soziologischen Wahlforschung sind eine Reihe anderer Faktoren bekannt, die wesentlichen Einfluß auf die Wahlbeteiligung haben, wie z.b. die religiöse Struktur, der Bildungsstand oder die klassenmäßige Zusammensetzung des einzelnen Wahlkreises.[13] Als solche Variable sind in der offiziellen Statistik für die alten Bundesländer Daten über den prozentualen Anteil der Erwerbstätigen aus den Wirtschaftsbereichen 'produzierendes Gewerbe' und 'Land- und Forstwirtschaft sowie Fischerei' ausgewiesen. Damit sind die Anteile der im primären und im sekundären und implizit auch der im tertiären Sektor arbeitenden Erwerbstätigen erfaßt. Man könnte unterstellen, daß die 'Arbeiterklasse' und damit die Erwerbstätigen im produzierenden Gewerbe - ceteris paribus - politisch bewußter und für Mobilisierungsbemühungen besser erreichbar sind als die Erwerbstätigen der anderen Sektoren. Andererseits ist zu berücksichtigen, daß Bürger mit höherem Einkommen sich - wiederum ceteris paribus - stärker politisch engagieren.[14] Falls die Erwerbstätigen im tertiären Sektor ein höheres Einkommen haben sollten als die Beschäftigten anderer Sektoren, könnten die Variablen für die Beschäftigten der anderen beiden Sektoren negative Vorzeichen erhalten.

In der soziologischen Wahlforschung, insbesondere aber im Rahmen der ökonomischen Theorie des Wählerverhaltens spielen ökonomische Variable und dabei vor allem die Höhe der Arbeitslosigkeit eine zentrale Rolle für die Wahlentscheidung.[15] Die Arbeitsmarktsituation kann aber auch Einfluß auf die Wahlbeteiligung haben. Geht man davon aus, daß mit zunehmender Arbeitslosigkeit nicht nur innerhalb des politischen Systems die Unterstützung für die Regierung ab und diejenige für die Opposition zunimmt, sondern daß auch die Unterstützung für das politische System ins-

---

12 Tatsächlich war der Wahlkreis 177, Rastatt, mit 249727 Wahlberechtigten der bevölkerungsreichste und der Wahlkreis 266, Rostock-Land, mit 126335 Wahlberechtigten der kleinste Wahlkreis. Die Korrelation zwischen der Größe des Wahlkreises und dem Anteil der in der Landwirtschaft Erwerbstätigen beträgt jedoch lediglich 0,040.
13 Zur Untersuchung der Stimmenthaltung aus wahlsoziologischer Perspektive siehe z.B. RADTKE (1972) oder LAVIES (1973).
14 Siehe hierzu FREY (1971).
15 Siehe hierzu die Übersicht über Arbeiten für die Bundesrepublik Deutschland in KIRCHGÄSSNER (1986a) sowie (als Beispiele für die zahlreichen Arbeiten dieses Autors hierzu) RATTINGER (1979, 1980, 1983).

gesamt sinkt, so sollte mit zunehmender Arbeitslosigkeit die Wahlbeteiligung sinken. Außerdem sind Arbeitslose für politische Mobilisierungsbemühungen tendenziell schlechter erreichbar. Daher ist ein negativer Einfluß von der Höhe der Arbeitslosenquote auf die Wahlbeteiligung zu erwarten.

Wenn die potentiellen Wähler der einzelnen Parteien sich in unterschiedlichem Maß an einer Wahl beteiligen, hat dies auch Einfluß auf die Höhe der Wahlbeteiligung in den einzelnen Wahlkreisen. Um solche Effekte zu erfassen, verwenden wir die Stimmenanteile der einzelnen Parteien als weitere zusätzliche Variable.

Falls Daten für Größen, welche aus theoretischen Gründen oder aufgrund der Ergebnisse anderer empirischer Studien wichtig erscheinen, nicht vorhanden sind und es deshalb nicht möglich ist, diese Variablen explizit in die Regressionsgleichung aufzunehmen, gibt es zwei Alternativen: Zum einen kann man unterstellen, daß diese Variablen mit der erwarteten Knappheit des Wahlausgangs nicht korreliert sind. In diesem Fall sind die Schätzungen für den Koeffizient der Knappheitsvariablen sowie dessen t-Statistik unverzerrt, auch wenn die anderen Variablen nicht in die Schätzgleichung einbezogen werden. Sollten jedoch Korrelationen bestehen, so kann dieses Verfahren wegen 'zufälliger' Korrelationen zur Überschätzung des Einflusses der erwarteten Knappheit führen. Eine weitere Alternative ergibt sich, wenn man unterstellen kann, daß sich diese Faktoren seit der vorhergehenden Bundestagswahl (im Jahr 1987) nicht wesentlich geändert haben. In diesem Fall können wir die Wahlbeteiligung bei dieser Wahl als Proxy-Variable für diese Einflüsse verwenden. Wenn aber im Jahr 1987 die erwartete Knappheit des Wahlausgangs ebenfalls einen Einfluß auf die Wahlbeteiligung hatte, und davon kann man aufgrund der vorliegenden Ergebnisse ausgehen, so wird die Verwendung dieser Größe in der Regressionsbeziehung dann und nur dann zu unverzerrten Schätzungen für den Einfluß der erwarteten Knappheit im Jahr 1990 führen, wenn diese statistisch unabhängig ist von jener des Jahres 1987. Realistischerweise wird man jedoch davon ausgehen, daß beide positiv miteinander korreliert sind. Dann aber wird bei diesem Verfahren der Einfluß der erwarteten Knappheit auf die Wahlbeteiligung des Jahres 1990 systematisch unterschätzt. Somit liefern die beiden Schätzverfahren, die im folgenden verwendet werden, obere und untere Schranken für den Einfluß der erwarteten Knappheit des Wahlergebnisses auf die Wahlbeteiligung.

Der zweite Ansatz setzt freilich voraus, daß es Daten über die Wahlbeteiligung bei der vorangegangenen Wahl gibt. Solche Daten existieren nur für die alten Bundesländer. Um dennoch diese Schätzungen durchführen zu können, verwenden wir für die neuen Bundesländer und für Berlin Werte, die von den Ergebnissen der Volkskammerwahlen im März 1990 bzw. von den Wahlen zum Berliner Abgeordnetenhaus im Jahr 1989 umgerechnet wurden.[16] Da diese Daten notwendigerweise den unterstellten Zusammenhang schlechter abbilden als die Daten für die alten Bundesländer, ist damit zu rechnen, daß auch die Regressionsergebnisse 'schlechter' sein werden. Außerdem kann man nicht davon ausgehen, daß die Beziehung zwischen den vorangegangenen Wahlen und den Bundestagswahlen 1990 im ganzen Bundesgebiet gleich sind. Um Unterschiede aufzufangen, verwenden wir deshalb Hilfsvariable für West-Berlin, Ost-Berlin und die neuen Bundesländer.

Unser Schätzansatz lautet daher allgemein:

(5) $WBT_{90} = f(E(CL_{90}), WBT_{87}, POP_{90}, DNBL, DBW, DBO, WBT_{87} \cdot DNBL,$
$WBT_{87} \cdot DBW, WBT_{87} \cdot DBO, PROD, AGRAR, ALQ, S_1,...,S_k),$

mit:

WBT_{90}	Wahlbeteiligung bei der Bundestagswahl 1990,
WBT_{87}	Wahlbeteiligung bei der Bundestagswahl 1987,
$E(CL_{90})$	Erwartete Knappheit des Wahlausgangs 1990,
POP_{90}	Größe des Wahlkreises im Jahr 1990 (in Tausend Wählern),
ALQ	Arbeitslosenquote im Dezember 1990
PROD	Anteil der Erwerbstätigen im produzierenden Gewerbe
AGRAR	Anteil der Erwerbstätigen in den Bereichen Land- und Forstwirtschaft sowie Fischerei
DNBL	Hilfsvariable für die Neuen Bundesländer,[17]
DBW	Hilfsvariable für West-Berlin,
DBO	Hilfsvariable für Ost-Berlin,
$S_1,...,S_k$	Stimmenanteile einzelner Parteien.

Die Verwendung der Hilfsvariablen in Verbindungen mit der Wahlbeteiligung bei der jeweils früheren Wahl ermöglicht es, nicht nur Unterschiede in den Niveaus zwi-

---

16 Zu den Quellen der Daten siehe Anhang.
17 Die Hilfsvariablen nehmen in den entsprechenden Wahlkreisen den Wert Eins und sonst den Wert Null an.

schen den einzelnen Gebieten zuzulassen, sondern auch Unterschiede im Verhältnis der Beteiligungen bei den beiden Wahlen.

Knappheit kann auf verschiedene Art und Weise gemessen werden. Eine offensichtliche Art ist, die absolute Differenz in den Anteilen der beiden großen Parteien zu verwenden,

(6a) $\quad D12 = - | s_{CDU} - s_{SPD} |$,

wobei s_{CDU} der Stimmenanteil der CDU/CSU und s_{SPD} der Stimmenanteil der SPD ist. Eine alternative Möglichkeit ist, ein Entropiemaß zu verwenden,

(6b) $\quad ENT = - a \cdot \ln(a) - (1 - a) \cdot \ln(1 - a)$,

mit:
$$a := s_{CDU}/(s_{CDU} + s_{SPD}),$$

Wenn die absolute Differenz zwischen den Stimmenanteilen der beiden großen Parteien das Maß ist, an dem sich die Kandidaten bei ihren Mobilisierungsbemühungen orientieren, dann wird bei Verwendung von (6a) eine lineare Beziehung zwischen Wahlbeteiligung und erwarteter Knappheit unterstellt, bei Verwendung des Entropiemaßes (6b) jedoch eine nicht-lineare Beziehung: Mit zunehmender Knappheit nimmt der zusätzliche Einfluß weiterer Knappheit auf die Wahlbeteiligung ab.[18] Bei den Schätzungen für die Bundestagswahl 1990 ergaben sich nur geringe Unterschiede in Abhängigkeit vom verwendeten Knappheitsmaß. Da bei den Schätzungen für die früheren Wahlen das Entropiemaß wesentlich bessere Werte ergab und deshalb vorwiegend verwendet wurde, gebrauchen wir wegen der besseren Vergleichbarkeit im folgenden auch vorwiegend dieses Maß.

Wegen der Verwendung der tatsächlichen anstelle der erwarteten Knappheit erhalten wir ein 'Fehler-in-den-Variablen-Modell' sowie eine simultane Beziehung zwischen der abhängigen und der erklärenden Variablen. Das gleiche Problem tritt auf, wenn wir die Stimmenanteile einzelner Parteien zusätzlich in die Regressionsbeziehung aufnehmen. Um diesem Problem zu begegnen, verwenden wir einen In-

---

[18] Formal bedeutet dies, daß die erste Ableitung der Wahlbeteiligung bezüglich der erwarteten Knappheit positiv, die zweite aber negativ ist.

strumenten-Schätzer,[19] und wir verwenden die Anteile der fünf Parteien CDU/CSU, SPD, FDP, Die Grünen und PDS sowie die tatsächliche Knappheit des Jahres 1987 als Instrumente neben den exogenen Variablen.[20] Dabei verwenden wir für die Berliner und die ostdeutschen Wahlkreise wieder Schätzungen aufgrund der Volkskammerwahlen vom März 1990 bzw. der Wahlen zum Berliner Abgeordnetenhaus.

Schließlich verwenden wir eine lineare Spezifikation für Beziehung (4), aber aufgrund der unterschiedlichen Größe der einzelnen Wahlbezirke führen wir 'gewichtete' Regressionen durch, wobei wir die Wahlkreisgrößen (POP_{90}) als Gewichte verwenden.[21] Dadurch, daß diese Variable zusätzlich in die Regressionsbeziehung aufgenommen wird, ist außerdem sichergestellt, daß auch in den gewichteten Beziehungen ein Absolutglied vorhanden ist.

4. Empirische Überprüfung

Bei der Bundestagswahl 1990 umfaßte die Bundesrepublik 328 Wahlkreise. Davon waren (wie bisher) 248 aus den alten Bundesländern, acht aus West-Berlin, fünf aus Ost-Berlin sowie 67 aus den fünf neuen Bundesländern. Betrachtet man die Gesamtheit aller Wahlkreise, so ergibt sich bei Berücksichtigung sämtlicher Hilfsvariablen aber ohne Einbezug zusätzlicher Variablen für das einfache Abstandsmaß folgende Beziehung:[22]

---

19 Damit und mit der Verwendung der verzögerten endogenen Variablen WBT_{87} in den Schätzgleichungen entgeht man auch dem von COX (1988) erhobenen Einwand gegen die Verwendung von Anteilen an den abgegebenen Stimmen.
20 Da bei den Volkskammerwahlen im März 1990 keine Direktmandate vergeben wurden, muß für die Ost-Berliner und Ostdeutschen Wahlkreise bei den Instrumentvariablen auf die Zweitstimmen ausgewichen werden. Da in aller Regel jedoch Erst- und Zweitstimmen sehr hoch miteinander korreliert sind, sollten dennoch verlässliche Aussagen möglich sein.
21 Siehe hierzu JOHNSTON (1984: 239ff).
22 Die Zahlen in Klammern geben die t-Werte der einzelnen Parameter an. SER bezeichnet den Standardfehler der Regression, FG die Zahl der Freiheitsgrade des t-Tests. μ gibt den Mittelwert der geschätzten Residuen an, SK deren Schiefe und KT die Kurtosis. J.-B. bezeichnet den Wert des Jarque-Bera-Test auf Normalverteilung der Residuen, p dessen Signifikanzniveau. Die Größe der Wahlkreise wird gemessen in Tausenden von Wählern. Die Schätzungen wurden mit dem Programmsystem MicroTSP, Version 7.0, durchgeführt.

(7a) $\text{WBT}_{90} = -19{,}164 + 1{,}142\,\text{WBT}_{87} + 0{,}035\,\text{D12} - 73{,}778\,\text{DNBL}$
  $\quad\quad\quad\;\;(5{,}72)\quad\quad(29{,}10)\quad\quad\;\;(4{,}03)\quad\quad\;\;(4{,}97)$
  $\quad\quad\quad + 0{,}637(\text{WBT}_{87}\cdot\text{DNBL}) + 18{,}909\,\text{DBW} - 0{.}107\,(\text{WBT}_{87}\cdot\text{DBW})$
  $\quad\quad\quad\;\;(3{,}98)\quad\quad\quad\quad\quad\quad\quad(1{,}30)\quad\quad\quad\;\;(0{,}58)$
  $\quad\quad\quad + 107{,}975\,\text{DBO} - 1{,}123\,(\text{WBT}_{87}\cdot\text{DBO}) + 0{,}009\,\text{POP}_{90} + \hat{u},$
  $\quad\quad\quad\;\;(2{,}11)\quad\quad\quad\;\;(2{,}00)\quad\quad\quad\quad\quad\quad(2{,}60)$

$\bar{R}^2 = 0{,}825,\;\text{SER} = 1{,}632,\;\text{FG} = 318,\;\mu = -0{,}012$
$\text{SK} = 0{,}103,\;\text{KT} = 3{,}743,\;\text{J.-B.} = 8{,}116\;(p = 0{,}017).$

Wir finden hier einen signifikanten, wenn auch im Ausmaß recht geringen Knappheitseffekt. Im Gegensatz dazu finden wir bei den Schätzungen unter Verwendung des Entropiemaßes keine Signifikanz:

(7b) $\text{WBT}_{90} = -23{,}681 + 1{,}174\,\text{WBT}_{87} + 2{,}073\,\text{ENT} - 62{,}830\,\text{DNBL}$
  $\quad\quad\quad\;\;(7{,}11)\quad\quad(29{,}34)\quad\quad\;\;(0{,}83)\quad\quad\;\;(4{,}17)$
  $\quad\quad\quad + 0{,}515\,(\text{WBT}_{87}\cdot\text{DNBL}) + 27{,}003\,\text{DBW} - 0{,}207\,(\text{WBT}_{87}\cdot\text{DBW})$
  $\quad\quad\quad\;\;(3{,}17)\quad\quad\quad\quad\quad\quad\quad(1{,}84)\quad\quad\quad\;\;(1{,}13)$
  $\quad\quad\quad + 97{,}369\,\text{DBO} - 1{,}006\,(\text{WBT}_{87}\cdot\text{DBO}) + 0{,}008\,\text{POP}_{90} + \hat{u},$
  $\quad\quad\quad\;\;(1{,}88)\quad\quad\quad\;\;(1{,}77)\quad\quad\quad\quad\quad\quad(2{,}39)$

$\bar{R}^2 = 0{,}823,\;\text{SER} = 1{,}644,\;\text{FG} = 318,\;\mu = -0{,}014,$
$\text{SK} = 0{,}043,\;\text{KT} = 3{,}430,\;\text{J.-B.} = 2{,}625\;(p = 0{,}269).$

In beiden Fällen sind jedoch einige der Hilfsvariablen nicht signifikant. Schließen wir diese sukzessive aus der Gleichung aus, so erhalten wir folgende Schätzungen:

(8a) $\text{WBT}_{90} = -18{,}828 + 1{,}138\,\text{WBT}_{87} + 0{,}034\,\text{D12} - 66{,}564\,\text{DNBL}$
  $\quad\quad\quad\;\;(5{,}76)\quad\quad(29{,}81)\quad\quad\;\;(4{,}02)\quad\quad\;\;(4{,}66)$
  $\quad\quad\quad + 0{,}560\,(\text{WBT}_{87}\cdot\text{DNBL}) + 10{,}418\,\text{DBW} + 5{,}953\,\text{DBO}$
  $\quad\quad\quad\;\;(3{,}64)\quad\quad\quad\quad\quad\quad\quad(18{,}53)\quad\quad\quad(7{,}20)$
  $\quad\quad\quad + 0{,}009\,\text{POP}_{90} + \hat{u},$
  $\quad\quad\quad\;\;(2{,}64)$

$\bar{R}^2 = 0{,}824$, SER = 1,638, FG = 320, $\mu = -0{,}012$,
SK = 0,095, KT = 3,743, J.-B. = 8,033 (p = 0,018).

(8b) $\text{WBT}_{90} = -22{,}960 + 1{,}165\, \text{WBT}_{87} + 2{,}111\, \text{ENT} - 56{,}992\, \text{DNBL}$
             (6,96)   (29,88)   (0,85)   (3,92)
       $+ 0{,}454\, (\text{WBT}_{87} \cdot \text{DNBL}) + 10{,}487\, \text{DBW} + 5{,}975\, \text{DBO}$
             (2,90)   (18,37)   (7,14)
       $+ 0{,}009\, \text{POP}_{90} + \hat{u},$
             (2,46)

$\bar{R}^2 = 0{,}822$, SER = 1,650, FG = 320, $\mu = -0{,}014$
SK = 0,036, KT = 3,413, J.-B. = 2,406 (p = 0,300).

Diese Schätzungen deuten darauf hin, daß in Ost- wie in West-Berlin die Wahlbeteiligung höher war als im alten Bundesgebiet bzw. den fünf neuen Bundesländern.[23] Bezüglich der Signifikanzen der beiden Knappheitsmaße ändert sich gegenüber oben jedoch nichts. Ein Chow-Test auf Strukturbruch zeigt, daß die Annahme der Strukturkonstanz auf jedem üblichen Signifikanzniveau verworfen werden muß. Führt man deshalb diese Schätzungen zunächst nur für die alten Bundesländer und West-Berlin durch, so ergibt sich:

(9a) $\text{WBT}_{90} = -15{,}670 + 1{,}111\, \text{WBT}_{87} + 0{,}061\, \text{D12} + 10{,}351\, \text{DBW}$
             (5,70)   (34,70)   (7,99)   (22,05)
       $+ 0{,}007\, \text{POP}_{90} + \hat{u},$
             (2,17)

$\bar{R}^2 = 0{,}866$, SER = 1,323, FG = 250, $\mu = -0{,}006$,
SK = 0,240, KT = 3,770, J.-B. = 8,780 (p = 0,012).

---

23 Tatsächlich betrug die Wahlbeteiligung in den alten Bundesländern 78,35 Prozent, in West-Berlin 83,45 Prozent, in Ost-Berlin 75,88 Prozent und in den neuen Bundesländern 74,30 Prozent. In West-Berlin war sie damit deutlich, in Ost-Berlin nur geringfügig höher als in den alten bzw. neuen Bundesländern.

(9b) $WBT_{90} = -27{,}643 + 1{,}103\,WBT_{87} + 17{,}197\,ENT + 10{,}167\,DBW$
         (9,86)   (33,27)   (6,86)   (21,24)
         $+\ 0{,}008\,POP_{90} + \hat{u},$
         (2,56)

$\bar{R}^2 = 0{,}862,\ SER = 1{,}346,\ FG = 250,\ \mu = -0{,}007,$
$SK = 0{,}184,\ KT = 3{,}760,\ J.\text{-}B. = 7{,}610\ (p = 0{,}022).$

Dieses einfache Modell erklärt in beiden Fällen über 85 Prozent der Varianz der abhängigen Variablen, wobei die 'Erklärung' allerdings vorwiegend durch die verzögerte endogene Variable geschieht. Die Koeffizienten der Knappheitsmaße sind mit dem erwarteten Vorzeichen hoch signifikant von Null verschieden, wobei sie sich in der Höhe der Signifikanz kaum unterscheiden. Betragsmäßig sind die Koeffizienten auch deutlich größer als oben. Damit sind die Effekte quantitativ nicht unerheblich. Die Differenz zwischen dem Wahlkreis mit dem knappsten und jenem mit dem deutlichsten Ergebnis ergibt bei beiden Maßen immerhin einen Unterschied in der Höhe der Wahlbeteiligung von etwa drei Prozentpunkten.[24] Die Koeffizienten der Variablen für die Größe der Wahlkreise erhalten signifikant positive Vorzeichen: Je bevölkerungsreicher ein Wahlkreis ist, desto höher scheint die Wahlbeteiligung zu sein. Dies widerspricht der Entscheidungshypothese. Bei den Residuen schließlich muß in beiden Fällen die Annahme der Normalverteilung verworfen werden, wobei die Abweichungen weniger bei der Schiefe als bei der zu hohen Kurtosis liegen.

Schließt man auch West-Berlin aus der Untersuchung aus und betrachtet nur die alten Bundesländer, so ergibt sich keine wesentlich Änderung, weder bezüglich der Signifikanz, noch bezüglich der Größe der Koeffizienten der beiden Knappheitsmaße:

(10a) $WBT_{90} = -15{,}776 + 1{,}113\,WBT_{87} + 0{,}061\,D12 + 0{,}006\,POP_{90} + \hat{u},$
         (5,53)   (32,38)   (7,78)   (2,03)

$\bar{R}^2 = 0{,}856,\ SER = 1{,}335,\ FG = 244,\ \mu = -0{,}007$
$SK = 0{,}235,\ KT = 3{,}719,\ J.\text{-}B. = 7{,}624\ (p = 0{,}022).$

---

24 Der Wahlkreis mit dem größten Vorsprung, nämlich 51,93 Prozentpunkten, eines (CDU-) Kandidaten war der Wahlkreis 27, Cloppenburg-Vechta, jener mit dem geringsten Unterschied von nur 64 Stimmen bzw. 0,04 Prozentpunkten der Wahlkreis 44, Salzgitter-Wolfenbüttel.

(10b) $\text{WBT}_{90} = -27{,}799 + 1{,}107\,\text{WBT}_{87} + 17{,}011\,\text{ENT} + 0{,}008\,\text{POP}_{90} + \hat{u}$,
       (9,74)   (32,06)   (6,69)   (2,41)

$\bar{R}^2 = 0{,}852$, SER = 1,357, FG = 244, $\mu = -0{,}007$
SK = 0,179, KT = 3,717, J.-B. = 6,637 (p = 0,04).

Vergleicht man diese Werte mit den in KIRCHGÄSSNER (1990) angegebenen Werten für die Bundestagswahl 1987, so sind die Koeffizienten der Knappheitsvariablen für die Wahl des Jahres 1990 bei beiden Maßen betragsmässig deutlich höher und auch höher signifikant.

Wie oben erläutert wurde, wird bei diesem Schätzverfahren durch den Einbezug der verzögerten endogenen Variablen der Einfluß der erwarteten Knappheit tendenziell unterschätzt. Eine obere Grenze für den Einfluß der erwarteten Knappheit kann man erhalten, wenn man diese Variable aus der Schätzgleichung herausnimmt. Damit ergibt sich folgendes:

(11a) $\text{WBT}_{90} = 77{,}224 + 0{,}136\,\text{D12} + 0{,}017\,\text{POP}_{90} + \hat{u}$,
       (52,60)   (7,59)   (2,31)

$\bar{R}^2 = 0{,}164$, SER = 3,221, FG = 245, $\mu = -0{,}008$
SK = -0,211, KT = 3,386, J.-B. = 3,373 (p = 0,185).

(11b) $\text{WBT}_{90} = 44{,}157 + 45{,}436\,\text{ENT} + 0{,}021\,\text{POP}_{90} + \hat{u}$,
       (10,91)   (8,27)   (2,87)

$\bar{R}^2 = 0{,}201$, SER = 3,148, FG = 245, $\mu = -0{,}007$
SK = -0,166, KT = 3,559, J.-B. = 4,366 (p = 0,113).

Die beiden Knappheitsmaße erhalten hier deutlich höhere und auch höher signifikante Koeffizienten. Immerhin 16 bzw. sogar 20 Prozent der Varianz der Wahlbeteiligung werden (fast) ausschließlich durch die erwartete Knappheit erklärt.[25] Zwischen dem umstrittensten und dem Wahlkreis mit dem deutlichsten Abstand ergibt sich mit dem

---

25 Die einfachen Korrelationskoeffizienten zwischen der Höhe der Wahlbeteiligung und dem Abstandsmaß bzw. dem Entropiemaß betragen 0,390 bzw. 0,423. In einer OLS-Regression könnten damit allein durch diese Variablen 15,2 Prozent bzw. 17,9 Prozent der Varianz erklärt werden.

Abstandsmaß eine Differenz von sieben und mit dem Entropiemaß sogar eine Differenz von fast acht Prozentpunkten. Im Gegensatz zu oben kann auch in beiden Fällen die Nullhypothese der Normalverteilung für die Residuen nicht verworfen werden.

Schließt man dagegen die Knappheitsvariable aus der Schätzgleichung aus, so ergibt sich:

(12) $WBT_{90} = -22{,}677 + 1{,}187\ WBT_{87} + 0{,}005\ POP_{90} + \hat{u}$,
             (7,68)   (34,12)   (1,45)

$\bar{R}^2 = 0{,}829$, SER = 1,455 FG = 245, $\mu = -0{,}011$
SK = 0,082, KT = 3,653, J.-B. = 4,684 (p = 0,096).

Das multiple Bestimmtheitsmaß dieser Gleichung ist nur geringfügig niedriger als in den Gleichungen (10) bei Einschluß der Knappheitsvariablen: die Differenzen betragen weniger als drei Prozentpunkte. Dies spricht wieder eher für einen geringen Einfluß der erwarteten Knappheit.

Schätzt man das gleiche Modell für die neuen Bundesländer (einschließlich Ost-Berlin), so erhält man:

(13a) $WBT_{90} = -56{,}477 + 1{,}319\ WBT_{87} - 0{,}107\ D12 + 5{,}795\ DBO$
              (3,40)   (7,60)   (4,85)   (6,31)
          $+ 0{,}031\ POP_{90} + \hat{u}$,
              (2,43)

$\bar{R}^2 = 0{,}644$, SER = 1,887, FG = 67, $\mu = -0{,}006$,
SK = - 0,103, KT = 2,139, J.-B. = 2,353 (p = 0,308).

(13b) $WBT_{90} = -43{,}710 + 1{,}370\ WBT_{87} - 24{,}136\ ENT + 5{,}952\ DBO$
              (2,64)   (8,54)   (5,64)   (6,77)
          $+ 0{,}030\ POP_{90} + \hat{u}$,
              (2,48)

$\bar{R}^2 = 0{,}678$, SER $= 1{,}795$, FG $= 67$, $\mu = -0{,}003$,
SK $= -0{,}145$, KT $= 2{,}132$, J.-B. $= 2{,}515$ (p $= 0{,}284$).

Die Knappheitsvariable ist jetzt ebenfalls in beiden Fällen hoch signifikant, aber mit dem 'falschen' Vorzeichen: Je offener das Rennen zwischen den beiden Spitzenkandidaten ist, desto geringer ist die Wahlbeteiligung.[26] Dieses Ergebnis ist völlig überraschend; eine einfache und plausible Erklärung dürfte schwierig zu finden sein. Dabei ist das Ergebnis, wie unten deutlich wird, außerordentlich stabil: Änderungen der Spezifikation beseitigen diese Signifikanz nicht. Das multiple Bestimmtheitsmaß ist hier etwas niedriger als bei den Schätzungen für Westdeutschland, während für die Residuen die Nullhypothese der Normalverteilung nicht verworfen werden kann.

Um zu untersuchen, ob die potentiellen Wähler einzelner Parteien - ceteris paribus - häufiger oder seltener zur Wahl gehen, kann man die Anteile der einzelnen Parteien in die Schätzgleichung aufnehmen. Die Untersuchung dieser Frage ist besonders interessant bezüglich der beiden großen Parteien wegen deren unterschiedlicher Haltung zur deutschen Einigung. Da in dieser Frage (zum Zeitpunkt der Wahl) die Haltung der CDU/CSU von der überwiegenden Mehrheit der Bevölkerung geteilt wurde, könnte man vermuten, daß es diesen Parteien leichter fiel, ihre Wähler zu mobilisieren, weshalb - ceteris paribus - ein hoher Stimmenanteil der CDU/CSU in einem Wahlkreis auch zu einer hohen Wahlbeteiligung führen sollte. Bei der SPD liegen die Dinge umgekehrt: Die Partei war in dieser Frage nicht wirklich geschlossen, und insbesondere ihr Kanzlerkandidat Oskar Lafontaine vertrat eine Position, die nur wenig Unterstützung in der Bevölkerung fand. Daher sollte man für den Stimmenanteil der CDU/CSU ein positives und für jenen der SPD ein negatives Vorzeichen erwarten.

Nimmt man die Stimmenanteile aller vier bisherigen Bundestagsparteien in die Schätzgleichung auf, so erhält man nur für die CDU (S_{CDU}) und die SPD (S_{SPD}) si-

---

26 In den in KIRCHGÄSSNER (1990: 469) angegebenen Schätzgleichungen für die Bundestagswahl 1983 waren die Vorzeichen für die Koeffizienten der Knappheitsvariablen ebenfalls negativ; allerdings waren sie für beide Variablen weit von jeder Signifikanz entfernt.

gnifikante Ergebnisse. Schließt man deshalb die Anteile der anderen Parteien aus, so ergibt sich:[27]

(14) $\quad WBT_{90} = -32{,}303 + 1{,}216\, WBT_{87} + 26{,}010\, ENT - 0{,}085\, s_{CDU}$
$\qquad\qquad\quad (9{,}92) \quad\ (28{,}92) \qquad\quad (7{,}60) \qquad\quad (2{,}94)$
$\qquad\qquad\ - 0{,}145\, s_{SPD} + 0{,}001\, POP_{90} + \hat{u},$
$\qquad\qquad\ \ (5{,}39) \qquad\ \ (0{,}33)$

$\bar{R}^2 = 0{,}857,\ SER = 1{,}330,\ FG = 242,\ \mu = -0{,}005,$
$SK = 0{,}841,\ KT = 5{,}286,\ J.\text{-}B. = 83{,}270\ (p = 0{,}000).$

Die Stimmenanteile beider Parteien erhalten signifikant negative Koeffizienten; jener der SPD ist mit dem erwarteten Vorzeichen hoch signifikant, während jener der CDU/CSU das 'falsche' Vorzeichen erhält. Trotz der geringen Koeffizienten ist der Einfluß bei beiden Parteien quantitativ nicht unbedeutend: bei der CDU/CSU ergibt sich zwischen ihrem 'stärksten' und ihrem 'schwächsten' Wahlkreis ein Unterschied in der Wahlbeteiligung von knapp vier Prozentpunkten, bei der SPD von über sechs Prozentpunkten.[28] Dies spricht dagegen, daß die CDU/CSU - aus welchen Gründen auch immer - ihre potentiellen Anhänger besser mobilisieren konnte als die SPD.

Als zusätzliche strukturelle Variable verwenden wir, wie oben erläutert, die Arbeitslosenquote, den prozentualen Anteil der Erwerbstätigen im produzierenden Gewerbe sowie den prozentualen Anteil aus den Wirtschaftsbereichen Land- und Forstwirtschaft sowie Fischerei im jeweiligen Wahlkreis. Nehmen wir diese drei Variablen in die Schätzgleichung auf, so erhalten wir für das Gebiet der alten Bundesländer (ohne West-Berlin) folgendes Ergebnis:[29]

---

[27] Im folgenden werden nur noch die Ergebnisse für das Entropiemaß dargestellt. Wie bereits bei den zuvor dargestellten Modellen (9) bis (13) ergeben sich kaum Unterschiede in Abhängigkeit vom verwendeten Knappheitsmaß.

[28] Die CDU/CSU hatte ihren höchsten Stimmenanteil mit 71,9 Prozent im Wahlkreis 27, Cloppenburg, ihren geringsten Anteil mit 27,4 Prozent im Wahlkreis 51, Bremen-West. Bei der SPD waren die entsprechenden Wahlkreise Duisburg II (Nr. 85) mit 60,0 Prozent und Biberach (Nr. 196) mit 17 Prozent.

[29] Die entsprechenden Werte der strukturellen Variablen stehen für West-Berlin nicht zur Verfügung. Außerdem wären diese Variablen dort wegen des sehr häufigen Auseinanderfallens zwischen dem Wahlkreis, in welchem man arbeitet und jenem, in welchem man wohnt, zumindest problematische Indikatoren. Dies gilt in abgeschwächtem Ausmaß für die anderen (kleineren) Millionenstädte in der Bundesrepublik freilich auch.

(15) $WBT_{90} = -24{,}990 + 1{,}150 \, WBT_{87} + 15{,}636 \, ENT - 0{,}000 \, POP_{90}$
      $(8{,}99) \quad (35{,}29) \quad (5{,}32) \quad (0{,}03)$
      $- 0{,}214 \, ALQ - 0{,}058 \, PROD - 0{,}024 \, AGRAR + \hat{u},$
      $(6{,}10) \quad (5{,}68) \quad (0{,}68)$

$\overline{R}^2 = 0{,}881,\ SER = 1{,}217,\ FG = 241,\ \mu = -0{,}006,$
$SK = 0{,}582,\ KT = 4{,}177,\ J.\text{-}B. = 28{,}316\ (p = 0{,}000).$

Sowohl die Arbeitslosenquote als auch der Anteil der Beschäftigten im produzierenden Gewerbe haben hoch signifikante negative Vorzeichen. Insofern entsprechen die Ergebnisse unseren theoretischen Erwartungen. Der Koeffizient für den Anteil der landwirtschaftlichen Bevölkerung ist dagegen nicht nur extrem klein, sondern auch nicht signifikant. Somit scheinen keine Unterschiede zwischen den Beschäftigten im Dienstleistungssektor und in der Landwirtschaft zu bestehen. Allerdings haben auch die beiden anderen Koeffizienten trotz ihrer hohen Signifikanz quantitativ keinen sehr bedeutenden Einfluß: Die durch sie erzeugte maximale Differenz in der Höhe der Wahlbeteiligung betrug in beiden Fällen unter drei Prozent. Wie beim Einschluß der Parteianteile sind auch hier wieder die geschätzten Residuen sowohl bezüglich der Schiefe als auch bezüglich der Kurtosis weit von der Normalverteilung entfernt.

Nimmt man die Arbeitslosenquote und den Anteil der Beschäftigten im produzierenden Gewerbe zu den Parteianteilen in die Schätzgleichung mit auf, so verliert der Koeffizient des Stimmenanteils der CDU seine Signifikanz. Schließt man diese Variable deshalb aus, so erhält man:

(16) $WBT_{90} = -24{,}805 + 1{,}160 \, WBT_{87} + 22{,}323 \, ENT - 0{,}000 \, POP_{90}$
      $(9{,}27) \quad (35{,}47) \quad (5{,}32) \quad (0{,}04)$
      $- 0{,}043 \, s_{SPD} - 0{,}124 \, ALQ - 0{,}049 \, PROD + \hat{u},$
      $(2{,}35) \quad (2{,}44) \quad (4{,}64)$

$\overline{R}^2 = 0{,}881,\ SER = 1{,}216,\ FG = 240,\ \mu = -0{,}004,$
$SK = 0{,}711,\ KT = 4{,}962,\ J.\text{-}B. = 60{,}669\ (p = 0{,}000).$

Während sich beim Anteil der Beschäftigten im produzierenden Gewerbe gegenüber oben kaum etwas ändert, wird der Koeffizient der Arbeitslosenquote fast halbiert, und auch seine Signifikanz wird deutlich geringer. Entsprechendes gilt auch für den Anteil der SPD. Beide haben nun keinen quantitativ bedeutsamen Einfluß mehr. Dies dürfte darauf zurückzuführen sein, daß der Anteil der SPD und die Arbeitslosenquote mit 0,686 hoch miteinander korreliert sind. Wird eine der beiden Variablen ausgeschlossen, so fängt die verbleibende Variable zumindest einen Teil des Effektes auf. Bei der Beurteilung des (zumindest für die alten Bundesländer) quantitativ eher geringen Effektes, ist festzuhalten, daß dies nicht durch Multikollinearität mit der verzögerten endogenen Variablen bewirkt sein kann, da auch die einfachen Korrelationskoeffizienten zwischen der Höhe der Wahlbeteiligung und den Stimmenanteilen bzw. strukturellen Variablen sehr gering sind.[30]

Verwendet man in der Gleichung für die neuen Bundesländer die Anteile der einzelnen Parteien als erklärende Variable, so zeigt sich, daß die Koeffizienten für die traditionellen Parteien CDU, SPD und FDP relativ gering und nicht signifikant sind. Dies ist - entsprechend unserer obigen Argumentation - insbesondere bei der SPD erstaunlich. Dagegen erhält man in den neuen Bundesländern (ohne Ost-Berlin) für die Stimmenanteile der Grünen/Bündnis 90 (s_{GR}) sowie der PDS (s_{PDS}) hoch signifikante Ergebnisse:

(17) $\quad$ WBT$_{90}$ = - 67,999 + 1,628 WBT$_{87}$ - 20,562 ENT + 1,164 s_{GR}
$\qquad\qquad$ (3,48) $\quad\quad$ (8,30) $\quad\quad\quad$ (5,46) $\quad\quad\quad$ (6,12)
$\qquad\quad$ - 0,450 s_{PDS} + 0,003 POP$_{90}$ + $û$,
$\qquad\quad\;\,$ (4,27) $\quad\quad\;$ (0,31)

$\bar{R}^2$ = 0,784, SER = 1,494, FG = 61, μ = - 0,002,
SK = - 0,227, KT = 2,794, J.-B. = 0,694 (p = 0,707).

Die Wähler des Bündnisses 90 sind ceteris paribus häufiger, diejenigen der PDS deutlich seltener zur Wahl gegangen als die Wähler der übrigen Parteien. Im Gegensatz zu den Ergebnissen für die alte Bundesrepublik aber haben wir hier nicht nur signifikante, sondern auch quantitativ bedeutsame Ergebnisse. Die geschätzten Koeffizienten liegen um ein mehrfaches über jenen z.B. aus Beziehung (14). Zwischen dem Wahlkreis mit dem geringsten und jenem mit dem höchsten Stimmenanteil des Bündnisses

---

30 $\quad$ Die Korrelationskoeffizienten mit der Höhe der Wahlbeteiligung betragen für: S_{CDU}: -0,069; S_{SPD}: 0,250; ALQ: -0,012; PROD: -0,072; AGRAR: -0,086. Dagegen liegen sie, wie oben in Fußnote 25 angegeben, für die beiden Knappheitsvariablen immerhin bei etwa 0,4.

90 ergibt sich im Stimmenanteil dieser Liste von 6,1 Prozentpunkten: Gemäß Beziehung (17) bewirkt dies einen Unterschied in der Wahlbeteiligung von 7,1 Prozentpunkten. Daß dieser Koeffizient betragsmässig über Eins liegt, zeigt, daß diese zusätzliche Mobilisierung nicht nur dieser Liste selbst zugute gekommen sein kann.

Als zusätzliche strukturelle Variable stand uns für die neuen Bundesländer nur die Arbeitslosenquote zur Verfügung. Verwenden wir diese Variable in unseren Schätzungen zusammen mit den Stimmenanteilen der Parteien, so erhalten wir (unter Ausschluß der Ost-Berliner Wahlkreise):

(18) $\text{WBT}_{90} = -76{,}772 + 1{,}725\,\text{WBT}_{87} - 18{,}313\,\text{ENT} + 1{,}133\,s_{GR}$
       $\phantom{\text{WBT}_{90} = -\,}(3{,}76) (8{,}34)\phantom{\text{WBT}_{8}} (4{,}59)\phantom{\,\text{EN}} (5{,}97)$
       $\phantom{\text{WBT}_{90} =}-0{,}417\,s_{PDS} - 0{,}211\,\text{ALQ} + 0{,}001\,\text{POP}_{90} + \hat{u},$
       $\phantom{\text{WBT}_{90} = -\,}(3{,}86) (1{,}42)\phantom{\text{ALQ}77} (0{,}11)$

$\bar{R}^2 = 0{,}787$, SER = 1,480, FG = 60, $\mu = -0{,}002$,
SK = -0,259, KT = 2,707, J.-B. = 0,990 (p = 0,610).

Die Arbeitslosenquote hat hier zwar das erwartete negative Vorzeichen, aber ihr Koeffizient ist im Gegensatz zu den Schätzungen für die alten Bundesländer nicht einmal auf dem zehn Prozent Niveau signifikant. Hier könnte eine Rolle spielen, Arbeitslosigkeit für die Bevölkerung der neuen Bundesländer zum Wahlzeitpunkt im Dezember 1990 noch eine sehr neue Erfahrung war und daß wegen der verschiedensten arbeitsmarktpolitischen Maßnahmen wie z.B. der 'Kurzarbeit von 100 Prozent' die offiziell ausgewiesene Arbeitslosenquote die tatsächliche Arbeitsmarktsituation im jeweiligen Wahlkreis nur sehr schlecht widerspiegelt.

5. Abschließende Bemerkungen

Ausgangspunkt unserer Untersuchung war die Vermutung, daß bei den Wahlen zum 12. Deutschen Bundestag am 2. Dezember 1990 die erwartete Knappheit bei den Erststimmen in den alten Bundesländern einen positiven Einfluß auf die Höhe der Wahlbeteiligung in den einzelnen Wahlkreisen gehabt hat, nicht aber in den neuen Bundesländern. Der Grund dafür liegt in den unterschiedlichen Voraussetzungen,

Erwartungen über den Wahlausgang bilden zu können. Dies würde auch den bisherigen Erfahrungen bei Bundestagswahlen entsprechen: Während für die Wahl im März 1983, als eine sinnvolle Erwartungsbildung bezüglich der Erststimmen kaum möglich war, kein solcher Einfluß festgestellt werden konnte, zeigte sich bei der Wahl im Januar 1987 ein solcher Knappheitseffekt. Im Vergleich zum Jahr 1987 ist der für 1990 gefundene Einfluß sowohl bezüglich seiner Signifikanz als auch bezüglich seiner quantitativen Bedeutung erheblich größer.

Während dies unseren theoretischen Erwartungen entspricht, erhielten wir für die neuen Bundesländer ein sehr überraschendes Ergebnis: Es zeigte sich ebenfalls ein deutlich signifikanter und quantitativ bedeutsamer Knappheitseffekt, aber mit umgekehrtem Vorzeichen: Je knapper das erwartete Wahlergebnis war, desto geringer fiel die Wahlbeteiligung aus. Dieses Ergebnis scheint robust zu sein: Auch durch Einbezug weiterer erklärender Variablen ändert sich daran qualitativ nichts und quantitativ nur wenig. Dieses Ergebnis widerspricht allen (bisherigen) theoretischen Überlegungen; es deutet darauf hin, daß die mit zunehmender erwarteter Knappheit verbundene Unsicherheit über den Wahlausgang einige Stimmbürgerinnen und Stimmbürger veranlaßt hat, sich nicht an dieser Wahl zu beteiligen. Bei den früheren Volkskammerwahlen (vor 1989) in der ehemaligen DDR gab es eine solche Unsicherheit bekanntlich nicht, und die Bevölkerung der ehemaligen DDR war zum Zeitpunkt der Wahl mit den Institutionen der repräsentativen Demokratie der Bundesrepublik Deutschland noch wenig vertraut. Dies alles mag erklären, weshalb die Wahlbeteiligung in den neuen Bundesländern etwas geringer war als im alten Bundesgebiet, aber weshalb dies dazu führen sollte, daß die Wahlbeteiligung in den umstrittenen Wahlkreisen besonders gering war, ist nicht erkennbar. Insbesondere bleibt offen, welches (rationale) Kalkül die Wähler bewogen haben mag, sich so zu verhalten.[31]

Betrachtet man den Einfluß weiterer Variablen, so finden wir in den alten Bundesländern signifikante Einflüße des Stimmenanteils der SPD, der Arbeitslosenquote und des Anteils der Beschäftigten im produzierenden Gewerbe, im Osten ergeben sich für den Stimmenanteil des Bündnisses 90 ein signifikant positiver und für denjenigen der PDS ein signifikant negativer Einfluß. Beide Effekte sind intuitiv plausibel. Auch hier zeigt sich ein deutlicher Unterschied im Wahlverhalten zwischen den alten und den neuen Bundesländern.

---

31 Eine mögliche Erklärung, die aber im Rahmen dieser Arbeit nicht weiter verfolgt werden kann, könnte darin liegen, daß wegen der Aufbausituation die beiden großen Parteien vor allem dort ihre Wähler suchten, wo sie (auch organisatorisch) bereits vergleichsweise stark waren.

Somit gibt es beim Wahlverhalten auch im Hinblick auf die Wahlbeteiligung erhebliche systematische Unterschiede zwischen alten und neuen Bundesländern. Bezüglich des in dieser Arbeit vor allem interessierenden Einflusses der Knappheit entsprechen die Ergebnisse in den alten Bundesländern den Erwartungen der ökonomischen Theorie des Wählerverhaltens, während diejenigen aus den östlichen Bundesländern damit kaum vereinbar zu sein scheinen. Es bleibt abzuwarten, ob sich diese Unterschiede bis zu den nächsten Bundestagswahlen im Jahr 1994 wegen der dann bestehenden gleichen Voraussetzungen zur Erwartungsbildung ausgleichen und ob dann für das gesamte Bundesgebiet ein signifikanter Einfluß der erwarteten Knappheit festgestellt werden kann.

Literatur

BARRY, Brian 1970: Sociologists, Economists and Democracy, London: Collier-Macmillan.

CALDEIRA, Gregory A./PATTERSON, Samuel C. 1982: Contextual Influences on Participation in U.S. State Legislative Elections, in: Legislative Studies Quarterly, 7, S. 359-381.

CHAMBERLAIN, Gary/ROTHSCHILD, Michael 1981: A Note on the Probability of Casting a Decisive Vote, in: Journal of Economic Theory, 25, 1981, S. 152-162.

CHAMBERS, William C./DAVIS, Philip C. 1978: Party Competition, and Mass Participation: The Case of the Democratizing Party System, 1824-1852, in: SILBERY J.H./BOGUE A.G./FLANIGAN W.H. (eds.): The History of American Electoral Behavior, Princeton: Princeton University Press, S. 174-197.

COX, Gary 1988: Closeness and Turnout: A Methodolocical Note, in: Journal of Politics, 50, S. 768-778.

DOWNS, Anthony 1957: An Economic Theory of Democracy, New York: Harper and Row; deutsche Übersetzung: Ökonomische Theorie der Demokratie, Tübingen 1968: Mohr (Siebeck).

FEREJOHN, John A./FIORINA, Morris P. 1974: The Paradox of Not Voting, A Decision Theoretic Analysis, in: American Political Science Review, 69, S. 525-536.

FREY, Bruno S. 1971: Why do High Income People Participate More in Politics?, in: Public Choice, 11, S. 101-105.

GLAZER, Amihai 1987: A New Theory of Voting: Why Vote When Millions of Others Do, in: Theory and Decision, 22, S. 257-270.

HANSEN, Stephen/PALFREY, Thomas R./ROSENTHAL, Howard 1987: The Downsian Model of Electoral Participation: Formal Theory and Empirical Analysis of the Constituency Size Effect, in: Public Choice, 52, S. 15-33.

JOHNSTON, John 1984: Econometric Methods, 3. Auflage, Singapore: McGrawHill.

KEY, V.O. 1950: Southern Politics in State and Nation: KNOPF Alfred A., New York.

KIRCHGÄSSNER, Gebhard 1980: Können Ökonomie und Soziologie voneinander lernen?, Zum Verhältnis zwischen beiden Wissenschaften, mit besonderem Bezug auf die Theorie des Wählerverhaltens, in: Kyklos, 33, S. 420-448.

KIRCHGÄSSNER, Gebhard 1986: Ein Einfluß von Meinungsumfragen auf das Wahlergebnis, in: KLINGEMANN, Hans-Dieter/KAASE, Max (eds.): Wahlen und politischer Prozeß, Opladen: Westdeutscher Verlag, S. 232-247.

KIRCHGÄSSNER, Gebhard 1986a: Economic Conditions and the Popularity of West-German Parties: A Survey, in: European Journal of Political Research, 14, S. 421-439.

KIRCHGÄSSNER, Gebhard 1990: Hebt ein knapper Wahlausgang die Wahlbeteiligung?, Eine Überprüfung der ökonomischen Theorie der Wahlbeteiligung anhand der Bundestagswahl 1987, in: KLINGEMANN, Hans-Dieter/KAASE, Max (eds.): Wahlen und Wähler, Opladen: Westdeutscher Verlag, S. 445-477.

KIRCHGÄSSNER, Gebhard/SCHIMMELPFENNIG, Jörg 1992: Closeness Counts if it Matters for Electoral Victory: Some Empirical Results for the United Kingdom and the Federal Republic of Germany, in: Public Choice, 73, S. 283-299.

KIRCHGÄSSNER, Gebhard/SCHNEIDER, Friedrich 1979: Politisch ökonomische Modelle: Theoretische Ansätze und empirische Ergebnisse, in: HILLINGER Claude/HOLLER, Manfred J. (eds.): Ökonomische Theorie der Politik, München: Verlag Moderne Industrie, S. 86-125.

LAVIES, Ralf-Rainer 1973: Nichtwählen als Kategorie des Wahlverhaltens, Düsseldorf.

LEDYARD, John O. 1984: The Pure Theory of Large Two Candidate Elections, in: Public Choice, 44, S. 7-41.

MUTH, John 1961: Rational Expectations and the Theory of Price Movements, in: Econometrica, 29, S. 315-335.

PALDA, Kristian S. 1975: The Effect of Expenditure on Political Success, in: Journal of Law and Economics, 18, S. 745-775.

PATTERSON, Samuel C./CALDEIRA, Gregory A. 1983: Getting Out the Vote: Participation in Gubernatorial Elections, in: American Political Science Review, 77, S. 675-689.

PALFREY, Thomas R./ROSENTHAL, Howard 1983: A Strategic Calculus of Voting, in: Public Choice, 41, S. 7-53.

PALFREY, Thomas R./ROSENTHAL, Howard 1985: Voter Participation and Strategic Uncertainty, in: American Political Science Review, 79, S. 63-78.

RADTKE, Günter D. 1972: Stimmenthaltung bei politischen Wahlen in der Bundesrepublik Deutschland, Meisenheim: Hain.

RATTINGER, Hans 1979: Auswirkungen der Arbeitsmarktlage auf das Ergebnis der Bundestagswahl 1976. in: Politische Vierteljahresschrift, 20, S. 51-70.

RATTINGER, Hans 1980: Wirtschaftliche Konjunktur und politische Wahlen in der Bundesrepublik Deutschland, Berlin: Duncker und Humblot.

RATTINGER, Hans 1983: Arbeitslosigkeit, Apathie und Protestpotential: Zu den Auswirkungen der Arbeitsmarktlage auf das Wahlverhalten bei der Bundestagswahl 1980, in: KAASE Max/KLINGEMANN Hans-Dieter (eds.): Wahlen und politisches System, Opladen: Westdeutscher Verlag, S. 257-317.

RIKER, William H./ORDESHOOK, Peter C. 1968: A Theory of the Calculus of Voting, in: American Political Science Review, 62, S.675-689.

SCHRAM, Arthur/van WINDEN, Frans A.A. 1991: Why People Vote: Free Riding and the Production and Consumption of Social Pressure, in: Journal of Economic Psychology, 12, S. 575-620.

SCHULTZE, Rainer-Olaf u.a. 1991: Wahlverhalten, Stuttgart: Kohlhammer.

SCHWARTZ, Thomas 1987: Your Vote Counts on Account of the Way it is Counted: An Institutional Solution of the Paradox of Not Voting, in: Public Choice, 54, S. 101-121.

STROM, Gerald S. 1975: On the Apparent Paradox of Participation: A New Proposal, in: American Political Science Review, 69, S. 908-913.

STRUTHERS, John/YOUNG, Alistair 1989: Economic Theories of Voting: Theories and Evidence, in: Journal of Economic Studies, 16, S. 1-42.

TULLOCK, Gordon 1967: Towards a Mathematics of Politics, Ann Arbor: University of Michigan Press.

ZINTL, Reinhard 1986: Ökonomisches Rationalitätskonzept und normorientiertes Verhalten, in: Jahrbuch für Neue Politische Ökonomie, 5, S. 227-239.

Anhang

Quelle der Daten für die Wahlkreisergebnisse

a) 1987: Das Parlament Nr. 5 vom 31. Januar 1987, S. 3-9.

b) 1990:

(i) Statistisches Bundesamt: Bevölkerung und Erwerbstätigkeit, Wahl zum 12. Deutschen Bundestag am 2. 12. 1990, Endgültige Ergebnisse nach Wahlkreisen, Fachserie 1, Heft 3, Stuttgart 1990: Metzler Poeschel.

(ii) Statistisches Bundesamt: Bevölkerung und Erwerbstätigkeit, Wahl zum 12. Deutschen Bundestag am 2. 12. 1990, Ergebnisse und Vergleichszahlen früherer Bundestags-, Europa- und Landtagswahlen sowie Strukturdaten für die Bundestagswahlkreise, Fachserie 1, Heft 3, Stuttgart 1990: Metzler Poeschel.

(iii) Der Bundeswahlleiter (ed.): Rechtsgrundlage für die Wahl zum 12. Deutschen Bundestag, Wiesbaden, 2. Auflage Oktober 1990.
Die Berechnung der Arbeitslosenquoten für die Wahlkreise in den neuen Bundesländern erfolgte anhand von Daten, die von den Arbeitsämtern sowie von den einzelnen statistischen Ämtern zur Verfügung gestellt wurden. Die Arbeitslosenquoten wurden dann auf die einzelnen Wahlkreise umgerechnet.

Teil II:

Politische Einstellungen im vereinigten Deutschland

Hans Rattinger

Parteineigungen, Sachfragen- und Kandidatenorientierungen in Ost- und Westdeutschland 1990 bis 1992

1. Einleitung

Nach der Vereinigung Deutschlands im Oktober 1990 ist die Frage von höchster Bedeutung, wie sich in Ostdeutschland - im Vergleich zu Westdeutschland - die Einstellungen der Bevölkerung zu dem neuen politischen System entwickeln, zur Demokratie und zu den intermediären Instanzen der Interessenvermittlung, besonders den politischen Parteien. Dieser Aufsatz versucht, einen Beitrag zur Aufhellung eines Teils dieser Frage zu leisten, indem die Einstellungen zu den Parteien in Deutschland seit der Vereinigung untersucht werden. Insbesondere geht es uns darum, ob in den neuen Bundesländern das in der internationalen Wahlsoziologie bestens bewährte Konzept der "Parteiidentifikation" (synonym sprechen wir von "Parteineigungen") bereits sinnvollerweise angewandt werden kann. Dies klingt wie eine sehr einfache und eingeschränkte Problemstellung. Dies ist jedoch mitnichten der Fall, denn der Begriff der "Parteiidentifikation" ist Bestandteil eines viel umfassenderen theoretischen Gebäudes (CAMPBELL 1960), so daß die Frage seiner Übertragbarkeit auf Ostdeutschland nur im Rahmen dieses Gesamtansatzes (also durch Vergleich der relativen Stärke der politischen Effekte von Parteibindungen in beiden Landesteilen) beantwortet werden kann.

Zur Frage der derzeitigen Anwendbarkeit des Konzepts der Parteiidentifikation in den neuen Bundesländern ist in der Literatur bereits eine Extremposition bezogen worden. ROTH (1990) argumentiert, längerfristig angelegte Parteineigungen könnten dort noch nicht vorhanden sein, weil das westdeutsche Parteiensystem erst nach der Wende "importiert" worden sei. Daraus folgert er, das Wahlverhalten bei der Volkskammerwahl vom Frühjahr 1990 sei notwendigerweise allein durch Sachfragenorientierungen bestimmt gewesen. Damit habe es sich um den klassischen Fall "rationaler", nur an Sachfragen orientierter Wahlentscheidungen gehandelt. Die Volkskammerwahl sei vor allem ein Referendum über die Vereinigung gewesen. Die extreme Gegenposition, daß es in Ostdeutschland durchaus auch schon vor der Wende relativ stabile Parteineigungen (z.T. natürlich zu Westparteien) gegeben habe, wurde so in der Literatur nicht bezogen, aber von der Interpretation ROTHs abweichende Befunde wurden berichtet. So stellte etwa GIBOWSKI (1990) fest, daß die Volkskammerwahl bei Zusammenfassung der jeweils "rechten" und "linken" Parteien ein Wahlergebnis erbracht hat, das in der Gesamtverteilung der Gewichte zwischen diesen beiden Blöcken ganz nahe an den Verhältnissen in Westdeutschland lag, so daß bereits damals ein einheitliches, "vereinigtes" Elektorat festgestellt werden konnte. Differenzierter und aufschlußreicher sind die Ergebnisse von BLUCK und KREIKENBOM (1991) aufgrund ihrer insgesamt vier Befragungen in Jena anläßlich der verschiedenen Wahlen des Jahres 1990 (zwei vor und zwei nach der Vereinigung). Sie ermittelten, daß ihre Probanden geringe Probleme hatten, eine Identifikation mit Westparteien zum Ausdruck zu bringen und sprechen deshalb von "Vor-Wende-Orientierungen" an Parteien der alten Bundesrepublik und stellen hohe Anteile solcher Parteineigungen fest.

Auch in diesem Beitrag soll keine der These von ROTH entgegengesetzte Extremposition bezogen werden, sein Argument erscheint aber weit überspitzt. Erstens folgt, auch wenn es zutrifft, daß die Volkskammerwahl fast ausschließlich ein Referendum über die Vereinigung gewesen ist, daraus keineswegs, Identifikationen mit Westparteien könne es damals in der Noch-DDR nicht gegeben haben. Vielmehr ist beides gut miteinander vereinbar. Die Volkskammerwahl mag sehr wohl ein solches Referendum gewesen sein - aber gleichzeitig können viele Ostdeutsche bereits längerfristige Neigungen zu Westparteien gehabt haben. Allerdings spiegelte ihr Wahlverhalten dann nicht diese Identifikationen wider, sondern ihre Orientierung gegenüber der deutschen Vereinigung und ihrem Tempo. Sachfragenorientierung hätte dann also bei denjenigen Bürgern mit einer derartigen Identifikation die letztere bei Festlegung der Wahlentscheidung überlagert. Zweitens gibt es gute Gründe für die Vermutung von BLUCK und KREIKENBOM, daß die Bürger der DDR sich zumindest zum Teil bereits vor der Wende an Parteien der alten Bundesrepublik orientierten und beständigere Einstellungen zu ihnen entwickelten. Schließlich lebten viele von ihnen mit einem permanenten Informationsfluß über die westdeutsche Parteipolitik, die z.T. auch unmittelbare Konsequenzen für sie selbst hatte. Man kann sogar aus der Haltung der westdeutschen Parteien zur deutschen Teilung bzw. Einheit eine klare Ableitbarkeit von Identifikationen mit Westparteien konstruieren. Wer im Sinne des "DDR-Bewußtseins" einen Fortbestand der Teilung und Abgrenzung wünschte, hatte als

Identifikationspartei nur die damalige SED zur Verfügung. Wer realistisch von weiterem Fortbestand der Teilung ausging, sie aber wesentlich erträglicher gemacht sehen wollte, dem bot sich als Identifikationspartei spätestens seit der sozialliberalen Koalition im Westen die SPD (und zum Teil auch die FDP) an. Wer schließlich an der Überwindung der deutschen Teilung als langfristigem Ziel festhielt, für den stand als Identifikationspartei die westdeutsche CDU oder die CSU bereit. Daß die Bürger der damaligen DDR bei Wahlen in Westdeutschland unter dem Aspekt, was der Wahlausgang für sie selbst bedeuten würde, häufig gewissermaßen in Gedanken "mitstimmten", ist eine von DDR-Reisenden vor der Wende häufig berichtete Beobachtung, die diese Überlegungen unterstützt.

In dieser Argumentation wird die Parteineigung gewissermaßen aus der Haltung zu einer politischen Sachfrage (Einheit oder Teilung) abgeleitet. Für die Anwendbarkeit des Begriffs ist das weitgehend unerheblich. Zwar spricht das ursprüngliche Konzept vom Erwerb der Parteiidentifikation im Rahmen der politischen Sozialisation, aber bereits für die "alte" Bundesrepublik mußte man - zumindest für eine lange Übergangszeit - auch andere Ableitungen zulassen, etwa aus sozialstrukturellen Bezügen, sozialen Gruppenzugehörigkeiten usw. (FALTER 1977). Bei der Frage nach Fortbestand bzw. Auflösung der DDR handelte es sich sicherlich für diese Gesellschaft um eine zentrale (wenn auch dort nicht offen thematisierbare) Konfliktlinie, an der sich möglicherweise dauerhaftere Einstellungen zu Parteien in Ost- und Westdeutschland formieren konnten. Schließlich ist man auch in den Vereinigten Staaten selbst längst von einer rein unidirektionalen Auffassung des Verhältnisses zwischen Parteiidentifikationen und Einstellungen zu Sachthemen abgekommen. Die rückkoppelnde Verstärkung oder Abschwächung von Parteiidentifikationen durch Sachthemenorientierungen ist eine theoretisch erkannte und empirisch untersuchte Erweiterung des ursprünglichen Ansatzes (z.B. NIEMI 1991).

Bei einer sorgsameren Rekonstruktion des Arguments von ROTH wird man sicher von einer klaren Dichotomie zwischen An- bzw. Abwesenheit von Parteineigungen in West- bzw. Ostdeutschland abgehen wollen, sondern vielmehr im Vergleich ein "mehr oder weniger" erwarten: Verbreitetere und stärkere Parteiidentifikationen und deutlichere Effekte auf die Wahlentscheidung in Westdeutschland, geringere Effekte seltener vorhandener Parteineigungen auf das Wahlverhalten in Ostdeutschland, dafür aber stärkere Auswirkungen der Sachfragenorientierungen. Eine weitere Unbekannte in einer solchen Rekonstruktion sind die Orientierungen gegenüber den Kandidaten, die ROTH in seiner Argumentation gar nicht erwähnt. Es könnte ja sein, daß mit dem möglicherweise geringeren Einfluß von Parteineigungen in Ostdeutschland ein viel stärkerer Effekt der Kandidatenorientierungen auf das Wahlverhalten einhergeht.

Eine solcherart gegenüber dem einfachen Schwarz-Weiß-Schema modifizierte Fragestellung untersucht dieser Aufsatz. Nach Darstellung der Datenbasis wird zunächst der Frage nachgegangen, in welchem Umfang bereits in Ostdeutschland im Vergleich zu Westdeutschland Parteiidentifikationen vorhanden sind und wie sie sich zwischen beiden Landesteilen (noch) unterscheiden, ferner wie stabil diese Orientierungen sind. Im nächsten Schritt wird eine zentrale Voraussetzung für eine in Ostdeutschland stärkere Orientierung an politischen Sachfragen überprüft, nämlich die Verbreitung eigener Meinungen zu Positionssachfragen und von Perzeptionen der Positionen der politischen Parteien dazu und die persönliche Wichtigkeit solcher Themen. Positionssachfragen werden (statt wahrgenommener Problemlösungskompetenzen für Valenzissues) in die Analyse einbezogen, weil die Orientierung an derartigen Sachthemen am klarsten und weitestgehenden den "rationalen Wähler" charakterisiert. Bis hierhin untersucht dieser Beitrag eine elementare Voraussetzung für die Determinierung der Wahlentscheidung eher durch Parteineigungen oder eher durch Sachfragenorientierungen, nämlich das Ausmaß ihres Vorhandenseins in alten und neuen Bundesländern. Danach wird im Rahmen eines komplexen Kausalmodells die Stärke des Einflusses von Parteiidentifikationen und Sachfragenorientierungen auf die aktuelle Sympathie gegenüber den politischen Parteien zwischen Ost und West verglichen. Zusätzlich werden als Erklärungsvariablen ideologische Grundorientierungen und Kandidatenbewertungen einbezogen. Da es sich bei der Datenbasis um eine Wiederholungsbefragung handelt, können diese Kausalanalysen sowohl im Querschnitt wie im Längsschnitt durchgeführt werden. Als abhängige Variablen dienen dabei durchgängig die Sympathieeinstufungen der Parteien (Skalometer) - und zwar aus zwei Gründen: Erstens stand in allen Erhebungszeitpunkten eine Bundestagswahl konkret nicht an, so daß Wahlabsichten möglicherweise durch aktuelle Stimmungen verzerrt sind. Zweitens entsprechen die quasi-metrischen Sympathiebewertungen der Parteien besser dem Meßniveau der meisten Erklärungsvariablen als die kategoriale Wahlabsicht. Wegen der starken Zusammenhänge zwischen Wahlabsichten und Parteiensympathien erscheint es sinnvoll, die letzteren gewissermaßen als Messung der Wahrscheinlichkeit einer Stimmabgabe für die einzelnen Parteien aufzufassen und als abhängige Variablen zu verwenden.

2. Daten und Operationalisierung

Die Daten für diese Untersuchung stammen aus einer Wiederholungsbefragung, deren Verlauf das rasche Tempo der deutschen Vereinigung widerspiegelt. Im Rahmen des von der DFG geförderten Forschungsprojekts "Modelle des Wählerverhaltens", das der Verfasser zusammen mit J. W. FALTER von der Universität Mainz durchführt, wurde diese dreiwellige Befragung im Laufe des Jahres 1989 konzipiert - zunächst natürlich nur für Westdeutschland. Nach Durchführung der ersten Erhebungswelle im Mai 1990 mit etwas über 2000 Befragten wurde beschlossen, angesichts der bevorstehenden Vereinigung die zweite und dritte Welle auf die neuen Bundesländer auszudehnen. Um den Kostenrahmen konstant zu halten, mußte deshalb die westdeutsche Teilstichprobe verkleinert werden. Im Mai 1991 wurden 932 Bundesbürger in den alten Bundesländern zum zweiten Mal und 606 in den neuen Ländern zum ersten Mal befragt. In der dritten bzw. zweiten Welle im Mai 1992 wurden 716 bzw. 325 Interviews realisiert.

Die in diese Untersuchung einbezogenen Variablen wurden wie folgt erhoben und operationalisiert: Parteiidentifikation und ihre Stärke wurden mit den in Westdeutschland inzwischen zum Standard avancierten Fragen erhoben (BERGER 1973, 1977). Zusätzlich wurde in unserer Untersuchung gefragt, wie lange die angegebene Parteineigung bereits besteht. Ideologische Grundorientierungen wurden über die Selbstplazierung auf einem elfstufigen Links-Rechts-Kontinuum gemessen. Einstellungen zu umstrittenen politischen Sachfragen wurden wie folgt erfaßt: Den Befragten wurden zwischen fünf und sieben derartige Themen nebst siebenstufigen Skalen vorgelegt, auf denen sie ihre eigene Haltung dazu sowie die von ihnen wahrgenommenen Positionen der einzelnen Parteien angeben sollten. Ferner wurde nach der persönlichen Wichtigkeit dieser Probleme gefragt. Aus den Einzeldistanzen zu den einzelnen Parteien auf den verschiedenen Themen wurde für jeden Befragten die Gesamtdistanz zu jeder Partei als euklidische Distanz berechnet (Wurzel aus der Summe der quadrierten Distanzen auf den einzelnen Themen). Fehlende Werte für eigene Positionen bzw. den Parteien zugeschriebene Positionen wurden vorher durch (für Ost- und Westdeutschland getrennte) Mittelwertsubstitution beseitigt, da ansonsten ein einziger fehlender Wert eine fehlende euklidische Gesamtdistanz produziert hätte. Auf den Einzelskalen waren von dieser Mittelwertsubstitution jeweils nur sehr wenige Fälle betroffen. Die einbezogenen Sachthemen sind im Wortlaut der Fragen und Skalenvorgaben in der Anmerkung zu Tabelle 4 aufgeführt. Zu erwähnen ist hier ferner, daß die vorgelegten politischen Streitfragen sich zwischen Ost- und Westdeutschland und zwischen den einzelnen Erhebungszeitpunkten zum Teil unterschieden, weil von gleichartiger bzw. konstanter Relevanz für die Befragten nicht ausgegangen werden konnte.

Zur Beurteilung von Parteien und ihren Politikern wurden Sympathieskalometer mit elf Punkten von -5 (halte gar nichts von ...) bis +5 (halte sehr viel von ...) vorgelegt. Für Befragte aus Bayern wurde bei allen nachfolgenden Analysen der Skalometerwert für die CDU durch denjenigen für die CSU substituiert. Wie bei den Sachfragen wurden auch bei den Kandidaten nicht in allen Wellen und in Ost- und Westdeutschland völlig einheitliche Listen von Personen abgefragt. Bei den Grünen wird die Vergleichbarkeit zwischen Zeitpunkten und beiden Landesteilen ferner dadurch beeinträchtigt, daß 1991 die Sympathie gegenüber Politikern dieser Partei nur in Westdeutschland erhoben wurde und 1992 weder im Osten noch im Westen (vgl. Anmerkung zu Tabelle 4). Schließlich ist noch zu erwähnen, daß Analysen der Bewertung der PDS für Westdeutschland nicht vorgelegt werden können. Zwar wurden auch dort ab 1991 Sympathieeinstufungen von Gysi und seiner Partei erfragt, die Wahrnehmung ihrer Haltung zu den verschiedenen Streitfragen wurde aber nicht erhoben, weil sie sicherlich zu vielen Befragten in Westdeutschland einfach nicht bekannt gewesen wäre.

3. Parteineigungen, ihre Stärke und Dauerhaftigkeit in Ost und Westdeutschland

In diesem und im folgenden Abschnitt beschäftigen wir uns zunächst mit der Frage, inwiefern in Ostdeutschland im Vergleich zu Westdeutschland bestimmte grundlegende Kriterien erfüllt sind, damit auch in den neuen Bundesländern das Konzept der Parteiidentifikation sinnvollerweise angewandt werden kann. In der Literatur sind über die Jahrzehnte seit seiner ursprünglichen Einführung hinweg zahlreiche

Kriterien für eine Anwendbarkeit entwickelt worden (BERGER 1973, 1977; FALTER 1977; GLUCHOWSKI 1978, 1983; NORPOTH 1978). Zunächst einmal muß ganz elementar ein "genügend hoher" Anteil der Bevölkerung bei der Frage nach der Parteineigung eine solche angeben, wobei unklar ist, ob es dafür eine präzise numerische Untergrenze gibt, denn das Konzept der Parteiidentifikation kennt ja auch die "Unabhängigen". Individuelle Parteiidentifikationen sollten über die Zeit hinweg ein relativ hohes Ausmaß an Stabilität aufweisen, wobei zu erwarten ist, daß solche mit größerer Stärke stabiler sein werden als schwächere und seit längerer Zeit bestehende stabiler als solche, die erst seit kürzerer Zeit vorliegen. Der Anteil der Befragten mit Parteineigungen sollte mit dem Lebensalter eher zunehmen. Die Parteiidentifikation sollte ein erhebliches Ausmaß von Prägekraft auf die Wahlabsichten und andere politische Attitüden ausüben, allerdings muß sie auch empirisch von der jeweils aktuellen Wahlabsicht verschieden sein können, weil die beiden Konzepte sonst zusammenfallen würden. Die Stabilität der Parteineigungen sollte über die Zeit hinweg höher sein als diejenige der Wahlabsichten, weil letztere kurzfristige politische Präferenzen erfassen, erstere länger anhaltende Einstellungen zu den Parteien. Schließlich sollte die Parteiidentifikation um so stärker auf die Wahlabsicht und andere politische Einstellungen durchschlagen je stärker, stabiler und "älter" sie ist.

Nach dem allerersten Kriterium hat man aufgrund unserer Umfragen wenig Probleme, auch für Ostdeutschland von einer weiten Verbreitung von Parteineigungen zu sprechen (Tabelle 1). Zwar gaben dort sowohl 1991 wie 1992 auf die Standardfrage signifikant weniger Befragte eine solche an als in Westdeutschland (jeweils um ca. sieben Prozentpunkte weniger), aber verglichen mit der Phase, als in den sechziger Jahren noch in Westdeutschland über die Anwendbarkeit des Konzepts diskutiert wurde, liegen die Anteile der Identifizierer in Ostdeutschland in einer sehr beachtlichen Größenordnung. Auch nach der *Stärke* der Identifikation sind die Ergebnisse zwischen beiden Landesteilen sehr vergleichbar, wobei sich in unseren Umfragen eine gegenläufige Tendenz zeigt: Der Anteil der Probanden mit sehr starker oder ziemlich starker Identifikation nahm in Westdeutschland von 57 Prozent im Jahre 1990 über 52 auf 47 Prozent im Jahre 1992 ab, in Ostdeutschland stieg dieser Anteil zwischen 1991 und 1992 von 48 auf 53 Prozent derjenigen mit einer Parteineigung an. 1991 waren die Angaben zur Stärke der Identifikation in Ostdeutschland noch signifikant niedriger als im Westen, 1992 bestand kein signifikanter Unterschied mehr, vielmehr wurden im Osten eher stärkere Identifikationen berichtet als in Westdeutschland.

Ein erster deutlicher Unterschied zwischen alten und neuen Bundesländern zeigt sich bei der Frage nach der *Dauer* der Parteineigung, seit wann sie also besteht. In Westdeutschland antworteten auf diese Frage stets um 90 Prozent der Identifizierer, diese Neigung zu der genannten Partei bestehe bereits mindestens "seit vielen Jahren". In Ostdeutschland gaben dies 1991 nur 35 Prozent der Identifizierer an, bereits 1992 hatte dieser Anteil aber auf 71 Prozent zugenommen. Dieser Befund sagt uns wahrscheinlich mindestens ebensoviel über das subjektive Zeitempfinden der Befragten wie über den tatsächlichen Zeitpunkt des "Erwerbs" der Parteineigung. Bei unserer ersten Befragung in Ostdeutschland lag die Wende rund eineinhalb Jahre zurück, bei der Wiederholungsbefragung waren es etwa zweieinhalb Jahre. Das Verstreichen dieses einen Jahres brachte mehr als ein Drittel unserer zweifach in Ostdeutschland befragten Personen dazu, ihre Parteineigung nun nicht mehr als nur seit einigen Monaten bestehend zu betrachten, sondern eben als seit "vielen Jahren".

Die Richtung dieser Entwicklung ist höchst plausibel, allerdings ist davon auszugehen, daß das "Alter" der ostdeutschen Parteiidentifikationen durch unsere spezifische Frageformulierung überschätzt wird. Unsere Antwortvorgaben ohne Zwischenstufe zwischen "seit vielen Jahren" und "seit einigen Monaten" wurden für die westdeutsche Erstbefragung 1990 entwickelt. Aus Gründen der Vergleichbarkeit wurde die Frage nach der Dauer der Identifikation auch 1991 und 1992 in unveränderter Form gestellt. In einer im Rahmen eines anderen DFG-Projekts im Juni und Juli 1992 durchgeführten Erhebung des Verfassers wurde zwischen diese beiden Antwortvorgaben die Kategorie "seit ein paar Jahren" eingeschoben. Bei dieser Abstufung ergaben sich auch Mitte 1992 noch sehr deutliche Unterschiede zwischen beiden Landesteilen. In Westdeutschland gaben 70 Prozent mindestens "seit vielen Jahren" an, in Ostdeutschland nur 21. Die Vorgabe "seit ein paar Jahren" wählten 24 Prozent der westdeutschen, aber 60 Prozent der ostdeutschen Identifizierer. "Seit einigen Monaten" sagten in Westdeutschland sechs und in Ostdeutschland 19 Prozent der Identifizierer.

Tabelle 1: Parteiidentifikation, ihre Stärke und Dauer in Ost- und Westdeutschland im Frühjahr 1990, 1991 und 1992

	West 1990	West 1991	West 1992	Ost 1991	Ost 1992
% mit Angabe einer Parteiidentifikation	76,9	79,6	78,5	72,6	71,1
Signifikanz der Differenzen Ost-West/t-(t-1)	-/-	b/a	b/ns	b/-	b/ns
% derjenigen mit Angabe einer Parteiidentifikation:					
sehr stark	13,5	11,2	11,4	10,5	15,2
ziemlich stark	43,5	40,6	35,9	37,3	38,1
mittelmäßig	38,5	42,7	47,3	39,5	44,6
ziemlich schwach	3,8	4,7	4,6	0,9	2,2
sehr schwach	0,3	0,5	0,5	0,5	0,0
keine Angabe zur Stärke der Parteiidentifikation	0,5	0,3	0,2	11,3	0,0
Signifikanz der Differenzen Ost-West/t-(t-1)	-/-	c/ns	ns/ns	c/-	ns/c
% derjenigen mit Angabe einer Parteiidentifikation:					
seitdem erinnerbar	26,5	22,8	21,4	8,9	13,0
seit vielen Jahren	62,6	69,4	72,4	25,9	58,4
seit einigen Monate	10,0	6,9	5,3	51,4	27,3
seit ein paar Tagen oder Wochen	0,4	0,4	0,2	2,0	0,9
keine Angabe zur Dauer der Parteiidentifikation	0,5	0,5	0,7	11,8	0,4
Signifikanz der Differenzen Ost-West/t-(t-1)	-/-	c/a	c/ns	c/-	c/c
% derjenigen mit sehr starker Parteiidentifikation:					
seitdem erinnerbar	60,0	50,6	51,6	23,9	14,3
seit vielen Jahren	37,1	44,6	43,8	45,7	77,1
andere Angaben zur Dauer der Parteiidentifikation	2,9	4,8	4,7	30,4	8,6
Signifikanz der Differenzen Ost-West/t-(t-1)	-/-	c/ns	b/ns	c/-	b/a
% derjenigen mit ziemlich starker Parteiidentifikation:					
seitdem erinnerbar	26,4	28,2	24,8	11,6	13,6
seit vielen Jahren	66,3	67,1	71,3	32,3	59,1
andere Angaben zur Dauer der Parteiidentifikation	7,3	4,7	4,0	56,1	27,3
Signifikanz der Differenzen Ost-West/t-(t-1)	-/-	c/ns	c/ns	c/-	c/c
% derjenigen mit mittelmäßig starker Parteiidentifikation:					
seitdem erinnerbar	15,1	12,0	11,2	5,2	11,7
seit vielen Jahren	69,0	80,1	81,0	21,8	52,4
andere Angaben zur Dauer der Parteiidentifikation	15,9	7,9	7,8	73,0	35,9
Signifikanz der Differenzen Ost-West/t-(t-1)	-/-	c/b	c/ns	c/-	c/c
% derjenigen mit ziemlich oder sehr schwacher Parteiidentifikation:					
seitdem erinnerbar	24,6	9,8	24,1	0,0	20,0
seit vielen Jahren	50,8	53,7	65,5	3,6	40,0
andere Angaben zur Dauer der Parteiidentifikation	24,6	36,6	10,3	96,4	40,0
Signifikanz der Differenzen Ost-West/t-(t-1)	-/-	c/ns	ns/ns	c/-	ns/c
N	2007	932	716	606	325

West: Alte zehn Länder und West-Berlin; Ost: Fünf neue Länder und Ost-Berlin
Signifikanzniveaus: a: $p<0,05$; b: $p<0,01$; c: $p<0,001$; ns: nicht signifikant; -: nicht verfügbar

Die Unterschiede zwischen 1991 und 1992 in den ostdeutschen Angaben zum "Alter" der Parteineigung sind umso stärker je schwächer die Identifikation ist. Von den dortigen sehr starken Identifizierern sagten auch schon 1991 70 Prozent, sie neigten dieser Partei schon mindestens seit vielen Jahren zu, 1992 waren es 91 Prozent. In den Gruppen mit ziemlich starker oder einer schwächeren Identifikation betrug der Anstieg der Antwort "seit vielen Jahren" oder länger stets 30 Prozentpunkte und mehr. Der auch 1992 noch fortbestehende Unterschied zwischen beiden Landesteilen im "Alter" der Parteiidentifikationen ist vor allem bei Probanden mit schwächeren Parteineigungen anzutreffen. In Westdeutschland geben von den sehr starken Identifizierern immer 95 Prozent und mehr an, der jeweiligen Partei mindestens seit vielen Jahren zuzuneigen, in Ostdeutschland waren es 1992 mit 91 Prozent fast ebenso viele. Bei allen übrigen Angaben zur Stärke der Identifikation betrug die Ost-West-Differenz dieser Angabe zur Dauer der Parteineigung auch 1992 noch stets über 20 Prozentpunkte.

Nach der Literatur sollte der Anteil der Personen mit einer Parteineigung mit dem Lebensalter zunehmen, weil einerseits während des Lebenszyklus laufend Beobachtungen der parteipolitischen Landschaft und systematisch höherer Übereinstimmung mit einer bestimmten Partei gemacht werden und weil andererseits "Wahlerfahrungen" (GLUCHOWSKI 1983) gesammelt werden. Für die Bürger der neuen Bundesländer trifft natürlich das letztere Argument der Wahlerfahrung nicht ganz zu, wohl aber das erstere. In Tabelle 2 sieht man, daß der Anteil der Personen mit Parteineigung in beiden Landesteilen in der Tat wie erwartet mit dem Lebensalter zunimmt. In Ostdeutschland haben wir zwar insgesamt ein niedrigeres Niveau, aber eine gleiche Spanne des Anstieges des Anteils der Identifizierer mit dem Alter. In beiden Landesteilen liegt der Anteil der Identifizierer bei den über fünfzigjährigen um rund 14 Prozentpunkte höher als bei den Befragten zwischen 18 und 30 Jahren. Bei aller Vorsicht kann dies als Evidenz für das Vorliegen von Neigungen zu den westdeutschen Parteien in Ostdeutschland bereits vor der Wende betrachtet werden, denn die deutsche Vereinigung vollzog sich ja für alle Bürger Ostdeutschlands gleichzeitig. Wenn die älteren dennoch häufiger einer Partei der alten Bundesrepublik zuneigen als die jüngeren, kann das wohl nur mit längerem "Erlernen" dieser Parteineigung zu tun haben, also auch schon vor der Wende.

Tabelle 2: **Parteiidentifikation in Ost- und Westdeutschland im Frühjahr 1990, 1991 und 1992 nach dem Alter**

			Alter		
		18-30	31-50	51 und älter	gesamt
% mit Angabe einer Parteiidentifikation	1990	68,7	77,5	83,8	76,9
	West 1991	73,2	78,4	86,7	79,6
	1992	70,3	78,5	83,8	78,5
	Ost 1991	60,8	76,1	76,4	72,6
	1992	64,9	69,0	76,2	71,1
Signifikanz der Ost-West Differenz	1991	a	ns	b	b
(T-Test)	1992	ns	a	ns	b
Mittlere Stärke der Parteiidentifikation	1990	1,55	1,65	1,77	1,66
auf einer Skala 0 bis 3	West 1991	1,50	1,52	1,69	1,57
(0=ziemlich oder sehr schwach,	1992	1,42	1,52	1,61	1,53
1=mittelmäßig, 2=ziemlich stark,	Ost 1991	1,34	1,53	1,42	1,45
3=sehr stark)	1992	1,59	1,69	1,66	1,66
Signifikanz der Ost-West Differenz	1991	ns	ns	b	a
(T-Test)	1992	ns	ns	ns	a
Mittlere Dauer der Parteiidentifikation	1990	0,97	1,11	1,36	1,16
auf einer Skala 0 bis 2	West 1991	0,97	1,13	1,29	1,15
(0=seit Wochen oder Monaten, keine	1992	1,04	1,11	1,26	1,15
Antwort, 1=seit vielen Jahren,	Ost 1991	0,37	0,39	0,52	0,44
2=seit erinnerbar)	1992	0,84	0,81	0,89	0,84
Signifikanz der Ost-West Differenz	1991	c	c	c	c
(T-Test)	1992	c	c	c	c
% derjenigen mit Parteiidentifikation,	1990	86,7	86,3	89,3	87,3
bei denen Wahlabsicht=Partei-	West 1991	87,4	89,5	89,8	89,1
identifikation	1992	87,1	89,7	85,4	87,5
	Ost 1991	78,2	75,4	81,5	78,2
	1992	75,7	74,5	78,1	76,2
Signifikanz der Ost-West Differenz	1991	c	c	b	c
(T-Test)	1992	ns	c	ns	c

Signifikanzniveaus: Wie in Tabelle 1

In Westdeutschland trifft die Erwartung, daß mit dem Lebensalter auch die Stärke und die angegebene Dauer der Parteineigungen zunehmen sollten, weitgehend zu, aber in Ostdeutschland ist dies weit weniger der Fall. Bei der Stärke der Identifikation ist der erwartete Anstieg von der jüngsten zur mittleren Altersgruppe noch zu verzeichnen, die über fünfzigjährigen haben aber eher schwächere Parteineigungen. Gleichzeitig hat aber nur diese Gruppe deutlich "ältere" Parteineigungen, während unter 50 Jahren keine Unterschiede feststellbar sind. Die in Westdeutschland normalen

Prozesse der Verstärkung und Stabilisierung von Parteineigungen mit zunehmendem Lebensalter sind in Ostdeutschland also noch nicht analog beobachtbar.

Der untere Teil der Tabelle 2 demonstriert die Prägekraft der Parteineigungen für aktuelle Wahlabsichten. Deutliche Unterschiede nach dem Lebensalter sind dabei weder in Ost- noch in Westdeutschland erkennbar. Auch in den alten Bundesländern gilt nicht, daß die tendenziell stärkeren und bereits seit längerer Zeit bestehenden Identifikationen der älteren Befragten stärker auf ihre Wahlabsichten durchschlagen als diejenigen der jüngeren Probanden. Wohl aber unterscheiden sich in dieser Hinsicht die Parteineigungen *aller* Altersgruppen zwischen alten und neuen Bundesländern. Im Westen haben knapp 90 Prozent der Personen mit einer Parteiidentifikation eine damit übereinstimmende Wahlabsicht, in Ostdeutschland liegt diese "Haltequote" bei knapp 80 Prozent - oder anders ausgedrückt: Die "Abfallswahrscheinlichkeit" von der Parteineigung liegt in unseren Umfragen in Ostdeutschland um rund zehn Prozentpunkte höher als in Westdeutschland.

Zusammenfassen kann man die bisherigen Befunde wie folgt: Der Anteil der Personen mit einer Parteineigung lag in den neuen Bundesländern in den ersten beiden Jahren nach der Vereinigung noch etwas niedriger als im alten Bundesgebiet, wobei der Anteil der Identifizierer parallel zum Lebensalter zunimmt. Bei den Identifizierern ist kein Ost-West-Unterschied in der Stärke der Parteineigung erkennbar, wohl aber in deren "Alter" (bei einer kräftigen Tendenz zur Schließung der Lücke) und in der Stärke ihres Durchschlagens auf die aktuelle Wahlabsicht. Schließlich ist der Anstieg von Stärke und Dauer der Parteineigungen mit dem Alter, der in Westdeutschland gegeben ist, in Ostdeutschland (noch) nicht erkennbar.

4. Stabilität von Parteineigungen

Wenn man als Hauptunterschied zwischen den Parteineigungen in den alten und neuen Bundesländern ermittelt, daß sie im Osten ein geringeres "Alter" aufweisen, dann ist auch zu erwarten, daß sie weniger stabil sind. Die gleiche Erwartung ergibt sich auch aus der Tatsache, daß die Beziehungen zwischen sozialen Konfliktlinien und Parteipräferenzen in Ostdeutschland noch viel diffuser sind als im Westen (so lag etwa der Unionsanteil bei Arbeitern bei den Wahlen des Jahres 1990 in Ostdeutschland weit über den jemals in der alten Bundesrepublik erzielten Werten; vgl. GIBOWSKI 1990, 1991). Die Parteienlandschaft in Ostdeutschland und ihre soziale Basis müssen sich erst noch "zurechtschütteln" - und das bedingt natürlich ein höheres Ausmaß von Instabilität individueller Parteineigungen. Aus Tabelle 3 geht hervor, daß eine solche in der Tat zu beobachten ist. Die Wahrscheinlichkeit, daß ein Befragter mit einer Parteineigung im Jahre 1991 auch ein Jahr später eine solche angab, war in Ostdeutschland etwas niedriger als in Westdeutschland, dieser Unterschied ist aber statistisch nicht signifikant. Ebenso verhält es sich bei der Wahlabsicht. Daß ein Jahr später auch noch die *gleiche* Identifikation bzw. Wahlabsicht angegeben wurde, war aber in Ostdeutschland signifikant unwahrscheinlicher. Von den Befragten mit einer Parteineigung im Jahre 1991 machten 1992 in Ostdeutschland nur 58 Prozent *dieselbe* Angabe, im Westen waren es 74 Prozent; für die Wahlabsicht sind die entsprechenden Zahlen 63 bzw. 73 Prozent.

Viele derartige Wechsel erfolgen selbstverständlich dergestalt, daß Befragte mit Angabe einer Parteineigung bzw. Wahlabsicht bei der ersten Befragung dazu bei der zweiten Erhebung keine Angabe machen (Verweigerung, Nichtwahl, Neigung zu keiner Partei). Deshalb müssen wir uns auch die Stabilität bei denjenigen ansehen, die sowohl 1991 wie 1992 eine Partei auf die Fragen nach der Identifikation bzw. der Wahlabsicht nennen. Bei beiden Variablen ist die Differenz zwischen den beiden Landesteilen signifikant, und im Osten ist niedrigere Stabilität feststellbar. Bei beiden Fragen machen in Ostdeutschland ca. 72 Prozent derjenigen mit Nennung einer Partei in beiden Zeitpunkten beide Male dieselbe Angabe, während in Westdeutschland die Stabilität der Parteineigung (wie vom theoretischen Konzept gefordert) deutlich höher liegt als diejenige der Wahlabsicht (85 und mehr gegenüber 79 Prozent). Immer noch wird hier aber die Stabilität von Wahlabsicht und Parteineigung in unterschiedlichen Teilstichproben verglichen, denn diejenigen, die auf die Frage nach der Wahlabsicht in beiden Wellen eine Partei nennen, sind nicht identisch mit denjenigen, die das in beiden Wellen bei der Frage nach der Parteineigung tun. Deshalb wird im fünften Segment der Tabelle 3 nur für diejenigen Befragten verglichen, die sowohl 1991 wie 1992 sowohl die Neigung zu einer bestimmten Partei wie auch eine konkrete Wahlabsicht angeben. Bei Vergleich dieser Teilstichproben ist die Parteineigung in Westdeutschland wiederum stabiler als die Wahlabsicht, im Osten ist es leicht umgekehrt.

Tabelle 3: Stabilität von Parteiidentifikation und Wahlabsicht in Ost- und Westdeutschland 1990 bis 1992

	West 1990/1991	West 1991/1992	Ost 1991/1992
% derjenigen mit PID in t_1, die auch in t_2 PID angeben	87,5	85,8[ns]	80,5
% derjenigen mit PID in t_1, die in t_2 *gleiche* PID angeben	74,7	74,1[c]	58,1
N	711	486	246
% derjenigen mit Wahlabsicht in t_1, die auch in t_2 Wahlabsicht angeben	91,7	91,5[ns]	88,0
% derjenigen mit Wahlabsicht in t_1, die in t_2 *gleiche* Wahlabsicht angeben	72,5	72,7[b]	63,3
N	853	528	275
% derjenigen mit PID in t_1 *und* t_2, bei denen PID stabil ist	85,4	86,3[c]	72,2
N	622	417	198
% derjenigen mit Wahlabsicht in t_1 *und* t_2, bei denen Wahlabsicht stabil ist	79,0	79,5[a]	71,9
N	782	483	242
% derjenigen mit PID *und* Wahlabsicht in t_1 *und* t_2, bei denen:			
PID stabil	86,3	87,2[b]	76,0
Wahlabsicht stabil	81,9	84,5[ns]	79,6
PID *und* Wahlabsicht stabil	80,0	81,9[b]	70,1
N	585	75	167
% derjenigen mit PID *und* Wahlabsicht in t_1 *und* t_2 und mit schwacher oder kurzfristiger PID in t_1, bei denen:			
PID stabil	83,8	84,9[c]	68,4
Wahlabsicht stabil	77,5	81,0[ns]	72,8
N	53	79	14
% derjenigen mit PID *und* Wahlabsicht in t_1 *und* t_2 und mit starker *und* langdauernder PID in t_1, bei denen:			
PID stabil	8,3	9,3[ns]	2,5
Wahlabsicht stabil	5,2	7,8[ns]	4,3
N	32	196	53
% derjenigen mit PID *und* Wahlabsicht in t_1 *und* t_2 und mit stabiler PID, bei denen auch Wahlabsicht stabil:			
gesamt	92,7	93,9[ns]	92,1
PID in t_1 schwach oder kurzfristig	89,6	92,1[ns]	88,5
PID in t_1 stark und langdauernd	94,9	95,4[ns]	98,0
% derjenigen mit PID *und* Wahlabsicht in t_1 *und* t_2 und mit stabiler PID, bei denen Wahlabsicht in t_2 gleich PID:			
gesamt	96,2	97,9[a]	92,9
PID in t_1 schwach oder kurzfristig	95,3	98,7[b]	89,7
PID in t_1 stark und langdauernd	96,9	97,1[ns]	98,0

Signifikanzniveaus für Ost-West Differenz 1991/1992:
a: p<0,05; b: p<0,01; c: p<0,001; ns: nicht signifikant

Die Stabilität der Wahlabsicht ist im Osten mit ca. fünf Prozentpunkten Differenz nicht signifikant niedriger als in Westdeutschland, der Abstand in der Stabilität der Parteiidentifikation von 11 Prozentpunkten dagegen ist statistisch signifikant. Mit 3,6 Prozentpunkten Unterschied sind die Parteineigungen in Ostdeutschland zwar nicht wesentlich weniger stabil als die dortigen Wahlabsichten, dennoch wird durch die Richtung des Unterschieds ein zentrales Kriterium für die Anwendbarkeit des Konzepts der Parteiidentifikation verletzt. Man wird die Entwicklung der nächsten Jahre abwarten müssen um zu sehen, ob und mit welcher Geschwindigkeit sich dort die relative Stabilität von Wahlabsichten und Parteineigungen an die Verhältnisse in den alten Bundesländern anpassen wird.

Der sechste und siebte Block der Tabelle 3 belegen, daß dieser Unterschied zwischen beiden Landesteilen in der Stabilität der Parteineigung und die in Ostdeutschland im Vergleich zur Wahlabsicht etwas niedrigere individuelle Stabilität der Parteiidentifikation vor allem auf die Befragten mit schwächeren und/oder noch nicht sehr lang dauernden Identifikationen zurückgeht. Wir stellen hier die Befragten mit geringer Intensität *oder* mit einer Dauer dieser Identifikation seit höchstens einigen Monaten denjenigen gegenüber, deren Parteineigung mindestens ziemlich stark ist *und* nach eigener Angabe mindestens seit vielen Jahren existiert. In die letztere Gruppe mit einer starken und "eingefahrenen" Parteineigung fallen in Westdeutschland weit über 50 Prozent der Probanden, die in beiden Zeitpunkten sowohl eine Parteineigung wie eine Wahlabsicht angeben, in Ostdeutschland sind es dagegen nur rund 32 Prozent. Bei den Befragten mit den schwächeren und/oder "jüngeren" Neigungen ist der Unterschied zwischen Ost und West in der Stabilität beider Variablen relativ hoch, und im Osten ist die Wahlabsicht deutlich stabiler als die Parteiidentifikation. Bei den Befragten mit den starken und "alten" Parteineigungen (von denen es im Osten nicht überraschenderweise weniger gibt) ist in den neuen Ländern der Abstand zwischen der Stabilität der Wahlabsicht und der Parteineigung viel kleiner, und sowohl Wahlabsicht wie Parteiidentifikation sind bei ihnen eher *noch stabiler* als in Westdeutschland.

Die letzten beiden Segmente der Tabelle 3 zeigen schließlich, daß stabile Parteineigungen in Ostdeutschland zwar etwas seltener sind als im Westen, daß sie aber, *wenn* sie vorliegen, auf die Stabilisierung der Wahlabsicht und ihre Anbindung an die Parteineigung die gleichen Effekte haben wie in Westdeutschland. Wer 1991 und 1992 sich mit der gleichen Partei identifizierte, hatte mit einer sehr hohen Wahrscheinlichkeit auch eine stabile Wahlabsicht, wobei diese Wahrscheinlichkeit bei den Probanden mit starker und "alter" Identifikation nochmals höher ist. Ähnliches gilt für die "Haltequote" der Parteineigung. In Tabelle 2 haben wir gesehen, daß die "Haltequote" in Westdeutschland im Querschnitt insgesamt knapp 90 und in Ostdeutschland knapp 80 Prozent beträgt. Bei Probanden mit stabiler Parteineigung liegt sie in Ost- *und* Westdeutschland stets über 90 Prozent. Der insgesamt signifikante Unterschied zwischen den beiden Landesteilen, wonach die Haltequote bei stabiler Parteiidentifikation im Westen höher ist als im Osten, ist allein auf die Befragten mit schwächeren oder erst seit kurzem bestehenden Parteibindungen zurückzuführen. Sind Parteineigungen in Ostdeutschland stabil und stark und bestehen sie seit längerer Zeit, stimmt die Wahlabsicht dort fast immer mit der Parteineigung überein - genauso wie in Westdeutschland.

Die bisherigen Befunde lassen sich wie folgt zusammenfassen: Individuelle Parteineigungen sind derzeit in Ostdeutschland noch etwas weniger stabil als in Westdeutschland und sie haben etwas geringere Prägekraft für die Stabilisierung und Parallelisierung von Wahlabsichten. Diese Unterschiede zwischen den beiden Landesteilen verschwinden aber weitgehend, wenn man die Stärke und vor allem die bisherige Dauer der Parteineigungen kontrolliert. In den neuen Bundesländern bestehen sie insgesamt selbstverständlich noch nicht so lange wie in Westdeutschland, so daß die im Aggregat niedrigere zeitliche Stabilität kaum erstaunen kann. Wenn aber in Ostdeutschland Parteineigungen nach ihrer Dauer und Stärke vergleichbar aussehen wie in Westdeutschland, dann wirken sie hinsichtlich der Stabilisierung und Prägung der Wahlabsicht auch genauso wie in Westdeutschland. Deshalb erscheint es durchaus sinnvoll, auch für die neuen Bundesländer von Parteineigungen zu sprechen, sie sind aber noch im Prozeß der Herausbildung und Verfestigung begriffen, also noch nicht so verbreitet, seit längerer Zeit "eingefahren" und stabil wie in der alten Bundesrepublik. Parteineigungen sind aber in den neuen Bundesländern durchaus hinreichend häufig anzutreffen, um auch dort Auswirkungen auf aktuelle Parteipräferenzen und andere politische Einstellungen haben zu können. Auf ihre derartigen Auswirkungen wird im übernächsten Abschnitt eingegangen.

5. Individuelle Positionen zu politischen Sachfragen und wahrgenommene Positionen der Parteien

Bis hierher haben wir festgestellt, daß in den neuen Bundesländern hinsichtlich der Verbreitung von längerfristigen Parteineigungen keinesfalls eine vollständige Tabularasa-Situation besteht. Das heißt natürlich noch überhaupt nicht, daß diese Einstellungen irgendwelche Effekte haben, etwa auf die Wahlabsicht oder auf andere politische Einstellungen. Dazu kommen wir im nächsten Abschnitt. Zuvor haben wir uns aber noch mit der Behauptung auseinanderzusetzen, politische Sachfragen seien für die politischen Präferenzen der Ostdeutschen von zentraler Bedeutung. Zwar bezog sich diese in der Einleitung erwähnte Feststellung ROTHs über die Volkskammerwahl nur auf diese Wahl selbst, es ist aber schwer vorstellbar, daß ein Anfang 1990 allein an politischen Sachthemen orientiertes Elektorat sie binnen weniger Monate überhaupt nicht mehr in Betracht zieht, wenn es um die Festlegung der aktuellen Parteipräferenz geht. Wir wollen hier weder demonstrieren, daß die ostdeutschen Bürger *ausschließlich* an politischen Sachthemen orientiert sind, noch, daß sie es *überhaupt nicht* sind. Vielmehr wollen wir fragen, ob die Voraussetzungen für die Formulierung aktueller Parteipräferenzen auf der Grundlage von Positionen zu Sachfragen in beiden Landesteilen in unterschiedlichem Ausmaß erfüllt sind, denn auch für eine derartige "rationale" Entscheidungsfindung lassen sich eindeutige Vorbedingungen formulieren. Wir konzentrieren uns dabei, wie bereits in der Einleitung gesagt, auf sogenannte Positionsissues (also nicht Kompetenzissues), weil bei ihnen "rationales", ausschließlich durch Einstellungen zu Sachthemen angeleitetes Wahlverhalten am klarsten zum Ausdruck kommen kann.

Die Voraussetzungen dafür, daß die Einstellungen der Befragten zu solchen Positionsissues und die von ihnen wahrgenommenen Positionen der Parteien im Sinne des räumlichen Modells der Wahlentscheidung (STOKES 1963) einen Einfluß auf aktuelle Wahlabsichten ausüben können, sind eindeutig: Erstens müssen die Menschen selbst eine Meinung zu den jeweiligen Themen haben. Zweitens müssen sie den verschiedenen politischen Parteien eine Position zu den jeweiligen Streitfragen zuordnen können, denn nur dann läßt sich sinnvollerweise von einem "Abstand" zu einer Partei, von Übereinstimmung oder verschiedenen Graden der Nichtübereinstimmung sprechen. Dabei ist es unerheblich, ob diese Perzeptionen korrekt sind oder nicht. Drittens schließlich müssen die jeweiligen Sachfragen für die einzelnen Bürger eine gewisse persönliche Bedeutung haben; andernfalls ist von Auswirkungen auf die aktuelle Parteipräferenz nicht auszugehen. Unsere einzelnen Erhebungswellen enthielten relativ umfangreiche Batterien von Positionsissues, die, wie bereits erwähnt, zwischen den beiden Landesteilen und den einzelnen Erhebungswellen notwendigerweise einige Variation aufweisen mußten. Tabelle 4 berichtet über die Erfüllung der eben aufgeführten Kriterien bei den einzelnen Themen in den alten und den neuen Bundesländern.

Hinsichtlich der Verbreitung eigener Meinungen zu den vorgegebenen politischen Streitfragen bestehen zwischen den beiden Landesteilen keine bemerkenswerten Unterschiede. Daß weit über 90 Prozent der Befragten eine eigene Meinung dazu angeben können, ist in alten und neuen Ländern die Regel. Signifikante Unterschiede zwischen Ost und West sind selten: Befragte aus Ostdeutschland hatten signifikant häufiger eine eigene Position zur Reform des Paragraphen 218, Westdeutsche hatten 1991 signifikant häufiger eine eigene Meinung zu der Frage einer deutschen Beteiligung an militärischen Aktionen der Vereinten Nationen. Ganz anders sieht es mit der Perzeption der Positionen der politischen Parteien aus. Westdeutsche kennen sie zu einem deutlich höheren Anteil als Ostdeutsche (genauer: die westdeutschen Befragten *glauben* zumindest wesentlich häufiger, die Positionen der Parteien zu kennen, was jedoch allein von Bedeutung für eine an Issuedistanzen orientierte Parteipräferenz ist). Wo immer direkt vergleichbare Meßwerte vorliegen (28 Paarvergleiche), ist der Anteil der westdeutschen Befragten mit Zuschreibung einer Position an die Parteien deutlich höher als bei den ostdeutschen. Der Abstand zwischen alten und neuen Bundesländern beträgt stets um oder über zehn Prozentpunkte; er ist ausnahmslos statistisch signifikant. Etwa 90 Prozent der westdeutschen Probanden schreiben den Unionsparteien und der SPD eine Position auf den jeweiligen Meinungskontinua zu, in Ostdeutschland sind es knapp 80. Für die FDP und die Grünen wird in der Regel von 80 bis 85 Prozent der Westdeutschen eine wahrgenommene Position angegeben, in Ostdeutschland sind es eher zwischen 70 und 75. Noch weniger bekannt ist in Ostdeutschland die jeweilige Haltung der PDS, was angesichts der kurzen Geschichte der Partei und ihrer geringen Möglichkeiten zur Profilierung auf Sachthemen kaum überraschen kann.

Hinsichtlich der persönlichen Wichtigkeit der vorgelegten Themen für die Befragten ergeben sich aus Tabelle 4 kaum gravierende Unterschiede zwischen den beiden

Landesteilen. Bei den identischen Fragen erweist sich die Haltung zur Militäraktion gegen den Irak als im Westen etwas wichtiger, während sowohl die Reform des Paragraphen 218 wie auch der Gegensatz zwischen Arbeitszeitverkürzung und Lohnerhöhungen im Osten für etwas wichtiger gehalten werden. Insgesamt gesehen werden die vorgelegten Themen in beiden Landesteilen im Mittel ihrer persönlichen Wichtigkeit einheitlich etwas unterhalb des Skalenwerts für "wichtig" eingestuft. Für die Frage nach der Verbreitung "rationaler" Entscheidungen über die eigene Parteipräferenz ist jedoch allein die im Osten signifikant niedrigere Kenntnis der Positionen der Parteien zu den einzelnen Streitfragen entscheidend. Die Voraussetzungen für die Ableitung von solchen Präferenzen aus Orientierungen gegenüber politischen Sachfragen sind in Westdeutschland noch etwas stärker erfüllt als in Ostdeutschland - und nicht etwa umgekehrt.

Von dieser Feststellung abgesehen mag es an dieser Stelle auch von Interesse sein, die Befunde der Tabelle 4 kurz *inhaltlich* zu interpretieren. Sie zeigt, daß bei den in beiden Landesteilen identisch vorgelegten Fragen ausnahmslos signifikante Unterschiede zwischen den jeweiligen mittleren Positionen der Probanden bestehen. Die ostdeutschen Befragten hielten die Militäraktion gegen den Irak wesentlich weniger für notwendig als die westdeutschen, sie waren deutlich skeptischer gegenüber einer Beteiligung der Bundesrepublik an militärischen Aktionen der Vereinten Nationen, vertraten noch stärker als die westdeutschen die Ansicht, daß Steigerungen der Lebensqualität viel eher durch Lohnerhöhungen als durch Arbeitszeitverkürzung erreicht werden sollten, und nahmen schließlich zur Reform des Paragraphen 218 eine noch liberalere Haltung ein. Ferner ergibt sich aus Tabelle 4, daß bei einer ganzen Reihe von Sachthemen in beiden Landesteilen die im Mittel den Parteien zugeschriebenen Positionen sämtlich auf einer Seite der von den Befragten selbst im Mittel vertretenen Meinungen liegen. Mit anderen Worten: Die Befragten sehen sich im Mittel bei derartigen Themen auf dem jeweiligen Meinungskontinuum nicht auf beiden Seiten von Parteien umgeben, sondern die Parteien stehen alle in der gleichen Richtung mehr oder weniger von der mittleren Position der Befragten entfernt.

Tabelle 4: Positionen der Befragten und perzipierte Positionen der Parteien zu politischen Sachfragen in Ost- und Westdeutschland

Sachfrage	Jahr	Position des Befragten		Persönliche Wichtigkeit der Frage[d]		Perzipierte Position der								
						CDU/CSU		SPD		FDP		Grüne		PDS
		West	Ost	West	Ost	West	Ost	West	Ost	West	Ost	West	Ost	Ost
Irak	1991	3,0[c] 95,4	3,8 94,7	0,69[c]	0,56	1,7[c] 93,6[c]	1,4 86,3	3,9 92,2[c]	3,7 82,7	2,4[a] 90,9[c]	2,6 81,0	6,2[b] 88,3[c]	6,0 79,9	6,2 72,6
UNO-Aktionen	1991	4,2[c] 95,8[b]	5,2 92,1	0,62[c]	0,55	2,1[c] 91,3[c]	1,8 84,0	4,4 89,9[c]	4,5 80,4	3,0[c] 86,6[c]	3,3 74,4	6,4 87,8[c]	6,4 81,7	6,4 71,6
	1992	4,8,5 95,5	5,4 95,7	0,55	0,57	2,4[a] 87,9[a]	2,2 82,2	5,0,5 87,4[c]	4,5 79,4	3,4 78,6[a]	3,5 72,3	6,5[a] 83,9[c]	6,3 73,2	6,3 67,4
Einkommen vs. Arbeitszeit	1990	4,7 92,6	- -	0,77	-	5,0 83,5	- -	3,0 85,6	- -	4,8 80,6	- -	2,6 71,4	- -	-
	1991	4,6[c] 95,7	5,4 95,7	0,76[c]	0,84	5,2[c] 85,4[c]	4,6 67,8	2,9[c] 88,6[c]	4,1 70,3	5,0[c] 83,4[c]	4,5 65,5	2,1[c] 77,1[c]	3,6 61,4	4,3 55,0
	1992	4,8[a] 97,1	5,1 96,3	0,73[c]	0,84	5,1[c] 85,3[c]	4,7 65,2	3,2[c] 87,3[c]	3,7 70,8	4,9[c] 79,2[c]	4,4 58,5	2,5[c] 74,0[c]	3,6 52,0	3,9 52,6
Paragraph 218	1990	3,4 88,4	- -	0,62	-	5,7 85,3	- -	3,1 84,5	- -	4,3 80,0	- -	2,2 80,4	- -	-
	1991	2,9[c] 92,1[a]	2,3 95,4	0,61[c]	0,68	5,8[c] 90,1[c]	6,2 85,1	2,7[c] 89,2[c]	3,2 81,7	4,0 85,5[c]	4,1 72,4	1,7[c] 86,2[c]	2,4 75,2	1,7 74,6
	1992	2,9[c] 93,0[c]	2,2 98,2	0,62[c]	0,71	5,9[c] 92,5[a]	6,2 87,7	2,8[c] 90,6[c]	3,3 83,4	4,0[c] 83,1[b]	4,5 76,0	1,8[c] 87,2[c]	2,3 77,9	1,8 76,9
Sozialausgaben	1990	5,2 94,0	- -	0,78	-	3,4 85,7	- -	4,8 84,6	- -	3,7 80,1	- -	5,0 73,7	- -	-
Ausländer	1991	5,6 97,5	- -	0,66	-	4,8 89,5	- -	3,8 90,5	- -	4,4 88,5	- -	2,5 82,0	- -	-
	1992	5,8 98,3	- -	0,74	-	5,4 93,4	- -	3,9 92,6	- -	4,7 86,2	- -	2,7 81,0	- -	-

(Fortsetzung Tabelle 4)

Verkehr in Städten	1990		3,1 94,9			4,3 80,3		3,0 81,4		4,1 77,7		1,7 83,9
	1991	0,71	2,9 97,6			4,4 86,9		2,6 87,7		4,2 84,1		1,4 89,2
	1992		2,9 98,3			4,2 85,8		2,8 87,4		4,2 81,8		1,5 90,2
Vereinigung	1990	0,65	4,7 95,8			6,4 94,5		4,3 93,6		5,8 91,1		3,2 82,3
Finanz. Opfer	1990	0,78	5,4 94,6			3,5 81,2		4,4 86,7		3,8 84,0		4,6 70,7
Hilfe für ex-DDR	1991	0,72	4,1 99,1			2,2 96,6		3,4 95,0		2,7 92,9		4,0 76,3
	1992	0,68	4,7 98,7			2,4 94,6		3,5 93,6		3,0 88,4		3,7 73,8
Umwelt vs. Arbeitsplätze	1991		3,2 96,4	0,89		3,5 75,6	3,3 79,7		3,4 72,3		6,0 83,3	3,3 66,8
	1992		3,2 96,9	0,90		4,0 74,5	3,5 77,6		3,8 68,3		5,3 71,4	3,4 61,9
SED & Stasi	1991	0,66	2,4 96,0			2,5 81,4	3,0 78,2		2,8 73,3		3,0 72,4	6,0 75,1
	1992	0,59	2,9 95,4			2,3 81,9	2,9 79,7		2,7 72,3		2,8 74,8	5,9 75,1
Mittel[e]	1990		93,4	0,72		85,1		86,1		82,2		77,1	
	1991		96,2	0,68		90,5[b]	80,0	90,4[c]	78,8	87,4[c]	73,7	83,8[a]	75,7	69,3
	1992		96,8	0,67		89,9[b]	78,3	89,8[c]	78,2	82,9[c]	69,5	81,7[a]	69,9	66,8

-: Nicht gefragt, nicht verfügbar.
a: Ost-West Differenz signifikant mit p<0,05, b: Ost-West Differenz signifikant mit p<0,01
c: Ost-West Differenz signifikant mit p<0,001, d: Fünf-Punkte-Skala von 0 (völlig unwichtig) bis 1 (sehr wichtig)
e: Mittlerer Anteil der Befragten mit eigener Position oder Attribution einer Position für die jeweilige Partei.

Anmerkungen zu Tabelle 4:

Die jeweils obere Zahl gibt die mittlere Position der Befragten bzw. die im Mittel den Parteien zugeschriebene Position auf den folgenden Sieben-Punkte-Skalen an. Die jeweils untere Zahl gibt den Anteil der Befragten mit einer eigenen Position bzw. den Anteil mit Zuschreibung einer Position an die Partei an.

Irak: "War das militärische Eingreifen der multinationalen Streitkräfte gegen den Irak angesichts der Besetzung Kuwaits durch den Irak notwendig oder nicht notwendig?" Skala 1 (militärisches Eingreifen notwendig) bis 7 (militärisches Eingreifen nicht notwendig)
UNO-Aktionen: "Sollte sich die Bundesrepublik in Zukunft an militärischen Aktionen der Vereinten Nationen zur Abwehr von Überfällen auf andere Staaten beteiligen oder nicht beteiligen?" Skala 1 (an militärischen Aktionen beteiligen) bis 7 (nicht an militärischen Aktionen beteiligen)
Einkommen vs. Arbeitszeit: "Wohl jeder möchte in Zukunft besser leben als heute. Sollte eine höhere Lebensqualität eher durch eine Verringerung der Arbeitszeit oder durch eine Erhöhung des Einkommens erreicht werden?" Skala 1 (Verringerung der Arbeitszeit) bis 7 (Erhöhung des Einkommens)
Paragraph 218: "Sollten die staatlichen Bestimmungen so verändert werden, daß ein Schwangerschaftsabbruch erleichtert wird oder so, daß er erschwert wird?" Skala 1 (erleichtert) bis 7 (erschwert)

Nur in Westdeutschland gefragt:

Sozialausgaben: "Sollte man heute bei den staatlichen Ausgaben für die soziale Sicherung Einsparungen vornehmen oder nicht?" Skala 1 (Einsparungen vornehmen) bis 7 (keine Einsparungen vornehmen)
Verkehr in Städten: "Sollte man in den Städten darauf hinwirken, daß der Autoverkehr eingeschränkt wird oder darauf, daß Autos bequemer benutzt werden können?" Skala 1 (Einschränkung des Autoverkehrs in Städten) bis 7 (bequemere Benutzung von Autos in Städten)
Vereinigung: "Sollte eine Vereinigung der beiden deutschen Staaten erst in ferner Zukunft - wenn überhaupt - oder möglichst bald stattfinden?" Skala 1 (Vereinigung in ferner Zukunft) bis 7 (Vereinigung möglichst bald)
Finanzielle Opfer: "Wenn es zu einer Vereinigung kommt, sollten den Bundesbürgern dann finanzielle Opfer zugemutet werden oder nicht?" Skala 1 (finanzielle Opfer) bis 7 (keine finanziellen Opfer)
Hilfe für ex-DDR: "Sollten die Westdeutschen große finanzielle Opfer erbringen, damit sich die Lebenshaltung der ehemaligen DDR-Bürger möglichst schnell an den Westen angleicht oder sollten sie dafür keine Opfer erbringen?" Skala 1 (große finanzielle Opfer) bis 7 (keine finanziellen Opfer)
Ausländer: "Sollten die Zuzugsmöglichkeiten für Ausländer erleichtert oder eingeschränkt werden?" Skala 1 (erleichtert) bis 7 (eingeschränkt)

Nur in Ostdeutschland gefragt:

Umwelt vs. Arbeitsplätze: "Worauf sollte bei der Umstrukturierung unserer Wirtschaft mehr Wert gelegt werden: daß möglichst viele Arbeitsplätze erhalten bleiben - oder daß der Umweltschutz viel stärker berücksichtigt wird, selbst wenn das auf Kosten von Arbeitsplätzen geht?" Skala 1 (Vorrang für Arbeitsplätze) bis 7 (Vorrang für Umweltschutz)
SED & Stasi: "Sollten ehemalige SED-Funktionäre und Stasi-Mitarbeiter zur Verantwortung gezogen werden oder sollten durch einen allgemeinen Verzicht auf Strafverfolgung alle gleichermaßen die Chance zu einem Neubeginn erhalten?" Skala 1 (zur Verantwortung ziehen) bis 7 (Verzicht auf Strafverfolgung)

In Westdeutschland ist dies erstens bei der Frage nach der Höhe der Sozialausgaben der Fall. Hier werden alle Parteien im Mittel als aufgeschlossener gegenüber Kürzungen gesehen als es die Befragten im Aggregat selbst sind. Zweitens werden alle Parteien als bereiter betrachtet, den Westdeutschen zum Zwecke der Hilfe für

Ostdeutschland finanzielle Opfer aufzuerlegen, als die Befragten es selbst sind. Drittens schließlich werden alle Parteien als aufgeschlossener gegenüber dem Zuzug von Ausländern perzipiert als es die Befragten im Mittel selbst sind. In Ostdeutschland ist derartiges erstens bei der Problematik "Arbeitszeitverkürzung versus Steigerung der Einkommen" festzustellen: Die Befragten selbst stehen viel näher am Pol der Lohnerhöhung als die den einzelnen Parteien zugeschriebenen Positionen. Hinsichtlich der Reform des Paragraphen 218 gilt dies zweitens für alle Westparteien. Sie alle werden vom Mittelwert der ostdeutschen Befragten aus mehr oder weniger weit in Richtung Einschränkung der Möglichkeiten zum Schwangerschaftsabbruch gesehen, während nur die PDS noch weiter am Pol der Liberalisierung perzipiert wird. In der Frage Erhaltung von Arbeitsplätzen gegenüber Betonung des Umweltschutzes werden alle Parteien (einschließlich der PDS) weiter in Richtung auf Umweltschutz verortet als es der mittleren Position der Befragten selbst entspricht. 1991 schließlich wurden alle Parteien als weniger an Strafverfolgung von SED- und Stasi-Tätern interessiert gesehen als die Befragten selbst. 1992 war das nicht mehr der Fall, was jedoch nicht damit zusammenhängt, daß die Positionen der Parteien nun anders perzipiert wurden, sondern allein damit, daß die Befragten in den neuen Ländern selbst im Mittel ihre Meinung um einen halben Skalenpunkt in Richtung Amnestie verändert hatten.

Diese Beobachtungen beziehen sich wohlgemerkt auf die *mittleren* Positionen der Befragten und die den Parteien *im Mittel* zugeschriebenen Positionen. Daß im Aggregat alle letzteren Zuschreibungen von der mittleren Meinung der Befragten aus gesehen in einer Richtung liegen, bedeutet natürlich keineswegs, daß dies auch individuell für jeden Probanden so sein muß. Wohl aber gilt, daß dies für umso mehr Individuen der Fall sein muß je weiter im Aggregat die perzipierten Positionen aller Parteien von den mittleren Meinungen der Befragten entfernt sind. Daß wir solche Aggregatverteilungen bei einer ganzen Reihe von Sachthemen feststellen, kann als ein Hinweis darauf gewertet werden, daß man der aktuellen Problematik der sogenannten "Parteiverdrossenheit" auch unter dem Aspekt systematisch nachgehen muß, inwiefern bei derartigen umstrittenen politischen Sachfragen auf der individuellen Ebene ein Defizit an "Vertretenheitsgefühl" im politischen System entstehen kann, wenn alle Parteien als in der gleichen Richtung von der eigenen Auffassung abweichend wahrgenommen werden (vgl. RATTINGER 1993).

6. Ein Kausalmodell für die Sympathie gegenüber den politischen Parteien im Querschnitt

Die Verteilungen von Parteineigungen, ihrer Stärke und Dauer und von Sachfragenorientierungen sind in den alten und neuen Bundesländern hinreichend ähnlich, so daß man allein aufgrund dieser Verteilungen nur schwer entscheiden kann, ob aktuelle Parteisympathien im einen Landesteil eher durch Parteineigungen und im anderen eher durch Einstellungen zu politischen Sachfragen beeinflußt werden. Wenn überhaupt eine Aussage möglich ist, dann wird man anhand der beobachteten Unterschiede allenfalls erwarten, daß in Ostdeutschland sowohl die Parteineigungen wie auch die Sachfragenorientierungen einen etwas geringeren Effekt haben könnten. Zuverlässig aufklären läßt sich dies aber nur durch simultane Schätzung der Auswirkungen dieser beiden Variablen auf die aktuellen Einstellungen zu den politischen Parteien in beiden Landesteilen im Rahmen eines komplexen Kausalmodells, als dessen abhängige Variablen uns die Sympathieeinstufungen der politischen Parteien auf einem Skalometer mit elf Punkten dienen. Die Gründe hierfür wurden oben bereits genannt: Erstens stand bei allen Erhebungen von 1990, 1991 und 1992 aktuell gar keine Bundestagswahl an (der Termin der Wahl von 1990 wurde erst weit nach unserer Erhebung festgelegt), und zweitens entsprechen die Skalometerwerte viel eher dem Meßniveau der meisten Erklärungsvariablen als die kategoriale Wahlabsicht.

Die Parteienskalometer werden dabei gewissermaßen als probabilistische Messung aktueller Wahlabsichten verstanden: Je höher die Sympathie für eine bestimmte Partei ist desto höher sollte auch die Wahrscheinlichkeit sein, daß sie tatsächlich im Augenblick gewählt würde, wenn jetzt eine Wahl stattfände. Für Westdeutschland ist es ein wohlbekanntes Faktum, daß die Partei, für die eine aktuelle Wahlabsicht besteht, auf solchen Sympathieskalometern sehr viel positiver eingestuft wird als alle konkurrierenden Parteien. Tabelle 5 zeigt, daß dies auch in Ostdeutschland der Fall ist - und zwar eher noch stärker als in Westdeutschland. Diejenige Partei, für die eine Wahlabsicht angegeben wird, erhält in der Regel (bei einem Wertebereich von -1 bis +1) eine mittlere Skalometereinstufung zwischen 0,6 und 0,75, die übrigen Parteien werden entweder mit negativen oder mit sehr viel niedrigeren positiven Sympathiebewertungen bedacht. Ein weiterer Vorteil der Verwendung dieser Skalometerwerte als abhängige Variablen ist, daß derartige Sympathieeinstufungen der Parteien nur von ganz wenigen Befragten verweigert werden, während bei der Wahlabsichtsfrage in unseren Erhebungen doch immerhin bis zu 20 Prozent der Probanden eine Festlegung vermieden.

Tabelle 5: Mittlere Sympathieeinstufung der politischen Parteien nach Wahlabsicht

	Jahr	CDU/CSU West	CDU/CSU Ost	SPD West	SPD Ost	Wahlabsicht FDP West	FDP Ost	Grüne West	Grüne Ost	PDS Ost
Skalometerwert CDU/CSU	1990	66	-	-27	-	29	-	-42	-	-
	1991	67	78	-34	-25	13	01	-55	-44	-55
	1992	64	70	-32	-09	11	44	-55	-24	-64
Skalometerwert SPD	1990	00	-	70	-	19	-	32	-	-
	1991	-08	14	64	69	01	19	06	42	21
	1992	-10	23	61	66	-03	51	12	39	28
Skalometerwert FDP	1990	27	-	09	-	72	-	-13	-	-
	1991	25	41	00	27	54	73	-34	11	00
	1992	17	34	-05	29	54	68	-31	11	-05
Skalometerwert Grüne	1990	-40	-	10	-	-16	-	69	-	-
	1991	-48	06	08	32	-26	22	59	62	38
	1992	-42	-03	01	28	-25	33	56	74	33
Skalometerwert PDS	1991	-	-72	-	-32	-	-57	-	-12	75
	1992	-	-73	-	-25	-	-59	-	-26	74

Die Sympathieskalometer wurden auf einen Wertebereich von -1 (halte überhaupt nichts von der Partei) bis +1 (halte sehr viel von der Partei) umtransformiert. Alle Werte wurden mit 100 multipliziert, um das Dezimalkomma zu vermeiden.

Als Erklärungsgrößen enthält unser Kausalmodell zunächst die Parteiidentifikationen und die Distanzen zu den Parteien auf politischen Sachfragen. Darüberhinaus werden als weitere zentrale Größe des sozialpsychologischen Ansatzes zur Erklärung von Wahlentscheidungen die Kandidatenbewertungen einbezogen. Diese spielen im Rahmen dieses Ansatzes als neben den Issueorientierungen zweite kurzfristig fluktuierende Erklärungsgröße (gegenüber den längerfristig stabilen Parteineigungen) eine zentrale Rolle. In der in der Einleitung erwähnten Diskussion um die politischen Effekte von Parteineigungen und Sachfragenorientierungen in Ostdeutschland wurden solche Kandidatenorientierungen zwar weitgehend vernachlässigt, dies erscheint jedoch nicht gerechtfertigt. Auch für die neuen Länder ist es plausibel anzunehmen, daß die Bewertung der Spitzenpolitiker neben der Parteineigung und der Sachfragenorientierung starke Auswirkungen auf die aktuelle Sympathie gegenüber den Parteien hat. Als vierte Erklärungsgröße wird schließlich die ideologische Grundorientierung der Befragten berücksichtigt - gemessen durch ihre Selbsteinstufung auf einem Links-Rechts-Kontinuum mit elf Punkten. Für Westdeutschland zeigt umfangreiche empirische Evidenz, daß die ideologische Grundorientierung einen von den übrigen Faktoren unabhängigen Effekt auf Wahlabsichten und Sympathieeinstufungen der Parteien hat (z.B. GIBOWSKI 1977; PAPPI 1983). Für Ostdeutschland ist es denkbar, daß diese Größe angesichts der hier als noch weniger gefestigt ermittelten Parteineigungen teilweise eine Ersatzfunktion für die letzteren ausübt. Unser Grundmodell sieht damit aus wie in Abbildung 1 dargestellt.

Abbildung 1: **Kausalmodell des Einflusses von Ideologie, Parteiidentifikation, Issuedistanzen und Kandidatenbewertung auf die Sympathieeinstufung politischer Parteien**

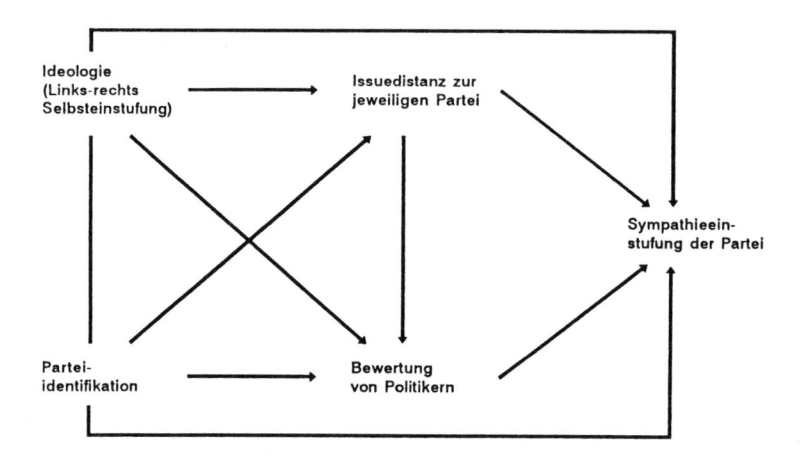

In dieser Spezifikation werden Parteiidentifikation und ideologische Orientierung als exogene Variablen betrachtet, die beide im Modell nicht erklärt werden. Die zweifellos zwischen ihnen bestehende Korrelation wird also nicht kausal interpretiert. Beide exogenen Variablen können direkte Effekte auf die Sympathieeinschätzung der Parteien haben sowie indirekte Effekte über die Issuedistanzen und die Kandidatenbewertungen. Für die letzten beiden Variablen wird ein unidirektionaler Kausalstrom von den Issuedistanzen auf die Kandidatenbewertungen angenommen, um eine rekursive Modellspezifikation zu erhalten. Man könnte hier sicher für umgekehrte Richtung der Kausalität oder Nichtrekursivität argumentieren, aber ein rekursives Modell ist leichter zu schätzen. Bei der vorliegenden Spezifikation werden ferner die Effekte der Issuedistanzen auf die Sympathie gegenüber den Parteien maximiert, weil zu dem direkten Effekt ein indirekter über die Kandidatenbewertungen hinzutreten kann. Da für die Bürger der neuen Bundesländer eine besonders hohe Orientierung an Sachfragen behauptet wurde, sollte dieser Kausalitätsstrom nicht durch die Modellspezifikation abgeschwächt werden. Schließlich ist die Frage, ob Kandidatenbewertungen eher durch Übereinstimmung oder Nichtübereinstimmung in politischen Sachfragen beeinflußt werden, oder umgekehrt hohe Sympathie für bestimmte Politiker eher die Übernahme ihrer Sachpositionen bewirkt, für die Fragestellung dieses Aufsatzes von untergeordneter Bedeutung. Die hier gewählte Spezifikation orientiert sich an dem Idealtyp des "rationalen" Wählers, der zunächst bedenkt, wie stark er mit den einzelnen Parteien auf den aktuellen politischen Streitfragen im Saldo übereinstimmt, und unter anderem auf dieser Grundlage zu Sympathiebewertungen der Parteien und ihrer Politiker gelangt.

Die Schätzung dieses Kausalmodells erfolgte simultan für alle Parteien nach der Maximum-Likelihood-Methode mit dem Programm LISREL - und zwar in fünf Durchgängen, also getrennt nach Ost- und Westdeutschland und nach den einzelnen Befragungswellen. Dabei entspricht jedem Konzept der Abbildung 1 für jede Partei genau ein Beobachtungswert (bei den Issuedistanzen handelt es sich um die euklidische Gesamtdistanz über alle erhobenen Sachthemen hinweg) mit Ausnahme der Kandidatenbewertungen. Hier wurde für jede Partei ein Kandidatenfaktor definiert, auf dem die Skalometerwerte aller Politiker der jeweiligen Partei laden, die in der jeweiligen Erhebung zur Bewertung vorgelegt wurden. Aus Platzgründen gibt Tabelle 6 jedoch nur die direkten und indirekten Effekte zwischen den Konzepten der Abbildung 1 wieder und nicht das simultan geschätzte Meßmodell der jeweiligen Kandidatenfaktoren.

Die erste Teiltabelle von Tabelle 6 enthält die Korrelationen zwischen den exogenen Variablen. Erwartungsgemäß korrelieren die Parteieigungen zu den einzelnen Parteien in beiden Landesteilen negativ, wobei allein auffällt, daß die Identifikationen mit Unionsparteien bzw. SPD in den neuen Ländern weit weniger stark negativ miteinander zusammenhängen als in Westdeutschland. Der Block der ersten fünf Zeilen dieser Teiltabelle verdeutlicht, warum das so ist: Identifikationen mit der FDP hängen in beiden Landesteilen mit der ideologischen Orientierung kaum zusammen; für die Grünen findet man in beiden Teilen ähnliche und relativ niedrige Korrelationen dergestalt vor, daß ihre Identifizierer sich selbst eher als links einstufen. Hinsichtlich der ideologischen Polarisierung der Identifikation mit den beiden großen Parteien aber besteht ein starker Unterschied zwischen Ost und West. SPD-Identifizierer bezeichnen sich in Westdeutschland viel stärker als linksstehend und CDU/CSU-Identifizierer viel stärker als rechtsstehend als in den neuen Bundesländern. Umgekehrt ausgedrückt: Mit einer linkeren (rechteren) ideologischen Grundorientierung steigt in Westdeutschland die Wahrscheinlichkeit der Identifikation mit der SPD (CDU/CSU) viel stärker an als in Ostdeutschland.

Dabei scheint diese ideologische Polarisierung der Neigungen zu den beiden großen Parteien in Ostdeutschland von 1991 nach 1992 etwas angestiegen zu sein, ohne jedoch das westliche Niveau zu erreichen, was als ein weiteres Indiz für die Anpassung der Struktur von Parteieignungen in Ostdeutschland an die westdeutschen Verhältnisse gewertet werden kann.

Betrachten wir nun zunächst die Schätzung der direkten Effekte in der Teiltabelle 6.2., die für 1991 in der Abbildung 2 für alte und neue Bundesländer nochmals grafisch zusammengestellt sind. Der überragende Eindruck dieser Schätzergebnisse ist die Einheitlichkeit der Kausalstrukturen in alten und neuen Bundesländern und ihre Stabilität über die Zeit hinweg. In keinem einzigen Fall erfolgt ein Vorzeichenwechsel der Koeffizienten zwischen beiden Landesteilen oder Erhebungszeitpunkten. Alle Koeffizienten liegen ausnahmslos in der erwarteten Richtung: Je linker sich die Befragten selbst einstufen desto weniger stimmen sie in den Sachthemen mit der Union und der FDP überein und desto geringer ist ihre Issuedistanz zu SPD und Grünen (und der PDS im Osten). Wer sich mit einer bestimmten Partei identifiziert, steht dieser Partei in den Sachfragen systematisch näher. Je linker die Befragten sind desto positiver bewerten sie Spitzenpolitiker der SPD und der Grünen (und im Osten der PDS), desto schlechter bewerten sie die Kandidaten der Union und der FDP. Wer sich mit einer Partei identifiziert, hat deutlich höhere Sympathien für ihr Führungspersonal als andere Befragte. Je weiter man von einer Partei in den Sachfragen entfernt ist desto unsympathischer erscheint ihr Führungspersonal.

Tabelle 6: **Kausalmodell des Einflusses von Ideologie, Parteiidentifikation, Positionen auf Sachfragen und Kandidatenbewertungen auf die Sympathieeinstufung politischer Parteien in Ost- und Westdeutschland im Querschnitt (LISREL-Schätzungen per Maximum Likelihood)**

6.1. Korrelationsmatrix der exogenen Variablen

				Parteiidentifikation			
			CDU/CSU	SPD	FDP	Grüne	PDS
Ideologie	West	1990	$-0,51^c$	$0,44^c$	$-0,05^a$	$0,20^c$	-
(links-rechts	West	1991	$-0,60^c$	$0,52^c$	$-0,05$	$0,16^c$	-
Selbsteinstufung,	West	1992	$-0,56^c$	$0,53^c$	$-0,05$	$0,20^c$	-
-1 = ganz rechts,	Ost	1991	$-0,39^c$	$0,18^c$	$-0,07$	$0,19^c$	$0,38^c$
$+1$ = ganz links)	Ost	1992	$-0,47^c$	$0,25^c$	$-0,06$	$0,22^c$	$0,34^c$
Parteiidentifikation	West	1990	$-0,42^c$	$-0,12^c$	$-0,15^c$	-	
CDU/CSU	West	1991		$-0,45^c$	$-0,12^c$	$-0,13^c$	-
	West	1992		$-0,45^c$	$-0,11^b$	$-0,12^b$	-
	Ost	1991		$-0,27^c$	$-0,11^b$	$-0,15^c$	$-0,12^b$
	Ost	1992		$-0,29^c$	$-0,09$	$-0,13^a$	$-0,11^a$
Parteiidentifikation	West	1990			$-0,13^c$	$-0,17^c$	-
SPD	West	1991			$-0,16^c$	$-0,16^c$	-
	West	1992			$-0,14^c$	$-0,16^c$	-
	Ost	1991			$-0,15^c$	$-0,20^c$	$-0,17^c$
	Ost	1992			$-0,14^a$	$-0,20^c$	$-0,15^b$
Parteiidentifikation	West	1990				$-0,05^a$	-
FDP	West	1991				$-0,04$	-
	West	1992				$-0,04$	-
	Ost	1991				$-0,08^b$	$-0,07$
	Ost	1992				$-0,06$	$-0,05$
Parteiidentifikation	Ost	1991					$-0,09^b$
Grüne	Ost	1992					$-0,07$

-: Nicht verfügbar
a, b, c: Signifikanzniveaus wie in Tabelle 1

(Fortsetzung Tabelle 6)

6.2. Direkte Effekte

		CDU/CSU West	CDU/CSU Ost	SPD West	SPD Ost	FDP West	FDP Ost	Grüne West	Grüne Ost	PDS Ost
Ideologie →	1990	29^c	-	-10^c	-	29^c	-	-26^c	-	-
Issuedistanz	1991	25^c	25^c	-19^c	-01	24^c	20^c	-37^c	-19^c	-25^c
von der Partei	1992	23^c	19^c	-12^b	-01	19^c	19^c	-26^c	-04	-32^c
Parteiidentifikation →	1990	-29^c	-	-19^c	-	-07^c	-	-17^c	-	-
Issuedistanz	1991	-31^c	-15^c	-19^c	-18^c	-14^c	-15^c	-23^c	-18^c	-27^c
von der Partei	1992	-25^c	-30^c	-17^c	-14^a	-08^a	-07	-17^c	-08	-18^b
Ideologie →	1990	-28^c	-	35^c	-	-14^c	-	26^c	-	-
Bewertung der Kandidaten	1991	-30^c	-20^c	30^c	33^c	-13^c	-18^c	27^c	-	30^c
der Partei	1992	-23^c	-22^c	33^c	40^c	-11^b	-22^c	-	-	30^c
Parteiidentifikation →	1990	34^c	-	30^c	-	11^c	-	15^c	-	-
Bewertung der Kandidaten	1991	36^c	36^c	31^c	28^c	14^c	13^b	14^c	-	21^c
der Partei	1992	36^c	27^c	29^c	26^c	13^c	12^a	-	-	23^c
Issuedistanz →	1990	-31^c	-	-22^c	-	-16^c	-	-25^c	-	-
Bewertung der Kandidaten	1991	-23^c	-27^c	-20^c	-09^a	-16^c	-13^b	-24^c	-	-28^c
der Partei	1992	-24^c	-20^c	-16^c	-02	-10^b	-03	-	-	-23^c
Ideologie →	1990	-08^c	-	13^c	-	00	-	21^c	-	-
Sympathieeinstufung	1991	-09^c	-09^b	18^c	03	-08^b	-03	20^c	13^b	14^c
der Partei	1992	-13^c	-11^b	14^c	09	-07^a	-08	29^c	29^c	11^b
Parteiidentifikation →	1990	18^c	-	28^c	-	18^c	-	15^c	-	-
Sympathieeinstufung	1991	18^c	19^c	32^c	34^c	15^c	20^c	08^b	29^c	15^c
der Partei	1992	19^c	16^c	29^c	35^c	13^c	18^c	17^c	32^c	15^c
Issuedistanz →	1990	-18^c	-	-15^c	-	-31^c	-	-20^c	-	-
Sympathieeinstufung	1991	-17^c	-14^c	-18^c	-12^b	-23^c	-18^c	-26^c	-09^a	-15^c
der Partei	1992	-11^c	-14^c	-12^c	-14^b	-26^c	-14^b	-39^c	-10^a	-14^c
Bewertung der Kandidaten →	1990	56^c	-	42^c	-	28^c	-	39^c	-	-
Sympathieeinstufung	1991	56^c	57^c	29^c	27^c	39^c	37^c	42^c	-	53^c
der Partei	1992	56^c	61^c	43^c	23^c	39^c	33^c	-	-	57^c

Alle Koeffizienten wurden mit 100 multipliziert, um das Dezimalkomma zu vermeiden.
-: Nicht verfügbar
a, b, c: Signifikanzniveaus wie in Tabelle 1

(Fortsetzung Tabelle 6)

6.3. Gesamteffekte

		CDU/CSU West	CDU/CSU Ost	SPD West	SPD Ost	FDP West	FDP Ost	Grüne West	Grüne Ost	PDS Ost
Ideologie →	1990	-37	-	37	-	-19	-	33	-	-
Bewertung der Kandidaten	1991	-35	-26	34	33	-17	-20	36	-	37
der Partei	1992	-29	-26	35	40	-13	-22	-	-	38
Parteiidentifikation →	1990	43	-	35	-	12	-	19	-	-
Bewertung der Kandidaten	1991	43	40	35	30	16	15	20	-	29
der Partei	1992	42	33	32	26	13	13	-	-	27
Ideologie →	1990	-34	-	30	-	-15	-	38	-	-
Sympathieeinstufung	1991	-33	-27	31	12	-20	-14	44	20	37
der Partei	1992	-32	-29	30	18	-16	-18	39	30	37
Parteiidentifikation →	1990	47	-	45	-	24	-	26	-	-
Sympathieeinstufung	1991	48	44	45	44	25	28	22	31	35
der Partei	1992	45	40	44	43	21	23	24	32	33
Issuedistanz →	1990	-35	-	-25	-	-36	-	-29	-	-
Sympathieeinstufung	1991	-30	-29	-24	-14	-29	-23	-36	-09	-29
der Partei	1992	-24	-26	-18	-15	-30	-15	-39	-10	-27

In dieser Tabelle werden nur diejenigen Gesamteffekte aufgeführt, die von den direkten Effekten abweichen können (mindestens zweistufiger Kausalitätsfluß). Alle Koeffizienten wurden mit 100 multipliziert, um das Dezimalkomma zu vermeiden.

In Westdeutschland bewertete Politiker:

1990: CDU/CSU: Kohl, Geissler, Waigel; SPD: Lafontaine, Brandt, Vogel; FDP: Genscher, Lambsdorff; Grüne: Fischer, Ditfurth.
1991: CDU/CSU: Kohl, Biedenkopf, Waigel; SPD: Lafontaine, Brandt, Engholm; FDP: Genscher, Lambsdorff; Grüne: Fischer.
1992: CDU/CSU: Kohl, Biedenkopf, Waigel, Merkel; SPD: Lafontaine, Engholm, Stolpe; FDP: Genscher, Moellemann; Grüne: keine; PDS: Gysi.

In Ostdeutschland bewertete Politiker:

1991: CDU/CSU: Kohl, Biedenkopf, Waigel; SPD: Lafontaine, Brandt, Engholm, Stolpe; FDP: Genscher, Lambsdorff; Grüne: keine; PDS: Gysi.
1992: CDU/CSU: Kohl, Biedenkopf, Waigel, Merkel; SPD: Lafontaine, Engholm, Stolpe; FDP: Genscher, Moellemann; Grüne: keine; PDS: Gysi.

(Fortsetzung Tabelle 6)

6.4. Quadrierte multiple Korrelationskoeffizienten für die Strukturgleichungen

		CDU/CSU West	CDU/CSU Ost	SPD West	SPD Ost	FDP West	FDP Ost	Grüne West	Grüne Ost	PDS Ost
Issuedistanz	1990	0,25	-	0,06	-	0,09	-	0,12	-	-
	1991	0,25	0,12	0,11	0,03	0,08	0,07	0,21	0,08	0,19
	1992	0,18	0,18	0,06	0,02	0,04	0,04	0,11	0,01	0,18
Bewertung der Kandi-	1990	0,56	-	0,41	-	0,08	-	0,22	-	-
daten der Partei	1991	0,53	0,37	0,39	0,24	0,08	0,08	0,23	-	0,36
	1992	0,44	0,29	0,36	0,28	0,05	0,07	-	-	0,33
Sympathieeinstufung	1990	0,73	-	0,58	-	0,27	-	0,45	-	-
der Partei	1991	0,74	0,64	0,55	0,30	0,33	0,27	0,51	0,18	0,61
	1992	0,70	0,67	0,58	0,31	0,30	0,21	0,38	0,24	0,61

6.5. Statistiken zur Modellanpassung

	West 1990	West 1991	West 1992	Ost 1991	Ost 1992
N	2007	932	716	606	325
Chi-Quadrat	8158	3989	3009	2065	1527
Freiheitsgrade	206	185	188	206	188
Goodness of Fit Index	0,75	0,74	0,74	0,76	0,70
Adjusted Goodness of Fit Index	0,66	0,65	0,65	0,68	0,60
Wurzel des mittleren quadrierten Residuums	0,15	0,15	0,15	0,14	0,16
Determinationskoeffizient für die Strukturgleichungen	0,80	0,82	0,76	0,76	0,76

Auch die direkten Effekte auf die am Ende der Kausalkette stehenden Sympathieeinstufungen der Parteien entsprechen genau diesem plausiblen Muster: Je linker sich die Befragten einstufen desto sympathischer sind ihnen SPD und Grüne (und PDS im Osten) und desto unsympathischer FDP und Union. Wer sich mit einer Partei identifiziert, hält auch sehr viel mehr von ihr. Je höher die Übereinstimmung mit einer Partei in den Sachfragen desto positiver fällt ihre Sympathieeinstufung aus, und je sympathischer ihnen die Kandidaten einer Partei sind umso sympathischer ist den Befragten auch die Partei selbst. Die hohe Stabilität dieser Kausalstruktur zeigt sich daran, daß die mittlere absolute Abweichung zwischen den für 1990 und 1991 für Westdeutschland geschätzten Koeffizienten nur 0,04 beträgt. Zwischen 1991 und 1992 liegt diese mittlere Abweichung bei 0,05 sowohl in den alten wie in den neuen Bundesländern. Der mittlere absolute Ost-West-Unterschied in den direkten Effekten ist mit 0,06 für 1991 und 0,07 für 1992 nur geringfügig höher. Bei dieser globalen Betrachtungsweise kann man also festhalten, daß für alte und neue Bundesländer weitgehend übereinstimmende und stabile Muster der Bestimmung der aktuellen Sympathie gegenüber den politischen Parteien durch ideologische Orientierungen, Parteineigungen, Einstellungen zu politischen Sachthemen und Bewertungen von Politikern ermittelt werden.

Trotz der insgesamt hohen Strukturkonstanz beim Vergleich zwischen beiden Landesteilen und über die Zeit hinweg gibt es dennoch einige größere Abweichungen in der Stärke der direkten Effekte, die vor allem zwischen alten und neuen Bundesländern und weniger als Veränderungen zwischen Erhebungszeitpunkten anfallen. Man kann solche Unterschiede in der Teiltabelle 6.2. zeilenweise (Beziehungen zwischen je zwei Variablen) oder spaltenweise (nach Parteien) zusammenfassen. Bei zeilenweiser Betrachtung ergibt sich folgendes: Erstens ist der direkte Effekt der ideologischen Orientierung auf die Issuedistanzen zu SPD und Grünen in den alten Bundesländern viel stärker als in den neuen. Gleiches gilt für den Einfluß der Parteineigungen auf die Issuedistanz zu den Grünen. In Ostdeutschland hat der direkte Effekt einer Identifikation mit der Union auf die Distanz zu dieser Partei in den Sachfragen von 1991 nach 1992 stark zugenommen. Die Unterschiede der direkten Effekte auf die Beurteilungen der Kandidaten zwischen Ost und West und den einzelnen Zeitpunkten sind insgesamt sehr niedrig; die einzige Ausnahme ist der in den alten Bundesländern deutlich stärkere Einfluß von Issuedistanzen zur SPD auf die Bewertung ihrer Politiker. Im untersten Block der direkten Effekte auf die Sympathieeinstufungen der Parteien tauchen stärkere Differenzen zwischen beiden Landesteilen praktisch nur bei der SPD und den Grünen auf. Bei der SPD hat die ideologische Orientierung wiederum im Westen viel stärkere Auswirkungen als im Osten, und 1992 ist auch der Kandidateneffekt im Westen sehr viel höher als in den neuen Ländern. In Ostdeutschland wirkt sich die Parteineigung stärker auf die aktuelle Parteisympathie für die Grünen aus als im Westen, während es sich bei den Issuedistanzen genau umgekehrt verhält. Spaltenweise erkennt man in den direkten Effekten auf die Sympathie für Unionsparteien und FDP fast gar keine Unterschiede zwischen Ost und West; sie sind bei SPD und Grünen konzentriert (s. auch Abbildung 2).

Abbildung 2: LISREL-Schätzung der direkten Effekte 1991

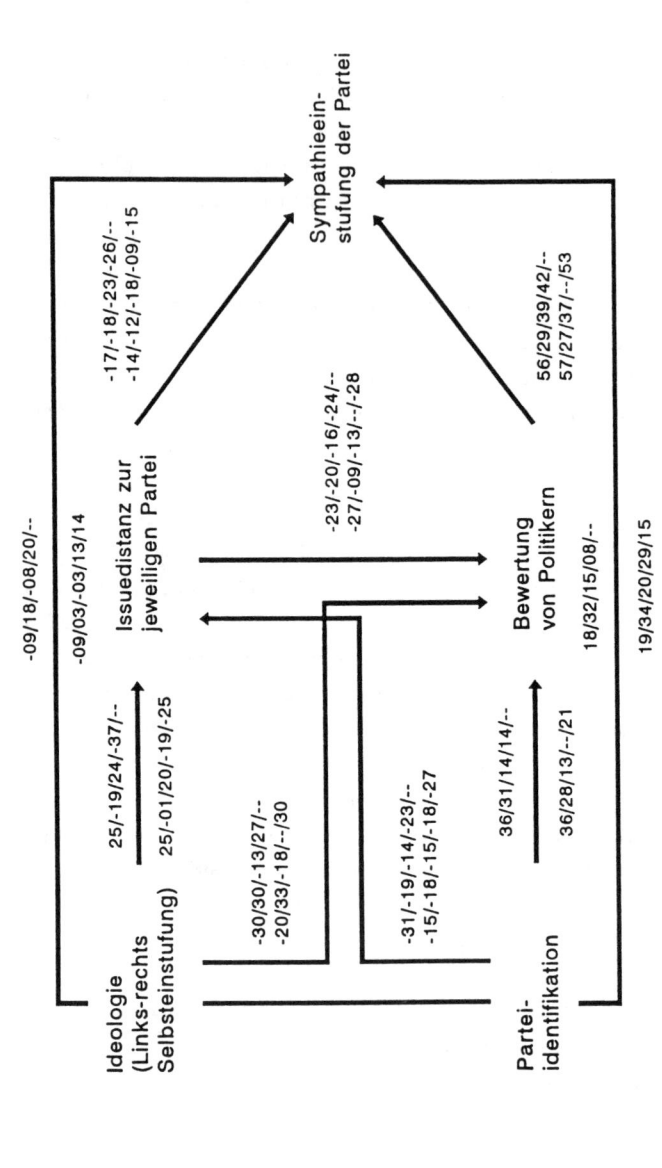

```
                                                         -09/18/-08/20/--
                                                    ┌─────────────────────────────────────┐
                                                    │                                     │
                                           -09/03/-03/13/14                               │
                                                    │         -17/-18/-23/-26/--          │
                                                    │         -14/-12/-18/-09/-15         │
                                                    ▼                    ↗                │
                                         Issuedistanz zur                                 │
                                          jeweiligen Partei                               │
                                                                                          │
                                              │      ↑                                    │
                               -23/-20/-16/-24/--                                         │
                               -27/-09/-13/--/-28                                         │
                                              │      │                                    │
                                              ▼      │           56/29/39/42/--           │
    Ideologie        25/-19/24/-37/--                             57/27/37/--/-53         │
   (Links-rechts                              Bewertung                                   │
  Selbsteinstufung)  25/-01/20/-19/-25       von Politikern     ──────────▶  Sympathieein-
                                ──────────▶                                   stufung der Partei
                                                    ↑                                     │
                              -30/30/-13/27/--     │                                      │
                              -20/-33/-18/--/-30   │          18/32/15/08/--              │
                                                   │                                      │
                              -31/-19/-14/-23/--   │ 36/31/14/14/--                       │
                              -15/-18/-15/-18/-27  │ 36/28/13/--/21                       │
                                                   │                                      │
                                              Partei-                                     │
                                          identifikation  ────────────────────────────────┘
                                                              19/34/20/29/15
```

Die jeweils oberen Werte beziehen sich auf Westdeutschland, die jeweils unteren auf Ostdeutschland.
Alle Koeffizienten wurden mit 100 multipliziert, um das Dezimalkomma zu vermeiden. Die Koeffizienten
werden in folgender Reihenfolge der Parteien aufgeführt: CDU-CSU/SPD/FDP/Grüne/PDS

Für die PDS schließlich ist ein Vergleich zwischen Ost- und Westdeutschland nicht möglich. Alle direkten Effekte auf die Sympathieeinstufung dieser Partei sind zwischen 1991 und 1992 sehr stabil und in ihren Größenordnungen mit den anderen Parteien völlig vergleichbar.

Die in der Teiltabelle 6.3. wiedergegebenen Gesamteffekte erfassen neben den direkten Effekten auch die indirekten, also z.B. Auswirkungen der Issuedistanzen auf die Parteisympathien, die über die Kandidatenbewertungen vermittelt sind. Auch hier erkennt man wenige systematische Unterschiede zwischen alten und neuen Bundesländern. Legt man als Kriterium an, daß diese Gesamteffekte im Osten und im Westen stets mindestens um ungefähr 0,1 voneinander abweichen müssen, um von einer deutlichen Differenz zu sprechen, gibt es bei den Auswirkungen der ideologischen Orientierungen und der Parteineigungen auf die Bewertung der Politiker solche Unterschiede gar nicht und ebensowenig bei den Gesamteffekten der Parteineigungen auf die aktuellen Parteisympathien. Stärkere Unterschiede zwischen beiden Landesteilen findet man bei den Gesamteffekten der ideologischen Orientierung auf die Sympathieeinstufungen der SPD und der Grünen vor. In Westdeutschland hängen sie stärker von der Links-Rechts-Selbsteinstufung ab als in Ostdeutschland, was auf die im Westen stärkere ideologische Polarisierung der Identifikationen mit und der Issuedistanzen zu diesen Parteien zurückzuführen ist. Ferner hat die Issuedistanz (vor allem 1992) in Westdeutschland einen höheren Gesamteffekt als in Ostdeutschland auf die Sympathie gegenüber der FDP, was sich ebenfalls anhand der direkten Effekte leicht nachvollziehen läßt. Der gleichgerichtete Unterschied bei den Grünen ist zwar deutlich ausgeprägt, vor allem aber darauf zurückzuführen, daß in Ostdeutschland weder 1991 noch 1992 Politiker der Grünen zur Bewertung vorgelegt wurden, so daß ein zusätzlicher indirekter Effekt der Issuedistanzen über die Kandidatenbewertungen dort nicht geschätzt werden kann.

Betrachtet man diese Schätzergebnisse nochmals zusammenfassend unter der Fragestellung nach zwischen alten und neuen Bundesländern systematisch unterschiedlichen Bestimmungsfaktoren der aktuellen Parteisympathien, dann erkennt man, daß die Differenzierung der Befunde zwischen den einzelnen Parteien viel ausgeprägter ist als zwischen den beiden Landesteilen. Im Osten wie im Westen ist für die Sympathie gegenüber den Unionsparteien die Kandidatenbewertung mit Abstand am wichtigsten, gefolgt von der Parteineigung und schließlich ideologischer Orientierung und Issuedistanz. Auf die Sympathieeinstufung der SPD wirken Parteineigungen und Kandidatenbewertungen in alten und neuen Bundesländern in umgekehrter Reihenfolge, was wohl auf die (im Vergleich zum Spitzenkandidaten der Union) geringere Profilierung des Führungspersonals der SPD in Ostdeutschland zurückgehen dürfte. Für die Sympathie gegenüber der FDP sind wiederum in beiden Landesteilen Bewertungen ihrer Spitzenpolitiker am wichtigsten, die ideologische Orientierung am unwichtigsten. Sympathiebewertungen der Grünen hängen ebenfalls stark von der Einschätzung ihres Führungspersonals ab (wenn diese gemessen wurde), ferner deutlich von der ideologischen Orientierung und im Osten stärker von der längerfristigen Parteineigung, im Westen stärker von der Sachfragenorientierung. Für die Sympathieeinstufung der PDS haben in Ostdeutschland die Bewertung des Parteivorsitzenden und die Ideologie das größte Gewicht, während Orientierungen an politischen Sachthemen das Schlußlicht bilden. Generell gilt, daß in den alten Bundesländern die ideologische Orientierung stärker als in Ostdeutschland auf die Sympathie gegenüber den Parteien durchschlägt. Längerfristige Parteineigungen haben ganz ähnliche Effekte, nur auf die Sympathieeinstufung der Grünen sind sie im Osten stärker als im Westen. Wenn Issuedistanzen sich irgendwo stärker auswirken, dann in Westdeutschland - und zwar besonders auf die Sympathie gegenüber der FDP und den Grünen. Die Kandidateneffekte sind schließlich in beiden Landesteilen sehr stark und weitgehend identisch, nur bei der SPD sind sie in den alten Ländern noch etwas deutlicher ausgeprägt.

Dies bestätigt für Westdeutschland immer wieder reproduzierte Befunde, wonach die Wahrscheinlichkeit der Stimmabgabe für Unionsparteien und SPD tendenziell stärker durch längerfristige Parteineigungen und Bewertungen der Spitzenkandidaten bestimmt wird, während die Wahrscheinlichkeit der Stimmabgabe für FDP und Grüne stärker als für die großen Parteien auch von Sachfragenorientierungen beeinflußt wird (z.B. KLINGEMANN 1977; JAGODZINSKI 1990). Aktuelle Präferenzen für diese kleineren Parteien können noch am ehesten als durch "rationale" Kalkulationen angeleitet betrachtet werden. In Ostdeutschland liegen, wenn überhaupt bemerkenswerte Unterschiede bestehen, die Effekte *aller* Erklärungsvariablen eher niedriger als in Westdeutschland. Vor allem die im alten Bundesgebiet stärkere Determinierung der Sympathien für die kleineren Parteien FDP und Grüne durch Sachfragenorientierungen läßt sich in Ostdeutschland (noch) nicht beobachten. Was man definitiv *nicht* feststellen kann, ist eine Differenzierung zwischen dem westdeutschen und dem ostdeutschen Teilelektorat dergestalt, daß die Parteisympathien des ersteren stärker durch längerfristige Parteineigungen und des letzteren wesentlich deutlicher durch Einstellungen zu Sachfragen determiniert werden. Bei gröbster Vereinfachung kann man vielmehr sagen, daß längerfristige Parteibindungen und Kandidatenorientierungen über alle Parteien hinweg in beiden Landesteilen ungefähr gleiche Auswirkungen auf die Sympathieeinstufungen der Parteien haben, während die Auswirkungen von Ideologie und Issueorientierungen im Osten eher geringer ausgeprägt sind als in Westdeutschland.

Die Statistiken zur Modellanpassung und zur Erklärungsleistung des Kausalmodells der Abbildung 1 für die einzelnen endogenen Variablen (Teiltabellen 6.4. und 6.5.) zeigen schließlich einerseits eine gute Übereinstimmung mit den Daten, machen andererseits aber auch deutlich, daß die Erklärungsleistung des Modells in den meisten Fällen für Ostdeutschland geringer ausfällt als für Westdeutschland, was natürlich vor allem an den geringeren Einflüssen der Ideologie und der Issueorientierungen liegt. Besonders bei den Sympathieeinstufungen der Parteien fällt auf, daß diejenigen für die Regierungsparteien in Ostdeutschland nur geringfügig weniger gut erklärt werden als im Westen, während der Abstand bei SPD und Grünen viel deutlicher ausfällt. Bei den letzteren ist die hohe Ost-West-Differenz in der Erklärungsleistung des Modells für 1991 allerdings vor allem darauf zurückzuführen, daß in diesem Jahr Bewertungen grüner Politiker zwar in den alten Bundesländern erhoben wurden, nicht aber in den neuen. Aufgrund der sehr starken Effekte der Kandidatenbewertungen auf die Sympathieeinstufungen der Unionsparteien überrascht es schließlich nicht, daß letztere in beiden Landesteilen durch das Modell am besten erklärt werden.

7. Ein Kausalmodell für die Sympathie gegenüber den politischen Parteien im Längsschnitt

Die bisherigen Analysen haben das Potential, das die Datenbasis als Wiederholungsbefragung bietet, noch nicht voll ausgenutzt. Mit diesem Datenmaterial kann unser Kausalmodell auch im Längsschnitt geschätzt, also ermittelt werden, wie die Ausprägungen der einzelnen Variablen von Einstellungen zum gleichen Zeitpunkt und bei vorangehenden Erhebungen abhängen. Da in Ostdeutschland die erste Befragung 1991 stattfand, beschränken wir diese Analyse auf 1991 und 1992. Unser Kausalmodell sieht wieder wie Abbildung 1 aus - mit dem Unterschied, daß alle fünf

Variablen des Modells uns nun für *zwei* Zeitpunkte zur Verfügung stehen. Die letzte Variable in der Kausalkette ist die Sympathieeinstufung der jeweiligen Partei 1992, die von allen anderen neun Variablen gleichzeitig oder zeitverzögert abhängen kann. Die einzige kleinere Modifikation gegenüber dem Modell der Abbildung 1 ist, daß wir auch die simultane Kausalbeziehung zwischen ideologischer Orientierung und Parteineigung schätzen, um ein vollständig rekursives Modell zu erhalten. Dabei wird für die Richtung der Kausalität ein Effekt der ideologischen Orientierung auf die Parteineigungen angenommen. Die einzige exogene Variable dieses Modells ist damit die Links-Rechts-Selbsteinstufung des Jahres 1991. Geschätzt wird somit eine vollständige Halbmatrix aller direkten Effekte. Die ideologische Orientierung 1991 kann darin Auswirkungen auf alle anderen neun Variablen haben, die Sympathieeinstufung der jeweiligen Partei im Jahre 1992 kann entsprechend der Abbildung 1 durch vier simultan erhobene und fünf vor einem Jahr gemessene Variablen beeinflußt werden. Nach einem ersten Schätzdurchlauf wurden alle nicht-signifikanten direkten Effekte auf Null gesetzt und unter diesen Randbedingungen nochmalige Schätzungen durchgeführt. Zur Platzersparnis werden aus den sehr umfangreichen Schätzergebnissen in Tabelle 7 nur die direkten und Gesamteffekte auf die Sympathieeinstufung der einzelnen Parteien in den Jahren 1991 und 1992 wiedergegeben.

Die direkten Effekte in der Teiltabelle 7.1. demonstrieren zum ersten einen völlig einheitlichen und hochsignifikanten direkten Effekt der Parteisympathie 1991 auf diejenige in 1992. Diese Koeffizienten messen gewissermaßen die "Selbststabilisierung" von Parteisympathien, ihre Persistenz - oder vielleicht auch nur das Erinnerungsvermögen der Befragten. Sie geben an, in welchem Umfang den Befragten nach Ablauf eines Jahres die einzelnen Parteien allein deshalb sympathischer oder unsympathischer sind, weil sie ihnen bereits ein Jahr zuvor sympathischer oder unsympathischer waren. Zweitens bestätigen diese Schätzungen weitestgehend die reinen Querschnittsschätzungen der Tabelle 6, so daß sie ganz kurz abgehandelt werden können: Sofern Kandidatenbewertungen erhoben wurden, haben sie immer simultan die stärksten direkten Effekte auf die Sympathieeinstufungen der Parteien. Bei den beiden großen Parteien folgt an der zweiten Stelle fast stets die gleichzeitig gemessene Parteineigung, bei der FDP die Issuedistanz und bei der PDS 1991 die Ideologie, 1992 die Sachfragenorientierung. Auf die Sympathieeinstufung der Grünen haben in Westdeutschland (mit und ohne Erhebung von Kandidatenbewertungen) die Issuedistanzen und die ideologische Orientierung starke direkte Effekte, in Ostdeutschland die ideologische Orientierung und die längerfristige Parteineigung.

Tabelle 7: Kausalmodell des Einflusses von Ideologie, Parteiidentifikation, Positionen auf Sachfragen und Kandidatenbewertungen auf die Sympathieeinstufung politischer Parteien in Ost- und Westdeutschland im Längsschnitt (LISREL-Schätzungen per Maximum Likelihood)

7.1. Direkte Effekte auf die Sympathieeinstufungen der Parteien

Effekt von	CDU/CSU 1991	CDU/CSU 1992	SPD 1991	SPD 1992	FDP 1991	FDP 1992	Grüne 1991	Grüne 1992	PDS 1991	PDS 1992
Ideologie 1991	-15^c	-05	11^c	00	00	00	22^c	00	-	-
	00	00	00	00	00	00	22^c	00	20^c	00
Parteiidentifikation 1991	18^c	09^a	22^c	00	12^c	00	00	00	-	-
	23^c	00	23^c	00	15^c	00	22^c	00	19^c	00
Issuedistanz 1991	-19^c	00	-11^c	-07^a	-19^c	00	-24^c	00	-	-
	-19^c	00	-15^b	00	-20^c	00	-12^a	00	-14^c	00
Kandidatenbewertung 1991	50^c	00	53^c	00	51^c	00	48^c	13^b	-	-
	55^c	00	37^c	00	47^c	00	-	-	47^c	00
Parteisympathie 1991		27^c		16^c		25^c		27^c		-
		25^c		23^c		28^c		24^c		22^c
Ideologie 1992		-11^b		13^c		00		19^c		-
		-11^b		00		00		25^c		08^a
Parteiidentifikation 1992		22^c		22^c		00		10^b		-
		16^c		19^c		00		29^c		12^b
Issuedistanz 1992		-09^c		-11^c		-17^c		-27^c		-
		-10^c		-15^c		00		00		-14^c
Kandidatenbewertung 1992		37^c		47^c		42^c		-		-
		45^c		40^c		39^c		-		47^c

Die jeweils oberen Werte beziehen sich auf Westdeutschland, die jeweils unteren auf Ostdeutschland. Alle Koeffizienten wurden mit 100 multipliziert, um das Dezimalkomma zu vermeiden. Die als 00 berichteten Koeffizienten waren in einem ersten Schätzdurchgang nicht signifikant von null verschieden und wurden auf diesen Wert festgesetzt.

-: Nicht verfügbar
a, b, c: Signifikanzniveaus wie in Tabelle 1

(Fortsetzung Tabelle 7)

7.2. Gesamteffekte auf die Sympathieeinstufungen der Parteien

Effekt von	CDU/CSU 1991	CDU/CSU 1992	SPD 1991	SPD 1992	FDP 1991	FDP 1992	Grüne 1991	Grüne 1992	PDS 1991	PDS 1992
Ideologie 1991	-65	-59	58	50	-24	-21	51	40	-	-
	-38	-35	18	20	-16	-12	29	22	57	41
Parteiidentifikation 1991	43	35	42	34	25	13	15	14	-	-
	48	37	41	31	29	13	24	19	36	33
Issuedistanz 1991	-26	-16	-25	-11	-29	-22	-34	-26	-	-
	-35	-21	-15	-08	-33	-15	-12	-08	-28	-28
Kandidatenbewertung 1991	50	31	53	30	51	30	48	32	-	-
	55	38	37	25	47	29	-	-	47	35
Parteisympathie 1991	27		23		25		34		-	
	36		28		34		24		29	
Ideologie 1992		-21		28		-05		21		-
		-24		17		-09		29		24
Parteiidentifikation 1992		30		37		03		10		-
		28		29		00		29		21
Issuedistanz 1992		-14		-15		-22		-27		-
		-10		-15		00		00		-20
Kandidatenbewertung 1992		37		47		42		-		-
		45		40		39		-		47

Gesamteffekte auf Parteisympathie 1992 nach ihrer Stärke:

	CDU/CSU West	CDU/CSU Ost	SPD West	SPD Ost	FDP West	FDP Ost	Grüne West	Grüne Ost	PDS Ost
am stärksten	I91	K92	I91	K92	K92	K92	I91	I92	K92
am zweitstärksten	K92	K91	K92	P91	K91	K91	K91	P92	I91
am drittstärksten	P91	P91	P92	P92	D92	D92	I91	I91	K91
am viertstärksten	K91	I91	P91	K91	D91	P91	D91	P91	P91
am fünftstärksten	P92	P92	K91	I91	I91	I91	I92	D91	D91

Die jeweils oberen Werte beziehen sich auf Westdeutschland, die jeweils unteren auf Ostdeutschland. Alle Koeffizienten wurden mit 100 multipliziert, um das Dezimalkomma zu vermeiden.

D91/D92: Issuedistanz 1991/1992
I91/I92: Ideologie 1991/1992
K91/K92: Kandidatenbewertung 1991/1992
P91/P92: Parteiidentifikation 1991/1992

(Fortsetzung Tabelle 7)

7.3. Quadrierte multiple Korrelationskoeffizienten für die Strukturgleichungen

	CDU/CSU		SPD		FDP		Grüne		PDS
	West	Ost	West	Ost	West	Ost	West	Ost	Ost
Parteiidentifikation 1991	0,36	0,19	0,32	0,04	0,00	0,00	0,03	0,03	0,15
Issuedistanzen 1991	0,27	0,16	0,10	0,02	0,10	0,07	0,19	0,09	0,20
Kandidatenbewertung 1991	0,47	0,35	0,49	0,28	0,21	0,18	0,25	-	0,38
Sympathieeinstufung 1991	0,72	0,61	0,65	0,31	0,40	0,39	0,54	0,15	0,63
Ideologie 1992	0,45	0,26	0,46	0,21	0,43	0,23	0,44	0,23	0,27
Parteiidentifikation 1992	0,64	0,41	0,48	0,37	0,29	0,26	0,18	0,23	0,47
Issuedistanzen 1992	0,33	0,32	0,18	0,08	0,15	0,08	0,30	0,07	0,26
Kandidatenbewertung 1992	0,54	0,38	0,47	0,38	0,30	0,27	-	-	0,54
Sympathieeinstufung 1992	0,67	0,65	0,65	0,44	0,38	0,31	0,45	0,27	0,63

7.4. Statistiken zur Modellanpassung

	CDU/CSU		SPD		FDP		Grüne		PDS
	West	Ost	West	Ost	West	Ost	West	Ost	Ost
N	587	325	587	325	587	325	587	325	325
Chi-Quadrat	29	25	20	20	31	38	17	15	18
Freiheitsgrade	19	19	15	26	26	29	15	15	18
Goodness of Fit Index	0,99	0,99	0,99	0,99	0,99	0,98	0,99	0,99	0,99
Adjusted Goodness of Fit Index	0,97	0,96	0,98	0,97	0,98	0,96	0,98	0,97	0,97
Wurzel des mittleren quadrierten Residuums	0,025	0,039	0,016	0,029	0,033	0,058	0,021	0,039	0,025
Determinationskoeffizient für die Strukturgleichungen	0,61	0,33	0,57	0,25	0,50	0,23	0,52	0,26	0,42

Während die Querschnittsbefunde zwischen den Tabellen 6 und 7 natürlich weitestgehend miteinander übereinstimmen *müssen*, läßt die dynamische Schätzung des Modells in den Gesamteffekten auf die Sympathiebewertung der einzelnen Parteien 1992 zum Teil deutliche Unterschiede zwischen Ost- und Westdeutschland und zwischen den einzelnen Parteien zu Tage treten (Teiltabelle 7.2.). Logischerweise müssen sie auf verschiedenartige Zusammenhänge zwischen den Beobachtungen der beiden Untersuchungsjahre zurückgehen. Wo immer gleichzeitige Kandidatenbewertungen erhoben wurden (also mit Ausnahme der Grünen), haben diese den stärksten Gesamteffekt auf die Sympathie gegenüber den Parteien in Ostdeutschland im Jahre 1992. In Westdeutschland dagegen rangiert an der Spitze der Gesamteffekte (mit Ausnahme der FDP) immer die ideologische Orientierung von vor einem Jahr. Bei den beiden großen Parteien sind die jeweils stärksten fünf Gesamteffekte auf ihre Sympathieeinstufung 1992 in Ost und West völlig identisch (Kandidatenbewertungen und Parteiidentifikationen 1991 und 1992 sowie ideologische Orientierung 1991), dabei ist aber eine charakteristische Differenzierung der Reihenfolge der Stärke dieser Effekte feststellbar: In Westdeutschland steht stets die ideologische Orientierung 1991 ganz oben, gefolgt von der aktuellen Kandidatenbewertung. Im Osten steht die letztere ganz oben, die ideologische Orientierung 1991 folgt mit einem deutlich geringeren Gesamteffekt.

In der Reihenfolge der Gesamteffekte auf die Sympathie gegenüber der FDP 1992 stehen in beiden Landesteilen die gleichzeitigen Kandidatenbewertungen an der Spitze, es folgen die entsprechenden Bewertungen von vor einem Jahr, die Übereinstimmung mit der Partei in Sachfragen, und ganz am Ende steht die ideologische Orientierung 1991. Für die Skalometerwerte der Grünen ist das Modell wiederum zwischen den beiden Landesteilen wegen der unterschiedlichen Einbeziehung von Kandidatenbewertungen nicht ganz vergleichbar. Im Westen kommt (wie bei Union und SPD) an erster Stelle die ideologische Orientierung von vor einem Jahr, im Gegensatz zu den großen Parteien folgen jedoch schon bald die Issueorientierungen. Im Osten stehen an den ersten vier Stellen nach der Reihenfolge der Gesamteffekte erst die gleichzeitige Ideologie und Parteieignung und dann die entsprechenden Werte des Vorjahres. Für die PDS ergibt sich, wie zumeist in Ostdeutschland, daß die aktuelle Kandidatenorientierung an der Spitze der Gesamteffekte rangiert. Den Sympathieeinschätzungen der Grünen und der PDS in den neuen Bundesländern ist gemeinsam, daß sie im Vergleich zu denjenigen der FDP und der großen Parteien viel stärker auch von der ideologischen Grundhaltung abhängen.

Diese Ergebnisse kann man wie folgt zusammenfassend interpretieren: Der wichtigste Unterschied in der relativen Stärke der Determinierung von aktuellen Parteisympathien in Ost- und Westdeutschland durch ideologische Grundhaltungen, Parteineigungen, Sachfragen- und Kandidatenorientierungen wird nur bei dynamischer Schätzung unseres Kausalmodells deutlich, während im Querschnitt der Eindruck stabiler und in beiden Landesteilen eher sehr ähnlicher Kausalstrukturen überwiegt. Dieser Unterschied lautet, daß die Parteisympathien insgesamt im Osten am stärksten von den gleichzeitigen Bewertungen der personellen Angebote der Parteien bestimmt werden, während im Westen die stärksten Gesamteffekte von der ideologischen

Grundorientierung des Vorjahres ausgehen. Die Sympathien für die politischen Parteien (und damit die Wahrscheinlichkeit der Stimmabgabe) hängen somit in Westdeutschland stärker von *längerfristig stabilen* ideologischen Orientierungen ab, in Ostdeutschland eher von kürzerfristigem Wandel unterworfenen *situativen* Faktoren. Man sollte diesen Unterschied nicht dramatisieren, denn unsere Befunde rechtfertigen kein Schwarz-Weiß-Schema. Natürlich spielen auch im Osten die längerfristig stabilen Faktoren der ideologischen Orientierung und der Parteineigung eine Rolle für die aktuelle Parteisympathie, aber eben eine *geringere* als in Westdeutschland. Natürlich haben auch in Westdeutschland die kurzfristigen Einstellungen, vor allem gegenüber den Kandidaten, deutliche Konsequenzen für die Sympathie gegenüber den politischen Parteien, aber eben *geringere* als in Ostdeutschland.

Daß die aktuellen Parteisympathien in Ostdeutschland weniger stark als im Westen durch längerfristig stabile politische Einstellungen bestimmt werden und dafür stärker durch kürzerfristigen Schwankungen unterworfenen Einstellungen, ergibt angesichts des viel kürzeren Zeitraums, in dem die erstere Sorte von Einstellungen dort erworben und gefestigt werden konnte, sehr viel Sinn. Dieser Befund erklärt ferner bestens die in den neuen Bundesländern im Vergleich zu den alten (noch) deutlich geringere Stabilität der Wahlabsichten (vgl. Tabelle 3). Schließlich erlaubt dieses Ergebnis auch einen abschließenden Kommentar zu der relativen Bedeutung von Parteineigungen und "Wählerrationalität" in beiden Teilen Deutschlands. Zutreffend ist, daß längerfristige Parteineigungen in den neuen Ländern noch nicht so verfestigt sind wie in Westdeutschland und deshalb weniger stark auf aktuelle Parteisympathien durchschlagen. Zutreffend ist auch, daß die relativen Gewichte zwischen längerfristig stabilen und situativen Einflußfaktoren auf die Parteisympathien im Westen eher zugunsten der ersteren und im Osten zugunsten der letzteren verteilt sind. *Nicht* zutreffend ist jedoch, daß dies gleichbedeutend ist mit einer weiteren Verbreitung des Idealtyps des "rationalen", issueorientierten Wählers in den neuen Ländern. Es mag sein, daß die Volkskammerwahl 1990 ein reines Referendum über die Frage der deutschen Vereinigung und ihr Tempo war. Wie dem auch gewesen sein mag, unsere Daten aus den ersten eineinhalb Jahren nach der deutschen Vereinigung zeigen, daß sie die Etablierung eines dauerhaft vor allem an politischen Sachthemen ausgerichteten Elektorats nicht bewirkt hat. Zwar sind die Sympathien gegenüber den Parteien in Ostdeutschland stärker als in Westdeutschland von situativen Faktoren und weniger stark von längerfristig stabilen politischen Einstellungen abhängig. Unter den situativen Erklärungsgrößen sind aber im Osten die Kandidatenorientierungen eher noch wichtiger als im Westen, während in den alten Bundesländern die Sachthemenorientierungen stärkere Auswirkungen haben als in den neuen.

Mit unserer Datenbasis einer Wiederholungsbefragung können wir nicht nur untersuchen, wie die aktuellen Parteisympathien von anderen gleichzeitigen und früheren politischen Einstellungen abhängen, sondern können auch nach den Determinanten von Veränderungen der den Parteien entgegengebrachten Sympathien fragen. Zur abschließenden Beantwortung dieser Frage wurden die fünf Variablen der Abbildung 1 jeweils in Differenzen zwischen erstem und zweitem Beobachtungszeitpunkt transformiert. Vor Berechnung dieser Differenzen wurden die Einschätzungen der Politiker der jeweiligen Parteien durch arithmetische Mittelwertbildung zu einem einzigen Wert zusammengefaßt. Aus Platzgründen werden in Tabelle 8 nicht die Ergebnisse der Schätzung eines Kausalmodells präsentiert, sondern lediglich von multiplen Regressionsanalysen.

Wie schon Tabelle 6 im Querschnitt charakterisiert auch Tabelle 8 ein in neuen und alten Bundesländern weitgehend einheitliches Elektorat. Die Ost-West-Unterschiede treten hinter den in beiden Landesteilen parallel beobachtbaren Abweichungen zwischen den einzelnen Parteien weit zurück. Wenn immer Meßwerte zur Beurteilung von Politikern zur Verfügung standen, waren deren Veränderungen über die Zeit hinweg der mit Abstand gewichtigste Einflußfaktor auf Verschiebungen der Sympathie gegenüber den Parteien. In der Reihenfolge der Stärke der Effekte folgen für die Union und für die SPD in Westdeutschland Veränderungen der Parteineigung, der Issuedistanzen und schließlich der ideologischen Orientierung, in Ostdeutschland sind bei der SPD nur noch diejenigen der Issuedistanzen signifikant. Für die Verschiebungen der Sympathiewerte der FDP spielen in beiden Landesteilen neben den Kandidatenorientierungen praktisch nur die Issuedistanzen eine Rolle. Der einzige wirklich deutliche Unterschied zwischen alten und neuen Bundesländern ist bei der Sympathie für die Grünen erkennbar: Ihre Bewegungen hängen in Ost und West gleichermaßen mit Verschiebungen der Parteibindungen und der ideologischen Grundorientierungen zusammen, in Westdeutschland existiert darüberhinaus aber auch ein starker signifikanter Einfluß der Veränderung der Übereinstimmung in den Sachfragen, der in den neuen Bundesländern völlig fehlt. Für Veränderungen der Bewertung der PDS in Ostdeutschland schließlich spielen Parteibindungen gar keine Rolle, wohl aber solche der ideologischen und der Sachfragenorientierungen. Diese einfachen Regressionsmodelle erklären in Westdeutschland wiederum stets einen etwas höheren Anteil der Varianz in den Veränderungen der Parteisympathien. Am stärksten ist die Erklärungsleistung für Unionsparteien, SPD und PDS, etwas schwächer für FDP und Grüne (wobei die sehr niedrigen Werte für die Verschiebungen zwischen 1991 und 1992 auf das Fehlen von Kandidatenbewertungen zurückzuführen sind).

Tabelle 8: Regression von Veränderungen der Sympathieeinstufung von Parteien auf Veränderungen von Parteiidentifikation, Ideologie, Issuedistanz von Parteien und Kandidatenbewertungen

Abhängige Variable: Veränderung der	Jahre	Ost/ West	Betakoeffizient der Veränderung von				R^2	N
			Parteiidentifikation	Ideologie	Issuedistanz	Kandidatenbewertung		
Sympathieeinstufung der CDU/CSU	1990/91	West	0,19^c	-0,14^c	-0,13^c	0,43^c	0,383	707
	1991/92	West	0,17^c	-0,05	-0,08	0,44^c	0,307	421
	1991/92	Ost	0,17^c	-0,03	-0,13^a	0,43^c	0,293	243
Sympathieeinstufung der SPD	1990/91	West	0,20^c	0,15^c	-0,14^c	0,37^c	0,354	698
	1991/92	West	0,20^c	0,13^b	-0,16^c	0,40^c	0,366	434
	1991/92	Ost	0,11	0,10	-0,17^b	0,35^c	0,238	243
Sympathieeinstufung der FDP	1990/91	West	0,09^b	0,04	-0,21^c	0,35^c	0,211	737
	1991/92	West	0,07	0,06	-0,13^b	0,36^c	0,162	461
	1991/92	Ost	0,06	-0,06	-0,13^a	0,31^c	0,142	254
Sympathieeinstufung der Grünen	1990/91	West	0,12^c	0,13^c	-0,12^c	0,34^c	0,197	731
	1991/92	West	0,12^a	0,16^c	-0,21^c	-	0,098	455
	1991/92	Ost	0,18^b	0,20^c	-0,02	-	0,082	265
Sympathieeinstufung der PDS	1991/92	Ost	0,05	0,23^c	-0,19^b	0,35^c	0,300	223

In diese Regressionsanalysen wurden nur diejenigen Befragten einbezogen, die ihre Sympathieeinstufung der jeweiligen Partei zwischen den beiden Zeitpunkten verändert hatten.
a, b, c: Signifikanzniveaus wie in Tabelle 1

Kurzfristige Veränderungen der Parteisympathien sollten vor allem durch solche Einstellungen erklärt werden, die selbst über relativ kurze Zeiträume stärkeren Fluktuationen unterworfen sein können. Dies sind natürlich vor allem die Bewertungen von Spitzenpolitikern und Einstellungen zu politischen Sachfragen, während Parteibindungen und grundsätzliche ideologische Orientierungen sich weniger rasch verändern, also zur Erklärung von Verschiebungen der aktuellen Parteisympathie nicht so viel beitragen können sollten. Mit dem herausragenden Effekt von Veränderungen der Kandidatenbewertungen wird dieser Erwartung weitgehend entsprochen; auf sie geht der größte Anteil der in den Fluktuationen der Parteisympathien erklärten Varianz zurück. Weniger entspricht dieser Erwartung, daß die Effekte von Veränderungen der Issuedistanzen meist nur etwa in derselben Größenordnung liegen wie diejenigen von Verschiebungen der Parteibindungen oder der ideologischen Orientierung. Diese relativ geringe Bedeutung der Einstellungen zu Sachfragen für Umbewertungen von Parteien ist jedoch in beiden Landesteilen *gleichermaßen* gegeben. Für den hier abgedeckten Zeitraum können wir somit nur konstatieren, daß bei Veränderungen der Parteisympathien in den alten wie in den neuen Bundesländern Verlagerungen der Einschätzungen der Spitzenpolitiker eine sehr große und solche der übrigen einbezogenen Einstellungen damit verglichen nur eine relativ bescheidene Rolle spielten.

8. Abschließende Bemerkungen

Monokausale Erklärungen und Schwarz-Weiß-Schematisierungen tragen bei der Erforschung von Wahlverhalten und politischen Einstellungen meist nicht sehr weit. Das berühmte Glas Wasser ist eben in der Regel nicht dort voll und dort leer, sondern nur verschiedenorts und zu verschiedenen Zeiten mehr oder weniger voll. Ob die erste und letzte freie Volkskammerwahl in der ehemaligen DDR wirklich ein reines Referendum über die deutsche Vereinigung war, ob das damalige Wahlverhalten wirklich allein durch die Einstellungen zu dieser Frage bestimmt wurde, ist und bleibt eine interessante Frage. Die hier vorgelegten Befunde geben jedoch zu einiger Skepsis Anlaß.

Nach diesen Ergebnissen sieht es gar nicht so aus, als hätten wir in den neuen Bundesländern ein Teilelektorat, das halbwegs stabile Bindungen an die politischen Parteien kaum kennt und seine politischen Präferenzen vorwiegend an Sachfragen ausrichtet. Vielmehr kann man schon in den eineinhalb Jahren nach der Vereinigung von einem starken Trend zu einer vereinigten Wählerschaft im vereinigten Deutschland sprechen. Das gilt nicht immer für inhaltliche Positionen und die Niveaus bestimmter Einstellungen, wohl aber für die Struktur der Beziehungen zwischen verschiedenen Komplexen von politischen Attitüden.

Natürlich sind noch Unterschiede feststellbar. Parteineigungen in Ostdeutschland sind noch weniger lebenszyklisch und durch Wahlerfahrung gefestigt und weniger stabil als in den alten Bundesländern. Dort, wo sie es aber schon sind, haben sie praktisch die gleichen Auswirkungen wie im Westen. Insgesamt überwiegen die Gemeinsamkeiten die Verschiedenheiten. Das bedeutet, daß Begriffsapparate und theoretische Modelle der Wahl- und Einstellungsforschung auch in den neuen Bundesländern sinnvoll und fruchtbar angewandt werden können. Gerade dadurch wird es möglich, die fortbestehenden Unterschiede und Angleichungsprozesse in beiden Richtungen präziser zu erfassen.

Wenn hier von einem Überwiegen der Gemeinsamkeiten über die Unterschiede die Rede ist, gilt das natürlich nur für den untersuchten (kleinen) Realitätsausschnitt, also ideologische Grundorientierungen, die Einstellungen zu Parteien, Kandidaten und Sachfragen sowie vor allem für die dazwischen bestehenden Zusammenhänge. Über innerdeutsche Ost-West-Vergleiche der Orientierungen gegenüber der politischen Gemeinschaft, dem Regime, staatlichen Institutionen und ihren Leistungen, der eigenen Mitwirkung am politischen Prozeß usw. und der Determinanten und Konsequenzen solcher Einstellungen ist damit gar nichts gesagt. Hier können die fortbestehenden Unterschiede zwischen beiden Landesteilen größer sein - oder auch noch geringer. Schließlich und endlich ist unser Untersuchungszeitraum noch sehr kurz. In der "alten" Bundesrepublik wurden Kontroversen um die Anwendbarkeit des Konzepts der Parteiidentifikation noch über 20 Jahre nach ihrer Gründung geführt; bis es allgemein akzeptiert war, daß die Zustimmung zur demokratischen politischen Ordnung nicht mehr ausschließlich wohlstandsabhängig ist, dauerte es fast noch länger. Daraus folgt, daß die Fragestellung dieses Aufsatzes im Zusammenhang mit den eben aufgelisteten in langfristiger Perspektive weitergeführt werden muß, am besten und im Idealfall im Rahmen von über sehr lange Zeitspannen konzipierten Panel-Erhebungen in beiden Teilen Deutschlands. Für die empirische Wahl- und Einstellungsforschung ist die weitere Begleitung des Prozesses der deutschen Vereinigung eine große und spannende Herausforderung.

Literatur

BERGER, Manfred 1973: Parteiidentifikation in der Bundesrepublik, in: Politische Vierteljahresschrift, 14, S. 215-225.

BERGER, Manfred 1977: Stabilität und Intensität von Parteineigungen, in: Politische Vierteljahresschrift, 18, S. 501-509.

BLUCK, Carsten/KREIKENBOM, Henry 1991: Die Wähler in der DDR: Nur issueorientiert oder auch parteigebunden? in: Zeitschrift für Parlamentsfragen, 22, S. 495-502.

CAMPBELL, Angus/CONVERSE, Philip E./MILLER, Warren E./ STOKES, Donald E. 1960: The American Voter, New York.

FALTER, Jürgen W. 1977: Einmal mehr: Läßt sich das Konzept der Parteiidentifikation auf deutsche Verhältnisse übertragen? in: Politische Vierteljahresschrift, 18, S. 476-500.

GIBOWSKI, Wolfgang G. 1977: Die Bedeutung der Links-Rechts-Dimension als Bezugsrahmen für politische Präferenzen, in: Politische Vierteljahresschrift, 18, S. 600-626.

GIBOWSKI, Wolfgang G. et al. 1990: Demokratischer (Neu-) Beginn in der DDR: Dokumentation und Analyse der Wahl vom 18. März 1990, in: Zeitschrift für Parlamentsfragen, 21, S. 5-22.

GIBOWSKI, Wolfgang G./KAASE, Max 1991: Auf dem Weg zum politischen Alltag: Eine Analyse der ersten gesamtdeutschen Bundestagswahl vom 2. Dezember 1990, in: Aus Politik und Zeitgeschichte, 11, S. 3-20.

GLUCHOWSKI, Peter 1978: Parteiidentifikation im politischen System der Bundesrepublik Deutschland, in: OBERNDÖRFER, Dieter (Hg.): Wählerverhalten in der Bundesrepublik Deutschland, Berlin, S. 265-323.

GLUCHOWSKI, Peter 1983: Wahlerfahrung und Parteiidentifikation: Zur Einbindung von Wählern in das Parteiensystem der Bundesrepublik, in: KAASE, Max/ KLINGEMANN, Hans-Dieter (Hg.): Wahlen und politisches System, Opladen, S. 442-477.

JAGODZINSKI, Wolfgang/KÜHNEL, Steffen M. 1990: Zur Schätzung der relativen Effekte von Issueorientierungen, Kandidatenpräferenz und langfristiger Parteibindung auf die Wahlabsicht, in: SCHMITT, Karl (Hg.): Wahlen, Parteieliten, politische Einstellungen, Frankfurt, S. 5-64.

KLINGEMANN, Hans-Dieter/TAYLOR, Charles L. 1977: Affektive Parteiorientierung, Kanzlerkandidaten und Issues, in: Politische Vierteljahresschrift, 18, S. 301-347.

NIEMI, Richard G./JENNINGS, M. Kent 1991: Issues and Inheritance in the Formation of Party Identification, in: American Journal of Political Science, 35, S. 970-988.

NORPOTH, Helmut 1978: Party Identification in West Germany, in: Comparative Political Studies, 11, S. 36-61.

PAPPI, Franz Urban 1983: Die Links-Rechts-Dimension des deutschen Parteiensystems und die Parteipräferenz-Profile der Wählerschaft, in: KAASE, Max/KLINGEMANN, Hans-Dieter (Hg.): Wahlen und politisches System, Opladen, S. 422-441.

RATTINGER, Hans 1993: Abkehr von den Parteien? Dimensionen der Parteiverdrossenheit, in: Aus Politik und Zeitgeschichte, 11, S. 24-35

ROTH, Dieter 1990: Die Wahlen zur Volkskammer in der DDR: Der Versuch einer Erklärung, in: Politische Vierteljahresschrift, 31, S. 369-393.

STOKES, Donald E. 1963: Spatial Models of Party Competition, in: American Political Science Review, 57, S. 368-377.

Wolfgang Jagodzinski / Steffen M. Kühnel

Bedeutungsinvarianz und Bedeutungswandel der politischen Richtungsbegriffe "links" und "rechts"

1. Einleitung

Links und rechts als politische Richtungsbegriffe sind den Gebildeten suspekt. Sie sehen darin Schlagworte, die dort verwendet werden, wo man pauschal und undifferenziert argumentiert, wo die wertende Stellungnahme wichtiger ist als die präzise Sachargumentation. Sie übersehen allerdings, daß politische Ereignisse und Objekte auf einem Links-Rechts-Kontinuum nur anordnen kann, wer über mehr oder minder abstrakte Ordnungsprinzipien verfügt. Die Fähigkeit, diese Richtungsbegriffe auf politische Sachverhalte anzuwenden, ist dementsprechend im Elektorat sehr unterschiedlich ausgeprägt. CONVERSE (1964, 1970) differenziert nach dem Abstraktionsgrad verschiedene Ebenen der Konzeptualisierung politischer Ereignisse (levels of conceptualization) und des politischen Verständnisses (level of political understanding) und weist empirisch nach, daß nur ein Bruchteil der Wähler die Begriffe links und rechts auf abstrakte (Wert-) Maßstäbe beziehen kann.

L-R- Konzepte und L-R-Skalen[1] sind in der empirischen Wahlforschung aber nicht nur deshalb interessant, weil sich auf ihrer Grundlage Verfahren zur Messung der Fähigkeit zur politischen Konzeptualisierung und des politischen Verständnisses gewinnen lassen. Das L-R-Schema wird auch als ein übergreifendes Organisationsprinzip politischer Überzeugungssysteme oder Ideologien verstanden, das einzelnen Personen oder Gruppen ermöglicht, eine Vielzahl von Positionen und Einstellungen in einen sinnvollen Gesamtzusammenhang zu stellen. Dabei ist, was als links bzw. als rechts zu gelten hat, vermutlich nicht vollständig durch politische Traditionen vorgegeben, vielmehr können Gruppen und Personen innerhalb gewisser

---

1 Im folgenden kürzen wir die Links-Rechts-Selbsteinstufungsskala mit L-R-Skala ab. Den Ausdruck "L-R-Konzept" benutzen wir entsprechend als Abkürzung für die etwas umständliche Formulierung "die politischen Richtungsbegriffe links und rechts". Links und rechts bekommen erst dann eine prägnantere Bedeutung, wenn man sie auf eine klar definierte Achse oder Koordinate des politischen Raumes bezieht; wir bezeichnen diese Achse als 'L-R-Dimension'.

Spielräume den Richtungsbegriffen eine spezifische Bedeutung verleihen. An diese Sichtweise knüpfen sich drei Fragen an, die Gegenstand der nachfolgenden Analyse sein sollen: (1) Werden links und rechts tatsächlich mit inhaltlichen Positionen in Verbindung gebracht, oder erfüllen die Begriffe ausschließlich den Zweck, unter Verwendung eines aus der Geometrie vertrauten Vokabulars die Distanzen der Parteien untereinander und zu den Wählern anschaulich zu umschreiben? (2) Ist die Bedeutung von links und rechts über alle Bevölkerungsgruppen hinweg invariant oder lassen sich Bedeutungsunterschiede in einzelnen Gruppen nachweisen? (3) Wird in den letzten Jahren das traditionelle Verständnis von links und rechts sukzessive durch eine stärker an postmaterialistischen Werten orientierte Deutung abgelöst (vgl. INGLEHART 1984, 1989)?

Im folgenden wird ein Bedeutungsbegriff zugrundegelegt, der vom Alltagsgebrauch ganz erheblich abweicht. Gewöhnlich wird die Bedeutung eines Begriffes mit dem Inhalt gleichgesetzt, den eine Person oder Gruppe diesem Begriff zuschreibt. Die Bedeutung in diesem Sinne kann man zu bestimmen suchen, indem man Personen nach ihrem Verständnis von links und rechts fragt (vgl. dazu KLINGEMANN 1979, 1982; FUCHS und KLINGEMANN 1990). Wir schlagen einen völlig anderen Weg ein und wählen vorab Issuepositionen und gesellschaftliche Konzeptionen aus, die üblicherweise als links oder rechts bezeichnet werden. Es wird dann aber nicht geprüft, ob die Befragten selbst eine entsprechende Etikettierung vornehmen. Vielmehr wird ein Bezug zum L-R-Konzept dann bejaht, wenn die Positionen bzw. Konzeptionen der Befragten mit deren Selbsteinstufung auf der L-R-Skala korrelieren. Um Mißverständnisse zu vermeiden, werden wir nachfolgend unter dieser Voraussetzung sagen, daß die entsprechenden Positionen bzw. Konzeptionen die empirische Aggregatbedeutung oder - kurz - die (empirische) A-Bedeutung der L-R-Skala determinieren.

Dieser Begriff wird im theoretischen Teil dieses Beitrags formal präzisiert, wobei wir auf Kausalitätsannahmen[2] jedweder Art verzichten werden. Weder wird unterstellt, daß Wertorientierungen der L-R-Position kausal vorgeordnet sind[3], noch umge-

---

2   Vgl. hierzu die Diskussion in FUCHS/KÜHNEL (1990).
3   so aber VAN DETH/GEURTS (1989). Die Autoren interpretieren das L-R-Konzept eher formal, wonach als links das Eintreten für sozialen Wandel, als rechts das Festhalten am Bestehenden gilt. Postmaterialisten stuften sich selbst als links ein, weil und soweit die Mehrheit in einer Gesellschaft und die politischen Eliten noch materialistische Ziele verfolgen; solange nämlich müßten Postmaterialisten noch auf gesellschaftliche Reformen drängen. Unter den gegenwärtigen Verhältnissen seien also postmaterialistische Wertorientierungen ursächlich dafür, daß man sich

kehrt, daß neben der L-R-Skala Werte oder andere Orientierungen entbehrlich sind, wenn man Wahlabsicht, Parteipräferenz (VAN DER EIJK/NIEMÖLLER 1987) oder politische Einstellungen (vgl. etwa SCHUMANN 1990) voraussagen will. Diese Frage läßt sich mit den verfügbaren Umfragedaten ohnehin nicht klären. Wir können aber untersuchen, mit welchen Haltungen und Issuepositionen die L-R-Selbsteinstufung zusammenhängt und ob sich diese Beziehungen im Laufe der Zeit ändern.

Nach der Begriffsklärung werden linke und rechte Issuepositionen bzw. gesellschaftliche Konzeptionen bestimmt, die mit der Selbsteinstufung des Befragten auf der L-R-Skala zusammenhängen könnten. In der Literatur differenziert man in diesem Zusammenhang zwischen der Parteienkomponente und der ideologischen Komponente der L-R-Skala (INGLEHART/KLINGEMANN 1976). Wir werden diese Einteilung im Prinzip beibehalten, jedoch weitergehend eine Einteilung in gruppenbezogene und themenbezogene A-Bedeutungskomponenten vornehmen. Die themenbezogene Komponente werden wir, da sich dieser etwas mißverständliche Ausdruck eingebürgert hat, auch als ideologische Komponente bezeichnen.

Anschließend werden wir uns kurz mit der Frage auseinandersetzen, ob aus theoretischen Gründen die empirische A-Bedeutung der L-R-Skala über Gruppen und Zeit hinweg stabil sein sollte. Dazu werden wir eine Reihe von Quer- und Längsschnittshypothesen formulieren. Die Querschnittshypothesen werden anhand der Wahlstudie 1976 überprüft, da diese Studie eine verhältnismäßig große Zahl an Positionsissues zu den traditionellen Cleavages enthält. Wir können deshalb testen, ob die empirische A-Bedeutung der L-R-Selbsteinstufung 1976 über verschiedene Gruppen hinweg in der theoretisch vorhergesagten Weise variiert. Wir werden zu diesem Zweck anknüpfend an die Arbeit von JAGODZINSKI/KÜHNEL (1990) zunächst das mutmaßliche Maximum des Einflusses der ideologischen Komponente schätzen, indem wir einen möglichen Einfluß der Parteienkomponente ignorieren. Anschließend werden wir ein von HUBER (1989) entwickeltes Verfahren geringfügig modifizieren, um so die Gruppenkomponente, bzw. - genauer - die Parteienkomponente[4] der L-R-Selbstein-

---

    selbst als links einstuft. Nach den Ergebnissen von VAN DETH/GEURTS hat die Materialismus-Postmaterialismus-Skala einen sehr starken Effekt auf die L-R- Selbsteinstufung und einen schwächeren auf die Parteipräferenz.

4   Da in der Umfrage von allen in Frage kommenden Gruppen nur die Parteien auf der L-R-Skala eingestuft worden sind, können wir den Gruppenbezug in allgemeinerer Form nicht erfassen. Die politischen Parteien dürften aber auch mit Abstand den größten Einfluß auf die A-Bedeutung der L-R-Skala haben.

stufung, von der ideologischen Komponente zu trennen; dadurch wird es möglich, das mutmaßliche Minimum des Einflusses der ideologischen Komponente zu bestimmen.

Abschließend werden mit der beschriebenen Technik die Margen bestimmt, innerhalb derer sich die Veränderungen zwischen 1976 und 1987 bewegen. Wir werden anhand der Wahlstudien 1976, 1980, 1983 und 1987 insbesondere klären, ob im Elektorat innerhalb einer Dekade der Einfluß der Materialismus-Postmaterialismus-Skala auf die L-R-Selbsteinstufung zugenommen hat, während umgekehrt der Beitrag der traditionellen Themen zur Inhaltsbestimmung von links und rechts gesunken ist.

2. Konzeptionelle Fragen

2.1 Empirische Aggregatbedeutungen

Nach Besuch eines Methodologiekurses mag man mit dem Begriff 'Bedeutung' Definitionen und Bedeutungspostulate assoziieren, doch darum geht es in der Diskussion um die Bedeutung des L-R-Konzepts fast nie. Wird über offene Fragen das *aktive L-R-Verständnis* der Respondenten gemessen, so zählen viele Respondenten nur einige linke und rechte Gruppen bzw. soziale Bewegungen auf. Die Begriffe werden nicht definiert, sondern höchstens unvollständig charakterisiert. Werden demgegenüber Bedeutungsverschiebungen durch multivariate Skalierung, Korrelations- oder Faktorenanalyse untersucht, so geht es nicht um analytische Beziehungen zwischen Begriffen, sondern um empirische Beziehungen zwischen Variablen.

Das subjektive L-R-Verständnis ist im gegenwärtigen Kontext von untergeordnetem Interesse, weil wir in erster Linie die Bedeutung der Selbsteinstufung *als links* oder *rechts* untersuchen wollen. KLINGEMANN (1979; 1982) hat zum aktiven L-R-Verständnis sehr aufschlußreiche Studien vorgelegt; danach beziehen ca. die Hälfte der Befragten die Begriffe links und rechts auf gesellschaftliche Wertorientierungen und ideologische Bewegungen, während ein knappes Drittel das Begriffspaar ausschließlich mit den politischen Parteien assoziiert. Die übrigen Befragten verstehen die Begriffe nicht oder interpretieren sie falsch. Würde man also nur jene Personen in die Untersuchung einbeziehen, die auf offene Fragen hin einen Wertbezug aktiv herstellen, so würde man einen großen Teil des Elektorats ausschließen.[5] Es ist aber möglich, daß auch bei den übrigen Personen die L-R-Selbsteinstufung leidlich kohärente Einstellungsstrukturen indiziert. Gewiß nicht so kohärent wie bei jenen, die CONVERSE (1964) als Ideologen und Beinahe-Ideologen bezeichnet, aber doch immer noch so, daß man in Kenntnis der Position auf der L-R-Skala die übrigen Einstellungen relativ gut vorhersagen kann. Ein höheres Maß an Kohärenz erwarten wir bei Personen, die das L-R-Konzept vielleicht nicht aktiv verwenden, dessen Bedeutung aber zumindest noch *passiv wiedererkennen* können. Vielleicht hat die L-R-Selbsteinstufung über diesen Personenkreis hinaus noch eine gewisse Aussagekraft; vielleicht offenbart die angekreuzte Position auf der L-R-Skala Zusammenhänge, die einer größeren Zahl von Befragten nicht bewußt sind.

Das legt es nahe, den in multivariaten Analysen verwendeten Begriff der *empirischen Bedeutung* in den Mittelpunkt der Überlegungen zu stellen, wobei wir uns auf den Spezialfall linear-additiver Gleichungssysteme beschränken wollen. Wir gehen idealisierend davon aus, daß (a) die Einstellungen, Wertorientierungen, wie auch die L-R-Selbsteinstufung durch quantitative Zufallsvariablen repräsentiert werden können und daß (b) die Zusammenhänge unter diesen Variablen durch linear-additive stochastische Gleichungen beschrieben werden können. Die meisten für solche Gleichungssysteme konzipierten empirischen Bedeutungsbegriffe sind *holistisch*, weil die Bedeutung einer Variablen im Prinzip von allen anderen Variablen des Systems abhängt bzw. abhängen kann. Weiter wird die Stärke, mit der eine Variable X die Bedeutung einer anderen Variablen prägt, aus *einer Vielzahl von Beobachtungen* geschätzt. Denkbar wäre es, daß man X und Y bei derselben Person wiederholt mißt, wir betrachten jedoch Anwendungen, in denen die empirische Beziehung zwischen X und Y für ein Aggregat von Personen[6] ermittelt wird. Die Bedeutung, die X der Variablen Y verleiht, ist daher eine Art Durchschnittsbedeutung, die mit dem *Begriffsverständnis der untersuchten Personen nicht das geringste* zu tun haben muß.[7] Auch wenn die Befragten einander ausschließende Positionen in politischen Streitfragen überhaupt nicht

---

5 Die Zahlen schwanken nicht nur von Umfrage zu Umfrage (vgl. etwa FUCHS und KLINGEMANN 1990); der Begriff links wird von mehr Personen verstanden als der Begriff rechts. In einer jüngeren Untersuchung kommt von WILAMOWITZ-MOELLENDORFF (1993) allerdings zu dem Ergebnis, daß von 1971 bis 1991 die Kenntnis der Begriffe stark zugenommen hat. Danach haben 1991 etwa 80 Prozent der Bevölkerung ein Verständnis der beiden Begriffe.
6 Die Schätzungen erfolgen natürlich auf der Basis von Individualdaten, wir führen also nicht etwa eine Aggregatanalyse im technischen Sinne durch.
7 Vgl. zu dem analogen Problem bei der Messung des "Constraints" eines Einstellungssystems LUSKIN (1987).

als links und rechts etikettieren, kann sich im Personenaggregat eine starke Beziehung zwischen diesen Positionen und der L-R-Selbsteinstufung ergeben. Die empirische Bedeutung, die man in quantitativen Analysen ermittelt, darf daher nicht mit dem dominanten Begriffsverständnis in der Bevölkerung verwechselt werden. Um solche Fehlschlüsse von vornherein auszuschließen, haben wir das Kunstwort *empirische Aggregatbedeutung* oder kurz A-Bedeutung gewählt.

Wir benötigen für unsere empirische Analyse eine Maßzahl, die angibt, in welchem Umfang eine Variable X die A-Bedeutung der Variablen Y determiniert. Determination ist in diesem Fall, um es nochmals zu wiederholen, nicht mit kausalem Einfluß gleichzusetzen. Wir nehmen im Gegenteil an, daß die Relation 'X verleiht Y A-Bedeutung' *symmetrisch* ist. Wenn also X die A-Bedeutung der Variablen Y prägt, so hat umgekehrt Y einen Einfluß auf die A-Bedeutung der Variablen X. Unter den verfügbaren Statistiken scheinen uns zum einen die *Korrelationen* geeignet, die Stärke des Bedeutungszusammenhangs zu messen. Die bivariate Korrelation gibt an, wie stark der Zusammenhang zwischen zwei Variablen insgesamt ist. Nimmt sie dem Betrag nach einen Wert von eins an, so wird die A-Bedeutung der einen Variablen durch die jeweils andere insofern vollständig determiniert, als Kenntnis des Wertes der einen Variablen[8] genügt, um den Wert der anderen Variablen exakt zu prognostizieren. In allen Gleichungen kann dann die eine Variable durch die andere ersetzt werden, ohne daß sich an den Beziehungen zu den übrigen Variablen etwas ändert. In diesem Sinne gewährleistet die perfekte Korrelation Eliminierbarkeit, analog zur Eliminierbarkeit bei expliziten Definitionen.[9]

Während die bivariate Korrelation eine Maßzahl für die Stärke des Gesamtzusammenhangs ist, gibt die partielle Korrelation $r_{yx.1...m}$ an, in welchem Ausmaß die empirische Bedeutung einer Variablen Y durch eine andere Variable X bestimmt wird, wenn man Drittvariablen $D_1,..D_m$ konstant hält. Ist die partielle Korrelation dem Betrag nach 1, so kann man Y durch eine Linearkombination aus X und den übrigen Variablen ersetzen, es ist also wiederum in diesem formalen Sinn Eliminierbarkeit gewährleistet.

---

[8] sowie der Parameter der linearen Gleichung.
[9] Eliminierbarkeit bei expliziten Definitionen (vgl. dazu etwa ESSER/KLENOVITS/ZEHNPFENNIG 1977) ist natürlich nicht exakt dasselbe wie Eliminierbarkeit in linearen Gleichungssystemen.

Neben den Korrelationen werden wir aus pragmatischen Gründen auch das Bestimmtheitsmaß R^2 und den Zuwachs an R^2 als Maßzahlen für die Stärke der A-Bedeutungsrelation heranziehen. Das Bestimmtheitsmaß R^2 der Regression ist gleich dem quadrierten bivariaten oder multiplen Korrelationskoeffizienten; der *Zuwachs im R^2* der multiplen Regression läßt sich nur als Quadrat eines semipartiellen Korrelationskoeffizienten ausdrücken - ist also nicht so leicht in einen partiellen Koeffizienten überführbar. Wenn wir den zuwachs im R^2 dennoch verwenden, so deshalb, weil diese Größe standardmäßig in jedem multiplen Regressionsprogramm ausgedruckt wird, weil sie einfach zu interpretieren ist und weil sie vor allem auf ganze Linearkombinationen von Variablen anwendbar ist. Wir können so deren Gesamteinfluß auf die A-Bedeutung quantitativ bestimmen, ohne mühsam die partielle Korrelation dieser Linearkombination mit der L-R-Skala berechnen zu müssen.

Da die partiellen Korrelationen verschiedener Ordnung ebenso wie die zugehörigen Bestimmtheitsmaße sich in der Regel zumindest dem Betrag nach unterscheiden werden, stellt sich die Frage, welche Maßzahl denn nun verbindlich ist. Unseres Erachtens läßt sich darauf solange keine eindeutige Antwort geben, als man sich nicht auf bestimmte Kausalitätsannahmen festlegen will. Man kann dann nur, wie wir dies in anderem Zusammenhang vorgeschlagen haben (JAGODZINSKI/KÜHNEL 1990) den maximalen und den minimalen Einfluß schätzen, indem man den jeweils höchsten und den jeweils niedrigsten Korrelationskoeffizienten ermittelt. Irgendwo zwischen diesem Minimum und Maximum liegt dann der tatsächliche Einfluß der jeweiligen Variablen.

2.2 Mögliche Inhalte des L-R-Konzepts

Um das System der Variablen, die der L-R-Selbsteinstufung Bedeutung verleihen, möglichst umfassend zu bestimmen, werden wir an die gängigen Interpretationen dieses Schemas anknüpfen. Als Richtungsbegriffe des physikalischen Raumes haben links und rechts einen relativ präzisen Sinn: (a) Sie geben die Richtung relativ zu einem Beobachter an. (b) Mit dem Standort des Beobachters ist zugleich auch der *Nullpunkt des Koordinatensystems* und die *Lage der Achsen* gegeben. (c) Es ist im Prinzip klar, daß sich die Richtungsangaben nur auf *physikalische Objekte* beziehen können. Und schließlich (d) kennt man auch die *Meßverfahren*, die eine exakte Bestimmung der Position eines links oder rechts vom Beobachter befindlichen Objekts gestatten. Als

Richtungsbegriffe des politischen Raumes bleibt das Begriffspaar vage und unbestimmt. Weder herrscht von vornherein über Zahl und Lage der Koordinaten oder Dimensionen Einigkeit, noch weiß man, auf welche dieser Koordinaten die Richtungsbegriffe links und rechts angewendet werden sollen, noch herrscht Einigkeit über die möglichen Objekte im politischen Raum, noch verfügen wir schließlich über Meßverfahren, die eine exakte Positionsbestimmung gestatten würden.

Wir können daher vorläufig nichts anderes tun, als eine möglichst große Zahl alternativer Begriffsbestimmungen ins Auge zu fassen, wobei wir grob zwischen gruppen- und themenbezogenen L-R-Konzepten unterscheiden. Von *gruppenbezogenen L-R-Interpretationen* sprechen wir dann, wenn diverse gesellschaftliche Gruppen als links oder rechts etikettiert werden. Ob sich die betreffende Person bei der Etikettierung implizit oder explizit von einem inhaltlichen Kriterium leiten läßt, ist in der Regel nicht entscheidbar. Prüfbar bleibt lediglich, wie stark die Etikettierung mit (Meßinstrumenten für) Wertorientierungen korreliert.

Das L-R-Schema wird *themenbezogen* interpretiert, wenn bei politischen Streitfragen die eine Position als rechts und die andere als links bezeichnet wird. Es ist zu vermuten, daß bei den themenbezogenen Deutungen häufiger ein inhaltliches Kriterium herangezogen wird, der Wertbezug deshalb auch bei den A-Bedeutungen deutlicher hervortreten sollte. Allerdings gilt auch dies nicht uneingeschränkt. Je häufiger nämlich ein Thema in der Öffentlichkeit erörtert wird und je deutlicher sich die Positionen der Parteien unterscheiden, desto leichter fällt es dem Wähler, die Etiketten links und rechts von den Parteien auf die Issuepositionen zu transferieren. So sollte es gerade bei expressiven Themen wie Schwangerschaftsabbruch oder Ehescheidung relativ leicht sein, eine rechte (CDU/CSU) und eine linke (SPD) Position zu unterscheiden.[10]

Gruppenbezogene Interpretationen (Gruppenkomponente der L-R-Selbsteinstufung)

(a) Links und rechts können zunächst einmal benutzt werden, um *politische Parteien* zu *klassifizieren*. In der Bundesrepublik würden dann vielleicht SPD und Grüne als linke, CDU und F.D.P. als rechte Parteien eingestuft. Die Kenntnis einer der

---

10 Andererseits sind gerade diese Themen auch leicht auf Werte zu beziehen.

Klassifikation zugrundeliegenden Dimension ist nicht unbedingt erforderlich, weil eine Person in der Sozialisationsphase gelernt haben kann, die Begriffsbedeutungen extensional zu bestimmen. Dann kann die Person zwar aufzählen, welche politischen Parteien als links und welche als rechts zu klassifizieren sind, sie kann aber keine Gründe dafür nennen. Wird anstelle der Dichotomie Links/Rechts die Trichotomie Links/Mitte/Rechts benutzt, so wird dadurch eine zusätzliche Differenzierungsmöglichkeit gewonnen, auf den Übergang zu einem höherem Begriffsniveau läßt das nicht unbedingt schließen. Auch bei drei oder mehr Kategorien bleibt selbstverständlich eine rein extensionale Begriffsbestimmung möglich.

Es liegt bei diesem Begriffsverständnis nahe, daß eine Person die eigene Position im politischen Raum im Einklang mit der von ihr favorisierten Partei bestimmt. Je nachdem ob man einer rechten oder linken Partei anhängt, wird man sich selbst als links oder rechts einstufen. Die Ermittlung von Distanzen zwischen Partei und Wählern wäre nur ein indirektes und umständliches Verfahren, die Parteipräferenz zu messen. Weiter ist auch bei diesem, auf Parteien bezogenen L-R-Verständnis zu erwarten, daß Positionsissues und L-R-Selbsteinstufung miteinander korrelieren, und zwar umso stärker, je stärker die Unterschiede zwischen den Parteien bei einzelnen Streitfragen akzentuiert werden. Ob die Kategorien links und rechts nun bewußt auf die Politik*inhalte* übertragen werden, ob also die von der linken (rechten) Partei vertretene Position als links (rechts) bezeichnet wird, oder ob die Korrelation allein dadurch zustandekommt, daß der Wähler in aller Regel die Position seiner Partei übernimmt, scheint eine sekundäre Frage.

Wenn im Laufe der Zeit andere Politikinhalte mit links und rechts assoziiert werden, so läßt das bei diesem L-R-Verständnis nicht auf einen Wertewandel des Wählers schließen, sondern nur darauf, daß die Parteien andere politische Themen in den Vordergrund rücken. Es wäre dann also sicherlich verfehlt, einen kausalen Effekt der *individuellen* Wertorientierung auf die L-R-Selbsteinstufung zu postulieren und den Bedeutungswandel auf einen Wertewandel zurückzuführen.[11] Wenn man insoweit überhaupt von einer Ursache sprechen will, so läge sie darin, daß die mit den alten

---

11 Es sei denn, man wollte die von der Partei abgeleiteten Orientierungen als Werte bezeichnen. Diese Möglichkeit wollen wir hier nicht weiterverfolgen, weil individuelle Wertorientierungen dann völlig andere Eigenschaften aufwiesen als jene, die ihnen Wertforscher regelmäßig zuschreiben. Wertorientierungen in diesem Sinne wären nicht 'aus sich heraus' stabil, sie wären im Alter nicht änderungsfester als in der Jugend, sie wären schon gar nicht Produkt der ökonomischen Verhältnisse in der Jugendzeit.

Etiketten links und rechts versehen Parteien in der Öffentlichkeit neue Streitfragen thematisieren.

Wir behaupten nicht, daß alle Personen in westlichen Demokratien dieses Verständnis von links und rechts haben. Würden die Kategorien durchweg inhaltsleer verwendet, so ließe sich beispielsweise nicht antizipieren, ob eine neue Partei eher als links oder eher als rechts eingestuft wird. Man könnte nur antizipieren, daß sich parteigebundene Wähler bei Etikettierung der neuen Partei an ihrer Identifikationspartei orientieren werden. Wenn sich viele schon bei Entstehung der grünen Parteien einig waren, daß das Etikett links auf sie besser paßt als das Etikett rechts, so zeigt das nur, daß sie mit dem L-R-Konzept weitergehende inhaltliche Vorstellungen verbinden. Die interessante Frage ist nur, wie groß dieser Personenkreis im Vergleich zu denjenigen ist, die links und rechts ausschließlich parteibezogen verstehen. Nach den Untersuchungen von CONVERSE (1964; 1970) und KLINGEMANN (1979) ist zu erwarten, daß zumindest der Anteil der Personen mit gruppenbezogenem L-R-Verständnis relativ groß ist.

(b) Das L-R-Konzept kann über die Parteien hinaus auf *andere gesellschaftliche Organisationen* angewendet werden, wobei zunächst einmal an jene Organisationen zu denken ist, die an den *Hauptspannungslinien einer Gesellschaft* entstanden sind. In der Bundesrepublik ist nach den Analysen von LIPSET/ROKKAN (1967), PAPPI (1977; 1985) und anderen zunächst einmal an die ökonomische und an die religiöse Spannungslinie zu denken. Erstaunlicherweise werden in der Wahlstudie 1976 bei der Bedeutung von *rechts* die katholische Kirche oder Klerikalismus nie oder fast nie genannt. Das aktive L-R-Verständnis scheint von dem ökonomischen Konflikt sehr viel stärker geprägt als von der Spannungslinie zwischen dem Katholizismus und der übrigen Gesellschaft. Andererseits wissen wir aus vielen Untersuchungen, daß die klassischen Themen des konfessionellen Konflikts mit der L-R-Selbsteinstufung nach wie vor stark korrelieren. Der historische Konflikt scheint also fortzuwirken, wenn vielleicht jetzt auch in der Gestalt eines *religiösen Cleavages* (vgl. dazu etwa SCHMITT 1985). Allerdings besteht auf den beiden Seiten dieser Achse eine gewisse Asymmetrie, weil den Kirchen auf der rechten Seite keine gleichermaßen sichtbaren Organisationen auf der laizistischen Seite gegenüberstehen. Historisch sind die antiklerikalen Strömungen teils durch die Gewerkschaften, teils auch durch politische Parteien repräsentiert worden, doch ist deren Programmatik in der Gegenwart kaum noch durch den konfessionellen Konflikt geprägt.

Weit eindeutiger sind die *Konfliktparteien im ökonomischen Bereich* auch heute noch auszumachen, mit den Gewerkschaften als Repräsentanten der Arbeiter und den Unternehmerverbänden als Repräsentanten der Selbständigen. Aber dies ist sicher nicht der einzige Grund, weshalb *der ökonomische Cleavage stärker als der religiöse auf das gruppenbezogene Verständnis von links und rechts durchschlägt*. Sicher spielt auch eine Rolle, daß der kirchliche Einfluß auf die Politik in der Bundesrepublik weit geringer war als der der ökonomischen Konfliktparteien. Außerdem wird der ökonomische Konflikt von manchen Theoretikern als grundlegender angesehen als der religiöse.

Geht man von der Annahme aus, daß sich in unseren Gesellschaften eine neue Konfliktlinie um Lebensstile, Fragen des Umweltschutzes und einige andere neue Themen herauszukristallisieren beginnt, so könnten Schutzverbände aller Art (Natur-, Umwelt-, Verbraucher- oder Mieterschutz) als Organisationen am linken Pol dieses neuen Konflikts gedeutet werden. An der Grenze zur Organisationsbildung stünden soziale Bewegungen, wie Friedens-, Frauen- oder sonstige Protestbewegungen. Wir erwähnen dies nur der Vollständigkeit halber, da wir ohnehin keine Möglichkeit haben, diese neuen Organisationen in unseren Analysen zu berücksichtigen.

(c) Ein Gruppenbezug kann in noch allgemeinerer Form hergestellt werden, indem man links und rechts auf gesellschaftliche Großgruppen wie Arbeiter oder abhängig Beschäftigte im ökonomischen Konflikt, Katholiken, Gläubige oder Christen im religiösen Konflikt bezieht. Mit wachsender Gruppengröße wird allerdings der L-R-Bezug immer diffuser, weil es ein typisches Rechtfertigungsmuster aller Ideologien ist, daß man das Wohl aller oder zumindest der großen Mehrheit der Bevölkerung im Auge habe. Linke wie Rechte behaupten, im Interesse des Volkes, der Unterdrückten oder der sozial Schwachen zu handeln.

Außerdem wird bei der Bezugnahme auf größere Gruppen die Abgrenzung zwischen gruppen- und themenbezogener Begriffsbestimmung fließend. In der Regel wird nicht mehr die Gruppe selbst als links und rechts bezeichnet, vielmehr wird argumentiert, eine *Politik* sei links oder rechts, weil sie dem *Interesse einer bestimmten*

Gruppe oder Schicht diene. Man sollte daher besser hier vom *Interessenbezug* als vom Gruppenbezug des L-R-Konzepts sprechen. Solche Urteile können zwar zu rein propagandistischen Behauptungen verkümmern, sie können aber auch auf sehr fundierten Überlegungen basieren. Sie unterscheiden sich dann nicht mehr, was die Tiefe des Verständnisses anbelangt, von elaborierten wertbezogenen L-R-Konzepten.

Themenbezogene Interpretationen (Ideologische Komponente)

(a) In gewisser Weise zwischen gruppen- und wertbezogenen Wertbegriffen stehen solche Ansätze, die *formal* links mit einer Präferenz für sozialen Wandel, rechts mit einer Vorliebe für die Bewahrung des Bestehenden gleichsetzen (vgl. VAN DETH/GEURTS 1989), ohne daß es auf die Zielrichtung des Wandels ankommt. Allerdings haben auch rechte Bewegungen häufig eine Veränderung der bestehenden Gesellschafts- und Herrschaftsordnung gefordert, so daß man sich fragen kann, ob dieses Abgrenzungskriterium nicht entweder verfeinert oder inhaltlich ergänzt werden muß. Man könnte eine Verfeinerung in der Richtung versuchen, daß links mit gesellschaftlichen Umwälzungen von größerer Reich- und Tragweite assoziiert wird als rechts, doch brauchen wir diese Überlegungen hier nicht zu vertiefen, da uns geeignete Instrumente zur Messung dieser Differenz nicht zur Verfügung stehen.

(b) Bei den *themenbezogenen* L-R-Interpretationen im engeren Sinne sind zunächst relativ konkrete politische Streitfragen wie betriebliche Mitbestimmung, Zulässigkeit gewisser Streikformen, Ehescheidung, Kindererziehung oder Schwangerschaftsabbruch zu erwähnen. Die meisten dieser Issues haben in der Bundesrepublik eine lange Geschichte, so daß sie sich mühelos auf die Parteien der beiden traditionellen Cleavages in der Bundesrepublik beziehen lassen. Dementsprechend wird man bei den ökonomischen Issues die gewerkschaftlichen Positionen als links, die der Unternehmerverbände als rechts bezeichnen. Entsprechend wäre bei den konfessionell geprägten Streitfragen zu verfahren. Wenn man nicht bei jedem beliebigen Positionsissue eine linke und eine rechte Lösung angeben kann, so liegt das nach der gruppenbezogenen Interpretation nur daran, daß die Issuepositionen der eben erwähnten Konfliktparteien nicht in jedem Fall erkennbar sind.

Allerdings können diese Streitfragen auch auf allgemeinere Forderungen wie Partizipation, Gleichheit, Selbstbestimmung und Autonomie, Treue oder Leben bezogen werden. Häufig wird dann der Versuch gemacht, über diese Zuordnung linke und rechte Positionen abzuleiten: die Forderung nach mehr Partizipation wäre links, die Forderung nach weniger Partizipation wäre rechts. Unter logischen Gesichtspunkten scheint dies Verfahren insofern bedenklich, als es typisch linke oder rechte Werte nicht gibt - jedenfalls dann nicht, wenn man unter Werten hochgeneralisierte und hochabstrakte Maßstäbe versteht. Als typisch links könnten allenfalls Partizipation und Gleichheit gelten. Die Partizipation ist kein Wert, sondern lediglich ein Mittel zur Verwirklichung von Werten wie Freiheit, Autonomie und Selbstbestimmung. Gleichheit ist ein Wert, aber auch Linke wollen in aller Regel nicht eine völlige Gleichheit herstellen, sie wollen nur *bestehende Ungleichheiten abbauen*. Mit diesem Zusatz wird aber schon auf eine bestimmte soziale Ordnung Bezug genommen. Ganz generell läßt sich eine linke oder rechte Position nicht einfach durch Erwähnung des Wertes charakterisieren,[12] vielmehr müssen sehr viel weitergehend die Grundzüge einer wirtschaftlichen, sozialen oder politischen Ordnung dargestellt werden, in der dieser Wert verwirklicht werden soll. Erst auf diese umfassenderen gesellschaftlichen Konzeptionen[13] lassen sich die Begriffe links und rechts dann sinnvoll anwenden.[14]

Auf wirtschaftlichem Gebiet bedeutet dann rechts die Betonung
- des freiheitlichen Aspekts der Marktwirtschaft gegenüber dem sozialen,
- der Bedeutung von Eigentum und Erbrecht für die individuelle Selbstverwirklichung,
- der unternehmerischen Freiheiten gegen die Ausweitung der Mitbestimmung oder staatliche Eingriffe,
- sowie der freien Berufswahl gegenüber staatlichen Reglementierungen u.a.m.

Eine linke Position hebt demgegenüber
- das Recht eines jeden einzelnen auf ein menschenwürdiges Dasein,

---

12 Auch die Gleichsetzung von links mit "Gleichheit vor Freiheit" und rechts mit "Freiheit vor Gleichheit" ist nichts als eine Leerformel.
13 Was wir hier als gesellschaftliche Ordnung oder Konzeptionen bezeichnen, wird bei MURPHY u.a. (1981) mit dem vieldeutigen Ausdruck 'Paradigma' belegt. Vgl. zur Kritik an MURPHY u.a. BÜRKLIN (1982) und KLINGEMANN (1982).
14 OFFE (1985) ist darin beizupflichten, daß man von einem Wertewandel nicht schon dann sprechen sollte, wenn sich die Auffassungen darüber ändern, mit welchen Mitteln bestimmte Werte zu realisieren sind.

- den sozialen Aspekt der Marktwirtschaft und
- die Sozialbindung des Eigentums hervor,
- verlangt mehr Mitbestimmung am Arbeitsplatz und
- eine gerechtere Einkommensverteilung.

Auf sozialem Gebiet setzt sich der Rechte für Eigenverantwortlichkeit und Subsidiaritätsprinzip ein, während der Linke zum Schutz des einzelnen den Ausbau sozialstaatlicher Einrichtungen fordert. Auf politischem Gebiet schließlich fordert der Rechte zum Schutz des Einzelnen ein hohes Maß an Rechtssicherheit, an Ruhe und Ordnung, betont die individuelle Verantwortlichkeit gegenüber kollektiver Anonymität, während der Linke für mehr politische Gleichheit eintritt und sich gegen jede Form von Hierarchie wendet.

(c) Erst im Lichte bestimmter sozialer und rechtlicher Regeln, im Rahmen einer bestimmten Verfassung werden Werte als rechts oder links klassifizierbar. Erst die in einer Ordnung konkretisierten Werte erlauben es, eine Konfliktlösung als links oder rechts auszuzeichnen. Wir sprechen daher später von *ökonomisch, sozial, kulturell oder politisch interpretierten (bzw. konkretisierten) Werten*. Das gilt für die allgemeineren Konflikte einer Gesellschaft genauso wie für die oben erwähnten Streitfragen. Wenn man im ökonomischen Bereich den Konflikt zwischen unternehmerischer Freiheit und staatlicher Kontrolle thematisiert oder im sozialen Bereich den Konflikt zwischen individueller Freiheit und Ausbau des Sozialstaats, dann ist bereits von spezifischen Freiheiten die Rede. Nur deshalb können wir die möglichen Konfliktlösungen als links oder rechts qualifizieren.

Wenn sich bei allgemeineren Konflikten im Laufe der Zeit die L-R-Interpretation ändert, so wird das häufig als Anzeichen für einen dramatischen Wert- und Bedeutungswandel interpretiert. Das muß jedoch keineswegs der Fall sein. Solange nicht die Ordnung insgesamt in Frage gestellt wird, erscheint jede Konfliktlösung nur als ein Weg, die dahinterliegenden Werte zu realisieren. Man kann daher einen Weg als falsch verwerfen, ohne daß der Eindruck entsteht, die eigenen Werte und Prinzipien verraten zu haben. Wenn früher die Mehrheit der Linken für die Ausweitung einer staatlichen Kontrolle der Wirtschaft eintrat, sie heute aber nicht mehr glaubt, daß dies ein geeignetes Mittel zum Schutz des einzelnen ist, so haben sich nicht die individuellen Wertvorstellungen gewandelt sondern nur die Beurteilung der Mittel.

In Abbildung 1 haben wir nochmals kurz zusammengestellt, durch welche Gruppen und Themen die A-Bedeutung der L-R-Selbsteinstufung möglicherweise geprägt wird. Unsere Übersicht ist keineswegs erschöpfend, da wir nur die Bereiche Politik, Wirtschaft und Kultur erwähnt haben. Die beiden alten Hauptkonflikte betreffen neben dem politischen Bereich die Wirtschaft und Kultur; der neue Konflikt sollte vorwiegend im kulturellen Bereich anzusiedeln sein. Nicht genannt wurden beispielsweise Nationalismus, Rassismus oder Faschismus als rechte Bewegungen. Erinnert sei ferner an die psychonanalytischen Arbeiten zur autoritären Persönlichkeit, durch die die Begriffe links und rechts noch weitere Bedeutungen bekommen haben: der Rechte ist nicht nur autoritär und fremdenfeindlich, er soll sich auch durch eine hohe Ambiguitätsintoleranz auszeichnen. Wir halten es zwar nicht für sehr wahrscheinlich, daß sich durch Einbeziehung dieser zusätzlichen Konzepte die Ergebnisse unserer Analyse ändern würden, können es jedoch auch nicht ausschließen.

Abbildung 1: Gruppen- und Themenbezug des L-R-Konzepts - Exemplarische Darstellung

		Wirtschafts- und Sozialsystem	Politik	Kultur	
				Religion	Postindustriell
Organisationen	links	- Gewerkschaften	- Grüne - SPD		- Soziale Bewegungen - Umweltschutzverbände
	rechts	- Unternehmerverbände	- CDU/CSU - FDP	- Kirchen	
Konkrete Streitfragen		- Streiks - Steuerprogression - Steuererhöhungen - Sozialleistungen	- Jäger 90 - Volksentscheid - Imperatives Mandat	- Ehescheidung - Schwangerschaftsabbruch - Zölibat	
Allgemeine gesellschaftliche Konflikte		- Soziale vs. freie Marktwirtschaft - Subsidiarität vs. Ausbau des Sozialstaats	- Politische Partizipation - Rüstungs- und Sicherheitspolitik	- Sexualität - Genetik - Erziehung	- Lebensstile - Umweltschutz - Gleichberechtigung

2.3 Gruppenbildungen und Hypothesen

Bedeutungsunterschiede im Querschnitt

Theoretische Gesichtspunkte sprechen für die These, daß die A-Bedeutungen in einzelnen gesellschaftlichen Gruppen variieren. Zwar kann man in allen Gruppen ein *erhebliches Übergewicht der partei- und gruppenbezogenen Deutungen* erwarten (Hypothese *H1*), doch sollten die über allgemeine und spezielle Streitfragen konkretisierten Werte bei den *politisch Interessierten* stärker zum Tragen kommen als bei den *Desinteressierten*, nicht zuletzt deshalb, weil die einen sowohl die L-R-Bezüge als auch die Wertbezüge eher wiedererkennen als die anderen. Wir erwarten daher, daß die *ideologische Komponente bei den politisch Interessierten stärker ausgeprägt ist als bei den Desinteressierten (H2)*.

Sowohl die vorliegenden empirischen Analysen offener Fragen wie auch theoretische Überlegungen lassen erwarten, daß bis in die Gegenwart hinein der ökonomische Konflikt die A-Bedeutung der L-R-Skala am stärksten geprägt hat. Wir erwarten daher auch, daß *in der Gesamtstichprobe die ökonomisch interpretierten Wertmaßstäbe mehr Einfluß auf die A-Bedeutung haben als die sozial, politisch und kulturell geprägten Wertmaßstäbe (H3)*. Das sollte auch und gerade für die im *produktionsnahen* Bereich Tätigen gelten *(H4)*, während umgekehrt bei den in *produktionsfernen* Sektoren Beschäftigten die Subkomponente der politischen Kultur ein vergleichbares Gewicht haben sollte *(H5)*.

Wir wollen aber noch zwei weitere Gruppen auswählen, in denen religiöse und kulturelle Leitbilder die A-Bedeutung der L-R-Selbsteinstufung in stärkerem Maße bestimmen könnten. Da sind zunächst die kirchlich stark Gebundenen, für die religiöse Fragen nach wie vor einen hohen Stellenwert haben könnten. Weil diese Gruppe für Korrelationsanalysen zu homogen ist,[15] werden wir sie mit einer Gruppe von besonders kirchenfernen Personen kontrastieren, von der wir annehmen, daß sie einerseits durch eine Ablehnung kirchlicher Positionen, zum andern aber auch durch postmaterialistische Prioritäten charakterisiert ist. In jedem Fall sollte in dieser *Gruppe aus kirchennahen und kirchenfernen Personen das relative Gewicht des religiösen und*

---

15 m.a.W. die Varianz sowohl auf der L-R-Skala wie auch auf den Positionsissues zu gering ist.

politisch-kulturellen Bereichs[16] gegenüber dem wirtschaftlichen *besonders hoch sein (H6)*.

Gleiches gilt für einen zweiten Kontrast, den wir mit Blick auf die Postmaterialismustheorie ausgewählt haben. Wir wollen hier *jüngere Gebildete und ältere Personen* zu einer Gruppe zusammenfassen. Da in der ersten Gruppe die Postmaterialisten und in der zweiten die Materialisten dominieren sollten, müßte sich insgesamt bei dieser Gruppe ein *im Vergleich zum ökonomischen Cleavage sehr starker Einfluß der Materialismus-Postmaterialismus-Dimension (MPM)* abzeichnen *(H7)*.

Hypothesen zum Bedeutungswandel

Bislang haben wir nur empirische Behauptungen aufgestellt, die in jedem einzelnen Querschnitt gelten sollten. Die wichtigste Hypothese zum Bedeutungswandel besagt, daß die empirische A-Bedeutung der L-R-Selbsteinstufung zunehmend durch kulturell interpretierte Werte, insbesondere durch materialistische und postmaterialistische Prioritäten, bestimmt werde und daß der *Einfluß des klassischen ökonomischen Cleavage*s gleichzeitig *zurückgehe (H8)*. Davon sollten alle oben erwähnten Gruppen betroffen sein, die These des Generationenwandels spricht jedoch dafür, daß dieser Wandel zwischen 1976 und 1987 - das ist unser Untersuchungszeitraum - bei den *32-45jährigen mit hoher Schulbildung* am deutlichsten hervortritt, weil in diese Altersgruppe nach und nach die postmaterialistischen Nachkriegsgenerationen hineinwachsen *(H8a)*.

Man könnte *H8* die These entgegensetzen, daß die beiden klassischen Cleavages zwar ihren Einfluß auf die L-R-Dimension verlören, das dadurch entstehende Vakuum aber nicht durch neue gesellschaftliche Leitbilder mit klarem L-R-Bezug aufgefüllt würde. Bei vielen sogenannten neuen Themen könne man losgelöst vom Gruppenbezug überhaupt nicht entscheiden, was die linke und was die rechte Position sei. Die Zeit der großen Leitbilder und der großen gesellschaftlichen Konflikte sei vorbei. Weil der Bedeutungsverlust der klassischen Cleavages also nicht durch einen entsprechenden Bedeutungsgewinn neuer Spannungslinien kompensiert werde, *gehe*

---

16 Wenn wir abkürzend von einem Einfluß des wirtschaftlichen oder kulturellen Bereichs auf die A-Bedeutung sprechen, so ist damit immer der Einfluß der für diese Gebiete entwickelten Leitbilder gemeint.

der Einfluß der ideologischen Komponente insgesamt zurück (H9).[17] Hand in Hand damit könnte eine Aufwertung der Parteienkomponente verbunden sein.

Wir wollen diese Wandelhypothesen in Abschnitt 4.2 in erster Linie in jenen Gruppen überprüfen, bei denen die ideologische Komponente einen nennenswerten Einfluß auf die A-Bedeutung hat.

3. Daten und Operationalisierung

3.1 Daten

Datenbasis für die empirischen Analysen sind die Wahlstudien 1976, 1980, 1983 und 1987 der Forschungsgruppe Wahlen.[18] Alle Erhebungen basieren auf mehrstufigen Zufallsauswahlen von Personen mit deutscher Staatsangehörigkeit ab 18 Jahren in den alten Bundesländern (ohne Westberlin). Während 1976 die Interviews von Mitarbeitern von GETAS durchgeführt wurden, sind die Daten 1980, 1983 und 1987 von MARPLAN erhoben wurden. Mit Ausnahme von 1980 handelt es sich um Paneluntersuchungen, wobei wir uns in unseren Analysen auf die erste Panelwelle konzentrieren. Die Daten für 1980 sind einer Trendstudie entnommen. Die von uns verwendeten Variablen finden sich in der Juni-Erhebung. Die Anzahl der in den Datensätzen enthaltenen Fälle beträgt 2076 (1976), 1620 (1980), 1622 (1983) und 1954 (1987).

3.2 Operationalisierung

Gruppenbildung

Ausgehend von den Hypothesen H1 bis H7 haben wir Gruppen gebildet, bei denen wir einerseits aus theoretischen Gründen eine (relative) Dominanz eines Konfliktfeldes, zugleich aber auch eine deutliche Streuung bei der Selbsteinstufung auf der

---

[17] Dies schließt selbstverständlich ein an Sachfragen orientiertes Wahlverhalten nicht aus.
[18] Die Daten werden unter den Studiennummern ZA0823 (1976), ZA1053 (1980), ZA1276 (1983) und ZA1537 (1987) vom Zentralarchiv für empirische Sozialforschung an der Universität zu Köln für Sekundäranalysen zur Verfügung gestellt.

L-R-Dimension erwarten. Wenn es tatsächlich Unterschiede der A-Bedeutung der L-R-Skala gibt, sollten diese durch diese Vorgehensweise sichtbar werden.[19]

In die Gruppe der *politisch Interessierten* haben wir Personen aufgenommen, die von sich selbst behaupten, daß sie sich *sehr stark* für Politik interessieren. Die Kontrastgruppe der *politisch Desinteressierten* äußert dagegen, daß sie sich *gar nicht* für Politik interessiere. Während das politische Interesse bei den Wahlstudien 1976, 1980 und 1987 in zwei aufeinanderfolgenden Fragen erfaßt wurde, wurde es 1983 in einer einzigen Frage erhoben.

Die Gruppierung der Befragten nach der *Produktionsnähe ihrer Beschäftigung* ist insofern nicht ganz unproblematisch, als wir nur eine ungefähre Eingruppierung aufgrund der relativ groben Berufsgruppenzugehörigkeit vornehmen konnten.[20] Als *produktionsnah* haben wir Befragte klassifiziert, die bei der Berufsgruppenzugehörigkeit "größere Selbständige", "mittlere Selbständige", "kleinere Selbständige", "Facharbeiter" oder "un- bzw. angelernter Arbeiter" angegeben haben. *Produktionsfern* sind nach unserer Gruppierung Befragte aus freien Berufen, selbständige Akademiker, Angestellte und Beamte.

In die Gruppe *Kirchennahe vs. Kirchenferne* fallen Befragte, die entweder katholisch bzw. evangelisch sind und jeden Sonntag oder zumindest fast jeden Sonntag in die Kirche gehen oder aber keiner Konfession angehören bzw. nie in die Kirche gehen.

Einen relativ stärkeren Einfluß auf einer Materialismus-Postmaterialismus-Dimension erwarten wir bei Alten und jungen Gebildeten. Die Gruppe *junge Gebildete vs. Alte* enthält Befragte, die entweder maximal 31 Jahre alt sind und beim Schulabschluß mindestens mittlere Reife aufweisen oder aber älter als 65 sind.

---

19 Unsere Gruppenbildung ist weder disjunkt noch erschöpfend. Aus diesem Grunde verzichten wir in dieser Analyse auch auf eine statistische Signifikanzprüfung zwischen den Gruppen. Wir verstehen unsere Analyse lediglich als einen ersten Schritt dahin, die im theoretischen Teil geäußerten Gedanken empirisch umzusetzen.

20 Für 1976 wäre eine möglicherweise genauere Eingruppierung möglich gewesen, als in dieser Studie auch erfaßt wurde, ob ein Befragter - falls er beschäftigt war - in einem Handwerksbetrieb, einem Industriebetrieb, einem sonstigen Betrieb oder im öffentlichen Dienst arbeitete. Da diese Frage in den folgenden Jahren nicht mehr erhoben wurde, haben wir aus Vergleichbarkeitsgründen auch 1976 die Gruppierung nach der Berufsgruppenzugehörigkeit vorgenommen.

Für die Betrachtung im Zeitverlauf betrachten wir zusätzlich jeweils die Gruppe der 33- bis 45jährigen mit mittlerer Reife oder einem höheren Schulabschluß.

Im Anhang II haben wir für jede dieser Gruppen die Fallzahlen, Mittelwerte und Standardabweichungen der Variablen aufgeführt, die wir in unserer Bedeutungsanalyse verwenden.

Operationalisierung des Wertbezugs (Ideologische Komponente)

Für eine fruchtbare Umsetzung unserer Vorstellungen zur A-Bedeutung der L-R-Dimension benötigen wir neben der L-R-Selbsteinstufung der Befragten Indikatoren für die ökonomisch, kulturell oder politisch interpretierten Wertmaßstäbe. Dabei richten wir unser Augenmerk in erster Linie auf Positionsissues, weil hier am ehesten zu erwarten ist, daß unterschiedliche Positionen bezüglich dieser Issues mit unterschiedlichen Positionen auf der L-R-Skala einhergehen.

(a) In der Studie zur *Bundestagswahl 1976* finden wir eine Batterie von vier solchen Items, die als Indikatoren für unterschiedliche Themen herangezogen werden können. Bei jedem dieser Items soll ein Befragter die Position seiner Idealpartei auf einer 11-Punkte-Skala angeben, bei der allein die Pole sprachlich gekennzeichnet sind. Auch wenn die Itemformulierung einen Bezug auf politische Parteien andeutet, vermuten wir, daß die Befragten bei ihren Antworten sich an ihrem *eigenen Standpunkt* orientieren und letztlich diesen wiedergeben.

Als Indikator für die im klassischen *ökonomischen Cleavage* zum Ausdruck kommenden Wertvorstellungen bewerten wir das Item, bei dem zwischen den Polen "wirtschaftliche Entscheidungen allein durch die Unternehmer" und "staatliche Kontrolle der wirtschaftlichen Entscheidungen" zu wählen ist. Während dieses Item die klassische ökonomische Konfliktlinie zwischen reinem Kapitalismus und sozialer Marktwirtschaft anspricht, thematisiert ein zweites Item den sozialstaatlichen Konflikt um den Vorrang des Subsidiaritätsprinzips vor der staatlichen Fürsorgepflicht. Hier sollen die Befragten zwischen den Polen "In erster Linie muß sich jeder selbst darum kümmern, daß es ihm gut geht" und "In erster Linie muß der Staat dafür sorgen, daß es den Bürgern gut geht" Position beziehen.

Die *religiöse Spannungslinie* wird durch eine Frage thematisiert, bei der die Befragten zwischen den Polen "Die Kirchen sollten in der Politik ein Mitspracherecht haben" und "Die Kirchen sollten sich aus der Politik heraushalten" zu entscheiden haben. Dieses Item liegt sicherlich auf der Grenze zwischen Themen- und Gruppenbezug, da die Befragten zugleich ihre affektive Orientierung gegenüber den Kirchen zum Ausdruck bringen könnten. Andererseits sind in der Frage implizit verschiedene Politikfelder angesprochen, in denen die Kirche traditionell Einfluß genommen hat. Mit ihrer Antwort bringen daher viele Befragte auch zum Ausdruck, wie sie inhaltlich zu den von der Kirche vertretenen Positionen stehen. Dies spricht unserer Ansicht nach für einen Wertbezug, wobei die linke Position gegen und die rechte Position für eine Mitsprache der Kirchen in der Politik steht.

Das letzte der vier Items der Fragenbatterie der Wahlstudie 1976 spricht eher den Bereich der *politischen Kultur* an, wenn zwischen den Positionen "Öffentliche Ordnung ist wichtiger als persönliche Freiheit" und "Persönliche Freiheit ist wichtiger als öffentliche Ordnung" zu entscheiden ist. Das Item erfaßt einen Zielkonflikt, wie er ähnlich im Postmaterialismusindex angesprochen wird.

Zur Untersuchung des Zusammenhangs zwischen materialistischer bzw. postmaterialistischer Wertorientierung einerseits und L-R-Selbsteinstufung andererseits wäre die Verwendung des Materialismus-Postmaterialismus-Index von INGLEHART besonders interessant. Leider sind die entsprechenden Items nicht in der Wahlstudie 1976 enthalten. Um dennoch diese Dimension in die Untersuchung einbeziehen zu können, verwenden wir in unserer Analyse eine *Surrogatvariable für den Matrialismus-Postmaterialismus-Index.*

Dieses *MPM-Surrogat* setzt sich aus den Antworten auf drei Valenzissues zusammen, die in allen hier betrachteten Wahlstudien erfaßt wurden. Dabei beurteilen die Befragten auf einer fünfstufigen Antwortskala die Wichtigkeit von politischen Aufgaben und Zielen. Den Kategorien "sehr wichtig", "wichtig", "nicht so wichtig", "ganz unwichtig" und "bin dagegen" sind die ganzen Zahlen eins bis fünf zugeordnet. Für unsere Surrogatvariable haben wir die Themen "die Preise stabil halten", "für Ruhe und Ordnung in der Bundesrepublik sorgen" und "den Bürgern mehr Einfluß auf die Entscheidungen des Staates einräumen" verwendet. Die Surrogatvariable ist die

Summe der Antwortwerte der ersten beiden Items, von denen der Antwortwert für das dritte Item abgezogen wird.[21]

Die drei Items entsprechen weitgehend drei der vier Stimuli der INGLEHARTschen Kurzskala, wobei "Preisstabilität" und "Ruhe und Ordnung" für materialistische Positionen und "mehr Einfluß" für eine postmaterialistische Position stehen. Nicht enthalten ist in der Surrogatvariable der zweite postmaterialistische Stimulus "Schutz des Rechts auf freie Meinungsäußerung" des INGLEHART-Index. Zur Prüfung der Güte unseres MPM-Surrogats mit der ursprünglichen INGLEHART-Skala verwenden wir die Daten der Wahlstudie 1983, in der neben den Indikatoren für unsere Surrogatvariable auch die vier Items des INGLEHART-Index enthalten sind. Die Produktmomentkorrelation der Surrogatvariable mit dem vierstufigen INGLEHART-Index beträgt 0,48. Dieser Wert erscheint uns insofern überraschend hoch zu sein, als die Test-Retest-Korrelation des INGLEHART-Index zwischen der ersten und dritten Panelwelle dieser Studie nur einen Wert von 0,45 aufweist.

(b) Für unsere *Analysen der Veränderungen der A-Bedeutung* der L-R-Skala im Zeitverlauf steht uns neben dem *MPM-Surrogat* leider nur das Positionsissue zur *Einflußnahme der Kirche in der Politik* in allen Studien zur Verfügung. Für den *ökonomischen Cleavage* verwenden wir daher in den Wahlstudien 1980, 1983 und 1987 eine analoge Formulierung des Kirchen-Items für die *Gewerkschaften*: "Die Gewerkschaften sollten in der Politik ein Mitspracherecht haben" vs. "Die Gewerkschaften sollten sich aus der Politik heraushalten" Mit Hilfe dieses Items ist es möglich, wenigstens einen Indikator für die drei Themenbereiche ökonomische Spannungslinie, religiöse Spannungslinie und materialistische/postmaterialistische Wertorientierung in allen Wahlstudien von 1976 bis 1987 einzusetzen.[22]

---

21 Bei den Wahlstudien gibt es Unterschiede in der Formulierung des ersten Items. Die genannte Formulierung stammt aus der Wahlstudie 1976. Bei der Wahlstudie 1980 wurde ebenfalls die Formulierung "die Preise stabil halten" verwendet. 1983 lautete der Stimulus "den Preisanstieg bekämpfen" und 1987 "für stabile Preise sorgen".

22 Da das Item zum Gewerkschaftseinfluß in der Politik 1976 noch nicht erhoben wurde, verwenden wir für den ersten Zeitpunkt unseres Längsschnitts das Positionsissue zum Einfluß des Staates auf wirtschaftliche Entscheidungen. Ob diese Abweichung in der Operationalisierung zu Problemen beim Längsschnittvergleich führt, wird die empirische Analyse zeigen.

Operationalisierung des Parteibezugs (Parteienkomponente)

Neben der ideologischen Komponente der L-R-Dimension müssen wir auch die Parteienkomponente erfassen. HUBER (1989) hat vorgeschlagen, für jede Partei eine Null-Eins-kodierte Dummy-Variable zu bilden, die den Wert eins aufweist, wenn ein Befragter sich mit der betreffenden Partei identifiziert; andernfalls hat die Variable den Wert Null. Die Bedeutung von L-R wird bei HUBER dann als eine Regressionsgleichung modelliert, bei der die L-R-Einstufung (LR) einer Person als gewichtete Summe aus Issuepositionen, Dummy-Variablen und Residuum dargestellt wird. Ist I_m die Position eines Befragten beim m-ten Issue, ist ferner P_k der Wert auf der Dummyvariablen für die k-te Partei, und ist E der Residualwert, so gilt:[23]

$$LR = \sum_m \beta_m \cdot I_m + \sum_k \beta_k \cdot P_k + E$$

Nach dem HUBERschen Modell ist der Einfluß der Parteienkomponente auf die L-R-Selbsteinstufung maximal, wenn bei Konstanthaltung der Werte auf den Issuevariablen die L-R-Selbsteinstufungen der Befragten mit den (durchschnittlichen) Positionen der jeweils präferierten Parteien auf der L-R-Dimension übereinstimmen. Ein starker Parteibezug bei der L-R-Selbsteinstufung setzt dann also voraus, daß die Wählerschaft die Parteien homogen auf der L-R-Dimension einordnen kann und die eigene Position auf der Skala entsprechend dieser "objektiven" Lage der Parteien vornimmt. Diese Sicht erscheint uns zu streng. Wir würden auch und gerade dann von einer starken Parteienkomponente sprechen, wenn die Position eines Befragten bei der L-R-Selbsteinstufung mit der Position der von ihm präferierten Partei auf der L-R-Skala weitgehend übereinstimmt, unabhängig davon, wie andere Wähler diese Partei einordnen. Gerade der Dissens über die Einstufung von Parteien indiziert, daß Wähler mit links und rechts keine inhaltlichen Vorstellungen verbinden, daß die Richtungsbegriffe nur ein Mittel sind, um die eigene Distanz oder Nähe zu den Parteien auszudrücken.

---

23 Wie aus der Gleichung ersichtlich ist, verzichtet HUBER auf die Spezifikation einer Regressionskonstanten. Statistikprogramme (z. B. SPSS) berechnen bei einem solchen expliziten Verzicht auf die Regressionskonstante die Kleinstquadratlösung über die (nicht zentrierten) Rohproduktmomente. Dies hat zur Folge, daß die ausgedruckten R^2-Werte nicht als Anteile erklärter Varianzen zu interpretieren sind.

Entsprechend dieser Argumentation wollen wir den Parteibezug so operationalisieren, daß wir die L-R-Selbsteinstufung einer Person mit der L-R-Einstufung der jeweils präferierten Partei in Beziehung setzen. Im Unterschied zu HUBER multiplizieren wir also die Dummy-Variablen der Parteiidentifikation noch zusätzlich mit den L-R-Positionen der Parteien. Wir gehen weiter davon aus, daß die L-R-Einstufung der Parteien durchweg den gleichen Effekt auf die L-R-Selbsteinstufung hat.

Problematisch an dieser Operationalisierung ist noch, daß ein relativ großer Anteil von Befragten keine Parteiidentifikation bzw. Parteineigung[24] bekundet. Bei der Wahlstudie 1976 sind es immerhin gut 15 Prozent. Um den Anteil der verwertbaren Interviews zu erhöhen, haben wir uns in solchen Fällen ersatzweise an der Wahlabsicht (Zweitstimme) orientiert.

Es blieben immer noch Befragte in der Größenordnung von etwa zehn Prozent, die keiner Partei zuzuordnen waren. Um diese 'Unabhängigen' nicht von der Analyse ausschließen zu müssen, haben wir zusätzlich noch eine Dummy-Variable gebildet, auf der nur die 'Unabhängigen' den Wert eins erhielten.[25]

Praktisch bedeutet dies, daß wir den Parteibezug über zwei Variablen erfassen. Bei Personen ohne Parteipräferenz wird er durch die Dummy-Variable repräsentiert, bei Personen mit Parteipräferenz durch die Position der präferierten Partei auf der L-R-Skala. Da die beiden Variablen analytisch eine Einheit bilden, sie auch aus mathematischen Gründen recht hoch miteinander korrelieren, werden wir im folgenden nur über den kombinierten Einfluß dieser beiden Variablen auf die L-R-Selbsteinstufung berichten.

---

24 In den von uns analysierten Studien wurde die Parteiidentifikation über die Frage erfaßt, ob der Befragte "ganz allgemein gesprochen - einer bestimmten Partei zu(neigt)". Befragte, die auf diese Frage die Kategorie CDU/CSU wählten, wurden der CSU zugeordnet, wenn sie aus Bayern kamen, andernfalls der CDU. Im Zeitvergleich ergeben sich Unterschiede durch die Änderung des Parteiensystems. Bei der Wahlstudie 1976 wurde im Unterschied zu späteren Studien noch nicht die Position der Grünen auf der L-R-Skala erfaßt. Ab 1980 wurde diese Partei bei der Wahlabsicht und bei der L-R-Positionierung der Parteien berücksichtigt, ab 1983 auch bei der Frage nach der Parteineigung.

25 Von der Analyse ausgeschlossen wurden Befragte, die kleinen Parteien wie der NPD oder der DKP zuneigten, die nicht auf der L-R-Skala eingestuft wurden. Der Anteil dieser Personen in den Datensätzen ist praktisch vernachlässigbar.

Verglichen mit dem HUBER-Vorschlag lautet unser Modell also:

$$LR = \beta_0 + \sum_m \beta_m \cdot I_m$$

$$+ \beta_p (P^{CDU} \cdot LR^{CDU} + P^{SPD} \cdot LR^{SPD} + P^{FDP} \cdot LR^{FDP} + P^{Grüne} \cdot LR^{Grüne} + P^{CSU} \cdot LR^{CSU})$$

$$+ \beta_{nonP} \cdot P^{nonP} + E$$

4. Empirische Analyse

4.1 Ergebnisse der Wahlstudie 1976

Da sich fast die gesamte Diskussion um die Bedeutungsvarianz der L-R-Dimension auf die ideologische Komponente bezieht, soll deren Einfluß unter zwei Bedingungen geschätzt werden. Zunächst werden wir die Parteienkomponente vollständig ignorieren und die L-R-Selbsteinstufung nur auf die Positionsissues regredieren. Wir unterstellen dabei, daß wir so den maximalen Einfluß der Ideologie auf die A-Bedeutung ermitteln. Anschließend werden wir eine vorsichtige Schätzung des Effekts vornehmen, in dem wir die Effekte der Parteienkomponente auspartialisieren.

Ideologische Komponente allein (ohne Parteienkomponente)

Die Ergebnisse der Regressionen sind in Tabelle 1 und - für einige ausgewählte Gruppen - in Abbildung 2 zusammengefaßt. Beim Blick auf Tabelle 1 fällt zunächst auf, daß die fünf Positionsissues stark divergierende Varianzanteile in der L-R-Selbsteinstufung binden. Am höchsten ist R^2 mit ca. 46 Prozent bei den politisch Interessierten. Dieses Ergebnis ist nach Hypothese H2 zu erwarten. Am niedrigsten ist die erklärte Varianz erstaunlicherweise aber nicht bei den Desinteressierten ($R^2 = 26,1\%$), sondern bei den in produktionsnahen Bereichen tätigen Personen ($R^2 = 16,5\%$). Wir können uns das nur so erklären, daß in dieser Gruppe mit eher geringer Bildung und geringem politischen Interesse die L-R-Selbsteinstufung nicht auf die von uns ausgewählten Themen bezogen wird. Recht hohe R^2-Werte findet man schließlich bei den beiden Kontrastgruppen der kirchennahen vs. kirchenfernen Befragten und bei den jungen gebildeten vs. alten Befragten.

Tabelle 1: Die Bedeutung der ideologischen Komponente der L-R-Skala (optimistische Schätzung)

Gruppe		Ökonomischer Cleavage		Religiöser Cleavage	Politische Kultur		erklärte Varianz (R^2)
		Wirtschaftskontrolle-	Wohlfahrtsstaat	Kircheneinfluß	Ordng. vs. Freiheit	MPM Surrogat	
Gesamtstichprobe							
n = 1745	r	-0,360	-0,080	-0,330	-0,188	-0,287	
MW = 6,273	r_{part}	-0,250	+0,075	-0,228	-0,074	-0,196	
	Zuwachs R^2	5,6%		4,2%	4,0%		22,8%
Politisch Interessierte							
n = 141	r	-0,633	-0,370	-0,355	-0,356	-0,454	
MW = 5,582	r_{part}	-0,445	-0,026	-0,125	-0,050	-0,250	
	Zuwachs R^2	16,2%		0,8%	4,8%		46,1%
Politisch Desinteressierte							
n = 243	r	-0,303	+0,095	-0,403	-0,189	-0,098	
MW = 6,658	r_{part}	-0,293	+0,231	-0,343	-0,121	-0,019	
	Zuwachs R^2	8,7%		9,9%	1,1%		26,1%
Produktionsnahe							
n = 615	r	-0,322	-0,068	-0,327	-0,051	-0,163	
MW = 6,327	r_{part}	-0,271	+0,023	-0,232	+0,038	-0,102	
	Zuwachs R^2	4,6%		4,7%	0,9%		16,5%
Produktionsferne							
n = 841	r	-0,329	-0,042	-0,274	-0,277	-0,306	
MW = 6,356	r_{part}	-0,271	+0,131	-0,194	-0,120	-0,241	
	Zuwachs R^2	6,2%		3,0%	6,2%		22,5%
Kirchennahe vs. Kirchenferne							
n = 760	r	-0,403	-0,124	-0,424	-0,233	-0,362	
MW = 6,192	r_{part}	-0,253	+0,053	-0,304	-0,082	-0,241	
	Zuwachs R^2	4,8%		7,0%	5,5%		31,2%
Junge Gebildete vs. Alte							
n = 511	r	-0,532	-0,241	-0,490	-0,305	-0,433	
MW = 6,058	r_{part}	-0,356	-0,017	-0,344	-0,092	-0,222	
	Zuwachs R^2	9,4%		7,6%	4,0%		43,7%

Datenbasis: Wahlstudie 1976

Was die drei Subkomponenten der Ideologie anbelangt, so klärt der ökonomische Cleavage entgegen unserer Hypothese H3 in der Gesamtstichprobe kaum mehr zusätzliche Varianzanteile auf als der religiöse. Auffallend ist auch, daß die ökonomische Subkomponente bei den produktionsnah Beschäftigten nicht größer ist als die religiöse Subkomponente. Ansonsten liegen die Zuwächse an erklärter Varianz (Zuwachs R^2) allerdings in der erwarteten Richtung. Besonders bemerkenswert ist, daß - im Unterschied zur Gesamtstichprobe - bei den politisch Interessierten die A-Bedeutung 1976 in erheblichen Ausmaß durch den ökonomischen Cleavage geprägt ist. Das paßt zu der These, daß in der Bundesrepublik die A-Bedeutung von links und rechts historisch vornehmlich durch den ökonomischen Konflikt bestimmt wurde. In der Gruppe der Kirchennahen bzw. Kirchenfernen findet man den nach Hypothese H6 erwartet starken Effekt der religiösen Subkomponente und den der politischen Kultur. Bei den Produktionsfernen hat MPM entsprechend Hypothese H5 in etwa das gleiche Gewicht wie die ökonomisch konkretisierten Werte. Einen etwas stärkeren Einfluß der nichtökonomischen Themen hätte man vielleicht bei der letzten Gruppe in der Tabelle erwartet. Generell läßt sich aber festhalten, *daß die Subkomponenten der Ideologie in den Gruppen einen sehr unterschiedlichen Einfluß haben, die Vorstellung einer in allen Gruppen gleichen A-Bedeutung mit den empirischen Daten unverträglich ist.*

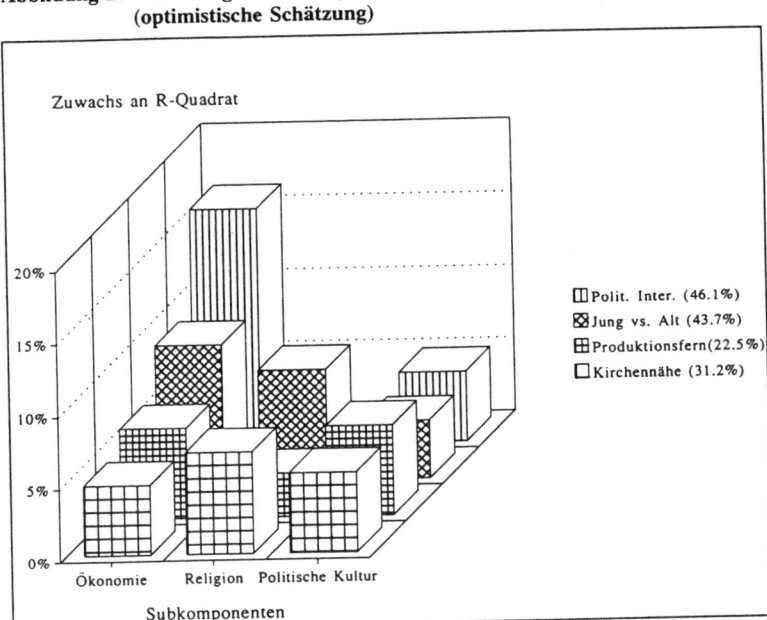

Abbildung 2: **Bedeutung der ideologischen Komponente der L-R-Skala (optimistische Schätzung)**

Die Einbeziehung der Parteienkomponente

Bevor wir auf die Resultate bei Berücksichtigung der Parteienkomponente eingehen, wollen wir die empirischen Auswirkungen unseres Vorschlags der Einbeziehung der Parteienkomponente der Methode von HUBER gegenüberstellen. Die Ergebnisse sind in Abbildung 3 zusammengefaßt. Weil in unserem Ansatz eine perfekte Vorhersage der L-R-Selbsteinstufung selbst dann noch möglich wäre, wenn verschiedene Personen die Parteien nicht in gleicher Weise auf der L-R-Dimension rangordnen, schätzen wir in unserem Ansatz deutlich höhere R^2-Werte als HUBER. Andererseits wertet das HUBERsche Modell den Effekt der ideologischen Komponente gegenüber unserer Lösung nur mäßig auf. Wir meinen daher, daß unser Ansatz aus theoretischen wie auch aus empirischen Gründen vorzuziehen ist. Er wird daher im folgenden zur Trennung der beiden Komponenten der L-R-Einstufung verwendet.

Abbildung 3: Vergleich der Lösungen zur Einbeziehung der Parteipräferenz

1. Regressionsgleichungen zur Erklärung der L-R-Selbsteinstufung

a) nach Huber (1989):
$$LR = 6.13 + 1.64 \cdot P^{CSU} + 1.54 \cdot P^{CDU} - 0.27 \cdot P^{FDP} - 1.09 \cdot P^{SPD} + E$$
R^2: 30.5 %

b) unser Ansatz:
$$LR = 2.36 + 0.62 \cdot (P^{CSU} \cdot LR^{CSU} + P^{CDU} \cdot LR^{CDU} + P^{FDP} \cdot LR^{FDP} + P^{SPD} \cdot LR^{SPD}) + 3.80 \cdot P^{nonP} + E$$
R^2: 49.1 %

wobei
LR =: Links-Rechts-Selbsteinstufung
LR^i =: Links-Rechts-Einstufung der Partei i
P^i =: 0/1-kodierte Dummy-Variable, die anzeigt, ob eine Person der Partei i zugeordnet werden kann

2. Modell bei Einbeziehung themenbezogener Issues

	a) nach Huber (1989)	b) unser Ansatz
Gesamtstichprobe:		
R^2	36.3 %	54.2 %
ΔR^2 der Partei	13.5 %	31.3 %
ΔR^2 der Issues	6.3 %	5.2 %
nur politisch Interessierte:		
R^2	55.5 %	71.0 %
ΔR^2 der Partei	9.4 %	24.9 %
ΔR^2 der Issues	11.0 %	8.2 %

Das komplette Modell

Schätzt man den Einfluß der ideologischen Komponente vorsichtig, so hat sie auch und gerade im Vergleich zur Parteienkomponente nur noch einen sehr bescheidenen Effekt. Das läßt sich besonders deutlich an Abbildung 4 ablesen, wo wir die durch die jeweilige Komponente bedingten Zuwächse im R^2 gegenübergestellt haben. Das Schaubild berücksichtigt dabei von vornherein nur jene Gruppen, in denen die Ideologie entsprechend der optimistischen Schätzung (Tabelle 1) einen starken Einfluß auf die A-Bedeutung hatte. Noch dramatischer werden Unterschiede natürlich, wenn man die Effekte der Subkomponenten der Ideologie nach der vorsichtigen Methode darstellt (Abbildung 5).

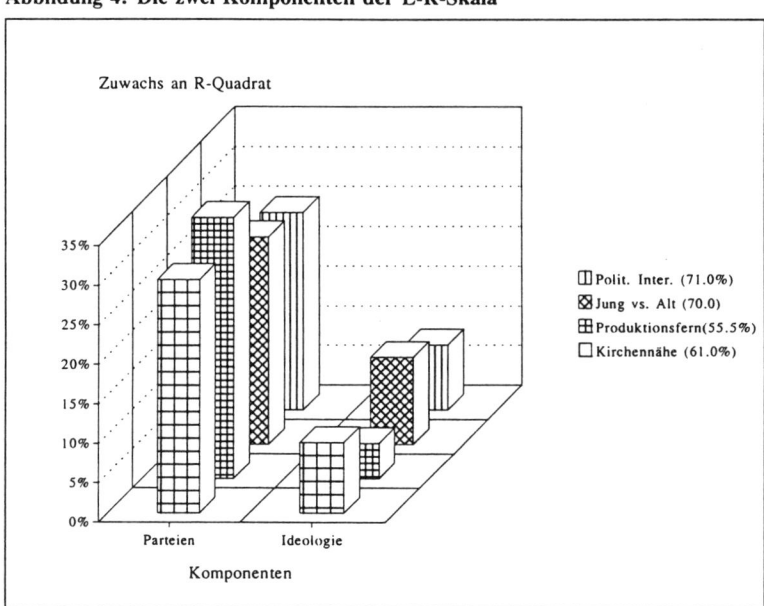

Abbildung 4: Die zwei Komponenten der L-R-Skala

Insgesamt gesehen bleiben aber auch bei der vorsichtigen Schätzung die Muster der drei ideologischen Subkomponenten - wenn auch auf deutlich niedrigem Niveau - erstaunlich stabil: bei politisch Interessierten überwiegt der Einfluß des ökonomischen Cleavages, bei der Gruppe der Kirchennahen vs. -fernen dominiert nach wie vor die Subkomponente der politischen Kultur und bei der Kontrastgruppe der jungen Gebildeten bzw. Alten haben wir in allen drei Bereichen noch klare Effekte (vgl. Tabelle A1 im Anhang I).

Abbildung 5: **Bedeutung der ideologischen Komponente der L-R-Skala (vorsichtige Schätzung)**

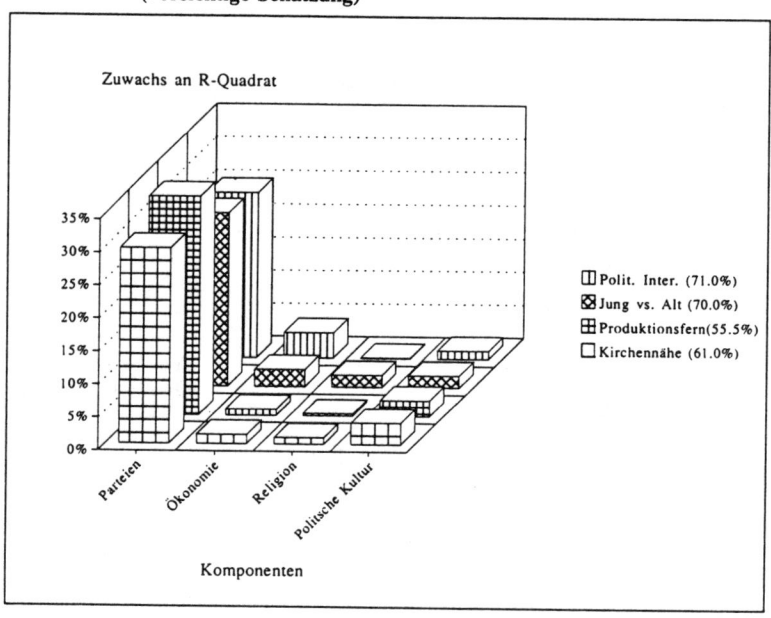

4.2 Bedeutungswandel zwischen 1976 und 1987

Bei der Analyse des Bedeutungswandels zwischen 1976 und 1987 konnten wir aus jedem der in Tabelle 1 aufgeführten ideologischen Bereiche nur ein einziges Item berücksichtigen. Auf ökonomischem Gebiet stand uns zudem das Item der 76er Studie nicht mehr zur Verfügung, so daß wir in den späteren Studien ersatzweise auf die Position des Befragten zur Rolle der Gewerkschaften zurückgreifen mußten.[26] Diese Modifikation allein kann jedoch nicht erklären, weshalb die Ergebnisse im Zeitvergleich so uneinheitlich ausfallen. Allenfalls bei der religiösen Subkomponente läßt sich ein Trend in Form eines kontinuierlichen Rückgangs des Effekts erkennen. Die Effekte der ökonomischen Spannungslinie sowie der politischen Kultur schwanken zu stark, so daß sich keine eindeutigen Entwicklungsrichtungen feststellen lassen. Dies gilt unabhängig davon, ob man bei der optimistischen Schätzung den Einfluß der ideologischen Subkomponente isoliert ermittelt oder aber bei der vorsichtigen Schätzung gemeinsam mit der Parteienkomponente (vgl. Tabelle A2 und A3 in Anhang I).

Es gibt keine einfache Erklärung für diese starken Schwankungen. Würden nur die Werte für 1976 abweichen, könnte man den Wechsel des Erhebungsinstituts für die Abweichungen verantwortlich machen. Ab 1980 wurden die Erhebungen jedoch stets vom gleichen Institut durchgeführt. Mangelnde Reliabilität der Items kann zwar generell die Effektstärken reduzieren, könnte aber nur dann Ursache für die starke Variabilität der Effekte sein, wenn auch die Reliabilitäten der Items von Erhebung zu Erhebung itemspezifisch schwanken würden. Am plausibelsten erscheinen noch Periodeneffekte. So war der Wahlkampf 1976 möglicherweise durch das Wahlkampfmotto der CDU/CSU "Freiheit statt (oder) Sozialismus" in stärkerem Maße ideologisiert. Umgekehrt war der Wahlkampf 1980 durch den Kanzlerkandidaten Strauß stärker personalisiert, was die im Durchschnitt geringeren Bestimmtheitsmaße in dieser Studie erklären könnte.

---

26 Als Folge dieser Ersetzung eines Items haben die einfachen und partiellen Korrelationen der ökonomischen Subkomponente 1976 ein negatives Vorzeichen, in den nachfolgenden Erhebungen dagegen ein positives Vorzeichen.

**Abbildung 6: Ideologische Komponente der LR-Skala
(Veränderungen zwischen 1976 und 1987)**

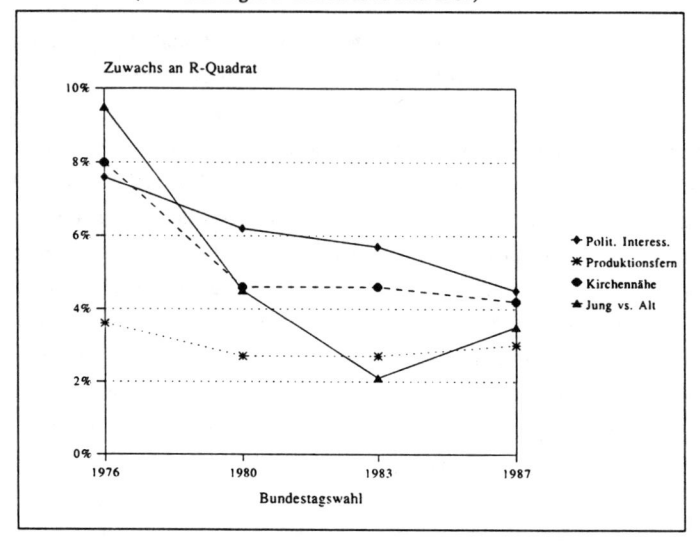

**Abbildung 7: Parteienkomponente der L-R-Skala
(Veränderungen zwischen 1976 und 1987)**

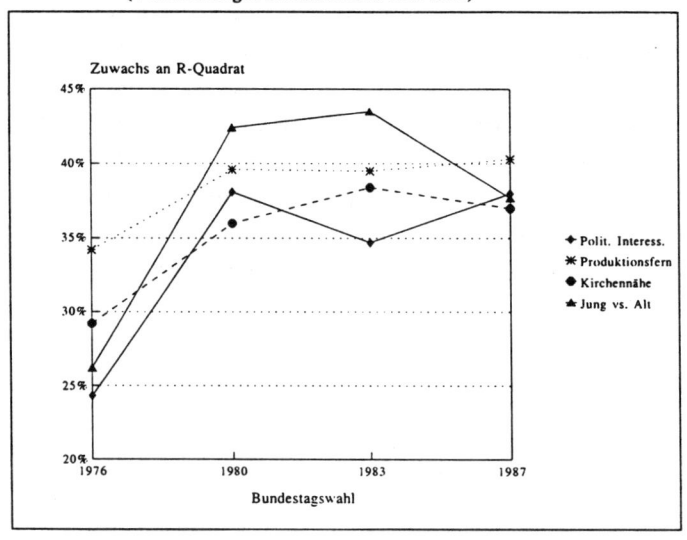

Die A-Bedeutung des L-R-Konzepts unterliegt also erheblichen kurzfristigen Schwankungen. Man kann in den Daten aber keine generelle Verschiebung von einer ökonomischen zu einer postmaterialistischen Deutung feststellen: nur in der Gruppe der 32-45jährigen nimmt, wie nach Hypothese H8a erwartet, der Einfluß des MPM-Surrogats zu. Eher schon ließe sich, wie die Abbildungen 6 und 7 zeigen, entsprechend Hypothese H9 ein genereller Trend zur Entideologisierung gerade in den ideologisch kompetenten Gruppen belegen. Nach der vorsichtigen Schätzung (Tabelle A3) nimmt der Einfluß der ideologischen Komponente besonders in diesen Gruppen ab, während umgekehrt der Einfluß der Parteienkomponente steigt. Der Bedeutungsverlust der traditionellen Cleavages scheint hier nicht durch einen Bedeutungszuwachs der Materialismus-Postmaterialismus-Dimension kompensiert zu werden. Aber auch diese Trends werden wesentlich durch die Differenzen zwischen 1976 und 1980 hervorgerufen, so daß wir uns vor vorschnellen Generalisierungen hüten wollen.

5. Zusammenfassung und Schluß

Die Begriffe links und rechts werden in der politischen Diskussion zur Kennzeichnung von Positionen verwendet. Stritig ist, welche Bedeutung dieser 'politische Code' (FUCHS 1983) hat und ob sich die Bedeutung im Zeitverlauf ändert. Dabei kann man unter der Bedeutung von links und rechts zweierlei verstehen, nämlich zum einen das Begriffsverständnis einer einzelnen Person, und zum anderen die mit der Selbstpositionierung auf der L-R-Skala verbundene Bedeutung, die sich über Einstellungen und Werthaltungen herleiten läßt. Korrelationen zwischen der Selbsteinstufung auf der L-R-Dimension und Einstellung und Wertorientierungen kann es auch dann geben, wenn Befragte sehr unterschiedliche individuelle Begriffsverständnisse von links und rechts haben. Um diese beiden Bedeutungen des L-R-Konzepts auseinanderzuhalten, sprechen wir bei der empirischen Analyse von Zusammenhängen der Selbsteinstufung auf der L-R-Skala mit anderen Variablen von *empirischer Aggregatbedeutung (A-Bedeutung)*. Der Gegenstand dieses Beitrags ist somit die Analyse der empirischen A-Bedeutung des bundesdeutschen Elektorats.

Es ist sinnvoll, zwischen der gruppenbezogenen und der themenbezogenen Komponente des L-R-Konzepts zu unterscheiden. Bei der gruppenbezogenen Deutung werden links und rechts primär zur Etikettierung von Gruppen, insbesondere von Parteien, verwendet. Bei einer themenbezogenen Deutung werden die Begriffe mit Leitbildern wirtschaftlicher, sozialer, politischer oder kultureller Ordnung in Verbindung gebracht. Die themenbezogenen Komponenten bezeichnen wir der Literatur folgend auch als ideologische Komponente. Wir haben die beiden Komponenten bei gesellschaftlichen Subgruppen und im Zeitvergleich analysiert, also untersucht, ob die Beziehungen der L-R-Selbsteinstufung zu Parteienetikettierungen einerseits, zu wirtschaftlichen, sozialen, politischen und kulturellen Orientierungen andererseits über Zeit und Gruppen hinweg Konstanz aufweisen. Wenn etwa die These der Abschwächung alter Konfliktlinien und der Herausbildung neuer Wertkonflikte zutrifft, ist damit zu rechnen, daß sich die A-Bedeutung des L-R-Konzepts in bestimmten gesellschaftlichen Subgruppen ändert.

Die empirische Analyse von Stabilität und Veränderungen der Komponenten der A-Bedeutung setzt Kriterien voraus, nach denen die Gewichtungen der einzelnen Komponenten beurteilt werden können. Wir haben hierzu die Verwendung von Korrelationen bzw. quadrierten Korrelationen (Determinationskoeffizienten) vorgeschlagen. Es ist jedoch damit zu rechnen, daß die Höhe der Korrelation der L-R-Selbsteinstufung mit einer Komponente der A-Bedeutung davon abhängt, ob mögliche Drittvariablen konstant gehalten werden oder nicht. Wir greifen daher einen Vorschlag aus einer früheren Arbeit (JAGODZINSKI/KÜHNEL 1990) auf, indem wir den Einfluß einzelner Komponenten sowohl optimistisch als auch vorsichtig abschätzen. Bei der optimistischen Schätzung der ideologischen Komponente werden nur die Variablen dieser Komponente mit der L-R-Selbsteinstufung in Beziehung gesetzt. Bei der vorsichtigen Schätzung wird dagegen der Einfluß der Gruppenkomponente berücksichtigt. Als Maßzahlen für die Einflußstärken verwenden wir dabei Determinationskoeffizienten bzw. Zuwächse des Determinationskoeffizienten.

Zur Analyse der Varianz bzw. Invarianz der A-Bedeutung in unterschiedlichen Bevölkerungsgruppen haben wir Gruppen gebildet, in denen wir aus theoretischen Gründen zum einen eine relative Dominanz einer ideologischen Subkomponente, zum anderen aber auch Variationen innerhalb der jeweiligen Gruppe auf der L-R-Skala erwarten. Neben den Gruppen der politisch Interessierten und Desinteressierten betrachten wir produktionsnah und produktionsfern Beschäftigte, die Alterskohorte der gebildeten 33-45jährigen (mit mittlerem oder höherem Schulabschluß), die Kontrastgruppen von kirchennahen vs. kirchenfernen Personen und von jüngeren Gebildeten vs. Alten.

Die ideologische Komponente der A-Bedeutung haben wir über Positionsissues erhoben, die unterschiedliche Positionen auf der ökonomischen und religiösen Spannungslinie sowie im Bereich der politischen Kultur thematisieren. Die gruppenbezogene Deutung des L-R-Konzepts haben wir über den Einfluß der Parteienkomponente erfaßt. In Modifikation eines Vorschlags von HUBER (1989) wird die Parteienkomponente jedoch als die L-R-Position der von einem Befragten präferierten Partei bestimmt. Im theoretischen Teil des Beitrages haben wir eine Reihe von Erwartungen über die relative Einflußstärke der einzelnen Komponenten auf die L-R-Selbsteinstufung in den verschiedenen Teilgruppen formuliert (vgl. Tabelle 2).

Für die empirische Analyse standen uns Daten der Wahlstudien 1976, 1980, 1983 und 1987 der Forschungsgruppe Wahlen zur Verfügung. Da nur in der Wahlstudie von 1976 alle Items enthalten sind, haben wir uns primär auf diesen Datensatz konzentriert und die übrigen Studien nur zur Analyse des Wandels der A-Bedeutung herangezogen. Tabelle 2 zeigt, inwieweit die Daten unsere Erwartungen hinsichtlich der Variabilität und Stabilität der einzelnen Komponenten in den Subgruppen bestätigen. Festzuhalten ist zunächst, daß der Einfluß der ideologischen Subkomponenten auf die L-R-Selbsteinstufung von Gruppe zu Gruppe verschieden ist. Der von uns vermutete hervorgehobene Einfluß der ökonomischen Subkomponente läßt sich nur für die Gruppe der politisch Interessierten feststellen.

Die Interpretation der Längsschnittsanalyse wird durch die starken Schwankungen der einzelnen Werte über die Zeit erschwert. Ein besonderer Rückgang des Einflusses der ökonomischen Subkomponente innerhalb der ideologischen Komponente ist nur bei der Subgruppe mittleren Alters mit hoher Schulbildung erkennbar. Insgesamt gesehen scheint jedoch der Einfluß der ideologischen Komponente gegenüber der Parteienkomponente zurückzugehen. Dieses Ergebnis läßt sich als Bedeutungsverlust der traditionellen Cleavages interpretieren, der jedoch nicht durch einen Zuwachs der Materialismus-Postmaterialismus-Dimension ausgeglichen wird.

Tabelle 2: Zusammenfassung der Ergebnisse der Analyse

Hypothese	Ergebnis bei optimistischer Schätzung	Ergebnis bei vorsichtiger Schätzung
Querschnittanalyse 1976		
H1 Die Parteien-Komponente ist in allen Gruppen ausgeprägter als die ideologische Komponente	-	bestätigt
H2 Die ideologische Komponente ist bei politisch Interessierten stärker ausgeprägt als bei den Desinterssierten	-	bestätigt
H3 Die ökonomische Subkomponente hat hat in der Gesamtstichprobe stärkere Bedeutung als die übrigen ideologischen Subkomponenten	tendenziell bestätigt	widerlegt
H4 Der relative Einfluß der ökonomischen Werte ist im produktionsnahen Bereich besonders hoch	widerlegt	tendenziell bestätigt
H5 Im produktionsfernen Bereich hat die Subkomponente 'politische Kultur' keinen geringeren Einfluß als die ökonomische Subkomponente	bestätigt	bestätigt
H6 In der Kontrastgruppe der 'kirchennahen vs. kirchenfernen Personen haben' die Subkomponenten 'Religion' und 'politische Kultur' einen relativ hohen Einfluß	tendenziell bestätigt	tendenziell bestätigt
H7 In der Kontrastgruppe der 'jungen Gebildeten vs. Alte' hat die Materialismus-Postmaterialismus-Komponente einen relativ hohen Einfluß	tendenziell bestätigt	tendenziell bestätigt
Längsschnittanalyse 1976-1987		
H8 Der Einfluß der ökonomischen Subkomponente geht bei allen Gruppen im Zeitverlauf zurück	widerlegt	widerlegt

(Fortsetzung Tabelle 2)

Hypothese		Ergebnis bei optimistischer Schätzung	Ergebnis bei vorsichtiger Schätzung
H8a	Der Einfluß der ökonomischen Subkomponente geht besonders in der Gruppe der 32-45-jährigen mit hoher Schulbildung im Zeitverlauf zurück; der Einfluß der 'politischen Kultur' nimmt zu	tendenziell bestätigt	tendenziell bestätigt
H9	Der Einfluß der ideologischen Komponente geht im Zeitverlauf zurück	-	bestätigt

Der deutlich stärkere Einfluß der Parteienkomponente gegenüber der ideologischen Komonente sollte jedoch nicht dahingehend gedeutet werden, daß das L-R-Konzept letztlich doch allein über den Gruppenbezug Bedeutung erhält. Auch bei der vorsichtigen Schätzung bleibt ein eigenständiger Einfluß der ideologischen Komponenten bestehen. In unseren Sekundäranalysen war die ideologische Komponente zudem unzureichend abgedeckt.

Literatur

BÜRKLIN, Wilhelm P. 1982: Zur Diskussion der politischen Richtungsbegriffe "Links" und "Rechts". Konzept und Fakten: Zur Notwendigkeit der konzeptionellen Fundierung der Diskussion der politischen Richtungsbegriffe "Links" und "Rechts", in: Politische Vierteljahresschrift, 23, S. 339-345.

CONVERSE, Philip E. 1964: The Nature of Belief Systems in Mass Publics, in: APTER, David E. (Hrsg.): Ideology and Discontent, Glencoe: The Free Press, S. 206-261.

CONVERSE, Philip E. 1970: Attitudes and Non-Attitudes: Continuation of a Dialogue, in: TUFTE, Edward R. (Hrsg.): The Quantitative Analysis of Social Problems, Reading: Addison-Wesley, S. 168-189.

ESSER, Hartmut/KLENOVITS, Klaus/ZEHNPFENNIG, Helmut 1977: Wissenschaftstheorie 1: Grundlagen der Analytischen Wissenschaftstheorie, Stuttgart: Teubner.

FUCHS, Dieter 1983: The Left/Right Scheme as a Political Code. Prepared for the ECPR Workshop on "Ideology after the End of Ideology Debate", Freiburg, West Germany, March 20-25, 1983.

FUCHS, Dieter/KLINGEMANN, Hans-Dieter 1983: Change and Stability of the Left/Right-Dimension in Three Western Democracies. Paper prepared for the Sixth Annual Scientific Meeting of the International Society of Political Psychology, St. Catherine's College, Oxford University, July 19-22, 1983.

FUCHS, Dieter/KLINGEMANN, Hans-Dieter 1990: The Left-Right Scheme, in: JENNINGS, M. Kent/VAN DETH, Jan u.a. (Hrsg.): Continuities in Political Action, Berlin: De Gruyter, S. 203-234.

FUCHS, Dieter/KÜHNEL, Steffen M. 1990: Die evaluative Bedeutung ideologischer Selbstidentifikation. in: KAASE, Max/KLINGEMANN, Hans-Dieter (Hrsg.): Wahlen und Wähler. Analysen aus Anlaß der Bundestagswahl 1987. Opladen: Westdeutscher Verlag, S. 217-252.

HUBER, John D. 1989: Values and Partisanship in Left-Right Orientations: Measuring Ideology, in: European Journal of Political Research, 17, S. 599-621.

INGLEHART, Ronald 1984: The Changing Structure of Political Cleavages in Western Societies, in: RUSSEL, J. Dalton/FLANAGAN, Scott C./BECK, Paul A. (Hrsg.), Electoral Change in Advanced Industrial Democracies. Princeton: Princeton University Press, S. 25-69.

INGLEHART, Ronald 1989: Kultureller Umbruch - Wertwandel in der westlichen Welt. Frankfurt: Campus.

INGLEHART, Ronald/KLINGEMANN, Hans-Dieter 1976: Party Identification, Ideological Preference and the Left-Right Dimension among Western Mass Publics, in: BUDGE, Ian/CREWE, Ivor/FARLIE, Dennis (Hrsg.): Party Identification and Beyond, London: Wiley & Sons, S. 243-273.

JAGODZINSKI, Wolfgang/KÜHNEL, Steffen M. 1990: Zur Schätzung der relativen Effekte von Issueorientierungen, Kandidatenpräferenz und langfristiger Parteibindung auf die Wahlabsicht, in: SCHMITT, Karl (Hrsg.): Wahlen, Parteieliten, politische Einstellungen, Frankfurt a.M.: P. Lang, S. 5-63.

KLINGEMANN, Hans-Dieter 1979: Measuring Ideological Conceptualizations, in: BARNES, Samuel H./KAASE, Max u.a. (Hrsg.): Political Action: Mass Participation in Five Western Democracies. Beverly Hill: Sage, S. 215-254.

KLINGEMANN, Hans-Dieter, 1982: Fakten oder Programmatik? in: Politische Vierteljahresschrift, 23, S. 214-224.

LIPSET, Seymour M./ROKKAN, Stein 1967: Cleavages Structures, Party Systems, and Voter Alignment: Cross-National Perspectives. New York: Free Press.

LUSKIN, Robert C. 1987: Measuring Political Sophistication, in: American Journal of Politics, 76, S. 856-899.

MURPHY, Detlef/NULLMEIER, Frank/RASCHKE, Joachim/RUBART, Frauke/ SARETZKI, Thomas 1981: Haben "links" und "rechts" noch Zukunft? Zur aktuellen Diskussion über die politischen Richtungsbegriffe, in: Politische Vierteljahresschrift, 22, S. 398-414.

OFFE, Claus 1985: New Social Movements: Challenging the Boundaries of Institutional Politics, in: Social Research, 52, S. 817-867.

PAPPI, Franz U. 1977: Sozialstruktur, gesellschaftliche Wertorientierungen und Wahlabsicht, in: Politische Vierteljahresschrift, 18, S. 195-229.

PAPPI, Franz U. 1985: Die konfessionell-religiöse Konfliktlinie in der deutschen Wählerschaft: Entstehung, Stabilität und Wandel, in: OBERNDÖRFER, Dieter/RATTINGER, Hans/SCHMITT, Karl (Hrsg.): Wirtschaftlicher Wandel, religiöser Wandel und Wertwandel. Folgen für das politische Verhalten in der Bundesrepublik. Berlin: Duncker & Humblot, S. 263-290.

SCHMITT, Karl 1985: Religiöse Bestimmungsfaktoren des Wahlverhaltens: Entkonfessionalisierung mit Verspätung?, in: OBERNDÖRFER, Dieter/RATTINGER, Hans/SCHMITT, Karl (Hrsg.): Wirtschaftlicher Wandel, religiöser Wandel und Wertwandel. Folgen für das politische Verhalten in der Bundesrepublik. Berlin: Duncker & Humblot, S. 291-329.

SCHUMANN, Siegfried 1990: Die Entbehrlichkeit des Postmaterialismus. Empirische Prüfungen, in: SCHMITT, Karl (Hrsg.): Wahlen, Parteieliten, politische Einstellungen, Frankfurt a.M.: P. Lang, S. 317-346.

VAN DETH, Jan W./GEURTS, Peter A.T.M. 1989: Value Orientation, Left-Right Placement and Voting, in: European Journal of Political Research, 17, S. 17-34.

VAN DER EIJK, Cornelis/NIEMÖLLER, Broer 1987: Electoral Alignments in the Netherlands, in: Electoral Studies, 6, S.17-30.

WILAMOWITZ-MOELLENDORFF, Ulrich von 1993: Der Wandel ideologischer Orientierungsmuster zwischen 1971 und 1991 am Beispiel des Links-Rechts-Schemas, in: ZA-Information, 32, S. 42-71.

Anhang I: Vorsichtige Schätzung der ideologischen Komponente 1976 sowie Längsschnittanalysen 1976-1987

Tabelle A1: Die Bedeutung der ideologischen Komponente (vorsichtige Schätzung)

	Ökonomomischer Cleavage		Religiöser Cleavage	Politische Kultur	
	Wirtschaftskontrolle	Wohlfahrtsstaat	Kircheneinfluß	Ordnung vs. Freiheit	MPM-Surrogat
Gesamtstichprobe					
n = 1734 r	-0,360	-0,082	-0,331	-0,188	-0,288
MW[1] = 6,273 r$_{part}$	-0,149	+0,034	-0,108	-0,098	-0,162
Zuwachs R^2	1,0%		0,5%		2,0%
Politisch Interessierte					
n = 141 r	-0,633	-0,370	-0,355	-0,356	-0,454
MW = 5,582 r$_{part}$	-0,283	-0,085	-0,046	-0,067	-0,150
Zuwachs R^2	3,8%		0,1%		1,2%
Politisch Desinterssierte					
n = 237 r	-0,305	+0,090	-0,407	-0,194	-0,103
MW = 6,675 r$_{part}$	-0,123	+0,150	-0,230	-0,133	-0,002
Zuwachs R^2	1,3%		2,6%		0,8%
Produktionsnahe					
n = 607 r	-0,322	-0,068	-0,330	-0,051	-0,162
MW = 6,328 r$_{part}$	-0,118	+0,003	-0,103	+0,010	-0,085
Zuwachs R^2	0,7%		0,5%		0,3%
Produktionsferne					
n = 841 r	-0,329	-0,042	-0,274	-0,277	-0,306
MW = 6,356 r$_{part}$	-0,139	+0,078	-0,080	-0,138	-0,154
Zuwachs R^2	0,9%		0,3%		2,4%
Kirchennahe vs. Kirchenferne					
n = 755 r	-0,404	-0,125	-0,425	-0,235	-0,363
MW = 6,193 r$_{part}$	-0,177	+0,002	-0,156	-0,162	-0,195
Zuwachs R^2	1,4%		1,0%		3,3%
Junge Gebildete vs. Alte					
n = 509 r	-0,534	-0,242	-0,492	-0,305	-0,434
MW = 6,057 r$_{part}$	-0,246	-0,063	-0,240	-0,101	-0,197
Zuwachs R^2	2,6%		1,8%		1,8%

[1] MW steht für Mittelwert

(Fortsetzung Tabelle A1)

	ideologische Komponente	Parteien-Komponente	Gesamt
	R^2 Zuwachs R^2	R^2 Zuwachs R^2	R^2
Gesamtstichprobe			
n = 1734	22,9%	49,0%	
MW = 6273	5,2%	31,3%	54,2%
Politisch Interessierte			
n = 141	46,1%	62,9%	
MW = 5,582	8,2%	24,9%	71,0%
Politisch Desinteressierte			
n = 237	26,3%	39,6%	
MW = 6,675	2,3%	27,2%	53,6%
Produktionsnahe			
n = 607	16,6%	50,6%	
MW = 6,328	2,3%	36,3%	52,9%
Produktionsferne			
n = 841	22,5%	51,1%	
MW = 6,356	4,5%	33,0%	55,5%
Kirchennahe vs. Kirchenferne			
n = 755	31,4%	52,0%	
MW = 6,193	9,0%	29,6%	61,0%
Junge Gebildete vs. Alte			
n = 509	43,8%	59,0%	
MW = 6,057	11,0%	26,2%	70,0%

Datenbasis: Wahlstudie 1976

Tabelle A2: Veränderung der A-Bedeutung der L-R-Skala zwischen 1976 und 1987 (optimistische Schätzung)

	ökonomischer Cleavage				religiöser Cleavage			
	1976	1980	1983	1987	1976	1980	1983	1987
Gesamtstichprobe								
r	0,358	0,232	0,256	0,245	-0,352	-0,122	-0,173	-0,052
r_{part}	-0,254	0,251	0,238	0,223	-0,233	-0,176	-0,171	-0,128
Zuwachs R^2	5,4%	6,0%	5,2%	4,6%	4,5%	2,9%	2,6%	1,5%
Politisch Interessierte								
r	-0,647	0,319	0,498	0,401	-0,360	-0,150	-0,052	0,087
r_{part}	-0,510	0,311	0,451	0,309	-0,132	-0,219	-0,146	-0,020
Zuwachs R^2	18,5%	8,4%	18,4%	8,0%	0,9%	3,9%	1,6%	0,0%
Politisch Desinteressierte								
r	-0,293	0,258	0,157	0,018	-0,392	-0,049	-0,186	-0,109
r_{part}	-0,210	0,270	0,161	0,035	-0,353	-0,101	-0,207	-0,111
Zuwachs R^2	3,9%	7,3%	2,5%	0,1%	11,4%	1,0%	4,2%	1,2%
Produktionsnahe								
r	-0,309	0,221	0,244	0,139	-0,319	-0,087	-0,126	-0,084
r_{part}	-0,210	0,234	0,245	0,125	-0,230	-0,123	-0,155	-0,108
Zuwachs R^2	3,9%	5,4%	5,8%	1,5%	4,7%	1,4%	2,2%	1,1%
Produktionsferne								
r	-0,337	0,228	0,252	0,281	-0,277	-0,131	-0,154	-0,073
r_{part}	-0,254	0,278	0,233	0,283	-0,208	-0,217	0,191	0,177
Zuwachs R^2	5,5%	7,4%	4,9%	7,3%	3,6%	4,4%	3,2%	2,7%
Kirchennahe vs. Kirchenferne								
r	-0,407	0,231	0,262	0,246	-0,420	-0,175	-0,155	-0,127
r_{part}	-0,264	0,245	0,225	0,202	-0,308	-0,203	-0,162	0,167
Zuwachs R^2	5,2%	5,6%	4,3%	3,5%	7,3%	3,7%	2,2%	2,4%
Junge Gebildete vs. Alte								
r	-0,522	0,251	0,281	0,315	-0,475	-0,198	-0,132	-0,120
r_{part}	-0,372	0,254	0,237	0,252	-0,340	-0,281	0,149	-0,113
Zuwachs R^2	9,4%	5,7%	5,1%	5,5%	7,7%	4,7%	1,9%	1,1%
Gebildete 32-45jährige								
r	-0,438	0,212	0,391	0,362	-0,244	0,092	0,092	0,021
r_{part}	-0,364	0,099	0,350	0,319	-0,143	0,089	0,089	-0,137
Zuwachs R^2	11,2%	0,9%	9,9%	8,1%	1,5%	0,9%	0,9%	1,3%

(Fortsetzung Tabelle A2)

	Politische Kultur				Insgesamt[1]			
	1976	1980	1983	1987	1976	1980	1983	1987
Gesamtstichprobe								
r	-0,290	-0,159	-0,246	-0,275				
r_{part}	-0,208	-0,120	-0,188	-0,233	1815	1517	1584	1926
Zuwachs R^2	3,5%	1,3%	2,2%	5,0%	21,7%	9,9%	12,9%	12,6%
Politisch Interessierte								
r	-0,452	-0,343	-0,249	-0,395				
r_{part}	-0,279	-0,274	-0,155	-0,306	145	138	124	126
Zuwachs R^2	4,5%	6,4%	1,8%	7,9%	47,3%	21,8%	27,6%	24,0%
Politisch Desinteressierte								
r	-0,099	-0,038	-0,110	-0,144				
r_{part}	-0,023	-0,005	-0,092	-0,135	255	190	250	355
Zuwachs R^2	0,0%	0,0%	0,8%	1,8%	20,1%	7,6%	7,3%	3,3%
Produktionsnahe								
r	-0,174	-0,055	-0,146	-0,189				
r_{part}	-0,110	-0,035	-0,098	-0,162	644	584	576	713
Zuwachs R^2	1,0%	1,0%	0,9%	2,5%	15,7%	6,4%	9,3%	5,8%
Produktionsferne								
r	-0,312	-0,138	-0,275	-0,289				
r_{part}	-0,243	-0,102	-0,208	-0,254	873	689	701	897
Zuwachs R^2	5,0%	0,9%	3,9%	5,7%	20,8%	10,9%	14,4%	16,4%
Kirchennahe vs. Kirchenferne								
r	-0,364	-0,217	-0,360	-0,359				
r_{part}	-0,254	-0,167	-0,304	-0,300	791	610	607	693
Zuwachs R^2	4,8%	2,5%	8,3%	8,1%	30,6%	12,6%	18,7%	17,6%
Junge Gebildete vs. Alte								
r	-0,428	-0,299	-0,292	-0,355				
r_{part}	-0,248	-0,246	-0,203	-0,279	529	440	493	651
Zuwachs R^2	3,8%	5,3%	4,0%	6,9%	41,3%	17,6%	14,7%	18,3%
Gebildete 32-45jährige								
r	-0,339	-0,269	-0,406	-0,453				
r_{part}	-0,254	-0,233	-0,315	-0,377	160	95	108	161
Zuwachs R^2	5,1%	4,8%	7,8%	14,2%	26,4%	9,4%	29,4%	28,7%

[1] Werte in der zweiten Zeile: Fallzahl; Werte in der dritten Zeile: R^2.

Tabelle A3: Veränderung der Bedeutung der L-R-Skala zwischen 1976 und 1987 (vorsichtige Schätzung)

	Ideologische Komponente				Parteien-Komponente				Insgesamt[1]			
	1976	1980	1983	1987	1976	1980	1983	1987	1976	1980	1983	1987
Gesamtstichprobe												
R^2	21,8%	9,8%	12,8%	12,6%	49,0%	47,4%	54,2%	51,8%	53,6%	49,9%	56,4%	54,1%
Zuwachs R^2	4,6%	2,5%	2,2%	2,3%	31,8%	40,0%	43,6%	41,5%	1804	1506	1563	1914
Politisch Interessierte												
R^2	47,3%	21,8%	26,7%	24,0%	64,0%	53,8%	55,7%	57,5%	71,6%	59,9%	61,5%	62,0%
Zuwachs R^2	7,6%	6,2%	5,7%	4,5%	24,3%	38,1%	34,7%	38,0%	145	138	123	125
Politisch Desinteressierte												
R^2	20,6%	7,0%	7,3%	3,3%	47,2%	23,2%	47,0%	32,1%	51,2%	26,7%	48,7%	33,3%
Zuwachs R^2	4,0%	3,6%	1,7%	1,1%	30,6%	19,7%	41,4%	30,0%	249	188	247	353
Produktionsnahe												
R^2	15,8%	6,5%	8,9%	5,8%	49,5%	46,1%	56,2%	53,7%	51,7%	47,6%	57,5%	54,4%
Zuwachs R^2	2,3%	1,5%	1,3%	0,7%	35,9%	41,1%	48,5%	48,6%	636	577	567	708
Produktionsferne												
R^2	20,8%	10,5%	14,2%	16,5%	51,4%	47,4%	51,0%	53,7%	55,0%	50,2%	53,7%	56,8%
Zuwachs R^2	3,6%	2,7%	2,7%	3,0%	34,2%	39,6%	39,5%	40,3%	873	685	694	894
Kirchennahe vs. Kirchenferne												
R^2	30,8%	12,7%	18,7%	17,7%	52,0%	44,1%	52,5%	50,6%	60,0%	48,7%	57,1%	54,8%
Zuwachs R^2	8,0%	4,6%	4,6%	4,2%	29,2%	36,0%	38,4%	37,0%	786	604	601	689

(Fortsetzung Tabelle A3)

	Ideologische Komponente				Partei-Komponente				Insgesamt[1]			
	1976	1980	1983	1987	1976	1980	1983	1987	1976	1980	1983	1987
Junge Gebildete vs. Alte												
R^2	41,3%	17,5%	14,5%	18,3%	58,1%	55,4%	55,9%	52,5%	67,6%	59,8%	58,0%	56,0%
Zuwachs R^2	9,5%	4,5%	2,1%	3,5%	26,2%	42,4%	43,5%	37,7%	527	436	485	646
Gebildete 32-45jährige												
R^2	26,4%	10,5%	29,2%	28,8%	33,3%	40,9%	49,9%	51,5%	45,3%	46,7%	58,4%	58,3%
Zuwachs R^2	12,0%	5,8%	8,5%	6,9%	18,9%	36,2%	29,2%	29,5%	160	93	107	160

[1] Werte zweite Zeile: n.

(Fortsetzung Tabelle A3)

	Ökonomischer Cleavage				Religiöser Cleavage				Politische Kultur			
	1976	1980	1983	1987	1976	1980	1983	1987	1976	1980	1983	1987
Gesamtstichprobe												
Zuwachs R^2	1,2%	1,2%	0,8%	0,8%	0,6%	0,4%	0,2%	0,2%	1,5%	0,8%	0,9%	1,0%
Politisch Interessierte												
Zuwachs R^2	4,1%	0,7%	3,7%	0,9%	0,1%	1,3%	0,0%	0,0%	1,1%	3,6%	0,4%	2,4%
Politisch Desinteressierte												
Zuwachs R^2	0,5%	3,3%	0,5%	0,5%	3,0%	0,3%	0,8%	0,8%	0,0%	0,1%	0,4%	0,1%
Produktionsnahe												
Zuwachs R^2	0,7%	1,2%	0,9%	0,2%	0,5%	0,3%	0,1%	0,0%	0,4%	0,6%	0,2%	0,4%
Produktionsferne												
Zuwachs R^2	0,8%	1,5%	0,7%	1,2%	0,4%	0,5%	0,4%	0,5%	1,5%	0,8%	1,2%	1,3%
Kirchennahe vs. Kirchenferne												
Zuwachs R^2	1,9%	1,3%	1,0%	0,9%	1,1%	0,6%	0,4%	0,4%	2,2%	2,2%	0,3%	2,2%
Junge Gebildete vs. Alte												
Zuwachs R^2	2,3%	1,3%	0,7%	1,5%	1,8%	0,9%	0,1%	0,1%	1,7%	1,9%	0,8%	1,1%
Gebildete 32-45jährige												
Zuwachs R^2	6,1%	0,1%	1,1%	1,9%	0,2%	1,1%	2,4%	0,5%	2,8%	3,4%	4,2%	4,1%

Anhang II: Mittelwerte und Standardabweichungen der analysierten Variablen in den verschiedenen Gruppen

a) 1976

Gruppe	L-R-Selbsteinstufg.	Wirtschaftskontrolle	Wohlfahrtsstaat	Kircheneinfluß	Ordng. vs. Freiheit	PM-Surrogat
Gesamtstichprobe						
n	1941	1913	1866	1920	1909	2057
MW	6,29	6,04	6,84	7,62	6,38	0,63
s	2,19	2,52	2,69	2,99	2,51	1,28
Politisch Interessierte						
n	156	149	150	150	148	160
MW	5,65	6,43	7,14	7,96	6,67	1,18
s	2,61	2,95	2,94	2,94	2,82	1,57
Politisch Desinteressierte						
n	280	269	263	274	269	313
MW	6,58	5,80	6,82	6,96	6,20	0,37
s	2,15	2,50	2,65	3,13	2,52	1,16
Produktionsnahe						
n	689	690	662	688	689	737
MW	6,35	6,21	6,88	7,63	6,26	0,45
s	2,12	2,53	2,74	3,06	2,50	1,11
Produktionsferne						
n	928	910	888	916	906	976
MW	6,35	5,83	6,71	7,71	6,35	0,72
s	2,14	2,45	2,64	2,93	2,49	1,30
Kirchennahe vs. Kirchenferne						
n	844	832	809	833	826	886
MW	6,21	6,13	6,96	7,57	6,40	0,74
s	2,39	2,66	2,80	3,26	2,66	1,41
Junge Gebildete vs. Alte						
n	574	553	541	552	554	601
MW	6,12	6,14	7,02	7,45	6,37	0,81
s	2,40	2,59	2,68	3,08	2,63	1,44
Gebildete 32-45jährige						
n	172	165	162	165	163	174
MW	6,12	5,61	6,36	7,68	6,53	1,06
s	1,83	2,34	2,34	2,84	2,30	1,38

b) 1980

	L-R-Selbsteinstufung	Gewerkschaftseinfluß	Kircheneinfluß	PM-Surrogat
Gesamtstichprobe				
n	1534	1583	1592	1616
MW	6,40	6,84	8,56	0,84
s	2,10	3,49	3,13	1,16
Politisch Interessierte				
n	140	139	140	139
MW	6,07	6,35	8,16	1,12
s	2,47	3,58	3,22	1,38
Politisch Desinteressierte				
n	191	219	219	225
MW	6,74	7,29	8,40	0,75
s	2,02	3,48	3,38	1,09
Produktionsnahe				
n	594	612	615	625
MW	6,47	6,82	8,78	0,72
s	2,15	3,57	3,10	1,02
Produktionsferne				
n	694	709	714	719
MW	6,40	6,92	8,53	0,91
s	2,04	3,41	3,15	1,13
Kirchennahe vs. Kirchenferne				
n	618	635	641	656
MW	6,43	6,80	8,07	0,88
s	2,22	3,48	3,45	1,22
Junge Gebildete vs. Alte				
n	445	461	466	476
MW	6,22	6,41	8,22	0,94
s	2,09	3,56	3,22	1,35
Gebildete 32-45jährige				
n	96	97	98	98
MW	6,09	7,06	8,96	0,96
s	1,85	3,19	2,58	1,28

c) 1983

	L-R-Selbsteinstufung	Gewerkschaftseinfluß	Kircheneinfluß	PM-Surrogat
Gesamtstichprobe				
n	1587	1605	1608	1622
MW	6,19	5,91	8,26	1,06
s	2,23	3,31	3,04	1,38
Politisch Interessierte				
n	124	126	126	126
MW	5,70	5,75	8,82	1,45
s	2,81	3,39	2,80	1,50
Politisch Desinteressierte				
n	251	256	256	262
MW	6,14	6,44	7,98	0,63
s	1,98	3,35	3,25	1,29
Produktionsnahe				
n	578	582	583	588
MW	6,17	5,95	8,53	0,87
s	2,19	3,38	2,93	1,16
Produktionsferne				
n	702	710	712	717
MW	6,19	5,86	8,18	1,16
s	2,25	3,23	3,09	1,38
Kirchennahe vs. Kirchenferne				
n	608	615	616	622
MW	6,33	6,02	8,01	1,20
s	2,40	3,44	3,26	1,54
Junge Gebildete vs. Alte				
n	494	498	500	507
MW	6,09	5,75	8,03	1,18
s	2,25	3,28	3,15	1,56
Gebildete 32-45jährige				
n	108	108	108	108
MW	5,69	5,81	8,27	1,63
s	2,29	3,21	3,06	1,67

d) 1987

	L-R-Selbsteinstufung	Gewerkschaftseinfluß	Kircheneinfluß	PM-Surrogat
Gesamtstichprobe				
n	1940	1945	1945	1942
MW	6,13	6,16	8,36	1,20
s	2,43	3,45	3,14	1,51
Politisch Interessierte				
n	127	127	127	126
MW	6,10	5,21	7,56	1,40
s	2,76	3,51	3,50	1,74
Politisch Desinteressierte				
n	357	359	359	362
MW	6,06	6,13	8,25	1,07
s	2,31	3,45	3,25	1,41
Produktionsnahe				
n	719	718	719	719
MW	6,13	6,25	8,63	1,02
s	2,53	3,49	3,13	1,39
Produktionsferne				
n	903	907	907	901
MW	6,15	6,27	8,32	1,22
s	2,36	3,38	3,03	1,50
Kirchennahe vs. Kirchenferne				
n	699	700	700	698
MW	6,06	6,11	8,22	1,34
s	2,52	3,51	3,27	1,71
Junge Gebildete vs. Alte				
n	655	659	658	659
MW	6,18	5,97	7,95	1,31
s	2,42	3,40	3,34	1,64
Gebildete 32-45jährige				
n	161	161	161	161
MW	6,04	6,07	8,16	1,70
s	2,14	3,28	2,95	1,65

Felix Büchel / Jürgen W. Falter

Der Einfluß der erwerbsbiographischen Situation auf die politische Einstellung: Eine Panel-Analyse mit Längsschnittdaten von Langzeitarbeitslosen

1. Problemstellung

Als Folge der Strukturanpassungen im wiedervereinigten Deutschland überschritt die Zahl der Arbeitslosen erstmals in der deutschen Nachkriegsgeschichte die Drei-Millionen-Grenze. Beachtenswert dabei ist, daß der starke Anstieg der Arbeitslosenquote nicht allein durch die als unumgänglich betrachteten Freisetzungen am ostdeutschen Arbeitsmarkt bedingt wird.[1] Nach einer kurzen Boom-Phase, ausgelöst durch die Produktion von Gütern für den importabhängigen ostdeutschen Verbrauchermarkt, steigen auch die Arbeitslosenzahlen im Westteil Deutschlands erneut an.

Besonders beunruhigend erscheinen die Entwicklungen in der Struktur der Arbeitslosigkeit. Der Anteil der Langzeitarbeitslosen im Osten Deutschlands hat, wie allgemein erwartet, bereits nach kurzer Zeit nahezu West-Niveau erreicht und steigt weiter stark an. Im Westen ging der Anteil der Langzeitarbeitslosen über mehrere Jahre hinweg jeweils leicht zurück. In jüngster Zeit ist jedoch auch hier ein erneuter Anstieg zu beobachten.[2]

Aus politologischer Sicht stellt sich die Frage, welche politischen Konsequenzen von den Arbeitslosen im allgemeinen und vor allem von denjenigen, die von der gravierendsten Form der Erwerbslosigkeit überhaupt, der Langzeitarbeitslosigkeit, betroffen sind, gezogen werden. Dies ist von unmittelbarer politischer Relevanz nicht

---

1   Wobei zu beachten ist, daß ein großer Teil faktischer Arbeitslosigkeit in der amtlichen Arbeitslosen-Quote noch gar nicht enthalten ist (Kurzarbeit, Fortbildung und Umschulung, Vorruhestand).
2   Anzahl der Langzeitarbeitslosen per Ende September 1991 (alte Bundesländer): 454.894 Personen. Dies entspricht einem Anteil an der Gesamtgruppe der Arbeitslosen von 28,3% (Quelle: Eigene Berechnung aus BA 1992: 414 - Übersicht I/69-). In den neuen Bundesländern steigt der Anteil an Personen, die über einen längeren Zeitraum hinweg von Arbeitslosigkeit betroffen sind, kontinuierlich an (Stand Mitte November 1991: rund 230.000 Personen = 24% der Arbeitslosen; Operationalisierung: Eintritt in Arbeitslosigkeit vor Nov. 1990, ein Jahr danach noch oder wieder arbeitslos, vgl. IAB 1992: 4).

nur für die Regierungsparteien, sondern für die Demokratie in der Bundesrepublik, da ungewiß ist, ob die von Arbeitslosigkeit betroffenen Wähler "nur" mit Apathie, einer Abwendung von den Regierenden hin zur parlamentarischen Opposition oder gar mit einer Radikalisierung reagieren.

In der sozialwissenschaftlichen Literatur gibt es mehrere konkurrierende Annahmen über die politischen Folgen von Arbeitslosigkeit, wobei jedoch oft nicht klar ist, auf welche Ebene sich diese Annahmen beziehen: auf die individuelle der unmittelbar oder mittelbar Betroffenen, also der Arbeitslosen, ihrer Angehörigen, Kollegen, Nachbarn etc. selbst, oder die des gesamten Elektorats, das auf das störende Faktum der Arbeitslosigkeit in einer bestimmten Weise reagiert. Auch liegen nach unserer Beobachtung für die Gruppe der Langzeitarbeitslosen selbst nur ad hoc-Hypothesen vor, was sich sicherlich nicht zuletzt daraus erklärt, daß diese Gruppe zwar innerhalb der Erwerbslosen häufig einen stattlichen, innerhalb der Wahlberechtigten aber bisher nur einen vernachlässigbaren, für Wahlentscheidungen auf der gesamtstaatlichen Ebene kaum ausschlaggebenden Bruchteil ausmacht. Diese Situation dürfte sich im Zuge der ökonomischen Verwerfungen im Osten Deutschlands jedoch deutlich ändern. Mit seinen wesentlich höheren amtlichen und vor allem seinen mengenmäßig sehr erheblichen verdeckten Arbeitslosenzahlen sowie einer dramatisch steigenden Zahl von Langzeitarbeitslosen kann die Reaktion der Betroffenen vor allem bei kommunalen, aber auch - im Falle knapper Mehrheiten - bei manchen regionalen Wahlen wahlentscheidend wirken. Aus diesem Grunde ist der Blick auf den Effekt, den Langzeitarbeitslosigkeit auf die Parteipräferenzen der unmittelbar Betroffenen hat, durchaus nicht nur von theoretischem Interesse, sondern auch von unmittelbarer und - im wichtigen Wahljahr 1994 - von aktueller politischer Relevanz.

Wir wollen im folgenden zunächst eine kurze Skizze der in der Literatur anzutreffenden einschlägigen Hypothesen zum Thema "Politische Effekte von Arbeitslosigkeit" geben, wobei wir uns auf einige der wichtigeren individuellen Reaktionshypothesen beschränken wollen. Der Hauptteil unserer Untersuchung besteht aus der empirischen Überprüfung der beiden wichtigsten Hypothesen - Abwendung vom Parteiensystem versus Abwendung von den Regierungsparteien hin zur Opposition - im individuellen Verlauf einer (Langzeit-) Arbeitslosenbiographie, wobei wir uns auf die Daten des größten derzeit für die Bundesrepublik verfügbaren sozialwissenschaftlichen Panels stützen.

2. Theoretische Vorüberlegungen

In der sozialwissenschaftlichen Literatur finden sich über die politischen Effekte von Arbeitslosigkeit zwei Klassen von Hypothesen: Beteiligungs- und Wählerwanderungshypothesen, die jedoch häufig nicht hinreichend spezifiziert sind, so daß sich aus ihnen nur unter bestimmten Einschränkungen (Geltung nur für eine Aussagenebene etc.) oder unter Hinzufügung von Zusatzannahmen überprüfbare Voraussagen ableiten lassen.

(a) Beteiligungshypothesen

Die bekannteste Beteiligungsthese ist sicherlich die auf die klassische Marienthal-Untersuchung von JAHODA, LAZARSFELD und ZEISEL (1933) zurückgehende Apathiehypothese. Wahrscheinlichste Reaktion auf langandauernde Erwerbslosigkeit und die daraus resultierende psychische und soziale Deprivation der Betroffenen und ihrer Familien sei politische Interesselosigkeit, ja allgemeine Lethargie. Daher sei zu erwarten, daß Arbeitslose sich verstärkt aus der politischen Arena zurückzögen, ihr politisches Engagement verlören und sich seltener an Wahlen beteiligten als Erwerbstätige.

Alternativ dazu wird ab und zu als diametral entgegengesetzte Annahme die sogenannte Mobilisierungsthese aufgestellt, die allerdings selten isoliert, sondern im allgemeinen zusammen mit der sogenannten Radikalisierungsthese formuliert wird.[3] Ihr zufolge führt Arbeitslosigkeit zu erhöhter politischer Partizipation, da von Arbeitslosigkeit betroffene Wähler sich politisch verstärkt engagierten und vermehrt ihre Stimme abgäben, um politischen Einfluß in ihrem Sinne ausüben zu können (vgl. FALTER 1984).

(b) Wählerwanderungshypothesen

Die bekannteste und wohl auch plausibelste Reaktionshypothese ist sicher die sogenannte Anti-Regierungshypothese. Sie geht davon aus, daß Wähler in Antwort auf die Verschlechterung ihrer persönlichen wirtschaftlichen Lage als Folge der Arbeitslosig-

---

3   Auf diese Hypothese soll im Rahmen dieser Studie nicht weiter eingegangen werden, da das verfügbare Datenmaterial (vgl. Abschnitt 3.1) eine empirische Überprüfung aufgrund zu geringer Fallzahlen nicht erlaubt.

keit dazu tendierten, die Regierungsparteien durch Stimmenentzug zu bestrafen, unabhängig davon, welche Parteien gerade die Regierung bilden. Die "Bestrafung" der Regierung kann dabei einerseits durch die Wahl einer systemloyalen, andererseits durch Hinwendung zu einer systemkritischen oder sogar systemfeindlichen Oppositionspartei erfolgen (vgl. RATTINGER 1980, FALTER 1985).

Hiervon zu unterscheiden ist die Klientelenhypothese, die von einer Art Solidarisierungs- und Identifikationseffekt ausgeht, der bei den Betroffenen durch die Erfahrung ihre eigenen negativen Wirtschaftsentwicklung ausgelöst werde. Arbeitslose wenden sich dieser Hypothese zufolge in verstärktem Maße den Parteien zu, denen sie sich traditionellerweise politisch verbunden fühlten und von denen sie sich am ehesten soziale Unterstützung und Maßnahmen zur Verbesserung ihrer wirtschaftlichen Lage erhoffen, unabhängig davon, ob diese in der Regierung sind oder in der Opposition stehen. Auch von dieser Art der Reaktion können sowohl systembejahende als auch systemoppositionelle Parteien profitieren (vgl. RATTINGER 1980, KIEWIET 1983).

Sowohl bei der Anti-Regierungshypothese als auch bei der Klientelenhypothese handelt es sich um Bewegungshypothesen, die keine Aussagen über das Niveau der Parteibindung bestimmter Wählergruppen, sondern über Reaktionen von Wählern auf bestimmte ökonomische Situationen treffen, die auf dieses Niveau "aufmoduliert" werden. Dies kann sich darin äußern, daß nach der Klientelenhypothese beispielsweise unter einer SPD-Regierung gewerkschaftlich gebundene Arbeiter im Falle der Arbeitslosigkeit eher bei der ihnen traditionell verbundenen Partei, der SPD, bleiben als ihre erwerbstätigen ehemaligen Kollegen. Dagegen würde die Anti-Regierungshypothese für diesen Fall eine erhöhte Abwanderungswahrscheinlichkeit der Betroffenen prognostizieren. Befindet sich jedoch die SPD wie in den vergangenen zehn Jahren (und damit während des von uns untersuchten Zeitraums) in der Opposition, verliefen die Wählerbewegungen beiden Wanderungshypothesen zufolge im Falle der gewerkschaftlich gebundenen erwerbslosen Arbeiter gleich, nämlich tendenziell weg von den Regierungs- und hin zu den Oppositionsparteien. Im Falle von Arbeitslosen, die gleichzeitig praktizierende Katholiken (und nicht gewerkschaftlich gebunden) sind, würden hingegen beide Reaktionshypothesen unterschiedliche Bewegungen voraussagen: die Anti-Regierungshypothese ginge von einem Abfall von der traditionell gewählten Partei, also der Union aus, die Klientelenhypothese hingegen von einer Tendenz zu verstärkten Bindungen an CDU und CSU oder zumindest einer geringeren Abwanderungswahrscheinlichkeit.[4]

Beide Bewegungshypothesen lassen sich als "rationalistische" Hypothesen im Sinne der Ökonomischen Theorie der Politik konstruieren, da in beiden Fällen zielgerichtetes Handeln vorliegt.

3. Untersuchungsansatz

3.1 Datenbasis und Fallselektion

Die empirische Untersuchung stützt sich auf Daten des Sozio-ökonomischen Panels (SOEP). Diese Datenbasis enthält vielfältige Längsschnitt-Informationen auf Haushalts- und Personenebene. Die Erhebung wurde im Jahr 1984 als DFG-Projekt gemeinsam vom Deutschen Institut für Wirtschaftsforschung DIW, Berlin, und dem Sonderforschungsbereich 3 der Universitäten Frankfurt/M. und Mannheim ("Mikroanalytische Grundlagen der Gesellschaftspolitik") gestartet. Die Stichprobenziehung war für die Wohnbevölkerung der damaligen BRD weitgehend repräsentativ. Im Startjahr befragte das mit der Erhebung beauftragte Institut Infratest Sozialforschung, München, 5.969 Haushalte mit 12.358 Personen ab 16 Jahren. Den Befragungspersonen wurde dabei ein Fragebogen mit Fragen zu Fakten und Meinungen aus den verschiedensten Lebensbereichen vorgelegt. Mit einem jeweils nur leicht modifizierten Fragebogen wurden in der Folge die Mitglieder der ausgewählten Haushalte sowie deren Abspaltungen in jährlichen Abständen wiederbefragt. Im Jahr 1990 wurde für das Gebiet der neuen Bundesländer eine Zusatzstichprobe gezogen. Nach Ablauf der letzten Förderperiode des Sonderforschungsbereichs 3 liegt die Projektleitung beim DIW; das Projekt SOEP soll nach Möglichkeit unbefristet fortgeführt werden (zu Details des Erhebungskonzepts vgl. PROJEKTGRUPPE "DAS SOZIO-ÖKONOMISCHE PANEL" 1991).

Für die vorliegende Untersuchung werden die Daten der Befragungsjahre ("Wellen") 1984 - 1991 ausgewertet. Die Analyse beschränkt sich auf die westdeut-

---

4   Diese Hypothese wurde von H. RATTINGER in Anschluß an D. HIBBS in die deutsche Diskussion eingeführt (vgl. HIBBS 1977, RATTINGER 1980, FALTER/RATTINGER/ZINTL 1986).

sche Panel-Population. Entsprechend der vorliegenden Fragestellung werden Ausländer aus der Untersuchung ausgeschlossen.

Ein wesentliches Charakteristikum des SOEP ist dessen gemischte Struktur hinsichtlich des zeitlichen Bezugs der erhobenen Daten. Der klassische Variablentypus informiert über Zustände der Befragungshaushalte und -personen zum jeweiligen Befragungszeitpunkt. Darüber hinaus wird über ein System von Retrospektivfragen versucht, ein soziales Bild der Befragten für die Zeit zwischen zwei Erhebungszeitpunkten zu gewinnen. Zum einen wird dies über "Seit wann"-Fragen realisiert, zum anderen über ein Aktivitätenkalendarium auf Monatsbasis. Letzteres wird in dieser Untersuchung für die Grobselektion der Fälle herangezogen.

Es gehen nur Personen in die Untersuchung ein, deren Erwerbsbiographie in der Zeit von Januar 1983[5] bis zum Befragungszeitpunkt der letzten ausgewerteten Welle 1991 (mindestens) eine Periode der Langzeitarbeitslosigkeit, d.h. eine mindestens zwölf Monate anhaltende Arbeitslosigkeit, aufweist.[6] Dies ist bei 537 Personen der Fall.[7] Um den Auswertungszeitraum bezüglich der politischen Rahmenbedingungen homogener zu gestalten, werden in dieser Untersuchung nur diejenigen Informationen zur Parteineigung ausgewertet, die in den Jahren 1988 bis 1991 erhoben wurden.

3.2 Operationalisierung der politischen Einstellung

In dieser Untersuchung wird die politische Einstellung über die Parteipräferenz operationalisiert. Die klassische Wahlsonntagsfrage[8] ist im SOEP-Fragebogen allerdings nicht enthalten. Stattdessen wird in jeder Welle die Parteineigung der befragten

---

5   Startzeitpunkt des retrospektiven Aktivitäten-Kalendariums der ersten Befragungswelle 1984.
6   Es gehen auch Personen mit unvollständigen Kalendarien in die Fallselektion ein. Hauptgründe für ein solches Muster sind: späterer Eintritt in die Panel-Population durch Überschreiten der 16-Jahres-Altersgrenze bei Mitgliedern eines Panel-Haushalts oder Zuzug in einen Panel-Haushalt; Austritt aus der Panel-Population durch - temporäre oder definitive - Teilnahmeverweigerung oder Wegzug ins Ausland. Das der vorliegenden Untersuchung zugrundegelegte methodische Konzept (vgl. Abschnitt 3.3) läßt sowohl links- als auch rechtsseitige Zensierungen der Periode der Langzeitarbeitslosigkeit zu.
7   Diese Fallzahl reduziert sich im folgenden noch durch zusätzliche Randbedingungen (Mindestalter 18 Jahre, auswertbare Information zur politischen Einstellung; vgl. Abschnitt 3.3).
8   "Wie würden Sie wählen, wenn am nächsten Sonntag Bundestagswahl wäre?"

Personen erhoben.[9] Diese Information erscheint jedoch für die Bearbeitung der vorliegenden Fragestellung ohnehin deutlich besser geeignet als die Antworten auf eine Sonntagsfrage: Es sollen nicht Entwicklungstendenzen des situativen, von kurzfristigen Ereignissen beeinflußbaren Wählerverhaltens untersucht werden, sondern tiefergehende Veränderungen in den Beziehungen zwischen Bürger und Parteiensystem.

Die im SOEP verfügbare Information zur Parteineigung der Befragten wird zweistufig ausgewertet.

In einem ersten Auswertungsschritt wird unterschieden, ob die Befragungspersonen einer Partei zuneigen oder nicht.[10] Diese Unterscheidung erlaubt zunächst die Prüfung der Hypothese, daß sich Arbeitslose im Lauf der Zeit enttäuscht vom gesamten Parteiensystem abwenden. In diesem ersten Auswertungsschritt wird somit noch nicht danach differenziert, welcher bestimmten Partei zugeneigt wird. Fehlende Werte werden hauptsächlich durch Wellenausfall erzeugt; Antwortverweigerungen oder ungültige Angaben[11] sind sehr selten (vgl. Abbildung 1 unten).

In den zweiten Auswertungsschritt gehen nur noch Angaben ein, die eine Neigung zu einer - beliebigen - Partei ausdrücken.[12]

Eine differenzierte Auswertung der Parteineigung auf der Ebene einzelner Parteien stößt auf zwei Probleme. Zum einen stellt sich wegen des Längsschnitt-Charakters der Auswertung die Frage, wie das Auftreten der Partei der Republikaner ab Welle 1990 methodisch sinnvoll in den Untersuchungsansatz integriert werden könnte. Zum anderen - und dies ist für die Entscheidung für ein alternatives Vorgehen ausschlaggebend - wäre bei einer unveränderten Auswertung der Detail-Informationen zur Parteineigung aufgrund der limitierten Fallzahl der Untersuchung (vgl. Abschnitt 3.3) ein

---

9   Die Fragestellung blieb idealerweise über alle Befragungsjahre hinweg unverändert: "Viele Leute in der Bundesrepublik neigen längere Zeit einer bestimmten Partei zu, obwohl sie auch ab und zu eine andere Partei wählen. Wie ist das bei Ihnen: Neigen Sie - ganz allgemein gesprochen - einer bestimmten Partei zu?". Antwortkategorien: "ja", "nein", "weiß nicht"; falls "ja": Frage nach der Partei (Auflistung der wichtigsten Parteien einschließlich der Restkategorie "Andere") sowie Frage nach der Intensität der Parteineigung (ordinal mit fünf Ausprägungen von "sehr stark" bis "sehr schwach").
10 Codierung: 0 = Neigung zu (irgend-)einer Partei; 1 = keine Parteineigung.
11 Angabe: "Neige keiner Partei zu" bei gleichzeitiger Angabe einer Partei, der man zuneigt.
12 Ausprägung des Dummies der ersten Auswertungsstufe: = 0.

statistisch sinnvoller Schluß von den Untersuchungsergebnissen auf die Grundgesamtheit der Wahlberechtigten der BRD kaum sinnvoll.

Es werden deshalb die differenzierten Angaben zur Parteineigung zu einer neuen Variablen mit zwei Ausprägungen aggregiert. Unterschieden wird, ob eine Person zum Befragungszeitpunkt einer Bonner Regierungspartei (= CDU/CSU oder FDP) zuneigt oder aber einer Partei, die sich auf Bundesebene in der Opposition - parlamentarisch oder außerparlamentarisch - befindet (= alle übrige Parteien)[13]; die Stärke dieser Parteineigung bleibt dabei unberücksichtigt. Eine fehlende Parteineigung hat bei diesem dichotomen Konzept methodisch den Status eines missing value.[14]

Die Entscheidung zu dieser Form der Operationalisierung basiert im wesentlichen auf drei Überlegungen.

Zum ersten setzt sich die vorliegende Untersuchung nicht alleine das Ziel einer (partialanalytischen) empirischen Überprüfung der in Abschnitt 2 vorgestellten Theorieansätze. Sie versteht sich auch als praktischen Beitrag zu der Frage, welche politische Wirkungen von einer sich sozial verfestigenden, langanhaltenden Form von Arbeitslosigkeit ausgehen könnte. Wirkt sich eine Verschiebung in der Struktur der Parteineigungen, wie zu erwarten, auf das spätere Wahlverhalten aus, so entscheidet auf Bundesebene - trivialerweise - die Relation der Stimmenzahl für das derzeitige Regierungslager zu jener für die parlamentarische Opposition über den Fortbestand der Bonner Regierungskoalition.[15]

Zum zweiten ist entscheidend, daß die Aktivitäten der öffentlichen Arbeitsverwaltung hauptsächlich in den Kompetenzbereich des Bundes fallen. Sofern Arbeitslose nicht sich selbst oder die Arbeitgeberseite, sondern ganz allgemein "die Politik" für ihren Status verantwortlich machen, so adressiert sich der Unmut konsequenterweise an die Bundesregierung. Die politisch rationale Verhaltensweise ist in diesem Fall das Sympathisieren mit einer auf Bundesebene oppositionellen Partei.

---

13 Im folgenden kurz: Oppositionspartei.
14 Im folgenden auch "ungültiger Wert". Auch diese Bezeichnung ist nicht inhaltlich, sondern allein methodologisch und auf das vorliegende Untersuchungsdesign bezogen, zu verstehen.
15 Bei dieser Überlegung ist allerdings der Bedeutungsverlust derjenigen Stimmen zu berücksichtigen, die für Parteien abgegeben werden, die an der Fünf-Prozent-Klausel scheitern.

Zum dritten spricht für die gewählte Form der Operationalisierung die Tatsache, daß sich die wichtigsten Oppositions-Parteien (SPD, Grüne, Republikaner) sämtlich bemühen, sich dezidiert als Interessenvertreter der sozial Schwachen zu profilieren. Bezüglich dieser Zielsetzung erscheinen die drei Parteien aus der Perspektive eines von längerer Arbeitslosigkeit betroffenen und eventuell politisch enttäuschten Regierungsanhängers homogen. Der Informationsverlust durch die Aggregation der verschiedenen Parteien zu einer Sammelkategorie mit der Ausprägung "oppositionell" ist deshalb für die vorliegende partielle Fragestellung nur mit geringem Informationsverlust verbunden.

Abbildung 1 informiert über die Struktur der auswertungsgerecht rekodierten Angaben zur Parteineigung.

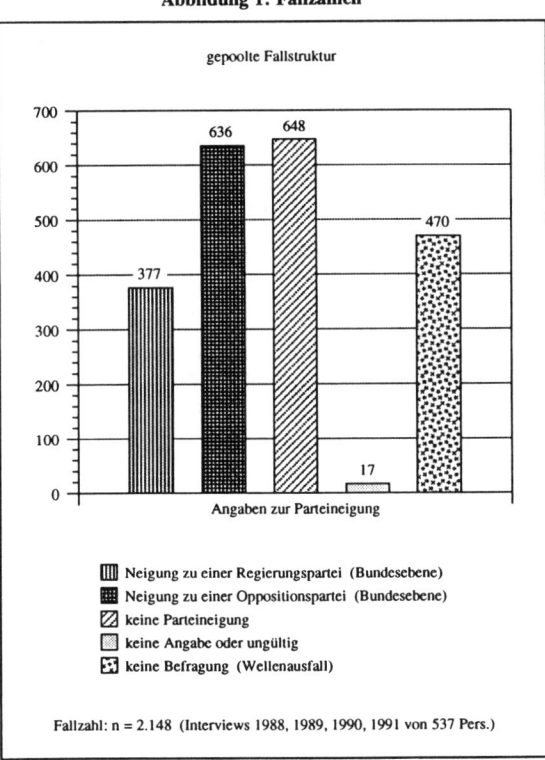

Abbildung 1: Fallzahlen

gepoolte Fallstruktur

- ▥ Neigung zu einer Regierungspartei (Bundesebene): 377
- ▨ Neigung zu einer Oppositionspartei (Bundesebene): 636
- ▧ keine Parteineigung: 648
- ▢ keine Angabe oder ungültig: 17
- ▦ keine Befragung (Wellenausfall): 470

Fallzahl: n = 2.148 (Interviews 1988, 1989, 1990, 1991 von 537 Pers.)

3.3 Methodisches Konzept und Auswertungsverfahren

Bei einer Analyse des Einflußes der erwerbsbiographischen Situation auf die politische Einstellung besteht die Wahl zwischen einem dynamischen und einem statischen methodischen Konzept.

Ein dynamisches Konzept hätte die Veränderung der politischen Einstellung der Untersuchungspersonen im zeitlichen Verlauf zu kategorisieren. Diese Information wäre dann mit der aus dem selben Zeitabschnitt gewonnenen, ebenfalls zu kategorisierenden Information zur Veränderung der erwerbsbiographischen Situation zu verknüpfen. Eine hinreichend differenzierte Analyse stößt bei diesem Konzept aufgrund der vielfältigen Übergangsvarianten bei politischer Einstellung und erwerbsbiographischer Situation schnell auf Fallzahlprobleme.

Die vorliegende Untersuchung basiert deshalb auf einem statischen methodischen Konzept, welches allerdings die volle verfügbare Längsschnittinformation zur Erwerbsbiographie der Untersuchungspersonen nutzt. Im folgenden wird der Grundgedanke dieses Konzepts kurz skizziert.

Die statische, das heißt zeitpunktbezogene Angabe zur Parteineigung der Befragten wird mit der Information zu deren erwerbsbiographischen Situation zum Befragungszeitpunkt verknüpft. Methodisch von Bedeutung ist dabei, daß die erwerbsbiographische Situation nicht absolut, sondern vielmehr zeitlich relativ zu der Periode der Langzeitarbeitslosigkeit - die ein selektionsbestimmendes Merkmal aller Untersuchungspersonen darstellt - charakterisiert wird (zur genauen Operationalisierung vgl. Abschnitt 3.4.1).

Sodann wird der Einfluß der so charakterisierten erwerbsbiographischen Situation auf die politische Einstellung ermittelt.

Im ersten Auswertungsschritt wird zunächst in einer deskriptiven Darstellung der Zusammenhang zwischen erwerbsbiographischer Situation und der Neigung zu einer politischen Partei ermittelt. Die Ergebnisse finden sich in Abbildung 3.

Unter Kontrolle weiterer wichtiger persönlicher Merkmale (zur Operationalisierung vgl. Abschnitt 3.4.2) wird anschließend mit einem multivariaten Logit-Verfahren[16] untersucht, inwieweit die relative erwerbsbiographische Situation die Wahrscheinlichkeit beeinflußt, keiner politischen Partei zuzuneigen; als Alternativoption gilt die Neigung zu einer (beliebigen) Partei. Die Ergebnisse dieser Auswertung finden sich in Tabelle 1.

In einem zweiten Schritt werden nach analoger deskriptiver Auswertung (Abbildung 4) mit dem gleichen Auswertungsverfahren die Determinanten ermittelt, einer auf Bundesebene oppositionellen Partei zuzuneigen; als Alternativoption gilt die Neigung zu einer der Bonner Koalitionsparteien CDU/CSU und FDP. Die Ergebnisse dieser zweiten Auswertung sind in Tabelle 2 dokumentiert.

Für beide Auswertungsschritte werden im Sinne eines Pre-Tests für den Auswertungszeitraum 1988 - 1991 sämtliche gültigen Informationen zur Parteineigung ausgewertet. Pro Befragungsperson können dabei mehrere[17] Werte in die Untersuchung eingehen. Die Ergebnisse dieser gepoolten Auswertung finden sich in den ersten Spalten von Tabellen 1 und 2 (Modelle 1a, 2a).

Bei einer gepoolten Modell-Schätzung wird die Information vernachlässigt, daß verschiedene Ausprägungen der abhängigen Variablen von einer einzelnen Person stammen können. In einem solchen Fall unterliegen die erhobenen Informationen nur einer intrapersonellen Varianz im Zeitverlauf und sind entsprechend nicht auf interpersonelle Heterogenität zurückzuführen. Die damit verbundene Verletzung der Störterm-Annahmen ist - aufgrund der asymptotischen Konsistenz der geschätzten Para-

---

16 Im vorliegenden Fall einer dichotomen abhängigen Variablen y mit den Ausprägungen 0 und 1 lautet die Modellgleichung:

$\ln(p(y=1)/(1 - p(y=1))) = \Sigma \beta_k x_k$.

Die partielle Wirkung der Ausprägung einer bestimmten unabhängigen Variablen auf die Wahrscheinlichkeit $p(y=1)$ läßt sich danach über die Gleichung

$p(y=1) = \exp(\beta_k x_k) / (1 + \exp(\beta_k x_k))$

direkt bestimmen. Zu Einzelheiten dieses Auswertungsverfahrens vgl. AMEMIYA (1986: 268ff.).

17 Genauer: bis zu vier (zeitlich in Jahresabständen versetzte) Angaben.

meter im gepoolten Modell[18] - nur bei sehr großem Stichprobenumfang unproblematisch. Stehen nur kleine oder mittlere Stichproben zur Verfügung, so ist man deshalb gehalten, die mit dem gepoolten Modell gewonnenen Ergebnisse zu validieren. Im vorliegenden Fall stehen dafür zwei Varianten zur Verfügung. Entweder wird ein Modell eingesetzt, welches die spezifische Panelstruktur des ausgewerteten Datensatzes nutzt und dabei gleichzeitig für unbeobachtete Heterogenität kontrolliert oder aber eines, welches pro Person nur eine einzige Ausprägung der abhängigen Variablen zuläßt.

In der vorliegenden Untersuchung wird die letztere Variante gewählt.[19] Nach den oben beschriebenen gepoolten Pre-Tests werden in beiden Auswertungsschritten - ebenfalls mit einem Logit-Ansatz und mit unverändertem unabhängigen Variablensatz - reine Querschnitts-Modelle geschätzt. Pro Person gehen nicht mehr sämtliche für den Zeitraum 1988 - 1991 verfügbaren Angaben zur politischen Einstellung in die Auswertung ein, sondern nur noch die erste in diesem Zeitraum erhobene gültige Information.[20] Die Ergebnisse dieser Querschnitts-Auswertungen finden sich in den zweiten Spalten von Tabelle 1 und 2 (Modelle 1b, 2b).

3.4 Operationalisierung der Determinanten der politischen Einstellung

Aufgrund der gleichgerichteten theoretischen Hypothesenbildung werden für beide Auswertungsschritte die gleichen exogenen Variablensätze eingesetzt. Die vermutete Einfluß-Variable "relative erwerbsbiographische Situation" hat zwar schätztechnisch den gleichen Stellenwert wie die übrigen unabhängigen Variablen. Aufgrund der

---

18 Vgl. MADDALA (1987: 324).
19 Die Schätzung eines Random Effects Probit - Modells nach MADDALA (1987: 317ff.), welches längs-/querschnittskombiniert die volle spezifische Informationsstruktur eines Paneldesigns nutzt und gleichzeitig zu konsistenten Schätzparametern führt, blieb, angewandt auf die in dieser Untersuchung ausgewerteten Daten, numerisch instabil. Diese Instabilität dürfte auf fehlende intrapersonelle Varianz der unabhängigen Variablen über den Zeitverlauf hinweg zurückzuführen sein.
20 Die Verwendung dieser flexiblen Struktur im Gegensatz zu derjenigen eines starren Jahres-Querschnitts führt zu einer Fallzahlerhöhung. Dabei wird allerdings unterstellt, daß die untersuchten Kausalbeziehungen über den Zeitraum 1988 - 1991 weitgehend stabil blieben. Diese Annahme wird über die Einbeziehung von Jahres-Dummies in die multivariaten Analysen kontrolliert (vgl. Abschnitt 3.4.2). Eine exakte Ein-Zeitpunkt-Aufnahme wäre - mit Daten des SOEP - allerdings auch durch einen Ein-Jahres-Querschnitt nicht zu erhalten, da sich der Erhebungszeitraum für jeweils eine Befragungswelle über mehrere Monaten hinweg erstreckt.

hervorgehobenen inhaltlichen Bedeutung dieser Variablen erfolgt die Beschreibung ihrer Codierung jedoch in einem separaten Kapitel.

3.4.1 Erwerbsbiographische Position der Befragungszeitpunkte

Die Operationalisierung der zeitlichen Relation von Erhebungszeitpunkt der Angabe zu politischer Einstellung und erwerbsbiographischer Situation der Befragten erfolgt unter Verknüpfung der Informationen aus dem Tätigkeitskalendarium[21] und der Angabe zum Befragungsdatum pro Erhebungsjahr[22]. Bei der gegebenen Fragestellung orientiert sich die Operationalisierung sinnvollerweise an der Periode der Langzeitarbeitslosigkeit, die alle ausgewerteten Biographieverläufe aufweisen. Als erstes Kategorisierungskriterium bietet sich die Unterscheidung an, ob die Information zur politischen Einstellung vor, während oder nach der durchlaufenen Periode der Langzeitarbeitslosigkeit erhoben wurde. Diese Kategorien werden sodann zum Teil weiter differenziert.

Erfolgt eine Befragung während der Periode der Langzeitarbeitslosigkeit, so dürfte von Interesse sein, ob diese in der Frühphase dieser Periode oder erst später durchgeführt wurde. Inhaltlich geht es dabei um die Prüfungsmöglichkeit der Hypothese, daß die Befragungsperson im Verlauf ihrer Langzeitarbeitslosigkeit dazu tendiert, das zunächst als individuelles Schicksal betrachtete Anhalten der Arbeitslosigkeit mehr und mehr der fehlenden Problemlösungskompetenz der Politik, der die Steuerung der wirtschaftlichen Rahmenbedingungen obliegt, zuzuschreiben (vgl. Abschnitt 2). Eine differenziertere zeitliche Abstufung der fortschreitenden Periode der Arbeitslosigkeit ist aus Fallzahlerwägungen nicht zu leisten. Bei einer einfachen Abgrenzung von Früh- und Spätphase erscheint es zweckmäßig, die Grenze nach Ablauf des ersten in Arbeitslosigkeit verbrachten Jahres zu ziehen. Vor Erreichen dieses Zeitpunkts sind die Betroffenen methodisch als "normale" Arbeitslose zu betrachten; erst nach diesem Zeitpunkt erfolgt der Übergang in die "eigentliche" Langzeitarbeitslosigkeit. Der neu zu generierenden Variablen, die die zeitliche Relation von Befragungszeitpunkt und

---

21   Informationen auf Monatsebene für den Zeitraum von Januar 1983 bis zur Befragung 1991.
22   Für die ausgewerteten Befragungsjahre 1988 - 1991 (vgl. Abschnitt 3.3). In einigen wenigen Fällen ist nur die Information zum Befragungsjahr, nicht aber die zum Monat des Personeninterviews verfügbar. In diesen Fällen wird als Interviewmonat derjenige Monat übernommen, in dem die meisten Interviews des entsprechenden Jahres durchgeführt wurden.

Erwerbsbiographie nachbilden soll, wird die Ausprägung 1 zugewiesen, sofern eine Befragung im ersten Jahr der Periode der Langzeitarbeitslosigkeit[23] erfolgt; wird die Befragung zu einem späteren Zeitpunkt, aber noch immer in Langzeitarbeitslosigkeit, durchgeführt, so erhält sie die Ausprägung 2.

Ist die Periode der Langzeitarbeitslosigkeit zum Befragungszeitpunkt bereits abgeschlossen, so werden unter Berücksichtigung verschiedener erwerbsbiographischer Zustände ebenfalls zwei Subkategorien gebildet. Ein Arbeitslosenschicksal kann erwerbsbiographisch - und im vorliegenden Untersuchungszusammenhang: mental - erst als überwunden gelten, wenn eine stabile berufliche Reintegration gelingt. Erfolgt bereits nach kurzer Zeit ein erneuter Eintritt in die Arbeitslosigkeit, so werden die positiven Zukunftserwartungen, die sich beim Austritt aus Langzeitarbeitslosigkeit eingestellt haben dürften, erneut enttäuscht worden sein. Es ist zu prüfen, ob sich dieser Effekt auch auf die politische Einstellung überträgt. Erfolgt eine Befragung nach Langzeitarbeitslosigkeit, so wird die Ausprägung 3 bei einem nicht-arbeitslosen sowie die Ausprägung 4 bei einem arbeitslosen Erwerbsstatus codiert. Eine weitere Differenzierung, beispielsweise nach der zeitlichen Distanz zwischen Abschluß der Langzeitarbeitslosigkeit und Befragungszeitpunkt wäre zwar inhaltlich sinnvoll, ist jedoch aufgrund der beschränkten Fallzahl nicht zu realisieren.

Als Referenzkategorie zu den erwähnten Ausprägungen gilt eine Befragung vor Eintritt in Langzeitarbeitslosigkeit (Ausprägung 0). Eine Differenzierung dieser Kategorie, beispielsweise nach Zustand "arbeitslos/nicht-arbeitslos", wird aufgrund ihrer relativ geringen Besetzung (vgl. Mittelwerte Tabellen 1, 2) verunmöglicht.

Die Generierung dieser inhaltlich zentralen Variablen soll anhand vier beispielhaft dargestellten Biographieverläufe veranschaulicht werden.

---

23   Weist eine Erwerbsbiographie mehrere Perioden der Langzeitarbeitslosigkeit auf: erstes Jahr der ersten Periode.

Abbildung 2: Beispiele zur erwerbsbiographischen Position der Befragungszeitpunkte

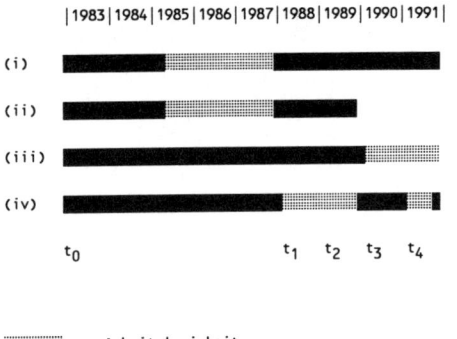

| 1983 | 1984 | 1985 | 1986 | 1987 | 1988 | 1989 | 1990 | 1991 |

(i)

(ii)

(iii)

(iv)

t_0 t_1 t_2 t_3 t_4

▦ : Arbeitslosigkeit
■ : (sonst)
(Blank): keine Befragung

Ausgewertet werden die zu den Zeitpunkten t_1 - t_4 erhobenen Informationen zur politischen Einstellung p_1 - p_4. Liegt für einen Zeitpunkt t eine gültige Information p_t vor (vgl. Abschnitt 3.2), so wird die relative erwerbsbiographische Situation e_t ermittelt. Für die in Abbildung 2 charakterisierten Personen werden die folgenden Werte bestimmt.[24] Person (i): $e_1 = e_2 = e_3 = e_4 = 3$; Person (ii): $e_1 = e_2 = 3$, $e_3 = e_4 =$ missing (Panel-Mortalität); Person (iii): $e_1 = e_2 = 0$, $e_3 = 1$, $e_4 = 2$; Person (iv): $e_1 = 1$, $e_2 = 2$, $e_3 = 3$, $e_4 = 4$.

Für die multivariaten Untersuchungen wird die Variable e_t in fünf Dummies transformiert.[25]

3.4.2 Kontrollierende Variablen

Bei den multivariaten Untersuchungen ist zu berücksichtigen, daß mit der Kategorisierung der Untersuchungspersonen nach erwerbsbiographischer Situation die soziale Heterogenität der Stichprobe erst partiell nachgebildet wird. Es werden deshalb zu-

---
24 Annahme: jeweils gültige Werte zur politischen Einstellung zu allen vier Befragungszeitpunkten.
25 Für den k-ten Dummy gilt: falls $e_t = k$, dann Dummy = 1, sonst = 0.

sätzlich die folgenden persönlichen Merkmale bei der Modellspezifikation berücksichtigt:

- Geschlecht[26],
- Alter[27],
- Bildungsniveau[28],
- Gewerkschafts-Mitgliedschaft[29],
- Konfession[30],
- Zeitpunkt der Befragung[31].

4. Ergebnisse und Interpretation

Die Darstellung und die Interpretation der Ergebnisse der beiden Auswertungsschritte folgt einer einheitlichen Sequenz. Zunächst wird die jeweils untersuchte Merkmalsausprägung - "keine Parteineigung" im ersten, "oppositionelle Parteineigung" im zweiten Auswertungsschritt - in Abhängigkeit der inhaltlich zentralen Einflußvariablen dieser Untersuchung, der zeitlichen Relation der Befragung zur Erwerbsbiographie, deskriptiv dargestellt (Abbildung 3 bzw. Abbildung 4). In Tabelle 1 bzw. Tabelle 2 werden sodann die Ergebnisse der multivariaten Analysen der Untersuchung ausgewiesen. Die ersten Tabellenspalten (Modelle 1a bzw. 1b) informieren über die Resultate der Pre-Tests, in die sämtliche im Zeitraum 1988 bis 1991 erhobenen gültigen Angaben zur Parteineigung der Untersuchungspersonen gepoolt einge-

---

26 1 = Mann, 0 = Frau.
27 Jeweils zum Befragungszeitpunkt.
28 Operationalisiert über den (höchsten) Berufsabschluß, erhoben jeweils zum Befragungszeitpunkt. Codierung über drei Dummies (jeweils 1 = ja, 0 = nein): ohne abgeschlossene Berufsausbildung; mit abgeschlossener Berufsausbildung; mit Fachhoch- oder Hochschulabschluß. Referenzkategorie: mit abgeschlossener Berufsausbildung.
29 1 = ja, 0 = nein. Die Information wurde nur 1985 und 1989 erhoben; in dieser Untersuchung werden für alle vier Auswertungszeitpunkte die Information des Jahres 1989 herangezogen. Bei einem Wellenausfall im Jahr 1989 wird alternativ die Information des Befragungsjahres 1985 genutzt; ist auch diese nicht verfügbar, so wird der Wert 0 (häufigster Wert) codiert.
30 Operationalisiert über "katholisch mit regelmäßigem Kirchgang (mind. einmal pro Monat)"; 1 = ja, 0 = nein. Die Information wurde nur 1990 erhoben; es werden für alle vier Auswertungszeitpunkte die Information des Jahres 1990 herangezogen. Bei einem Wellenausfall im Jahr 1990 wird der Wert 0 (häufigster Wert) codiert.
31 Operationalisiert über das (zweistellige) Befragungsjahr. Die Einbeziehung dieser Variable ermöglicht die Überprüfung der dem methodischen Konzept zugrundegelegten Annahme, daß die untersuchten Kausalitätsbeziehungen über den Auswertungszeitraum 1988 - 1991 hinweg stabil bleiben.

hen. In den zweiten Tabellenspalten (Modelle 2a bzw. 2b) sind die Ergebnisse der Querschnitts-Auswertungen dokumentiert, in der - für den selben Zeitraum - pro Person nur noch die erste gültige Information zur Parteineigung berücksichtigt wird (vgl. Abschnitt 3.3).

Die Ergebnisse der gepoolten Pre-Tests und der Querschnitts-Auswertungen unterscheiden sich in beiden Auswertungsschritten nur unwesentlich. Diese Ähnlichkeit zeigt sich auch bei der über die Dokumentation der Mittelwerte geleisteten Stichprobenbeschreibung der beiden Auswertungen.[32] Vor dem Hintergrund der mittelgroßen Fallzahl der Untersuchung kann diese strukturelle Gleichheit der Ergebnisse als Indiz für eine geeignete Modellspezifikation gewertet werden. Aufgrund der beobachteten strukturellen Ähnlichkeit der Modellvarianten a und b beschränkt sich die Interpretation der multivariaten Ergebnisse auf die Resultate der Querschnitts-Modelle.

4.1 Abwendung von den politischen Parteien

Abbildung 3 informiert über die Verteilung der Antwortkategorie "keine Parteineigung", differenziert nach erwerbsbiographischer Situation der Befragten.[33] Die jeweiligen Ergänzungen zu 100 Prozent entfallen auf Antworten, die eine Neigung zu einer - beliebigen - Partei ausdrücken.

Der Anteil der Personen ohne Parteibindung schwankt unabhängig von der erwerbsbiographischen Situation der Befragten zwischen 35 und knapp über 40 Prozent. Nach Eintritt in die Langzeitarbeitslosigkeit reduziert sich dieser Anteil leicht und senkt sich mit zunehmender Dauer der Langzeitarbeitslosigkeit weiter ab. Mit dem Austritt aus der Langzeitarbeitslosigkeit erreicht das Desinteresse an den politischen Parteien ein Maximum; bei Folgearbeitslosigkeit fällt der Wert jedoch auf ein Niveau, welches in etwa demjenigen in Langzeitarbeitslosigkeit entspricht.

---

32   Dies gilt insbesondere für die Mittelwerte der abhängigen Variablen.
33   Für jede erwerbsbiographische Phase gilt: Total der Antworten = 100%.

Abbildung 3: Anteile der Antwort "keine Parteineigung" in Abhängigkeit vom Befragungszeitpunkt

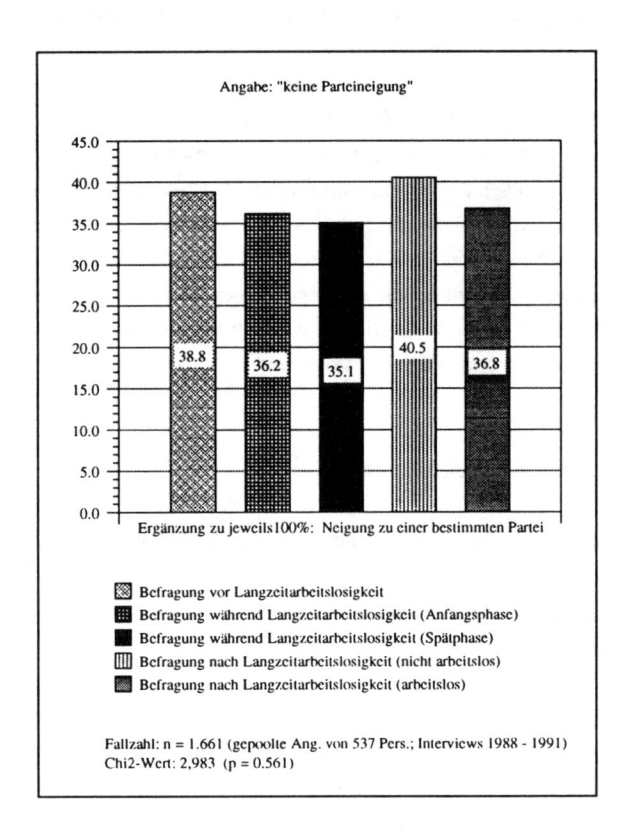

Angabe: "keine Parteineigung"

Befragung	%
vor Langzeitarbeitslosigkeit	38.8
während Langzeitarbeitslosigkeit (Anfangsphase)	36.2
während Langzeitarbeitslosigkeit (Spätphase)	35.1
nach Langzeitarbeitslosigkeit (nicht arbeitslos)	40.5
nach Langzeitarbeitslosigkeit (arbeitslos)	36.8

Ergänzung zu jeweils 100%: Neigung zu einer bestimmten Partei

Fallzahl: n = 1.661 (gepoolte Ang. von 537 Pers.; Interviews 1988 - 1991)
Chi2-Wert: 2,983 (p = 0.561)

Die Interpretation dieser Struktur erschließt sich aus den deskriptiven Ergebnissen bezüglich der Neigung zu einer oppositionellen Partei (vgl. Abbildung 4 unten): Es zeigt sich, daß von der - im Zuge der Arbeitslosigkeits-Karriere - verstärkten Zuwendung zum Parteien-System überdurchschnittlich stark die Oppositionsparteien profitieren. Dieses Ergebnis darf jedoch nur sehr zurückhaltend interpretiert werden. Der ermittelte Chi^2-Wert läßt erkennen, daß sich die einzelnen Prozentwerte nicht signifikant voneinander unterscheiden. Es ist somit festzuhalten, daß sich die Nähe zu den politischen Parteien im erwerbsbiographischen Verlauf zwar schwach und in nicht unerwarteter Form verändert; diese Veränderung ist jedoch nach teststatistischen Kriterien als unabhängig von der erwerbsbiographischen Situation der Betroffenen zu bewerten. Zumindest in dieser einfachen deskriptiven Darstellung ist damit die Hypothese widerlegt, daß sich Arbeitslose mit fortschreitender Dauer der Arbeitslosigkeit resigniert von den politischen Parteien abwenden.

Mit einer multivariaten Auswertung wird geprüft, ob sich diese Nicht-Signifikanz des Einflußes der erwerbsbiographischen Situation auf die Nähe zum Parteiensystem auch bei Berücksichtigung der sozialen Heterogenität der Untersuchungsgruppe erhält.

Die Ergebnisse von Modell 1b belegen, daß von der erwerbsbiographischen Situation zum Zeitpunkt der Befragung kein signifikanter Effekt auf die Wahrscheinlichkeit, keiner Partei zuzuneigen, ausgeht: Für sämtliche Dummy-Variablen, die den Befragungszeitpunkt in Relation zur Periode der Langzeitarbeitslosigkeit kennzeichnen, wird ein nicht-signifikanter Einfluß ermittelt.[34] Der in Abbildung 3 festgehaltene deskriptive Befund bleibt damit auch bei Kontrolle wichtiger sozialer Merkmale unverändert und bestätigt die Feststellung, daß sich die erwerbsbiographische Situation von Arbeitslosen nicht signifikant auf deren Nähe zum Parteiensystem auswirkt.

Die Effekte dieser kontrollierenden Variablen entsprechen weitgehend den wahlsoziologisch begründeten Erwartungen. Das Geschlecht bleibt ohne Einfluß auf die Wahrscheinlichkeit einer Parteieignung. Ältere Personen zeigen eine deutlich stärkere Bindung zum Parteiensystem als jüngere. Dies gilt im gleichen Maße für Hochqualifizierte. Für Gewerkschaftsmitglieder läßt sich erwartungsgemäß eine stärkere Bindung zum Parteiensystem beobachten. Für katholische Kirchgänger wird zwar die erwartete gleiche Einflußrichtung ermittelt, jedoch ist dieser Effekt - im Gegensatz zu den Ergebnissen des gepoolten Modells 1a - nicht signifikant. Die traditionell starke Parteieignung dieser Personen wird durch eine Langzeitarbeitslosigkeits-Erfahrung offensichtlich überdurchschnittlich intensiv abgeschwächt. Dies ist kaum überraschend, da diese Personengruppe überproportional der Regierungspartei CDU/CSU zuneigt, von deren arbeitsmarktpolitischen Kompetenz sich die Betroffenen enttäuscht zeigen. Demgegenüber dürfte sich die tendenzielle Nähe von Gewerkschaftsmitgliedern zu der auf ihr soziales Profil bedachten SPD im Zuge einer Arbeitslosigkeitserfahrung gerade dann verstärken, solange sich diese Partei auf Bundesebene in der Opposition befindet.

---

34 Als Referenzausprägung gilt eine Befragung vor Eintritt in Langzeitarbeitslosigkeit.

Tabelle 1: **Determinanten der Wahrscheinlichkeit, keiner Partei zuzuneigen (nur wahlberechtigte Personen mit einer Periode der Langzeitarbeitslosigkeit zwischen 1983 und 1991)**

	Gepoolte Auswertung: alle gültigen Angaben (1988-1991) Modell 1a		Querschnitts-Auswertung: erste gültige Angabe (1988-1991) Modell 1b	
Variable[1]	Koeffizient (Sign.niv.)	Mittelwert	Koeffizient (Sign.niv.)	Mittelwert
(Konstante)	-8,0410+ (0,0646)	-	-72,8278+ (0,0526)	-
männlich	-0,2352* (0,0340)	0,408	-0,2573 (0,2363)	0,415
Alter	-0,0271** (0,0001)	42,090	-0,0246** (0,0020)	40,514
ohne abgeschlossene Berufsausbildung	0,1215 (0,3032)	0,284	0,0010 (0,9964)	0,296
mit Fachhoch- oder Hochschulabschluß	-0,7369** (0,0040)	0,058	-0,7987(+) (0,1282)	0,057
Gewerkschafts-Mitglied	-0,6152** (0,0003)	0,130	-0,8677* (0,0164)	0,128
katholisch (mit regelmäßigem Kirchgang)	-0,4674* (0,0127)	0,097	-0,3785 (0,3205)	0,091
Jahr der Befragung	0,1001* (0,0422)	89,465	0,8343+ (0,0505)	88,042
Befragungszeitpunkt in Relation zur Periode der Langzeitarblosigkeit:				
im ersten Jahr der Langzeitarbeitslosigkeit	-0,1883 (0,5458)	0,063	-0,0992 (0,8131)	0,108
im zweiten oder einem späteren Jahr der Langzeitarbeitslosigkeit	-0,0931 (0,7402)	0,122	-0,0943 (0,8085)	0,170
nach Langzeitarbeitslosigkeit, nicht arbeitslos	-0,1952 (0,4885)	0,638	-0,2798 (0,5157)	0,477
nach Langzeitarbeitslosigkeit, aber erneut arbeitslos	0,0248 (0,9202)	0,126	0,1556 (0,6246)	0,115

(Fortsetzung Tabelle 1)

Log Likelihood:	-1055,90	-277,40
Likelihood-Ratio-Statistic:	109,96**	34,76**
Pseudo-R^2 (Mc Fadden):	0,05	0,06
Mittelwert der abh. Var.²:	0,390	0,355
Fallzahl: Neigung	n=1661 Angaben zu einer Parteineigung (ja/nein) (von 453 Personen)	n=453 Angaben einer zu einer bestimmten Partei (von 453 Personen)

1 Referenzkategorien:
  - Bildungsabschluß: mit abgeschlossener Berufsausbildung;
  - Befragungszeitpunkt: vor Langzeitarbeitslosigkeit.

2 Codierungen:
  0 = Neigung zur FDP oder CDU/CSU;
  1 = Neigung zu sonstiger Parteien.

Signifikanzniveaus:
**: $p < 0,01$; *: $p < 0,05$; +: $p < 0,10$; (+): $p < 0,12$.

Quelle: Eigene Auswertung des Sozio-ökonomischen Panels (West), Wellen 1984-1991.

Mit fortschreitendem Befragungsjahr verstärkt sich die Tendenz einer Abwendung vom Parteiensystem. Der generell beobachtbare Trend einer seit Ende der 80er Jahre zunehmenden Politikverdrossenheit ist somit auch in der spezifischen Population der von Langzeitarbeitslosigkeit betroffenen Personen festzustellen.

4.2 Neigung zu einer oppositionellen Partei

Aus Abbildung 4 ist die Verteilung einer - auf Bundesebene - oppositionellen Parteineigung, differenziert nach erwerbsbiographischer Situation der Befragten, ersichtlich.[35] Die Restprozente zu 100 Prozent entfallen auf Antworten mit einer Neigung zu einer der Regierungsparteien. In diesen zweiten Schritt der Untersuchung gehen somit nur noch Antworten ein, die eine bestimmte Parteineigung beinhalten.

Erfolgt eine Befragung vor Eintritt in Langzeitarbeitslosigkeit, so entfallen rund 55 Prozent der Antworten von Parteianhängern auf die Zuneigung zu einer oppositionellen Partei. In der Anfangsphase einer Langzeitarbeitslosigkeit steigt dieser Wert leicht an. In einer zweiten Phase, in der sich die Befragten bereits im Zustand "tatsäch-

---

35 Für jede erwerbsbiographische Phase gilt: Total der Antworten = 100%.

licher" Langzeitarbeitslosigkeit befinden, schnellt die oppositionelle Parteineigung auf 75 Prozent hoch. Dieser Anstieg läßt sich dahingehend interpretieren, daß die Betroffenen die Regierung in Bonn zumindest mitverantwortlich für ihr Schicksal sehen und den Oppositionsparteien eine größere Problemlösungskompetenz zubilligen. Nach Austritt aus der Langzeitarbeitslosigkeit fällt die Oppositionsneigung stark ab, ohne allerdings das Ausgangsniveau vor der Langzeitarbeitslosigkeit wieder zu erreichen. Werden die Befragten im Anschluß erneut arbeitslos, so steigt der Anteil der Befragten mit einer oppositionellen Parteineigung erneut deutlich an.

Abbildung 4: Anteile der Antwort "oppositionelle Parteineigung" in Abhängigkeit des Befragungszeitpunkts

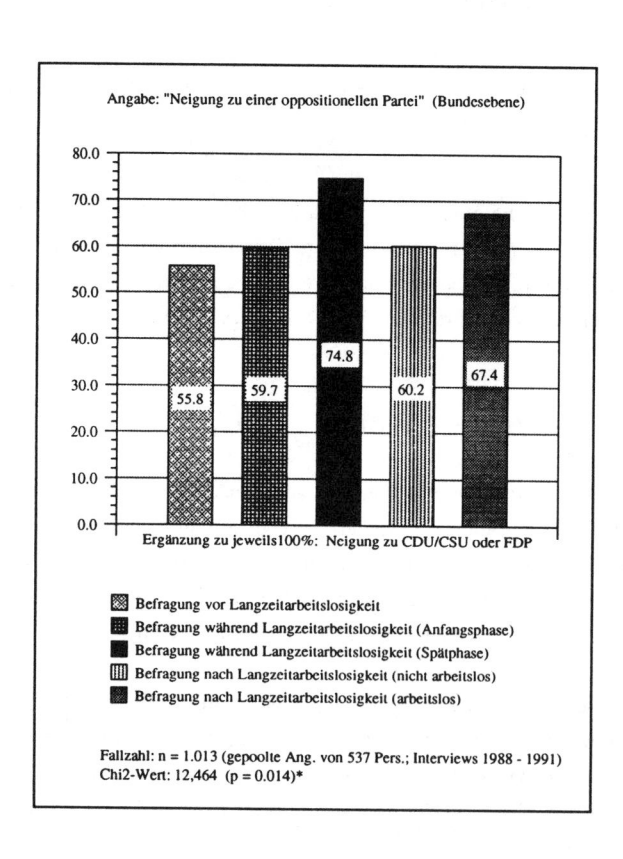

Angabe: "Neigung zu einer oppositionellen Partei" (Bundesebene)

- 55.8
- 59.7
- 74.8
- 60.2
- 67.4

Ergänzung zu jeweils 100%: Neigung zu CDU/CSU oder FDP

- Befragung vor Langzeitarbeitslosigkeit
- Befragung während Langzeitarbeitslosigkeit (Anfangsphase)
- Befragung während Langzeitarbeitslosigkeit (Spätphase)
- Befragung nach Langzeitarbeitslosigkeit (nicht arbeitslos)
- Befragung nach Langzeitarbeitslosigkeit (arbeitslos)

Fallzahl: n = 1.013 (gepoolte Ang. von 537 Pers.; Interviews 1988 - 1991)
Chi2-Wert: 12,464 (p = 0.014)*

Die aufgezeigte Veränderung der Prozentanteile oppositioneller Parteineigungen zeigt in Verbindung mit den in Abbildung 3 dargestellten Ergebnissen, daß sich Langzeitarbeitslose keineswegs in die politische Resignation zurückziehen, sondern vielmehr eine starke Oppositionsneigung entwickeln. Die phasenbedingte Veränderung dieser Oppositionsneigung verläuft in der Tendenz genau entgegengesetzt derjenigen, die in Abbildung 3 für die phasenbedingte Abwendung von der Parteienlandschaft ermittelt wurde. Die Struktur der Dynamik ist hier jedoch deutlich ausgeprägter: Von entscheidender Bedeutung ist, daß sich die Prozentanteile bezüglich der Oppositionsneigung über die einzelnen Phasen hinweg in signifikanter Weise unterscheiden (vgl. Chi^2-Wert). Dies war bei der Entwicklung der Prozentanteile bezüglich einer fehlenden Parteineigung nicht der Fall (vgl. Abbildung 3).

Im folgenden wird geklärt, ob sich dieser signifikante Einfluß der erwerbsbiographischen Situation zum Befragungszeitpunkt auf die Wahrscheinlichkeit, einer oppositionellen Partei zuzuneigen, auch bei der Berücksichtigung der sozial heterogenen Struktur der Untersuchungsgruppe erhält.

Auch bei der Ergebnis-Interpretation von Modell 2b interessieren in erster Linie die für die inhaltlich zentrale Variable dieser Untersuchung - der zeitlichen Relation des Befragungszeitpunkts zur Erwerbsbiographie - ermittelten Effekte. Bedeutsam ist zunächst, daß sämtliche geschätzte Parameter der aus dieser Variablen transformierten Dummies ein positives Vorzeichen aufweisen. Nach Eintritt in Langzeitarbeitslosigkeit liegt die mittlere Wahrscheinlichkeit einer oppositionellen Parteineigung somit durchweg höher als zu einem Zeitpunkt, wo die Befragten noch keine Kenntnis über ihr späteres berufliches Schicksal hatten. Diese höhere Oppositionsneigung erhält sich sodann unabhängig vom weiteren Verlauf der Erwerbsbiographie bis zum Ende des verfügbaren Beobachtungszeitraums.

Es zeigt sich, daß es ohne signifikante Bedeutung bleibt, ob die Angabe zur Parteineigung vor Eintritt in Langzeitarbeitslosigkeit oder im ersten Jahr einer Periode der Langzeitarbeitslosigkeit erhoben wurde. Dieses Ergebnis kann inhaltlich dahingehend interpretiert werden, daß eine Phase "normaler" Arbeitslosigkeit - in Abgrenzung zu einer solchen der Langzeitarbeitslosigkeit - im Mittel zwar die Oppositionsneigung erhöht, dies jedoch nur sehr schwach (vgl. geschätzten Parameterwert) und zudem nur in nicht-signifikanter Form. Dies bedeutet, daß Kurzzeit-Arbeitslosigkeit, auch wenn sie sich gesamtgesellschaftlich massiv und anhaltend manifestiert, noch keine potentielle Bedrohung der derzeitigen Regierungsstabilität darstellt.

Ganz anders liegt die Situation jedoch bei dem Phänomen Langzeitarbeitslosigkeit. Erfolgt eine Befragung zu einem Zeitpunkt, zu dem sich die Untersuchungspersonen bereits in der sozialen Situation von "echten" Langzeitarbeitslosen sehen, so schnellt die Wahrscheinlichkeit, einer oppositionellen Partei zuzuneigen, signifikant und massiv an. Die Höhe des geschätzten Parameters ist die zweithöchste des gesamten Modells. Die politische Brisanz dieses Ergebnisses erschließt sich nach einer Umrechnung des geschätzten Parameterwerts in eine inhaltlich interpretierbare Größe. Beispielsweise läßt sich errechnen, um wieviel sich die Oppositions-Wahrscheinlichkeit einer Angabe, die zu einem Zeitpunkt vor Eintritt in Langzeitarbeitslosigkeit erhoben wurde, von einer Angabe aus der Spätphase einer Langzeitarbeitslosigkeit[36] unterscheidet. Im Gegensatz zu der Interpretation eines (linearen) Regressionsparameters muß hierzu zunächst eine Referenzperson bestimmt werden. Nach Auswahl einer solchen "Musterperson"[37] kann deren Wahrscheinlichkeit, vor Eintritt in die Langzeitarbeitslosigkeit einer oppositionellen Partei zuzuneigen, bestimmt werden. Diese Wahrscheinlichkeit p_r beträgt nach den Ergebnissen des Querschnitts-Modells 56.1 Prozent.[38] Erfolgt die Befragung jedoch in der Spätphase einer Langzeitarbeitslosigkeit, so liegt die Oppositions-Wahrscheinlichkeit p_{lza} jedoch bei 79.5 Prozent[39]; dies bedeutet eine drastische Erhöhung um fast die Hälfte. Dieser sprunghafte Anstieg der oppositionellen Neigung muß als Beleg dafür gewertet werden, daß Langzeitarbeitslose dazu neigen, ihre mißliche Situation auf eine verfehlte Regierungspolitik zurückzuführen.

---

36 "Spätphase" im folgenden für: nach Ablauf des ersten in Langzeitarbeitslosigkeit verbrachten Jahres.
37 Hier: Frau, 42 Jahre alt, mit abgeschlossener Berufsausbildung, kein Gewerkschaftmitglied, nicht praktizierend katholisch, Befragungszeitpunkt = 1988.
38 $p_r (y = 1) = \exp(r)/(1 + \exp(r))$, wobei $r = \beta_{const.} + (\beta_{Alter} \cdot 42) + (\beta_{Befr.jahr} \cdot 88)$; β = geschätzte Parameter.
39 $p_{lza} = \exp(r + \beta_{Spätphase})/(1 + \exp(r + \beta_{Spätphase}))$.

Tabelle 2: Determinanten der Wahrscheinlichkeit, einer - auf Bundesebene - oppositionellen Partei zuzuneigen (nur Personen mit einer Parteineigung; nur wahlberechtigte Personen mit einer Periode der Langzeitarbeitslosigkeit zwischen 1983 und 1991)

Variable[1]	Gepoolte Auswertung: alle gültigen Angaben (1988-1991) Modell 2a		Querschnitts-Auswertung: erste gültige Angabe (1988-1991) Modell 2b	
	Koeffizient (Sign.niv.)	Mittelwert	Koeffizient (Sign.niv.)	Mittelwert
(Konstante)	7,3938 (0,2034)	-	-3,7988 (0,7848)	-
männlich	-0,1210 (0,4130)	0,446	-0,0234 (0,9260)	0,439
Alter	-0,0155** (0,0041)	44,258	-0,0164+ (0,0765)	42,161
ohne abgeschlossene Berufsausbildung	0,2654 (0,1177)	0,258	0,2350 (0,4215)	0,270
mit Fachhoch- oder Hochschulabschluß	-0,2111 (0,4195)	0,074	-0,3621 (0,4348)	0,068
Gewerkschafts-Mitglied	0,7450** (0,0004)	0,157	0,8278* (0,0294)	0,149
katholisch (mit regelmäßigem Kirchgang)	-1,8966** (0,0001)	0,113	-2,2833** (0,0001)	0,101
Jahr der Befragung	-0,0728 (0,2688)	89,425	0,0538 (0,7322)	88,349
Befragungszeitpunkt in Relation zur Periode der Langzeitarbeitslosigkeit:				
im ersten Jahr der Langzeitarbeitslosigkeit	0,2379 (0,5471)	0,066	0,0078 (0,9874)	0,096
im zweiten oder einem späteren Jahr der Langzeitarbeitslosigkeit	1,0080** (0,0064)	0,129	1,1059* (0,0202)	0,166
nach Langzeitarbeitslosigkeit, nicht arbeitslos	0,3793 (0,2372)	0,623	0,2030 (0,5918)	0,490
nach Langzeitarbeitslosigkeit, aber erneut arbeitslos	0,5813(+) (0,1103)	0,130	0,8373+ (0,0950)	0,132

(Fortsetzung Tabelle 2)

Log Likelihood:	-605,50	-207,02
Likelihood-Ratio-Statistic:	126,36**	53,44**
Pseudo-R^2 (Mc Fadden):	0,09	0,11
Mittelwert der abh. Var.^{2}:	0,628	0,631
Fallzahl: Neigung	n=1013 Angaben einer Neigung zu einer bestimmten Partei (von 355 Personen)	n=355 Angaben einer zu einer bestimmten Partei (von 355 Personen)

1 Referenzkategorien:
 - Bildungsabschluß: mit abgeschlossener Berufsausbildung;
 - Befragungszeitpunkt: vor Langzeitarbeitslosigkeit.

2 Codierungen:
 0 = Neigung zur FDP oder CDU/CSU;
 1 = Neigung zu sonstiger Parteien.

Signifikanzniveaus:
**: $p < 0,01$; *: $p < 0,05$; +: $p < 0,10$; (+): $p < 0,12$.

Quelle: Eigene Auswertung des Sozio-ökonomischen Panels (West), Wellen 1984-1991.

Nicht minder interessant erscheint das Ergebnis, daß die Erhöhung der oppositionellen Neigung durch Langzeitarbeitslosigkeit nach geglückter beruflicher Reintegration auf ein nicht-signifikantes Niveau zurückfällt. Die Oppositions-Wahrscheinlichkeit liegt zwar noch über dem Ausgangsniveau, welches für Befragungen vor Langzeitarbeitslosigkeit ermittelt wurde - ein gewisser Teil des Unmut-Potentials erhält sich somit auch nach Überwindung der Langzeitarbeitslosigkeit. Die Intensität des Protestpotentials liegt jedoch in Signifikanz und Parameterhöhe deutlich unter derjenigen, welche für den Status in Langzeitarbeitslosigkeit ermittelt wurde; die Betroffenen zeigen sich somit nach Überwindung ihres Langzeitarbeitslosen-Schicksals mit der Regierung "versöhnt".

Dies ändert sich allerdings wieder, wenn die früheren Langzeitarbeitslosen erneut arbeitslos werden. Der gemessene Effekt ist zwar nur knapp signifikant, erreicht in seiner Höhe jedoch nahezu das Niveau der Oppositionsneigung für Befragungen während der Spätphase der Langzeitarbeitslosigkeit. Besonders bedeutsam ist diese erneute "Aufwallung" der oppositionellen Neigung vor dem Hintergrund, daß eine solche Reaktion für Befragungszeitpunkte im ersten Jahr der Langzeitarbeitslosigkeit ausgeblieben ist (vgl. oben). Die von den Befragungspersonen gemachte Erfahrung einer Langzeitarbeitslosigkeit bleibt somit für die individuelle politische Einstellung bedeutsam; bei zwischenzeitlicher erwerbsbiographischer Normalisierung tritt sie zwar in den Hintergrund, wird jedoch bei erneuten biographischen Zäsuren wieder unmittelbar reaktiviert.

Die zusätzlich ins Modell aufgenommenen kontrollierenden Variablen zeigen erneut weitgehend die erwarteten Effekte. Das Geschlecht übt keinen Einfluß auf die Oppositionsneigung aus. Analog zum Gesamtelektorat zeigen sich jedoch ältere Personen signifikant weniger oppositionell als jüngere. Mit steigendem Bildungsniveau sinkt die Neigung zu einer oppositionellen Partei. Daß die ermittelten Effekte nicht signifikant sind, kann mit der Systematik der Fallselektion erklärt werden. Die für höhere Bildungsniveaus tendenziell untypische Erfahrung einer Langzeitarbeitslosigkeit mindert deren Nähe zu einer der etablierten konservativen Parteien. Mitglieder einer Gewerkschaft zeigen eine signifikant höhere Oppositionsneigung; demgegenüber ist bei praktizierenden Katholiken eine deutliche Distanz zu oppositionellen Parteien zu erkennen. Auch diese Ergebnisse entsprechen den Erwartungen des Wahlforschers. Im Verlauf des Untersuchungszeitraums steigt die Tendenz zu einer oppositionellen Einstellung zwar leicht an; der Einfluß bleibt jedoch nicht signifikant. Dies bedeutet, daß sich die ermittelten Kausalitätsstrukturen über den Untersuchungszeitraum hinweg kaum verändert haben.[40]

5. Zusammenfassung und Schlußfolgerungen

Die vorliegende Studie geht der Frage nach, inwieweit sich unfreiwillige erwerbsbiographische Zäsuren auf die politische Einstellung der Betroffenen auswirken. Die politische Einstellung wird durch die in den Jahren 1988 - 1991 in Jahresabständen erhobene Parteineigung erfaßt. Diese wird zweistufig operationalisiert. Unterschieden wird zunächst, ob eine Befragungspartei einer - beliebigen - Partei zuneigt oder nicht. Anhand dieses Kriteriums wird die Hypothese getestet, daß sich Personen nach längerer Arbeitslosigkeit enttäuscht von den politischen Parteien abwenden. Für diejenigen Personen, die einer Partei zuneigen, wird in einem zweiten Auswertungsschritt untersucht, ob sie einer an der Bundesregierung beteiligten oder aber einer oppositionellen Partei[41] zuneigen. Damit soll die Alternativhypothese getestet werden,

---

40 Die vorgenommene Abgrenzung des Beobachtungszeitraums (vgl. Abschnitt 3.3) erscheint damit sinnvoll.
41 Ob es sich tatsächlich um eine "Anti-Regierungs-Haltung" oder vielmehr um eine Hinorientierung zu einer der Parteien, die sich gezielt als Vertreter der sozial Schwachen profilieren, konnte

daß die Betroffenen den Oppositionsparteien eine größere arbeitsmarktpolitische Problemlösungskompetenz zumessen als den Regierungsparteien. Es werden die Biographieverläufe von Personen ausgewertet, die im Beobachtungszeitraum von 1983 bis 1991 eine Periode der Langzeitarbeitslosigkeit durchliefen. Die Untersuchung stützt sich auf westdeutsche Daten des Sozio-ökonomischen Panels.

Im ersten Schritt der Untersuchung ergibt sich, daß die Nähe zum Parteiensystem nur unwesentlich von der erwerbsbiographischen Situation zum Befragungszeitpunkt beeinflußt wird. Die zu testende Apathie-Hypothese wird damit mit unseren Daten nicht bestätigt. Der zweite Schritt der Untersuchung zeigt ein weitaus differenzierteres Bild.

Die Wahrscheinlichkeit einer Neigung zu einer oppositionellen Partei ist dann am geringsten, wenn die Angabe zur politischen Einstellung vor Eintritt in Langzeitarbeitslosigkeit erhoben wurde. Diese Wahrscheinlichkeit steigt in der Frühphase einer Langzeitarbeitslosigkeit, das heißt im Zustand einer noch "normalen" Arbeitslosigkeit, nur schwach an. Nach dem ersten in Langzeitarbeitslosigkeit verbrachten Jahr nimmt die Oppositions-Wahrscheinlichkeit jedoch drastisch zu. Erfolgt eine Befragung nach Beendigung der Langzeitarbeitslosigkeit - und ist die befragte Person zum Befragungs-Zeitpunkt nicht erneut arbeitslos -, so geht die Wahrscheinlichkeit einer oppositionellen Parteineigung deutlich zurück und liegt nicht mehr signifikant über dem Ausgangsniveau, welches vor Langzeitarbeitslosigkeit ermittelt wurde. Dies ändert sich jedoch dann, wenn eine Person nach überwundener Langzeitarbeitslosigkeit wiederum arbeitslos wird. In diesem Fall steigt die Wahrscheinlichkeit einer oppositionellen Parteineigung erneut beachtlich an.

Aus diesen Untersuchungsergebnissen lassen sich folgende Schlußfolgerungen ziehen. Der derzeit anhaltende Anstieg der Langzeitarbeitslosigkeit in West- und Ostdeutschland dürfte zu einem beachtlichen Anstieg der Wechselbereitschaft zu den Oppositionsparteien SPD, Bündnis 90/GRÜNE, Republikaner sowie PDS führen. Dabei ist zu erwarten, daß durch analoge Reaktionen mittelbar Betroffener im sozialen Umfeld der Langzeitarbeitslosen eine Art Multiplikatoreffekt einsetzt. Diesem starken Trend steht die Bundesregierung jedoch keineswegs machtlos

---

allerdings nicht geklärt werden, da sich die parteipolitische Zusammensetzung der Regierungskoalition über den Untersuchungszeitraum hinweg nicht veränderte.

gegenüber: Falls es ihr gelingt, durch geeignete arbeitsmarktpolitische Maßnahmen die individuellen Übergänge von "normaler", d.h. kürzerfristiger Arbeitslosigkeit zur Langzeitarbeitslosigkeit zu verhindern, ist angesichts des von uns ermittelten drastischen Unterschiedes im Effekt beider Typen von Arbeitslosigkeit eine geringere Auswirkung auf die Stärke des Regierungslagers zu erwarten.

In Bundestagswahlkreisen mit einem hohen Langzeitarbeitslosenanteil lassen sich insbesondere für die Direktkandidaten der CDU deutlich ungünstige Wahlchancen prognostizieren. Zwar ist die akute Gefahr für die Bundesregierung zunächst geringer, als aufgrund der von uns herausgearbeiteten Abfallwahrscheinlichkeiten prima facie zu erwarten wäre, da der numerische Anteil der Langzeitarbeitslosen an der Gesamtzahl der Wahlberechtigten zu gering ist, um auf gesamtstaatlicher Ebene wesentliche Verschiebungen im Wahlergebnis zu bewirken. Bei kommunalen oder regionalen Wahlgängen in solchen Gebieten könnten jedoch aufgrund der ermittelten Ergebnisse durchaus Machtverschiebungen resultieren. Setzt sich der derzeit beobachtete starke Anstieg der Langzeitarbeitslosigkeit ungebrochen fort, so ist allerdings auch nicht auszuschließen, daß im Falle eines Kopf-an-Kopf-Rennens von Regierungs- und Oppositionslager bei der anstehenden Bundestagswahl dem Unmut der Langzeitarbeitslosen und ihres familiären Umfeldes eine wahlentscheidende Bedeutung zukommen könnte.

Literatur

AMEMIYA, Takeshi 1986: Advanced Econometrics, Oxford.

BUNDESANSTALT FÜR ARBEIT (BA) 1992 (Hg.): Amtliche Nachrichten der Bundesanstalt für Arbeit (ANBA), Heft 3.

FALTER, Jürgen W. 1984: Politische Konsequenzen von Massenarbeitslosigkeit. Neue Daten zu kontroversen Thesen über die Radikalisierung der Wählerschaft am Ende der Weimarer Republik, in: Politische Vierteljahresschrift, 25, S. 276-295.

FALTER, Jürgen W. 1985: Zur Stellung ökonomischer Sachfragen in Erklärungsmodellen individuellen politischen Verhaltens, in: OBERNDÖRFER, Dieter/RATTINGER, Hans/SCHMITT, Karl (Hg.): Wirtschaftlicher Wandel, religiöser Wandel und Wertwandel in der Bundesrepublik Deutschland. Folgen für das politische Verhalten, Berlin, S. 131-155.

FALTER, Jürgen W./RATTINGER, Hans/ZINTL, Reinhard 1986: Von den Schwierigkeiten kumulativer Sozialforschung. Einige kritische Anmerkungen zu Hubert Kriegers Untersuchung des Wahlverhaltens von Arbeitslosen im Lichte von Anti-Regierungs- und Klientelenhypothese (PVS 4/85), in: Politische Vierteljahresschrift, 27, S. 341-346.

HIBBS, Douglas A. 1977: Political Parties and Macroeconomic Policy, in: American Political Science Review, 71, S. 1467-1487.

INSTITUT FÜR ARBEITSMARKT- UND BERUFSFORSCHUNG (IAB) 1992 (Hg.): Neue Bundesländer - Rückgang der Beschäftigung setzt sich fort. Erste Ergebnisse aus der vierten Befragungswelle des Arbeitsmarkt-Monitors vom November 1991. Kurzbericht vom 13. 3. 1992

JAHODA, Maria/LAZARSFELD, Paul/ZEISEL, Hans 1933: Die Arbeitslosen von Marienthal, Frankfurt (Neudruck 1975).

KIEWIET, D. Roderick 1983: Macroeconomics & Micropolitics. The Electoral Effects of Economic Issues, Chicago.

MADDALA, Gangadharrao S. 1987: Limited Dependent Variable Models Using Panel Data, in: Journal of Human Resources, 23/3, S. 307-338.

PROJEKTGRUPPE "DAS SOZIO-ÖKONOMISCHE PANEL" 1991: Das Soziooekonomische Panel (SOEP) im Jahre 1990/91, in: Vierteljahreshefte zur Wirtschaftsforschung, Heft 3/4, S. 146-155.

RATTINGER, Hans 1980: Wirtschaftliche Konjunktur und politische Wahlen in der Bundesrepublik Deutschland. Ein Beitrag zur politikwissenschaftlich-statistischen Aggregatdatenanalyse, Berlin.

Joachim Behnke

Kognitive Strukturierung und Wählerrationalität

1. Einleitung

Die Figur des "rationalen Wählers" durchzieht die empirische Wahlforschung von Anfang an. Dies ist kaum verwunderlich, da ihre demokratietheoretischen Implikationen auf der Hand liegen. Das politische System der Demokratie scheint wegen seines Legitimationsbedürfnisses nur schwer auf die Vorstellung eines "mündigen Bürgers", der aufgrund bewußter Überlegungen und Interessenabwägungen seine Entscheidungen fällt, verzichten zu können. Die Sichtweise der Demokratie als die eines rein formalen Systems, als eines bestimmten Mechanismus zur Rekrutierung des politischen Personals, der bestimmten Optimalitätskriterien genügt, ist wohl allein nicht in der Lage, hinreichende Gründe für die Akzeptierbarkeit des Systems Demokratie zu generieren. Eine inhaltliche Bestimmung des Begriffs "Demokratie" erfordert ein bestimmtes Menschenbild. "Das demokratische Ideal fordert einen rationalen Wähler, der bestimmte Zielvorstellungen für sich selbst und für das Gemeinwesen reflektieren und artikulieren und die zu ihrer Durchsetzung notwendigen Entscheidungen treffen kann" (RATTINGER 1980: 44).

Nach dieser Perspektive mußten die Ergebnisse der ersten größeren Untersuchungen des Wahlprozesses von LAZARSFELD u.a. (1948) und CAMPBELL u.a. (1960), nach denen die Wahlentscheidung in erster Linie durch sozialstrukturelle Merkmale bzw. durch die affektive Bindung an eine Partei bestimmt wird, eine ernüchternde Wirkung ausüben. In den Untersuchungen CAMPBELLs und seiner Mitarbeiter nehmen politische Sachfragen nach der Parteiidentifikation und den Kandidatenimages hinsichtlich ihres Einflusses auf die Wahlentscheidung nur eine untergeordnete Stellung ein, also genau derjenige der drei Variablenkomplexe, der die kognitiven und nicht affektiven Komponenten repräsentiert. Geht man davon aus, daß die Verwendung eines rationalen Kalküls genau auf diese kognitiven Elemente zurückgreifen muß, so ist damit die Rationalität des gesamten Entscheidungsprozesses in Frage gestellt. Dies mußte - unter den oben genannten Annahmen - notwendigerweise auch die logische Schlußfolgerung aus den Untersuchungen von CAMPBELL u.a. sein, eine Schlußfolgerung, die aus den erwähnten Gründen für viele nicht akzeptabel war und nicht sein konnte. Es fehlte demnach auch nicht an Versuchen zur Ehrenrettung des Ideals des rationalen Wählers. Grob vereinfachend kann man bei diesen Rettungsversuchen zwei Ansätze unterscheiden. Der eine Ansatz besteht darin, die Bedeutung der Issue-Komponente stärker herauszustellen, so daß Issues einen wenn auch nicht ausschlaggebenden, so doch nicht vernachlässigbaren Einfluß auf die Wahlentscheidung ausüben. Darunter fallen etwa Modifikationen des Issue-Ansatzes, die zwischen Valenz-Issues und Positions-Issues unterscheiden (STOKES 1963), sowie das Auffinden neuer, erst relevant gewordener Issues (NIE u.a. 1976; KÜCHLER 1990). Der zweite Ansatz besteht in einer Erweiterung des Rationalitätskonzepts, so daß die Beschränkung auf Issues aufgegeben wird und auch andere, bisweilen sogar affektive Komponenten mit in das Rationalitätskonzept aufgenommen werden.

2. Theoretische Grundlagen und Arbeitshypothese

Der Rationalitätsbegriff, wie er in der empirischen Wahlforschung verwendet wird, hat seinen Ursprung in den Wirtschaftswissenschaften. Das dieser Konzeption zugrundeliegende Menschenbild ist das des "Homo oeconomicus", eines sachlich rechnenden Menschen, der sich unter einer Anzahl von Alternativen für diejenige entscheidet, die ihm unter einer bestimmten Betrachtungsweise als optimal erscheint. Eine Definition eines so verstandenen Rationalitätsbegriffs kann so lauten: "Eine Handlung wird man, ganz allgemein gesagt, als rational einstufen können, wenn sie, auf der Grundlage bestimmter Informationen, eine optimale Aussicht auf Erlangung ihrer Ziele bietet" (HEMPEL 1985: 389). Nach HEMPEL setzt sich dabei das Gesamtziel einer Handlung zusammen aus einem bestimmten erwünschten Endzustand und der Geltung bestimmter Normen. In der Regel wird als Ziel die individuelle Nutzenmaximierung angenommen und je nach Situationstyp gibt es ein bestimmtes Rationalitätskriterium bzw. Rationalitätskalkül, unter dessen Anwendung die optimale[1] Handlungsalternative ermittelt werden kann (vgl. MEGGLE 1985: 417ff).

---

[1] Der Begriff "optimal" ist hier nicht im streng mathematischen Sinn zu verstehen, also als ein Minimum oder Maximum einer gegebenen Funktion. Optimale Lösungen können, je nach verwendetem Kalkül, Minima oder Maxima sein, dies ist jedoch keine notwendige Bedingung. Auch Lösungen, die lediglich eine bestimmte Anzahl von Kriterien erfüllen, können optimal sein (vgl. SIMON 1957).

Soll der Begriff "Rationalität" nicht zu einer informationsleeren Tautologie verkommen, ist es notwendig, ihn in seiner Anwendung einzuschränken. Das angewandte Kalkül optimiert die Handlungsalternative dann lediglich in Hinsicht auf einen beschränkten Bereich von möglichen Kriterien für die Bewertung der zur Verfügung stehenden Alternativen. Dieser zugelassene Bereich kann enger oder weiter gefaßt werden. Eine relativ enge Fassung findet man bei DOWNS in seiner "Ökonomischen Theorie der Demokratie". Er konzentriert seine Aufmerksamkeit "einzig und allein auf die wirtschaftlichen und politischen Ziele eines jeden Individuums und jeder Gruppe im Modell" (DOWNS 1968: 7). Damit vollzieht DOWNS die schon oben erwähnte Beschränkung von rationalem Verhalten auf politische Sachfragen oder Issues. Eine weite Fassung des Bereichs der zulässigen Einflußfaktoren findet sich dagegen bei ESSER (1990), der als Spezialfälle des Rational-Choice-Ansatzes auch habituelles Verhalten zuläßt sowie eine Änderung der Zielstruktur je nach Wahrnehmung der Situation. Eine noch weitergehende Auffassung vertreten in dieser Hinsicht DAVIS u.a. (1970): "The established fact that responses not related to issues (e.g. partisan identification, and candidate image) play significant, if not dominant, roles in determining electoral outcomes, however, does not vitiate the rationalistic perspective of voting behavior. Since our model is multi-dimensional, we can incorporate all criteria which we normally associate with a citizen's voting decision process - issues, style, partisan identification, and the like" (DAVIS u.a. 1970: 429). Hier wird Rationalität mit Interpretierbarkeit gleichgesetzt, d.h. jede Handlung, die durch eine bestimmte Variablenkombination erklärt werden kann, ist damit auch rational.

Grundsätzlich ist es sinnvoll, zwischen zwei typischen Anwendungen des Begriffs "Rationalität" zu unterscheiden (HEMPEL 1985). Eine häufige Verwendung des Begriffs ist die Beschreibung des formalen Charakters eines Prozesses. Als Beispiel sei hier ein Distanzmodell vorzustellen, bei dem nur die Issues modelliert werden sollen. Das Rationalitätskalkül sei dann so formuliert, daß der Wähler sich für diejenige Partei entscheidet, zu der er in einem n-dimensionalen Issue-Raum die geringste euklidische Distanz aufweist. Stimmt die aufgrund dieser Distanz prognostizierte Partei mit der tatsächlichen Wahl (oder der in einer Umfrage geäußerten Wahlabsicht) überein, so kann man die Handlung als rational bezeichnen. Dies ist aber nur in einem gewissermaßen phänotypischen Sinn zu verstehen, d.h. die Handlung gleicht genau dem Typ der Handlung, der zustandekommen würde, wäre die Handlung tatsächlich rational. Ob diese Übereinstimmung darauf zurückzuführen ist, daß die Handlung selbst wirklich rational war, oder auf andere Ursachen, läßt sich nicht eindeutig klären. Daher kann die Wahl korrekt also nur als *formal* rational bezeichnet werden.

Die zweite Anwendung des Begriffs "Rationalität" findet dann statt, wenn Rationalität zur Erklärung von Handlungen herangezogen werden soll. Ein solches Erklärungsschema hat nach HEMPEL folgende Form:

> H war in einer Situation vom Typ S
> H war ein rational Handelnder
> In einer Situation vom Typ S wird jeder rational Handelnde x tun
> ---
> Also hat H x getan[2]

Die ersten drei Sätze werden im folgenden als Prämissen P1, P2 und P3 bezeichnet, der letzte Satz als Konklusion K. Die Gesamtheit der Sätze in dieser Darstellung wird als das Rationalitätsschema bezeichnet. Geht man auf die einzelnen Prämissen ausführlicher ein, so erweist sich das Schema als sehr hilfreich, die verschiedenen Auffassungen von Rationalität zu kategorisieren.

P1: "H war in einer Situation vom Typ S": Der Begriff "Situation" ist sehr diffus und kann unter einer Vielzahl von Aspekten genauer beschrieben werden. Die in der klassischen Rational-Choice Literatur am häufigsten aufgeführte Unterscheidung bezüglich der Wahlsituation bezieht sich auf die Wahrscheinlichkeit, mit der eine ausgewählte Handlung zu einem bestimmten Ergebnis führt. Je nachdem wird die Wahl als Entscheidung unter Sicherheit, Risiko oder Unsicherheit klassifiziert. Das Konzept "Sicherheit" bezieht sich immer auf die Informationsgrundlage des Wählers. Die Informationen können sich ihrerseits auf den Wahlausgang selbst, auf die Verwirklichung der Wahlaussagen durch den Wahlsieger oder auf die Perzeption der Positionen der Parteien beziehen. In den empirischen Untersuchungen des Wahlprozesses befin-

---

2   Um etwaige Unklarheiten zu vermeiden: Es handelt sich bei dem Schema um ein Erklärungsschema für Handlungen und nicht um ein formallogisches Schlußschema. Der formal analoge Aufbau des Schemas zu einem logischen Schlußschema darf nicht dazu verleiten anzunehmen, der Zusammenhang zwischen Prämissen und Konklusion erfolge nach der gleichen strengen Notwendigkeit wie bei einem logischen Schema. Die Prämissen des Erklärungsschemas geben lediglich darüber Auskunft, wann eine Handlung x sinnvoll aus bestimmten vorliegenden Randbedingungen heraus erklärt werden kann.

det sich der Handelnde H typischerweise in einer Situation, in der er sich aus einer Vielzahl von Parteien für eine bestimmte entscheiden soll. Die im Fragebogen simulierte Wahlsituation kann in der Regel als vertraut angenommen werden, d.h. der Handelnde ist sich sowohl seiner Wahlmöglichkeit als auch der zur Auswahl zur Verfügung stehenden Alternativen hinreichend bewußt. Zieht der Wähler als Grundlage seiner Wahl nur die wahrgenommenen Positionen der Parteien zu bestimmten Sachfragen sowie seine eigenen diesbezüglichen Positionen heran, wie dies bei einem reinen Distanzmodell der Fall ist, so kann von einer Wahl unter Sicherheit ausgegangen werden, da der Wähler seine eigenen Positionen auf jeden Fall kennen und bei der Einschätzung der Parteien keinen Grund haben sollte, die von ihm wahrgenommenen Positionen nicht für die tatsächlichen zu halten.[3] Auch die Einbeziehung des Konzepts der Parteiidentifikation ändert daran nichts. Bezieht der Wähler allerdings neben den Positionen der Parteien auch den Willen bzw. die Fähigkeit der Parteien, die von ihnen verkündete Politik umzusetzen, in sein Kalkül ein, wie das bei sogenannten Valenz-Issues der Fall ist, so wandelt sich die Wahlsituation grundlegend und wird zu einer Handlung unter Risiko oder Unsicherheit. Eine weitere Schwierigkeit ergibt sich dadurch, daß sich in einer Befragung der Wähler nicht in einer tatsächlichen Wahlsituation befindet. Dies kann daher zu einem grundsätzlichen Unterschied zwischen angegebenem und tatsächlich beabsichtigtem Wahlverhalten führen.

P2: "H war ein rational Handelnder": In vielen empirischen Untersuchungen entfällt die explizite Operationalisierung der zweiten Prämisse. Rationales Verhalten aller wird stillschweigend als anthropologische Grundkonstante vorausgesetzt. So wird die Prämisse zu einer Tautologie und besitzt keinerlei Informationsgehalt mehr. Aus der Adäquatheit des reduzierten Schemas, das nur noch die Prämissen P1 und P3 samt Konklusion beinhaltet, wird auf das Vorliegen von Rationalität geschlossen. Es handelt sich dann nur noch um die weiter oben erwähnte *formale* Rationalität, d.h. sie dient zur Beschreibung des Schemas selbst bzw. seiner Erfolgsquote im Abgeben richtiger Prognosen, geht aber nicht mehr als Erklärungskriterium ein.

P3: "In einer Situation vom Typ S wird jeder rational Handelnde x tun": Hierher gehört die genaue operationale Beschreibung des Kalküls, das ein Wähler heranzieht, um seine Entscheidung zu treffen. In einer Wahlsituation unter Sicherheit, in der nur

---

3   Eine Ausnahme machen hier allerdings MACDONALD und RABINOWITZ (1993) in einer Modifikation ihres Richtungsmodells.

die Positionen der Parteien zu Sachfragen eine Rolle spielen sollen, reduziert sich diese Aufgabe auf das Finden einer Verrechnungsmethode, die den Parteienpositionen in Verbindung mit den eigenen Positionen des Wählers einen numerischen Wert zuweist. Die bekannteste dieser Methoden ist das von DOWNS eingeführte einfache Distanzmodell. Er geht davon aus, daß jeder Wähler sich für diejenige Partei entscheidet, deren Position zu einer bestimmten Frage ihm am nächsten ist (DOWNS 1968: 112ff). Erweiterungen des Distanzmodells finden sich für den mehrdimensionalen Fall bei DAVIS u.a. (1970) und ENELOW und HINICH (1984). Die euklidischen Distanzen werden als Werte einer "individual loss function" interpretiert. Das Minimum dieser Funktion stellt die Lösung des Entscheidungsproblems dar. Ein grundsätzlich anderes Verrechnungsmodell enthält das "Richtungsmodell" von RABINOWITZ und MACDONALD (1989, 1991, 1993). Sie gehen davon aus, daß die Issues im Bewußtsein der Wähler dichotomisiert wahrgenommen werden. Die Position gibt die Intensität wieder, mit der man eine bestimmte Auffassung vertritt. Die Stärke der Affinität zu einer Partei errechnet sich nach ihrem Modell als das Produkt aus dem Abstand zwischen der eigenen Position und der neutralen Mittelkategorie des Issues und dem Abstand zwischen der Position der Partei und der neutralen Kategorie. Die Lösung des Entscheidungsproblems ist als das Auffinden eines Maximums formuliert.

Da alle drei Prämissen in einer logischen "UND"-Relation stehen, d.h. alle gleichzeitig erfüllt sein müssen, damit die Konklusion gefolgert werden kann, ist es möglich, die zweite Prämisse aus dem Schema herauszunehmen und als notwendige Vorbedingung für die Anwendbarkeit des reduzierten Schemas zu verstehen. Das ursprüngliche Rationalitätsschema wird also in zwei Teile zerlegt. Was dann benötigt wird, ist ein Außenkriterium für das Vorliegen von Rationalität oder, besser gesagt, einer Disposition zu rationalem Handeln. Als ein solches Außenkriterium wird hier die Konsistenz der kognitiven Strukturierung vorgeschlagen. Dieses Merkmal soll allerdings keineswegs als hinreichende Bedingung für das Vorliegen von Rationalität verstanden werden. Anders ausgedrückt: Ist das "Weltbild" einer Person konsistent kognitiv strukturiert, so muß sie sich deswegen nicht notwendigerweise rational verhalten. Rationales Verhalten stellt bestenfalls eine Option für das Individuum dar. Höchstens läßt sich also klären, unter welchen Umständen rationales Handeln kaum möglich sein dürfte, niemals aber exakt voraussagen, wann solches Handeln stattfinden muß. Die Erfüllung bestimmter Randbedingungen sagt nur etwas über die Verfügbarkeit rationalen Handelns aus; ob daraus in der Anwendung Nutzen gezogen wird, hängt wieder von einer Entscheidung des Individuums ab, die selbst nicht rational begründbar ist. Was auch immer man als Randbedingungen wählen wird, es können höchstens notwendige, aber niemals hinreichende Bedingungen für die Anwendbarkeit des reduzierten Rationalitätsschemas sein.

Zur Operationalisierung der Konsistenz kognitiver Strukturierung wird hier auf die Balancetheorie zurückgegriffen (HEIDER 1946). In ihr werden den Beziehungen zwischen jeweils zwei einzelnen Einheiten positive oder negative Werte zugeordnet, der Einfachheit halber plus eins und minus eins. Einheiten können Personen, Referenzgruppen und beliebige Gegenstände sowie auch Ansichten sein. In der mathematisch verallgemeinerten Formulierung von CARTWRIGHT und HARARY (1956) gilt: Eine Struktur (in ihrer Terminologie auch ein Graph) ist dann in Balance, wenn das Vorzeichen jedes möglichen Zyklus positiv ist. Ein Zyklus ist eine geordnete Reihe von Verbindungslinien zwischen jeweils zwei Einheiten, so daß die erste Einheit der ersten Verbindungslinie mit der zweiten Einheit der letzten Verbindungslinie übereinstimmt. Das Vorzeichen des Zyklus ist das Produkt aus den Werten der einzelnen Verbindungslinien. Der Wert einer Verbindungslinie steht für die Beziehung zwischen den beiden Einheiten, die dadurch verknüpft sind. Im Gegensatz zu HEIDER läßt NEWCOMB (1968) auch zu, daß die Relationen neutral sein können; sie erhalten dann den Wert null. Im einfachsten Fall eines solchen Graphen, der Triade, gilt dann: Die Triade befindet sich in Balance, wenn alle drei Beziehungen zwischen den Elementen positiv oder eine positiv und zwei negativ sind. Sie befindet sich nicht in Balance, wenn eine der Beziehungen negativ und die beiden anderen positiv sind oder wenn alle drei Beziehungen ein negatives Vorzeichen haben. Hat auch nur eine Beziehung einen neutralen Wert, so erhält auch die Triade insgesamt einen neutralen Wert.

Für die Verwendung der Konsistenz der kognitiven Strukturierung als Randbedingung für erhöhte Disposition zu rationalem Verhalten lassen sich plausible Argumente anführen. Wenn man von rationalem Verhalten spricht, dann meint man, daß es eine Verbindung zwischen dem Wissen einer Person und der von ihr durchgeführten Handlungen gibt. Diese Verknüpfung hat einen kausalen Charakter. Ein rational Handelnder handelt nicht wider besseres Wissen oder unter Nichtberücksichtigung des ihm zur Verfügung stehenden Wissens. Wer aber in der Lage ist, Widersprüche zwischen seinem Handeln und seinem Wissen zu vermeiden, sollte erst recht dazu in der Lage sein, für Widerspruchsfreiheit zwischen einzelnen Wissenselementen zu sorgen.

Die oben angeführten Überlegungen führen zu der folgenden Arbeitshypothese: *Der Effekt, den eine Sachfrage auf eine Wahlentscheidung ausüben kann, hängt davon ab, wie kognitiv konsistent der mit dem Issue verbundene Gegenstandsbereich strukturiert ist. Ein vorwiegend inkonsistent strukturierter Gegenstandsbereich macht es schwer bis unmöglich, Wissen aus diesem Gegenstandsbereich für eine Wahlentscheidung nutzbar zu machen.* Diese Hypothese ist negativ formuliert. Sie will nicht sagen, wann sich ein Wähler "rational" verhält, sondern unter welchen Umständen es eher unwahrscheinlich ist, daß er ein Verhalten an den Tag legt, das rational erscheint. Tritt unter solchen Umständen ein derartiges Verhalten dennoch auf, kann es sich nur um *formal* rationales Verhalten handeln.

Inkonsistente Strukturierung eines Gegenstandsbereichs bedeutet, daß verschiedene Einstellungen miteinander in Konflikt stehen. Besteht neben dem Wähler der zweite Eckpunkt einer Triade aus einer Partei, so ist diese Triade z.B. dann inkonsistent, wenn die Einstellung der Partei zu einem Objekt nicht mit der Einstellung des Wählers zu diesem Objekt übereinstimmt, der Wähler aber eine positive Einstellung zu der Partei hat, oder auch, wenn Wähler und Partei die gleiche Einstellung zum Objekt haben, der Wähler der Partei aber fernsteht. Inkonsistenz heißt also nichts anderes, als daß Distanz bzw. Nähe im gemeinsamen Issue-Raum von Wähler und Partei in Konflikt stehen zur Einstellung des Wählers zur Partei. Unter solchen Umständen sollte es dem Wähler schwerer fallen, seine Wahlentscheidung an den Issuedistanzen auszurichten.

3. Daten, Operationalisierungen und Methode

Die hier ausgewerteten Daten stammen aus der ersten Welle einer von der DFG geförderten Paneluntersuchung über Einstellungen in Deutschland zu Fragen der Außen- und Sicherheitspolitik, die im Zeitraum von Mitte Juni bis Mitte Juli 1992 stattfand. Insgesamt wurden 2089 zufällig ausgewählte Personen befragt, davon 1046 in Westdeutschland und 1043 Bürger in den neuen Bundesländern. Zu vier außen- und sicherheitspolitischen Positions-Issues wurden die Befragten gebeten, auf einer Skala mit sieben Punkten ihre eigene Position anzugeben sowie die von ihnen wahrgenommenen Positionen der vier Parteien CDU/CSU, SPD, FDP und GRÜNE.

Ebenfalls im Fragebogen enthalten waren Fragen nach Parteineigung und Wahlabsicht. Auf Sympathieskalometern von minus fünf bis plus fünf waren die Wertschätzungen für die Parteien einzustufen.[4]

Zur Schätzung der Effekte von Issuepositionen, Kandidatenimages und Parteiidentifikationen auf die abhängige Variable Wahlabsicht wird die Methode der binären logistischen Regression herangezogen (JAGODZINSKI/KÜHNEL 1990). Der Vorteil der binären logistischen Regression gegenüber einer linearen Regression besteht vor allem darin, daß durch sie Funktionen, die bei kontinuierlicher Zunahme bzw. Abnahme der unabhängigen Variablen eine Sättigungsgrenze erreichen, besser angenähert werden können. Im "mittleren" Wertebereich der unabhängigen Variablen entspricht die logistische Regression annähernd einer linearen Gleichung. Da die geschätzten Werte der abhängigen Variablen bei entsprechender Normierung der logistischen Regression zwischen Null und Eins variieren, können diese als Wahrscheinlichkeiten interpretiert werden. Ein weiterer wichtiger Unterschied der logistischen gegenüber der linearen Regression besteht darin, daß der Gesamteffekt mehrerer unabhängiger Variablen als Produkt der Einzeleffekte berechnet wird und nicht als deren Summe. In die Regressionsgleichung gehen alle vier Issues als unabhängige Variablen ein. Es wird also kein Maß errechnet, das alle vier Issues gemeinsam repräsentiert (wie z.B. ein euklidisches Distanzmaß). Auf diese Weise bleibt die Möglichkeit erhalten, den Effekt der einzelnen Issues auf die Wahl einer bestimmten Partei abzuschätzen. In dem hier errechneten Modell sind zwei wichtige Einschränkungen zu machen. Erstens: Die vier verwendeten Issues repräsentieren natürlich keineswegs den vollständigen Issue-Raum. Darüberhinaus stammen sie außerdem noch aus einem Themenbereich, bei dem von vornherein ein eher geringer Einfluß auf die Wahlentscheidung zu vermuten ist. Zweitens: Es gehen zu keinem Zeitpunkt die Positionen in diesem Issue-Raum in die Berechnungen ein, sondern lediglich die Positionen auf einzelnen Dimensionen. Es wird vorausgesetzt, daß sich eine Distanz im Issue-Raum als Kompositum der Distanzen der einzelnen Dimensionen darstellen läßt. Weiter wird davon ausgegangen, daß - unabhängig von der konkreten Berechnungsmethode der Distanz im Issue-Raum aus den einzelnen Distanzen - gerade mit der logistischen

---

4 Die genauen Frageformulierungen sind im Anhang enthalten.

Regression sich der Gesamteffekt gut aus den einzelnen Effekten heraus darstellen läßt. Wegen dieser Restriktionen ist unmittelbar klar, daß die Wahlentscheidung niemals vollständig mit nur vier Issues erklärt werden kann. Aber, solange diese Issues nicht vollkommen irrelevant für die Wahlentscheidung sind und nicht abhängig von den in der Analyse nicht berücksichtigten Issues, dann sollte sich zumindest eine Tendenz in der erwarteten Richtung ergeben.

Die theoretischen Vorannahmen eines Distanzmodells gehen davon aus, daß unter idealen Bedingungen keine Partei gewählt werden sollte, der gegenüber eine andere Partei im Vorteil ist, d.h. keine Partei sollte gewählt werden, deren Distanz in einem vorgestellten Issue-Raum, der sich über alle bezüglich der Wahlentscheidung relevanten Issues erstreckt, weiter von der eigenen Position in diesem Issue-Raum entfernt ist als eine andere Partei. Daher gehen die Issues als unabhängige Variable also als Distanzen der jeweiligen Parteiendistanzen zur minimalen Parteiendistanz ein. Ein Beispiel: Die eigene Position bezüglich eines bestimmten Issues auf der Skala sei der Wert drei. Die Partei, deren wahrgenommene Distanz zur eigenen Position am geringsten ist, sei die SPD mit einem Skalenwert von vier. Die Distanz der SPD zur eigenen Position beträgt also eins. Die wahrgenommene Position der FDP auf der Skala sei sechs. Die Distanz zur eigenen Position beträgt daher drei, die Distanz zur minimalen Distanz aber zwei. Anders ausgedrückt: Die Position der FDP befindet sich um zwei Skalenpunkte weiter von der eigenen Position entfernt als diejenige Partei, die der eigenen Position noch am nächsten steht. Dieser modifizierte Abstandswert geht in die Analysen ein. Wenn in Zukunft von Distanzen gesprochen werden wird, sind es also eigentlich die Distanzen zur minimalen Distanz.

Für jedes Issue läßt sich bezüglich der vier Parteien jeweils eine Triade bilden. Die drei Seiten einer solchen Triade bestehen aus der affektiven Einstellung des Befragten zur Partei, der Einstellung des Befragten zu einem bestimmten Issue, sowie der Wahrnehmung der Einstellung der Partei zu diesem Issue durch den Befragten. Bevor die Triaden gebildet werden können, müssen allerdings die ursprünglichen Variablen erst rekodiert werden, so daß nur noch die Werte minus eins, null und plus eins vorhanden sind. Die Werte der Issuepositionen werden folgendermaßen rekodiert: Der Wert vier wird zu null, Werte kleiner als vier zu minus eins, Werte größer als vier zu plus eins. Beim Parteienskalometer werden alle negativen Werte zu minus eins, alle positiven Werte zu plus eins, null bleibt null.

Abbildung 1:

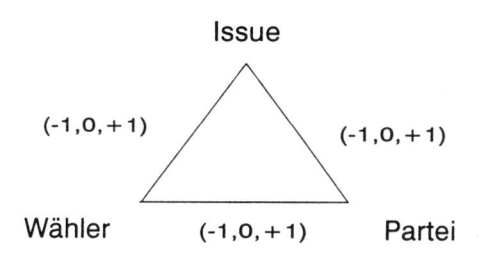

```
                    Issue
                     /\
                    /  \
        (-1,0,+1)  /    \  (-1,0,+1)
                  /      \
                 /_____\
        Wähler   (-1,0,+1)   Partei
```

In die Analyse gehen nur Fälle ein, für die Triaden gebildet werden können, bzw. deren Triaden ein Wert von minus eins, null oder plus eins zuzuordnen ist. Damit entfallen insbesondere alle Fälle, bei denen kein Wert auf dem Parteienskalometer angegeben wurde. Der "Konsistenzwert" eines Issues wird berechnet als die Summe der Werte der vier Triaden, er variiert demnach von minus vier bis plus vier. Aufgrund des Konsistenzwertes lassen sich die Befragten bezüglich jedes Issues in drei Gruppen einteilen. Erste Gruppe: Sie ist überwiegend dissonant strukturiert bezüglich des betreffenden Issues. Der Konsistenzwert beträgt minus vier bis minus zwei, d.h. es werden mindestens zwei dissonante Triaden mehr gebildet als konsonante. Zweite Gruppe: Sie ist relativ ausgewogen strukturiert. Der Konsistenzwert geht von minus eins bis plus eins. Die Anzahl der dissonanten Triaden unterscheidet sich von der Anzahl der konsonanten also maximal um eins. Dritte Gruppe: Ihre Mitglieder sind bezüglich des betreffenden Issues überwiegend konsonant strukturiert. Der Konsistenzwert erstreckt sich von zwei bis vier, es werden also mindestens zwei konsonante Triaden mehr gebildet als dissonante. Für die drei Gruppen werden Dummy-Variablen mit den Ausprägungen null und eins gebildet.

Die abhängige Variable in den Regressionsanalysen ist die Wahlabsicht. Da in der Befragung nur für die vier Parteien CDU/CSU, SPD, FDP und GRÜNE die Positionen bezüglich der Issues erhoben worden sind, gehen nur die Fälle in die Analyse ein, die eine Wahlabsicht für eine dieser vier Parteien geäußert haben. Für jede der Parteien wird eine dichotomisierte Variable erstellt. Es werden demnach auch für jede der Parteien eigene Regressionsanalysen durchgeführt.

Die unabhängige Variable Parteineigung wird ebenfalls wie die abhängige Variable Wahlabsicht dichotomisiert für die einzelnen Parteien. Es gibt also für jede der vier Parteien jeweils eine Variable mit den Werten null oder eins. Das Parteienskalometer geht in seiner ursprünglichen, nicht rekodierten Form in die Analyse ein.

Da der Wert der Triaden nicht ganz unabhängig ist von der Bildung - mit steigender Bildung nimmt der Anteil der konsonanten Triaden an allen gebildeten Triaden zu - ist es sinnvoll, die formale Bildung als Kontrollvariable mit in die Analyse einzubeziehen. Da es nicht um ein das Wahlverhalten vollständig erklärendes Modell geht, sondern nur um den Vergleich der Einflußstärke der Issues zwischen verschiedenen Modellierungen der Issuevariablen, ist die formale Bildung die einzige sozialstrukturelle Variable, die in die Analyse mit einbezogen wird. Bildung hat im Fragebogen ursprünglich fünf Ausprägungen. Diese werden zu drei Gruppen zusammengefaßt (Volks- oder Hauptschule, Mittlere Reife, Abitur). In die Analyse gehen Mittlere Reife und Abitur als dichotomisierte Dummy-Variablen ein.

Nach den theoretischen Annahmen kann man Rationalität als Vorbedingung verstehen für die Anwendbarkeit eines Schlußschemas, das aus den Distanzen auf die Wahlabsicht schließt. Formulieren läßt sich dies, indem man das schwache Kriterium für Verfügbarkeit von Rationalität, in diesem Fall die konsistente Strukturierung eines Issues, als Wechselwirkungsvariable in ein regressionsanalytisches Modell aufnimmt. Aus den ursprünglichen Distanzen werden also jeweils drei neue Distanzen berechnet, die jeweils das Produkt aus der Distanz und der entsprechenden Dummy-Variablen sind. Eine Distanz geht also in die Regressionsanalyse nur für die Gruppe ein, bei der die entsprechende Dummy-Variable den Wert eins hat. Praktisch bedeutet dies nichts anderes, als daß man in Abhängigkeit des Grades der konsistenten Strukturiertheit eines Issues für jede der drei Gruppen einen eigenen Regressionskoeffizienten erhält.

4. Modelle und Ergebnisse

Es werden zwei Modelle untersucht, ein reines Issue-Modell, das als unabhängige Variablen lediglich die Distanzen enthält, sowie ein erweitertes Modell, in dem Parteineigung, Parteieinschätzung und Bildung in die Analyse miteingehen. Das reine Issue-Modell sieht folgendermaßen aus:

$$P = e^U/(1+e^U)$$
$$= 1/(1+e^{-U})$$

P ist die abhängige Variable, die in der logistischen Regression geschätzt wird. Der Term U enthält die unabhängigen Variablen. Wie man leicht nachrechnen kann, nähert sich P asymptotisch dem Grenzwert eins, wenn U gegen unendlich geht, tendiert U hingegen zu minus unendlich, nähert sich P dem Wert null. U kann eine einzelne Variable sein, aber auch eine Linearkombination mehrerer Variablen. In dem hier vorgestellten Modell hat U die folgende Form:

$$\begin{aligned} U = \ & b_0 + b_{11}*\text{Issue1}_{\text{dissonant}} + b_{12}*\text{Issue1}_{\text{ausgewogen}} + b_{13}*\text{Issue1}_{\text{konsonant}} \\ & + b_{21}*\text{Issue2}_{\text{dissonant}} + b_{22}*\text{Issue2}_{\text{ausgewogen}} + b_{23}*\text{Issue2}_{\text{konsonant}} \\ & + b_{31}*\text{Issue3}_{\text{dissonant}} + b_{32}*\text{Issue3}_{\text{ausgewogen}} + b_{33}*\text{Issue3}_{\text{konsonant}} \\ & + b_{41}*\text{Issue4}_{\text{dissonant}} + b_{42}*\text{Issue4}_{\text{ausgewogen}} + b_{43}*\text{Issue4}_{\text{konsonant}} \end{aligned}$$

Das erweiterte Modell ist dementsprechend um die zusätzlichen Variablen zu ergänzen. Der Term U stellt sich im erweiterten Modell so dar:

$$\begin{aligned} U = \ & b_0 + a_1*\text{Parteineigung} + a_2*\text{Parteiskalometer} + a_{31}*\text{Mittlere Reife} + a_{32}*\text{Abitur} \\ & + b_{11}*\text{Issue1}_{\text{dissonant}} + b_{12}*\text{Issue1}_{\text{ausgewogen}} + b_{13}*\text{Issue1}_{\text{konsonant}} \\ & + b_{21}*\text{Issue2}_{\text{dissonant}} + b_{22}*\text{Issue2}_{\text{ausgewogen}} + b_{23}*\text{Issue2}_{\text{konsonant}} \\ & + b_{31}*\text{Issue3}_{\text{dissonant}} + b_{32}*\text{Issue3}_{\text{ausgewogen}} + b_{33}*\text{Issue3}_{\text{konsonant}} \\ & + b_{41}*\text{Issue4}_{\text{dissonant}} + b_{42}*\text{Issue4}_{\text{ausgewogen}} + b_{43}*\text{Issue4}_{\text{konsonant}} \end{aligned}$$

Nach den weiter oben erwähnten Einschränkungen gehen in die Regressionsanalysen noch 1017 Fälle ein. Rationalität in einem Distanzmodell besagt, daß eine Partei desto weniger wählbar ist, je weiter ihre Position von der eigenen Position entfernt ist. Prinzipiell sollte der Regressionskoeffizient für die Issuedistanzen also immer negativ sein. Gemäß der Hypothese wird erwartet, daß dieser Effekt mit zunehmend konsistenter Strukturierung bezüglich eines bestimmten Issues stärker ausfallen sollte. Die Ergebnisse der logistischen Regressionsanalysen des reinen Distanzmodells bezüglich der vier Parteien sind in den Tabellen 1 bis 4 aufgeführt.

Die stärksten Effekte treten in Tabelle 1 bezüglich der Schätzung der Wahlabsicht für die CDU/CSU auf. Die in der Analyse ermittelten Koeffizienten liegen bei allen vier Issues deutlich im negativen Bereich, wenn das Issue überwiegend konsonant strukturiert ist. Bezüglich des ersten, dritten und des vierten Issues sind diese Koeffizienten sogar signifikant auf dem 1-Promille-Niveau. Je weniger konsonant ein Issue strukturiert ist, desto geringer fällt der Effekt aus, daß mit zunehmender Issuedistanz die Wahrscheinlichkeit für die Wahl der CDU/CSU abnimmt. Sind die Issues dissonant strukturiert, kommt es sogar zu einer Umkehrung des Vorzeichens der Regressionskoeffizienten, also zu einem gleichsinnigen Effekt. Allerdings sind diese positiven Koeffizienten, die im Sinne der theoretischen Überlegungen überhaupt nicht auftreten sollten, mit Ausnahme im Fall des zweiten Issues nicht signifikant. Ganz analog zu denen der Tabelle 1 verhalten sich die in Tabelle 2 präsentierten Ergebnisse bezüglich der für die SPD geäußerten Wahlabsicht. Allerdings fallen die Effekte hier wesentlich schwächer aus. Grundsätzlich läßt sich für alle Parteien festhalten: Mit einer einzigen Ausnahme ist der negative Effekt, den Issuedistanzen auf die Wahlabsicht ausüben, immer dann am stärksten, wenn das Issue bezüglich der vier Parteien überwiegend konsonant strukturiert ist. Die Ausnahme tritt beim ersten Issue hinsichtlich der Wahlabsicht für die GRÜNEN auf. Allerdings ist der Effekt nicht signifikant. Es ist anzumerken, daß die Ergebnisse der logistischen Regressionsanalyse bezüglich der Wahlabsicht für die FDP oder die GRÜNEN prinzipiell mit Vorsicht zu betrachten sind, da bei kleinen Parteien die a priori Wahlwahrscheinlichkeit nahe bei null liegt, so daß selbst betragsmäßig große Koeffizienten nur relativ geringe Veränderungen bei den geschätzten abhängigen Variablen hervorrufen.

Tabelle 1: Koeffizienten des reinen Distanzmodells mit Wahlabsicht für die CDU/CSU als abhängige Variable

	ß		$e^ß$
Issue 1: überwiegend dissonant	0,149	n.s.	1,161
Issue 1: ausgewogen	-0,200	*	$1,221^{-1}$
Issue 1: überwiegend konsonant	-0,785	***	$2,193^{-1}$
Issue 2: überwiegend dissonant	0,268	**	1,307
Issue 2: ausgewogen	0,012	n.s.	1,012
Issue 2: überwiegend konsonant	-0,275	*	$1,316^{-1}$
Issue 3: überwiegend dissonant	0,017	n.s.	1,018
Issue 3: ausgewogen	-0,192	***	$1,212^{-1}$
Issue 3: überwiegend konsonant	-0,577	***	$1,780^{-1}$
Issue 4: überwiegend dissonant	0,129	n.s.	1,138
Issue 4: ausgewogen	-0,171	**	$1,186^{-1}$
Issue 4: überwiegend konsonant	-0,599	***	$1,820^{-1}$
Konstante	0,256		

Pseudo-R^2: 20,3%

n.s.: nicht signifikant, *: $p<0,05$, **: $p<0,01$, ***: $p<0,001$

Tabelle 2: Koeffizienten des reinen Distanzmodells mit Wahlabsicht für die SPD als abhängige Variable

	ß		$e^ß$
Issue 1: überwiegend dissonant	0,080	n.s.	1,083
Issue 1: ausgewogen	-0,081	n.s.	$1,084^{-1}$
Issue 1: überwiegend konsonant	-0,180	n.s.	$1,197^{-1}$
Issue 2: überwiegend dissonant	0,246	*	$1,279^{-1}$
Issue 2: ausgewogen	0,101	n.s.	1,106
Issue 2: überwiegend konsonant	-0,301	*	$1,350^{-1}$
Issue 3: überwiegend dissonant	-0,099	n.s.	$1,104^{-1}$
Issue 3: ausgewogen	-0,037	n.s.	$1,037^{-1}$
Issue 3: überwiegend konsonant	-0,180	*	$1,197^{-1}$
Issue 4: überwiegend dissonant	0,009	n.s.	1,009
Issue 4: ausgewogen	-0,135	n.s.	$1,145^{-1}$
Issue 4: überwiegend konsonant	-0,184	n.s.	$1,202^{-1}$
Konstante	0,200		

Pseudo-R^2: 2,5%

n.s.,*,**,***: wie bei Tabelle 1

Tabelle 3: Koeffizienten des reinen Distanzmodells mit Wahlabsicht für die FDP als abhängige Variable

	ß		$e^ß$
Issue 1: überwiegend dissonant	0,142	n.s.	1,152
Issue 1: ausgewogen	-0,023	n.s.	1,023
Issue 1: überwiegend konsonant	-0,093	n.s.	$1,098^{-1}$
Issue 2: überwiegend dissonant	0,109	n.s.	1,115
Issue 2: ausgewogen	-0,101	n.s.	$1,106^{-1}$
Issue 2: überwiegend konsonant	-0,302	n.s.	$1,352^{-1}$
Issue 3: überwiegend dissonant	0,015	n.s.	1,015
Issue 3: ausgewogen	-0,226	n.s.	$1,254^{-1}$
Issue 3: überwiegend konsonant	-0,409	*	$1,505^{-1}$
Issue 4: überwiegend dissonant	0,057	n.s.	1,059
Issue 4: ausgewogen	0,003	n.s.	1,003
Issue 4: überwiegend konsonant	-0,323	n.s.	$1,382^{-1}$
Konstante	-1,953		

Pseudo-R^2: 4,3%

n.s.,*,**,***: wie bei Tabelle 1

Tabelle 4: Koeffizienten des reinen Distanzmodells mit Wahlabsicht für die GRÜNEN als abhängige Variable

	ß		$e^ß$
Issue 1: überwiegend dissonant	-0,317	n.s.	$1,373^{-1}$
Issue 1: ausgewogen	-0,117	n.s.	$1,124^{-1}$
Issue 1: überwiegend konsonant	-0,199	n.s.	$1,220^{-1}$
Issue 2: überwiegend dissonant	0,192	n.s.	1,212
Issue 2: ausgewogen	-0,174	n.s.	$1,190^{-1}$
Issue 2: überwiegend konsonant	-0,252	n.s.	$1,287^{-1}$
Issue 3: überwiegend dissonant	0,230	*	1,257
Issue 3: ausgewogen	-0,112	n.s.	$1,118^{-1}$
Issue 3: überwiegend konsonant	-0,670	*	$1,955^{-1}$
Issue 4: überwiegend dissonant	-0,167	n.s.	$1,181^{-1}$
Issue 4: ausgewogen	-0,251	n.s.	$1,285^{-1}$
Issue 4: überwiegend konsonant	-0,406	n.s.	$1,501^{-1}$
Konstante	-1,778		

Pseudo-R^2: 5,3%

n.s.,*,**,***: wie bei Tabelle 1

Analog zu dem Anteil der erklärten Varianz in linearen Modellen R^2, gibt es bei der logistischen Regressionsanalyse ein Pseudo-R^2, das eine Aussage über die Qualität der Schätzung der abhängigen Variablen erlaubt. Als Maß für den "Fehler" der Schätzung berechnet man bei logistischen Regressionsanalysen den Wert der sogenannten Funktion L. Diese ist das Zweifache des Negativen der Loglikelihood-Funktion. Der Wert der ursprünglichen Likelihood-Funktion ist nichts anderes als die Wahrscheinlichkeit für das Zustandekommen der vorliegenden Verteilung der abhängigen Variablen, wenn als a priori Wahrscheinlichkeiten für das Auftreten bzw. Nichtauftreten des Ereignisses, das durch die abhängige Variable dargestellt wird, die relativen Häufigkeiten eingesetzt werden. Kann jeder einzelne Fall aufgrund der Kenntnis der Ausprägungen der unabhängigen Variablen exakt prognostiziert, d.h. mit einer Wahrscheinlichkeit von eins richtig zugeordnet werden, dann beträgt der Wert der Likelihood-Funktion eins. Durch die Logarithmierung wird dieser Wert zu null transformiert, Werte kleiner als eins erhalten durch die Umwandlung negative Werte. Durch die Umkehrung des Vorzeichens nimmt der Wert der Funktion L zu, je ungenauer die Schätzungen sind. Das Pseudo-R^2 gibt den Anteil an, um den der ursprüngliche Wert der Funktion L durch Kenntnis der unabhängigen Variablen reduziert wird. Somit kann man das Pseudo-R^2 auch als ein PRE-Maß interpretieren.

Zur anschaulicheren Interpretation und Diskussion der Ergebnisse sei als Beispiel eine einzelne logistische Regressionsanalyse herangezogen, in die lediglich das vierte Issue (Rückgabe der Gebiete) als unabhängige Variable eingeht. Die abhängige Variable sei wieder die Wahlabsicht für die CDU bzw. CSU. Um die Übersichtlichkeit der Darstellung noch zu gewährleisten, wird nur eine unabhängige Variable in die Analyse aufgenommen, da in diesem Beispiel die Wahrscheinlichkeiten für bestimmte Ausprägungen der unabhängigen Variablen berechnet werden sollen und bei mehreren unabhängigen Variablen sich zu viele Kombinationsmöglichkeiten ergeben würden. Da diese einzelne Analyse von den Ergebnissen her dem Typus einer Analyse mit mehreren unabhängigen Variablen entspricht, scheint diese Vorgehensweise auch nicht übermäßig problematisch. Bei logistischen Regressionen sind die Effektkoeffizienten wichtig für die Interpretation der Ergebnisse. Sie geben an, wie sich das Verhältnis der Wahrscheinlichkeiten $P(Y=1)$ zu $P(Y=0)$ verändert, wenn man die unabhängige Variable um eine Einheit erhöht. In Tabelle 5 sind die so errechneten Wahrscheinlichkeiten für die Wahl der CDU bzw. CSU zu sehen, sowie als Vergleichszahlen die tatsächlichen relativen Häufigkeiten in den entsprechenden Zellen.

Tabelle 5: Vergleich zwischen prognostizierten und tatsächlichen Wahrscheinlichkeiten bezüglich viertem Issue mit Wahlabsicht für die CDU/CSU als abhängige Variable

	Abstand					
	1	2	3	4	5	6
$P_0=0{,}44$						
überwiegend dissonant ($\beta=0{,}20$)						
prognostiziert	0,49	0,54	0,59	0,63	0,68	0,72
tatsächlich	0,35	0,37	0,64	1,00	0,75	0,00
N	(20)	(19)	(11)	(9)	(8)	(2)
ausgewogen ($\beta=-0{,}23$)						
prognostiziert	0,38	0,33	0,28	0,23	0,19	0,16
tatsächlich	0,40	0,33	0,33	0,18	0,26	0,06
N	(89)	(66)	(60)	(40)	(19)	(17)
überwiegend konsonant ($\beta=-0{,}76$)						
prognostiziert	0,27	0,15	0,07	0,04	0,02	0,01
tatsächlich	0,28	0,22	0,04	0,04	0,00	0,00
N	(39)	(36)	(48)	(45)	(24)	(21)

Wie man sieht, kann im mittleren Bereich der logistischen Kurve diese gut durch eine lineare Kurve angenähert werden, in dem Bereich jedoch, wo sich die abhängige Variable null oder eins nähert, weicht die logistische Kurve deutlich von einer linearen Funktion ab. Ist eine Person konsonant strukturiert hinsichtlich des vierten Issues und beträgt die Distanz der CDU zur eigenen Position vier Einheiten mehr als die der nächstgelegenen Partei, so beträgt z.B. die Wahrscheinlichkeit, CDU zu wählen, nur noch vier Prozent. Es ist allerdings zu bedenken, daß mit einer ziemlich hohen Wahrscheinlichkeit auch die Triade bezüglich der CDU/CSU konsistent war, wenn das Issue bezüglich aller vier Triaden überwiegend konsistent strukturiert ist. Daraus folgt aber, daß die Einschätzung der CDU höchstwahrscheinlich negativ sein muß, da bei einer Distanz von mehr als vier Einheiten sich Partei und Befragter auf verschiedenen Seiten des Positions-Issues befinden müssen und die Triade nur dann einen positiven Wert bekommen kann. Damit stellt sich die Frage, ob hier nicht indirekt nur ein Effekt des Parteienskalometers, möglicherweise in Wechselwirkung mit den Issuepositionen, gemessen wird. Tabelle 6 zeigt den Anteil, um den verschiedene Regressionsmodelle den ursprünglichen Wert der Funktion L reduzieren.

Gehen nur die Distanzen in die Analyse ein, wird der ursprüngliche Wert der transformierten Likelihoodfunktion von 1298,8 um 55,5 reduziert, dies entspricht einem Pseudo-R^2 von 4,3 Prozent. Nimmt man stattdessen die in dieser Untersuchung gebildeten Distanzen in Wechselwirkung mit dem Konsistenzgrad der Strukturierung, d.h. statt der ursprünglichen einen Distanz gibt es drei Distanzen für die verschiedenen Gruppen, von denen allerdings immer nur eine in die Analyse eingeht, so erhöht sich das Pseudo-R^2 auf mehr als das Doppelte, nämlich 9,8 Prozent. Allerdings geht jetzt ebenfalls die Einschätzung der Partei, wenn auch in einer ganz speziellen Art von Wechselwirkung mit den Distanzen "gebunden", mit ein in die Analyse. Für sich allein reduziert die Parteieinschätzung die transformierte Likelihoodfunktion schon um 52,4 Prozent. Führt man eine schrittweise Regressionsanalyse durch und fügt im zweiten Schritt der Analyse noch die einfachen Distanzen in die Rechnung ein, so erhöht sich der Anteil noch einmal um 1,1 Prozent. Insgesamt kann also der ursprüngliche Wert der transformierten Likelihoodfunktion um 53,5 Prozent reduziert werden durch die unabhängigen Variablen Parteieinschätzung und Issuedistanzen.

Tabelle 6: Vergleich zwischen verschiedenen Modellspezifikationen bezüglich des vierten Issues mit Wahlabsicht für CDU/CSU als abhängige Variable

	Reduktion von L	Pseudo-R^2
L=1298,79		
Abstand	55,50	4,3
Abstand in Wechselwirkung mit Konsistenzgrad	127,30	9,8
Parteienskalometer	680,80	52,4
Parteienskalometer + Abstand	694,61	53,5
Parteienskalometer + Abstand in Wechselwirkung mit Konsistenzgrad	728,90	56,1

Dabei ist zu beachten, daß logistische Regressionsanalysen einfache Wechselwirkungen zwischen unabhängigen Variablen, die sich als Produkt der unabhängigen Variablen darstellen lassen, in der Regel implizit gut mitmodellieren. (Ob allerdings in diesem Fall eine solche Art von Wechselwirkung eine inhaltlich sinnvolle Annahme ist, sei dahingestellt.) Fügt man bei einer alternativen schrittweisen Regression auf der zweiten Stufe, nach Parteieinschätzung, dagegen die modifizierten Distanzen ein, so erhöht sich das Pseudo-R^2 statt um 1,1 Prozent noch einmal um 3,7 Prozent auf 56,1 Prozent, also um mehr als das Dreifache. Die im Modell spezifizierte Wechselwirkung zwischen Abständen und Konsistenz der Strukturierung läßt sich auch als Wechselwirkung zweiten Grades begreifen, da die Wechselwirkungsvariable Konsistenz ihrerseits wieder eine spezielle Art von Wechselwirkung, gewissermaßen eine bedingte, zwischen Positionen und Parteieinschätzung modelliert. Unabhängig davon, ob man die Issuedistanzen als erste unabhängige Variablen in eine Regressionsanalyse einbezieht oder erst auf der zweiten Stufe, nachdem schon das Parteienskalometer in die Analyse eingegangen ist, erhöht sich das "Erklärungspotential" der Distanzen deutlich, wenn man die Wechselwirkung mit dem Konsistenzgrad berücksichtigt.

In das erweiterte Modell gehen daher nach Parteineigung und Parteiskalometer als Kontrollvariablen in einer schrittweisen Regression noch Bildung, sowie auf der dritten Stufe die modifizierten Distanzen ein (vgl. Tabelle 7).

Tabelle 7: Erklärungspotential der verschiedenen Variablenblöcke im erweiterten Modell

	Reduktion von L	Pseudo-R^2
CDU/CSU		
L=1298,79		
Parteineigung+Parteiskalometer CDU	953,43	73,4
+ Bildung	+0,52	+0,0
+ Abstand in Wechselwirkung mit Konsistenzgrad	+25,48	+2,0
SPD		
L=1408,04		
Parteineigung+Parteiskalometer SPD	757,03	53,8
+ Bildung	+0,52	+0,0
+ Abstand in Wechselwirkung mit Konsistenzgrad	+14,67	+1,0
FDP		
L=608,25		
Parteineigung+Parteiskalometer FDP	264,41	43,5
+ Bildung	+9,01	+1,5
+ Abstand in Wechselwirkung mit Konsistenzgrad	+11,90	+2,0
GRÜNE		
L=608,25		
Parteineigung+Parteiskalometer GRÜNE	285,56	44,3
+ Bildung	+4,58	+0,7
+ Abstand in Wechselwirkung mit Konsistenzgrad	+17,99	+2,8

Das Pseudo-R^2 der Distanzen beträgt bei CDU/CSU und FDP zwei Prozent, bei der SPD nur ein Prozent und bei den GRÜNEN 2,8 Prozent. Bedenkt man, daß mit Parteineigung und Parteiskalometer schon zwei Variablen in die Analyse eingegangen sind, die äußerst eng mit der Wahlabsicht verknüpft sind und somit nicht nur den relativ größten Teil des L-Wertes "erklären", sondern vermutlich einen noch deutlich größeren Teil des durch Variablen überhaupt erklärbaren Verhaltens[5], sowie, daß Einstellungen zu Außen- und Sicherheitspolitik nicht zu den starken Einflußfaktoren auf das Wahlverhalten zählen, so scheinen diese zwei Prozent ein durchaus akzeptables Ergebnis zu sein. Bildung spielt in der Analyse nur bei den kleinen Parteien FDP und GRÜNEN eine Rolle, mindert aber nicht den Einfluß der Issuedistanzen.

In den Tabellen 8 bis 11 sind die Regressionskoeffizienten des erweiterten Modells für die letzte Stufe dargestellt. Für die Schätzung der Wahlabsicht für die CDU/CSU ergibt sich beim ersten und beim vierten Issue mit zunehmend konsonanter Strukturierung des Issues auch hier ein Ansteigen des Betrags des nach der Theorie erwarteten negativen Effekts, den Issuedistanzen auf die Wahlabsicht zugunsten bzw. zuungunsten einer Partei ausüben. Hinsichtlich des dritten Issues ist bei den konsonant Strukturierten zwar ein geringfügig geringerer negativer Effekt festzustellen als bei den ausgewogen Strukturierten, beide Gruppen unterscheiden sich aber von der Gruppe der dissonant Strukturierten, bei der überhaupt kein Effekt der Issuedistanzen auf die Wahlabsicht zu erkennen ist. Lediglich die Koeffizienten, die bezüglich des zweiten Issues berechnet worden sind, entsprechen nicht den aufgrund der Arbeitshypothese aufgestellten Erwartungen. In Tabelle 9 unterstützen als einzige die Koeffizienten bezüglich des ersten Issues die Arbeitshypothese, beim dritten Issue verläuft die Zunahme der Koeffizienten in gegenseitiger Richtung als der erwarteten. Bezüglich des zweiten und des vierten Issues sind schwer interpretierbare, nicht monotone Verläufe zu bemerken. Ganz im Sinn der Theorie sind hingegen die Ergebnisse, die in Tabelle 10 wiedergegeben sind. Bezüglich aller vier Issues wird die Wahlabsicht für die FDP durch die Issuedistanzen dann am stärksten beeinflußt, wenn die Issues konsonant strukturiert sind. Für die Schätzung der Wahlabsicht für die GRÜNEN läßt sich feststellen, daß sich die Koeffizienten bei dem dritten Issue im Sinne der Theorie verändern, während sie sich beim ersten Issue genau entgegengesetzt verhalten. Die Effekte des zweiten und des dritten Issues sind auch hier wegen der nicht monotonen Änderungen bei zunehmend konsonanter Strukturierung schwer zu interpretieren.

---

5 Der genaue Wert dieses Teils ist natürlich unbekannt.

Tabelle 8: Koeffizienten des erweiterten Modells mit Wahlabsicht für die CDU/CSU als abhängige Variable

	ß		$e^ß$
Parteineigung CDU/CSU	4,264	***	71,098
Parteiskalometer CDU/CSU	0,688	***	1,989
Mittlere Reife	-0,149	n.s.	$1,161^{-1}$
Abitur	-0,694	n.s.	$2,001^{-1}$
Issue 1: überwiegend dissonant	0,170	n.s.	1,185
Issue 1: ausgewogen	-0,088	n.s.	$1,092^{-1}$
Issue 1: überwiegend konsonant	-0,267	n.s.	$1,306^{-1}$
Issue 2: überwiegend dissonant	0,156	n.s.	1,169
Issue 2: ausgewogen	0,279	*	1,322
Issue 2: überwiegend konsonant	0,175	n.s.	1,191
Issue 3: überwiegend dissonant	0,009	n.s.	1,009
Issue 3: ausgewogen	-0,123	n.s.	$1,130^{-1}$
Issue 3: überwiegend konsonant	-0,105	n.s.	$1,111^{-1}$
Issue 4: überwiegend dissonant	0,444	*	1,559
Issue 4: ausgewogen	-0,102	n.s.	$1,108^{-1}$
Issue 4: überwiegend konsonant	-0,423	*	$1,526^{-1}$
Konstante	-7,143		

n.s.,*,**,***: wie bei Tabelle 1

Tabelle 9: Koeffizienten des erweiterten Modells mit Wahlabsicht für die SPD als abhängige Variable

	ß		$e^ß$
Parteineigung SPD	3,813	***	45,287
Parteiskalometer SPD	0,451	***	1,570
Mittlere Reife	-0,184	n.s.	$1,201^{-1}$
Abitur	0,073	n.s.	1,076
Issue 1: überwiegend dissonant	-0,035	n.s.	$1,036^{-1}$
Issue 1: ausgewogen	-0,013	n.s.	$1,013^{-1}$
Issue 1: überwiegend konsonant	-0,326	n.s.	$1,386^{-1}$
Issue 2: überwiegend dissonant	-0,222	n.s.	$1,249^{-1}$
Issue 2: ausgewogen	0,094	n.s.	1,099
Issue 2: überwiegend konsonant	-0,123	n.s.	$1,131^{-1}$
Issue 3: überwiegend dissonant	-0,278	*	$1,320^{-1}$
Issue 3: ausgewogen	0,030	n.s.	1,031
Issue 3: überwiegend konsonant	0,087	n.s.	1,091
Issue 4: überwiegend dissonant	0,115	n.s.	1,122
Issue 4: ausgewogen	-0,131	n.s.	$1,140^{-1}$
Issue 4: überwiegend konsonant	0,011	n.s.	1,011
Konstante	-4,849		

n.s.,*,**,***: wie bei Tabelle 1

Tabelle 10: Koeffizienten des erweiterten Modells mit Wahlabsicht für die FDP als abhängige Variable

	ß		e^ß
Parteineigung FDP	5,033	***	153,367
Parteiskalometer FDP	0,283	**	1,327
Mittlere Reife	0,908	*	2,478
Abitur	1,121	**	3,067
Issue 1: überwiegend dissonant	-0,052	n.s.	$1,054^{-1}$
Issue 1: ausgewogen	-0,019	n.s.	$1,019^{-1}$
Issue 1: überwiegend konsonant	-0,222	n.s.	$1,248^{-1}$
Issue 2: überwiegend dissonant	0,037	n.s.	1,037
Issue 2: ausgewogen	0,002	n.s.	1,022
Issue 2: überwiegend konsonant	-0,559	n.s.	$1,749^{-1}$
Issue 3: überwiegend dissonant	0,138	n.s.	1,147
Issue 3: ausgewogen	-0,155	n.s.	$1,168^{-1}$
Issue 3: überwiegend konsonant	-0,287	n.s.	$1,332^{-1}$
Issue 4: überwiegend dissonant	-0,093	n.s.	$1,097^{-1}$
Issue 4: ausgewogen	-0,139	n.s.	$1,149^{-1}$
Issue 4: überwiegend konsonant	-0,383	n.s.	$1,467^{-1}$
Konstante	-5,435		

n.s.,*,**,***: wie bei Tabelle 1

Tabelle 11: Koeffizienten des erweiterten Modells mit Wahlabsicht für die GRÜNEN als abhängige Variable

	ß		e^ß
Parteineigung GRÜNE	4,715	***	111,623
Parteiskalometer GRÜNE	0,505	***	1,656
Mittlere Reife	0,385	n.s.	1,469
Abitur	0,614	n.s.	1,847
Issue 1: überwiegend dissonant	-0,788	n.s.	$2,200^{-1}$
Issue 1: ausgewogen	-0,030	n.s.	$1,031^{-1}$
Issue 1: überwiegend konsonant	0,188	n.s.	1,207
Issue 2: überwiegend dissonant	-0,520	n.s.	$1,682^{-1}$
Issue 2: ausgewogen	-0,448	n.s.	$1,564^{-1}$
Issue 2: überwiegend konsonant	-0,763	*	$2,144^{-1}$
Issue 3: überwiegend dissonant	0,176	n.s.	1,192
Issue 3: ausgewogen	0,007	n.s.	1,007
Issue 3: überwiegend konsonant	-0,147	n.s.	$1,158^{-1}$
Issue 4: überwiegend dissonant	-0,239	n.s.	$1,270^{-1}$
Issue 4: ausgewogen	-0,036	n.s.	$1,037^{-1}$
Issue 4: überwiegend konsonant	-0,364	n.s.	$1,439^{-1}$
Konstante	-6,692		

n.s.,*,**,***: wie bei Tabelle 1

Die Ergebnisse, die in den Tabellen 8 bis 11 dargestellt sind, geben unmittelbar nur wenig her für die Beurteilung der Angemessenheit der Arbeitshypothese, da nur fünf der 24 Koeffizienten signifikant sind. Untersucht man jedoch für jedes einzelne Issue, bei welcher Gruppe jeweils der betragsmäßig größte negative Effekt der Issuedistanzen auf die jeweilige Wahlabsicht auftaucht, so stellt man fest, daß dies in zehn von 16 Fällen die Gruppe ist, die hinsichtlich des betreffenden Issues eine überwiegend konsonante Strukturierung aufweist. Geht man davon aus, daß es für jede der drei Gruppen gleichwahrscheinlich ist, daß bei ihr der stärkste negative Effekt auftaucht, so kommt die tatsächliche Verteilung nur mit einer Wahrscheinlichkeit von 0,012 vor. Man kann die Arbeitshypothese daher durchaus als gestützt betrachten.

5. Zusammenfassung

Werden einer Wahlentscheidung rationale Elemente zugebilligt, so in der Regel derart, daß Sachfragen ein Einfluß auf die Wahlentscheidung zugestanden wird. Der Wähler entscheidet sich demnach für diejenige der Parteien, mit der er am ehesten bezüglich dieser Sachfragen übereinstimmt. Implizit geht in diese Vorstellung schon die Annahme eines Strebens nach Konsistenz ein. Distanz zwischen Wähler und Partei bezüglich eines bestimmten Issues wird als "individueller Verlust" im Sinne eines negativen Nutzens interpretiert. Distanzminimierung entspricht dann Nutzenmaximierung im klassischen Rational-Choice-Kalkül. Wird Distanzminimierung aber im Sinne von Dissonanzvermeidung verstanden, so kann das darauf beruhende Kalkül nur dann zu einer Lösungsmenge, in diesem Falle einer Entscheidung, führen, wenn bezüglich des das Issue berührenden Gegenstandsbereichs tatsächlich ein solches Konsistenzstreben besteht und es mindestens eine Lösung des Entscheidungsproblems gibt, die gleichermaßen dem Distanzminimierungskalkül entspringt sowie die Konsistenzbedingung nicht verletzt. Entsprechend diesen Überlegungen scheint es plausibel, die konsistente Strukturierung des ein Issue betreffenden Gegenstandsbereichs als Vorbedingung zu verstehen für die Verwertbarkeit des Issues in einem Distanzminimierungskalkül. Durch mehrere logistische Regressionen konnte gezeigt werden, daß die Einflußstärke eines Issues auf die Wahlentscheidung tatsächlich mit dem Grad der Konsistenz der kognitiven Strukturiertheit dieses Issues zunimmt.

Literatur

CAMPBELL, Angus/CONVERSE, Philip E./MILLER, Warren E./ STOKES, Donald E. 1960: The American Voter, New York.

CARTWRIGHT, Dorwin/HARARY, Frank 1956: Structural Balance: A Generalization of HEIDER's Theory, in: The Psychological Review, 63, S. 277-293.

DAVIS, Otto A. u.a. 1970: An Expository Development of a Mathematical Model of the Electoral Process, in: American Political Science Review, 64, S. 426-448.

DOWNS, Anthony 1968: Ökonomische Theorie der Demokratie, Tübingen: Siebeck.

ENELOW, James N./HINICH, Melvin J. 1984: The Spatial Theory of Voting. An Introduction, Cambridge: Cambridge University Press.

ESSER, Hartmut 1990: "Habits", "Frames" und "Rational Choice". Die Reichweite von Theorien der rationalen Wahl, in: Zeitschrift für Soziologie, 19, S. 231-247.

HEIDER, Fritz 1946: Attitudes and Cognitive Organization, in: The Journal of Psychology, 21, S. 107-112.

HEMPEL, Carl G. 1985: Rationales Handeln, in: MEGGLE, Georg (Hrsg.): Analytische Handlungstheorie, Band 1, Frankfurt a. Main: Suhrkamp, S. 388-414. (Der Aufsatz erschien erstmals 1961.)

JAGODZINSKI, Wolfgang/KÜHNEL, Steffen M. 1990: Zur Schätzung der relativen Effekte von Issueorientierungen, Kandidatenpräferenz und langfristige Parteibindung auf die Wahlabsicht, in: SCHMITT, Karl (Hrsg.): Wahlen, Parteieliten, politische Einstellungen. Frankfurt a. Main: Verlag Peter Lang.

KÜCHLER, Manfred 1990: Ökologie statt Ökonomie: Wählerpräferenzen im Wandel?, in: KAASE, Max/KLINGEMANN, Hans-Dieter (Hrsg.): Wahlen und Wähler. Analysen aus Anlaß der Bundestagswahl 1987, Opladen: Westdeutscher Verlag, S. 419-444.

LAZARSFELD, Paul F. u.a. 1948: The People's Choice, New York: Columbia University Press.

MACDONALD, Stuart E. u.a. 1991: Issues and Party Support in Multiparty Systems, in: American Political Science Review, 85, S. 1107-1131.

MACDONALD, Stuart E./RABINOWITZ, George 1993: Direction and Uncertainty in a Model of Issue Voting, in: Journal of Theoretical Politics, 5, S. 61-87.

MEGGLE, Georg 1985: Grundbegriffe der rationalen Handlungstheorie, in: MEGGLE, Georg (Hrsg.): Analytische Handlungstheorie, Band 1, Frankfurt a. Main: Suhrkamp, S. 415-428.

NEWCOMB, Theodore M. 1968: Interpersonal Balance, in: ABELSON, Robert P. u.a. (Hrsg.): Theories of Cognitive Consistency. A Sourcebook. Chicago: Rand McNally & Company, S. 28-51.

NIE, Norman H. u.a. 1976: The Changing American Voter. Cambridge, Mass.: Harvard University Press.

RABINOWITZ, George/MACDONALD, Stuart E. 1989: A Directional Theory of Issue Voting, in: American Political Science Review, 83, S. 93-123.

RATTINGER, Hans 1980: Empirische Wahlforschung auf der Suche nach dem rationalen Wähler, in: Zeitschrift für Politik, S. 44-58.

SIMON, Herbert A. 1957: A Behavioral Model of Rational Choice, in: SIMON, Herbert A.: Models of Man, New York: Wiley.

STOKES, Donald. E. 1963: Spatial Models of Party Competition, in: American Political Science Review, 57, S. 368-377.

Anhang

Genaue Frageformulierung der vier Items:
Bitte sagen Sie mir jetzt, welche Meinung Sie selbst zu den einzelnen Fragen haben. Sie brauchen mir nur die Ziffer zu nennen!

I1: Sollten die Bundesbürger große finanzielle Opfer bringen, damit sich die Lebensverhältnisse in Osteuropa und der ehemaligen Sowjetunion spürbar verbessern, oder sollten sie dafür keine Opfer bringen? (1-große Opfer, 7-keine Opfer)

I2: Sollte die europäische Einigung so vorangetrieben werden, daß es bald eine gemeinsame europäische Regierung gibt, oder geht Ihnen die europäische Einigung schon jetzt viel zu weit?   (1-bald europäische Regierung, 7-Einigung geht zu weit)

I3: Sollte die Bundeswehr zusammen mit unseren Verbündeten weltweit zur Sicherung westlicher Interessen eingesetzt werden können oder soll sie nur zur Verteidigung der Bundesrepublik gegen einen Angriff da sein? (1-weltweiter Einsatz, 7-nur zur Verteidigung)

I4: Soll die Bundesrepublik auf alle Gebietsforderungen gegenüber den osteuropäischen Staaten verzichten oder soll sie darauf hinwirken, daß die im 2. Weltkrieg verlorenen Gebiete wieder zu Deutschland kommen? (1-Verzicht auf Gebiete, 7-Gebietsforderungen)

Genaue Formulierung der Wahlabsichtsfrage:
Welche Partei würden Sie wählen, wenn am nächsten Sonntag Bundestagswahlen wären? (Liste mit Antwortvorgaben)

Genaue Formulierung der Frage nach der Parteineigung:
Viele Leute in der Bundesrepublik neigen längere Zeit einer bestimmten Partei zu, obwohl sie auch ab und zu eine andere Partei wählen. Wie ist das bei Ihnen: Neigen sie - ganz allgemein gesprochen - einer bestimmten Partei zu ? Wenn ja, welcher? Bitte nennen Sie mir nur den Buchstaben von der Liste. (Liste mit Antwortvorgaben)

Parteienskalometer:
Was halten Sie so ganz allgemein von den politischen Parteien? Sagen Sie es mir bitte anhand dieser Skala. "+5" heißt, daß Sie sehr viel von der Partei halten, "-5" heißt, daß Sie überhaupt nichts von der Partei halten. Mit den Werten dazwischen können Sie Ihre Meinung wieder abstufen.

Zoltán Juhász

Sicherheitspolitischer Konsens?
Eine Längsschnittanalyse einschlägiger Einstellungen bei Sympathisanten verschiedener Parteien

1. Einleitung

Am 10. November 1989 äußerte Willy Brandt anläßlich der Maueröffnung die Hoffnung, daß in Deutschland zusammenwachsen werde, was zusammengehört. Diese Erwartung ist mittlerweile im Hinblick auf die weitgehende Vereinheitlichung der Parteienlandschaft in Deutschland eingetroffen. Die "Altparteien" haben sich noch vor der ersten gesamtdeutschen Bundestagswahl 1990 bundesweit organisiert. Die CDU und die Liberalen konnten in den neuen Bundesländern zum Teil auf die Organisationen der ehemaligen DDR-Blockparteien zurückgreifen. Die SPD hatte im Osten zwar eine lange und erfolgreiche Tradition während der Zeit der Weimarer Republik, ihr fehlte jedoch ein direkter Vorläufer in diesem Landesteil, so daß sie ihre Parteiorganisation völlig neu aufbauen mußte. Die Grünen aus dem Westen verschmolzen erst Anfang 1993 mit der Listenverbindung aus Grünen und Bündnis 90 aus dem Osten zu einer gesamtdeutschen Partei, was sie 1990 den Einzug in den Bundestag kostete. Von den gegenwärtig im Bundestag vertretenen Parteien ist nur noch die PDS eine weitgehend auf den östlichen Teil der Republik begrenzte politische Partei. Die fast vollständig vollzogene Vereinheitlichung der Parteienlandschaft in Deutschland nach der Wiedervereinigung darf aber nicht gleichgesetzt werden mit Einigkeit unter den Politikern, Mitgliedern und Sympathisanten der einzelnen Parteien aus den beiden Landesteilen über die vorrangigen politischen Ziele und über die geeigneten Mittel zur Lösung der anstehenden Probleme. Diese Meinungen gehen sowohl bei innen- als auch bei außen- und sicherheitspolitischen Fragen zum Teil weit auseinander.

Die Zielsetzung der vorliegenden Untersuchung besteht darin, die Übereinstimmung der Einstellungen zu sicherheitspolitischen Themen in den alten und neuen Bundesländern und insbesondere unter den Sympathisanten der einzelnen politischen Parteien zu bestimmen. Angesichts der veränderten weltpolitischen Lage und der damit verbundenen neuen internationalen Herausforderungen für Deutschland ist diese Fragestellung von besonderem Interesse, da der Umbruch des internationalen Systems sowohl die Parteien als auch ihre Anhänger zur Suche nach einem neuen außen- und sicherheitspolitischen Konsens zwingt, der zur Zeit weder innerhalb der Parteien und ihrer Sympathisanten noch zwischen den Parteien und ihren Anhängern vorhanden ist. Davon zeugen sowohl die heftigen öffentlichen Diskussionen - etwa die über Bundeswehreinsätze außerhalb des NATO-Gebietes - als auch die seit 1990 durchgeführten Studien zu diesem Themenbereich (z.B.: VEEN 1991; ASMUS 1992, 1993).[1] Der folgende Beitrag möchte die bestehenden Unterschiede in den sicherheitspolitischen Einstellungen in Ost und West und zwischen den verschiedenen Parteianhängern für die Jahre 1991 und 1992 dokumentieren und dabei insbesondere folgende Fragen beantworten: Inwieweit stimmten die Anhänger der vier wichtigsten politischen Parteien - CDU/CSU, SPD, FDP und Bündnis 90/Die Grünen - in ihren sicherheitspolitischen Überzeugungen überein? Wie stark war die Einigkeit unter den Sympathisanten der jeweils selben Partei in Ost und West? Kam es zwischen den Jahren 1991 und 1992 zu einer Annäherung dieser Meinungen und Überzeugungen oder nicht?

2. Daten und Methode

Unsere Datenbasis bilden zwei repräsentative Befragungen aus den Jahren 1991 und 1992. Sie gehören zu den jährlich vom Bundesministerium für Verteidigung in Auftrag gegebenen Studien zur "wehrpolitischen Lage".[2] Diese Befragungen zeichnen sich einerseits durch eine große Übereinstimmung in den Fragestellungen aus, was die beabsichtigte Bestimmung zeitlicher Stabilität von Einstellungen wesentlich erleichtert. Andererseits erlauben die relativ großen Stichproben (mit jeweils etwa 2000 zufällig ausgewählten Personen aus den westlichen und jeweils ungefähr 1000 Befragten aus den östlichen Bundesländern) zuverlässige Aussagen über die Einstellungen von Anhängern der einzelnen politischen Parteien. Lediglich die Ergebnisse für Sympathi-

---

[1] Diese Untersuchung ist Teil eines von der DFG geförderten Forschungsprojekts unter der Leitung von Prof. Dr. H. Rattinger zum Thema "Struktur und Determinanten sicherheitspolitischer Einstellungen in der Bundesrepublik Deutschland". Die im Rahmen dieses Projekts verfaßten Forschungsberichte unterstreichen ebenfalls die großen Meinungsunterschiede zwischen den Anhängern der unterschiedlichen Parteien.

[2] Die Daten wurden vom Bundesministerium für Verteidigung zu Auswertungen im Rahmen des DFG-Projekts "Struktur und Determinanten sicherheitspolitischer Einstellungen" zur Verfügung gestellt.

santen der FDP müssen aufgrund der geringen Fallzahlen im östlichen Teil Deutschlands 1992 vorsichtig interpretiert werden.

Die beiden Umfragen decken das Spektrum sicherheits- und verteidigungspolitischer Attitüden zufriedenstellend ab. Aus der Fülle der Fragen wurden für die vorliegende Analyse 17 zentrale sicherheitspolitische Items ausgewählt. Diese Fragen messen die grundlegende Akzeptanz militärischer Verteidigung, die Einstellungen zum NATO-Bündnis und dem wichtigsten Bündnispartner, den Vereinigten Staaten, die Einschätzung der momentanen Bedrohung durch den ehemaligen Hauptgegner, die Erwartung der zukünftigen Beziehungen zur Sowjetunion/Gemeinschaft Unabhängiger Staaten, die Meinungen zur Bundeswehr und ihren zukünftigen Aufgaben sowie die Bereitschaft, Opfer für die äußere Sicherheit zu erbringen. Daneben wurden auch Einstellungen zu Rüstungskontrollverhandlungen und Ansichten über die atomare Rüstung in die Analyse aufgenommen.

Die Operationalisierung parteipolitischer Orientierung erfolgte durch die Antwort auf die Sonntagsfrage. In die Analysen wurden die Sympathisanten von CDU/CSU, FDP, SPD und Bündnis 90/Die Grünen[3] mit einbezogen. Eine gesonderte Betrachtung der PDS- und Republikaner-Anhänger verbot sich wegen zu geringer Fallzahlen. Ebenso wurden Wähler der übrigen Parteien, Nichtwähler und Befragte ohne parteipolitische Präferenz von der Untersuchung ausgeschlossen.

Bevor über die Differenzen zwischen den Einstellungen einzelner Wählergruppen in Ost und West und deren Veränderungen über die Zeit hinweg im Detail berichtet wird, sollen die sicherheitspolitische Stimmungslage in Deutschland und Ost-West-Unterschiede in der öffentlichen Meinung beschrieben werden. Während die Charakterisierung der Stimmungslage auf der Grundlage von Häufigkeitsverteilungen erfolgt, wird beim Vergleich der Einstellungen zwischen Ost und West bzw. zwischen den Sympathisanten der vier Parteien in den beiden Landesteilen auf standardisierte Variablen Bezug genommen, die sowohl einen direkten Vergleich zwischen den einzelnen Items als auch zwischen den beiden Zeitpunkten ermöglichen. Die Standardisierung erfolgte unter Einbeziehung aller Befragten aus den beiden Datensätzen, wobei

---

3 Der Untersuchungszeitraum liegt noch vor dem Zusammenschluß der West-Grünen mit der Listenverbindung Grüne/Bündnis 90 aus dem Osten. Ihre Anhänger werden in der vorliegenden Untersuchung vorgreifend als Einheit behandelt und - soweit es um die Anhänger dieser Parteien in Gesamtdeutschland geht - als Sympathisanten des *Bündnis 90/Die Grünen* gekennzeichnet.

die einzelnen Befragungen gleich gewichtet wurden und in beiden Datensätzen eine Korrektur für die Überrepräsentation von Befragten aus den neuen Bundesländern vorgenommen wurde.

3. Das sicherheitspolitische Meinungsklima nach der Wiedervereinigung

Unter "Realisten" gibt es keinen Zweifel darüber, daß jeder eigenständige Staat militärische Streitkräfte braucht, um seine Interessen in der Welt durchsetzen zu können und politisch motivierten Erpressungen vorzubeugen (VIOTTI/KAUPPI 1987). Diese auch in der Bevölkerung weit verbreitete Überzeugung ist jedoch nicht unumstritten. Kritiker weisen darauf hin, daß angesichts der zunehmenden wirtschaftlichen sozialen und ökologischen Verflechtungen in der Welt die Androhung oder gar Anwendung militärischer Gewalt überholt ist. Diese Auffassung wurde von der Mehrheit der Befragten trotz offensichtlich starker Interdependenz zwischen den Staaten und trotz Ende des Kalten Krieges nicht geteilt. Zwischen 1991 und 1992 nahm der Anteil der Befragten, die nationale Streitkräfte für wichtig erachteten, sogar von 83 Prozent um weitere fünf Prozentpunkte zu.[4] Ein wesentlicher Grund für dieses Festhalten an eigenständigen militärischen Einheiten dürfte die perzipierte exponierte Lage Deutschlands sein. 74 Prozent der Befragten im ersten und 79 Prozent im zweiten Untersuchungsjahr glaubten, daß Deutschland schon aufgrund seiner geographischen Lage in der Mitte Europas eine gut funktionierende Armee brauche. Nationale Streitkräfte erhalten ihre Berechtigung also nicht ausschließlich durch aktuelle äußere Bedrohungen, sondern werden von der Bevölkerung auch in Friedenszeiten als Garant für die Souveränität des Staates begriffen.

Die Beziehungen der westlichen Demokratien zur Sowjetunion waren bis zum Amtsantritt Gorbatschows Mitte der 80er Jahre vor allem durch Konfrontation geprägt. Danach zeichnete sich eine deutliche Entspannung der Beziehungen ab, was sich auch in den Einstellungen der bundesdeutschen Bevölkerung widerspiegelte. Während also für die frühen 80er Jahre noch eine große Skepsis hinsichtlich einer weiteren Entwicklung der Ost-West-Beziehungen festgestellt wurde (RATTINGER/ HEINLEIN 1986: 88), antizipierten im Jahr nach der Wiedervereinigung 68 Prozent

---

4   Bei der Beschreibung des sicherheitspolitischen Klimas in Deutschland wurde auf die gesonderte Zusammenstellung von Tabellen aus Platzgründen verzichtet. Die genauen Frageformulierungen für die 17 untersuchten Items sind im Anhang zusammengestellt.

der Deutschen eine zunehmende Verbesserung des Verhältnisses zur Sowjetunion, nur vier Prozent erwarteten eine Verschlechterung der Beziehungen. Im Dezember 1991 wurde die Sowjetunion als souveräner Staat aufgelöst. An ihre Stelle trat die Gemeinschaft Unabhängiger Staaten (GUS). Der Zerfall der ehemaligen Supermacht dämpfte den Optimismus der Deutschen gegenüber dem Nachfolgestaat erkennbar. Zwar glaubte immer noch jeder zweite Befragte an eine positive Entwicklung der Beziehungen zur GUS, doch 43 Prozent erwarteten keine Veränderungen mehr für die nähere Zukunft, und der Anteil derjenigen, die eine Verschlechterung voraussahen, erhöhte sich von vier auf sieben Prozent. Die wichtigsten Ursachen für diese Ernüchterung dürften neben den in der ehemaligen Sowjetunion aufgebrochenen ethnischen und nationalen Konflikten die Furcht vor der fehlenden Kontrolle über die vorhandenen Atomwaffen und nicht zuletzt der Machtverlust Gorbatschows im Kreml gewesen sein.

Über Jahrzehnte hinweg wurde die kommunistische Bedrohung aus dem Osten als die größte Gefahr für die westliche Welt angesehen. Noch zu Anfang der 80er Jahre sahen etwa die Hälfte der Bundesbürger im Kommunismus eine ernste Gefahr. Seit 1983 erodierte diese Furcht kontinuierlich (HOFFMANN 1993: 31). 1991 bezeichnete dann nur noch etwa jeder zehnte Befragte die kommunistische Bedrohung als groß oder sehr groß. Dieses Ergebnis verdeutlicht das Ende der ideologisch geprägten Feindschaft zwischen Ost und West auch im Bewußtsein der Bevölkerung. Aufgrund dieser veränderten Wahrnehmung wurde 1992 die Frage nach der kommunistischen Bedrohung durch die Frage nach dem Sicherheitsrisiko, das die Gemeinschaft Unabhängiger Staaten für die Bundesrepublik darstellt, ersetzt. 1992 glaubten knapp 30 Prozent der interviewten Personen an eine große oder sehr große Bedrohung durch die ehemalige Sowjetunion. Dies deutet erneut auf die Skepsis gegenüber dieser Staatengemeinschaft hin, die durch die offensichtliche Überforderung der GUS, die zahlreichen drängenden innen- und außenpolitische Probleme zu lösen, verstärkt wurde.

Seit dem Ende des Zweiten Weltkriegs konnte die äußere Sicherheit der Bundesrepublik nur mit Hilfe der NATO-Verbündeten gewährleistet werden. Die Unterstützung für die NATO in der Bevölkerung war in den letzten Jahrzehnten entsprechend hoch und erwies sich als recht stabil (DOMKE/EICHENBERG/KELLEHER 1987: 389). Seit 1988 konnte allerdings eine rapide Abnahme der Zustimmung zur NATO beobachtet werden (HOFFMANN 1993: 18). 1991 wurde der vorläufige

Tiefststand erreicht, wobei die Mehrheit der Deutschen nach wie vor den Verbleib der Bundesrepublik in der NATO befürwortete. In beiden Jahren traten jeweils 14 Prozent für ein Ausscheiden aus der Allianz ein, während sich 17 (1991) bzw. 14 Prozent (1992) für eine Lockerung der Bindungen zur NATO aussprachen. Der Rest war unentschieden oder plädierte für eine unveränderte Beibehaltung der deutschen NATO-Mitgliedschaft oder gar für eine weitere Festigung des Bündnisses. Mit 49 Prozent befürworteten 1991 14 Prozentpunkte weniger Befragte eine weitere deutsche Mitgliedschaft in der NATO als 1992. Der insgesamt niedrigere Zustimmungswert für 1991 ist wahrscheinlich eine Folge der Verunsicherung, die durch die vor der Wiedervereinigung kontrovers diskutierte Frage hervorgerufen wurde, ob die deutsche NATO-Mitgliedschaft mit der Wiedervereinigung vereinbar und ob angesichts der veränderten weltpolitischen Lage die weitere Mitgliedschaft überhaupt sinnvoll sei. Diese Vermutung wird durch den größeren Anteil von Befragten gestützt, der sich im Jahr nach der Wiedervereinigung für eine nicht näher definierte andere Lösung in der Bündnisfrage aussprach. 1992 verminderte sich dieser Anteil in der Restkategorie wieder von 15 auf drei Prozent, im Gegenzug erhöhte sich die Zustimmung zum Verbleib Deutschlands in der westlichen Allianz auf 63 Prozent.

Obwohl die deutsche NATO-Mitgliedschaft weder bei den Politikern noch in der Bevölkerung ernsthaft in Zweifel gezogen wird, gab es in den letzten Jahren verstärkt Diskussionen über den möglichen Aufbau neuer oder den Umbau vorhandener sicherheitspolitischer Organisationen in Europa. Diese Überlegungen wurden durch die im Vertrag über die Europäische Union angestrebte Integration Europas auf außen- und sicherheitspolitischem Gebiet weiter gefördert.[5] Die Frage drängte sich auf, ob die Mitglieder der Europäischen Gemeinschaft für die Umsetzung dieser Pläne eine eigene militärische Streitmacht benötigen, die helfen könnte, die bestehenden Abhängigkeiten der Europäer besonders von den Vereinigten Staaten zu verringern und damit eine effektivere und eigenständigere europäische Sicherheitspolitik zu ermöglichen. Diese Idee einer gemeinsamen europäischen Streitmacht stieß bei der deutschen Bevölkerung im Untersuchungszeitraum auf positive Resonanz. In beiden Jahren waren etwa 46 Prozent der Befragten für die Schaffung einer solchen Truppe, und nur 24 (1991) bzw. 21 Prozent (1992) lehnten sie ab. Der relativ große Rest der Befragten - etwa 30 Prozent - hatte sich zu diesem Vorschlag allerdings noch keine

---

5 Der Vertrag über die Europäische Union vom Februar 1992 legt Bestimmungen über die "Gemeinsame Außen- und Sicherheitspolitik" (GASP) fest (PRESSE- UND INFORMATIONS-AMT DER BUNDESREGIERUNG 1992).

klare Meinung gebildet, so daß sich die Mehrheitsverhältnisse im Falle des tatsächlichen Aufbaus einer gemeinsamen europäischen Streitmacht noch merklich ändern können.

Von den westlichen Alliierten haben seit 1945 vor allem die Amerikaner Verantwortung für die äußere Sicherheit der Bundesrepublik übernommen. Sie dokumentierten ihre Verpflichtung nicht zuletzt durch die ununterbrochene Stationierung von großen Truppenverbänden auf deutschem Boden.[6] Die Akzeptanz der Präsenz dieser Einheiten scheint durch das vorläufige Ende der Konfrontation zwischen Ost und West unterhöhlt zu werden. In den 70er und 80er Jahren waren noch durchgehend über zwei Drittel der Bevölkerung davon überzeugt, daß die US-Truppen für die Sicherheit Deutschlands unerläßlich oder wichtig seien.[7] Seit den späten 80er Jahren nahm die Zustimmung zu ihrem Verbleib stetig ab. 1991 betrachteten nur noch 39 Prozent ihre Anwesenheit in Deutschland als notwendig. 35 Prozent wiesen ihnen eine geringe Bedeutung zu, und etwa jeder Vierte bewertete ihre Stationierung als unwichtig oder gar schädlich. 1992 sank der Anteil der Befragten, die den US-Streitkräften eine zentrale Rolle zuschrieben, um weitere vier Prozentpunkte, jeweils drei Prozentpunkte mehr schätzten ihre weitere Präsenz als unwichtig bzw. von geringer Bedeutung ein. Diese Veränderungen der öffentlichen Meinung mögen einerseits Reaktionen auf die veränderte Bedrohungslage in Europa und auf die offiziellen Ankündigungen der Reduzierung amerikanischer Streitkräfte sein. Einige Befragte dürften darüber hinaus aber auch die Befürchtung hegen, daß die Bundesrepublik Deutschland als europäischer Hauptstützpunkt der Amerikaner in Konflikte gegen ihre eigenen Interessen hineingezogen werden könnte.

Trotz der gesunkenen Akzeptanz der amerikanischen Truppen in Deutschland wurde das Verhältnis zwischen den hier stationierten Amerikanern und den deutschen Bürgern als weitgehend unbelastet wahrgenommen. 1991 beschrieben es 63 Prozent der Befragten als gut oder sehr gut, 33 Prozent als mittelmäßig und nur vier Prozent bewerteten es als schlecht. 1992 wurde das Verhältnis zwischen Deutschen und US-Soldaten etwas weniger positiv eingeschätzt. Dies dürfte aber kaum eine Folge negati-

---

6   Neben Zusammensetzung und Akzeptanz der amerikanischen Truppen in Deutschland behandelt NELSON (1987) ausführlich die Probleme der in Deutschland stationierten Verbände.
7   RATTINGER (1991) beschreibt die Entwicklung der öffentlichen Meinung in der Bundesrepublik Deutschland zur amerikanischen Präsenz seit 1970 und behandelt zudem die Auswirkungen der Auflösung des Ostblocks auf die öffentliche Meinung.

ver Erfahrungen in der Zwischenzeit als vielmehr eine Konsequenz der allgemein verminderten Zustimmung zum Verbleib der amerikanischen Streitkräfte in Deutschland gewesen sein.

Die Bundesrepublik Deutschland unterhält seit 1955 eigene militärische Einheiten zur Sicherung des Staatsgebietes und zur Erfüllung ihrer NATO-Verpflichtungen. Die Bundeswehr gehört seither zu den größten und am besten ausgerüsteten militärischen NATO-Einheiten. In Europa wird sie nur von den türkischen und den französischen Streitkräften an Mannschaftsstärke übertroffen. Es überrascht deshalb nicht, große Einhelligkeit bei der Beurteilung von Stärke und Einsatzbereitschaft der Bundeswehr in der deutschen Bevölkerung zu finden. 1991 waren 85 und 1992 83 Prozent der Befragten davon überzeugt, daß die Bundeswehr eine moderne und einsatzbereite Armee sei, die die äußere Sicherheit der Bundesrepublik zusammen mit den Verbündeten gewährleisten könne. Dabei wurden Stärke und Einsatzbereitschaft der Bundeswehr nicht als bedrohlich oder gar hinderlich für die Zusammenarbeit und Verständigung mit den Nachbarstaaten angesehen. 1991 teilten 90 Prozent der Befragten die Meinung, daß die deutschen Streitkräfte der Bewahrung des Friedens dienen. Nur jeder Zehnte sah in ihrer Existenz eine Gefahr für eine wirksame Verständigungspolitik mit dem Osten. An dieser Verteilung hat sich auch 1992 kaum etwas verändert. Ein exakter Vergleich zwischen den beiden Zeitpunkten ist aufgrund der 1992 geänderten Frageformulierung jedoch nicht möglich. 1992 stand den Befragten die Feststellung, daß die Existenz der Bundeswehr keinen Einfluß auf die Verständigungspolitik mit dem Osten habe, als zusätzliche Antwortvorgabe zur Verfügung. Diese Option nutzten 16 Prozent der Befragten, wogegen 78 Prozent nach wie vor von der friedensfördernden Funktion der Bundeswehr überzeugt waren und lediglich sechs Prozent in ihr eine ernste Gefahr für den Frieden sahen.

Spätestens seit dem Golfkrieg wurde immer häufiger ernsthaft darüber nachgedacht, welche zusätzlichen Aufgaben die Bundeswehr in Zukunft übernehmen könne und welche sie aufgrund der Gesetzeslage überhaupt übernehmen dürfe. Vor allem Blauhelm-Einsätze und die Beteiligung der Bundeswehr an weitergehenden militärischen Aktionen der UNO standen im Mittelpunkt der Diskussionen. Die Teilnahme der Bundeswehr an Blauhelm-Einsätzen unterstützten im Untersuchungszeitraum wesentlich mehr Befragte als die Beteiligung an weitergehenden militärischen Aktionen der UNO. Im ersten Jahr sprachen sich 67 Prozent der Bevölkerung für eine deutsche Teilnahme an friedenssichernden Maßnahmen und 44 Prozent für die Beteiligung an militärischen Aktionen aus. 1992 erhöhte sich der Anteil der Befürworter solcher Einsätze um fünf bzw. vier Prozentpunkte. Somit stieg die Akzeptanz beider potentieller Beteiligungsformen zwischen 1991 und 1992 leicht an. Die zahlreichen Konfliktherde in der Welt, die nach dem Ende des Kalten Krieges von der Weltgemeinschaft gemeinsam entschärft werden müssen, haben die deutsche Verantwortung deutlich werden lassen und 1992 offensichtlich mehr Bundesbürger veranlaßt, sich positiv zur deutschen Teilnahme an friedenserhaltenden und friedensschaffenden Maßnahmen der UNO zu äußern.

Die Erfüllung sicherheitspolitischer Aufgaben geht mit hohen finanziellen Kosten einher. Angesichts der veränderten Bedrohungslage und vor allem aufgrund der enormen zusätzlichen Belastung der öffentlichen Haushalte durch die Wiedervereinigung waren die meisten Deutschen im Untersuchungszeitraum nicht bereit, für die Verteidigung große finanzielle Opfer zu erbringen. Während 1980 noch knapp 60 Prozent der Befragten die Höhe des Verteidigungshaushaltes in der Bundesrepublik für "gerade richtig" hielten und nur 20 Prozent an den Ausgaben für das Militär sparen wollten, vertraten sowohl 1991 als auch 1992 zwei Drittel der Befragten die Ansicht, daß gewisse Einsparungen in der heutigen Zeit angezeigt seien.[8] Knapp unter 30 Prozent wollten die Verteidigungsausgaben an denen anderer Länder orientieren und nur jeweils vier Prozent hielten die weltpolitische Lage für so gefährlich, daß ihnen eine Erhöhung des Verteidigungsetats notwendig erschien. Die in Friedenszeiten ohnehin eher begrenzte Bereitschaft der Bevölkerung, für die äußere Sicherheit Geld aufzuwenden, ist also in den letzten Jahren noch weiter gesunken. Aus diesen Zahlen jedoch unmittelbar zu schließen, daß die Unterstützung für die Bundeswehr oder die NATO nur symbolisch sei und daß die Deutschen sich am liebsten vor den Kosten militärischer Bereitschaft drücken würden, ist unzulässig. Vor dem Hintergrund des Endes der Konfrontation zwischen Ost und West könnten viele an die Möglichkeit einer *Friedensdividende* glauben, die Reduzierungen der Militärausgaben zuläßt, ohne die notwendige Verteidigungsbereitschaft zu schmälern oder die Übernahme neuer Verpflichtungen völlig auszuschließen.

---

8   Eine Zeitreihe zur Akzeptanz der Verteidigungsausgaben in der Bundesrepublik bis 1980 findet sich bei MEYER (1983).

Eine glaubhafte Verteidigungspolitik setzt neben ausreichenden und einsatzbereiten Streitkräften auch die Bereitschaft voraus, im gegebenen Fall diese Potentiale einzusetzen. Die Wehrbereitschaft der Bevölkerung trägt somit maßgeblich zur Glaubwürdigkeit der Verteidigungspolitik eines Landes bei. Im Vergleich zur finanziellen Opferbereitschaft erwies sich die Wehrbereitschaft der Deutschen als größer. Drei Viertel der Befragten vertraten sowohl 1991 als auch 1992 die Meinung, daß der Wehrdienst in der Bundeswehr eine wichtige staatsbürgerliche Pflicht sei. Auch die persönliche Bereitschaft, im Kriegsfall zu kämpfen, war bei einer großen Zahl der Befragten vorhanden. Zwar wollten in beiden Jahren jeweils ein Fünftel der Befragten fliehen oder sich zurückziehen und beten und ungefähr 45 Prozent sahen ihre Hauptaufgabe in der Sorge um Verwundete und Kinder, doch immerhin 36 (1991) bzw. 33 (1992) Prozent der Gesamtbevölkerung - also Frauen, Alte und Gebrechliche eingeschlossen - waren bereit, im Kriegsfall zu den Waffen zu greifen oder sich irgendwie anders an der Verteidigung zu beteiligen. Unter den männlichen Befragten unter 50 Jahren, die in erster Linie dafür in Frage kommen, war diese Bereitschaft mit 64 (1991) bzw. 60 Prozent (1992) deutlich höher. Bedenkt man die insgesamt als gering eingeschätzte Wahrscheinlichkeit eines Krieges in der näheren Zukunft und die verbreitete Meinung, wonach die Folgen zukünftiger militärischer Auseinandersetzungen so verheerend seien, daß es sich nicht mehr lohne zu kämpfen, erscheint die Wehrbereitschaft der Deutschen insgesamt beachtlich hoch.

Über Jahrzehnte hinweg erschien im Westen die globale Abschreckung der Sowjetunion sowie eine Verteidigung Europas gegen Angriffe aus dem Osten ohne (amerikanische) Atomwaffen als unvorstellbar. An heftiger Kritik an dieser Abschreckungspolitik hat es seit der Explosion der ersten Atombomben selbstverständlich nicht gefehlt. Während die Befürworter der atomaren Rüstung vor allem die lange Friedensperiode in Europa als Beweis für die Wirksamkeit der Abschreckung deuteten, warnten ihre Gegner vor der potentiellen Vernichtung allen Lebens auf der Erde bei einem (beabsichtigten oder unbeabsichtigten) Einsatz von Atomwaffen. Die Kritiker sahen deshalb ihre vordringlichste Aufgabe darin, die sofortige Beseitigung dieser Waffen zu fordern. Die deutsche Bevölkerung war nach der Wiedervereinigung in dieser Frage gespalten, wobei eine leichte Präferenz für die Abschaffung der Atomwaffen vorherrschte. In beiden Jahren plädierten 56 Prozent der Befragten für die umgehende Eliminierung dieser Zerstörungspotentiale. Angesichts des Endes der Ost-West-Konfrontation, die wesentlich zur Legitimation der Existenz von nuklearen Arsenalen beitrug, überrascht sowohl die weiterhin beachtliche Anzahl von Befürwortern der atomaren Rüstung als auch die Stabilität der diesbezüglichen Einstellungen im Untersuchungszeitraum.

Das Ende des Kalten Krieges wurde allgemein als Chance zur globalen Reduzierung der atomaren und konventionellen Waffenarsenale und der gesamten Rüstungsanstrengungen begriffen. Die nach 1990 in vielen Ländern beabsichtigten und zum Teil eingeleiteten Verringerungen der Streitkräfte, die Streichung bzw. Streckung von Beschaffungsmaßnahmen sowie der begonnene Abzug alliierter Truppen aus Deutschland wiesen auch in diese Richtung. Rüstungskontrollverhandlungen boten sich unter solchen Rahmenbedingungen als geeignete Instrumente zu einem wesentlichen und gleichzeitig kontrollierten Abbau von Material und Truppen an. Entsprechend glaubten 1991 70 Prozent der Befragten, daß die laufenden Rüstungskontrollverhandlungen geeignet seien, wirksam zur Lösung der anstehenden Verteidigungsprobleme beizutragen. Nur 30 Prozent vertraten die Auffassung, solche Verhandlungen seien nur ein zusätzliches Instrument der Sicherheitspolitik, ohne wirklich die Abrüstung zum Ziel zu haben. Diese im ersten Jahr nach der Wiedervereinigung noch spürbare optimistische Haltung hat sich im Folgejahr merklich abgeschwächt. 1992 vertraten nur noch 45 Prozent die Ansicht, man könne durch Rüstungskontrollverhandlungen tatsächlich sicherheitspolitische Probleme lösen.

Die öffentliche Meinung zu zentralen sicherheits- und verteidigungspolitischen Themen in Deutschland in den Jahren 1991 bis 1992 läßt sich somit wie folgt zusammenfassen: Sie war durch eine hohe und zum Teil weiter zunehmende Unterstützung für eine auf das Militär gestützte Sicherheitspolitik gekennzeichnet. Auch die Zustimmung zu den bestehenden sicherheitspolitischen Organisationen und einer Ausweitung der deutschen Verantwortung bei internationalen Konflikten stieg im Untersuchungszeitraum an. Gleichzeitig blieb allerdings die ohnehin begrenzte Bereitschaft zu finanziellen Opfern konstant. Die Einstellungen zu beiden (ehemaligen) Supermächten waren positiv, wobei 1992 die Meinungen zu beiden Staaten von größerer Skepsis gezeichnet waren als 1991. Die Einstellungen zur Schaffung einer gemeinsamen europäischen Streitmacht und zur Beseitigung der atomaren Waffen blieben im Untersuchungszeitraum schließlich nahezu unverändert.

4. Einstellungsunterschiede zu sicherheitspolitischen Fragen zwischen Ost- und Westdeutschland

Vor dem Hintergrund dieser globalen Charakterisierung der öffentlichen Meinung in Deutschland bearbeiten wir nun zwei Fragen. Erstens: Wird in den alten und neuen Bundesländern unterschiedlich über sicherheitspolitische Themen gedacht? Zweitens: Wie veränderten sich die sicherheitspolitischen Einstellungen in Ost und West im Untersuchungszeitraum?

Tabelle 1 enthält die standardisierten Mittelwerte der einzelnen Items in beiden Landesteilen zu beiden Erhebungszeitpunkten. Bei drei Fragen können weder 1991 noch 1992 signifikante Unterschiede zwischen Ost- und Westdeutschen festgestellt werden. So vertraten gleiche Anteile in den alten und neuen Bundesländern die Auffassung, daß die Bundeswehr zur Friedenssicherung beitrage. Übereinstimmung herrschte auch bei der Bereitschaft, im Kriegsfalle zu den Waffen zu greifen. Einig waren sich die Befragten in Ost und West auch in ihrer Einschätzung der Wirksamkeit von Rüstungskontrollverhandlungen. Bei den restlichen Fragen zeigten sich jedoch zum Teil erhebliche Unterschiede. Westdeutsche waren von der Notwendigkeit militärischer Streitkräfte sowie der Wirksamkeit atomarer Abschreckung stärker überzeugt als ihre Mitbürger im Osten. Sie traten ferner signifikant häufiger für die Festigung und den Erhalt der NATO ein. Zudem erachteten sie die Präsenz amerikanischer Truppen für die Sicherheit Deutschlands als wichtiger und bewerteten das Verhältnis zu diesen Truppen positiver. Ihre Unterstützung für die Bundeswehr und ihr Glaube an deren Wirksamkeit erwies sich insgesamt als stärker und sie befürworteten auch eine deutsche Beteiligung an künftigen militärischen Aktionen der UNO häufiger. Im Gegensatz zu den Befragten aus den neuen Bundesländern zeigten sie schließlich auch weniger Neigung, bei den Verteidigungsausgaben zu sparen.

Die stärkere "Bündnistreue" und die geringere Skepsis gegenüber den Verteidigungsausgaben in den alten Bundesländern ging jedoch nicht mit stärkeren Bedrohungsvorstellungen einher. So glaubten in beiden Untersuchungsjahren im Westen mehr Befragte an eine Verbesserung der Beziehungen zur Sowjetunion/GUS als im Osten. Zwar wurde 1991 die kommunistische Bedrohung im Westen als höher gesehen, doch läßt sich diese (allgemein selten geäußerte) Furcht als eine Folge der unterschiedlichen Sozialisation in den früheren deutschen Teilstaaten betrachten.

Tabelle 1: Sicherheitspolitische Einstellungen in Ost- und Westdeutschland und ihre Veränderung zwischen 1991 und 1992

Signifikanz		West	Ost	Ost/West
1. Allgemeine Notwendigkeit militärischer Streitkräfte	1991	-10	07	c
	1992	09	00	a
Signifikanz der Veränderung		c	n.s.	
2. Notwendigkeit einer gut funktionierenden deutschen	1991	02	-12	a
Armee aufgrund der geographischen Lage des Landes	1992	19	-22	c
Signifikanz der Veränderung		c	a	
3. Verbesserung der Beziehungen zur	1991	20	12	a
Sowjetunion (1991)/ GUS (1992)	1992	-14	-30	c
Signifikanz der Veränderung		c	c	
4. Kommunistische Bedrohung (1991)/	1991	-12	-49	c
die GUS als Sicherheitsrisiko (1992)	1992	21	23	n.s.
5. Unterstützung der weiteren deutschen	1991	07	-44	c
Mitgliedschaft in der NATO	1992	20	-30	c
Signifikanz der Veränderung		c	b	
6. Schaffung einer gemeinsamen europäischen Streitmacht	1991	-02	-03	n.s.
	1992	06	-07	c
Signifikanz der Veränderung		b	n.s.	
7. Verhältnis zwischen den hier stationierten	1991	09	-20	c
Amerikanern und deutschen Bürgern	1992	07	-23	c
Signifikanz der Veränderung		n.s.	b	
8. Wichtigkeit der US-Truppen für die Sicherheit Deutschlands	1991	23	-50	c
	1992	17	-61	c
Signifikanz der Veränderung		a	b	
9. Bundeswehr macht Frieden sicherer	1991	-24	-23	n.s.
	1992	29	16	n.s.
Signifikanz der Veränderung		c	c	
10. Äußere Sicherheit durch moderne und	1991	06	-29	c
einsatzbereite Bundeswehr	1992	11	-16	c
Signifikanz der Veränderung		n.s.	c	
11. Beteiligung der Bundeswehr an	1991	-04	-08	n.s.
"Blauhelm-Einsätzen" der UN-Friedenstruppen	1992	11	-11	c
Signifikanz der Veränderung		c	n.s.	
12. Beteiligung der Bundeswehr an weitergehenden	1991	00	-14	c
militärischen Aktionen der UNO	1992	11	-14	c
Signifikanz der Veränderung		c	n.s.	
13. Erhöhung der Verteidigungsausgaben	1991	04	-20	c
	1992	09	-16	c
Signifikanz der Veränderung		n.s.	n.s.	
14. Beteiligung am aktiven Kampf im Kriegsfall	1991	04	02	n.s.
	1992	-04	-04	n.s.
Signifikanz der Veränderung		b	n.s.	
15. Wehrdienst eine wichtige staatsbürgerliche Pflicht	1991	-03	04	n.s.
	1992	04	-07	b
Signifikanz der Veränderung		a	a	

(Fortsetzung Tabelle 1)

16. Sicherung des Friedens in Europa durch atomare Abschreckung	1991	09	-28	c
	1992	10	-27	c
Signifikanz der Veränderung		n.s.	n.s.	
17. Lösung von Problemen durch Rüstungskontrollverhandlungen	1991	27	21	n.s.
	1992	-25	-29	n.s.
Signifikanz der Veränderung		c	c	

Die Tabelle enthält standardisierte Abweichungen vom globalen Mittelwert für die Befragten aus Ost und West. Die Werte wurden jeweils mit 100 multipliziert, um das Dezimalkomma zu vermeiden. Die vollständigen Frageformulierungen sind im Anhang aufgeführt.
Signifikanzniveaus: a: $p<0,05$; b: $p<0,01$; c: $p<0,001$; n.s.: nicht signifikant.

1992 schätzten dann die Befragten aus beiden Landesteilen die von der Gemeinschaft Unabhängiger Staaten ausgehende Gefahr als gleich hoch ein. Bei drei Items traten signifikante Einstellungsunterschiede zwischen Ost und West erst zum zweiten Untersuchungszeitpunkt auf. So differierte die öffentliche Meinung bezüglich einer gemeinsamen europäischen Armee und der Beteiligung deutscher Soldaten an Blauhelm-Einsätzen erst 1992. Gleiches galt für die Einschätzung des Wehrdienstes als einer wichtigen staatsbürgerlichen Pflicht. Dieses Ergebnis weist auf eine Zunahme der Meinungsunterschiede im Untersuchungszeitraum hin. Für eine zunehmende Differenzierung der Einstellungen zwischen Ost und West spricht auch die durchschnittliche absolute Differenz zwischen den 17 einbezogenen sicherheitspolitischen Einstellungen in beiden Landesteilen: Diese lag 1992 bei 0,25 Standardabweichungen - gegenüber 0,20 Standardabweichungen 1991.

Diese Auswertungen fördern also signifikante Ost-West-Unterschiede bei zentralen sicherheits- und verteidigungspolitischen Einstellungen zu Tage. Sie zeigen darüber hinaus, daß von einer generellen Angleichung der untersuchten sicherheitspolitischen Meinungen und Überzeugungen im Untersuchungszeitraum nicht gesprochen werden kann. Im Osten intensivierte sich die ohnehin stärkere "isolationistische" Haltung der Bevölkerung. Dies zeigt vor allem die sinkende Zustimmung zur amerikanischen Präsenz in Deutschland. Im Westen dagegen verlief die Entwicklung entgegengesetzt. Dort ist eine gestiegene Unterstützung für die bestehenden sicherheitspolitischen Organisationen und eine wachsende Bereitschaft zur Übernahme internationaler Verantwortung feststellbar.

5. Unterschiedliche Einstellungen in Ost und West nach der Parteipräferenz

In Friedenszeiten werden die meisten Menschen mit weltpolitischen Fragen kaum direkt konfrontiert. Folglich basieren ihre sicherheitspolitischen Einstellungen nur im Ausnahmefall auf unmittelbarer Betroffenheit oder Erfahrung. Großen Einfluß auf die individuelle Meinungsbildung üben deshalb die in den Medien angebotenen Deutungen sicherheitspolitischer Sachverhalte und Ereignisse aus. Diese Interpretationen stammen hauptsächlich von Vertretern der Parteien, die schon in der Vergangenheit außen- und sicherheitspolitischen Themen immer wieder großes Gewicht beigemessen haben. So spaltete Mitte der 50er Jahre die Frage der Wiederbewaffnung die Parteien und ihre Anhänger (JACOBSEN 1975). Anfang der 70er Jahre erregte die Entspannungspolitik mit dem Osten die Gemüter (GARDING 1978), und ein Jahrzehnt später bestimmte die Diskussion um den NATO-Doppelbeschluß das politische Tagesgeschehen (RATTINGER 1990). Seit der Wiedervereinigung steht nun die zukünftige Rolle Deutschlands in der Welt und insbesondere die Funktion der Bundeswehr bei der Lösung internationaler Konflikte im Mittelpunkt der Debatten. Solche Auseinandersetzungen machen die Standpunkte der Parteien der breiten Öffentlichkeit deutlich und tragen bei den Bürgern maßgeblich zur Wahrnehmung und auch Übernahme sicherheitspolitischer Positionen der jeweils bevorzugten Partei bei. Entsprechend lieferten einschlägige Untersuchungen immer wieder eindeutige Belege für den Zusammenhang zwischen parteipolitischen Orientierungen und außen- und sicherheitspolitischen Einschätzungen (z.B. RATTINGER 1990: 114).

Unsere Ergebnisse unterstreichen die Relevanz parteipolitischer Orientierungen ebenfalls. Die meisten der 17 ausgewählten sicherheitspolitischen Fragen wurden je nach dem parteipolitischen Standpunkt der Befragten unterschiedlich beantwortet. Besonders große Abweichungen waren zu beobachten bei der allgemeinen Einschätzung des Militärs, bei den Einstellungen gegenüber der Bundeswehr, bei der Wünschbarkeit einer weiteren deutschen Mitgliedschaft in der NATO und bei der perzipierten Notwendigkeit des Wehrdienstes und der amerikanischen Truppenpräsenz für die Sicherheit Deutschlands. 1991 betrug die Differenz zwischen den Sympathisanten der CDU/CSU und von Bündnis 90/Die Grünen im Westen jeweils mehr als eine Standardabweichung (Tabelle 2). Bis auf zwei Ausnahmen ließen sich auch bei den übrigen Fragen zumindest in einem Landesteil signifikante Unterschiede feststellen.[9] Nur bei der Einschätzung der zukünftigen Beziehungen zur Sowjetunion/GUS und der Bewertung von Rüstungskontrollverhandlungen stimmten die Anhänger der vier Parteien aus Ost und West zu beiden Erhebungszeitpunkten überein. Das mangelnde Differenzierungsvermögen der Parteiorientierung bei diesen beiden Items steht aber in keinem notwendigen Widerspruch zur postulierten Wirkung politischer Orientierungen, da es sich bei beiden Fragen um Issues handelt, die zwischen den Parteien wenig umstrittenen waren und im Untersuchungszeitraum keine besondere Politisierung erfuhren.

Einstellungsunterschiede nach Parteipräferenz waren im östlichen Teil Deutschlands weniger stark als im westlichen. Bei acht Items bestanden im Osten keine signifikanten Differenzen zwischen den Anhängern der untersuchten Parteien. So befürworteten die Befragten aus den neuen Bundesländern mit unterschiedlicher Parteipräferenz weitgehend einheitlich die Schaffung einer gemeinsamen europäischen Armee. Ebenso bewerteten sie die Beziehungen zwischen deutschen Bürgern und amerikanischen Armeeangehörigen identisch. Gleiches galt für die Beurteilung der Einsatzfähigkeit der Bundeswehr, ihrer Beteiligung an möglichen Blauhelm-Einsätzen und für die Bereitschaft, im Kriegsfalle an Kampfhandlungen teilzunehmen. Darüber hinaus war die Einschätzung der kommunistischen Gefahr (die nur 1991 erhoben wurde) im Osten bei den Sympathisanten aller vier Parteien ähnlich. Schließlich lieferte 1992 auch die Bewertung der Höhe des Verteidigungshaushalts durch die Anhänger der vier untersuchten Parteien im Osten ein gleiches Bild.

Die geringere Differenzierungskraft der Parteiorientierung im Osten dürfte zwei Gründe haben: Zum einen ließen die durch die Wiedervereinigung bedingten enormen wirtschaftlichen und sozialen Probleme den ostdeutschen Befragten weniger Raum für die Beschäftigung mit außen- und sicherheitspolitischen Fragen. Daraus ergab sich, daß im Osten diesem Politikbereich seltener eine zentrale Bedeutung zugeschrieben wurde.

---

9   Varianzanalysen wurden bei allen 17 Items getrennt durchgeführt, um die Stärke und statistische Signifikanz der Zusammenhänge zwischen sicherheitspolitischen Einstellungen und parteipolitischer Orientierung zu bestimmen.

Tabelle 2: Einstellungsunterschiede in Ost und West nach politischer Orientierung

1991	CDU/CSU	West FDP	SPD	B90/Grüne	eta^2	CDU/CSU	Ost FDP	SPD	B90/Grünen	eta^2
1. Frage	16	06	-17	-121	83^c	29	26	03	-53	46^c
2. Frage	35	00	-14	-122	126^c	19	08	-09	-86	61^c
3. Frage	-22	-24	-21	-20	n.s.	-19	-21	-15	-04	n.s.
4. Frage	06	-24	-17	-56	31^c	-31	-33	-52	-79	n.s.
5. Frage	28	22	-01	-93	74^c	00	-36	-53	-65	53^c
6. Frage	08	01	-02	-41	11^c	11	-19	-03	-13	n.s.
7. Frage	28	07	06	-47	31^c	-03	-24	-15	-49	n.s.
8. Frage	47	33	14	-63	69^c	-18	-33	-55	-78	38^c
9. Frage	-09	-18	-27	-119	91^c	-08	-17	-19	-65	04^c
10. Frage	-11	-28	-02	18	01^c	32	28	28	38	n.s.
11. Frage	13	-05	-09	-38	17^c	00	-17	-06	-08	n.s.
12. Frage	17	05	-11	-36	22^c	05	-08	-22	-39	19^b
13. Frage	26	23	-09	-38	37^c	-06	-22	-24	-35	11^a
14. Frage	16	18	02	-30	11^c	04	-01	02	03	n.s.
15. Frage	40	-06	-16	-144	162^c	35	08	10	-78	87^c
16. Frage	38	11	01	-49	49^c	-22	03	-27	-45	12^a
17. Frage	30	14	29	17	n.s.	18	29	27	23	n.s.

1992	CDU/CSU	West FDP	SPD	B90/Grüne	eta^2	CDU/CSU	Ost FDP	SPD	B90/Grünen	eta^2
1. Frage	33	14	-01	-65	73^c	10	14	05	-47	24^b
2. Frage	40	34	07	-68	89^c	01	-03	-16	-59	26^c
3. Frage	13	-03	13	13	n.s.	32	37	26	00	n.s.
4. Frage	35	26	08	17	16^c	41	17	26	-17	16^a
5. Frage	34	27	18	-45	46^c	-07	09	-31	-47	18^a
6. Frage	22	08	04	-37	23^c	06	10	-02	-40	n.s.
7. Frage	29	20	01	-29	29^c	-17	-54	-36	-45	n.s.
8. Frage	40	22	10	-56	67^c	-29	-60	-61	-91	39^c
9. Frage	28	27	36	13	54^c	20	01	20	-09	22^c
10. Frage	-01	22	-10	-59	02^c	25	32	21	-06	n.s.
11. Frage	22	22	04	-04	11^c	07	-11	-02	-10	n.s.
12. Frage	24	14	04	-28	19^c	09	44	-15	-34	29^c
13. Frage	35	22	-11	-24	49^c	01	-01	-20	-23	n.s.
14. Frage	10	13	-14	-30	19^c	-14	59	00	-07	n.s.
15. Frage	40	13	-10	-86	123^c	11	12	00	-50	27^c
16. Frage	33	04	02	-41	42^c	-08	-29	-29	-44	14^c
17. Frage	-16	-13	-27	-36	n.s.	-10	-58	-27	-41	n.s.

Die Tabelle enthält standardisierte Abweichungen vom globalen Mittelwert für die Anhänger der CDU/CSU, FDP, SPD und Bündnis 90/Grüne sowie die Ergebnisse von Varianzanalysen. Alle Werte wurden jeweils mit 100 multipliziert. Die eta^2-Koeffizienten werden nur für signifikante Beziehungen angegeben.

1992 hielten etwa nur jeweils zehn Prozent der Befragten aus den neuen Bundesländern Maßnahmen, die die äußere Sicherheit Deutschlands gewährleisten, oder die Unterstützung der UNO bei internationalen Missionen für wichtige politische Aufgaben der Bundesrepublik.[10] Im Westen dagegen waren jeweils doppelt so viele Befragte von der besonderen Bedeutung dieser Aufgaben überzeugt. Zum anderen besaßen die Befragten aus den neuen Bundesländern ein insgesamt niedrigeres Informationsniveau, was neben der gering erachteten Relevanz der Außen- und Verteidigungspolitik vor allem mit den im Osten weitgehend unvertrauten sicherheitspolitischen Organisationen und Strukturen des vereinigten Deutschlands zusammenhing.[11]

Im Westen dagegen differierten die Sympathisanten der vier Parteien in ihren sicherheitspolitischen Einstellungen zumeist systematisch. Die größten Meinungsunterschiede fanden sich zwischen den Anhängern von CDU/CSU und Bündnis 90/Die Grünen. Die Sympathisanten der FDP und SPD vertraten in der Regel weniger extreme Positionen, wobei die Einstellungen der FDP-Anhänger stärker denen der CDU/CSU-Anhängerschaft und die der SPD-Sympathisanten stärker denen der Bündnis 90/Die Grünen-Wähler ähnelten. Dieses Muster dominierte in beiden Zeitpunkten und traf auch für die Mehrzahl derjenigen Items zu, die im Osten mit der Parteiorientierung nicht signifikant zusammenhingen (Tabelle 2). Damit liegt die Schlußfolgerung nahe, daß sicherheitspolitische Einstellungen auf einer *Links-Rechts-Dimension* abgebildet werden können. Dabei unterschieden sich die Anhänger der eher *rechten* von denen der eher *linken* Parteien erwartungsgemäß durch ihre stärkere Unterstützung von Militär und etablierten Sicherheitsorganisationen und -arrangements (Bundeswehr, NATO, US-Truppen). Sie empfanden den Kommunismus und den ehemaligen Feind im Osten als bedrohlicher, begrüßten eher den Aufbau neuer militärischer Strukturen in Europa und zeigten sich offener für eine Ausweitung der Rolle

---

10 Die Befragten wurden aufgefordert, von 15 politischen Aufgabenbereichen diejenigen auszusuchen, die sie "persönlich für die wichtigsten für die Bundesrepublik hielten". Es waren Mehrfachnennungen möglich. Neben den beiden im Text zitierten Aufgabenbereichen gab es einen weiteren außen- und sicherheitspolitischen Aufgabenbereich ("gemeinsame Sicherheit in Europa schaffen"), bei dem sich die Befragten aus Ost und West allerdings nicht signifikant unterschieden.

11 Die Befragten aus Ostdeutschland erwiesen sich signifikant weniger gut informiert über die Bundeswehr und die Sicherheitspolitik als Befragte aus den alten Bundesländern. 1991 bezeichneten sich ganze 14 Prozent als gut oder sehr gut informiert und fast die Hälfte der Befragten aus dem Osten fühlte sich schlecht oder gar nicht informiert. Demgegenüber behaupteten 21 Prozent im Westen über diese Fragen gut Bescheid zu wissen während sich 40 Prozent uninformiert fühlten.

der Bundeswehr bei Blauhelm- und Kampfeinsätzen unter UNO-Schirmherrschaft. Darüber hinaus vertrauten sie eher auf atomare Abschreckung und glaubten stärker an die Möglichkeit, mittels Rüstungskontrollverhandlungen sicherheitspolitische Probleme lösen zu können. Schließlich betrachteten die Anhänger dieser Parteien den Wehrdienst häufiger als staatsbürgerliche Pflicht und zeigten sich entsprechend öfter bereit, im Kriegsfall mit der Waffe zu kämpfen, sowie finanzielle Opfer für die Verteidigung zu bringen.

Den systematischen Zusammenhang zwischen parteipolitischen Präferenzen und sicherheitspolitischen Einstellungen verdeutlicht ein Summenindex, welcher allgemeine Aussagen über Einstellungsmuster der vier Gruppen von Parteianhängern zuläßt. Die Berechnung dieses Summenindex erfolgte auf der Grundlage von 16 (zum Teil rekodierten) Items. Die Frage nach der perzipierten Bedrohung wurde nicht berücksichtigt, da die Frageformulierung zwischen 1991 und 1992 inhaltlich verändert worden war. Rekodierungen erfolgten dergestalt, daß die Anhänger der CDU/CSU jeweils die hohen und die Sympathisanten von Bündnis 90/Die Grünen die niedrigen Werte erhielten. Dadurch konnte die parallele Polung der Items bei der Indexbildung sichergestellt werden.

Einige Regelmäßigkeiten lassen sich bereits durch einen ersten Blick auf Abbildung 1 erkennen, die auf der Grundlage des Summenindex die Differenzen zwischen den Einstellungen der unterschiedlichen Parteianhänger zusammenfaßt. Neben der gleichen Anordnung der Anhänger von CDU/CSU, FDP, SPD und Bündnis 90/Die Grünen auf dem *Links-Rechts-Kontinuum* in beiden Landesteilen zu beiden Zeitpunkten fällt zuerst die deutlich größere Polarisierung zwischen den Parteianhängern in den alten Bundesländern auf. Die Differenz zwischen den beiden Extremgruppen, Sympathisanten von CDU/CSU und Bündnis 90/Die Grünen, lag 1991 im Westen mit 0,76 Standardabweichungen fast doppelt so hoch wie im Osten (0,39). 1992 herrschten vergleichbare Verhältnisse auf einem niedrigeren Niveau: 0,64 Standardabweichungen Differenz in den alten und 0,37 in den neuen Bundesländern. Die Meinungen zu sicherheitspolitischen Fragen waren also zu beiden Untersuchungszeitpunkten im Westen stärker polarisiert als im Osten, wobei die Polarisierung in den alten Bundesländern 1992 deutlich abgenommen hatte.

Die zweite Auffälligkeit betrifft die Richtung und den Umfang der Einstellungsveränderungen. Während bei den Sympathisanten der CDU, FDP, SPD und Grünen im Westen eine Verschiebung der sicherheitspolitischen Einstellungen in Richtung konservativer Standpunkte erfolgte, bewegten sich alle Parteianhänger im Osten, mit Ausnahme der FDP-Anhänger, in Richtung *"linker"* Positionen. Bemerkenswert ist allerdings, daß die größte und einzig statistisch signifikante Einstellungsänderung bei den Sympathisanten der Grünen im Westen auftrat.[12] Während die Anhänger der beiden großen "Altparteien" ihre Einstellungen im Untersuchungszeitraum im Mittel um höchstens 0,04 Standardabweichungen revidierten, betrug die Differenz für die Anhänger der Grünen im Westen immerhin 0,16 Standardabweichungen (Abbildung 1). Somit resultierte der *Rechtsruck* in den sicherheitspolitischen Einstellungen in Deutschland nicht zuletzt aus der deutlichen Annäherung der Sympathisanten der West-Grünen an die Gesamtbevölkerung.

Zuletzt sollen die Ähnlichkeiten der sicherheitspolitischen Anschauungen bei den Sympathisanten der einzelnen Parteien in Ost und West im Detail betrachtet werden. Zuerst zu den Anhängern von Bündnis 90/Die Grünen, deren Einstellungen sich in beiden Landesteilen sehr stark von denen der "Altparteien" unterschieden. Zwischen den Anhängern der Grünen aus dem Westen und den Sympathisanten von Bündnis 90/Die Grünen im Osten bestanden 1991 noch große Meinungsverschiedenheiten (0,23 Standardabweichungen). Die starke Abschwächung der extremen Positionen im Westen und die leichte Zunahme eher "linker" Standpunkte im Osten führte 1992 dann aber zu einer weitgehenden Angleichung der Auffassungen.

Deutliche Unterschiede zwischen Ost und West wiesen 1991 auch die Anhänger der beiden großen Volksparteien auf. Diese in beiden Jahren signifikanten Differenzen nahmen im Untersuchungszeitraum sogar weiter zu. Im Gegensatz zu Bündnis 90/Die Grünen war also bei CDU/CSU und SPD von einer integrativen Kraft der Partei wenig zu spüren. Dies traf insbesondere für die CDU/CSU zu, deren Anhänger in beiden Landesteilen noch weniger übereinstimmten als die der SPD.

---

12 Signifikanzstatistische Berechnungen erfolgten auf der Grundlage von Mittelwertvergleichen. Die Analysen wurden in jeweils zwei nach Parteipräferenz, Ort und Zeit differenzierten Gruppen durchgeführt. Alle signifikanten Unterschiede finden im Text als solche gesonderte Erwähnung.

Abbildung 1: Einstellungsunterschiede in Ost und West nach parteipolitischer Orientierung*

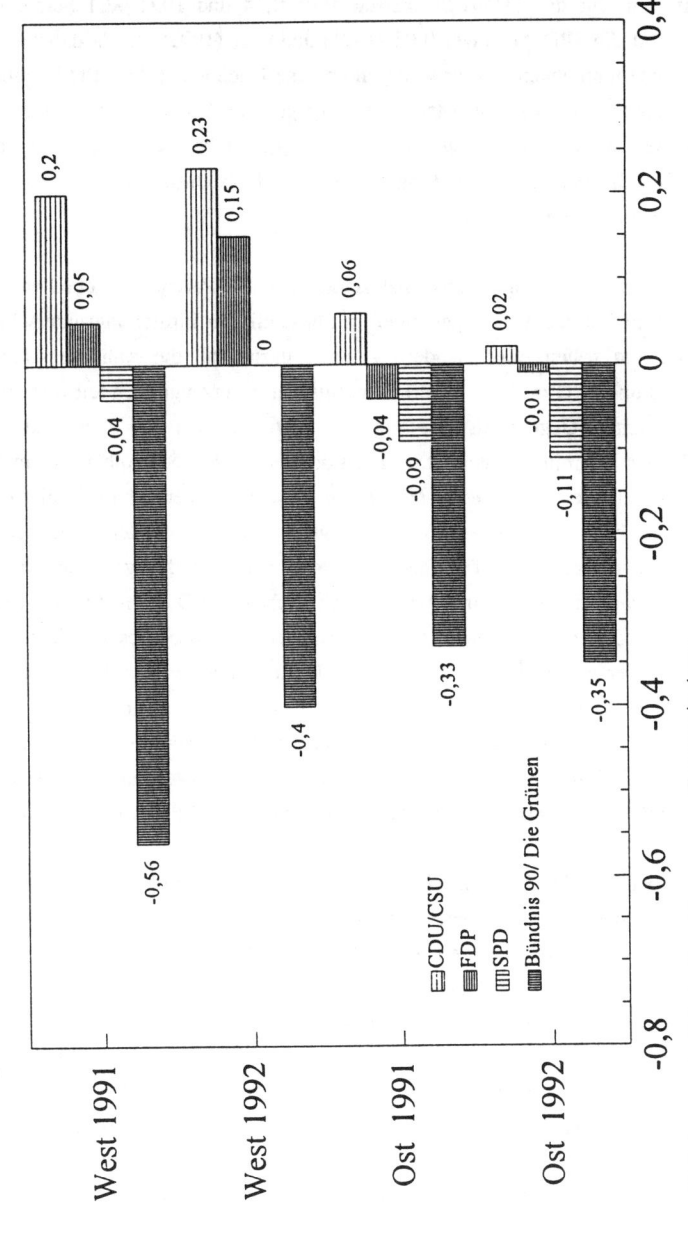

	CDU/CSU	FDP	SPD	Bündnis 90/ Die Grünen
West 1991	0,2	0,05	−0,04	−0,56
West 1992	0,23	0,15	0	−0,4
Ost 1991	0,06	−0,04	−0,09	−0,33
Ost 1992	0,02	−0,01	−0,11	−0,35

* Mittlere standardisierte Abweichungen vom Gesamtmittelwert

Die Differenz für die CDU/CSU betrug 1991 0,14 und 1992 0,21 Standardabweichungen, für die SPD-Anhänger 0,05 (1991) und 0,11 (1992) Standardabweichungen. Die in der Öffentlichkeit stärker wahrgenommene Uneinigkeit der SPD in außen- und sicherheitspolitischen Fragen betrifft also weniger die Anhängerschaft in den beiden Landesteilen als die Parteispitze in Bonn. Demgegenüber zeigte sich die Basis der CDU/CSU, die nach außen in Fragen der Sicherheitspolitik weniger zerstritten erscheint, regional stark gespalten.

Die gleiche Anordnung von Sympathisanten der vier Parteien auf der *Links-Rechts-Dimension* in Ost und West - gekoppelt mit beachtlichen Einstellungsunterschieden in den alten und neuen Bundesländern - führte dazu, daß die Anhängerschaften der CDU/CSU und SPD in ihren sicherheitspolitischen Überzeugungen teilweise mehr mit dem politischen Gegner als den eigenen Parteifreunden aus dem anderen Teil Deutschlands übereinstimmten. Die Position der CDU/CSU-Anhänger im Westen befand sich auf der *Links-Rechts-Dimension* in beiden Untersuchungszeitpunkten mit 0,20 (1991) bzw. 0,23 (1992) Standardabweichungen am rechten Ende der Verteilung. Die Anhänger der CDU aus dem Osten vertraten dagegen eher die *Durchschnittsmeinung* in Deutschland, bei der sich auch die SPD Sympathisanten aus dem Westen ansiedelten. Insbesondere 1992 bestanden zwischen diesen beiden Gruppen wesentlich weniger Meinungsunterschiede als zu den jeweiligen Parteifreunden aus dem anderen Teil Deutschlands. Somit lassen sich die Wähler der beiden großen "Altparteien" in drei Gruppen mit ähnlichen sicherheitspolitischen Anschauungen unterteilen: CDU-Anhänger aus dem Westen, CDU-Anhänger aus dem Osten zusammen mit SPD-Anhängern aus dem Westen und schließlich SPD-Anhänger im Osten.

Allein bei den FDP-Wählern verschoben sich die Einstellungen sowohl in den alten wie in den neuen Bundesländern zwischen 1991 und 1992 eher nach *"rechts"*. Die Veränderungen im Westen waren mit 0,10 Standardabweichungen stärker ausgeprägt als im Osten (0,03) und führten 1992 (ähnlich wie bei den großen Volksparteien) zu einer weiteren Abnahme der Übereinstimmung zwischen den Anhängern der FDP aus alten und neuen Bundesländern. Während die Ost-West-Einstellungsunterschiede bei den Sympathisanten von Bündnis 90/Die Grünen fast verschwanden, nahmen sie also unter den Anhängern aller drei "Altparteien" zwischen 1991 und 1992 zu. Diese ungleichen Veränderungen sicherheitspolitischer Meinungen führten allerdings sowohl in den alten als auch in den neuen Bundesländern zu einer Abnahme der Differenzen zwischen Regierungs- bzw. Oppositionswählern. Sympathisanten von CDU/CSU und FDP bzw. von SPD und Bündnis 90/Die Grünen bewegten sich mithin in ihren sicherheitspolitischen Auffassungen aufeinander zu.

6. Zusammenfassung

In den ersten beiden Jahren nach der Wiedervereinigung war die öffentliche Meinung in Deutschland zu sicherheitspolitischen Fragen in vielerlei Hinsicht gespalten. Beachtliche Einstellungsdifferenzen ließen sich sowohl regional als auch zwischen den Befragten mit unterschiedlicher parteipolitischer Orientierung feststellen. So war etwa die Zustimmung zur militärischen Verteidigung oder zu den bestehenden sicherheitspolitischen Organisationen und Verbündeten nicht überall gleich, vielmehr war sie vor allem in den alten Bundesländern unter den Anhängern der Regierungsparteien hoch. Zwischen 1991 und 1992 ließ sich ein leichter Trend zum Konservatismus sicherheitspolitischer Einschätzungen ebenfalls nicht in beiden Landesteilen beobachten; er fand in erster Linie in den alten Bundesländern statt. Der Wandel der öffentlichen Meinung in Ost und West zwischen beiden Zeitpunkten bewirkte damit keine Abnahme, sondern eine Zunahme der Einstellungsunterschiede zwischen beiden Landesteilen.

Die systematischen und beachtlich großen Einstellungsdifferenzen zwischen Anhängern von CDU/CSU, FDP, SPD und Bündnis 90/Die Grünen können als Beleg für die grundsätzliche Politisierbarkeit dieses Politikbereiches angesehen werden. Ob die Parteien allerdings gut beraten sind, solche Themen bei den kommenden Wahlkämpfen auf die politische Tagesordnung zu setzen, ist eher zu bezweifeln, da es zumindest den "Altparteien" in den letzten Jahren nicht gelungen ist, ihre Anhänger in den östlichen und westlichen Bundesländern bei der Beurteilung sicherheitspolitischer Fragen *zusammenwachsen* zu lassen - eher das Gegenteil ist der Fall. Allein bei Bündnis 90/Die Grünen kann von einer Entwicklung zu einem Konsens zwischen den Sympathisanten in Ost und West gesprochen werden.

Literatur

ASMUS, Ronald D. 1992: Deutschland im Übergang: Nationales Selbstvertrauen und internationale Zurückhaltung. Europa-Archiv, 47, S. 199-211.

ASMUS, Ronald D. 1993: Germany's Geopolitical Maturation: Strategy and Public Opinion After the Wall. Rand Issue Paper 105, Santa Monica, Cal.

DOMKE, William/EICHENBERG, Richard C./KELLEHER, Catherine M. 1987: Consensus Lost? Domestic Politics and the "Crisis" in NATO. World Politics, 39, S. 382-407.

GARDING, Helmut 1978: Ostpolitik und Arbeitsplätze: Issues 1972 und 1976. in: OBERNDÖRFER, Dieter (Hg.), Wählerverhalten in der Bundesrepublik Deutschland. Berlin, S. 327-390.

HOFFMANN, Hans-Viktor 1993: Demoskopisches Meinungsbild in Deutschland zur Sicherheits- und Verteidigungspolitik 1992. Waldbröl.

JACOBSEN, Hans Adolf 1975: Zur Rolle der öffentlichen Meinung bei der Debatte um die Wiederbewaffnung 1950-1955. in: MILITÄRGESCHICHTLICHES FORSCHUNGSAMT, Aspekte der deutschen Wiederbewaffnung bis 1955. Boppard.

MEYER, Berthold 1983: Der Bürger und seine Sicherheit: Zum Verhältnis von Sicherheitsstreben und Sicherheitspolitik. Frankfurt/Main.

NELSON, Daniel J. 1987: Defenders or Intruders? The Dilemmas of U.S. Forces in Germany. Boulder, Col.

PRESSE UND INFORMATIONSAMT DER BUNDESREGIERUNG, 1992: Europäische Gemeinschaft - Europäische Union: Die Vertragstexte von Maastricht. Bonn.

RATTINGER, Hans 1990: The Bundeswehr and Public Opinion. in: SZABO, Stephen F. (Hg.): The Bundeswehr and Western Security. London, S. 93-122.

RATTINGER, Hans 1991: Deutsche Einstellungen und ihre Auswirkungen auf die amerikanische Präsenz. in: MAHNCKE, Dieter (Hg.), Amerikaner in Deutschland: Grundlagen und Bedingungen der transatlantischen Sicherheit. Bonn, S. 445-475.

RATTINGER, Hans/HEINLEIN Petra 1986: Sicherheitspolitik in der öffentlichen Meinung. Berlin.

VEEN, Hans-Joachim 1991: Die Westbindung der Deutschen in der Phase der Neuorientierung. Europa-Archiv, 46, S. 31-40.

VIOTTI, P. R./KAUPPI, M. V., 1987: International Relations: Theory. Realism, Pluralism, Globalism. New York.

Anhang

Dokumentation der Frageformulierungen

1. Jeder eigenständige Staat braucht Streitkräfte, um politisch nicht erpreßbar zu sein. (stimme vollkommen zu*, stimme etwas zu, lehne etwas ab, lehne vollkommen ab)

2. Deutschland braucht schon aufgrund seiner geographischen Lage in Mitteleuropa eine gut funktionierende Armee. (stimme vollkommen zu*, stimme etwas zu, lehne etwas ab, lehne vollkommen ab)

3. Wird unser Verhältnis zur Sowjetunion/Gemeinschaft Unabhängiger Staaten (GUS) sich im Laufe der nächsten Zeit Ihrer Meinung nach ... (eher verbessern, unverändert bleiben, eher verschlechtern*)

4. 1991: Ist Ihrer Meinung nach die kommunistische Bedrohung ... (sehr groß*, groß, nicht so groß, nicht ernst zu nehmen)
1992: Stellen Ihrer Meinung nach die Staaten der ehemaligen Sowjetunion ein sicherheitspolitisches Risiko für die Bundesrepublik dar? Ist dieses Risiko ... (sehr groß*, groß, nicht so groß, nicht ernst zu nehmen)

5. Über die Frage des Bündnisses wird in der Bundesrepublik öfters debattiert. Was meinen Sie dazu? Sollten wir ... (aus der NATO ausscheiden, einer mehr aufgelockerten NATO angehören, der NATO weiterhin angehören, einer gefestigten NATO angehören*, Sonstiges)

6. Zur Zeit wird politisch diskutiert, im Zuge des Zusammenwachsens der europäischen Staaten auch europäische Streitkräfte aus allen Staaten der Europäischen Gemeinschaft zu schaffen. Wie stehen Sie dazu? Sind Sie... (dafür*, dagegen, oder ist Ihnen das gleichgültig)

7. Was meinen Sie, ist die Anwesenheit amerikanischer Truppen in der Bundesrepublik für unsere Sicherheit ... (unerläßlich*, wichtig, von geringer Bedeutung, unwichtig, schädlich)

8. Wie würden Sie das Verhältnis zwischen den hier stationierten Amerikanern und deutschen Bürgern im Allgemeinen beschreiben? (sehr gut*, gut, mittel, schlecht)

9. Glauben Sie, daß durch die Existenz der Bundeswehr eine wirksame Verständigungspolitik mit dem Osten gestört wird und damit eher eine Gefahr für den Frieden gegeben ist, oder glauben Sie, daß die Existenz der Bundeswehr den Frieden sicherer macht? (Bundeswehr ist Gefahr für den Frieden, Bundeswehr macht Frieden sicherer*, die Bundeswehr hat keinen Einfluß darauf; letzteres nur 1992 als Antwortkategorie vorgegeben)

10. Was meinen Sie: Ist die Bundeswehr eine moderne und einsatzbereite Armee, die die äußere Sicherheit der Bundesrepublik zusammen mit anderen gewährleisten kann oder kann sie das eher nicht? (kann Sicherheit gewährleisten*, kann Sicherheit eher nicht gewährleisten)

11.-12. In der letzten Zeit wird darüber diskutiert, welche Aufgaben die Bundeswehr in der Zukunft haben soll. Ich lese Ihnen einige Möglichkeiten vor; sagen Sie mir bitte jeweils, ob Sie dafür oder dagegen sind, daß die Bundeswehr zukünftig diese Aufgaben wahrnimmt. (11: Beteiligung an der Friedenssicherung durch einen "Blauhelm-Einsatz" als UN-Friedenstruppe; 12: Beteiligung an weitergehenden militärischen Aktionen, soweit die Völkergemeinschaft (die UNO) dazu aufruft)

13. Drei Männer unterhalten sich über unsere sicherheitspolitische Lage und darüber, ob es angebracht ist, die Höhe der Ausgaben für die Bundeswehr zu verändern. Welche Meinung finden Sie am richtigs-

ten? (Ich halte die Lage jetzt für gefährlich, man sollte die Ausgaben für die Bundeswehr erhöhen[*]; wir müssen für die Bundeswehr soviel ausgeben wie auch die anderen Länder, ich meine, wie die im Westen und Osten pro Kopf der Bevölkerung für ihre Verteidigung ausgeben; ich meine, in der heutigen Lage können wir uns erlauben, bei der Bundeswehr gewisse Einsparungen vorzunehmen)

14. Die Aufgabe der Bundeswehr ist die Erhaltung des Friedens. Sollte es aber zum Krieg kommen, wie würden Sie sich persönlich dann verhalten? (das Gebiet mit der Waffe in der Hand verteidigen[*], irgendwie kämpfen und mich wehren, um Verwundete und Kinder kümmern, versuchen zu fliehen, zurückziehen und beten)

15. Der Wehrdienst in der Bundeswehr ist eine wichtige staatsbürgerliche Pflicht. (stimme vollkommen zu[*], stimme etwas zu, lehne etwas ab, lehne vollkommen ab)

16. Zwei Personen unterhalten sich über die atomare Rüstung in Europa. Welcher der beiden Meinungen stimmen Sie eher zu? (A: Seit vier Jahrzehnten sind in Ost- und Westeuropa Atomwaffen stationiert. Seitdem leben wir hier auf einem Pulverfaß. Der Einsatz von Atomwaffen wäre etwas so Schreckliches, daß man Atomwaffen sofort abschaffen sollte. B: Gerade, weil man weiß, wie schrecklich der Einsatz von Atomwaffen wäre, sind sie in den letzten Jahrzehnten auch nie eingesetzt worden. Und weil man ihren Einsatz auf allen Seiten sehr fürchtet, hat es seitdem auch keine großen militärischen Auseinandersetzungen in Europa gegeben. Ohne die Abschreckung durch Atomwaffen wäre die Gefahr eines konventionellen Krieges in Europa viel größer.[*])

17. Lassen sich Ihrer Meinung nach durch die laufenden Rüstungskontrollverhandlungen die Verteidigungsprobleme der Bundesrepublik Deutschland wirksam lösen, oder sind sie eher nur ein zusätzliches Mittel der Sicherheitspolitik? (Probleme können wirksam gelöst werden[*], eher nur ein zusätzliches Mittel der Sicherheitspolitik)

[*]: Diese Antwortkategorien erhielten bei der Rekodierung die hohen (positiven) Werte.

Bettina Westle

Nationale Identität der Deutschen nach der Vereinigung:
Zur Asymmetrie deutschen Nationalstolzes

1. Einleitung

In einer Zeit, in der Horden von überwiegend jungen Deutschen mit laut skandierten Sprüchen wie "Ich bin stolz, ein Deutscher zu sein" und "Deutschland den Deutschen" gewalttätig über Ausländer, Asylbewerber und alles scheinbar Fremde herfallen, scheint es offensichtlich zu sein, daß das Thema "Nationalstolz der Deutschen" mit dem Thema "Rechtsextremismus der Deutschen" wenn nicht gar gleichgesetzt wird, so doch als engstens verwandt zu betrachten ist. Dennoch soll im folgenden nicht primär auf diese aktuellen Ereignisse eingegangen werden, sondern der Themenkomplex der nationalen Bindung sowohl theoretisch als auch empirisch in breiterer Perspektive betrachtet werden. Wenn dabei die aktuellen Affinitäten von Nationalstolz und Rechtsradikalismus zumindest scheinbar zu kurz kommen mögen, ist dies allerdings nicht nur oder in erster Linie eine Folge der verfügbaren Daten, sondern entspricht durchaus dem über Jahrzehnte hinweg gewachsenen Erkenntnisstand zu der Thematik nationaler Identität.

Im folgenden wird zunächst ein Überblick zu theoretischen Ansätzen, Positionen, Befunden und Prognosen zur nationalen Identität der Deutschen gegeben. Danach werden - soweit die Datenlage dies erlaubt - einige der Hypothesen zur bisherigen und künftigen Entwicklung und Bedeutung von Nationalstolz und nationaler Bindung empirisch überprüft. Im Anschluß daran sollen einige Fragen thematisiert werden, die durch die vorherige Deskription des Nationalstolzes im vereinten Deutschland im Hinblick auf die theoretischen Ansätze aufgeworfen werden. Abschließend erfolgt ein kurzer Ausblick auf Entwicklungsperspektiven nationaler Identität im vereinten Deutschland.

2. Theoretische Ansätze zur Bedeutung nationaler Identität

2.1 Nationale Identität im Konzept der Politischen Kultur und in systemtheoretischen Ansätzen politischer Legitimität

So wenig in der wissenschaftlichen Literatur Einigkeit über den Begriff der Nation besteht, so wenig besteht Einigkeit über die Konzepte der nationalen Identität, des National- und des Staatsbewußtseins oder des Nationalstolzes. Allerdings lassen sich in verschiedenen theoretischen Ansätzen durchaus einige Übereinstimmungen hinsichtlich der Ursachen und Funktionen nationaler Identität feststellen. Innerhalb des Ansatzes der politischen Kulturforschung (ALMOND/VERBA 1963), der hier den Rahmen für die Beschäftigung mit nationaler Identität bildet, besagt die zentrale Annahme, daß eine Kongruenz zwischen Struktur des politischen Systems und Kultur des politischen Systems (also den Einstellungen der Bevölkerung gegenüber der Struktur) vorliegen muß, um Systemstabilität zu gewährleisten. Unter Rekurs auf EASTONs (1965) systemtheoretisches Modell politischer Unterstützung kann die Struktur eines politischen Systems in drei primäre konstituierende Elemente zerlegt werden: Erstens die politische Gemeinschaft, definiert als gemeinsame politische Arbeitsteilung von Personen, zweitens die politische Ordnung, d.h. die politische Philosophie und die Ordnungsform, deren Werte, Normen, Institutionen und Rollen sowie drittens die politischen Herrschaftsträger, also die Inhaber der politischen Autoritätsrollen bzw. deren konkrete Politik.

Auf diese Objekte werden Arten politischer Unterstützung bezogen: Spezifische Unterstützung wird als instrumentelle Vor- oder Nachteilserwägung gefaßt, die sich auf den politischen Output der Herrschaftsträger richtet; diffuse Unterstützung dagegen richtet sich auf alle drei Objekte als expressive, affektive und/oder moralisch begründete, wertbezogene Orientierung. Auch hier besagt die zentrale Gleichgewichtsannahme des Modells, daß in dem Maß, in dem die drei Objekte des politischen Systems auf der Grundlage der verschiedenen Orientierungsarten unterstützt werden, eine Kongruenz zwischen Struktur und Kultur und damit Systemstabilität vorliegt. Allerdings wird insofern eine Differenzierung zu dem ursprünglichen Konzept der politischen Kultur von ALMOND/VERBA eingeführt, als die verschiedenen Objekte und Arten der Unterstützung nicht als gleich bedeutsam angesehen werden, sondern aus ihren unterschiedlichen Eigenschaften auf eine systemfunktionale Hierarchie der politischen Unterstützung geschlossen wird: Es wird postuliert, daß die auf Werthaltungen beruhenden und in Affekten verwurzelten diffusen Einstellungen zur politischen Ordnung und zur politischen Gemeinschaft erstens hochkonsensual sein müssen, sich zweitens nur sehr langfristig verändern sollten und drittens zumindest in kurz- und mittelfristiger Perspektive unabhängig von instrumentellen Bewertungen der Herrschaftsträger sein müssen, um so in der Lage zu sein, kurzfristige Schwankungen und Legitimitätsdefizite bei den spezifischen Bewertungen jeweils aktueller politischer Leistungen der Herrschaftsträger abzufedern. Mit anderen Worten wird innerhalb dieses und verwandter systemtheoretischer Modelle zur politischen Legitimität nationale Identität oder besser die affektive Bindung an eine politische Gemeinschaft als die höchstrangige Legitimitätsform bzw. Stabilitätsbedingung politischer Systeme verstanden. Eine geringe affektive Unterstützung der politischen Gemeinschaft gilt somit als wesentlicher Risikofaktor im Fall einer Krise auf den anderen Ebenen des politischen Systems.

2.2 Nationale Identität in sozialpsychologischen Ansätzen und der Rekurs auf Modernisierungsprozesse

Nun hegen Menschen sicher keine nationalen Gefühle, weil Systemtheoretiker dies für nötig halten. Nationale Gefühle wären wohl auch nicht einfach herstellbar, wenn sie nicht auf irgendein wesentliches Bedürfnis stoßen würden. In sozialpsychologischer Sicht (vgl. z.B. MEAD 1968; ERIKSON 1966; BERGER 1975; WEIDENFELD 1991a) entsteht Identität aus einem Prozeß der Selbstdefinition in Interaktion mit der Umwelt und ist definiert als der Bestand an Orientierungswissen. Differenziert in die Dimension der personalen und die der kollektiven Identität sowie in die konstitutiven Komponenten der Vergangenheits-, Gegenwarts- und Zukunftsbezüge wird der kollektiven Identität analog zu individualpsychologischen Konzepten die Funktion der Erfüllung eines menschlichen Grundbedürfnisses nach Selbstvergewisserung und Bindung zugesprochen, die wiederum als Voraussetzungen für Orientierung in der gesellschaftlichen Umwelt gelten.

Die Thematisierung von Identität, die Reflexion über Identität wird im allgemeinen als Indikator für Krisenerscheinungen angesehen. Auch hier findet sich wieder die Analogie von Individualpsychologie und Sozialpsychologie: Fragen nach dem "Wer bin ich?", "Woher komme ich?", "Wohin gehöre ich? und "Wohin gehe ich?" werden sowohl auf individueller als auch auf gesellschaftlicher Ebene als Abweichung vom Normalfall - in dem Identität eine unhinterfragte Selbstverständlichkeit sei - gewertet.

Schließlich findet sich hinsichtlich der Ursachen solcher Identitätskrisen eine dritte Analogie zwischen beiden Ansätzen, nämlich der Bezug auf Veränderungen in der Umwelt und den Lebensbedingungen. Ähnlich wie individuelle Identitätsfragen verstärkt in Phasen der Umstrukturierung eines Lebenslaufes auftreten - z.b. in der Pubertät, bei der Familiengründung oder bei Scheidung, bei Berufseintritt und -austritt, bei Todesfällen - träte die Frage nach der kollektiven Identität insbesondere in modernen Gesellschaften infolge des schnellen sozialen Wandels auf - Stichworte dafür sind etwa zunehmende Mobilität, Differenzierung und Pluralisierung von Lebensstilen. Dafür wird ein eng ineinander verwobenes Ursachenbündel verantwortlich gemacht, das allerdings ein kaum lösbares Dilemma berge: Erstens habe die Vormoderne kollektive Identität vorgegeben, z.b. durch Einbindung in die Familie und homogene Milieus, geschlossene Weltbilder und durch transzendente Bezüge. Infolge von Modernisierungsprozessen seien diese Identifikationsmöglichkeiten in hohem Maß zerbrochen. Als Folge dieses Szenarios steht Identitätsverlust. Zweitens aber haben diese Modernisierungsprozesse zu einer höheren Komplexität der gesellschaftlichen Umwelt geführt, zu einer Überfülle und Vielfalt an Informationen, welche die individuelle Erlebnis- und Verarbeitungskapazität bei weitem übersteige. Daraus resultiere ein erhöhter Orientierungsbedarf, ein erhöhter Bedarf an individueller wie insbesondere an kollektiv verbindlicher Identität. Nationale Identität erscheint hier als ein mögliches Angebot kollektiver Identität.

3. Diagnosen und Kontroversen zur nationalen Identität der Deutschen

3.1 Nationale Affekte - Pathologie versus Funktionsnotwendigkeit

In- und ausländische Wissenschaftler, Publizisten und Literaten sind sich weitgehend einig darin, daß die Deutschen schon immer Probleme mit ihrer nationalen und nationalstaatlichen Identität hatten. Als wichtigste geschichtliche Ursachen dafür werden die späte Nationalstaatsbildung sowie religiöse und kulturelle Konflikte, die Unterlegenheit im 1.Weltkrieg und ihre Kompensation durch die Distanzierung vom geistig-politischen Wertesystem der Sieger herangezogen. Die Verabsolutierung und Übersteigerung deutschen Nationalbewußtseins im Nationalsozialismus muß als extremster Ausdruck solcher Probleme gewertet werden.

Daß nach dem Ende des 2.Weltkriegs die Entwicklung nationaler Affekte in Deutschland mit besonderer Aufmerksamkeit verfolgt wurde, liegt also auf der Hand. Während zunächst eine Aufrechterhaltung des übersteigerten deutschen Nationalbewußtseins befürchtet wurde, mehrten sich bald die Stimmen, die ein Identitätsdefizit der Deutschen verzeichneten und vor dessen negativen Folgen warnten - ohne diese allerdings zu konkretisieren. Diese Diagnosen beruhten vorwiegend auf der Beobachtung der Äußerungen von Politikern, Intellektuellen und Literaten, während auf der Ebene der Bevölkerungsbeobachtung - abgesehen von Analysen der Wahlergebnisse - eine auffallende Enthaltsamkeit bestand. Als wesentlicher Grund für das geringe "öffentliche" Nationalbewußtsein in dieser Zeit wurde eine umfassende Diskreditierung des gesamten Bereichs des Nationalen durch das Dritte Reich und eine mangelhafte öffentliche Aufarbeitung der nationalsozialistischen Vergangenheit vermutet. Jedoch blieb strittig, ob dies eher im Sinne einer Tabuisierung von öffentlichen Bekundungen nationalen Bewußtseins oder im Sinne einer internalisierten Ablehnung oder Entfremdung von nationalen Affekten zu verstehen sei.

Erst mit der Ende der 50er Jahre durchgeführten Studie von ALMOND/VERBA (1963) wurden empirische Informationen zur Bevölkerungsebene vorgelegt. Wichtigster Befund war, daß sich der Stolz der westdeutschen Bevölkerung primär auf die ökonomischen Leistungen und daneben auf unpolitische Charaktereigenschaften der Deutschen gründete, also nicht an der neu geschaffenen Demokratie verankerte. In etablierten Demokratien dagegen - wie z.B. in den USA - richtete sich der Stolz überwiegend auf das politische System oder wie in Großbritannien auf das politische und das sozialstaatliche System. Unter systemtheoretischer Perspektive wurde dieser Befund als eine potentielle Instabilität der Bundesrepublik - insbesondere im Fall ökonomischer Einbrüche - gewertet.

Allerdings ist hier ein wesentliches theoretisches Problem des systemfunktionalen Konzepts unbeachtet geblieben und es ist zu fragen: Wird hier nicht eher das Fehlen einer Unterstützung der politischen Ordnung als das der politischen Gemeinschaft beklagt? Und wenn dies so ist: Welche Bedeutung kommt dann dem Faktum zu, daß sich Nationalstolz in den etablierten Demokratien primär an Merkmalen der politischen oder der soziopolitischen Ordnung verankerte, in den jüngeren Demokratien wie der Bundesrepublik und Italien jedoch auf andere Merkmale richtete? An späterer Stelle wird auf diese Fragen zurückzukommen sein.

Mitte der 60er Jahre wurde das defizitäre Nationalbewußtsein der Deutschen nochmals in einer öffentlich vielbeachteten Streitschrift des Philosophen JASPERS (1966:177-178) thematisiert: "Man hat von einem Vakuum unseres politischen Bewußtseins gesprochen. Wir haben in der Tat noch kein in den Herzen gegründetes politisches Ziel, kein Bewußtsein, auf einem selbstgeschaffenen Grunde zu stehen. [...] Das Vakuum wird nicht erfüllt durch ein Nationalbewußtsein. Dieses fehlt entweder oder es ist künstlich. Es gibt für uns noch immer keinen politischen Ursprung und kein Ideal, kein Herkunftsbewußtsein und kein Zielbewußtsein, kaum eine andere Gegenwärtigkeit als den Willen zum Privaten, zum Wohlleben und zur Sicherheit".

Seit den 70er Jahren begann dann eine intensive, allerdings stark normativ geprägte Auseinandersetzung um die Bedeutung von nationaler Identität und Nationalstolz auch auf wissenschaftlicher Ebene. In dieser Diskussion lassen sich zwei Haupt-Positionen unterscheiden, die explizit auf individualpsychologische, sozialpsychologische und systemtheoretische Ansätze rekurrierten, empirische Befunde dazu aber in zum Teil recht beliebig anmutender Weise zur Untermauerung ihrer Positionen heranzogen:

Die eine Richtung lehnt nationale Gefühle generell, insbesondere aber für Deutschland ab. Im Hinblick auf Deutschland werden nationale Gefühle aufgrund der nationalsozialistischen Vergangenheit als amoralisch eingestuft und eine psychologische Prädisposition der Deutschen für die Übertreibung und Pervertierung derartiger Gefühle befürchtet (z.B. von KROCKOW 1970; MOMMSEN 1979). Generell wird dabei auf individualpsychologische Theorien und Befunde, insbesondere aus der Schule ADORNO (1968) Bezug genommen: Verluste an sozialer Orientierung, soziale Anomie würde über Projektionsmechanismen durch verstärkte kollektive Bindung substituiert. Das heißt, soziale Anomie wird hier als Ursache nationaler Affekte betrachtet, die zudem als potentiell gefährlich - weil für Übersteigerungen anfällig - gewertet werden. Als empirischer Beleg dafür wird eine Zusammenhangskette zwischen sozialer Anomie, der Tendenz zu autoritären Einstellungen und extremen nationalen Affekten angeführt. Nationalstolz wird damit als potentiell neurotisches Phänomen betrachtet. Entsprechend wird die Position vertreten, daß Staaten durchaus ohne ein Selbstbewußtsein nationaler Identität auskommen könnten und "die Übertragung des Begriffs der Identität aus der Individualpsychologie auf Gesellschaft und politische Systeme [...] angesichts der idealistischen Auffüllung derartiger Begriffe durch die deutsche Tradition mindestens dilletantisch" (MOMMSEN 1979: 78) sei. Als gesellschaftliche Konsequenz wird für eine negative nationale Identität plädiert: "Nicht tausend Jahre heiler, sondern zwölf Jahre unheilvoller deutscher Geschichte vermögen uns vielleicht zu dem zu verhelfen, was man ein gesundes Nationalgefühl nennt" (MOMMSEN 1979: 83). Problematisch an dieser Position erscheint vor allem, daß trotz des Rekurses auf die Psychologie als Begründung für die Gefährlichkeit nationaler Affekte ebensolche psychologischen Erklärungsmuster zur Begründung möglicher positiver Funktionen kollektiver Bindungen in Form der nationalen Identität ignoriert bzw. strikt abgelehnt werden.

Die andere Argumentationsrichtung hält nationale Bindungen unter Rekurs auf die oben skizzierten sozialpsychologischen Ansätze und vermuteten Modernisierungsfolgen für funktional notwendig zur Vermeidung von Orientierungsverlusten in hochkomplexen Gesellschaften. Die Identifikation mit der Nation oder dem Nationalstaat wird hier als naheliegendes und in den meisten politischen Gemeinwesen genutztes Angebot kollektiver Identität verstanden. Unter systemtheoretischer Perspektive wird dieser Identifikation eine krisensichernde Funktion zugesprochen: Im Fall interner politischer oder ökonomischer Krisen immunisiere eine stabile nationale Identifikation das Gemeinwesen gegen ein Auseinanderbrechen, gegen Bürgerkrieg oder separatistische Bestrebungen. Im Fall externer Bedrohungen sichere es die Bereitschaft der Bürger, ihr Land und ihr politisches System zu verteidigen (z.B. HÄTTICH 1966; SONTHEIMER 1979; HENNIS 1983; WEIDENFELD 1981, 1983, 1989). Zur Untermauerung dieser Positionen wurde insbesondere auf folgende Befunde der international vergleichenden Forschung zu Nationalstolz, der überwiegend als Indikator für nationale Identität verwandt wird, verwiesen: Erstens empfinde in allen untersuchten Staaten die Mehrheit der Bevölkerung Nationalstolz. Nationalstolz sei somit die Norm, Unterschiede im Niveau des Nationalstolzes "a matter of degree, not of kind" (ROSE 1985: 86), also eine Frage des Ausmaßes, nicht aber der Qualität. Zweitens wird das unterschiedliche Ausmaß an Nationalstolz in den europäischen Demokratien durch die Erfahrungen des Zweiten Weltkriegs erklärt: In den Staaten, die den Zweiten Weltkrieg verloren haben, und in denen, die besetzt waren, zeigt sich überwiegend ein relativ geringes Ausmaß an Nationalstolz. Das heißt, Erfahrungen des militärischen Sieges stärkten, Erfahrungen der Unterlegenheit beschädigten sie (ROSE 1985: 86-90). Für Deutschland sei neben der Niederlage im Zweiten Weltkrieg die Teilung die zweite wesentliche Ursache des mäßigen Nationalstolzes (NOELLE-NEUMANN 1983, 1987). Diese Beobachtungen im Aggregat werden dann drittens mit Beobachtungen auf der Individualebene zur Frage nach der positiven oder negativen sozialen Funktion bzw. der Bewertung nationaler Affekte verknüpft. Da Nationalstolz, so das Argument, die Norm ist, könne nicht der Nationalstolze als neurotisch oder deviant gekennzeichnet werden, sondern der Nicht-Nationalstolze gehe das Risiko ein, als deviant gelabelt zu werden (ROSE 1985: 90). Hier nun allerdings läuft die Argumentation der Vertreter dieser Position auseinander: So verwendet ROSE (1985: 90-91) die Beobachtung, daß Personen, die mit ihrer familiären Situation zufrieden sind und religiös gebunden sind - also nicht von Orientierungsverlusten transzendenter oder sozialer Art bedroht sind - eher Nationalstolz empfinden als religiös ungebundene und familiär unzufriedene Personen, als Beleg dafür, daß Nationalstolz keine pathologischen Ursachen habe. NOELLE-NEUMANN (1987) dagegen scheint eine umgekehrte Kausalitätsrichtung zu verfolgen, wenn sie unter Verweis auf den positiven Zusammenhang zwischen Nationalstolz und individuellem Glück bzw. Lebenszufriedenheit den Deutschen als "verletzte Nation" die Förderung des Nationalstolzes empfiehlt.

Schließlich erfolgt auch der Rekurs auf den Systemfunktionalismus in der Frage nach den politischen Konsequenzen von Nationalstolz. Allerdings scheiden sich auch in dieser Frage die Geister: So beobachten PIEL (1985) und HERDEGEN (1987a) einen positiven Zusammenhang zwischen Nationalstolz und der Einstellung zur Demokratie in der Bundesrepublik. Sie schlußfolgern daraus, daß es sich bei den Nicht-Nationalstolzen tendenziell um Gegner des politischen Systems handelt. Für NOELLE-NEUMANN (1983b: 93) legt der Zusammenhang zwischen geringem Nationalstolz und geringer Verteidigungsbereitschaft sowie höherer Bereitschaft auszuwandern zudem als gesellschaftliche und politische Konsequenz für die Existenzfähigkeit des Staates geradezu zwingend die Förderung der nationalen Idee nahe. ROSE (1985: 95) dagegen verweist auf die Möglichkeit eines Scheinzusammenhangs zwischen Nationalstolz und Verteidigungsbereitschaft und vermutet, daß zögernde Verteidigungsbereitschaft eher auf frühere militärische Mißerfolge zurückzuführen ist.

Entsprechend ist für ihn die Angleichung im Niveau des Nationalstolzes zwischen verschiedenen Staaten auch nur eine Frage der Zeit, d.h. des Abstands vom Zweiten Weltkrieg.

3.2 Gesamtdeutsches Nationalbewußtsein versus Teilstaatsbewußtsein

Die nächste Stufe in der Kontroverse um die deutsche Identität entzündete sich an der Frage, ob sich in der Bundesrepublik und in der DDR Teilstaatsbewußtsein herausbilde und gesamtdeutsches Bewußtsein erodiere. Während sich die Vertreter der ersten These dabei primär auf existierende politische Merkmale eines möglichen Nationalbewußtseins stützten, bezogen sich die Vertreter der zweiten These primär auf nicht-politische, sondern ethnische und geographische Merkmale sowie den Wunsch nach einer gemeinsamen politischen Gemeinschaft.

Die Vertreter der These von der Entwicklung des Teilstaatsbewußtseins (z.B. SCHWEIGLER 1972, 1977; HONOLKA 1987) zogen für die Bundesrepublik vor allem einen Wandel im Begriff des Nationalstolzes heran, der sich im Gegensatz zu den späten 50er Jahren nicht mehr primär an ökonomischer Leistungsfähigkeit, sondern an demokratischen Errungenschaften und der sozialstaatlichen Ordnung orientierte. Parallel dazu kam in der BRD die Diskussion um den von STERNBERGER (1979, 1982) eingeführten Begriff des "Verfassungspatriotismus" auf. Schließlich prägte HABERMAS die Begriffe der "postkonventionellen", "posttraditionellen" oder "postnationalen" Identität sowohl als Diagnose als auch als Programm einer einerseits spezifischen nationalen Bewußtseinsbildung in der Bundesrepublik (1986, 1987, 1988, 1989, 1990a, 1990b, 1991; s. ebenso GLOTZ 1990): "Wenn unter den Jüngeren die nationalen Symbole ihre Prägekraft verloren haben, wenn die naiven Identifikationen mit der eigenen Herkunft einem eher tentativen Umgang mit der Geschichte gewichen sind, [...] mehren sich die Anzeichen für die Ausbildung einer postkonventionellen Gesellschaft" (HABERMAS 1986: 134-135). Das heißt, Ursache des geringen Nationalstolzes sei nicht ein Identitätsverlust, sondern die Entwicklung einer neuen, aber gegenüber nationalen Symbolen skeptischeren Identität, in die die Erfahrungen der Pervertierung nationaler Affekte im Nationalsozialismus läuternd eingeflossen sind. Andererseits wird die Möglichkeit einer posttraditionellen Identität jedoch nicht auf die Bundesrepublik begrenzt. Vielmehr wird gefragt, "ob sich unter den besonderen

Bedingungen der Bundesrepublik, nur zwanghafter und unausgeglichener, ein Formwandel abzeichnet, der sich auch in den klassischen Staatsnationen vollzieht. [...] Formwandel der nationalen Identitäten, bei dem sich zwischen ihren beiden Elementen die Gewichte verschieben. Wenn meine Vermutung zutrifft, verändert sich die Konstellation in der Weise, daß die Imperative der machtpolitischen Selbstbehauptung nationaler Lebensformen die Handlungsweise des demokratischen Verfassungsstaates nicht mehr nur beherrschen, sondern an Postulaten der Verallgemeinerung von Demokratie und Menschenrechten auch ihre Grenze finden" (HABERMAS 1987: 167). Als empirische Belege für die Herausbildung einer postkonventionellen Identität sowie für zunehmende Westintegration und abnehmendes gesamtdeutsches Bewußtsein wurden neben dem Verweis auf Studien zum Nationalstolz, der sich, wie schon oben angeführt, ähnlich wie in anderen Staaten zunehmend auch auf das politische System richtete, vor allem die Beobachtungen, daß jüngere Bürger mit höherer Schulbildung geringeren Nationalstolz artikulierten und auch in geringerem Maß an einer Wiedervereinigung Deutschlands interessiert waren, herangezogen. Letztere Belege wurden allerdings von den Vertretern der anderen Position unter Verweis darauf, daß es sich nicht um einen Generationeneffekt handeln müsse, sondern wahrscheinlich Lebenszykluseffekte vorlägen, bezweifelt (z.B. JANSEN 1990). Ähnlich wurde von einem DDR-nationalen Patriotismus gesprochen, der zwar nicht dem von der SED angestrebten "sozialistischen Nationalbewußtsein" als Synthese zwischen sozialistischem Patriotismus und proletarischem Internationalismus entsprach, aber sich zumindest auf wesentliche Errungenschaften der sozialen Ordnung und Lebensweise in der DDR stütze (MEUSCHEL 1988).

Die Vertreter der These von einem gesamtdeutschen Nationalbewußtsein bezogen sich dagegen auf Befunde, daß die Westdeutschen die Ostdeutschen nach wie vor als Angehörige desselben Volkes ansähen, unter dem Begriff "Deutschland" überwiegend die Bundesrepublik und die DDR verstünden und nach wie vor mehrheitlich eine Wiedervereinigung wünschten (NOELLE-NEUMANN 1983a; WEIDENFELD 1985; HERDEGEN 1987b; JANSEN 1990). Noch weitergehend wurde von letzteren auch die Entwicklung eines politischen Teilstaatsbewußtseins als mögliche Grundlage für ein die politischen und die nicht-politischen Aspekte umfassendes Nationalbewußtsein bestritten. So stellte NOELLE-NEUMANN (1983b: 87) fest: "Daß sich ein Teilstaatsbewußtsein kräftig entwickelte, ist nicht zu erkennen. Die Chancen sind schon darum gering, weil vor allem diejenigen ein 'Teilstaatsbewußtsein' äußern, die [...]

versichern, sie seien nicht stolz darauf, ein Deutscher zu sein. Es fehlt damit der Idee des 'Teilstaatsbewußtseins' gleichsam ein Motor, eine gewisse Begeisterung". Damit knüpft sie wiederum an die sozialpsychologischen Aspekte der Identität sowie die postulierte Bedeutung nationaler Identität für die Stabilität politischer Systeme an, d.h. es wird insbesondere bezweifelt, daß die eher abstrakt erscheinenden Konstrukte wie "Verfassungspatriotismus" oder "posttraditionelles Bewußtsein" individualpsychologische Bedürfnisse nach kollektiver Identität befriedigen können. Da "postnationales Bewußtsein" zudem schon per definitonem gerade nicht primär auf einen spezifischen Nationalstaat gerichtet ist - wobei es gleichgültig ist, ob dieser Staat die gesamte oder nur einen Teil der Nation umfaßt - mußte in dieser Perspektive die stabilitätssichernde Funktion einer solchen Identität im Blick auf das Staatswesen fraglich erscheinen.

3.3 Zwischenbilanz: Kritik der Kontroversen

Insgesamt betrachtet erscheint der Verlauf und Inhalt dieser Kontroversen ungewöhnlich stark von normativen Positionen geprägt.[1] So ist bei den Gegnern von Nationalstolz bzw. traditioneller nationaler Identität als Begründung ihrer Position der fast ausschließliche Rekurs auf den Nationalsozialismus ebenso auffällig wie bei den Befürwortern von Nationalstolz das fast völlige Ignorieren der nationalsozialistischen Schuld als mögliche Ursache für den in Deutschland besonders geringen Nationalstolz. Diese normative Überfrachtung der Diskussion scheint sich auch in einem fragwürdigen Umgang mit theoretischen Annahmen und empirischen Daten niedergeschlagen zu haben. So werden deutschlandspezifische Argumente allgemeinen individual- und sozialpsychologischen, zum Teil verknüpft mit modernisierungstheoretischen Argumenten, und systemtheoretischen Annahmen entgegengehalten, ohne daß auch nur der Versuch einer Integration oder Überprüfung beider Argumentationsrichtungen erfolgte.

Hinsichtlich der psychologischen Annahmen hätte die Beobachtung von Zusammenhängen zwischen Anomie, Autoritarismus und Nationalstolz einerseits, Lebenszufriedenheit und Nationalstolz andererseits bspw. einer Überprüfung der Frage nach

---

1   Einen Kulminationspunkt erreichte diese normative Prägung im sogenannten "Historikerstreit" (vgl. im Überblick "HISTORIKERSTREIT" 1987; DINER 1987).

der Kausalität oder gar des Scheinzusammenhangs bedurft. Dies wird besonders deutlich an der unklaren Verwendung des Konzepts der Anomie. So bezieht sich die theoretische Argumentation beider Positionen auf Prozesse im zeitlichen Ablauf auf Individualebene, die empirischen Belege - sofern überhaupt solche angeführt werden - jedoch auf Querschnittsdaten zu einem einzigen Befragungszeitpunkt.[2] Ebenso finden sich Widersprüche in der Interpretation empirisch vorhandenen Nationalstolzes. Einerseits wurde festgestellt, daß Nationalstolz zunehmend demokratische Konnotationen enthalte und dies wurde als Beleg für Teilstaatsbewußtsein sowie als systemstabilisierend gewertet. Andererseits wurde jedoch festgestellt, daß gerade bei den Trägern dieses neuen politischen Bewußtseins der Nationalstolz besonders gering ausgeprägt ist. Das "Aneinandervorbei-Argumentieren" und die interne Inkonsistenz der Argumente verdeutlicht sich besonders krass in den "Rezepten" zur Sanierung des deutschen Nationalgefühls. Wenn Nationalbewußtsein sich in Nationalstolz äußert und dieser gefördert werden sollte, um die Existenzfähigkeit des Staates zu sichern, dann müßte diese Form des Nationalstolzes durchaus politisch sein. Die so gesicherte Bereitschaft zur Landesverteidigung hätte aber langfristig angesichts der Teilung der beiden deutschen Staaten und ihrer Einbindung in gegensätzliche politische und militärische Systeme gerade zu dem von den Vertretern dieser Richtung abgelehnten Bedeutungsverlust der nicht-politischen - gesamtdeutschen - Identität wesentlich beitragen müssen. Schließlich bleibt die Idee der postkonventionellen Identität insofern etwas diffus, als die Grenzen zwischen westdeutschem Teilstaatsbewußtsein und postkonventioneller Identität nicht eindeutig definiert sind. Damit verbunden sind die Grenzen zwischen spezifischer deutscher Entwicklung und internationaler Entwicklung zu postkonventioneller Identität schon theoretisch weder qualitativ noch quantita-

---

2   Z.B. fehlen empirische Belege dafür, daß Modernisierungsprozesse tatsächlich zu Orientierungsverlusten und Anomie führten. Sofern jedoch Anomie vorliegt, kann weder der zu einem Befragungszeitpunkt ermittelte Zusammenhang zwischen Anomie und übersteigerten nationalen Affekten als Beleg für die These der Projektionsmechanismen herangezogen werden, noch kann der Zusammenhang zwischen Zufriedenheit und Nationalstolz im Querschnitt als Beleg dagegen verwendet werden. Vielmehr müßte bei der theoretisch postulierten Beziehungskette zunächst Anomie nachgewiesen werden, die aber im Zeitablauf durch die Übernahme kollektiver Bindungen "beseitigt" würde; d.h. im Querschnitt würde zu Zeitpunkt eins gerade keine oder allenfalls eine negative Beziehung zwischen Anomie und nationalen Affekten bestehen (Anomie und keine oder geringe nationale Identifikation), während zu Zeitpunkt zwei die nationale Bindung zu- und die Anomie abgenommen haben müßte (nationale Identifikation und keine Anomie), was sich im Querschnitt wiederum als eine negative bzw. fehlende Beziehung zwischen den beiden Konzepten darstellen würde. Ein empirischer Nachweis der hypothetischen Beziehung zwischen Anomie und nationalen Affekten würde also Paneldaten erfordern. Darüber hinaus wäre damit aber noch nicht die Frage des Pathologischen versus der Funktionsnotwendigkeit beantwortet.

tiv ausreichend skizziert. Mit anderen Worten: Wie groß ist der vermutete Anteil der "Läuterung" durch die nationalsozialistische Pervertierung nationaler Affekte an der Entwicklung zur postkonventionellen Identität in Deutschland? Hat diese Erfahrung auch Einfluß auf die Entwicklung nationaler bzw. postkonventioneller Identität in anderen Staaten - wenn ja, in welchem Ausmaß, - wenn nein, welche anderen Prozesse führen dort theoretisch zu der angenommenen postkonventionellen Identität, die zwar - so HABERMAS (1986) - in den klassischen Staatsnationen grundsätzlich schon immer angelegt gewesen sei, aber sich jetzt erst zunehmend entwickle. Zwar werden einige Prozesse benannt - rüstungstechnologische Entwicklung, Bevölkerungswanderungen, Massenkommunikation und Massentourismus sowie eine veränderte öffentliche Rolle der sinn- und identitätsstiftenden Wissenschaften (HABERMAS 1987: 168-171) - doch bleibt weitgehend offen, ob und wenn ja, wie sich diese Prozesse im Bewußtsein der Bevölkerung im Sinn einer postnationalen Identität niedergeschlagen haben. Darüber hinaus ist konzeptionell auch unklar, ob traditionale nationale Identität und postnationale Identität als unvereinbare Gegensätze zu verstehen sind oder ob Elemente beider als koexistent vorstellbar sind.

3.4 Prognosen zur Entwicklung nationaler Identität nach Herstellung der deutschen Einheit: Übersteigerung, Normalisierung oder Rückschritt

Die kontroversen Positionen zu nationaler Identität ließen sich auch in den Prognosen zur Entwicklung des Nationalbewußtseins der Deutschen nach Herstellung der deutschen Einheit wiederauffinden: In den Medien, insbesondere in denen europäischer Nachbarstaaten, wurden zunächst primär Stimmen laut, die die Rückkehr eines übersteigerten Nationalismus befürchteten. Hier erfolgte also der Rekurs auf die individualpsychologische Argumentation in der Nachfolge ADORNOS und der Rekurs auf die Teilung als wesentliche Ursache für geringen Nationalstolz der Deutschen. Sofern primär der Nationalsozialismus als Ursache für den zögerlichen Umgang der Deutschen mit nationalen Gefühlen gesehen wurde, deuteten auch vereinzelte Stimmen in der Wissenschaft in diese Richtung, wenn bspw. gefragt wurde, ob die Deutschen nun die Auseinandersetzung mit dem, was der deutschen Teilung vorausging, zu den Akten legen würden (HABERMAS 1989; DUDEK 1992).

Sofern die Erfahrung der Unterlegenheit im 2.Weltkrieg und die Teilung als Hauptursachen des geringen Nationalstolzes angenommen wurden, Nationalstolz aber nicht als pathologisch gewertet wurde, war von einer Normalisierung des deutschen Nationalgefühls die Rede. So glaubte man in demoskopischen Daten zu erkennen, "daß die Deutschen zu einer Normalität im nationalen Befinden zurückkehren, weil sich viele in der Bevölkerung wieder als eine Nation sehen." (WEIDENFELD 1991: 483). Auch hier sind wiederum Widersprüche in der Argumentation zu verzeichnen. So ist vor allem folgendes auffällig: Erstens kann - da sich in den Daten keine wesentliche Veränderung in den nationalen Einstellungen, insbesondere im Nationalstolz, abzeichnete - eigentlich nicht von einer "Normalisierung" gesprochen werden, sondern eher von Irrelevanz der Einheit für den Nationalstolz. Zweitens wurde man vor der Einheit nicht müde, empirische Befunde immer wieder zum Beleg dessen heranzuziehen, daß die Deutschen sich trotz der Teilung in zwei Staaten nach wie vor als eine Nation empfinden. Nun jedoch wurde davon geredet, daß sie sich aufgrund der Einheit wieder als eine Nation empfinden. Die damit implizit unterstellte Wichtigkeit des gemeinsamen Staates und damit die politische Bedeutung nationaler Gefühle, wird noch deutlicher in der folgenden Stellungnahme, in der die These der Normalisierung sowohl mit dem sozialpsychologischen Ansatz zu nationaler Identität als auch mit dem systemtheoretischen Ansatz verknüpft wird: "Das für viele europäische Nachbarstaaten prägende historisch-affektive Bezugsfeld der Nation steht nun als ein mögliches Angebot auch in Deutschland zur Verfügung. Langfristig kann dies zur Befriedigung kollektiver Identitätsbedürfnisse beitragen. Denn die Teilung war, neben dem noch lange nachwirkenden nationalsozialistischen Erbe, ein gewichtiges Element, das die Schwierigkeiten der Bundesrepublik markierte, sich selbst zu begreifen. ... Doch vermutlich entfallen mit der Einheit auch die letzten Vorbehalte bei der Beurteilung der Stabilität in Deutschland. Mit dem Fehlen einer nationalen auf einen konkreten Staat bezogenen Identität wurde vielfach auch das Fehlen eines wichtigen Kompensationsfaktors unterstellt, der die Demokratie auch in schlechten Zeiten schützen kann" (WEIDENFELD 1991: 484).

Soweit die Ebene politischer Strukturen betroffen ist, kann die Herstellung der deutschen Einheit sicher als wesentlicher Stabilitätsfaktor gewertet werden. Auf der Ebene der politischen Kultur jedoch müßten gerade möglicherweise längerfristig nachwirkende negative Effekte der Teilung - d.h. konkret der sozialistischen Sozialisation der Ostpopulation - als eher destabilisierender Faktor auf der Ebene der politischen Ordnung angesprochen werden. In der Sichtweise derer, die eher der politisch-demokratischen Komponente des bundesrepublikanischen Nationalbewußtseins Priorität einräumten, also den Vertretern des "Teilstaatsbewußtseins" würde darüber hinaus die Vermutung naheliegen, daß die Teilung für die Demokratie der Bundesrepublik - über die Rolle der DDR als negative Vergleichsgesellschaft (LEPSIUS 1981) - als wesentlicher Faktor der politischen Identitätsbildung und der inneren Stabilität anzusehen war und daher nun die Frage der demokratischen Stabilität erneut aufkommt. Entsprechend differierten denn auch die Erwartungen der Vertreter des bundesrepublikanischen "Teilstaatsbewußtseins" bzw. des postnationalen Bewußtseins deutlich von den Prognosen der Vertreter des gesamtdeutschen Nationalbewußtseins. So befürchtete HABERMAS (1989, 1990) mit der Vereinigung den Ausbruch eines neuen Zeitalters des "Wirtschafts- oder DM-Nationalismus" sowie den Verlust von Elementen postnationaler Identität, was er auf die Dominanz ökonomischer Themen im Einigungsprozeß zurückführte.

In Ergänzung dieser Hypothesen wird im folgenden mit der Herstellung der deutschen Einheit ein spezifisch deutsches Problem nationaler Identität primär in der Ungleichzeitigkeit des Entwicklungsstandes nationaler Identität bei Westdeutschen und Ostdeutschen vermutet. Hier sollen nur vier wesentliche Unterschiede skizziert werden: Aus der vorliegenden Forschung ist erstens bekannt, daß die Herstellung der deutschen Einheit von der Bevölkerung der DDR mit stärkerer Intensität gewünscht wurde und von größeren Hoffnungen begleitet war als in der Bundesrepublik. Jedoch ist damit eine totale Veränderung nicht nur ihrer politischen Gemeinschaft, sondern auch ihrer politischen und ökonomischen Ordnung verbunden, aus der sich (anders als für die Bevölkerung der Bundesrepublik), sofern ein politisches oder auch soziales DDR-Teilstaatsbewußtsein existierte, zumindest für Teile der Ostpopulation gravierendere politische bzw. soziale Identitätsverluste und -konflikte ergeben dürften. Zweitens sind für die Frage des Gehalts - also der inhaltlichen Substanz nationaler Identität - die unterschiedlichen Sozialisationsbedingungen und politischen Erfahrungen der beiden Populationen zu berücksichtigen. Von besonderer Bedeutung erscheinen hier für die Bundesrepublik die Erfahrung des demokratischen Aufbaus und der Stabilität, welche die Bürger sich selbst als Leistung zuschreiben könnten, und die so zu einem wesentlichen Bestandteil ihrer Identität geworden sein dürften. Für die Bevölkerung der DDR dürfte dagegen der Rekurs auf nicht-politische und traditionelle Aspekte nationaler Identität näherliegen. Jedoch ist auch die Erfahrung der selbstherbeigeführten Wende zu berücksichtigen, die umgekehrt zu einem - gegenüber der langsamen Herausbildung demokratiebezogener Elemente der Identität in der Bundesrepublik - forcierten Entwicklungsprozeß "posttraditionaler Identität" führen könnte. Drittens sind mit den beschleunigten ökonomischen und politischen Modernisierungsschüben im Osten zumindest zeitweilige Verunsicherungen und Deprivationen verbunden. Laut den sozialpsychologischen Annahmen müßten diese verstärkt zu anomischen Erscheinungen führen. Allerdings ist fraglich, ob der dadurch entstehende Identitätsbedarf tatsächlich durch gesamtdeutsche nationale Gefühle erfüllt werden kann. Sofern nicht dem System der DDR, sondern Gesamtdeutschland die Schuld an Deprivationen zugeschrieben wird, wäre - zumindest mittelfristig - die Herausbildung einer stärkeren Ostbindung denkbar. Viertens schließlich ist für die Bevölkerung der ehemaligen DDR eine autoritäre Prägung keineswegs auszuschließen, die nach den individualpsychologischen Annahmen für ein unreflektiertes und übersteigerungsgefährdetes Nationalgefühl prädisponieren könnte.

4. Empirische Befunde zur nationalen Identität im vereinten Deutschland

4.1 Operationalisierung nationaler Identität

Wenn im folgenden empirische Befunde zur nationalen Identität der Deutschen nach der Vereinigung vorgelegt werden, muß zunächst die Deskription im Vordergrund stehen, die nur als erster Ansatz zur Überprüfung einiger der referierten Hypothesen zu verstehen ist.[3] Da eine Anbindung an die bisherige Forschung zu nationaler Identität beabsichtigt war, wurde die im nationalen und internationalen Kontext wohl am häufigsten verwendete Frage nach dem Nationalstolz - trotz gravierender Zweifel an der Qualität dieser Frage als Indikator für die affektive Bindung an das politische Gemeinwesen (WESTLE 1990) - verwendet. Allerdings wurde er durch weitere Indikatoren ergänzt.

---

3 Die Daten wurden im Frühjahr 1992 im Rahmen einer Repräsentativbefragung in Ost- und Westdeutschland erhoben (inhaltlich dokumentiert in WESTLE/ ROSSTEUTSCHER 1991; zur Durchführung s. EMNID 1992; noch nicht im Kölner Zentralarchiv). Soweit möglich werden sie durch frühere Befunde der folgenden Studien ergänzt: Civic Culture 1959, ALLBUS 1990 incl. ISSP 1990 (ZA-Studiennr. 1800), ALLBUS Baseline 1991 (ZA-Studiennr. 1990), Eurobarometer Nr. 17, 1982 (ZA-Studiennr. 1208), Eurobarometer Nr. 19, 1983 (ZA-Studiennr. 1318), Eurobarometer Nr. 24, 1984 (ZA-Studiennr. 1542), Eurobarometer Nr. 26, 1985 (ZA-Studiennr. 1544).

Erstens wurden im Anschluß an die geschlossene Frage nach dem Nationalstolz "Sagen Sie mir bitte, wie stolz Sie darauf sind, ein Deutscher/eine Deutsche zu sein" je nach Antwort des Befragten mit offenen Fragen Objekte bzw. Gründe des Stolzes oder Objekte bzw. Gründe des nicht vorhandenen Stolzes bzw. Gründe für eine Antwortverweigerung ermittelt. Dieses Vorgehen hat gegenüber geschlossenen Objektvorgaben den Vorteil des geringstmöglichen Einflusses auf den Befragten. Zudem wird m.W. erstmals auch die Motivation für eine verneinende Haltung gegenüber Nationalstolz auf repräsentativer Basis ermittelt. Die Antworten wurden mittels eines relativ umfangreichen Codeschemas verschlüsselt und so für die quantitative Analyse aufbereitet (WESTLE 1992a). Ein Nachteil dieses Verfahrens liegt in der hinsichtlich der Überprüfung einiger Hypothesen gelegentlich mangelnden Präzision der Angaben der Befragten, wie bei den folgenden Analysen an einigen Stellen deutlich wird.

Zweitens wurden weitere geschlossene Fragen nach der Verbundenheit mit verschiedenen politischen Gemeinschaften gestellt. Bei diesen Fragen ist - anders als bei der Frage nach dem Nationalstolz - das Objekt der Identifikation präzise vorgegeben, nämlich in West und Ost "Gesamtdeutschland", im Westen "Bundesrepublik" und im Osten "DDR" sowie im Westen "alte Bundesländer" und im Osten "neue Bundesländer". Das heißt, es ist - anders als bei der Nationalstolz-Frage -, ein direkter Schluß auf gesamtdeutsche versus teilstaatliche Bindung möglich. Zudem erscheint der Begriff "Verbundenheit" historisch und durch aktuelle Verwendungen bei rechtsextremen Gruppen weniger negativ belastet als der Begriff "Stolz".

4.2 Nationalstolz und Verbundenheit mit politischen Gemeinschaften seit den 80er Jahren

Sofern die deutsche Teilung ein wesentlicher Faktor des gestörten Verhältnisses der Deutschen zu ihrer nationalen Identität darstellte, müßte sich mit Herstellung der deutschen Einheit eine Normalisierung im Niveau des deutschen Nationalstolzes auf das Niveau der anderen Staaten einstellen, das sich im EG-Durchschnitt ohne die Bundesrepublik zwischen 80 Prozent und 85 Prozent nationalstolzer Bürger bewegt. Dieses ist allerdings bislang offensichtlich nicht der Fall: Für die Westdeutschen zeigt sich gegenüber den 80er Jahren weder unmittelbar vor der Vereinigung noch ca. eineinhalb Jahre später eine Zunahme der Nationalstolzen. Vielmehr ist bei den affektiven Bindungen in Form des Nationalstolzes und ebenfalls in Form der Verbundenheit mit dem vereinten Deutschland nach der Vereinigung sowohl im Westen als auch im Osten ein geringfügiger Rückgang im Anteil der Nationalstolzen zu beobachten, der möglicherweise auf Enttäuschungen im Vereinigungsprozeß beruht (vgl. Tabellen 1 und 2). Dieser Befund ist ein erster Hinweis auf die nur mäßige Bedeutung der Teilung für die vergleichsweise geringe Verbreitung von Nationalstolz bei den Deutschen. Allerdings kann nicht ausgeschlossen werden, daß eine "Normalisierung" eines längeren Zeitraumes bedarf (ebenso können Übersteigerungen des Nationalgefühls in Teilpopulationen nicht ausgeschlossen werden).

Tabelle 1: Nationalstolz der Deutschen 1982 bis 1992 (Prozent)

Jahr	Westdeutschland			Ostdeutschland		
	stolz	nicht stolz	KA/verweigert	stolz	nicht stolz	KA/verweigert
1982	61	27	12			
1983	57	32	11			
1984	63	30	7			
1985	58	35	7			
1986	60	31	9			
1987	65	30	5			
1990	66	25	9	68	21	10
1992	58	34	8	61	33	6

Quellen, Antwortvorgaben und Recodierung:
1982 bis 1987 Eurobarometer, 1990 Emnid: "sehr stolz" und "ziemlich stolz" = stolz, "nicht sehr stolz" und "überhaupt nicht stolz" = nicht stolz, "weiß nicht und "keine Angabe" = KA/verweigert; 1992 Projekt Politische Kulturen im geeinten Deutschland: "sehr stolz" und "ziemlich stolz" = stolz, "kaum stolz" und "gar nicht stolz" = nicht stolz, "Verweigerung" = KA/verweigert.

Tabelle 2: Verbundenheit mit Gesamtdeutschland 1990 bis 1992 (Prozent)

	Westdeutschland					Ostdeutschland				
	stark	ziemlich	wenig	gar nicht	Mittelwert	stark	ziemlich	wenig	gar nicht	Mittelwert
3/1990						50	32	16	2	1,70
9/1990						39	42	17	2	1,83
1991	23	49	24	4	2,08	26	43	28	3	2,09
1992	19	51	25	5	2,15	25	39	27	9	2,20

Quellen: März und September 1990: Universität Mannheim, Lehrstuhl für Politische Wissenschaft und International Vergleichende Sozialforschung (Einschaltung in FGW-Studien); 1991: ALLBUS Baseline Studie; 1992: Projekt Politische Kulturen im geeinten Deutschland.

Zum momentanen Zeitpunkt deutet sich aber schon an, daß diese Entwicklung der gesamtdeutschen Identität im Aggregat durchaus mit einer Entwicklung noch vorhandener teilstaatlicher Identitäten und sich herausbildender teilnationaler Identitäten auf intraindividueller Ebene korrespondiert. Aus Tabelle 3 wird ersichtlich, daß im Osten stärker als im Westen Identitätsprobleme auftreten. Insbesondere in der zeitlichen Entwicklung kristallisieren sich gravierende Unterschiede zwischen Ost und West heraus: Im Osten fanden sich im März 1990 noch 62 Prozent Bürger mit gleichzeitiger DDR- und gesamtdeutscher Identität, die bis auf 27 Prozent nach der Vereinigung Mitte 1991 sank, inzwischen jedoch wieder auf 36 Prozent im Frühjahr 1992 gestiegen ist. Diese Verluste erfolgten zunächst primär zugunsten der Ausbildung einer nur gesamtdeutschen Identität von 20 Prozent im Jahr 1990 bis auf ca. 40 Prozent im Jahr 1991. Mit zunehmendem Abstand zur Vereinigung zeigt sich jedoch wiederum ein deutlicher Rückgang um ca. 13 Prozent bei der ausschließlich gesamtdeutschen Bindung. Gleichfalls ist eine geringe Zunahme der ausschließlichen Bindung an die ehemalige DDR zu beobachten sowie ein völliger Verlust an kollektiver Bindung von vier Prozent 1990 bis auf 19 1992. Im Gegensatz dazu ist für den größten Teil der Westbürger - nämlich über 60 Prozent - die gleichzeitige Bindung an die alte Bundesrepublik und an das vereinte Deutschland nach wie vor kein Problem. Nur knapp 18 Prozent empfinden sie als Gegensatz. Der Anteil der affektiv Bindungslosen ist mit ca. 20 Prozent relativ stabil.

Da vermutet wurde, daß die Bindung an die ehemaligen Teilstaaten im Osten in starkem Maß die Präferenz für die sozialistische Staatsform abbilden würde, wurde zusätzlich nach der Bindung an die Gesamtheit der alten bzw. der neuen Bundesländer gefragt. Die dahinterstehende Annahme war, daß sich hierin eher soziale Bindungen ausdrücken könnten sowie ein neu entstehendes teilnationales "Wir-Gefühl". Setzt man nun diese Bindungen mit den gesamtdeutschen in Beziehung, so bietet sich im Osten ein etwas positiveres Bild hinsichtlich der multiplen Identität, die von der Hälfte der Bevölkerung empfunden wird, allerdings auf Kosten der nur gesamtdeutschen Bindung. Im Westen ist dagegen keine wesentliche Diskrepanz zwischen der Kombination gesamtdeutscher und teilnationaler Bindungen einerseits und gesamtdeutscher und teilstaatlicher Bindungen andererseits zu erkennen.

Tabelle 3: Identitätsstrukturen 1990 bis 1992 (Prozent)

Verbunden mit:	Westdeutschland		Ostdeutschland			
	1991	1992	3/90	9/90	1991	1992
Gesamtdeutschland und BRD/DDR	63	63	62	53	27	36
nur Gesamtdeutschland	9	7	20	26	41	28
nur BRD bzw. DDR	9	9	14	14	16	17
nichts davon	19	22	4	7	16	19
Gesamtdeutschland und alte/neue Bundesländer		62				50
nur Gesamtdeutschland		9				13
nur alte/neue Bundesländer		9				17
nichts davon		20				17
alle drei		58				30
Gesamtdeutschland und alte/neue Bundesländer		5				6
Gesamtdeutschland und BRD/DDR		3				21
nur Gesamtdeutschland		3				7
alte/neue Bundesländer und BRD/DDR		6				11
nur alte/neue Bundesländer		2				7
nur BRD/DDR		3				7
nichts davon		19				11

Quellen: März und September 1990: Lehrstuhl für Politische Wissenschaft und Internationale Vergleichende Sozialforschung (Einschaltung in FGW-Studien); 1991: Allbus Baseline Studie; 1992: Projekt Politische Kulturen im geeinten Deutschland. Recodierung der Antwortkategorien: "stark verbunden" und "ziemlich verbunden" = verbunden, "wenig verbunden" und "gar nicht verbunden" = nicht verbunden, "keine Angabe" = fehlende Werte.

Schließlich zeigt die intraindividuelle Kombination der affektiven Bindungen an alle drei genannten Einheiten ein sehr eindeutiges Bild. Anteilsmäßig nennenswerte Gruppierungen sind im Westen die ca. 60 Prozent Bürger, für die alle drei Identitätsbezüge miteinander vereinbar sind sowie die ca. 20 Prozent ohne jegliche kollektive Bindung an diese Einheiten. Im Osten dagegen sind nur für 30 Prozent die neue gesamtstaatliche, die neue teilnationale und die alte staatliche Bindung miteinander vereinbar. Neben den 11 Prozent, die keinerlei Bindung aufweisen, zeigt sich jedoch noch keine Dominanz einer neuen teilnationalen Bindung, sondern vielmehr mit ca. 20 Prozent die multiple Identität mit Gesamtdeutschland und der ehemaligen DDR sowie mit ca. 11 Prozent eine multiple Ostbindung an die ehemalige DDR und die neuen Bundesländer als relativ häufig auftretendes Identitätsmuster.

Da im Westen keine Transformation des politischen Systems mit der Vereinigung verbunden war, erscheint die Aufrechterhaltung der skizzierten multiplen Identitäten durchaus plausibel und konsistent. Im Osten jedoch sind infolge der mit der Vereinigung verbundenen politischen und ökonomischen Systemtransformation Identitätsprobleme keineswegs gelöst oder normalisiert. Vielmehr bestehen Identitätsverluste, eine deutliche Instabilität der Orientierungen und eine leichte Tendenz zu verstärkter

Ostidentität sowohl politischer als auch allgemeinerer Natur, welche a posteriori auch die These von der Existenz eines politischen und eines sozialen Teilstaatsbewußtseins in der ehemaligen DDR stützt.

Tabelle 4: Nationalstolz und Identitätsstrukturen 1992

	West	Ost
Gesamtdeutschland und BRD/DDR	2,20	2,10
nur Gesamtdeutschland	2,28	2,09
nur BRD bzw. DDR	2,38	2,43
nichts davon	2,77	2,52
Gesamtdeutschland und alte/neue Bundesländer	2,20	2,07
nur Gesamtdeutschland	2,28	2,18
nur alte/neue Bundesländer	2,34	2,47
nichts davon	2,78	2,48
alle drei	2,21	2,12
Gesamtdeutschland und alte/neue Bundesländer	2,20	2,00
Gesamtdeutschland und BRD/DDR	2,00	2,00
nur Gesamtdeutschland	2,41	2,35
alte/neue Bundesländer und BRD/DDR	2,29	2,53
nur alte/neue Bundesländer	2,60	2,27
nur BRD/DDR	2,50	2,39
nichts davon	2,80	2,62

(Mittelwerte: 1=sehr stolz, 4=gar nicht stolz)
Quelle: Projekt Politische Kulturen im geeinten Deutschland.

Es stellt sich nun die Frage, in welcher Weise diese affektiven Bindungen mit Nationalstolz zusammenhängen. Aus Tabelle 4 wird deutlich, daß sowohl im Westen als auch im Osten die Bürger mit gleichzeitiger gesamtdeutscher und teilstaatlicher bzw. teilnationaler Identität den stärksten Nationalstolz zeigen, gefolgt von denen, die sich ausschließlich mit dem vereinten Deutschland identifizieren. Etwas geringeren Nationalstolz empfinden diejenigen mit einer primären Bindung an einen der ehemaligen beiden deutschen Staaten. Und kaum Nationalstolz weisen die affektiv Bindungslosen auf. Während im Westen die Haupt-Trennungslinie im Nationalstolz zwischen den affektiv Bindungslosen und den anderen verläuft, besteht im Osten die größte Diskrepanz zwischen denjenigen mit multipler oder nur gesamtdeutscher Identität einerseits und andererseits denen mit primärer Ostidentität. Diese Befunde lassen vermuten, daß sich erstens hinter den multiplen Identitäten eine Mischung aus politischem und nicht-politischem Gehalt verbirgt, daß zweitens die ausschließlich gesamtdeutsche Bindung eher nicht durch Bezüge zu den politischen Ordnungsformen geprägt ist, drittens die ausschließliche Bindung an die beiden ehemaligen politischen

Gemeinschaften jedoch ordnungspolitisch geprägt ist und daß schließlich viertens affektive Bindungslosigkeit und geringer Nationalstolz in West und Ost unterschiedliche Bedeutung haben.

4.3 Antwortverhalten und Argumentationsstruktur

Bevor im folgenden auf die inhaltliche Bedeutung von Nationalstolz eingegangen wird, soll (da diese Analysen mit einem Datensatz auf Nennungsbasis, nicht auf Befragtenbasis erfolgen) zunächst kurz das Antwortverhalten der Befragten erläutert werden. Sowohl im Westen als auch im Osten zeigen Nationalstolze wie Nicht-Stolze gleichermaßen zu über 90 Prozent Antwortbereitschaft auf die Frage nach den Objekten bzw. Gründen für ihre Haltung. Lediglich bei den Befragten, die schon die Antwort auf die standardisierte Frage nach dem Stolz als Deutscher verweigern, lehnt über die Hälfte der Befragten auch eine Begründung dieser Verweigerung ab (Tabelle 5).[4]

Auch hinsichtlich der Ausführlichkeit der Antworten unterscheiden sich die Typen der Stolzen, Nicht-Stolzen und Frageablehner stärker als die Ost-West Populationen insgesamt (Tabelle 6). Die meisten Begründungen wurden von den Stolzen angeführt, während für Nicht-Stolze und Frageablehner eine etwas geringere Anzahl von Nennungen zu verzeichnen ist. Dieser Unterschied in der Anzahl der Nennungen liegt im wesentlichen an der unterschiedlichen Art der Argumentation durch die Typen (Tabelle 7)[5]:

---

4   Obwohl die Gesamtzahl der Befragten, die eine Antwort auf die standardisierte Frage nach dem Nationalstolz verweigern, aber dennoch zu einer Begründung ihrer Verweigerung bereit sind, unter statistischen Gesichtspunkten für quantitative Analysen zu gering ist, werden die Antworten dieses Befragtentyps hier ausgewiesen. Ein wesentlicher Grund dafür ist, daß ihre Antworten strukturell sehr ähnlich zu den Antworten der Nicht-Nationalstolzen sind, eine Zusammenfassung von Nicht-Stolzen und Frageablehnern aber verdecken würde, daß der Unterschied zu den Stolzen insbesondere hinsichtlich der Argumentationsart Objektnennung versus Motivnennung bei den Frageablehnern noch pointierter erscheint. Eine Aussage über die Motivation der Befragten, die auch eine Erläuterung ihrer Antwortverweigerung ablehnen, ist damit selbstverständlich nicht möglich.

5   Diese unterschiedliche Art der Argumentation ist nicht auf die unterschiedliche Fragestellung - "auf was sind Sie stolz" bzw. "warum sind Sie nicht stolz" - zurückzuführen, wie anhand einer qualitativen Studie, in der alle Befragten-Typen mit beiden Fragen konfrontiert wurden, hervorgeht: Nationalstolze nannten zu 80 Prozent konkrete Objekte, zu 20 Prozent Motive, Nicht-Nationalstolze nannten dagegen nur zu 34 Prozent konkrete Objekte und zu 66 Prozent Motive,

Tabelle 5: Antwortbereitschaft auf die offenen Fragen zum Nationalstolz nach Antworttypen in Ost und West 1992 (absolute Häufigkeiten und Prozent)*

	TYP 1 stolz n	%	TYP 2 nicht stolz n	%	TYP 3 Ablehnung n	%
Westdeutschland						
weiter codierbar beantwortet	803	94,4	472	94,6	42	37,8
weiß nicht	23		9		17	
verweigert	5		5		31	
Gefühl bzw. Objekt variiert	1	5,6	1	5,4	6	62,2
Gesamtdeutschland zu neu	-		-		-	
KA/ nicht offen befragt	19		12		15	
Zahl der Befragten insgesamt	851	100,0	499	100,0	111	100,0
Ostdeutschland						
weiter codierbar beantwortet	601	94,8	319	92,7	26	44,8
weiß nicht	18		5		20	
verweigert	3		5		3	
Gefühl bzw. Objekt variiert	-	5,2	-	7,3	-	55,2
Gesamtdeutschland zu neu	-		5		1	
KA/nicht offen befragt	12		10		8	
Zahl der Befragten insgesamt	634		344		58	

* Befragtenebene
Quelle: Projekt Politische Kulturen im geeinten Deutschland.

Während die Stolzen zu über 90 Prozent konkrete Objekte des Stolzes anführen, begründen die Nicht-Stolzen im Westen ihre Einstellung nur etwa zur Hälfte mit Objektbewertungen, im Osten zu etwa zwei Dritteln. Bei denen, die die Antwort auf die geschlossene Frage ablehnen, aber zu einer Begründung bereit sind, werden nochmals deutlich seltener konkrete Objekte genannt. Vielmehr führen Nicht-Stolze und Frageablehner häufiger Denkfiguren und geschlossene Argumente an, die als normativ und/oder affektiv verankerte Motive bezeichnet werden können. Für die Frage nach nationaler versus postnationaler Identität erweist sich diese unterschiedliche Art der Argumentation als außerordentlich bedeutsam, wie im folgenden noch zu zeigen ist.[6]

Frageablehner schließlich nannten zu 29 Prozent konkrete Objekte und zu 71 Prozent Motive (Quelle: Sonderforschungsbericht 3 Projekt A7, Qualitative Panelstudie, Welle 1989; zur Codierung dieses Datensatzes s. WESTLE 1992a).

[6] Für das Verständnis der Analysen mit dem Datensatz der Antworten auf die offenen Nachfragen zum Nationalstolz ist also zu berücksichtigen, daß sich die ausgewiesenen Häufigkeiten auf Nennungen, nicht auf Befragte beziehen. Pro Befragtem wurden bis zu neun Nennungen codiert (nur

Tabelle 6: **Anzahl der Nennungen nach Antworttypen in Ost und West 1992 (Prozent)***

	Westdeutschland			Ostdeutschland		
	TYP 1 stolz %	TYP 2 nicht stolz %	TYP 3 Ableh- nung %	TYP 1 stolz %	TYP 2 nicht stolz %	TYP 3 Ableh- nung %
1 Nennung	47,5	61,8	58,6	41,8	63,0	57,7
2 Nennungen	32,9	25,6	31,7	31,3	22,8	38,5
3 Nennungen	12,1	7,9	4,9	14,7	10,1	3,8
4 Nennungen	4,9	2,4	2,4	8,2	1,9	-
5 Nennungen	1,5	,7	2,4	2,4	2,2	-
6 Nennungen	,1	,6	-	,8	-	-
7 Nennungen	1,0	-	-	,3	-	-
8 Nennungen	-	-	-	,2	-	-
9 Nennungen	-	-	-	,3	-	-
Mittelwert	1,84	1,58	1,59	2,05	1,58	1,46
Zahl der Befragten	803	472	42	601	319	26

* Befragtenebene
Quelle: Projekt Politische Kulturen im geeinten Deutschland.

Tabelle 7: **Argumentationsart nach Antworttypen in Ost und West 1992 (Prozent)***

	Westdeutschland			Ostdeutschland		
	TYP 1 stolz %	TYP 2 nicht stolz %	TYP 3 Ableh- nung %	TYP 1 stolz %	TYP 2 nicht stolz %	TYP 3 Ableh- nung %
Argumentationsart						
Objektnennung	96,5	47,5	16,9	94,1	62,9	42,1
Motivnennung	3,5	52,5	83,1	5,9	37,1	57,9
Zahl der Nennungen	1475	743	65	1233	498	38
Zahl der Befragten	803	472	42	601	319	26

* Nennungsebene
Quelle: Projekt Politische Kulturen im geeinten Deutschland.

ein einziger Fall wies mehr als neun Nennungen auf). Eine Nennung war immer dann zu vergeben, wenn ein neuer Aspekt angesprochen wurde, der bei mindestens einer der insgesamt pro Nennung zu codierenden 26 Variablen eine neue Ausprägung betraf. Dies könnte im Extremfall dazu führen, daß etwa von zehn Nennungen zur Demokratie neun von demselben Befragten stammen, wenn dieser neun verschiedene Aspekte der Demokratie angeführt hat. Da für etwa die Hälfte der Befragten nur eine Angabe zu verzeichnen ist und mehr als drei Angaben sehr selten sind, ist die Abweichung zwischen Befragten- und Nennungsebene zwar erheblich kleiner als theoretisch möglich, jedoch nach wie vor bei der Interpretation der Befunde zu berücksichtigen. Um einen Anhaltspunkt über das jeweilige Verhältnis von Befragten- und Nennungsebene zu geben, wird daher in jeder der folgenden Tabellen Zahl der Befragten pro Typ (Stolz, Nicht-Stolz, Frageablehner) und deren Nennungsanzahl insgesamt angegeben sowie die für die in der jeweiligen Tabelle ausgewiesene Variable relevante Befragtenzahl und die für die Prozentuierung der jeweiligen Tabelle relevante Nennungszahl (vgl. zur Codierung und Struktur des Datensatzes ausführlich WESTLE 1992b).

4.4 Staatenbezüge der Objektunterstützung

Vorne wurde angesprochen, daß bei dem Stimulus "Stolz als Deutscher/Deutsche" während der Jahre der deutschen Teilung offen bleiben mußte, auf welches Gebilde - Bundesrepublik/DDR oder ein vergangenes bzw. künftiges Gesamtdeutschland - er sich bezieht. Dieses Problem schlägt sich auch in den Antworten auf die offenen Nachfragen zum Nationalstolz nieder und schränkt so die Aussagekraft der Variable "Staatenbezüge" - die immer dann codiert wurde, wenn ein konkretes Objekt genannt wurde - ein (Tabelle 8): Explizite Angaben, auf welches Deutschland oder welchen Teil Deutschlands sich Objekte des Stolzes beziehen, sind nämlich außerordentlich selten; fehlen solche Angaben, mußte die Kategorie "Deutschland allgemein" codiert werden, die allerdings nicht gleichzusetzen ist mit Gesamtdeutschland vor oder nach der Vereinigung.

Tabelle 8: Staatenbezug der Objektunterstützung nach Antworttypen in Ost und West 1992 (Prozent)*

	Westdeutschland			Ostdeutschland		
	TYP 1 stolz	TYP 2 nicht stolz	TYP 3 Ablehnung	TYP 1 stolz	TYP 2 nicht stolz	TYP 3 Ablehnung
Zahl der Befragten	803	472	42	603	319	26
Zahl aller Nennungen	1475	743	65	1233	498	38
Ausprägung der Nennungen	positiv	negativ	negativ	positiv	negativ	negativ
Staatenbezüge: Zahl der Befragten	759	209	8	555	211	11
= % der Befragten	94,5	44,3	19,0	92,0	66,1	42,3
Staatenbezüge: Zahl der Nennungen	1423	354	11	1152	311	16
= % der Nennungen	96,5	47,7	16,9	93,4	62,5	42,1
Deutschland allgemein	94,7	75,1	63,6	84,5	62,4	50,0
Vereinigung, vereintes Deutschland	2,4	7,9	7,9	7,9	12,2	18,8
geteiltes Deutschland	-	-	-	0,1	1,6	-
BRD/West allgemein	0,4	-	-	0,3	-	-
BRD vor Einheit	0,7	-	-	-	-	-
Westdeutschland nach Einheit	-	-	-	0,1	1,0	-
DDR/Ost allgemein	-	0,3	-	0,3	0,6	-
DDR vor Einheit	0,1	0,6	-	1,2	1,9	12,5
Wende in DDR	-	-	-	1,4	-	-
Ostdeutschland nach Einheit	-	-	-	,4	1,0	-
Ost-West Konflikt nach Einh.	-	0,6	-	-	4,5	-
Relativierungen						
negative+neutrale Nennungen	1,7	-	-	3,7	-	-
positive+neutrale Nennungen	-	7,4	36,4	-	14,8	18,8

* Nennungsebene
Quelle: Projekt Politische Kulturen im geeinten Deutschland.

Vor diesem Hintergrund ist hinsichtlich der Nationalstolzen dennoch vor allem die mit knapp acht Prozent geringe Nennungshäufigkeit der Vereinigung selbst als Objekt des Stolzes und mit nur etwa einem Prozent die der Wende in der DDR frappierend. Vielmehr wird die Vereinigung immerhin in 12 Prozent der Äußerungen der Nicht-Stolzen und 19 Prozent der Frageablehner im Osten sowie acht Prozent der Nicht-Stolzen im Westen als Grund für fehlenden Nationalstolz benannt, wobei hier sowohl grundsätzliche Ablehnung als auch eine negative Bewertung des Vereinigungsverlaufs zur Sprache kamen. Dagegen wird die Teilung im Westen überhaupt nicht als Grund für fehlenden Nationalstolz angeführt und ist auch im Osten vernachlässigbar. Damit deuten auch diese Befunde auf die Irrelevanz der Teilung für den geringen Anteil Nationalstolzer in Deutschland.

4.5 Objekte von Nationalstolz, seines Fehlens und seiner Ablehnung

Aus Fragen nach Objekten des Nationalstolzes mit Antwortvorgaben (Tabelle 9) wird deutlich, daß im Westen nach der Vereinigung zwar mit 64 Prozent der Stolz im Vergleich zu 1988 auf die Wirtschaft deutlich angestiegen und damit wieder wie Ende der 50er Jahre am häufigsten auf die Wirtschaft gerichtet war. Jedoch war, anders als in den frühen Jahren der Bundesrepublik, ebenso wie Ende der 80er Jahre auch etwa die Hälfte der Bürger auf das Grundgesetz und (noch zunehmend) auf den Sozialstaat stolz. Die unpolitischen Objekte waren dagegen nur für ca. 20 bis 40 Prozent Anlaß für nationalen Stolz. Rechnet man die Ökonomie zu den nicht originär politischen Objekten, so ist festzustellen, daß sich die Schere zwischen politisch begründetem und nicht politisch begründetem Nationalstolz zwischen den 50er und den 90er Jahren im Westen massiv verrringert hat, wenn auch mit Schwankungen. Der Nationalstolz der Bürger im Osten war dagegen - neben der Wirtschaft, die ebenfalls von ca. 60 Prozent der Befragten angeführt wurde - primär auf unpolitische Objekte wie Sport, Kultur und Wissenschaft gerichtet, während nur etwa 20 Prozent das Grundgesetz und 30 Prozent sozialstaatliche Leistungen nannten. Die Schere zwischen der Nennung unpolitischer (incl. der Wirtschaft) und politischer Objekte ist bei ihnen sogar noch größer als in der Bundesrepublik der 50er Jahre.

Tabelle 9: Objekte des Stolzes in Deutschland 1959, 1990 und 1992 (Prozent)

Bis zu drei Nennungen	Westdeutschland			Ostdeutschland	
	1959	1988	1991	1990	1991
Politisch/legales System/Grundgesetz	7	51	51	23	21
Sozialstaatliche Leistungen	6	39	50	31	24
nur ISSP,ALLBUS: Bundestag	-	10	5	11	7
nur CC:Nationale Stärke des Landes	5	-	-	-	-
Politisches System; gesamt	18	100	106	65	52
Ökonomisches System/wirtschaftl. Erfolge	35	51	64	61	61
Technik/Wissenschaftl.Leistungen	12	37	40	56	51
Deutsche Kunst und Literatur	11	22	23	48	41
Leistungen der deutschen Sportler	2	21	19	41	42
nur ISSP, ALLBUS: Anderes	-	-	31	41	28
nur CC: Charaktereigenschaften	38	-	-	-	-
nur CC: Landschaftsmerkmale	18	-	-	-	-
nur CC: Sonstiges	7	-	-	-	-
Nicht politisches System; gesamt	123	130	177	247	223

Quellen: 1959 Civic Culture (CC): Feldvercodung; 1990 ISSP+, 1991 ALLBUS Basisumfrage: Auswahl aus Antwortvorgaben.

In diesen Befunden scheinen sich in Ost- wie in Westdeutschland gleichermaßen Elemente eines "Wirtschaftsnationalismus" anzudeuten, die jedoch nur im Westen relativ umfassend von "verfassungspatriotischen" Elementen begleitet sind, im Osten dagegen eher eine Struktur aufweisen, wie in der Bundesrepublik Ende der 50er Jahre. Diese geringe Verankerung des Nationalstolzes am politischen System kann unter systemtheoretischer Perspektive als eine potentielle Instabilität des Ostens Deutschlands - insbesondere im Fall eines Zurückbleibens der ökonomischen Entwicklung hinter den Erwartungen der Bürger - gewertet werden.

Da auch hier in der Fragestellung nur von "deutsch" die Rede war, läßt sich darüber spekulieren, inwieweit die im Osten genannten Objekte sich nicht oder nicht ausschließlich auf das vereinte Deutschland beziehen, sondern Elemente eines DDR-spezifischen Stolzes tragen. Diese Annahme liegt nahe bei Sport, Kultur und Wissenschaft, wäre aber auch noch plausibel bei der Wirtschaft, denkt man an den Vergleich mit anderen Staaten des ehemaligen Ostblocks. Dagegen sprechen allerdings die geringe Nennungshäufigkeit des Sozialstaats auf die Frage nach dem deutschen Nationalstolz und die Befunde einer weiteren (offenen) Frage nach Errungenschaften der DDR, auf die man stolz sein könne. Auf diese Frage wurden nämlich an prominenter

Stelle sozialstaatliche Maßnahmen genannt, während die Wirtschaft keine große Bedeutung hatte.[7] Die durchaus naheliegende Annahme, daß für die Bürger im Osten "die Dauer der Zugehörigkeit zum demokratischen System der Bundesrepublik noch zu kurz ist, um diesbezüglich eine valide Beurteilung abzugeben" und deswegen "das Grundgesetz für die Bürger der neuen Bundesländer noch keinen Wert darstellt" (MOHLER/GÖTZE 1992: 55), erscheint damit nicht als völlig zufriedenstellende Erklärung. Denn nicht nur die Erfahrungen mit dem demokratischen politischen System sind für die Bürger im Osten neu, sondern ebenso die mit der marktwirtschaftlichen Ordnung. Zudem können sich die Bürger der DDR weder das Grundgesetz und die Stabilität der demokratischen Ordnung noch die ökonomischen Erfolge als eigenen Verdienst zuschreiben - was eine mögliche Erklärung für den starken ökonomischen Stolz der Bundesbürger schon Ende der 50er Jahre aufgrund des "Wirtschaftswunders" und den sich in den Folgejahren erst allmählich entwickelnden Stolz auf die politische Ordnung wäre. Damit aber drängt sich nicht nur die Annahme auf, daß die Wirtschaft "den entscheidenden Hoffnungsträger für die Menschen in den neuen Bundesländern darstellt" (MOHLER/GÖTZE 1992: 55). Da Stolz offenbar nicht nur an langfristige retrospektive Erfahrungen, sondern auch an prospektive Urteile geknüpft sein kann, stellt sich vielmehr auch die Frage, welcher Stellenwert dem Erringen der politischen Freiheit mit der Wende in der DDR und der Herstellung der deutschen Einheit in der Wahrnehmung der Bürger im Osten überhaupt zukommt, d.h. wieso die demokratische Freiheit für sie nur in so vergleichsweise geringem Ausmaß Errungenschaft und/oder Hoffnungsträger bedeutet.

Fragt man offen nach Objekten und Gründen von Nationalstolz, so zeigt sich ein etwas verändertes und differenzierteres Bild. Tabelle 10 gibt eine nach gesellschaftlichen Teilsystemen zusammengefaßte Übersicht zu den genannten Objekten.

Zunächst bestätigt sich, daß die Westdeutschen in weitaus stärkerem Maß als die Ostdeutschen politische Objekte als Grund für Stolz thematisieren und beide neben den politischen Objekten vor allem an die Wirtschaft denken. Darüber hinaus wird jedoch für die Stolzen in Ost und West deutlich, daß auch in den 90er Jahren tatsächlich

---

7   Ausführlicher zu Objekten des DDR-spezifischen Stolzes s. MOHLER (1991) und MOHLER/GÖTZE (1992); weitere Analysen zur Objekten des Stolzes bei Antwortvorgaben s. WESTLE (1992c).

Charakteristika der nationalen politischen Gemeinschaft an zweiter Stelle stehen, die in den Erhebungen mit Antwortvorgaben überhaupt nicht berücksichtigt wurden.

Der stärker politisch-demokratische Gehalt des Nationalstolzes im Westen zeigt sich hier darin, daß an dritter Stelle Kennzeichen der Demokratie genannt werden. Dies kann gleichermaßen auf ein politisches Teilstaatsbewußtsein wie auf ein postnationales Bewußtsein hindeuten. Im Osten wird dagegen vornehmlich auf die soziale Gemeinschaft Bezug genommen. Weder die Demokratie noch der Sozialismus spielen eine wesentliche Rolle für den Nationalstolz der Ostbevölkerung. Bei ihnen dokumentiert sich also nach der Vereinigung im Nationalstolz erstens allenfalls ein soziales, aber kein politisches Teilstaatsbewußtsein. Zweitens wird in diesen Daten das Fehlen einer affektiven Verankerung der demokratischen Ordnungsidee noch deutlicher als dies bei dem Heraussuchen von Antwortvorgaben der Fall ist. Dies könnte darauf hindeuten, daß im Fall von Antwortvorgaben soziale Wünschbarkeit eine nicht ganz unerhebliche Rolle spielt.

Völlig andersartig stellt sich die Situation bei den Nicht-Stolzen und bei denen dar, die die Fragestellung ablehnen und dies mit konkreten Objekten begründen. Im Westen verankert ein relativ hoher Anteil den fehlenden Stolz am politischen System - und zwar insbesondere an politischen Outputs, aber auch in geringerem Maß an der politischen Gemeinschaft selbst. Daneben wird noch die Geschichte in nennenswertem Ausmaß angeführt. Im Osten dagegen steht die Geschichte an erster Stelle der Gründe für fehlenden Nationalstolz, gefolgt von der politischen Gemeinschaft. Die Ablehnung der Frage gründet sich im Westen wesentlich auf die Geschichte und wiederum auf Merkmale der politischen Gemeinschaft, im Osten dagegen treten neben pauschalisierende Negativurteile noch die Geschichte und konkrete Outputs im vereinten Deutschland. Darüber hinaus ist bei der Verteilung der Urteile zu Objekten jedoch auffällig, daß Nicht-Stolze und Frageablehner dennoch in relativ großem Ausmaß auch Positiva anführen. Diese richten sich im Westen vor allem auf die Wirtschaft und daneben relativ gleichmäßig auf die politische und die soziale Gemeinschaft, auf die Demokratie und auf die Outputs, im Osten dagegen fast ausschließlich auf die Wirtschaft (nicht einzeln tabellarisch ausgewiesen).

Tabelle 10: Unterstützungsobjekte nach Antworttypen in Ost und West 1992 (Prozent)*

	Westdeutschland			Ostdeutschland		
	TYP 1 stolz	TYP 2 nicht stolz	TYP 3 Ablehnung	TYP 1 stolz	TYP 2 nicht stolz	TYP 3 Ablehnung
Zahl der Befragten	803	472	42	603	319	26
Zahl der Befragten	803	472	42	603	319	26
Zahl aller Nennungen	1475	743	65	1233	498	38
Ausprägung der Nennungen	positiv	negativ	negativ	positiv	negativ	negativ
Objekte: Zahl der Befragten	759	209	8	555	211	11
= % der Befragten	94,5	44,3	19,0	92,0	66,1	42,3
Objekte: Zahl der Nennungen	1423	354	11	1152	311	16
= % der Nennungen	96,5	47,7	16,9	93,4	62,5	42,1
Allgemeine Gesamtbewertung	9,5	12,1	9,1	11,0	12,9	37,5
Politisches System						
Gesamtbewertung	1,1	0,6	-	0,2	0,3	-
Politische Gemeinschaft	21,4	14,4	18,2	24,7	18,3	-
Politische Ordnung: Demokratie	16,7	2,0	-	4,4	0,6-	-
Politische Ordnung: Sozialismus	-	0,6	-	0,3	0,3	-
Politische Outputs/Outcomes	7,2	20,1	-	4,4	5,5	12,5
Politische Herrschaftsträger	0,4	2,3	9,1	0,4	2,3	-
Politisches System gesamt	(46,8)	(40,0)	(27,3)	(34,4)	(27,3)	(12,5)
Sonstiges						
Ökonomisches System	27,0	4,8	-	23,6	4,8	-
Soziale Gemeinschaft	7,4	9,3	-	15,7	10,3	6,3
Kultur	6,3	0,3	-	9,0	-	-
Geschichte	1,3	18,1	27,3	2,4	29,9	25,0
Sonstiges gesamt	(42,0)	(32,5)	(27,3)	(50,8)	(45,0)	(31,3)
Relativierungen:						
negative+neutrale Nennungen	1,7	-	-	3,8	-	-
positive+neutrale Nennungen	-	15,4	36,3	-	14,8	18,7

* Nennungsebene
Quelle: Projekt Politische Kulturen im geeinten Deutschland.

Bei differenzierterer Betrachtung dieser Objekte (ebenfalls nicht tabellarisch ausgewiesen) zeigen sich die angedeuteten Ost-West Unterschiede noch stärker: Innerhalb des Objekts "politische Gemeinschaft" entfallen im Westen etwa die Hälfte der Nennungen zu Stolz auf kollektive Leistungen der Bevölkerung wie z.B. den Aufbau nach dem 2.Weltkrieg, im Osten dagegen nur etwa ein Viertel. Sehr viel häufiger sind im Osten mit etwa 70 Prozent der Nennungen traditionellere Begründungen wie der Rekurs auf die Heimat, das heißt etwa das Gefühl des Geborgenseins im bekannten Umfeld und Landschaftsmerkmale. Allerdings stellt sich die politische Gemeinschaft in West wie Ost auch als Anlaß für die Abweisung von Nationalstolz heraus. Dabei konzentrieren sich die Äußerungen in hohem Maß auf das politische Verhalten der Bürger (knapp 90 Prozent der Nennungen in West und Ost innerhalb des Objekts politische Gemeinschaft als Gründe für fehlenden Nationalstolz). Im Westen wird mit ca. 61 Prozent der Nennungen Rechtsextremismus, d.h. vor allem Ausschreitungen rechtsextremer Gruppen, die Wahl rechtsradikaler/-extremer Parteien und Ausländerfeindlichkeit kritisiert, im Osten zu 46 Prozent. Ferner führt die Kritik an schon übersteigertem deutschen Nationalbewußtsein und an mangelhafter Auseinandersetzung mit der nationalsozialistischen Vergangenheit zu nur sehr geringem oder gar keinem Nationalstolz (im Westen etwa 12 Prozent und im Osten ca. acht Prozent der Nennungen).

Hinsichtlich der "politischen Ordnung Demokratie", die primär von Westdeutschen als Objekt des Stolzes genannt wurde, steht - sofern überhaupt differenziert wird - für beide Bevölkerungsteile die Freiheit allgemein sowie spezifische Freiheiten und Grundrechte mit ca. 51 Prozent der Nennungen im Westen und 57 Prozent im Osten an herausragender Stelle des Stolzes. Weitere Nennungen richten sich im Westen auf die Demokratie allgemein (34 Prozent) und auf die sozialstaatlichen Aspekte der politischen Ordnung (11 Prozent), im Osten fast ausschließlich auf die Demokratie allgemein (41 Prozent). Einzelne Aspekte der Demokratie werden als Grund für fehlenden Stolz kaum angeführt.

Bei den Nennungen zu Stolz auf die "Ökonomie" kommt wiederum der traditionellere Nationalstolz-Begriff der Ostdeutschen zum Ausdruck, aber auch die bislang noch schwierige ökonomische Situation im Osten. Die Hälfte ihrer Nennungen bezieht sich auf "typisch deutsche" ökonomische Tugenden wie Arbeitseifer, Fleiß und Gründlichkeit - bei den Westdeutschen sind es dagegen nur 20 Prozent. Umgekehrt gründet der westdeutsche Stolz mit 58 Prozent der Nennungen stärker auf spezifischen Outputs der Wirtschaft, wobei der Wohlstand im allgemeinen im Vordergrund steht. Das Ordnungsprinzip der Marktwirtschaft wird allerdings fast überhaupt nicht erwähnt, und die Wirtschaft ist als Grund für fehlenden Stolz bislang weitgehend irrelevant.

Unter dem Objekt "Soziale Gemeinschaft" wurden alle Nennungen zu nicht-politischen und nicht-ökonomischen Aspekten der Bürger und ihres gesellschaftlichen Umgangs miteinander codiert. Auch hier schlägt sich der traditionellere Nationalstolz-Begriff der Ostdeutschen nieder, die die soziale Gemeinschaft nicht nur etwa doppelt so häufig wie die Westdeutschen als Objekt des Stolzes anführen, sondern zudem mit 51 Prozent der Nennungen primär auf "typisch deutsche" Tugenden (wie Sauberkeit, Pünktlichkeit) rekurrierten gegenüber etwa 34 Prozent der Nennungen im Westen. Weitere Nennungen zur Sozialen Gemeinschaft als Objekt des Stolzes streuen sehr stark. Sofern die Soziale Gemeinschaft - wenn auch insgesamt recht selten - als Grund für fehlenden Stolz angegeben wurde, stehen solche Aspekte, die eine gewisse Verwandtschaft mit einem Teil der Kritik an dem politischen Verhalten der Deutschen (Ausländerfeindlichkeit, übersteigertes Nationalbewußtsein) aufweisen, im Vordergrund: Deutsche Überheblichkeit und Arroganz im allgemeinen und besonders im Ausland werden von den Westdeutschen zu ca. 30 Prozent, von den Ostdeutschen zu ca. 40 Prozent angeführt. Ferner sind für Westdeutsche in geringem Maß auch die oben angeführten typisch deutschen Tugenden gerade ein Grund für fehlenden Nationalstolz (21 Prozent der Nennungen).

Noch zentraler zu dem Komplex des "deutschen Traumas" sind die Bezüge zum Nationalsozialismus zu rechnen, die bei der Verneinung von Stolz zur politischen Gemeinschaft schon beobachtet wurden und noch deutlicher bei den konkreten Nennungen zur "Geschichte" zum Ausdruck kommen: Zwar sind etwa die Hälfte der Nennungen so allgemein gehalten, daß eine eindeutige Interpretation als Diskreditierung des Nationalstolzes durch die nationalsozialistische Geschichte nicht zulässig ist (im Westen 52, im Osten 41 Prozent) jedoch bezieht sich der überwiegende Anteil genannter Einzelaspekte der Geschichte auf das Dritte Reich. Zudem werden dabei der Nationalsozialismus und die in seinem Namen begangenen Verbrechen häufiger genannt (im Westen zu 37, im Osten zu 28 Prozent) als der zweite Weltkrieg (im Westen zu acht, im Osten zu 15 Prozent), wobei offen bleiben muß, ob die Kriegsschuld oder das Besiegtsein im Vordergrund steht.

Zieht man zusätzlich Befunde aus einer qualitativen Studie im Frühjahr 1989 in der Bundesrepublik heran, in der nach Anlässen für nationale Scham gefragt wurde, wird das Bild noch deutlicher: Sofern man Scham als Deutscher empfindet - und dies traf für etwa drei Viertel der Befragten zu - richtet dieser sich ganz überwiegend auf die Geschichte (zu 62 Prozent), und zwar besonders auf die nationalsozialistische Geschichte (53 Prozent). An zweiter und dritter Stelle standen das Benehmen der Deutschen im Ausland (26 Prozent) und Rechtsextremismus (sieben Prozent). Interessant dabei ist darüber hinaus, daß diese drei Bereiche sehr häufig argumentativ miteinander verknüpft wurden, was die oben angeführte Subsummierung dieser Gründe für fehlenden Stolz aus dem Bereich der politischen und der sozialen Gemeinschaft sowie der Geschichte unter dem Begriff "deutsches Trauma" rechtfertigt. Erwähnenswert ist daneben, daß auch in dieser Erhebung die deutsche Teilung nur ein einziges Mal als Grund für nationale Scham angeführt wurde.

4.6 Motive von Nationalstolz, seines Fehlens und seiner Ablehnung

Geschlossene Argumente oder zumindest Stichworte, die für normativ und/oder affektiv verankerte Motive (Tabelle 11) stehen, werden als Begründung für Nationalstolz relativ selten herangezogen. Sofern dies aber der Fall ist, konzentrieren sie sich in hohem Maß auf sehr wenige Denkfiguren: Nationalstolz als Selbstverständlichkeit (im Osten zu 51 und im Westen zu 37 Prozent) wird zum Teil mit eher affektiver Konnotation vorgebracht, zum Teil aber auch als Norm durch den Vergleich mit dem Nationalstolz in anderen Staaten untermauert. Die zweite Stelle nimmt im Westen der Bezug auf eigene Leistungen für das Kollektiv als Norm ein, der in ähnlicher Weise schon bei den konkreten Objektnennungen zur politischen Gemeinschaft beobachtet wurde. Im Osten spielt dieser Bezug auch in Form einer Norm keine wichtige Rolle. Daneben ist noch die normative Vorstellung, Nationalstolz sei eine Pflicht, mit 15 Prozent im Westen und zehn Prozent der Nennungen im Osten relativ häufig vertreten.

Von dem Typus der Nicht-Stolzen und dem der Frageablehner werden normativ und/oder affektiv verankerte Motive allerdings erheblich häufiger thematisiert. Auffällig ist auch hier, wie schon bei den Objektnennungen, daß - während der Typus der Nationalstolzen fast ausschließlich positive Argumente anführt und bei ihm Einschränkungen oder gar die Berücksichtigung negativer Motive ausgesprochen selten sind - bei den Nicht-Stolzen und Frageablehnern keineswegs die völlige Ablehnung des politischen Systems oder der politischen Gemeinschaft an erster Stelle steht, sondern die Relativierung (mit etwas über der Hälfte aller Argumente). Vor dem Hintergrund nur geringer Unterschiede zwischen Ost und West finden sich am häufigsten die Argumentationsfiguren, daß die "Nationalität Zufall ist, und man nicht auf einen Zufall, sondern nur auf eigene Leistungen stolz sein könne" sowie, daß die "Nationalität unwichtig sei, Stolz auf die Nationalität eine unzulässige Verallgemeinerung und nur der einzelne Mensch zähle". Im ersten Fall wird der Fragestimulus also ausschließlich auf die als zufällig empfundene Zugehörigkeit zu einem Kollektiv bezogen - ähnlich wie von den Nationalstolzen, die eben diese Zufälligkeit in Form von Objektnennungen wie "bin doch hier geboren" und "Deutscher sein" als ausreichenden Grund für Stolz ansehen. Weitergehende Überlegungen wie die Möglichkeit, daß bspw. kollektive Leistungen Stolz begründen könnten, werden im allgemeinen überhaupt nicht angestellt. Dem zweiten Fall dagegen unterliegt ein individualistisches Verständnis, d.h. die Vorstellung kollektiver Verdienste wie kollektiver Schuld wird abgelehnt. Inwieweit dies auch eine Ablehnung von Leistungsbereitschaft für das Kollektiv zur Folge hat, muß an dieser Stelle zwar offenbleiben. Allerdings erscheint dies nicht zwangsläufig wie insbesondere aus den Argumenten des Typus der Frageablehner hervorgeht, die - sofern sie zu einer Begründung bereit sind - sogar relativ häufig explizit thematisieren, daß man nur den Begriff des Nationalstolzes ablehne, dies aber keine feindliche oder gleichgültige Haltung gegenüber dem Gemeinwesen bedeute, sondern man durchaus positiv zu Deutschland stehe. Daneben stößt der Begriff "Stolz" im nationalen Kontext zumindest im Westen bei einem Teil der Frageablehner auf völliges Unverständnis. Schließlich spielt auch noch eine Unsicherheit und Ambivalenz hinsichtlich nationaler Gefühle (zumeist verknüpft mit Geschichtsbezügen) eine Rolle für die Zurückhaltung gegenüber Nationalstolz.

Innerhalb der eindeutig negativen Argumente zu Nationalstolz findet sich zwar eine größere Streuung zwischen den einzelnen Argumenten. Jedoch läßt sich feststellen, daß in West wie Ost am häufigsten die Assoziation des Begriffs "Stolz" mit extremem Nationalismus und mit Nationalsozialismus zu einer ablehnenden Haltung führt sowie ferner generell (also nicht auf den Begriff bezogen) in nationalen Gefühlen die Gefahr einer Übersteigerung mit gleichzeitiger Abwertung anderer Nationen befürchtet wird. Alternative Bindungen als Grund für eine ablehnende Haltung zu Nationalstolz spielen eine eher marginale Rolle, wobei die Identifikation mit Europa im Westen noch am deutlichsten hervortritt.

Tabelle 11: Normative und affektive Motive in Ost und West 1992 (Prozent)*

	Westdeutschland			Ostdeutschland		
	TYP 1 stolz	TYP 2 nicht stolz	TYP 3 Ablehnung	TYP 1 stolz	TYP 2 nicht stolz	TYP 3 Ablehnung
Zahl der Befragten	803	472	42	603	319	26
Zahl der Befragten	803	472	42	603	319	26
Zahl aller Nennungen Ausprägung der Nennungen	1475 positiv	743 negativ	65 negativ	1233 positiv	498 negativ	38 negativ
Motive: Zahl der Befragten	51	294	36	65	150	17
= % der Befragten	6,4	62,3	85,7	10,8	47,0	65,4
Motive: Zahl der Nennungen	52	389	54	71	187	22
= % der Nennungen	3,5	52,4	83,1	5,8	37,6	57,9
Positiv						
Selbstverständlichkeit	36,5	0,3	3,7	50,7	-	-
Pflicht	15,4	-	-	9,9	-	-
Keine Ablehnung anderer Nationen	1,9	-	-	1,4	-	-
Persönlich wichtig	1,9	-	-	4,2	-	-
Anerkennung von kollektivem	5,8	-	-	2,8	0,5	-
Ablehnung kollektiver Schuld	1,9	-	-	2,8	1,1	-
Eigene Leistungen für Kollektiv	19,2	-	-	5,6	-	-
Positiv gesamt	*82,6*	*0,3*	*3,7*	*77,4*	*1,6*	-
Ambivalent/indifferent/neutral						
Ambivalenz zu nationalen Gefühlen	1,9	2,6	14,8	1,4	4,3	9,1
Nichtanwendbarkeit auf Nation	-	0,5	1,9	-	-	4,5
Nationalität unwichtig, Mensch wichtig	-	21,6	13,0	2,8	22,4	9,1
Unverständnis "Stolz" im nationalen Kontext	-	2,6	13,0	-	4,3	4,5
explizite Befürwortung anderer Form [1]	3,8	5,9	9,3	-	3,2	18,2
Nationalität ist Zufall [2]	3,8	25,0	18,6	1,4	21,9	13,6
Noch keine eigene Leist. für Kollektiv erbracht	-	0,3	1,9	-	0,5	-
Ambivalent/indifferent/neutral gesamt	*9,5*	*58,5*	*72,5*	*5,6*	*56,6*	*59,0*
Negativ						
Antiquiert, Funktionslos	-	6,2	3,7	-	2,6	-
Der Mensch soll zählen	-	2,3	-	-	5,3	-
Ablehnung nationaler Grenzen	-	1,5	-	-	0,5	-
Gesellschaftliche Gefährlichkeit	-	4,4	-	-	8,6	9,1
Persönlich negativ	-	0,8	1,9	-	3,2	4,5
"Stolz"=extremer Nationalismus	1,9	7,7	13,0	9,9	10,7	18,1
Generelle Ablehnung von "Stolz"	-	1,0	-	-	1,1	-
Ablehnung kollektiver Verantwortung	-	0,3	-	-	0,5	-
Ablehnung kollektiver Verdienste	-	1,3	-	-	-	-
Ablehnung kollektiver Schuld	-	0,8	-	-	1,6	-
Negativ gesamt	*1,9*	*26,3*	*18,6*	*9,9*	*34,1*	*31,7*
Alternative Bindungen						
Subnationale Bindung	3,8	0,5	-	2,8	-	-
Bindung Europa	-	10,0	3,7	-	4,3	4,5
Kosmopolit	-	2,3	-	-	2,7	-
Nicht-deutsche Herkunft/Freunde	1,9	2,3	1,9	4,2	0,5	4,5
Alternative Bindungen gesamt	*5,7*	*15,1*	*5,6*	*7,0*	*7,5*	*9,0*

* Nennungsebene
1) Ablehnung "Stolz", aber explizite Befürwortung anderer Form der Unterstützung
2) Nationalität ist Zufall, Stolz ist nur auf eigene Leistung beziehbar
Quelle: Projekt Politische Kulturen im geeinten Deutschland.

5. Problematisierung der Befunde und Ausblick

5.1 Zusammenfassung der wichtigsten Befunde für Deutschland

Welche Bedeutung haben nun die vorgelegten Befunde? Für Deutschland kann folgendes festgehalten werden: Erstens ist das generell extrem niedrige Niveau des Nationalstolzes in Deutschland primär auf den Nationalsozialismus zurückzuführen. Die Motivation für die Ablehnung von Nationalstolz, das Fehlen von Nationalstolz und für geringen Nationalstolz bzw. seine Einschränkung entspringt entweder direkt der Scham über die nationalsozialistische Geschichte oder indirekt Bezügen, die von der Bevölkerung zwischen Nationalsozialismus und Nationalstolz sowie Nationalsozialismus, aktuellem Rechtsextremismus und seiner Instrumentalisierung des Nationalstolz-Begriffs hergestellt werden. Weder die Niederlage im Zweiten Weltkrieg noch die Teilung werden als Gründe für fehlenden Stolz thematisiert.

Zweitens indiziert fehlender Nationalstolz oder seine Ablehnung zu großen Teilen weder eine grundsätzliche Ablehnung des politischen Systems insgesamt noch eine Ablehnung der demokratischen politischen Ordnung, sondern eine generalisierte normative Ablehnung der Priorität der Nationalität bzw. der Staatsangehörigkeit als Unterstützungsobjekt. "Postnationales" Bewußtsein ist zwar theoretisch nicht eindeutig definiert. Geht man jedoch von einem eher alltagssprachlichen Verständnis aus, kann dieser Motivbereich damit im weitesten Sinn als mögliche Form eines posttraditionalen Bewußtseins verstanden werden. Bei sehr enger Operationalisierung umfaßt er ca. 20 Prozent der Nennungen, bei weiter Operationalisierung ca. 45 Prozent im Westen und 40 im Osten.

Jedoch empfindet auch in Deutschland die Mehrheit der Bürger Nationalstolz. Dieser Stolz ist drittens, im Gegensatz zu dem Fehlen von Stolz, eindeutig als - positiver - Legitimitätsindikator interpretierbar.

Viertens ist dieser Stolz über alle Befragten hinweg multikausal strukturiert. Die multikausale Struktur des Nationalstolzes bedeutet aber gleichzeitig, daß dieser Indikator nur begrenzt geeignet ist zur Abbildung der rein affektiven Bindung an die politische Gemeinschaft. Vielmehr verankert sich Stolz zu nicht unwesentlichen Teilen an der politischen Ordnung, der sozialen Gemeinschaft, den Outputs und der Wirtschaft.

Der wesentliche Unterschied zwischen West und Ost ist die stärkere Verankerung an der politischen Ordnung "Demokratie" im Westen, die gleichzeitig auf ein (früheres) politisches Teilstaatsbewußtsein schließen läßt, das angesichts der Vereinigung nach westdeutschem Muster nicht mit der Bindung an Gesamtdeutschland in Widerspruch steht (und auch als postnationales Bewußtsein interpretiert werden könnte), und die stärkere Verankerung an traditionalen Elementen der politischen und der sozialen Gemeinschaft im Osten, die auf ein (früheres) soziales Teilstaatsbewußtsein schließen läßt, dessen Beziehung zur gesamtdeutschen Identität noch instabil erscheint.

Damit liegt eine mehrfache *Asymmetrie* des Indikators "Nationalstolz" vor: Die Verneinung und Ablehnung ist erstens überwiegend weder als Gegnerschaft zur politischen Gemeinschaft noch als Gegnerschaft zur politischen Ordnung zu interpretieren. Die Bejahung ist zweitens nur dann als Unterstützung der politischen Gemeinschaft zu interpretieren, wenn entsprechende Objekte und Motive aus dem Bereich der politischen Gemeinschaft zugrundeliegen; entsprechendes gilt drittens für die politische Ordnung und alle anderen Objekte.

5.2 Systematische Folgerungen und Forschungsdesiderata

Aus diesen Beobachtungen folgt zunächst, daß der standardisierte Indikator zum Nationalstolz aufgrund der semantischen Bezüge zum Nationalsozialismus in Deutschland für den internationalen Vergleich nur bedingt geeignet ist. Zweitens läßt die Asymmetrie in der Bedeutung einer Bejahung von Nationalstolz und einer Verneinung zumindest in Deutschland keine eindeutige Interpretation im Sinn eines Legitimitätsindikators zu. Es stellt sich die Frage, inwieweit dies auch in anderen Ländern der Fall ist, sofern z.B. dort auch Motive eine Rolle spielen könnten, die nicht unmittelbar mit dem deutschen Trauma in Zusammenhang stehen. Drittens schließlich erweist sich, daß Nationalstolz - im Gegensatz zu der Auffassung von Rose - gerade nicht nur eine Frage des Levels, sondern insbesondere eine Frage des Gehalts ist.[8]

---

[8] Allerdings kann nicht völlig ausgeschlossen werden, daß die Frage nach Gründen bzw. Motiven von Nationalstolz "Rationalisierungen" hervorruft, die bei der spontanen Beantwortung des geschlossenen Indikators so nicht vorhanden waren. Das heißt, es ist durchaus möglich, daß bei der Beantwortung des geschlossenen Indikators Konnotationen mitschwingen, die bei der Begründung nicht vollständig zum Ausdruck kommen, und daß umgekehrt bei den Begründungen ad hoc Argumente "gesucht" werden. Jedoch dürfte dieses mögliche Problem von Verzerrungen zwischen Nationalstolz-Intensität und Begründung bei der offenen Frage nach den Objekten und

Viertens schließlich ist dieser Gehalt - zumindest im Aggregat - nicht monokausal auf ein Teilsystem gerichtet, sondern umfaßt das politische und nicht-politische Teilsysteme eines staatlichen Verbandes.

Unter dieser Perspektive erscheinen aber dann nicht nur die bisherigen Forschungsbefunde zu Ursachen und Funktionen von Nationalstolz in einem anderen Licht, sondern es müssen auch die Fragen danach anders als bisher üblich formuliert werden. Dies gilt zunächst für Fragen zu individual- und sozialpsychologischen Ursachen und Funktionen nationaler Identität:

Da Nationalstolz sich zu nicht unwesentlichen Teilen auf die Demokratie richtet, warum sollte er dann von antidemokratischen, autoritären Einstellungen verursacht und gefährlich sein? Diese Fragestellung gewinnt nur dann einen Sinn, wenn Nationalstolz eine ausschließliche Priorität der Nation artikuliert. Soweit Nationalstolz sich an normativen Überzeugungen und an instrumentellen Urteilen verankert, wie sollte er dann affektive Bedürfnisse nach kollektiver Bindung erfüllen können? Auch diese Funktion scheint nur unter der Bedingung eines eher monokausal nur auf die eher unpolitischen Aspekte der Gemeinschaft gerichteten Stolzes plausibel. Mit anderen Worten: Um die Frage nach den Ursachen und nach der individual- oder sozialpsychologischen Funktion nationaler Bindungen zu beantworten, erscheint die Beziehungsanalyse zwischen den psychologischen Konstrukten und der Intensität des Nationalstolzes nicht ausreichend. Vielmehr müßte nach individueller subsystemspezifischer Mono- oder Multikausalität des Nationalstolzes bzw. nach spezifischen Kombinationen der Objekte des Nationalstolzes beim Individuum unterschieden werden.[9]

Differenzierungsbedarf besteht aber auch hinsichtlich Fragen zur stabilitätssichernden Funktion nationaler Identität: Da Nationalstolz, sofern er politisch begründet ist, sich im Aggregat zu großen Teilen an den Ebenen der politischen Ordnung und der politischen Outputs verankert, sofern er unpolitisch ist, sich zu nicht unwesentlichem

---

Motiven noch etwas geringer sein als bei der direkten Frage nach Objekten des Nationalstolzes mit Antwortvorgaben.

[9] Aufgrund der Struktur des vorliegenden Datensatzes, der auf Nennungen - nicht auf Befragte - bezogen ist, kann die individuelle Kombinatorik von genannten Objekten verschiedener politischer Systemebenen bzw. verschiedener Teilsysteme und Motive nicht auf Individualebene bestimmt werden; deshalb kann die Fragestellung der Beziehungen zu den psychologischen Konstrukten hier nicht bearbeitet werden.

Anteil auf die Ökonomie stützt, warum sollte er dann das gesamte Staatswesen gegen politische Krisen auch auf gerade diesen Ebenen schützen können? Plausibler erscheint es, daß Nationalstolz mit der jeweiligen Bewertung dieser Objekte variiert. Darauf deutet auch der Befund hin, daß sich in der Bundesrepublik auf Aggregatebene ein fast perfekt paralleler Kurvenverlauf von Nationalstolz und Demokratiezufriedenheit beobachten läßt.[10] Auch in Belgien, Luxemburg, und Großbritannien variiert der Nationalstolz tendenziell mit der Demokratiezufriedenheit, wenn auch etwas weniger ausgeprägt. In anderen Ländern der europäischen Gemeinschaft scheint dagegen eine größere Unabhängigkeit zwischen Nationalstolz und Demokratiezufriedenheit zu bestehen. Es müßte also gefragt werden, ob Nationalstolz in den Ländern, in denen er eine größere Unabhängigkeit von der Demokratiezufriedenheit aufweist, stärker auf stabilen, unpolitischen Objekten beruht, ob er stärker auf langfristig stabilen Urteilen zu politischen Objekten beruht und/oder inwieweit positive Urteile zu anderen (auch politischen) Objekten negative Urteile zu den Outputs und zu der Realität der Demokratie ausgleichen.

Aus diesen Beobachtungen lassen sich nun sehr unterschiedliche Schlußfolgerungen ziehen: Zunächst liegt die Folgerung nahe, das Erhebungsinstrument "Nationalstolz" als Indikator affektiver Bindungen an die politische Gemeinschaft zu verwerfen. Offensichtlich wird diese Dimension politischer Unterstützung mit dem Nationalstolz nur bei einem Teil der Befragten valide erfaßt. Bei anderen Teilen der Befragten erfaßt der Indikator jedoch eher Unterstützung der politischen Ordnung, der Outputs oder die Einstellung zu nicht-politischen Objekten. Darüber hinaus kann aufgrund der individuellen Zusammensetzung von Objekten bei Antwortvorgaben auch davon

---

10 Die bisherigen Überlegungen basieren ja lediglich auf den Befunden zur deutschen Population zu nur einem Zeitpunkt, beziehen sich aber auf eine im Längsschnitt und möglichst auch im internationalen Vergleich zu überprüfende Annahme. Für den internationalen Vergleich liegen jedoch keine Daten über die Objekte und Motive des Nationalstolzes vor. Deshalb wurde als Hilfskonstruktion die Entwicklung von Nationalstolz und Demokratiezufriedenheit in den Mitgliedsländern der EG betrachtet. Demokratiezufriedenheit kann dabei als Indikator verstanden werden, in den sowohl die Beurteilung der Realität der politischen Ordnung im Vergleich zu dem politischen Ordnungsideal des Befragten als auch seine Beurteilung aktueller Outputs der Herrschaftsträger einfließen (vgl. WESTLE 1989). Der Beobachtungszeitraum umfaßt die Jahre 1982 bis 1985; die Daten sind aus Platzgründen nicht als Tabellen ausgewiesen. Ferner bestehen auf individueller Ebene in den verschiedenen EG-Ländern ebenfalls unterschiedlich starke Zusammenhänge zwischen Nationalstolz und Demokratiezufriedenheit, wobei die Korrelationen in der Bundesrepublik mit 0,21 bis 0,35 am vergleichsweise stärksten sind, gefolgt von Belgien, Luxemburg und Großbritannien.

ausgegangen werden, daß der einzelne Bürger seinen Nationalstolz nicht notwendigerweise auf ein einziges Objekt bzw. auf Objekte aus einem einzigen Subsystem begrenzt.

Für die stabilitätsrelevante Hierarchie politischer Unterstützung erlaubt dies - je nach normativer Position - zwei konträre Folgerungen: Nur dann, wenn Nationalstolz an wenig wandelbaren, eher unpolitischen Objekten und/oder ausschließlich an der politischen Gemeinschaft selbst verankert ist, kann er ein Gemeinwesen gegen Krisen im politischen System auf der Ordnungs- und der Outputebene schützen. Allerdings stellt sich dann die Frage, um welche Art von Krisen bzw. Schutz und Stabilität es sich dabei handeln kann. Priorität hätte in einem solchen Fall ausschließlich der Zusammenhalt der Gemeinschaft - gleichgültig in welcher Form. Das heißt, Nationalstolz, der nicht in grundsätzlicher und weitgehend unkontroverser Weise auf die politische Ordnungsform bezogen ist, könnte bei externen Bedrohungen des Staatswesens von Bedeutung sein und vor einem Auseinanderfallen der politischen Gemeinschaft bei Problemen etwa auf der Outputebene oder auf der Ebene der politischen Ordnung schützen. Er würde allerdings nicht gegen eine intern herbeigeführte Transformation der politischen Ordnung immunisieren. Wenn Nationalstolz umgekehrt grundsätzlich an der politischen Ordnungsidee verankert ist, könnte er das Gemeinwesen gegen Krisen auf der Ebene der politischen und sozialen Gemeinschaft, auf der Ebene der Outputs bzw. der politischen Herrschaftsträger, der Ökonomie und - bis zu einem gewissen Ausmaß - auch auf der Ebene der Realisierung der politischen Ordnung schützen. Entsprechend ist aber erstens fraglich, inwieweit er gegen exogene Bedrohungen schützen könnte. Zweitens ist es eine offene Frage, inwieweit auf demokratische Ideale bezogener Nationalstolz gegen Krisen auf der Ebene der Realisierung der Demokratie schützen könnte.

Im Licht der im Aggregat und intraindividuell ermittelten Gemengelagen der Motivation nationaler Identität erscheinen diese "Entweder-Oder" Gegenüberstellungen von politischer Gemeinschaft und politischer Ordnung, politischem Teilsystem und nicht-politischen Teilsystemen, die den skizzierten normativen Positionen und auch EASTONs Hierarchie politischer Unterstützung zugrundeliegen, jedoch nicht als angemessene Widerspiegelung der Realität. Ist damit auch die postulierte stabilitätssichernde Funktion nationaler Identität eine Chimäre? Diese Frage läßt sich hier nicht empirisch, sondern nur theoretisch-spekulativ beantworten. Wenn Nationalstolz an den verschiedensten Objekten verankert und unterschiedlich motiviert sein kann, ist er zwar kein Indikator für die politische Unterstützung der politischen Gemeinschaft, aber er kann als Indikator für die Legitimität des gesamten Staatswesens verstanden werden. In dieser Perspektive scheint für eine endogene Stabilitätssicherung dann gerade dieses Gemisch von Motivationen politischer und unpolitischer, traditionaler und posttraditionaler Art von Bedeutung zu sein. Allerdings beruht diese Interpretation im wesentlichen auf der Analyse von Aggregatdaten. Für eine dauerhafte Sicherung der Stabilität demokratischer Politien sollte jedoch weitergehend nach dem intraindividuellen Mix von Motivationslagen gefragt werden. Das heißt mit anderen Worten: Möglicherweise ist nur dann, wenn eine ausreichende Anzahl von Bürgern ihre kollektive Identität sowohl aus der Identifikation mit der politischen Ordnung als auch mit dem sozialen und politischen Gemeinwesen und ferner auch vorpolitischen Objekten gewinnen, die politische Toleranz gegenüber Konflikten und Krisen auf den verschiedenen Ebenen des Gesamtsystems (Staates) ausreichend, um sowohl gewaltfreie Problembewältigung zu gewährleisten als auch Ordnungstransformation und Bruch der Gemeinschaft zu verhindern.

5.4 Folgerungen für Deutschland

Unter der Prämisse, daß für die Frage nach der stabilitätssichernden Funktion des Nationalstolzes gerade die strukturelle Kombination von Stolzobjekten aus verschiedenen gesellschaftlichen Teilsystemen und Motiven zu Nationalstolz in der Gesamtbevölkerung und intraindividuell von Bedeutung ist - da nur so Legitimitätsdefizite bei einem der Objekte durch Legitimitätsgewinne oder -stabilitäten bei den anderen Objekten ausgeglichen und Übersteigerungen moderiert werden können - ist zu fragen, inwieweit die Objekte, auf die sich der Stolz in Deutschland richtet, variabel sind. Tendenziell kann man wohl davon ausgehen, daß die Geschichte, die Kultur und die am häufigsten genannten Aspekte der sozialen Gemeinschaft (die Charaktereigenschaften) sich nicht oder nur sehr langfristig verändern und auch die Urteile zu diesen Objekten relativ stabil sein dürften. Bei der Ökonomie, den Outputs, der Realität der politischen Ordnung und dem personalen Element der politischen Gemeinschaft (politisches Verhalten der Bürger) sind dagegen eher kurzfristige Veränderungen möglich und deshalb auch in kurzfristiger Perspektive Schwankungen ihrer Bewertung wahrscheinlich. Schließlich ist für die Motive von Nationalstolz bzw. seiner Ablehnung anzunehmen, daß es sich um relativ stabile Überzeugungsmuster handelt.

In dieser Perspektive erscheint nationale Identität in Deutschland nach der Vereinigung in folgender Hinsicht problematisch: Erstens rekurriert fast die Hälfte der nationalstolzen Bevölkerung spontan nur auf ein Objekt des Stolzes. Relativ große Anteile davon richten sich auf variable Objekte, wie auf die Ökonomie und - primär im Westen - auf die Realisierung der Demokratie. Das heißt, diese Elemente nationaler Identität dürften gleichermaßen anfällig für Legitimitätsgewinne wie -verluste sein. Im Osten richten sich relativ große Anteile davon ausschließlich auf die soziale Gemeinschaft. Diese Elemente könnten insbesondere Anfälligkeit für Übersteigerung der affektiven Bindung an die nationale Ebene begründen. Zweitens sind Motive für die Abweisung und Einschränkung von Nationalstolz dagegen stärker an normativen Überzeugungen, an zumindest mittelfristig stabilen Objekten (wie der Geschichte) sowie an den wandelbaren Erscheinungen des jeweils aktuellen Rechtsextremismus, der mit dem Nationalsozialismus assoziiert wird, verankert, indizieren aber überwiegend keine Ablehnung der politischen Gemeinschaft oder der politischen Ordnung, sondern eine Priorität der politischen Ordnung vor der politischen und sozialen Gemeinschaft oder eine Irrelevanz der Gemeinschaft.

Der für das vereinte Deutschland durchaus absehbare Fall einer Kombination von Problemen im Bereich der Ökonomie, der Realisierung demokratischer Ideale und des Rechtsextremismus könnte - sofern die angestellten Überlegungen zutreffen - so viel politisch-soziale Sprengkraft entfalten, daß die Struktur der deutschen Identität nicht ausreicht, um den sozialen und politischen Frieden zu sichern.

Literatur

ADORNO, Theodor W./BETTELHEIM, Bruno et al. 1968: Der autoritäre Charakter, Amsterdam: De Munter.

ALMOND, Gabriel A./VERBA, Sidney 1963: The Civic Culture. Political Attitudes and Democracy in Five Nations, Princeton: Princeton University Press.

BERGER, Peter L. 1975: Das Unbehagen in der Modernität, Frankfurt am Main/New York: Campus.

DINER, Dan (Hrsg.) 1987: Ist der Nationalsozialismus Geschichte? Zu Historisierung und Historikerstreit, Frankfurt am Main: Fischer.

DUDEK, Peter 1992: "Vergangenheitsbewältigung": Zur Problematik eines umstrittenen Begriffs, in: Aus Politik und Zeitgeschichte, B 1-2, S. 44-53.

EASTON, David 1965: A Systems Analysis of Political Life, Chicago/London: University of Chicago Press.

EMNID-INSTITUT/SCHNEIDER-HAASE, D. THORSTEN 1992: Methodische Dokumentation zur Feldarbeit der Studie Politische Kultur, Bielefeld.

ERIKSON, Erik H. 1966: Identität und Lebenszyklus, Frankfurt am Main: Suhrkamp.

GLOTZ, Peter 1990: Der Irrweg des Nationalstaats, Stuttgart: Deutsche Verlagsanstalt.

HABERMAS, Jürgen 1976: Können komplexe Gesellschaften eine vernünftige Identität ausbilden? in: HABERMAS, Jürgen: Zur Rekonstruktion des Historischen Materialismus, Frankfurt am Main: Suhrkamp.

HABERMAS, Jürgen 1986: Eine Art Schadensabwicklung: Apologetische Tendenzen, in: HABERMAS, Jürgen 1987: Eine Art Schadensabwicklung, Kleine Politische Schriften VI, Frankfurt am Main: Suhrkamp, S. 115-136.

HABERMAS, Jürgen 1987: Geschichtsbewußtsein und posttraditionale Identität. Die Westorientierung der Bundesrepublik, in: HABERMAS, Jürgen 1987: Eine Art Schadensabwicklung, Kleine Politische Schriften VI, Frankfurt am Main: Suhrkamp, S. 161-179.

HABERMAS, Jürgen 1988: Verfassungspatriotismus - im allgemeinen und im besonderen: Grenzen des Neohistorismus, in: HABERMAS, Jürgen 1990: Die nachholende Revolution, Kleine politische Schriften VII, Frankfurt am Main: Suhrkamp, S. 147-156.

HABERMAS, Jürgen 1989: Die Stunde der nationalen Empfindung. Republikanische Gesinnung oder Nationalbewußtsein? in: HABERMAS, Jürgen 1990: Die nachholende Revolution, Kleine politische Schriften VII, Frankfurt am Main: Suhrkamp, S. 157-166.

HABERMAS, Jürgen 1990a: Nochmals: Zur Identität der Deutschen. Ein einig Volk von aufgebrachten Wirtschaftsbürgern? in: HABERMAS, Jürgen 1990: Die nachholende Revolution, Kleine Politische Schriften VII, Frankfurt am Main: Suhrkamp, S. 205-224.

HABERMAS, Jürgen 1990b: Staatsbürgerschaft und nationale Identität, in: HABERMAS, Jürgen 1992: Faktizität und Geltung, Franfurt am Main: Suhrkamp, S. 632-660.

HABERMAS, Jürgen 1991: Vergangenheit als Zukunft, Zürich: Pendo.

HÄTTICH, Manfred 1966: Nationalbewußtsein und Staatsbewußtsein in der pluralistischen Gesellschaft, Mainz: v.Hase & Koehler.

HENNIS, Wilhelm 1983: Identität durch Errungenschaften? in: Institut der deutschen Wirtschaft (Hrsg.): Wirtschaftliche Entwicklungslinien und gesellschaftlicher Wandel, Köln: Deutscher Instituts-Verlag, S. 29-41.

HERDEGEN, Gerhard 1987a: Einstellungen der Deutschen (West) zur nationalen Identität, in: Politische Vierteljahresschrift, 28, Sonderheft 18 Politische Kultur in Deutschland, S. 205-221.

HERDEGEN, Gerhard 1987b: Perspektiven und Begrenzungen. Eine Bestandsaufnahme der öffentlichen Meinung zur deutschen Frage, Teil I: Nation und deutsche Teilung, in: Deutschland Archiv, 20, H.12, S. 1259-1273.

"HISTORIKERSTREIT": Die Dokumentation der Kontroverse um die Einzigartigkeit der nationalsozialistischen Judenvernichtung, München/Zürich: Piper, 1987.

HONOLKA, Harro 1987: Schwarzrotgrün. Die Bundesrepublik auf der Suche nach ihrer Identität, München: C.H. Beck.

JANSEN, Silke 1990: Meinungsbilder zur deutschen Frage. Eine Längsschnittanalyse von Repräsentativerhebungen in der Bundesrepublik Deutschland, Frankfurt am Main/Bern/New York/Paris: Lang.

JASPERS, Karl 1966: Wohin treibt die Bundesrepublik? München: Piper.

VON KROCKOW, Christian Graf 1970: Nationalismus als deutsches Problem, München: Piper.

LEPSIUS, Rainer M. 1981: Die Teilung Deutschlands und die deutsche Nation, in: ALBERTIN, Lothar/LINK, Werner (Hrsg.): Politische Parteien auf dem Weg zur parlamentarischen Demokratie in Deutschland, Düsseldorf: Droste, S. 417-449.

MEAD, George H. 1968: Geist, Identität und Gesellschaft, Frankfurt am Main: Suhrkamp.

MEUSCHEL, Sigrid 1988: Kulturnation oder Staatsnation? Zur Renaissance der Suche nach nationaler Identität in beiden deutschen Staaten, in: Leviathan, 16, S. 406-435.

MOHLER, Peter Ph. 1991: Die Bundesrepublik: eine Nation und zwei politische Kulturen? Pressemitteilung, Zentrum für Umfragen, Methoden und Analysen, Mannheim.

MOHLER, Peter Ph./GÖTZE, Hartmut 1992: Worauf sind die Deutschen stolz? Eine vergleichende Analyse zur gefühlsmäßigen Bindung an das politische System der Bundesrepublik, in MOHLER, Peter Ph./BANDILLA, Wolfgang (Hrsg.): Blickpunkt Gesellschaft 2, Einstellungen und Verhalten der Bundesbürger in Ost und West, Opladen: Westdeutscher Verlag, S. 45-63.

MOMMSEN, Wolfgang 1979: Zum Problem des deutschen Nationalbewußtseins in der Gegenwart, in: Der Monat, 31, H.2, S. 75-83.

NOELLE-NEUMANN, Elisabeth 1983a: Eine demoskopische Deutschstunde, Zürich: Edition Interfrom.

NOELLE-NEUMANN, Elisabeth 1983b: Wie disponibel ist das Nationalgefühl? in NOELLE-NEUMANN, Elisabeth 1983: Eine demoskopische Deutschstunde, Zürich: Edition Interfrom, S. 74-93.

NOELLE-NEUMANN, Elisabeth 1987: Nationalgefühl und Glück, in: NOELLE-NEUMANN, Elisabeth/KÖCHER, Renate 1987 (Hrsg.): Die verletzte Nation. Über den Versuch der Deutschen, ihren Charakter zu ändern, Stuttgart: Deutsche Verlagsanstalt, S. 17-71.

PIEL, Edgar 1985: Wie deutsch sind die Deutschen?, in: Die neue Ordnung, 1, S. 4-15.

ROSE, Richard 1985: National pride in cross-national perspective, in: International Social Science Journal, 37, S. 85-96.

SCHWEIGLER, Gebhard 1972: Nationalbewußtsein in der BRD und der DDR. Studien zur Sozialwissenschaft, Bd.8, Düsseldorf 1972/74, (ursprünglich 1972 als Dissertation der Harvard University unter dem Titel "National Consciousness in Divided Germany").

SCHWEIGLER, Gebhard 1977: Zum Nationalbewußtsein in der DDR, in: Politik und Kultur, 1, S. 61-68.

STERNBERGER, Dolf 1979: Verfassungspatriotismus, in: STERNBERGER, Dolf: Verfassungspatriotismus, Frankfurt am Main: Insel, 1990, S. 13-16.

STERNBERGER, Dolf 1982: Verfassungspatriotismus, Rede bei der 25-Jahr Feier der "Akademie für Politische Bildung", in: STERNBERGER, Dolf: Verfassungspatriotismus, Frankfurt am Main: Insel, 1990, S. 17-57.

SONTHEIMER, Kurt 1979: Die verunsicherte Republik. Die Bundesrepublik nach 30 Jahren, München: Piper.

WEIDENFELD, Werner 1981: Die Frage nach der Einheit der deutschen Nation, München/Wien: Olzog.

WEIDENFELD, Werner 1983: "Einführung", in: WEIDENFELD, Werner (Hrsg.): Die Identität der Deutschen, Bonn: Schriftenreihe der Bundeszentrale für politische Bildung, Bd. 200, S. 9-11.

WEIDENFELD, Werner 1985: Die Suche nach Identität. Ein deutsches Problem? in: WEIDENFELD, Werner (Hrsg.): Nachdenken über Deutschland, Materialien zur politischen Kultur der Deutschen Frage, Köln: Wissenschaft und Politik, S. 89-99.

WEIDENFELD, Werner (Hrsg.) 1987: Geschichtsbewußtsein der Deutschen. Materialien zur Spurensuche einer Nation, Köln: Wissenschaft und Politik.

WEIDENFELD, Werner 1989: Deutschland 1989. Konturen im Rückblick auf viezig Jahre, in: WEIDENFELD, Werner/ZIMMERMANN, Hartmut (Hrsg.): Deutschland-Handbuch. Eine doppelte Bilanz 1949-1989, Bonn: Bundeszentrale für politische Bildung, S. 13-31.

WEIDENFELD, Werner 1991a: Identität, in: WEIDENFELD, Werner/KORTE, Karl-Rudolf (Hrsg.): Handwörterbuch zur deutschen Einheit, Bonn: Bundeszentrale für politische Bildung, S. 376-383.

WEIDENFELD, Werner 1991b: Nation, in: WEIDENFELD,Werner/KORTE, Karl-Rudolf (Hrsg.): Handwörterbuch zur deutschen Einheit, Bonn: Bundeszentrale für politische Bildung, S. 479-486.

WESTLE, Bettina 1989: Politische Legitimität - Theorien, Konzepte, empirische Befunde, Baden-Baden: Nomos.

WESTLE, Bettina 1990: Unterstützung der politischen Gemeinschaft in der Bundesrepublik Deutschland der achtziger Jahre, Sfb 3 Arbeitspapier Nr. 311, Sonderforschungsbereich 3 "Mikroanalytische Grundlagen der Gesellschaftspolitik", Frankfurt-Mannheim (leicht verändert auch in GABRIEL, Oscar W./TROITZSCH, Klaus G. (Hrsg.) 1993: Wahlen in Zeiten des Umbruchs, Frankfurt u.a.: Peter Lang, S. 241-274).

WESTLE, Bettina/ROSSTEUTSCHER, Sigrid 1991: Projekt "Politische Kulturen im geeinten Deutschland": Dokumentation zur Konzeption, Operationalisierung und zum Test des standardisierten Erhebungsinstrumentes, Mannheim.

WESTLE, Bettina 1992a: Projekt "Politische Kulturen im geeinten Deutschland": Dokumentation zur Codierung offener Fragen zu Nationalstolz und Nationalscham, Mannheim.

WESTLE, Bettina 1992b: Projekt "Politische Kulturen im geeinten Deutschland": Codebuch der Kombinationsdatensätze zu Nationalstolz und Nationalscham, Erläuterungen zu den Datensätzen und Häufigkeitsauszählungen, Mannheim.

WESTLE, Bettina 1992c: Unterstützung des politischen Systems des vereinten Deutschland, in MOHLER, Peter Ph./BANDILLA, Wolfgang (Hrsg.): Blickpunkt Gesellschaft 2, Einstellungen und Verhalten der Bundesbürger in Ost und West, Opladen: Westdeutscher Verlag, S. 21-44.

Teil III:

Theorie und Methoden, historische Aspekte

Reinhard Zintl

Die Kriterien der Wahlentscheidung in Rational-Choice-Modellen

1. Fragestellung

Der Rational-Choice-Ansatz gehört in den allgemeineren Rahmen des individualistischen Programms in den Sozialwissenschaften, folgt also der Überzeugung, daß es erkenntnistheoretisch angemessen ist, soziale Erscheinungen auf der Grundlage individuellen Verhaltens zu rekonstruieren, und geht überdies von der Annahme aus, daß es theoretisch fruchtbar ist, individuelles Verhalten als zielorientiert anzusehen. Die spezifische Eigenschaft des Ansatzes ist aber nicht, daß rationales Handeln überhaupt eine tragende Rolle spielt, sondern in welcher Weise es theoretisch verwendet wird: Zunächst einmal ist individuelle Rationalität für den Rational-Choice-Ansatz nicht der Gegenstand der Analyse, sondern ihr Instrument. Das bedeutet, etwas bildlich gesprochen, daß es nicht darum geht, Rationalität aufzufinden oder nachzuweisen, sondern daß es darum geht, vorausgesetzte Rationalität zu verwenden, um sozialwissenschaftlich interessante Tatbestände theoretisch zu bewältigen. Nun ist vermutlich "Rationalität" in irgendeinem Sinne Bedingung der Möglichkeit sozialwissenschaftlicher Erkenntnis ganz generell. Historiker etwa machen sich ihren Vers auf Vorgänge grundsätzlich unter der Annahme zielorientierten und nur deshalb überhaupt verstehbaren Handelns etc. Man kann natürlich jede Theorie, in der Rationalität eine Rolle spielt, als Rational Choice ansehen oder auch vereinnahmen. Besser erscheint es mir, eine weitere Einschränkung einzuführen: Nicht nur Rationalität, sondern die Individuen selbst sind im Rahmen des Ansatzes Instrument und nicht Gegenstand - der Ansatz ist nicht individuenorientiert, sondern situationenorientiert: Prozeßabläufe oder die behaupteten Eigenschaften eines Aggregats individueller Verhaltensweisen werden konstruiert als Resultate der Anpassung zielorientierter Akteure an äußere Restriktionen; Veränderungen von Prozeßabläufen oder von Aggregateigenschaften werden zunächst auf Veränderungen von Restriktionen zurückgeführt.[1]

---

[1] Der Rational-Choice-Ansatz, so verstanden, ist also "Ökonomik", von der die "Ökonomie" nur eine Teilmenge ist. Vgl. KIRCHGÄSSNER (1988 und - ausführlicher - 1991).

Individuen und ihre Rationalität bilden also die Geschäftsgrundlage aller Überlegungen, aber "Individualität" spielt keine Rolle; vorausgesetzte Rationalität ist theoretisch unentbehrlich, um die Modelle überhaupt formulieren und in Gang halten zu können, aber für die besonderen - also auch beliebig idiosynkratischen - Ziele, die Menschen in bestimmten Situationen verfolgen mögen, interessiert man sich im Rahmen des Rational-Choice-Ansatzes nicht. Nicht, *welche* Ziele die Menschen verfolgen, soll die Aussagen tragen, sondern es soll genügen, daß sie Ziele verfolgen. Empirisch gehaltvolle Aussagen sollen aus der Kombination einer möglichst nur formalen Kennzeichnung der Akteure - eben als "rational" - mit der Beschreibung möglichst weniger und möglichst gut zugänglicher Situationseigenschaften gewonnen werden. In seiner üblichen Verwendung zielt der Ansatz denn auch nicht auf Mikrotheorie, sondern auf die Mikrofundierung[2] von Makrotheorien.

Die folgenden Überlegungen gelten der Frage, was man dem Rational-Choice-Ansatz hinsichtlich des Wählerverhaltens zutrauen kann. In erster Linie geht es um die instrumentelle Leistungsfähigkeit des Ansatzes für die Wahlforschung; die Resultate der Überlegungen haben aber auch Konsequenzen für diejenigen demokratietheoretischen Modelle, die sich ausdrücklich auf angenommenes Rationalverhalten der Wähler stützen, insbesondere also die sogenannte "ökonomische Theorie der Demokratie".

Zwei große Themenkomplexe lassen sich innerhalb des Forschungsgebiets "Wählerverhalten" unterscheiden: Einerseits geht es um die Frage danach, was die Verteilung des Elektorats, das Wählerpotential der Parteien und gegebenenfalls seine (langfristige) Veränderung bestimmt, also um Stabilität und Wandel. Andererseits geht es um die Frage danach, wovon (kurzfristige) Bewegungen, die Schwankungen um das Potential, abhängen, also um Fluktuation und Oszillation. Rein begrifflich spricht nichts dagegen, Wählerverhalten rationalistisch zu rekonstruieren. Dies gilt für beide Teilthemen: Das Stimmenpotential von Parteien, ein Aggregat von individuellen Parteineigungen, Parteiidentifikationen, Sympathien für Parteien, ist als Resultat von zielorientierten individuellen Entscheidungen rekonstruierbar, wobei es vollkommen zulässig ist, daß die tatsächliche psychische Grundlage eine bestimmte Art von Ge-

---

2   Das beste Unterscheidungskriterium zwischen Mikrotheorie und Mikrofundierung resultiert aus der jeweiligen Art der empirischen Überprüfung: Im zweiten Fall findet der Test der interessierenden Aussagen nicht auf der Mikroebene statt. Nicht nur sparsame Beschreibungen, sondern auch radikale Stilisierungen, ja selbst reine Fiktionen sind daher erlaubt. Für Einzelheiten vgl. ZINTL (1989).

wohnheitshandeln ist: Entscheidend ist, daß die jeweiligen Traditionen und Selbstverständlichkeiten nicht komplett erfahrungsresistent sind, sondern daß sie nur so lange als "selbstverständlich" gelten, wie bestimmte Kriterien, Schmerzschwellen, nicht verletzt werden. Für die Wählerbewegungen andererseits, also Aggregate der konkreten Akte des Wählens bzw. Nichtwählens, ist die Lage ersichtlich noch einfacher - sie sind immer trivialerweise Resultate von Entscheidungen insofern als man sein Kreuz hier oder dort oder gar nicht macht. Da es begriffliche Gründe nicht gibt, die Wahlentscheidung als schon durch die Neigungen fixiert anzusehen, sind die beiden Fragestellungen auch in der Zurichtung auf den Rational-Choice-Ansatz noch gut unterscheidbar.

Die Frage nach der Leistungsfähigkeit des Rational-Choice-Ansatzes im Bereich der Wahlforschung kann dann so konkretisiert werden: Welche Bestandteile der externen Situation können mit guten theoretischen Gründen verwendet werden, um Verteilung und Bewegung zu erklären; wie sparsam kann die externe Situation beschrieben werden, also - wie sichtbar, verfügbar, leicht erhebbar sind die benötigten Indikatoren? Wie weit kommt man mit wieviel Aufwand?

Das Resultat wird sein, daß es erstens keine einfachen oder naheliegenden Kataloge von situativen Bestimmungsgründen für die Wählerpotentiale von Parteien und für Fluktuationen des Wählerverhaltens gibt, so daß die für Rational-Choice-Rekonstruktionen des Wählerverhaltens verwendbaren Situationsbeschreibungen keineswegs so sparsam sein können, wie es bisweilen suggeriert wird, daß es aber zweitens gute Rational-Choice-Argumente dafür gibt, daß dennoch der situationsdeterministische Ansatz auch hier mit Gewinn verwendet werden kann.

2. "Rational Choice": Konsistenz plus Situationslogik

Beginnen wir mit der genaueren Charakterisierung des Ansatzes: Die Kennzeichnung der Akteure als rational ist durchwegs eine Kennzeichnung nicht der Zielsetzungen, sondern bezieht sich auf formale Eigenschaften der Ziele und vor allem auf den Umgang mit ihnen im Handeln. Die formalen Eigenschaften der Präferenzen sind die bekannten Konsistenzeigenschaften, vor allem Transitivität und Vollständigkeit. Diese Eigenschaften legen fest, daß der Akteur in einem nachvollziehbaren Sinne "weiß, was er will". Unter "Individualität" einzuordnen (und daher nicht unter Rationalitätsgesichtspunkten beurteilbar) sind nicht nur die Inhalte der Präferenzen, sondern auch der jeweilige Umgang mit Unsicherheit: Risikoneigungen sind sozusagen Geschmackssache; unter Rationalitätsgesichtspunkten ist lediglich beurteilbar, ob jemand seinen Geschmack konsistent handhabt oder nicht.[3] Auf der obersten Abstraktionsebene muß mehr nicht gesagt werden. Nähert man sich der Realität, so bemerkt man, daß Konsistenz ein unter Umständen sehr hohes Maß an Kalkulationsfähigkeit verlangt: Wenn ein Akteur mehr als eine Beurteilungsdimension zugrundelegt und wenn die Zahl der zu vergleichenden Alternativen nicht irreal klein ist, muß er Kommensurabilitätsprobleme lösen, die keineswegs trivial sind.[4]

Der zweite Teil des Rationalitätskonzepts bezieht sich auf den Umgang mit derart wohlgestalteten Präferenzordnungen im Handeln. In der Handlungsentscheidung konfrontiert der Akteur seine Präferenzen mit situativen Restriktionen; er identifiziert die beste realisierbare Alternative und handelt entsprechend. Der letzte Punkt klingt tautologisch, daher soll schon jetzt darauf hingewiesen werden, was er impliziert: Alle Bewertungsprobleme - auch ethischer Art - gelten in dieser Konzeptualisierung als ein Thema der Präferenzordnungen. Aus diesem Grunde müssen sie als bereits bewältigt gelten, wenn es ans Handeln geht; aus diesem und nur aus diesem Grunde kann das Handeln als vollständig instrumentell betrachtet werden. Die Identifikation der besten erreichbaren Alternative wird im allgemeinen als die Lösung einer gut formulierbaren Optimierungsaufgabe beschrieben, nämlich als die Angleichung von Grenzraten der Substitution ("Nutzenseite") an gegebene Grenzraten der Transformation ("Kostenseite"). Da dies auch für die Optimierung des Informationsniveaus gilt, ist der - bei gegebenen Zielen - von außen beschreibbare optimale Handlungskurs nicht notwendig identisch mit dem subjektiv rationalen Handeln der betrachteten Akteure.[5]

Soviel zum Konzept rationalen Handelns. Nun zu seiner sozialwissenschaftlichen Verwendung im Rational-Choice-Ansatz: Ohne die konkrete Ermittlung individueller Ziele im einzelnen sollen Handlungen prognostiziert werden, als Anpassungen an situative Bedingungen. Daß Motive nicht konkret ermittelt werden, bedeutet aber nicht, daß sie ganz und gar offengelassen werden können: Völlige Offenheit auf der Präfe-

---

3 Für die klassischen Anomalien vgl. KAHNEMAN/KNETSCH/THALER (1991).
4 Für eine Zusammenfassung vgl. etwa BAIGENT (1992).
5 Daher ist "Satisfizing" kein glatter Gegensatz zu Maximizing, sondern ein Spezialfall. Auch der "Satisfizer" wird sich nicht mit einer als zweitbest *erkannten* Option zufriedengeben.

renzenebene würde ja auch völlig offen lassen, welche Handlungsbestandteile als instrumentell anzusehen und überhaupt erst deshalb unter Rationalitätsgesichtpunkten beurteilbar sind.[6]

Es gibt zwar, entgegen manchen Behauptungen, kein für den Rational-Choice-Ansatz spezifisches Menschenbild; was es aber gibt, ist ein allen Anwendungen zugrundeliegendes Vorverständnis der menschlichen Situation, nach dem etwa folgendes als plausiblerweise unstrittig gilt: Es existieren einige wenige Grundbedürfnisse, die als allen Menschen gemein gelten können und die die Ziele, Motive, Kriterien der Menschen zumindest teilweise prägen - Überleben, materielles Wohlergehen, Anerkennung. Ausnahmen müssen nicht geleugnet werden, aber sie sind wahrlich Ausnahmen - in der überwiegenden Zahl der Fälle werden die gerade genannten Bedürfnisse erhebliches Gewicht für die Formierung von Motiven haben. Da sie Gewicht haben, erzeugen sie eine theoretisch relevante Dimension der Beurteilung beliebiger Aktivitäten unter Rationalitätsgesichtpunkten: Jegliche Aktivität kann daraufhin untersucht werden, welchen instrumentellen Ertrag sie hinsichtlich der genannten Kriterien liefert, welche alternativen Aktivitäten hier wie gut abschneiden etc. Ob diese Hinsicht die wichtigste oder gar dominierende ist, ist damit noch nicht gesagt - immerhin aber verfügen wir über einen plausiblen Ansatzpunkt für rationalistische Modellierungsversuche.

Weitere Festlegungen substantieller Art enthält das Vorverständnis nicht; sie wären auch nicht vereinbar mit dem Anspruch des Ansatzes, universell verwendbar und sparsam zugleich zu sein. Jenseits der genannten Uniformität bleibt es also bei ausdrücklich hingenommener Vielfalt - die genannten Krierien sind nur eine Teilmenge möglicher Kriterien. Für die Leistungsmöglichkeiten des Rational-Choice-Ansatzes folgenreich sind nun vor allem diejenigen denkbaren Motive, die nicht einfach mit den genannten koexistieren oder vielleicht sogar konkurrieren, sondern die sie in schwer entschlüsselbarer Weise überformen können - also alles, was mit Moral und Ethik zu tun hat. Moralische Urteile schaffen ja nicht einfach eine weitere Sorte individueller Interessen, sondern sie können beispielsweise die vorhandenen Interessen zensieren. Das aber bringt große Anwendungsprobleme für den Ansatz mit sich. Wenn man Präferenzen zuläßt, die moralischen Gehalt haben, dann kann man nicht ausschließen, daß sich darunter auch solche befinden, die Urteile über die erlaubten

---

6   Vgl. ausführlicher ZINTL (1989).

Mittel der Verfolgung der gerade genannten "plausiblen Interessen" enthalten. Zwar kann man, wie oben schon gesagt, die strenge Zweck-Mittel-Separation, die für das Rationalitätskonzept zentral ist, auch hier pro forma aufrechterhalten.[7] Aber das ist nicht entscheidend: Unter den Anwendungsgesichtspunkten, die im Rahmen des Rational-Choice-Ansatzes ausschlaggebend sind, kommt es ja darauf an, was wir aus der Beschreibung der "objektiven", der äußeren Situation destillieren können. Nun aber müssen wir damit rechnen, daß unsere Situationsbeschreibungen in den Begriffen der "Interessen" unvollständige Abbilder der jeweiligen subjektiven Handlungssituationen sind; je größer das Gewicht der weniger direkt sichtbaren Situationsbestandteile ist, um so dürftiger sind die Resultate "sparsamer" Situationsbeschreibungen, die ja als die Stärke des Rational-Choice-Ansatzes gelten.[8]

In dieser Ausgangslage gibt es zunächst einmal zwei Möglichkeiten, Anwendungsprobleme auf sparsamste Weise zu lösen. Es handelt sich um die bekannten Maximal- und Minimalverwendungen des Rational-Choice-Instrumentariums: Maximalistisch ist die Radikalisierung der Uniformität in der Figur des homo oeconomicus, minimalistisch ist die Beschränkung auf reine Vorzeichenanalyse instrumenteller Aktivitäten im Aggregat.

Die Radikalisierung bzw. Absolutsetzung der Uniformität erfolgt durch die Ausblendung aller denkbaren Motive außer den genannten - der homo oeconomicus wird letztlich von seinen vegetativen Bedürfnissen beherrscht; sein Verstand dient ihnen, aber kommentiert sie nicht; er ist ein amoralischer und emotionsloser egoistischer Gelegenheitsausbeuter, der Regeln nur als ihm gegenüberstehende Bestandteile der Kostenstruktur seines Handlungsraumes erlebt; andere Menschen sind ihm Instrument oder auch Restriktion, aber sonst nichts. Dieser Typus (hier etwa: der Wähler, der Politik allein hinsichtlich ihrer Folgen für sein in Geldeinheiten gemessenes Einkommen beurteilt) ist theoretisch recht produktiv, er erzeugt jede Menge definitiver Aussagen auf der Basis einfachst zu ermittelnder Bestandteile der äußeren Situation. Diese Aussagen sind aber normalerweise falsch, sofern nicht der Handlungskontext

---

7 Allerdings nur mit Mühe. Ein begrifflich plausibles Modell rationalen und nicht grundsätzlich amoralischen Handelns ist eine komplexe Sache. Für die konzeptuellen Probleme vgl. die klassischen Formulierungen von ARROW (1967) und SEN (1977); zu den Anwendungsproblemen vgl. etwa HOLLIS (1992).
8 Für die resultierenden - echten und vermeintlichen - Anomalien vgl. etwa GÜTH/TIETZ (1990), THALER (1988), SELTEN (1991).

massiven Selektionsdruck auf die Akteure ausübt ("Hochkostensituationen"[9]). Und selbst hier sind sie durchaus problematisch.[10] Im allgemeinen Fall ist der homo oeconomicus eher als heuristisches Instrument und als skeptische Fiktion[11] brauchbar.

Die Vorzeichenanalyse andererseits folgt fast ohne zusätzliche Vorkehrungen aus dem Begriffsapparat, in dem ja Optimierung als marginale Anpassung an Eigenschaften der äußeren Situation gefaßt wird: Es ist zwar nicht grundsätzlich möglich zu sagen, welches Verhalten in einer gegebenen Situation "rational" ist, aber es sollte mindestens möglich sein, marginale Verhaltensänderungen aus marginalen Situationsänderungen zu prognostizieren - bei unterstellten Basismotiven, aber dem Betrachter ganz unbekannten konkreten Präferenzen (Stichwort: "fallende Nachfragekurve"). Da die Annahmen schwach sind, ist diese Sorte der rationalistischen Analyse immer möglich[12], aber sie führt nicht in jedem Zusammenhang gleichermaßen direkt zu operationalen Aussagen. Am günstigsten sind hier diejenigen Handlungskonstellationen, in denen man von separierbaren Entscheidungen sprechen kann, in denen also die Komponenten eines Aktivitätenbündels einzeln verändert werden können. Hier ist die Anwendung einfach und die Folgerungen sind klar, wie etwa die Analyse des Preismechanismus demonstriert. Wenn Entscheidungen dagegen nicht Komponenten separieren können, sondern komplette Bündel gegeneinander auszutauschen haben, müssen die Akteure einen mehr oder weniger großen Bilanzierungsaufwand treiben - und je größer der Aufwand für die Akteure selbst ist, umso weniger kann es für den Betrachter auf der Hand liegen, was sie rationalerweise tun werden.

Da die beiden Extreme überaus sparsam und daher leicht zu handhaben sind, werden sie oft verwendet und manchmal sogar mit dem Rational-Choice-Ansatz insgesamt gleichgesetzt. Ihre Grenzen - sie entfalten ja nicht in allen Kontexten die gleiche Leistung - erscheinen dann als die Grenzen des Ansatzes selbst. Wie schon die knappe Skizze zeigt, sind sie aber hochspezialisierte Formen des Rational-Choice-Ansatzes.

---

9 LATSIS (1987): "Single exit situations".
10 Die Bereitschaft zur Einhaltung von Spielregeln kann unter Berücksichtigung von Informationskosten niemals völlig endogenisiert werden, so daß moralische Dispositionen niemals ernsthaft als völlig irrelevant gedacht werden können. Vgl. KLIEMT (1987), WITT (1986).
11 BRENNAN/BUCHANAN (1985). Auch hier ist aber Vorsicht geboten: Vgl. SCHÜSSLER (1988), PIES (1993).
12 Das gilt auch für die Verfolgung anderer als materieller Ziele, soweit die jeweiligen Opportunitätskosten sich in materiellem Wohlergehen ausdrücken. Man kann zwar Moral nicht rationalistisch "erklären", aber man kann rationalistisch etwas darüber sagen, wann mehr oder weniger davon gezeigt wird.

Fruchtbarer erscheint die folgende Sichtweise: Es entspricht sicher der Logik des Ansatzes, gegebene Analysekontexte zunächst einmal daraufhin zu untersuchen, wie weit man mit den sparsamsten Anwendungsformen kommt. Wenn man nicht so weit kommt, wie man es sich erhofft hat, sollte man nicht gleich aufgeben, sondern untersuchen, ob es Möglichkeiten reicherer Situationsbeschreibungen gibt als nur in Begriffen von Basisbedürfnissen. Beispielsweise sind Beschreibungen, die geltende soziale Normen, kulturelle Traditionen usw. enthalten, sehr wohl als Rational-Choice-Beschreibungen zulässig - wenn die Normen als Bestandteile der Umwelt und nicht etwa als Bestandteile individueller Präferenzordnungen ermittelt werden.[13] Die Entscheidung darüber, wieviel Aufwand hier getrieben werden sollte, kann ganz "rational" gefällt werden - wenigstens im Prinzip: Solange der (theoretische) Grenzertrag noch mindestens so hoch ist wie der (deskriptive) Grenzaufwand, lohnen sich Anreicherungen der Beschreibung.

3. Wählen als Entscheidung

Nun zur Anwendung des Ansatzes auf Wählerverhalten. Wir haben eingangs das Interesse an "Kriterien der Wahlentscheidung" in zwei unterscheidbare Fragestellungen aufgeschlüsselt, in einen Komplex "Wählerverteilung" und einen Komplex "Wählerverhalten". Der erste Komplex enthält die Fragen nach den Bestimmungsgründen von Stimmenpotentialen, ihrer Stabilität und ihres Wandels, der zweite Komplex enthält die Fragen nach den Bestimmungsgründen der konkreten Wahlentscheidung. Wir haben auch bereits die Vorkehrungen getroffen, beide Themen auf der Grundlage individueller Entscheidungen zu fassen. Was wir nun konstruieren müssen, ist der Rahmen für die Aggregation - also müssen den je individuellen Situationen irgendwelche nicht-individuellen oder wenigstens nicht-idiosynkratischen Eigenschaften eingezogen werden, die dann aggregiert, bilanziert werden können.

Wir ersparen uns hierbei viel unnötigen Aufwand, wenn wir von Anfang an nicht nur die Nachfrageseite, also eben die Wählerschaft, ins Bild bringen, sondern auch die Anbieterseite, eben die konkurrierenden Parteien. Da sie konkurrieren, werden sie

---

13 Solche Beschreibungen setzen ein Handlungsmodell voraus, das Norminternalisierung zuläßt - das widerspricht dem Ansatz nicht; sie setzen ferner voraus, daß es eine Verteilung von Akteurstypen gibt, in der Norminternalisierer tatsächlich vorkommen - auch das widerspricht dem Ansatz nicht. Vgl. im einzelnen ZINTL (1993).

rationalerweise ihr Angebot in erfolgsträchtiger Weise an der Nachfrage ausrichten. Mit diesem Teil des Schumpeter/Downs-Arguments befinden wir uns auf sicherem Grund, da die Anbietersituation eine Hochkostensituation ist und deshalb die strenge Instrumentalisierung des Verhaltens erwartet werden kann. Die uns unbekannte Kriterien- und Präferenzenlandschaft, die das Elektorat den Parteien präsentiert, wird sich in deren Programmangebot folgendermaßen abbilden: Die Parteien werden dort, wo die Verteilung der Wählerwünsche einseitig ist, programmatisch konvergieren; sie können dort, wo das nicht der Fall ist, divergieren.[14] Die Unterscheidung von Positions- und Valenzissues[15], die zunächst nur eine Charakterisierung der Form der relevanten Meinungsverteilung enthält (einseitig oder polarisiert), wird unter dieser Annahme zu einer auch dem einzelnen Wähler unmittelbar sichtbaren Angelegenheit: Er sieht einige Issues, hinsichtlich derer alle Parteien einig sind, und er sieht einige Issues, über die sie streiten.

Eine einfache Darstellungsmöglichkeit dessen, was hieraus für die rationalistische Rekonstruktion der Potentiale der Parteien und der aktuellen Fluktuation folgt, bietet dann das räumliche Modell.[16] Es ist theoretisch unerheblich, ob man diese Darstellungsform bevorzugt oder nicht; entscheidend ist allerdings, daß das Distanzenmodell in die Klasse der zulässigen Interpretationen fällt - die Eigenschaften der Elemente dieser Klasse liegen ziemlich fest.

Für das Potential der Parteien gilt: Die Individuen verteilen sich über einen Raum, dessen Koordinatensystem von stabilen, also dauerhaft relevanten Positionsissues gebildet wird. Jedes Individuum ordnet den zur Wahl stehenden Parteien Positionen in diesem Raum zu. Am liebsten ist ihm im Prinzip die nächstliegende Partei, die es, falls nichts dazwischenkommt, auch wählen wird (falls es nicht eine subjektive Schwellenentfernung gibt und selbst die nächtgelegene Parteiposition noch jenseits der Schwelle liegt - in diesem Falle ist das Individuum zum Nichtwählen disponiert). Aufsummiert über das Elektorat ergeben sich hieraus die Stimmenpotentiale der Parteien.

---

14 Nur unter sehr starken Annahmen kann erwartet werden, daß diese Anpassung zugleich eine Konvergenz der Parteiprogramme bedeutet; selbst dann, wenn es so etwas wie einen Median der mehrdimensionalen Wählerverteilung geben sollte, was im allgemeinen nicht unterstellt werden kann, sind programmatische Unterschiede zwischen den Parteien plausibel. Für diese Konsequenz aus dem Unmöglichkeitstheorem von Arrow vgl. ORDESHOOK (1986: 71ff.); SCHWARTZ (1986: 68ff.); auch RIKER (1982).
15 Die Unterscheidung von Positions- und Valenzissues wurde zuerst von STOKES (1963) eingeführt; vgl. auch CONVERSE (1966).
16 Vgl. DAVIS/HINICH/ORDESHOOK (1970).

Valenzissues (und diesbezügliche Kompetenzurteile[17]) sollten demgegenüber keine Rolle für langfristige Stimmenpotentiale spielen.

Für die aktuelle Wahlentscheidung eines Individuums andererseits gilt: Die momentane Nähe oder Ferne zu einer Partei entscheidet sich zusätzlich nach einer Reihe von kurzfristig veränderlichen Situationsbestandteilen. Einige von diesen werden ganz persönlicher Natur sein und sind daher für den Rational-Choice-Ansatz grundsätzlich unzugänglich. Anders verhält es sich für diejenigen Situationsbestandteile, denen alle Wähler ausgesetzt sind. Hier können drei Gruppen unterschieden werden[18]:

(1) Eigenschaften und Verhaltensweisen von Kandidaten, die im Elektorat mehr oder weniger Vertrauen/Mißtrauen oder Sympathie/Antipathie erzeugen,

(2) neu aufkommende Positionsissues, die mit den schon vorhandenen Konfliktlinien nicht kongruente Konfliktlinien erzeugen, so daß die Stellungnahmen der Parteien notwendigerweise nicht für alle ihre Sympathisanten gleich annehmbar sind,

(3) Lageänderungen hinsichtlich Valenzissues.

Hierzu ist eine kurze Erläuterung angebracht, da angesichts programmatischer Konvergenz der Parteien ja nicht unmittelbar ersichtlich ist, woher Schwankungen in der Nähe oder Distanz hier überhaupt rühren sollten. Die Antwort lautet: Zwar gibt es keinen Dissens zwischen den Parteien, jedoch unterscheidet sich ihre Rolle - die regierende Partei wird vor allem nach der bestehenden Lage beurteilt, die Opposition vor allem nach ihrem Programm oder allenfalls danach, welche Erfahrungen man mit ihr gemacht hat. Die issue-spezifische Popularität der Regierung wird also bei (nahezu) allen Wählern mit dem gleichen Vorzeichen auf Zustandsveränderungen von Valenzissues reagieren; für alle Wähler wächst bei Lageverschlechterungen die Distanz zur Regierung, während die Distanz zur Opposition unberührt bleibt.[19] Diejenigen Wähler, für die diese Abstandsveränderungen zugleich einen Wechsel auf der nächstgelegenen Parteiposition bedeuten, ändern ihr Wahlverhalten. Die entsprechende Bewegungshypothese ist unter den Bezeichnungen "Belohnungs-/Bestrafungs-Hypothese" bzw. "Antiregierungs-Hypothese" geläufig.[20]

---

17 Unter rationalen politischen Wettbewerbern kann es stabile Kompetenzunterschiede dort nicht geben, wo es für Stimmenpotentiale folgenreich ist; unter rationalen Wählern gibt es keinen Grund für stabile Fehlperzeptionen.
18 Vgl. etwa FALTER/RATTINGER (1983).
19 Vgl. vor allem KIRCHGÄSSNER (1974). Für eine Diskussion und Kritik der speziellen von Kirchgässner gewählten Fassung (in der die Unterscheidung von Stamm- und Wechselwählern eine zentrale Rolle spielt) vgl. etwa RATTINGER (1980: 22ff.).
20 Die klassische empirische Untersuchung stammt von KRAMER (1971); für die theoretischen Grundlagen vgl. KRAMER (1983).

Die individuelle Wahlentscheidung ist das Resultat einer Bilanz über Kandidateneigenschaften, aktuelle Positionsissues, als dringlich erachtete Valenzissues. Es ist nun gut erkennbar, warum wir den Rational-Choice-Ansatz jedenfalls hier kaum zur theoretischen Bewältigung individuellen Verhaltens brauchen können - ex ante läßt sich über die Bilanz nicht viel sagen, ex post können wir sie zwar rationalistisch rekonstruieren, aber warum sollten wir? Auf der anderen Seite ist aber ebenso gut erkennbar, daß rationalistisch mikrofundierte Aggregataussagen sehr gut möglich sind: Fluktuationen des Wählerverhaltens sind Bilanzen solcher Bilanzen, deren Partialbeiträge wir bestens vorzeichenmäßig ermitteln können. Wir müssen nicht eruieren, was den einzelnen Wähler wann über welche Schwelle treibt. Wenn es eine Verteilung gibt, gibt es ex ante beschreibbare Reaktionen im Aggregat.

Vorsorglich müssen wir an dieser Stelle aber folgendes festhalten: Es ist klar (und zunächst nicht weiter aufregend), daß Bilanzpositionen, die miteinander begrifflich oder kausal strikt verknüpft sind, nicht als separate Positionen modelliert werden können. In einer bestimmten Konstellation hat das aber spezifische Folgen, die kurz erläutert werden sollen, da sie uns weiter unten noch beschäftigen werden: Wenn Valenzissues in Konkurrenz zueinander stehen, entsteht nicht etwa ein gemeinsames neues Valenzthema, sie neutralisieren einander auch nicht, sondern es entsteht ein Positionsissue mit speziellen Eigenschaften[21]: Angenommen, es bestehe ein trade-off zwischen zwei Issues, die je für sich unstrittig Valenzissues sind. Jeder Wähler zieht selbstverständlich mehr von beidem weniger von beidem vor, seine Auswahl muß er aber als Abwägung zwischen beiden Zielen treffen. Es hängt von der individuellen Prioritätensetzung (der impliziten "Position") des Wählers und von den Positionen der Parteien ab, ob ein Wähler angesichts ein und derselben wahrgenommenen Situationsveränderung mit Belohnung (für den besser gewordenen Teil) oder mit Bestrafung (für den schlechter gewordenen Teil) reagiert. In solchen Konstellationen wird die Belohnungs-/Bestrafungs-Hypothese nicht etwa widerlegt, sondern ihre Anwendungsbedingungen sind einfach nicht erfüllt; die in Frage kommende Hypothese ist vielmehr eine "Klientelen-Hypothese"[22] (die also mit der Belohnungs-Bestrafungs-Hypothese nicht etwa konkurriert). Als typisch positionenorientierte Hypothesen sind Klientelenhypothesen aber in ihrer konkreten Anwendung auf mehr als nur die sparsamste Situationsbeschreibung angewiesen: Mindestens die Positionen der Parteien müssen be-

---

21 Für eine detailliertere Darstellung auch der Konsequenzen vgl. ZINTL (1991: 220-225).
22 Z.B. RATTINGER (1985).

kannt sein, am besten auch die Verteilung des Elektorats. In der empirischen Anwendung ist es daher angezeigt, sich sorgfältig zu vergewissern, inwieweit die Anwendungsbedingungen der Partialbetrachtung erfüllt sind.

4. Situationsmerkmale und die Verteilung von Parteineigungen

Soweit die formale Seite. Nun zum Brückenbau, dem eigentlichen Thema von Rational Choice. Wir wollen es in zwei Schritten untersuchen - erst Wählerverteilung, dann -bewegung. Im ersten Schritt geht es darum, wie der Raum, über den die Wähler und die Parteien verteilt sind, zu dimensionieren ist. Gesucht sind also die wirksamen Positionsissues, und zwar diejenigen, die sich ex ante, von außen, ohne Ermittlung individueller Perzeptionen und Bewertungen benennen lassen.

Es ist leicht zu erkennen, daß wir nur einen ganz bestimmten Typus von Positionsisssues in dieser Weise identifizieren können: Nur diejenigen nämlich, die sich auf möglichst reine Instrumentalgrößen und deren Verteilung beziehen - kurz: "ökonomische Interessen". Zu nennen sind insbesondere die Themenbereiche Ordnungspolitik, sektorale und regionale Wirtschaftspolitik, schließlich Sozialpolitik. Das sind die Kriterien der individuellen Parteineigungen, die wir - der Logik des Ansatzes entsprechend - ex ante spezifizieren können. Der Katalog bedeutet nicht, daß aus dem Rational-Choice-Blickwinkel nur ökonomische Interessen als verhaltensrelevant erscheinen; die Behauptung ist lediglich, daß nur diese ohne jede zusätzliche Information über die Konstellation ins Bild gebracht werden können.

Nun war ja - aus begrifflichen Gründen - ohnehin nicht strittig, daß ökonomische Kriterien nur einen Teil der Geschichte erzählen. Dies hier nochmals zu zeigen, wäre überflüssig. Nicht überflüssig ist es dagegen, theoretisch zu klären, ob dieser Teil der Geschichte vielleicht der wesentliche Teil ist, und wenn nicht, warum nicht. Um das abschätzen zu können, wollen wir zunächst vom Grenzfall ausgehen, in dem die Beschreibung der Wählerschaft in Begriffen ihrer ökonomischen Interessen zugleich eine hinreichende Beschreibung der Parteienlandschaft verspricht. Zwei Bedingungen müssen hierzu erfüllt sein: Erstens müssen die ökonomischen Interessen eindeutig Lager definieren und dürfen nicht etwa selbst schon zu sich überschneidenden Konfliktlinien führen. Zweitens dürfen andere gesellschaftliche Konfliktstoffe kein vergleichbares Gewicht haben bzw. sie müssen, wenn sie Gewicht haben, selbst ökonomisch determiniert sein, also zu den gleichen Konfliktlinien führen wie der Verteilungskonflikt. In dem Maße, in dem diese Bedingungen erfüllt sind, gibt es definite gesellschaftliche Lager und eine dazu passende Landschaft von Klassenparteien.

Betrachten wir zunächst die erste Bedingung genauer. Man kann hier ohne Umschweife feststellen, daß die Bedingung in der oben eingeführten Form nirgendwo erfüllt sein wird: Niemals sind es die von außen dingfest zu machenden Interessen allein, die Konfliktlinien festlegen, immer müssen Wahrnehmungen hinzutreten. Wenn aber Wahrnehmungen eine Rolle spielen, liegt nichts mehr einfach fest, sondern Konfliktlinien können nur als Ergebnisse des Zusammentreffens von "objektiven" Gegebenheiten einerseits und aktiven Umgangs mit ihnen andererseits angesehen werden - von Prozessen der Diskussion, der Manipulation, der Koalitionsbildung. Was wir vorfinden, ist pfadabhängig und instabil[23]: Die Konkurrenz der Parteien besteht nicht eigentlich darin, sich in ihrem Ideologieangebot möglichst stimmenträchtig an eine vorhandene Interessenlandschaft anzuschmiegen, sondern vielmehr darin, bestehende Koalitionen aufzubrechen und aus den Bruchstücken neue Koalitionen zu bilden. Auch "objektiv" naheliegende Koalitionen müssen nicht im Angebot auftauchen, und wenn sie im Angebot sind, müssen sie nicht überzeugen - die Theorien, die die Wähler verwenden, um ihre Interessen zu definieren, werden kaum jemals unmittelbar überprüft und können ziemlich idiosynkratisch ausfallen.[24] Selbst dann also, wenn ökonomische Interessen die dominanten Bestimmungsgründe politischer Sympathien und Antipathien sind, können wir aus Rational-Choice-Argumenten weder die dazu passende Parteienlandschaft ableiten, noch können wir, bei gegebener Parteienlandschaft, unmittelbar von Merkmalen der objektiven ökonomischen Konstellation auf Parteieigungen und ihre Verteilung schließen.

Nun zur zweiten Bedingung. Die entscheidende Frage ist hier, ob es einen situativen Druck gibt, der zur Ausfilterung anderer als ökonomischer Gesichtspunkte führt. Das ist nicht der Fall. Es gibt zwar keinen Grund, daran zu zweifeln, daß alles, was das Einkommen nachhaltig berührt, als ernste Sache gilt. Es ist also auch plausibel, daß Individuen dort, wo politische Entscheidungen unmittelbare und spürbare Ein-

---

23 Diese Instabilität gehört in den Umkreis des Arrowschen Unmöglichkeitstheorems. Insbesondere Riker hat sich bemüht, die Relevanz des Theorems historisch zu demonstrieren; vgl. RIKER (1982).
24 Vgl. hier vor allem SCHENK (1987).

kommensfolgen haben, entsprechende politische Präferenzen entwickeln. Es wäre aber unangebracht, deshalb den politischen Kontext als Hochkostenkontext anzusehen; eher ist das Gegenteil der Fall - was man tut und wen man wählt, hat eben keine unmittelbaren Einkommensfolgen und wird auch nicht so erlebt. Es gibt weder einen eindeutigen situativen Druck, bestimmte Interessen zum Entscheidungskriterium zu machen, noch einen Druck, Interessen vor ethisch begründete Urteile zu setzen. Die politische Arena ist viel eher ein Kontext, in dem man seinen nicht-egoistischen Präferenzen noch vergleichsweise preisgünstig Ausdruck verleihen kann. Im Grenzfall - wenn hinsichtlich der ökonomischen Interessen überhaupt nichts auf dem Spiel steht oder zu stehen scheint - stehen nur noch die allgemeineren "Meinungen" als Entscheidungskriterien zur Verfügung.[25] Es ist durchaus plausibel, daß es angesichts der Informationsprobleme eher Verzerrungen zugunsten der "Meinungen" als zugunsten der "Interessen" gibt, gewissermaßen die Flucht ins Prinzipielle.

Soweit es um die Verwendung des Rational-Choice-Ansatzes zum Zwecke der Identifikation dessen geht, was die Wähler- und Parteienlandschaft determiniert, ist also eher Zurückhaltung angezeigt: Insgesamt gilt, daß zwischen die objektiven Lageindikatoren und die individuellen Urteile ein unangenehm großes Maß an "Theorie" und "Moral" tritt. Die "objektiv" gegebenen Bestimmungsgründe sind nicht nur lediglich ein Ausschnitt, sondern sie sind in sich viel "weicher" als zunächst scheinen mochte. Das aber bedeutet: Wenn wir hier nicht auf die Verwendung des Rational-Choice-Ansatzes insgesamt verzichten wollen, müssen wir uns darauf einlassen, weniger sparsame Situationsbeschreibungen zu verwenden. Bevor wir die hier bestehenden Möglichkeiten näher betrachten, müssen wir erst noch das zweite Teilthema, Wählerbewegungen, ebenfalls daraufhin untersuchen, was sparsamste Situationsbeschreibungen leisten können.

5. Situationsmerkmale und Wählerbewegungen

Es ist zu erwarten, daß wir es hier leichter haben, da Bewegung genau das ist, was die Marginalanalyse anvisiert - und dort haben wir ja festgestellt, daß die Voraussetzungen schwächer sind. Was wir brauchen, ist ex ante und ohne Ermittlung der individuellen Präferenzen erhältliche Information darüber, wie sich die "Qualität" oder

---

25 Vgl. für Untersuchungen zur "soziotropischen" Komponente des Wahlverhaltens etwa FELDMAN (1985) und allgemeiner VAUGHN (1988).

die relativen "Kosten" eines bewerteten Gegenstandes verändert haben. Für die drei oben eingeführten Sorten von Bestimmungsgründen kurzfristiger Bewegungen - neue Positionsissues, Kandidateneffekte, Veränderungen des Zustandes hinsichtlich wichtiger Valenzissues - gilt folgendes:

Positionsissues: Wenn neue Streitfragen sich nahtlos in das bereits existierende Raster von Streitfragen einfügen, erwarten wir keine Effekte (unterstellt, daß die Parteien rational genug sind, nicht mutwillig inkonsistente Positionen zu beziehen). Wenn aber, so der Umkehrschluß, nur diejenigen neuen Streitfragen Effekte haben, die quer zum etablierten Raster der Parteipositionen und der hieran orientierten Wählerverteilung liegen, dann können wir ohne jede Information über die (neuen) Parteipositionen und die entsprechende Wählerverteilung nichts über Bewegungsrichtungen sagen; wir können nur die Art ihrer Wirkungen innerhalb des Begriffsrahmens charakterisieren: Neue und zugleich kurzlebige Streitfragen führen zu Turbulenzen ohne programmatische Folgen (der permanente Zustrom solcher Streitfragen führt zu permanenter, aber nicht weiter analysierbarer Instabilität des Wählerverhaltens); neue und zugleich langlebige Streitfragen induzieren Programmanpassungen und gegebenenfalls Realignment.

Kandidateneffekte: Ein Teil dieser Effekte wird positionaler Natur sein; hier gilt in entsprechender Anpassung das gerade Gesagte. Wenn ein Kandidat Eigenschaften hat, an denen sich die Geister scheiden, die aber mit dem sonstigen Profil der Partei kompatibel sind, erwarten wir wiederum keine (oder allenfalls mobilisierende) Effekte; wenn solche Bezüge nicht bestehen, sind wir auf spezifische Information über Wählerreaktionen angewiesen.[26] Ein anderer Teil dieser Effekte hingegen berührt Valenzfragen, und hinsichtlich der hier zuzuordnenden Kandidateneigenschaften ist es durchaus möglich, ex ante über Bewegungsrichtungen zu sprechen. Solche Eigenschaften sind alle diejenigen Eigenschaften, von denen abhängt, ob ein Kandidat auch tatsächlich das bringen wird, was man von ihm erwartet - etwa Glaubwürdigkeit, Zuverlässigkeit, Kompetenz, auch Gesundheit. Stellt sich ein Kandidat im Wahlkampf als korrupt heraus, so schadet das unter rationalen Wählern unbedingt aus instrumentellen Gründen (für einige sicher auch aus ethischen Gründen - aber das dürfen wir nicht

---

26 Im Unterschied zu inhaltlichen Streitfragen, zu denen die Parteien ja explizit Stellung nehmen, sind hier aber Inkonsistenzen - "Pannen" - nicht auszuschließen, bei deren Auftreten wir negative Effekte erwarten - etwa der homosexuelle Kandidat einer konservativen Partei.

einfach unterstellen). Damit sind wir bereits beim dritten und theoretisch gewichtigsten Teil:

Valenzissues: Auch hier gibt es einen kontingenten Anteil, über den man ohne empirische Information nichts sagen kann (islamischer Fundamentalismus ist in Westeuropa ein Valenzissue, in Algerien oder der Türkei aber eine Streitfrage). Ein erheblicher und theoretisch bedeutsamer Teil aber läßt sich gut ex ante und mit Allgemeinheitsanspruch identifizieren. Das gilt vor allem für ökonomische Variablen (Wirtschaftswachstum, Beschäftigungsniveau, Preisstabilität), aber beispielsweise auch für die öffentliche Ordnung oder die Zuverlässigkeit der Verwaltung. In all diesen Fällen ist es nicht eine kontingente Einseitigkeit der Präferenzen, die man zugrundelegt (etwa daß in einem bestimmten Land zu einem bestimmten Zeitpunkt mehr Leute Lust auf Ordnung als auf Unordnung haben), sondern der instrumentelle Charakter der Themen: Was immer die konkreten Präferenzen der Individuen sein mögen - für die allermeisten Individuen wird gelten, daß sie ihre Ziele umso besser verfolgen können, je besser ihre wirtschaftliche Lage, je berechenbarer die Administration, je sicherer die Straßen sind usw.

Hier haben wir nun wirklich das Material in der Hand, das wir für die ideale Rational-Choice-Anwendung brauchen - die situationslogisch identifizierten Bestimmungsgründe für Wählerbewegungen, an denen keine an Machterhalt oder Machterwerb interessierte Partei vorbeigehen kann und die daher immer zu den Kriterien politischer Entscheidungen zählen werden, was auch immer ansonsten wichtig sein mag.

Zu klären ist noch das oben angesprochene Problem möglicher trade-offs. Unter den fiktiven Bedingungen vollkommener Information könnten wir dieses Problem sauber eingrenzen: Die Existenz von trade-offs wäre ein empirisch ermittelbarer und ermittelter Tatbestand, die Wähler und die Parteien hätten ihre Positionen; der Betrachter müßte die betroffenen Issues aus dem Katalog der Valenzissues herausnehmen und sie stattdessen unter die Positionsfragen einordnen, könnte aber für die verbleibenden Valenzfragen getrost verfahren wie gehabt. Unter realen Informationsbedingungen kommt man so nicht davon.

Zunächst einmal ist die Existenz eines trade-offs nicht einfach gegeben oder nicht, sondern immer eine fehlbare und daher bestreitbare Behauptung, also theorieabhängig. Selbst so klassische trade-offs wie der zwischen den unbestrittenen Valenzissues Vollbeschäftigung und Preisniveaustabilität[27] oder der zwischen "Staatsverantwortung" und "individueller Initiative"[28] sind nicht unumstritten. Und auch dann, wenn ein trade-off im Prinzip unumstritten ist, liegt die konkrete Diagnose damit noch nicht fest. Man kann beispielsweise darüber streiten, ob man sich tatsächlich schon in einer Situation befindet, in der Gewinne hier mit Verlusten dort unweigerlich bezahlt werden müssen, oder ob nicht noch Ineffizienzen existieren, die "kostenlos" beseitigt werden können. Nun folgt hieraus aber nicht etwa als Problem, daß die Wähler sich ihre höchstpersönlichen trade-offs selbst zusammenreimen können - hier könnte man noch hoffen, daß unterschiedliche Idiosynkrasien sich gegenseitig herausmendeln, so daß auf Aggregatebene immer noch Vorzeichenhypothesen möglich wären. Vielmehr gilt, daß die konkurrierenden Parteien Anreize haben, unterschiedliche Diagnosen zu präsentieren, die aus der Asymmetrie ihrer Positionen resultieren - die Regierungsmehrheit ist schon "belohnt" und muß nun vor allem "Strafe" vermeiden; die Opposition ist schon "bestraft" und muß sehen, wie sie an die "Belohnung" kommt. Eine Regierung wird daher dazu neigen, zahlreiche trade-offs zu identifizieren, und sie wird strikt auf der Diagnose beharren, daß man allerorten schon auf der Linie sei, wo nichts mehr ohne Opportunitätskosten verbessert werden kann. Sie wird, anders ausgedrückt, die Anzahl der Valenzissues, die sie ja vor allem als potentiell gefährlich wahrnimmt, so weit wie möglich reduzieren. Die Opposition wird sparsamer mit der Anerkennung von trade-offs umgehen, und sie wird dort, wo sie ihre Existenz grundsätzlich einräumt, strikt darauf beharren, daß man noch lange nicht auf der Linie sei, wo man schmerzhafte Prioritäten setzen muß. Sie wird, anders ausgedrückt, die Anzahl der Valenzissues, die sie ja vor allem als potentiell profitabel wahrnimmt, so weit wie möglich zu erhöhen versuchen. Was die Wähler glauben bzw. welche Wähler wem glauben, wird u.a. von ihren Parteieigungen abhängen.

Es wäre sicher überzogen, nun die Verwendung von Valenzissues in der Erkärung von Wählerbewegungen für unmöglich zu erklären. Wir sehen jedoch, daß selbst hier, in der besten denkbaren Anwendungskonstellation für die Rational-Choice-Modellierung des Wählerverhaltens, die Erwartung, aus Beschreibungen der äußeren Situation allein definitive Verhaltensprognosen destillieren zu können, zu optimistisch ist.

---

27   Explizit modelliert etwa bei KIEWIET (1983: 129ff.).
28   BUDGE/FAIRLIE (1983: 28ff.).

6. Notwendigkeit und Möglichkeit nichtminimaler Situationsbeschreibungen

Wenn die Überlegungen der letzten beiden Abschnitte zutreffen, dann sind Anwendungen des Rational Choice-Ansatzes, die objektive Indikatoren direkt mit Wahlverhalten verknüpfen, nur sehr eingeschränkt möglich und mit benennbaren Fehlerrisiken behaftet. Widerlegungen solcher Sätze sind von zweifelhafter Rückwirkung auf den Ansatz. Auch der Umkehrschluß ist eindeutig: Die Leistungsfähigkeit des Ansatzes für die theoretische Durchdringung des Wahlverhaltens ist nicht so offensichtlich wie für andere Anwendungsfelder, in denen ein deutlicherer Selektionsdruck auf den Akteuren lastet. Insoweit resultiert aus den bisherigen Überlegungen zunächst einmal Skepsis.

Andererseits enthalten diese Überlegungen aber auch den Hinweis darauf, wie der Rational-Choice-Ansatz auch hier mit Gewinn anwendbar gemacht werden kann: Es ist zwar ein Resultat der Betrachtung, daß es keine guten theoretischen Gründe dafür gibt, daß Eigenschaften der "objektiven" Situation unmittelbar auf das Wählerverhalten durchschlagen sollten; wir haben gesehen, daß sich "Theorien" und "Moral" kräftig dazwischendrängen. Zugleich aber haben wir auch gesehen, daß es gute theoretische Gründe dafür gibt, daß die individuellen Theorien und Bewertungen nicht monadenhaft, idiosynkratisch, inkommensurabel sind. Die gerade herausgestellten Spielräume der Deutung liegen ja nicht brach, sondern werden besetzt. Die Theorien, die die Wähler verwenden, um den Raum zu dimensionieren und um Valenzissues in Beziehung oder Nichtbeziehung zu setzen, brüten sie nicht im stillen Kämmerlein aus. Vielmehr werden die Theorien öffentlich angeboten, eben von den konkurrierenden Politikern.

Das aber ist es, was wiederum die Möglichkeit eröffnet, ansatzkonform (also situationsdeterministisch) zu verfahren. Zwar sind die wirklich minimalen Situationsbeschreibungen, wie sie etwa in der Ökonomie bisweilen verwendbar sind, hier zu schmal. Wir sind aber nicht gezwungen, an ihre Stelle gleich den sehr hohen Aufwand der Erforschung des Wähler-Innenlebens zu setzen. Vielmehr können wir auf zusätzliche situative Information zurückgreifen - im kurzfristigen Kontext etwa auf Parteiprogramme, Themen der öffentlichen Kommunikation, im langfristigen Kontext etwa Traditionen, Kultur, Cleavages. All das ist "externe Situation", nicht "Innenleben" der Akteure.

Sicher sind Situationsbeschreibungen, in denen Tatbestände wie die gerade genannten berücksichtigt werden, nicht mehr so sparsam und möglicherweise auch nicht so elegant wie die zunächst ins Auge gefaßten minimalen Beschreibungen. Aber das ist kein Argument in der Sache: Wenn man den Situationsdeterminismus des Rational-Choice-Ansatzes ernst nimmt, dann muß man auch in Kauf nehmen, daß es vom Situationstypus abhängt, ob es überhaupt Situationseigenschaften gibt, die eine eindeutige Handlungslogik produzieren, und, falls es sie gibt, welche Eigenschaften das sind. Es gibt keinen Grund, daß Wählerverhalten sich auf der Grundlage der gleichen Situationsbestandteile analysieren lassen sollte wie etwa Konsumentenverhalten auf Konsumgütermärkten oder gar wie Anbieterverhalten in Konkurrenzsituationen.

7. Ergebnis

Zwei Konsequenzen können aus den hier angestellten Überlegungen gezogen werden - eine, die ein Urteil über den Rational-Choice-Ansatz als Instrument der Theoriebildung darstellt, und eine, die die unmittelbaren Folgen für die Theoriebildung betrifft. Zum Instrument kann gesagt werden: Der Rational-Choice-Ansatz setzt zwar an raum-zeit-unabhängigen menschlichen Eigenschaften an, eben an inhaltlich unbestimmter Rationalität, aber er führt keineswegs unter allen Umständen zur Formulierung von raum- und zeit-invarianten Gesetzen menschlichen Verhaltens. Vielleicht ist die folgende Charakterisierung angemessen: Der Ansatz liefert zunächst einmal ein allgemeines und nicht raum-zeit-gebundenes Raster für die Theoriebildung, das aber nicht selbst als überprüfbare Theorie angesehen werden sollte. Dieses Raster erlaubt es, zu identifizieren, welche Determinanten von Prozessen als streng generell wirksam und welche Determinanten als pfadabhängig, kulturabhängig etc. anzusehen sind. Je nach der Verteilung der Gewichte zwischen den beiden Sorten von Determinanten in einer untersuchten Konstellation kann die auf dieser Basis gebildete jeweilige Theorie dann eher als strikt allgemeine Theorie oder als historisch etc. eingebundene Theorie formuliert werden. Nur im Extremfall kann der Rational-Choice-Ansatz in sparsamster Weise zur Theoriebildung verwendet werden.

Zur Theorie: Die hier angestellten Überlegungen, die eigentlich nur einige begriffliche Probleme klären, haben mittelbare theoretische Konsequenzen für die "ökonomische Theorie der Demokratie", die als eine klassische Anwendung des Rational-Choice-Ansatzes gelten kann. In dieser Theorie wird zu recht betont, daß auch im politischen Wettbewerb rationale Anbieter sich möglichst perfekt auf die Nachfrage einstellen. Allzu oft wird aber auch die Nachfrageseite so modelliert, als sei auch sie strikt determiniert, eben durch "Interessen". Auf diese Weise entsteht ein geschlossenes Bild, deterministisch und ziemlich düster.[29] Wie wir aber sahen, gibt es keinen guten theoretischen Grund, solche Geschlossenheit aus dem rationalistischen Entwurf zu folgern. Wenn die Nachfrage Freiheitsgrade hat, werden auch die Angebotseigenschaften weniger definit. Die intensive Skepsis, die oft ein Erkennungszeichen von rationalistischen Politikrekonstruktionen ist, mag gute oder weniger gute Gründe haben - aus dem rationalistischen Ansatz selbst folgt sie nicht.

---

29 Es genügt der Hinweis auf OLSON (1985) und die in seinem Gefolge florierende rent-seeking-Schule.

Literatur

ARROW, Kenneth J. 1967: The Place of Moral Obligation in Preference Systems, in: HOOK, Sidney (Hrsg.): Human Values and Economic Policy. New York: New York University Press, S. 117-119.

BAIGENT, Nick 1992: Deliberation and Rational Choice, in: HOLLIS, Martin/VOSSENKUHL, Wilhelm (Hrsg.): Moralische Entscheidung und rationale Wahl, München: Oldenbourg, S. 75-84.

BRENNAN, Geoffrey/BUCHANAN, James M. 1985: The Reason of Rules. Constitutional Political Economy, Cambridge: Cambridge University Press.

BUDGE, Ian/FAIRLIE, Dennis J. 1983: Explaining and Predicting Elections, London: Allen-Unwin.

CONVERSE, Philip E. 1966: The Problem of Party Distances in Models of Voting Change, in: JENNINGS, M. Kent/ZEIGLER, Harmon, (Hrsg.): The Electoral Process, Englewood Cliffs: Prentice Hall, S. 175-207.

DAVIS, Otto A./HINICH, Melvin J./ORDESHOOK, Peter C. 1970: An Expository Development of a Mathematical Model of the Electoral Process, in: American Political Science Review 64, S. 426-448.

FALTER, Jürgen W./RATTINGER, Hans 1983: Parteien, Kandidaten und politische Streitfragen bei der Bundestagswahl 1980: Möglichkeiten und Grenzen der Normal-Vote-Analyse, in: KAASE, Max/KLINGEMANN, Hans-Dieter (Hrsg.): Wahlen und politisches System, Opladen: Westdeutscher Verlag, S. 320-421.

FELDMAN, Stanley 1985: Economic Self-Interest and the Vote: Evidence and Meaning, in: EULAU, Heinz/LEWIS-BECK, Michael S. (Hrsg.): Economic Conditions and Electoral Outcomes: The United States and Europe, New York: Agathon Press, S. 144-166.

GÜTH, Werner/TIETZ, Reinhard 1990: Ultimatum Bargaining Behavior. A Survey and Comparison of Experimental Results, in: Journal of Economic Psychology, 11, S. 417-449.

HOLLIS, Martin 1992: Honour Among Thieves, in: HOLLIS, Martin/VOSSENKUHL, Wilhelm (Hrsg.): Moralische Entscheidung und rationale Wahl, München: Oldenbourg, S. 115-131.

KAHNEMAN, Daniel/KNETSCH Jack L./THALER, Richard H. 1991: Anomalies. The Endowment Effect, Loss Aversion, and Status Quo Bias, in: Journal of Economic Perspectives, 5, S. 193-206.

KIEWIET, D. Roderick 1983: Macroeconomics and Micropolitics, Chicago: University of Chicago Press.

KIRCHGÄSSNER, Gebhard 1974: Ökonometrische Untersuchungen des Einflusses der Wirtschaftslage auf die Popularität der Parteien, in: Schweizerische Zeitschrift für Volkswirtschaft und Statistik, 110, S. 409-445.

KIRCHGÄSSNER, Gebhard 1988: Die neue Welt der Ökonomie, in: Analyse & Kritik, 10, S. 107-137.

KIRCHGÄSSNER, Gebhard 1991: Homo Oeconomicus, Tübingen: Mohr.

KLIEMT, Hartmut 1987: The Reason of Rules and the Rule of Reason, in: Critica, 19, S. 43-86.

KRAMER, Gerald H. 1971: Short-Term Fluctuations in U.S. Voting Behavior, 1896-1964, in: American Political Science Review, 65, S. 131-143.

KRAMER, Gerald H. 1983: The Ecological Fallacy Revisited: Aggregate- versus Individual-Level Findings on Economics and Elections, and Sociotropic Voting, in: American Political Science Review, 77, S. 92-111.

LATSIS, Spiro J. 1976: A Research Programme in Economics, in: ders. (Hrsg.): Method and Appraisal in Economics, Cambridge: Cambridge University Press, S. 1-41.

OLSON, Mancur 1985: Aufstieg und Niedergang von Nationen, Tübingen: Mohr.

ORDESHOOK, Peter C. 1986: Game Theory and Political Theory. An Introduction, Cambridge: Cambridge University Press.

PIES, Ingo 1993: Normative Institutionenökonomik. Zur Rationalisierung des politischen Liberalismus, Tübingen: Mohr.

RATTINGER, Hans 1980: Wirtschaftliche Konjunktur und politische Wahlen in der Bundesrepublik Deutschland, Berlin: Duncker & Humblot.

RATTINGER, Hans 1985: Allgemeine und persönliche wirtschaftliche Lage als Bestimmungsfaktoren politischen Verhaltens bei der Bundestagswahl 1983, in: OBERNDÖRFER, Dieter/RATTINGER, Hans/SCHMITT, Karl (Hrsg.): Wirtschaftlicher Wandel, religiöser Wandel und Wertwandel, Berlin: Duncker & Humblot, S. 183-218.

RIKER, William H., 1982: Liberalism against Populism. A Confrontation between the Theory of Democracy and the Theory of Social Choice, San Francisco: Freeman.

SCHENK, Robert E. 1987: Altruism as a Source of Self-Interested Behavior, in: Public Choice, 53, S. 187-192.

SCHUESSLER, Rolf 1988: Der homo oeconomicus als skeptische Fiktion, in: Kölner Zeitschrift für Soziologie und Sozialpsychologie, 40, S. 47-463.

SCHWARTZ, Thomas 1986: The Logic of Collective Choice, New York: Columbia University Press.

SELTEN, Reinhard 1991: Evolution, Learning, and Economic Behavior, in: Games and Economic Behavior, 3, S. 3-24.

SEN, Amartya K. 1977: Rational Fools: A Critique of the Behavioural Foundations of Economic Theory, in: Philosophy and Public Affairs, 6, S. 317-344.

STOKES, Donald E. 1963: Spatial Models of Party Competition, in: American Political Science Review, 57, S. 368-377.

THALER, Richard H. 1988: Anomalies. The Ultimatum Game, in: Journal of Economic Perspectives, 2, S. 195-206.

VAUGHN, Karen I. 1988: The Limits of Homo Economicus in Public Choice and in Political Philosophy, in: Analyse & Kritik, 10, S. 161-180.

WITT, Ulrich 1986: Evolution and Stability of Cooperation without Enforceable Contracts, in: Kyklos, 39, S. 245-266.

ZINTL, Reinhard 1989: Der homo oeconomicus: Ausnahmeerscheinung in jeder Situation oder Jedermann in Ausnahmesituationen? in: Analyse & Kritik, 11, S. 52-69.

ZINTL, Reinhard 1991: Wahlsoziologie und individualistische Theorie - der ökonomische Ansatz als Instrument der Mikrofundierung von Aggregatanalysen, in: ESSER, Hartmut/TROITZSCH, Klaus G. (Hrsg.): Modellierung sozialer Prozesse. Neuere Ansätze und Überlegungen zur soziologischen Theoriebildung, Bonn: Informationszentrum Sozialwissenschaften, S. 205-234.

ZINTL, Reinhard 1993: Kooperation kollektiver Akteure - zum Informationsgehalt angewandter Spieltheorie, in: NIDA-RÜMELIN, Julian/WESSELS, Ursula (Hrsg.): Praktische Rationalität, München: De Gruyter. Im Erscheinen.

Siegfried Schumann

Total Design - Einmal anders:
Überlegungen zum Ablauf mündlicher Befragungen

1. Einleitung und Problemstellung

Wohl jeder Primärforscher hat, falls er die von seinem Umfrageinstitut gelieferten Daten genauer untersuchte, dort schon die einen oder anderen "Merkwürdigkeiten" entdeckt. So verjüngen sich in aller Regel bei Panelbefragungen einige Personen zwischen zwei Befragungszeitpunkten, finden sich logisch unvereinbare Antwortkombinationen und vieles mehr. Solche Fehler werden immer auftreten, da nie ganz ausgeschlossen werden kann, daß ein Interviewer "in der Hitze des Gefechts" eine falsche Eintragung macht oder der Befragte falsche Antworten gibt. Treten solche Fehler selten und *zufällig* auf, so können sie i.d.R. als "rosa Rauschen" betrachtet, auf "Missing" gesetzt und ansonsten ignoriert werden. Klumpen sie jedoch bei den Befragten ein und derselben Interviewer, so liegt der Verdacht auf *systematische* Fehler nahe. Derartige Fehler sollten natürlich entweder von vornherein vermieden oder zumindest erkannt und die entsprechenden Fragebogen aus dem Datensatz entfernt werden. Hierzu später mehr.

Die Suche nach solchen Merkwürdigkeiten ist, sofern sie nicht von Anfang an in den Untersuchungsablauf eingeplant und vorbereitet ist, eine recht zeitaufwendige Sache. Sollten sie bei einzelnen Befragten bzw. Interviewern gehäuft auftreten, dürften ferner in vielen Fällen im nachhinein geführte Verhandlungen zwischen dem Forscher und seinem Befragungsinstitut über die daraus zu ziehenden Konsequenzen für beide Seiten unerfreulich sein. Aus diesem Grund werden nachfolgend Überlegungen vorgestellt, die erstens dem Forscher durch einen minimalen zeitlichen und finanziellen Aufwand ein Maximum an Kontrolle der Feldarbeit ermöglichen und ihm zweitens Richtlinien an die Hand geben, den Vertrag mit dem von ihm beauftragten Umfrageinstitut in seinem Sinne zu gestalten. Insbesondere kann bereits vor Vertragsabschluß überlegt und festgelegt werden, was im Falle sich häufender Fehler zu geschehen hat.

Daneben werden in den Überlegungen ganz allgemein Vorschläge gemacht, Fehler, Pannen und unnötigen Arbeitsaufwand zu vermeiden.

Als Beispiel soll eine "typische" Befragung dienen. Hierzu sei eine allgemeine Bevölkerungsumfrage mit 1000 Interviews angenommen, bei der die Befragten über das ADM-Mastersample, random walk und einen Schwedenschlüssel für die Auswahl des Zielhaushalts (Etage des Zielhaushalts und Zielhaushalt unter allen Haushalten der Etage) sowie der Zielperson innerhalb des Zielhaushalts (nach ihrem Alter) ausgewählt werden. Es wird weiter angenommen, daß der Fragebogen auch offen gestellte Fragen beinhaltet und daß der Interviewer bei geschlossenen Fragen die Antworten im Fragebogen dokumentiert, also kringelt, anstreicht o.ä..

Ziel der Überlegungen ist es wie gesagt, möglichst umfassend Fehler, die vom Forscher oder vom Institut bzw. von dessen Interviewern gemacht werden können, aufzuzeigen und Tips dafür zu geben, solche Fehler zu vermeiden oder sie zumindest im Nachhinein festzustellen. Dabei wird, insbesondere was die Interviewer (und deren Institute) betrifft, von einer worst-case-Situation ausgegangen, d.h. ihnen wird zunächst einmal unterstellt, alle denkbaren Fehler zu machen - was nicht heißen soll, daß diese Situation in jedem Fall gegeben ist. So kann man Interviewern sicherlich nicht generell unterstellen, ihre Interviews ganz oder teilweise unkorrekt durchzuführen oder sie gar völlig zu fälschen, leider lassen sich aber ebenso sicher immer wieder einzelne derartige Fälle nachweisen. Generell basieren die hier ausgeführten Überlegungen keineswegs auf reinen Gedankenspielen.

Es treten nachweislich immer wieder durch Interviewer verursachte systematische Fehler und Verzerrungen auf, wobei die Systematik im Bestreben der betreffenden Interviewer, ihren Aufwand für die Durchführung von Interviews zu minimieren, besteht. Dies geschieht ggf. durch bewußte Regelverletzungen sowohl bei der Auswahl des Zielhaushalts bzw. der dort zu befragenden Person als auch bei der Durchführung der Interviews selbst. Beispielsweise ist, was die Auswahl betrifft, an einem heißen Sommertag für einen Interviewer die Versuchung groß, nicht wie in der Random-Walk-Anweisung gefordert nach links in eine steil bergauf führende Straße einzubiegen, an der offensichtlich nur in großem Abstand vereinzelte Häuser liegen, sondern stattdessen "versehentlich" nach rechts Richtung Ortsmitte, wo Haus an Haus steht, die Wege also kurz sind - und obendrein Schatten herrscht. Wenn im Zielhaushalt niemand anzutreffen ist, ist es natürlich viel praktischer, "versehentlich" im nächsten Haushalt ein Interview durchzuführen (sofern dort ein Interviewpartner zur Verfügung steht) als erneut anzureisen oder später sein Glück noch einmal zu versuchen. Vergleichbares gilt, wenn im Zielhaushalt zwar jemand öffnet, die Zielperson jedoch nicht anwesend ist und eigentlich eine erneute Anreise nach Terminabsprache nötig wäre. Als zusätzliche (und am wenigsten aufwendige) Option kann in diesem Fall auch "versehentlich" die gerade anwesende Person interviewt werden. Eine interessante Variante der Auswahlverfälschung stellt auch das Vorgehen solcher Interviewer dar, die sich sozusagen "Stamminterviewte" heranziehen. Das Verfahren ist einfach und, bei mangelhafter Feldkontrolle, sehr effektiv: man merkt sich leicht zu erreichende und leicht zu interviewende Befragte und interviewt sie in regelmäßigen Abständen immer wieder. Kommt dann z.B. ein Forscher auf die Idee, auf eigene Faust telefonische Nachkontrollen durchzuführen, erhält er zu seiner großen Verblüffung Kommentare wie sinngemäß, "... welches Interview meinen Sie denn? Herr XY kommt öfter bei mir vorbei und interviewt mich!". Den Gipfel von "systematischen Auswahlfehlern" stellen Interviews dar, die gar nicht geführt wurden, sprich: Fragebogen, die vom Interviewer selbst an dessen Küchentisch ausgefüllt wurden. Damit ist nun endgültig der minimale Aufwand erreicht, der vom Interviewer geleistet werden muß, um ein "Interview" vorweisen zu können und sich dieses auch bezahlen zu lassen. Auch dieser Extremfall ist mitnichten ein Hirngespinst. Bei schlechter Kontrolle der Feldarbeit kann es dem Forscher durchaus passieren, daß er einen Samplepoint besucht, dort die Adressen der "Interviewten" aufsucht und von allen gleichlautend erfährt, sie seien nicht interviewt worden und die angeblich interviewte Person existiere nicht im Haushalt.

Neben solchen "Auswahlfehlern" tritt eine zweite Art von Fehlern immer wieder auf, indem Interviewpartner zwar möglicherweise durchaus korrekt ausgewählt wurden, das Interview selbst aber nicht ordnungsgemäß durchgeführt wurde. Ziel ist in diesem Fall die Zeitersparnis, also das "Abkürzen" von Interviews. Hierzu bieten sich eine ganze Reihe von Möglichkeiten. Zum Beispiel kann man sich das Vorlegen von Antwortlisten sparen und die betreffende Frage (entsprechend umformuliert) nur mündlich stellen, "schwierige" und damit zeitaufwendige Fragen weglassen und später inhaltlich selbst ausfüllen bzw. "Antwortverweigerung" eintragen oder auch durch absichtliche "Filterfehler" lästige, d.h. lange und schwer zu beantwortende Fragenblocks "umschiffen". Beliebt ist es auch, bei offenen Fragen nicht etwa wie gefordert wörtlich die Antwort des Befragten zu notiern, sondern ein kurzes Schlagwort. Der Forscher verliert dadurch wichtige Informationen, der Interviewer jedoch gewinnt deutlich an Zeit.

Soviel zu Fehlern, die durch bewußte Manipulationen seitens der Interviewer entstehen können. Aber auch die Umfrageinstitute selbst haben zumindest theoretisch die Möglichkeit, zu ihren Gunsten zu manipulieren, und es ist nicht auszuschließen, daß einige schwarze Schafe unter ihnen hiervon auch Gebrauch machen. Nehmen wir an, laut ADM-Mastersample sei ein bestimmter Ort als Samplepoint ausgewählt. Das Befragungsinstitut hat aber dort keinen Interviewer zur Verfügung, sondern nur in einem 30 km davon entfernten Nachbarort. Also müßten Reisekosten für diesen nächstgelegenen Interviewer erstattet werden, und zwar mehrmals, falls mehrere Anreisen zur Durchführung der Interviews nötig sind. Solche Kosten summieren sich schnell. Sie können allerdings vermieden werden, wenn die Samplepoints einfach unter dem Gesichtspunkt der Verfügbarkeit von Interviewern ausgetauscht werden - was normalerweise niemandem auffallen wird, da die Samplepoints der eingesetzten Netze dem Auftraggeber in der Regel nicht bekannt sind.

Es braucht nicht weiter erläutert werden, daß, in die Tat umgesetzt, die bisher angesprochenen Manipulationen die Qualität der erhobenen Daten nachhaltig beeinträchtigen. Wenig Aufmerksamkeit wurde allerdings bislang Techniken der Erkennung und, falls möglich, der Vermeidung solcher Unkorrektheiten geschenkt. Dies ist um so verwunderlicher, als entsprechende Vorkehrungen mit sehr wenig Aufwand getroffen werden können - sofern alle Schritte einer Befragung entsprechend angelegt sind. Hiermit wird sich dieser Artikel schwerpunktmäßig beschäftigen. Daneben werden noch, insbesondere für den ersten größeren Arbeitsschritt, die Fragebogenkonstruktion, praktische Tips gegeben, durch ganz kleine, wenig aufwendige Maßnahmen die Datenqualität zu erhöhen bzw. Qualitätseinbußen zu verhindern. Nun zu den Maßnahmen, die dem Auftraggeber einer Umfrage innerhalb der einzelnen Arbeitsschritte - von der Fragebogengestaltung bis hin zur Kontrolle des fertigen Datensatzes - zur Verfügung stehen:

2. Maßnahmen im Rahmen der Fragebogengestaltung

2.a Im Fragebogen ist vom Interviewer *vor* Beginn der Befragung anzugeben, im wievielten Haus in der Reihenfolge seines "random walk" (analog zur Zählung in seiner Anweisung) das Interview stattfindet.

Das Eintragen der "random-route-Nummer" dient als "Startinformation" dazu, bei einer Nachbefragung in Verbindung mit den Angaben des Befragten und den Anweisungen des Schwedenschlüssels feststellen zu können, auf welchem Stockwerk und in welchem Haushalt des Stockwerks das Interview ordnungsgemäß stattfinden müßte. Wenn auch das Alter der einzelnen Haushaltsmitglieder erfragt wird, ist anhand der Daten aus der Nachbefragung zusätzlich feststellbar, ob die richtige Person innerhalb des Haushalts befragt wurde.

Ein frei erfundenes Beispiel könnte etwa so aussehen: Da sich der Zielhaushalt nach Angaben des Interviewers im 5. Haus seiner random-route befindet (random-route-Nummer = 5) und der Befragte bei der schriftlichen Nachbefragung angibt, das Haus habe drei *Stockwerke* ergibt sich aus dem Schwedenschlüssel, daß der Zielhaushalt beim 5. Haus und drei Stockwerken *unter den Haushalten des zweiten Stockwerks* auszuwählen ist. Der Befragte gibt in der Nachbefragung zusätzlich an, daß sich *auf diesem Stockwerk vier Haushalte* befinden. Nach dem Schwedenschlüssel muß bei vier Haushalten im zweiten Stock der *erste Haushalt* (in der Zählweise der Anweisung) ausgewählt werden. Mit vier entsprechenden Kontrollfragen an den Befragten kann damit, falls dieser keine falschen Angaben macht, geprüft werden, ob das richtige Stockwerk und dort der richtige Haushalt für die Befragung ausgewählt wurde. Bei der Nachbefragung hat der Interviewte beispielsweise ferner angegeben, daß *in seinem Haushalt zwei Personen* leben, nämlich er (mit 35 Jahren) und eine 37-jährige Frau. Nach dem Schwedenschlüssel ist bei zwei Personen im ersten Haushalt die *erste Person* in der (aufsteigenden) Reihenfolge ihres Alters, also der Mann mit 35 Jahren, zu befragen. In Verbindung mit den Angaben für das Alter des Befragten und ggf. seiner Mitbewohner ist damit feststellbar, ob die richtige Person innerhalb des Haushalts ausgewählt wurde (es sei denn, zwei gleichaltrige Personen kommen als Zielperson in Frage). Oder anders gesagt: Mit einer handvoll kurzer Fragen ist bei einer Nachbefragung bis auf einen einzigen Punkt die korrekte Auswahl der Zielperson nachzuvollziehen. Die Ausnahme stellt die korrekte Auswahl des Hauses, in dem die Befragung stattfindet, dar. Das Eintragen der "random-route-Nummer" sollte am Beginn des Interviews stattfinden, um ermüdungsbedingte Fehler bei dieser zentralen Frage zu vermeiden.

2.b Im Fragebogen wird (im Anschluß an das Interview) vom Interviewer verlangt, einzutragen, ob er gleich beim "ersten Personenkontakt" die zu befragende Person interviewen konnte oder ob er vorher einen Termin vereinbaren mußte.

Erstens kann damit allein anhand des Fragebogens maschinell geprüft werden, ob der Interviewer überdurchschnittlich häufig seine Befragten beim ersten Mal bereits antrifft (was ein gewisses Indiz für die Neigung ist, die gerade anwesende und nicht die nach dem Schwedenschlüssel geforderte Person zu befragen). Zweitens ergibt sich ein Anhaltspunkt dafür, ob der Interviewer das Haus für die Befragung korrekt ausgewählt hat. Einer der Gründe für eine bewußt falsche Auswahl des Hauses kann nämlich sein, daß im richtigen Haus beim ersten Anlauf niemand angetroffen wird. Um eine erneute Anreise zu vermeiden, wird "ersatzweise" im Nebenhaus o.ä., wo jemand anwesend ist, die betreffende Person befragt. Diese Befragung erfolgt dann logischerweise beim ersten Kontakt. Der Interviewer hat jetzt zwei Möglichkeiten: Entweder er berichtet dies auch, dann erhöht sich mit der Anzahl solcher "Auswahlfehler" auch die Gefahr, über eine maschinelle Prüfung (s.o.) entdeckt zu werden. Oder er macht eine falsche Angabe - das aber kommt bei einer Nachbefragung seines Interviewpartners ans Licht, wenn die Angaben von Interviewer und Befragtem nicht übereinstimmen.

2.c Bei einer Paneluntersuchung werden Geburtsjahr, Geschlecht und ggf. weitere, zeitlich i.d.R. konstante Merkmale wie z.B. Schulabschluß, Konfession oder die Gewerkschaftsmitgliedschaft in *jeder* Welle abgefragt.

Damit können Veränderungen über die Panelwellen festgestellt werden. Sie sind in vielen Fällen darauf zurückzuführen, daß eine falsche Person befragt wurde.

2.d Vor oder nach dem Interview wird vom Interviewer das Datum der Befragung in den Fragebogen eingetragen.

Dies ist schon aus methodischen Gründen ratsam. Treten während der Feldzeit überraschende Ereignisse auf (z.B. Falklandkrieg, Tschernobyl), die sich auf die Befragung auswirken könnten, so ist es in jedem Fall nützlich zu wissen, ob ein Interview vor oder nach einem solchen Ereignis stattgefunden hat. Daneben läßt sich wieder im Rahmen einer Nachbefragung prüfen, ob die Angabe des Interviewers mit der des Befragten übereinstimmt. Treten bei einem Interviewer gehäuft Abweichungen auf, so ist dieses Phänomen genau so erklärungsbedürftig wie die nachfolgend angesprochenen Abweichungen hinsichtlich der Uhrzeit.

2.e Ganz am Anfang des Fragebogens wird der Interviewer aufgefordert, die Uhrzeit (Startzeit) einzutragen. Unmittelbar nach der letzten Antwort des Befragten wird der Interviewer erneut aufgefordert, *sofort* die Uhrzeit (= Ende des Interviews) einzutragen. Zusätzlich wird er gefragt, ob Unterbrechungen des Interviews vorkamen, wie viele es waren und wie lange sie ggf. insgesamt gedauert haben. Zur Feststellung der Dauer der Unterbrechung steht in der Intervieweranweisung, daß bei Unterbrechungen handschriftlich an der betreffenden Stelle im Fragebogen Beginn und Ende der Unterbrechung (Uhrzeit) festzuhalten sind. Nach dem Interview addiert der Interviewer ggf. die Unterbrechungszeiten und trägt sie (in Minuten) bei der entsprechenden Frage am Ende des Fragebogens ein. Die handschriftlichen Einträge *verbleiben* als Dokumentierung im Fragebogen, werden also nicht nachträglich ausradiert o.ä..

Das Eintragen der Uhrzeit am Beginn und am Ende des Interviews ist ein sehr einfaches Verfahren, verläßliche Angaben über die Interviewdauer zu bekommen. Erinnerungs- und Rechenfehler des Interviewers, wie sie beim Abfragen der "Interviewdauer" am Schluß der Befragung auftreten können, werden damit vermieden.

Die Zeit, die ein Interview bei korrekter Durchführung mindestens in Anspruch nimmt, kann im Pretest abgeschätzt und mit der tatsächlichen Interviewzeit verglichen werden. Zu kurze Interviewzeiten stellen einen Hinweis darauf dar, daß das Interview nicht korrekt durchgeführt wurde.

Auch für sich allein genommen ergibt sich aus den Uhrzeiten, zu denen ein Interviewer seine Befragungen durchführt, ein gewisser Anhaltspunkt dafür, ob er korrekt gearbeitet hat oder nicht. So ist es z.B. unwahrscheinlich, daß er alle seine Befragten, auch die berufstätigen, in den frühen Nachmittagsstunden angetroffen hat. Es könnte z.B. eine Kontrollvariable gebildet werden, die normalerweise den Wert "0" hat, bei Befragten jedoch, die voll berufstätig sind und vor 16 Uhr befragt wurden, den Wert "1" zugewiesen bekommt. Näheres zur Verwendung solcher Kontrollvariablen weiter unten (bei "Prüfung des Datensatzes").

Im Rahmen einer Nachbefragung kann gegebenenfalls festgestellt werden, ob sich die Angabe des Interviewers bezüglich der Uhrzeit im Großen und Ganzen mit der Angabe des Befragten deckt. Es gibt m.E. bei einem ordnungsgemäß durchgeführten Interview keinen vernünftigen Grund dafür, daß die Angaben des Interviewers in mehreren Fällen nicht mit den Angaben des Befragten übereinstimmen sollten. Ist dies dennoch der Fall, so besteht Erklärungsbedarf für dieses Phänomen. Häufen sich solche Fälle bei einem Interviewer, so könnte das bedeuten, daß der Interviewer alle seine Interviews zu einer ihm genehmen Zeit (z.B. vormittags) durchgeführt und dabei grundsätzlich nicht die vom Schwedenschlüssel geforderte, sondern die erstbeste erreichbare Person im Haushalt befragt hat - und dabei bestimmte Personengruppen (in diesem Beispiel voll Berufstätige) nicht erreichte. Um hierdurch nicht aufzufallen, könnte er dann einigen Interviewten das Merkmal "voll berufstätig" zugeschrieben und als Interviewzeit eine hierfür sinnvolle Zeit, also z.B. die Abendstunden, angegeben haben.

Interviewunterbrechungen müssen natürlich dokumentiert werden, schon um sie gegebenenfalls von der (Brutto-) Interviewzeit subtrahieren zu können. Um nicht im Datensatz zu viele in der Regel unbesetzte Stellen zu erhalten, wird nur *eine* diesbezügliche Angabe, nämlich die vom Interviewer aufaddierte Unterbrechungszeit, maschinell aufgenommen. Der Forscher erhält jedoch für den Fall, daß ihn solche Unterbrechungszeiten besonders interessieren (z.B. wenn sich für die Interviewzeit unplausible Angaben ergeben), eine lückenlose - wenn auch handschriftliche - Dokumentation im Fragebogen. Aus diesem Grund dürfen die entsprechenden Eintragungen auch nicht nachträglich wieder entfernt werden.

2.f Wenn eine Liste vorzulegen ist, werden die Antwortcodes (Zahlencodes) nur in der Liste, nicht aber im Fragebogen des Interviewers gelabelt. Dort werden nur unkommentierte Zahlencodes aufgeführt.

Damit vermeidet man erstens Pannen der Form, daß die Zahlen im Fragebogen und auf der Antwortliste nicht übereinstimmen und zweitens kann man mit einem kleinen Trick unzuverlässig arbeitende Interviewer überführen: indem man nämlich nicht alle Zahlencodes im Fragebogen tatsächlich auch auf der Liste mit Labels (Antworten) besetzt. Werden im Fragebogen dann Codes angekreuzt, die nicht auf der Liste stehen, ist das kein gutes Zeichen für die Gewissenhaftigkeit des Interviewers.

Drittens schließlich stellt es für unzuverlässig arbeitende Interviewer eine große Versuchung dar, das Interview abzukürzen, indem im Fragebogen einfach die Kategorie "weiß nicht" angekreuzt wird, ohne dem Befragten die Liste vorzulegen und die betreffende Frage tatsächlich zu stellen. Eine derartige Manipulation ist im Nachhinein kaum mehr nachzuweisen, zumal sich durch die "neutrale" Antwort auch keine inhaltlichen Widersprüche mit anderen Antworten ergeben können. Sie bringt für den Interviewer allerdings nur dann den gewünschten Erfolg, wenn die Antwort "weiß nicht" *in seinem Fragebogen* steht und dem entsprechenden Zahlencode zugeordnet ist. Ist "weiß nicht" jedoch nur auf der Antwortliste einem Zahlencode zugeordnet, so muß er auf jeden Fall die Liste hervorholen und betrachten, was bereits einen Teil der Zeitersparnis zunichte macht. Ferner wäre es dem Befragten gegenüber ein sehr auffälliges (und damit potentiell in Nachkontrollen des Instituts erfragbares) Verhalten, eine Liste hervorzuholen, sie zu betrachten und dann, ohne eine Frage zu stellen, im Fragebogen eine Eintragung vorzunehmen.

2.g Bei Listenvorgaben werden zu Testzwecken unter den Antwort-Zahlencodes im Fragebogen auch solche aufgeführt, die auf der Liste unbesetzt sind (s.o.). Sinnvoll wäre es in diesem Zusammenhang, bei Fragen, die mit nur einer Stelle eingelesen werden (was normalerweise den Regelfall darstellt) generell eine einheitliche Liste mit den Werten "0" bis "9" oder ähnliche vorzugeben, auch wenn nicht alle zehn möglichen Antwortcodes besetzt sind. Damit würde unter diesem

Aspekt *jede* Frage mit weniger als zehn Antworten gleichzeitig zu einer Prüfvariablen.

Mit diesem Vorgehen werden Fehler sichtbar, die eindeutig zu Lasten des Interviewers gehen, es sei denn, der Befragte erfindet Zahlencodes, die auf der ihm vorliegenden Liste nicht vorkommen - was sehr unwahrscheinlich ist und zumindest bei ein- und demselben Interviewer höchstens bei einem seiner Befragten, wenn überhaupt, vorkommen sollte. Mögliche Fehlerquellen wären unkonzentriertes Arbeiten, die Verwendung falscher, z.b. von der vorherigen Frage liegengebliebener Listen oder, bei der Abfrage von Parteien, das Nichtvorlegen der Antwortliste (Zeitersparnis!), sondern statt dessen die mündliche Abfrage der Partei und das Ankreuzen des vom Institut üblicherweise verwendeten Standardcodes für die vom Befragten genannte Partei, auch wenn dieser nicht mit dem Code auf der Antwortliste übereinstimmt usw.. Allerdings braucht die Ursachenforschung nicht Sache des Auftraggebers einer Umfrage zu sein. Für ihn reicht es gegebenenfalls festzustellen, daß Fehleintragungen gemacht wurden - und das ist mit dem oben beschriebenen Verfahren mit minimalem Aufwand und ohne eine Verlängerung der Interviewzeit zu prüfen. Erfahrungsgemäß klumpen solche Fehler deutlich bei den Befragten einzelner Interviewer.

2.h Bei Listenvorgaben für Variablen wie Beruf, Wahlabsicht usw., bei denen die Nummer der Antwortvorgabe nicht mit zur Interpretation von Fragen herangezogen wird (wie z.B. bei Skalometern), wird die Nummerierung nicht aufsteigend, sondern willkürlich gewählt.

Dies hat einerseits den methodischen Vorteil, daß in die Frage nichts unbeabsichtigterweise hineininterpretiert wird (z.B. steigender "Wert" des Schulabschlusses in der Vorgabereihenfolge Hauptschulabschluß, Realschulabschluß, Abitur) und andererseits verliert der Interviewer leichter den Überblick darüber, welche Zahlencodes besetzt sind und welche nicht (s.o.). Damit entsteht ein zusätzlicher Druck, vorzulegende Listen auch wirklich vorzulegen und nicht zur Zeitersparnis die Angaben mündlich abzufragen.

Ein gewisser Nachteil dieses Verfahrens besteht darin, daß die Daten vor Beginn der Analysen entweder aus optischen Gründen (Vermeidung von "Besetzungslücken") oder auch aus inhaltlichen (z.B. einheitlicher Code für ein und dieselbe Partei in allen betreffenden Fragen) recodiert werden müssen. Dies kostet den Forscher einige Stunden Arbeit, sollte aber m.E. in Kauf genommen werden, um die Datenqualität zu erhöhen - zumal vor der Datenanalyse in der Regel ohnehin Recodierungen vorgenommen werden müssen. Bei Skalometerfragen z.B. sind i.d.R. in den Rohdaten inhaltlich "hohe" Werte durch kleine Zahlencodes repräsentiert, was für Analysen ungünstig ist, bei "ja"/"nein"-Antworten hat oft "nein" den höheren Zahlencode und nicht "ja", was bei Berechnungen sinnvoller wäre u.v.m.

2.i Bei einigen Fragen werden plausibel klingende, aber unsinnige Antwortalternativen vorgegeben.

Solche Antworten sind meist ohne großen Aufwand an ohnehin vorzugebende Fragen anzuhängen. Wird z.B. nach dem Namen des SPD-Parteivorsitzenden gefragt und vier Politikernamen zur Auswahl vorgegeben, kann ohne weiteres ein fünfter Name wie "Hahnauer", der unter den Spitzenpolitikern nicht vorkommt, mit vorgegeben werden. Mitunter läßt sich dann das erstaunliche Phänomen feststellen, daß solche Antworten natürlich nur extrem selten vorkommen, daß bei einem oder zwei Interviewern aber alle oder fast alle Befragten "Hahnauer" für den SPD-Parteivorsitzenden halten. Da die Befragten ordnungsgemäß nach Zufall ausgewählt werden, ist eine solche Konzentration auf einen Interviewer ausgesprochen unwahrscheinlich und ein Indiz dafür, daß diese Frage von ein und derselben (falsch informierten) Person, nämlich vom Interviewer, beantwortet wurde.

2.j Der fertige Fragebogen wird abschließend daraufhin durchgesehen, ob es Fragenpaare gibt, die entweder (a) nicht unmittelbar aufeinanderfolgen oder (b) zwar aufeinander folgen, sich jedoch in den Augen des Befragten nicht unmittelbar aufeinander beziehen, und bei denen sich bestimmte Antwortkombinationen gegenseitig ausschließen oder zumindest sehr unwahrscheinlich sind. Falls nicht, könnte man überlegen, geeignete bereits vorhandene Fragen um jeweils eine Kontrollfrage zu ergänzen.

Damit hat man später bei der Prüfung der Daten die Möglichkeit, Interviewer bzw. Befragte zu ermitteln, bei denen sich miteinander unvereinbare Antwortkombinationen häufen. Bei Wählerstudien wird z.b. häufig an unterschiedlichen Stellen im Fragebogen zum einen nach der Partei, die man wählen würde, wenn heute Wahlsonntag wäre, gefragt und zum anderen nach den Parteien, die für eine Wahl überhaupt nicht in Betracht kommen. Häufen sich bei einem Interviewer Befragte, welche diejenige Partei wählen würden, die für eine Wahl unter gar keinen Umständen in Betracht kommt, dann ist das analog zum oben Gesagten ein Hinweis darauf, daß der Interviewer zumindest eine der Fragen selbst ausgefüllt hat - ohne auf die Zusammenhänge zu achten.

Oder ein anderes simples Prüfungsbeispiel: Wird für verschiedene Parteien hintereinander erhoben, wie sehr sie der Befragte als "links" bzw. "rechts" einschätzt, so kann man sich leicht diejenigen Befragten heraussuchen, welche die CDU als "linker" als die Grünen einschätzen. Auch diese Antwortkombination ist selbstverständlich denkbar selten, bei einigen Interviewern können jedoch durchaus bemerkenswerte Klumpungen auftreten.

2.k Bei offenen Fragen wird die Antwort keinesfalls vom Interviewer, sondern vom Befragten eingetragen - es sei denn, der Befragte besteht von sich aus auf einem Eintrag durch den Interviewer, was dann im Frageboden entsprechend vermerkt wird (Interviewer-Frage). Falls der Interviewer genötigt wird, die Antwort einzutragen, wird er explizit darauf hingewiesen, daß der *Wortlaut* der Antwort *unverändert* festzuhalten ist.

Man sollte sich vergegenwärtigen: die Abfrage und Dokumentation offen formulierter Fragen ist für den Interviewer sehr aufwendig und die Versuchung daher groß, das Verfahren "abzukürzen". So verringert sich z.B. die Schreibarbeit deutlich, wenn er statt der Antwort "wir sollten mehr Achtung vor der Natur und der Umwelt haben, die uns von Gott anvertraut ist und ohne die wir nicht leben können" nur "Umweltschutz" einträgt. Außerdem verringert sich damit die "Gefahr", daß dem Befragten während der durch die Schreibarbeit des Interviewers bedingten Zwangspause noch ein Zusatz zu seiner Antwort einfällt, den der Interviewer dann zusätzlich auch noch zu protokollieren hat. Bei einem Eintrag durch den Befragten selbst ist man dagegen sicher, wirklich die Antwort des Befragten und nicht eine "Übersetzung" oder "Codierung" durch den Interviewer zu erhalten. Die Interviewer-Frage erlaubt weiter eine maschinelle Feststellung derjenigen Interviewer, die deutlich überdurchschnittlich oft zum Antworteintrag "genötigt" werden - was ein gewisses Indiz dafür ist, daß der Interviewer die Antwort von sich aus einträgt, ohne sich zu bemühen, einen Eintrag durch den Befragten (der Zeit kostet) zu erhalten.

2.1 Offene Fragen werden vom Forscher vercodet.

Offene Fragen werden dann gestellt, wenn sich die möglichen Antworten nicht in einige wenige vorgebbare Kategorien fassen lassen (ansonsten wäre eine geschlossene Frage angebrachter). Das Codierungsschema sollte sehr fein gegliedert sein, um wirklich alle Aspekte der Antwort möglichst vollständig zu erfassen und um auch *nachträglich* maschinell je nach Fragestellung unterschiedliche Zusammenfassungen der Kategorien zu ermöglichen. Die Entwicklung eines solchen Codesystems ist sehr aufwendig und kann kaum vom Befragungsinstitut geleistet werden. Entsprechend aufwendig ist auch die Codierung der offenen Fragen selbst. Um sicherzustellen, daß nicht zu guter Letzt bei der Codierung doch noch aus "wir sollten mehr Achtung vor der Natur ..." usw. der "Umweltschutz" wird (s.o.) ist es ratsam, die Codierung selbst vorzunehmen.

Technisch gibt es hier zwei praktikable Grund-Lösungen - neben einigen Varianten davon. Zum einen können die Codes für die Antworten auf die offenen Fragen, wie sie im Fragebogen eingetragen sind, zusammen mit der Befragtennummer vom Forscher in eine Datei eingetragen werden. Diese Datei wird dann anhand der Befragtennummer mit der vom Institut gelieferten Datei verschmolzen, so daß jedem Befragten die Codes für seine offenen Antworten zugeordnet werden. *Achtung*: bei diesem Verfahren werden erfahrungsgemäß in einer Reihe von Fällen falsche Befragtennummern vergeben, die vor einer Verschmelzung der Dateien korrigiert werden müssen. Diese Korrekturen sind sehr zeitaufwendig. Besser ist daher die zweite Methode: Die offenen Antworten werden vom Befragten nicht in den Fragebogen, sondern auf einem Beiblatt eingetragen. Auf diesem Beiblatt ist bereits vom Institut die richtige Befragtennummer eingetragen. Ferner sind die Eintragefelder für die Codes der offenen Antworten vorgesehen. Der Forscher erhält für die Vercodung vorab nur die Beiblätter vom Institut, trägt die Codes ein und schickt die ausgefüllten Blätter ans Institut zurück. Dort werden sie eingelesen und der entsprechende Datensatz an den Forscher zurückgesandt. Dieser Datensatz kann nun mühelos mit dem Hauptdatensatz verbunden werden. Die "Beiblatt-Version" hat den zusätzlichen Vorteil, daß die Erstellung des Datensatzes im Institut und die Codierung der offenen Fragen beim Forscher zeitlich parallel durchgeführt werden können, da sie völlig voneinander unabhängig sind.

Um Codierungsfehler bei offenen Antworten zu vermeiden, ist zu überlegen, ob die Codierungen nicht von jeweils zwei Personen unabhängig voneinander vorgenommen und die Ergebnisse anschließend verglichen werden sollten. Bei nicht übereinstimmenden Codes müßte dann noch einmal die Originalantwort herausgesucht und der Fehler korrigiert bzw. in Zweifelsfällen sich für einen der Codes entschieden werden. Da dieses Verfahren extrem aufwendig ist, sollte allerdings in jedem einzelnen Fall sehr genau überlegt werden, ob Kosten und Nutzen hierbei in einem vertretbaren Verhältnis stehen.

2.m Normalerweise hat der Interviewer an irgend einer Stelle im Fragebogen etwas handschriftlich einzutragen. Falls dies nicht zutrifft, sollten dann, wenn im Fragebogen auch Antworten auf offene Fragen einzutragen sind, an anderer Stelle zusätzlich handschriftliche Eintragungen des Interviewers gefordert werden - etwa am Schluß im demographischen Teil (z.B. Name des Wohnorts und genaue Berufsbezeichnung incl. "Hausfrau" etc.).

Der Interviewer kann leicht in Versuchung geraten, das Interview durch einen persönlichen Eintrag zu verkürzen (s.o.). Dieses Vorgehen wird durch die Möglichkeit des Schriftenvergleichs zwar nicht ausgeschlossen, aber sicherlich entweder aufgedeckt oder zumindest erschwert (durch den Zwang zum Verstellen der Handschrift bei immer noch hoher Aufdeckungsgefahr).

2.n Der Interviewer wird spätestens auf dem Deckblatt des Fragebogens bzw. zu Beginn des Interviews schriftlich darauf aufmerksam gemacht, daß sowohl die Auswahl der Zielpersonen als auch das Interview selbst stichprobenartig nachkontrolliert werden.

Die Feststellung stichprobenartiger Kontrollen sollte auch den weniger zuverlässigen Interviewern klarmachen, daß das Nichteinhalten der Anweisungen in der vorliegenden Untersuchung mit einem besonders hohen Risiko behaftet ist und sie gut daran tun, sich an sie zu halten.

2.o. Sowohl die Interviewernummer als auch die Befragtennummer sind deutlich sichtbar auf dem *Deckblatt* des Fragebogens einzutragen.

Dies erleichtert gegebenenfalls das Sortieren der Fragebogen sowie das Auffinden einzelner Fragebogen zu Kontrollzwecken. Der Punkt klingt zwar banal, aber jeder, der schon einmal versucht hat, einen bestimmten Fragebogen aus 2000 Stück herauszusuchen, wird es zu schätzen wissen, wenn er hierfür nicht bis zu 2000 Mal eine bestimmte Seite in den Fragebogen, auf der die Nummer steht, suchen muß.

2.p Das "Alter" wird im Fragebogen grundsätzlich über das "Geburtsjahr" abgefragt.

Die Befragten irren sich erfahrungsgemäß in manchen Fällen bezüglich ihres genauen Alters, so gut wie nie dagegen bezüglich ihres Geburtsjahres.

Ferner ist bei Panelbefragungen leicht prüfbar, ob sich das Geburtsjahr einer Person verändert hat oder nicht. Würde statt dessen das "Alter" erfragt, könnte sich dieses z.B. bei zwei Panelwellen, die ein Jahr auseinander liegen, überhaupt nicht, um ein oder um zwei Jahre nach oben hin verändert haben - je nachdem, wann die exakten Befragungszeitpunkte waren. In eine Prüfung der Altersveränderung müßten also die exakten Zeitpunkte der Interviews miteinbezogen werden, was die Sache unnötigerweise komplizieren würde.

2.q Werden im Fragebogen Strichcodes oder ähnliches eingetragen und diese dann später maschinell gelesen, so wird auf dem Fragebogen für den Interviewer deutlich sichtbar vermerkt, daß er mit einem *weichen* Bleistift auszufüllen ist und daß bei Verwendung eines harten Bleistiftes der Fragebogen vom Institut nicht angenommen wird.

Ein entsprechender Passus wird in den Vertrag aufgenommen. Mit einem harten Bleistift ausgefüllte Fragebogen werden vom Forscher grundsätzlich nicht angenommen. Der Hintergrund: bei solchen Fragebogen treten erfahrungsgemäß Lesefehler auf. Sie müßten also vom Forscher allesamt vollständig auf Lesefehler hin geprüft werden, auch wenn das Institut beteuern sollte, bei ihrem Lesegerät träten solche Fehler nicht auf. Aus der Sicht des Forschers, der einen Auftrag zu vergeben hat, ist jedoch nicht einzusehen, gegebenenfalls einen derartigen Aufwand zu betreiben - zumal es für das Intstitut kein unüberwindliches Problem darstellen sollte, bei ihren Interviewern die Verwendung einer bestimmten Bleistiftsorte durchzusetzen.

2.r Im Fragebogen wird die Gemeindekennziffer (GKZ) des Befragungsortes angegeben.

Dies ist in den meisten Fällen schon deshalb sinnvoll, weil sich über die Gemeindekennziffer eine Fülle weiterer statistischer Angaben aus amtlichen Erhebungen, vom Ausländeranteil über das Wahlergebnis bis zur Wohnfläche pro Einwohner, dem Steueraufkommen u.v.m., über den Befragungsort dem einzelnen Interview zuordnen lassen. Hierdurch werden Mehrebenenanalysen mit den unterschiedlichsten Zielsetzungen (z.B. auch im Rahmen von Sekundäranalysen) durchführbar.

Weiter erhält der Forscher eine Dokumentation der Befragungsorte. Er kann so prüfen, ob die Befragungsorte tatsächlich mit denen "seines" ADM-Mastersamples übereinstimmen und er kann prüfen, ob ein Interviewer seine Befragungen auch in ein und demselben Ort durchgeführt hat - was bei der random-walk-Methode zu erwarten wäre.

3. Maßnahmen im Rahmen des Pretests

Ein Pretest wird nicht nur wie üblich vom Institut, sondern auch vom Auftraggeber durchgeführt. Danach wird insbesondere festgelegt, wie lange ein korrekt durchgeführtes Interview mindestens dauern muß.

Ohne großen Aufwand ist folgendes Verfahren möglich: Studenten, die mit dem Fragebogen vertraut sind, interviewen "zur Probe" andere Studenten, die den Fragebogen ebenfalls kennen. Dabei soll das Interview zwar korrekt durchgeführt, die Antworten aber möglichst zügig gegeben sowie etwaige Rückfragen und Anmerkungen bis auf ganz gravierende Fälle während des Interviews unterlassen und für "danach" aufgehoben werden. Werden auf diese Weise etwa 10-20 Interviews durchgeführt, sollte eine Schätzung möglich sein, wie lange das Interview unter diesen besonders günstigen Umständen dauert. Auch ein Interviewer wird diese Befragungszeit nicht wesentlich unterbieten können, zumal seine Befragten mit dem Fragebogen nicht vertraut sein können. Somit liegt ein Schätzwert für die minimale Interviewzeit im Feld vor.

4. Maßnahmen im Rahmen einer Nachbegehung

4.a Der Forscher erhält vor Feldbeginn vom Institut *alle* ausgewählten Samplepoints (am besten inclusive deren Gemeindekennziffer), die jeweiligen Startpunkte und die vollständige Begehungsanweisung (incl. Schwedenschlüssel etc.) - so, wie sie auch die Interviewer erhalten.
Unmittelbar nach Abschluß der Feldzeit meldet der Forscher dem Institut diejenigen Samplepoints, die er nachzubegehen wünscht. Die entsprechenden Fragebogen werden vom Institut vor der ersten Nachbefragung im Datensatz markiert und gegebenenfalls von einer Nachbefragung durch das Institut oder auch den Forscher ausgenommen, um den Befragten nicht durch wiederholtes "Nachfassen" zu verärgern. Der Forscher erhält die entsprechenden Namen und Adressen.
Bei der Nachbegehung wird geprüft, ob die Auswahl der befragten Personen korrekt ist. Ferner werden vom Nachbegeher analoge Informationen zu denen der schriftlichen oder telefonischen Nachbefragung erhoben.

Mit der Nachbegehung kann ein beliebig großer Anteil der *Adressen* (z.B. zehn Prozent, was etwa zehn Samplepoints entsprechen dürfte) und der innerhalb der Haushalte ausgewählten *Personen* auf korrekte Auswahl hin überprüft werden. Zweifelsfälle sollten dabei fairerweise zugunsten des Instituts verbucht werden und etwaige Folgefehler aufgrund eines vereinzelten Irrtums unter die Rubrik "irren ist menschlich". Gehäuft dürfen Auswahlfehler allerdings nicht auftreten. Erfahrungsgemäß neigen Interviewer erstens dazu, beim random walk abweichend von der Anweisung bequem zu erreichende Häuser aufzusuchen und zweitens dazu, innerhalb der ausgewählten Haushalte die beim ersten Mal angetroffene Person zu befragen, auch wenn sie nicht die per Schwedenschlüssel geforderte Zielperson ist (vgl. hierzu auch ALT u.a., 1991). Dies ist mit einer Nachbegehung feststellbar.

Wurde die Zielperson korrekt ermittelt, so wird zusätzlich eine kleine Nachbefragung analog zur ersten schriftlichen oder telefonischen Nachbefragung durchgeführt, was einen zeitlichen Mehraufwand von nur wenigen Minuten bedeutet und dafür wertvolle Informationen liefert. Bei dieser Nachbefragung werden die Fragen 5.a.a bis 5.a.d (siehe weiter unten) vom Nachbegeher alleine ausgefüllt. Anhand einer Zusatzfrage ist von ihm zu vermerken, ob die übrigen Antworten (5.a.e bis 5.a.l) von der Zielperson selbst stammen oder von einer anderen Person im Haushalt. Der Zielperson werden dabei die übrigen Fragen der Nachbefragung unverändert gestellt, anderen Personen entsprechend abgeändert aus der Sicht eines Dritten im Haushalt.

Die Nachbegehung kann mit relativ geringem Aufwand z.B. von studentischen Hilfskräften durchgeführt werden. Da der Forscher in der Wahl der zu überprüfenden Samplepoints völlig frei ist, kann er z.B. Orte in der Umgebung seines Arbeitsplatzes, Orte entlang von Routen, die aus anderen Gründen ohnehin bereist werden oder die Heimatorte von studentischen Hilfskräften, seien diese ihm selbst oder auch an anderen Orten arbeitenden Kollegen zugeordnet, auswählen. Zu berücksichtigen ist bei der Planung der Nachbegehungen, daß es wünschenswert wäre, Haushalte mehrmals zu besuchen, wenn beim ersten Anlauf dort niemand anzutreffen ist. Ansonsten kann die Korrektheit der Auswahl nur bis zur Haushaltsebene, nicht aber ganz bis zum Befragten hin geprüft werden. (In diesem Fall sollte der Nachbegeher zumindest einen der bei der Nachbefragung eingesetzten Fragebogen in den Briefkasten werfen). Nachdem die betreffenden Samplepoints von der (meist gleichzeitig stattfindenden) ersten schriftlichen Nachbefragung ausgenommen werden, kann die Nachbegehung von daher ohne größeren Zeitdruck durchgeführt werden, auch wenn die Nachbefragung ansonsten bereits laufen sollte.

Die Markierung ist (insbesondere bei Paneluntersuchungen, bei denen die Befragten sich noch einmal zu einem Interview bereiterklären sollen) erforderlich, um die betreffenden Personen von der ersten schriftlichen oder telefonischen Nachbefragung ausschließen zu können und sie nicht durch nochmaliges Nachbefragen zu verärgern.

Wurde die Gemeindekennziffer erhoben (2.r), so kann durch den Nachbegeher zusätzlich die Richtigkeit dieser Angabe geprüft werden. Er kann den Gemeindenamen verifizieren und dessen Nummer aus dem entsprechenden Verzeichnis heraussuchen.

4.b Wenn der Interviewer nicht gleich beim ersten Anlauf jemanden im Haushalt antrifft, führt er ein Protokoll darüber, wann seine erfolglosen Kontaktversuche stattgefunden haben (Datum und Uhrzeit). Bei einer Nachbegehung werden auch solche Adressen dem Forscher, zusammen mit dem Protokoll, übergeben und ebenfalls überprüft. Trifft der Nachbegeher in einem Haushalt, in dem der Interviewer (angeblich) niemanden erreichte, jemanden an, so fragt er, ob es denkbar sei, daß zu den vom Interviewer angegebenen Zeiten niemand da war bzw. niemand im Haushalt die Klingel gehört hat und ob zweitens in der fraglichen Zeit jemand ein (sehr) kurzes Interview geführt hat.

Es wäre ja denkbar, daß ein Interviewer den Haushalt aufsucht, feststellt, daß die zu befragende Person nach seiner Erfahrung zu den schwerer interviewbaren gehört und sich daraufhin wieder verabschiedet, ohne ein inhaltliches Interview zu führen (Variante: "sehr kurzes Interview"). Im Protokoll könnte er dann vermerken, niemanden angetroffen zu haben - oder er müßte einen random-route-"Auswahlfehler" begehen.

Noch häufiger dürfte es vorkommen, daß ein Samplepoint nur einmal bereist wird und nicht, wie gefordert, mehrmals, falls Befragte beim ersten Mal nicht angetroffen werden. In diesem Fall dürften zusätzliche Termine mit dem Vermerk "nicht angetroffen" frei erfunden werden.

4.c Ein Teil der Samplepoints sollte auf jeden Fall nachbegangen werden.

Der Grund: Die korrekte Auswahl des Hauses, in dem der Zielhaushalt ermittelt werden soll, ist nur so zu überprüfen.

4.d Bei Panels ist eine Nachbegehung für die zweite bis letzte Welle nicht sinnvoll.

Wenn Nachbegehungen bei Panels stattfinden, dann sollten sie konzentriert für die erste Welle erfolgen, da hier noch am ehesten eine Chance besteht, eventuelle Fehler zu "reparieren".

5. Maßnahmen im Rahmen einer schriftlichen oder telefonischen Nachbefragung

Besprochen wird nachfolgend exemplarisch eine einmalige schriftliche Nachbefragung. Natürlich kann eine Nachbefragung auch telefonisch durchgeführt werden oder gemischt, etwa zunächst schriftlich und, falls keine Antwort erfolgt, zusätzlich telefonisch.

5.a Unmittelbar nach der Fertigstellung des Datensatzes wird zumindest ein Teil der Interviewten (z.B. zehn Prozent) nach Zufall maschinell ausgewählt (z.B. Befragte, deren Befragtennummer mit der Ziffer "5" endet) und angeschrieben. Es sollte ferner überlegt werden, ob nicht eine Nachbefragung *aller* Interviewten (aus nicht nachbegangenen Samplepoints) ratsam wäre. Näheres hierzu später. Gefragt wird folgendes:

a. Anzahl der Stockwerke im Haus
b. Stockwerk des interviewten Haushalts
c. Anzahl der Haushalte auf diesem Stockwerk
d. Nummer des befragten Haushalts in der Zählweise der Auswahlanweisung
e. Alter des Befragten (Geburtsjahr)
f. Anzahl der übrigen Personen im Haushalt und deren Alter (Geburtsjahr)
g. Hat sich der Interviewer vorher angemeldet?

Diese Angaben dienen zur Prüfung der korrekten Auswahl der Zielperson. Über das Interview an sich werden folgende Fragen gestellt:

h. Sind sie in letzter Zeit zum Thema ... interviewt worden?
i. Datum (+ eventuell Uhrzeit)
k. Wie lange dauerte das Interview ungefähr?
l. Wie oft sind sie in den letzten 12 Monaten interviewt worden?

Ferner kann erfragt werden, ob bestimmte markante Instrumente, etwa Kärtchen zum Sortieren, "Stimmzettel" zum Ankreuzen - wie bei einer Bundestagswahl - oder offene Fragen, bei denen ein Blatt zum Selbsteintragen der Antwort übergeben wird, auch tatsächlich zur Anwendung kamen.

(Ein möglicher Aufbau für eine solche Nachbefragung ist in Anhang 1 berichtet. Verschiedene Umfrageinstitute verwenden übrigens bereits von sich aus ähnliche Vordrucke.)

Mit diesen Fragen kann, sofern der Angesprochene keine fehlerhaften Angaben macht, festgestellt werden, ob das richtige Stockwerk, dort der richtige Haushalt und dort wiederum die richtige Person befragt wurden (a bis f). Ferner erhält man einen Anhaltspunkt dafür, ob trotz der Korrektheit dieser Punkte das falsche Haus für die Befragung ausgewählt wurde (g). Näheres hierzu bei "Fragebogengestaltung".

Ferner kann, soweit keine fehlerhaften Angaben vorliegen, festgestellt werden, ob das Interview überhaupt stattgefunden hat (h, i), ob die im Fragebogen eingetragene Interviewdauer (in der Größenordnung) mit den Angaben des Befragten übereinstimmt (k), und ob der Interviewer einen "Profi-Befragten" interviewt (l) (was bei einer Zufallsauswahl kaum vorkommen sollte).

Es kann ferner geprüft werden, ob die Altersangabe im Fragebogen korrekt ist (e). Ein Interviewer könnte ja auf die Idee kommen, angesichts der verschärften Kontrollen den Zielhaushalt korrekt auszuwählen, dort jedoch aus Gründen der Zeitersparnis die erste Person, die er antrifft, zu befragen und ihr anschließend ein Alter zuzuschreiben, das auf die nach dem Schwedenschlüssel zu interviewende Person paßt (z.B. "jüngste Person im Haushalt"). Ein solches Vorgehen führt zu einer Nicht-

Übereinstimmung der Altersangaben für die befragte Person im Interview und in der Nachbefragung - müßte allerdings auch ohne diesen Altersabgleich oben zu "Auswahlfehlern" führen.

5.b Zu überlegen wäre, ob gegebenenfalls "kritische" Filterfragen, soweit es sich um klar nachprüfbare Faktfragen handelt, bei einer Nachbefragung nochmals gestellt werden sollten.

Ist ein Interview z.B. so aufgebaut, daß Pkw-Besitzer herausgefiltert werden und sehr viele Zusatzfragen gestellt bekommen, dann ist die Versuchung für den Interviewer groß, diese Filterfrage nicht zu stellen, "kein PKW-Besitzer" anzukreuzen und sich mit der entsprechenden Filterung eine Menge Arbeit zu ersparen.

5.c Die vom Institut bereitgestellten, adressierten und frankierten Unterlagen werden möglichst vom Forscher selbst oder zumindest unter dessen Kontrolle bei der Post aufgegeben. Die Rücksendung der Antworten erfolgt nicht an das Institut, sondern an den Forscher (was im Anschreiben zu begründen ist. Z.B. sinngemäß: Das Interview wurde von ... in Auftrag gegeben. Wir kontrollieren regelmäßig bei einem Teil der Interviews die korrekte Durchführung und lassen das Ergebnis direkt zum Auftraggeber senden...).

Auf diese Weise weiß der Forscher, wer nachbefragt wurde, und das Ergebnis der Prüfungen kommt direkt zu ihm ins Haus. Schon im Interesse seines guten Rufs wird das Institut dieses Vorgehen begrüßen - ist doch ein positives Ergebnis einer solchen Befragung der beste Beweis dafür, daß seine Interviewer und der gesamte Stab zuverlässig arbeiten.

5.d Bei Paneluntersuchungen kann sich die Nachbefragung bei der zweiten bis letzten Welle auf die Punkte 5.a.h, 5.a.i und 5.a.k beschränken.

Ob das Interview tatsächlich stattgefunden hat, wie lange es ungefähr dauerte und worum es in etwa ging, sind die wichtigsten Informationen, um die ordnungsgemäße

Durchführung des Interviews beurteilen zu können. Mehr Fragen zu stellen verbietet sich, um den Interviewten nicht durch "dauerndes Nachbefragen" zu verärgern. Außerdem ist es, analog zur Nachbegehung, wenig sinnvoll, Fragen zur richtigen Auswahl des Zielhaushalts zu stellen, da entsprechende Korrekturen nur in der ersten Panelwelle möglich sind. Ansonsten muß der Forscher mit den einmal ausgewählten Personen in den übrigen Wellen leben.

Wie oben dargestellt, ist die schriftliche (oder telefonische) Nachbefragung ein *mächtiges Instrument zur Interviewerkontrolle* - zumindest wenn sie richtig angelegt ist und in Verbindung mit einem entsprechend aufgebauten Fragebogen eingesetzt wird. Es wäre von daher zu überlegen, ob nicht *grundsätzlich alle Befragten*, sofern ihre Samplepoints nicht nachbegangen werden, nachbefragt werden und die Ergebnisse maschinell eingelesen werden sollten. Der Aufwand für eine Nachbefragung aller Interviewten aus nicht nachbegangenen Samplepoints ist vergleichsweise gering. Bei einer Befragung mit 1000 Interviews und je zehn Befragten pro Samplepoint (und damit jeweils zehn Adressen im selben Postleitbereich) würde pro Befragtem (Stand: Feb. 1992) ein Hinporto von 55 Pfennigen (Massendrucksache) und ein Rückporto von 60 Pfennigen anfallen. Rechnet man weiter etwa eine Mark für Briefcouverts, den Druck der Fragenblätter oder je nachdem der Antwort-Postkarten, für das Anbringen der Adressen und später für das Einlesen der Rücksendungen (was eher zu hoch gegriffen sein dürfte), so dürfte die gesamte Aktion maximal um die 2000 DM kosten. Bei den Dimensionen, die ein Forschungsprojekt kostet, sollte ein Teil dieses Betrags mühelos vom Forscher aufgebracht werden können. Einen anderen Teil könnte das Institut übernehmen, da hiermit seine Kosten für die Interviewerkontrolle fast vollständig entfallen.

Schriftlich Nachbefragte, die nicht antworten, könnten noch einmal telefonisch kontaktiert werden, was den Aufwand allerdings erheblich steigert (Abgleich des Rücklaufs, Telefongebühren etc.). Geht man davon aus, daß der Rücklauf groß genug ist und die Antwortbereitschaft der angeschriebenen Personen nicht systematisch mit Interviewerverfehlungen zusammenhängt, so erscheint diese Maßnahme jedoch nicht als unbedingt notwendig.

6. Maßnahmen im Rahmen der Lieferung des Datensatzes

Zusammen mit dem Datensatz sollte sich der Forscher die Orginalfragebogen (am besten nach Interviewern sortiert) aushändigen lassen.

Die Originalfragebogen beinhalten wichtige Informationen, die aus dem maschinenlesbaren Datensatz nicht ersichtlich sind und sollten deshalb vom Forscher auf jeden Fall angefordert werden. In den Fragebogen sind z.B. Interviewunterbrechungen handschriftlich vermerkt, Ankreuzmuster und sonstige Unregelmäßigkeiten wie z.B. die Übereinstimmung von Interviewten- und Befragtenhandschrift sind oft leicht mit dem bloßen Auge erkennenbar und schließlich können auch offene Antworten im Fragebogen stehen. Im übrigen spricht kaum etwas dafür, daß die Fragebogen beim Institut verbleiben sollten.

Zumindest für die interviewerbezogenen Prüfungen "per Augenschein" müssen die Fragebogen nach Interviewern geordnet sein. Spätestens wenn die Interviewernummer nicht auf den ersten Blick ersichtlich außen auf dem Fragebogen angebracht ist, sondern irgendwo im Fragebogen, wird das Sortieren eine recht zeitaufwendige Angelegenheit. Insofern ist es günstig, wenn die Fragebogen bereits sortiert geliefert werden, was für das Institut keinen großen Aufwand darstellt, wenn von Anfang an darauf geachtet wird.

7. Maßnahmen im Rahmen der Prüfung des Datensatzes

7.a Falls nicht durch das Institut geschehen, werden die Fragebogen als erstes nach der Interviewernummer sortiert. Danach werden alle Fragebogen - getrennt nach Interviewern! - auf unmittelbar erkennbare Unregelmäßigkeiten durchgesehen. Hierzu zählen insbesondere:

a) die Verwendung zu harter Bleistifte, falls mit Strichcodes o.ä. gearbeitet wird,
b) die Übereinstimmung der Interviewerhandschrift mit der Handschrift des Befragten,
c) Ankreuzmuster (ohne senkrechte Ankreuzmuster) und
d) bei offenen Fragen auffällige Antworthäufungen bei einem Interviewer.

zu a): auf diesen Punkt wurde bereits bei der Fragebogengestaltung eingegangen. Näheres siehe dort.

zu b): auf diesen Punkt wurde bereits bei der Fragebogengestaltung eingegangen. Näheres siehe dort.

zu c): leicht zu prüfende Antwortmuster wie "senkrechte Muster" können ohne großen Aufwand maschinell geprüft werden (siehe unten). Kompliziertere Muster wie etwa Zick-Zack-Linien, Diagonalen usw. sind maschinell nur mit sehr großem Aufwand (wenn überhaupt) zu erkennen, mit dem bloßem Auge dagegen ausgesprochen leicht. Aus diesem Grunde ist hier eine Prüfung mit dem bloßen Auge ratsam.

zu d): Es gibt Interviewer, bei denen sich bei offenen Fragen, z.B. nach den drei wichtigsten Problemen, die es derzeit in der Bundesrepublik zu lösen gilt, die Antworten der verschiedenen Befragten wie ein Ei dem anderen gleichen oder bei denen, in unterschiedlichen Variationen, immer nur zwei oder drei unterschiedliche Antworten genannt werden. Hier liegt der Verdacht nahe, daß zur Zeitersparnis die Frage nicht gestellt und statt dessen Phantasieantworten eingetragen wurden. Werden immer wieder dieselben Antworten mit leichten Nuancen vergeben und ist das Codierschema fein genug, diese Nuancen zu erfassen, so sind solche Fälle maschinell nur mit sehr großem Aufwand zu erkennen, da die Codes trotz der identischen Themen nicht übereinstimmen. Ferner kann es vorkommen, daß sich gewisse Kuriositäten zwar bei einem Interviewer zusammenballen oder überhaupt nur bei ihm vorkommen, daß diese im Kategorienschema jedoch nicht vorgesehen sind und mit der zunächst unauffälligen Kategorie "nicht einordenbar" codiert werden müssen. All diese Fälle sind mit dem bloßen Auge leicht erkennbar.

7.b Manche Fragen, bei denen die Antworten blockförmig untereinander angeordnet sind, bieten sich von ihrem Aufbau her für die Anbringung von senkrechten Ankreuzmustern geradezu an. Bei ihnen sollte über EDV ein Test auf senkrechte Ankreuzmuster durchgeführt werden.

Es kann natürlich sein, daß der Befragte entsprechende Antworten gibt und der Interviewer gleichsam zähneknirschend bei untereinander stehenden Fragen praktisch einen einzigen senkrechten Strich o. ä. eintragen muß, häufen sollten sich solche Fälle jedoch nicht - zumindest nicht bei mehreren Befragten ein und desselben Interviewers. Ist dies der Fall, dann liegt der Verdacht nahe, daß ein Interviewer auf sehr einfallslose Weise falsche Antworten eingetragen hat. So einfallslos derartige Entgleisungen auch sein mögen, es finden sich leider immer wieder entsprechende Interviewer. Die Rekordmarke in den dem Verfasser bekannten Fällen liegt bei einem Interviewer, der zehn Interviews durchführte und dabei insgesamt 59 Mal bei blockartig angeordneten Fragen senkrechte Ankreuzmuster eintrug.

7.c Über EDV sollte auch untersucht werden, ob sich gegebenenfalls bei einzelnen Interviewern Antwortkombinationen, die sich gegenseitig ausschließen, häufen oder auch unsinnige Antworten (falls solche vorgegeben) und ob Codes vergeben wurden, die auf der zugehörigen Liste gar nicht besetzt sind.

Auf diese Punkte wurde bereits bei der Fragebogengestaltung eingegangen. Näheres siehe dort.

7.d Bei offenen Fragen wird maschinell ermittelt, ob einzelne Interviewer fast oder überhaupt nie eine Antwort erhalten.

Der Hintergrund: Offene Fragen werden erfahrungsgemäß bei weitaus den meisten Interviewern von allen oder fast allen Befragten beantwortet. Vereinzelt kommen jedoch Interviewer vor, bei denen überhaupt keiner oder nur extrem wenige Befragte auf eine offene Frage antworten, was erklärungsbedürftig ist. Eine Erklärung ist, daß der Interviewer es sich erspart hat, die (zeitaufwendige) offene Frage zu stellen.

7.e Wird ein Lesegerät zum Einlesen der Fragebogendaten verwendet, so wäre generell die Entnahme von einigen (z.B. zehn bis 20) zufällig ausgewählten Fragebogen und eine Prüfung, ob die Antworten im Datensatz mit denen im Fragebogen übereinstimmen, nützlich.

Damit kann geprüft werden, ob das Lesegerät Fehler macht oder wirklich einwandfrei arbeitet.

Ferner werden manchmal offensichtlich falsch eingelesene Werte aus Zeitersparnisgründen vom Institut einfach ohne weitere Nachprüfung auf "missing" gesetzt. Auch diese Praktik kann bei einer solchen Prüfung mit einiger Sicherheit aufgedeckt werden, wobei anzumerken ist, daß dieses Vorgehen bei extrem wenigen Lesefehlern aus ökonomischen Gründen durchaus sinnvoll sein kann. Der springende Punkt ist die Häufigkeit solcher "Korrekturen", und über die ergibt sich bei der Prüfung ein Bild.

7.f Falls die Gemeindekennziffer im Fragebogen steht und die Gemeindekennziffern der Befragungsorte bekannt sind, sollte geprüft werden, ob im Datensatz Kennziffern auftauchen, die vom Sample her nicht vorgesehen sind.

Treten solche Fälle auf und entpuppen sie sich nicht als Schreibfehler, so liegt ein klarer Auswahlfehler vor.

7.g Bei Paneluntersuchungen sollte geprüft werden, ob sich völlig oder weitgehend konstante Merkmale verändern.

Verändern sich solche Merkmale, liegt der Verdacht nahe, daß eine falsche Person befragt wurde.

7.h Bei schriftlich nachbefragten Interviewpartnern sollte geprüft werden, ob deren Angaben über die Interviewdauer drastisch nach unten von dem entsprechenden Eintrag des Interviewers im Fragebogen abweicht.

Ist dies der Fall, liegt der Verdacht nahe, daß nur ein Teil des Interviews tatsächlich durchgeführt wurde und die restlichen Angaben frei erfunden sind. REUBAND (1990) hat nachgewiesen, daß sogar nicht interviewerfahrene Studenten, ausgestattet mit ein paar Basisinformationen, ganze Interviews relativ gut fälschen können. Ihre gefälschten Interviews unterschieden sich bemerkenswert wenig von den "Originalinterviews", aus denen die jeweiligen Basisinformationen stammten.

7.i Bei nachbefragten Interviewten kann ferner festgestellt werden, ob ihre Angaben bezüglich des Datums und der Uhrzeit des Interviews mit denen des Interviewers übereinstimmen.

Nähere Informationen hierzu finden sich im Abschnitt über die "Fragebogengestaltung".

7.k Für schriftlich Nachbefragte sind anhand des Datensatzes in den meisten Fällen weitere Prüfungen möglich. So kann z.B. in der Regel festgestellt werden, ob die Angaben aus dem Interview bezüglich des Alters des Befragten und der Anzahl der übrigen Personen im Haushalt mit den Angaben des Befragten selbst übereinstimmen.

8. Konsequenzen aus den Prüfungsergebnissen

Es können im Überblick folgende Fehler und Merkwürdigkeiten auftreten:

1. Die Zielperson wurde nicht ordnungsgemäß ausgewählt,
2. die Interviewzeit ist deutlich zu kurz,
3. das Interview hat nicht stattgefunden.
4. Es wurden harte Bleistifte benutzt, falls mit Strichcodes o.ä. gearbeitet wird,
5. im Fragebogen finden sich Ankreuzmuster,
6. es kommen Antworten vor, die nicht auftreten dürfen,
7. unwahrscheinliche Antworten/Antwortkombinationen kommen häufig vor,
8. der Interviewer hat nur oder fast nur "Missings" bei offenen Fragen,
9. offene Antworten wurden unzulässigerweise durch Interviewer eingetragen,
10. bei offenen Antworten: "Befragtenhandschrift"=Interviewerhandschrift,
11. der Interviewer "codiert" offene Fragen offensichtlich, anstatt den Wortlaut zu notieren,

12. Filterfehler führen zur "Umschiffung" zeitraubender Fragebogenteile.

Es handelt sich dabei keinesfalls um Phantasieprodukte, sondern (bis auf wenige neu erdachte Prüfungen) ausnahmslos um wirklich beobachtete Fälle. Das heißt: Jeder Auftraggeber muß damit rechnen, daß auch in seiner Umfrage die genannten Schwierigkeiten und Pannen auftreten. Das Augenmerk der bisherigen Ausführungen lag auf der Vermeidung von solchen Fehlern und, falls sie dennoch auftreten, auf ihrer Identifizierung.

Damit ergibt sich zwangsläufig die Frage: was zu tun ist, wenn Fehler gefunden werden. Diese Entscheidung muß jeder Forscher selbst treffen, da eine Untersuchung nie hundertprozentig "sauber" ist und Fehler immer vorkommen werden. Die Frage ist allerdings, wie groß die Toleranzgrenze zu bemessen ist. Es wäre sinnvoll, diese Frage *vor* der Erteilung eines Auftrags an ein Befragungsinstitut für alle Beteiligten verbindlich zu klären und schriftlich zu fixieren.

Als Anhaltspunkt hierfür soll der nun folgende Vorschlag für die Konsequenzen aus festgestellten Fehlern dienen.

Fehler Nr.1: Die Zielperson wurde nicht ordnungsgemäß ausgewählt.

Ein Interviewer sollte in der Lage sein, seine Zielperson richtig auszuwählen. In der Praxis liegt der Teufel natürlich oft im Detail und es treten Zweifelsfälle auf. Solche Zweifelsfälle werden, falls sie bei Prüfungen zu Fehlern führen und entdeckt werden, zugunsten des Interviewers verbucht und nicht als "Fehler" betrachtet. *Einen* "echten" Fehler wird man dem Interviewer auch noch im Sinne von "Irren ist menschlich" zugestehen. Danach jedoch beginnt der Ermessensspielraum. Sollen z.B. bei zehn Befragten auch zwei oder mehr "echt" falsch ausgewählte Befragte hingenommen werden? Der Ermessensspielraum endet auf jeden Fall dann, wenn systematische Fehler zum Zwecke der Minimierung des Aufwandes des Interviewers feststellbar sind - wenn also beispielsweise, um eine wiederholte Anreise zu vermeiden, grundsätzlich eine der beim ersten Besuch anwesenden Personen befragt wurde, auch wenn die Zielperson nicht darunter war. Solche Interviews sollten vom Forscher nicht akzeptiert werden.

Eine Möglichkeit, derartige Fehler zu entdecken und wohl auch gleich an Ort und Stelle in die Rubrik "Zweifelsfall" oder nicht einzuordnen, stellt die Nachbegehung dar.

Eine zweite Möglichkeit zur Entdeckung bietet die schriftliche Nachbefragung. Hier wird, falls nicht ein sehr großer Teil der Interviewten oder alle nachbefragt werden, eine sofortige Klärung allerdings nicht möglich sein. Nehmen wir z.B. an, ein durchschnittlicher Interviewer befragt zehn Personen, so wird bei einer Auswahlhäufigkeit von zehn Prozent im Schnitt einer seiner Interviewpartner nachbefragt. Es ist gegebenenfalls also nicht entscheidbar, ob Fehler gehäuft auftreten, oder ob es sich um einen Ausrutscher handelt. Das billigste Instrument zur Klärung dieser Frage dürfte i.d.R. eine schriftliche (oder telefonische) Nachbefragung aller Befragten des Interviewers sein. Daneben kommt natürlich auch eine Nachbegehung in Frage, falls dies zusätzlich nötig oder in günstig gelagerten Fällen vielleicht sogar billiger ist.

Fehler Nr.2: Das Interview ist deutlich zu kurz.

Nach dem Motto "in dubio pro reo" könnte man dem Interviewer zugestehen, als eine Art "Lottogewinn" in bezug auf seinen Zeithaushalt vielleicht in einem Fall einen außergewöhnlich schnell antwortenden Befragten anzutreffen. Spätestens bei zwei oder mehr solcher "Lottogewinne" sollten die betreffenden Interviews jedoch nicht mehr akzeptiert werden.

Fehler Nr.3: Das Interview hat nicht stattgefunden.

In diesem Fall ist klar: Das Interview wird nicht akzeptiert und gilt als nicht erbracht.

Fehler Nr.4: Verwendung harter Bleistifte, falls mit Strichcodes o.ä. gearbeitet wird.

Solche Interviews sollten - wie bereits erwähnt - nicht akzeptiert werden.

Fehler Nr.5: Im Fragebogen finden sich Ankreuzmuster.

Fehler Nr.6: Vorkommen von Antworten, die nicht auftreten dürfen.

Fehler Nr.7: Häufiges Vorkommen von unwahrscheinlichen Antworten/Antwortkombinationen.

Fehler Nr.8: Der Interviewer hat nur "Missings" bei offenen Fragen.

Fehler Nr.9: Offene Antworten wurden unzulässigerweise durch den Interviewer eingetragen.

Fehler Nr.10: Bei offenen Antworten ist die "Befragtenhandschrift" identisch mit der Handschrift des Interviewers.

Fehler Nr.11: Der Interviewer "codiert" offene Fragen offensichtlich, anstatt den Wortlaut zu notieren.

Fehler Nr.12.: Es treten Filterfehler, die zur "Umschiffung" zeitraubender Fragebogenteile führen, auf.

Die Fehler Nummer fünf bis 12 haben zwei Gemeinsamkeiten: Sie deuten auf Fehler des Interviewers hin, ohne dabei i.d.R. für sich allein genommen schon ein hieb- und stichfester Beleg für Verfehlungen des Interviewers zu sein und sie lassen sich in der Regel wie vorstehend beschrieben, durch eine Vielzahl von Tests feststellen.

Bei der Beurteilung dieser Fehler ist es daher sinnvoll, für jeden Interviewer ein "Sündenregister" anzulegen, in dem für jede Testvariable vermerkt ist, bei wievielen seiner Befragten entsprechende Fehler auftreten. Das "Sündenregister" kann großteils maschinell erstellt werden. Nur für die Prüfungen mit dem bloßen Auge sind (im "Sündenfall") Einträge per Hand notwendig. Ansonsten können auch diese Testvariablen vorab auf "0" gesetzt werden. Der Aufwand für die Erstellung des Registers ist also vergleichsweise gering, zumal die entsprechenden Testvariablen im Rahmen der Datenprüfung sowieso erstellt werden. Ein (verkürztes und abgeändertes) Beispiel für ein solches Sündenregister ist in Anhang 2 enthalten.

Ist das Register erstellt, so läßt man sich einfach für alle Interviewer deren Testwerte ausdrucken und erhält beispielsweise eine Tabelle, bei der in jeder Zeile eine Interviewernummer steht und in den Spalten die Anzahl der Befragten des betreffenden Interviewers - gefolgt von seinen Testwerten. Es wäre, um ein Beispiel aus Anhang 2 zu nennen, leicht erkennbar, daß der Interviewer Nr. 8, der zehn Interviews geführt hat, zehn seiner Interviews in zu kurzer Zeit absolvierte, in acht Fällen keine Antwort auf die offene Frage nach dem derzeit wichtigsten politischen Problem bekam, zehn Befragte hat, welche die Republikaner als "linker" einschätzen als die Grünen und die SPD, sowie zehn Befragte, die glauben, Herr Hahnauer sei der SPD-Parteivorsitzende. Ein Blick in die Spalten der Tabelle zeigt beispielsweise, daß letzteres insgesamt nur 20 Befragte meinen, wobei wiederum neun auf einen einzigen weiteren Interviewer entfallen. In Wirklichkeit würden natürlich wesentlich mehr Testvariablen herangezogen, aber dieses kleine Beispiel zeigt bereits, daß mit dieser sehr einfachen Methode doch ganz gezielt Interviewer festgestellt werden können, bei denen sich die "Ausrutscher" auf den einen oder anderen Testvariablen häufen. Bei welchen Interviewern das Maß an "Merkwürdigkeiten" überschritten ist und welche sich noch im "Toleranzbereich" befinden, muß dann von Fall zu Fall entschieden werden, da sich erfahrungsgemäß bei Interviewern, die offensichtlich unkorrekt arbeiten, keine allgemeingültigen, sondern nur ganz individuelle "Fehlermuster" ergeben - diese allerdings in der Regel sehr deutlich.

Nach der Inspektion der Tabelle ergeben sich zwei Fragen: erstens, welche Interviewer als "unkorrekt arbeitend" eingestuft werden und zweitens, ob dann gegebenenfalls alle Fragebogen dieser Interviewer zurückgewiesen und die Interviews als nicht erbracht betrachtet werden sollen, oder ob dies nicht für diejenigen Interviews gilt, bei denen keine Auffälligkeiten festgestellt wurden. Sind sich Institut und Forscher bei einigen Interviewern nicht einig, ob sie unkorrekt gearbeitet haben oder nicht, so wäre es sinnvoll, einer Vertrauensperson beider Seiten diese Entscheidung zu überlassen. Dieses Vorgehen sollte dann schon vor der Umfrage vertraglich vereinbart werden. Was die zweite Frage betrifft, die auch vorab vertraglich fixiert werden sollte, ist es m.E. am vernünftigsten, alle Interviews eines unzuverlässig arbeitenden Interviewers aus dem Datensatz zu nehmen, da nicht anzunehmen ist, daß er z.B. in den neun Fällen, in denen er über Tests auffiel, unzuverlässig arbeitete, im zehnten jedoch zuverlässig. In der Praxis wird diese Frage allerdings von geringer Bedeutung sein, da bei Interviewern, die in der oben beschriebenen Form auffallen, in der Regel auch alle Fragebogen mehr oder weniger betroffen sind.

9. Probleme bei der Zurückweisung von Fragebogen

Fragebogen, die grobe Mängel aufweisen, sollten, wie oben dargestellt, zurückgewiesen und die entsprechenden Interviews als nicht erbracht betrachtet werden. Dies hat zur Folge, daß die Anzahl der vom Institut gelieferten Interviews sinkt. In diesem Zusammenhang sollte vor der Auftragsvergabe verbindlich geklärt werden, was dies zur Folge hat. Wird "nachinterviewt"? - Wenn ja, bis zu welchem Zeitpunkt? Und in diesem Zusammenhang: Ist der Forscher verpflichtet, seine Prüfungen bis zu einem bestimmten Zeitpunkt abzuschließen? Werden vom Institut "vorsichtshalber" etwas mehr Interviews gemacht als benötigt und wurden diese dann gegebenenfalls als Ersatz nachgeschoben? Wird gegebenenfalls Schadenersatz geleistet? Und schließlich: Ab welcher maximalen Ausfallquote wird die gesamte Studie für den Forscher wertlos?

Als Spezialproblem wäre auch zu überlegen, ob es bestimmte für den Forscher ganz zentrale Fragen gibt, bei denen auftretende Unstimmigkeiten gleichsam eine Katastrophe darstellen und den Fragebogen wertlos machen, auch wenn alles andere in Ordnung sein sollte. Wird z.B. in einer Wahluntersuchung bei der Wahlsonntagsfrage ein Code eingetragen, dem keine Partei oder eine sonstige Antwort zugeordnet ist, dann sollte der Forscher mit dem Institut vereinbaren, daß dies allein genügt, um einen Fragebogen zurückzuweisen.

Noch eine Anmerkung zu den zurückgewiesenen Fragebogen: In einer vom Verfasser näher untersuchten Studie unterscheiden sich zurückzuweisende Fragebogen zumindest in zwei Punkten dadurch systematisch von den übrigen, daß die betreffenden Befragten weniger politisch interessiert, politisch aktiv, politisch informiert etc. sind und daß sie zweitens höhere Werte auf einer Reihe von Variablen erzielen, die eine Dimension "Toughness" messen. Ob solche Personen besonders schwer zu befragen sind und daher die Versuchung für den Interviewer, zur Zeitersparnis im Fragebogen häufig zu manipulieren besonders groß ist, oder ob manipulierende Interviewer ihren Befragten verstärkt solche Merkmale "andichten", ist dabei offen. Da die erste

Interpretation nicht auszuschließen ist, ist auch nicht auszuschließen, daß mit dem Eliminieren entsprechender Fragebogen die Entstehung systematischer Verteilungsfehler verbunden ist. Von daher sollte man sehr genau überlegen, wie hoch der Anteil der maximal ausschließbaren Fragebogen sein darf.

10. Zusätzliche Anmerkungen

Fünf Punkte sollten zusätzlich zum bereits Gesagten beachtet werden. Erstens ist die Bezahlung der Interviewer von Institut zu Institut und oft auch innerhalb eines Instituts von Umfrage zu Umfrage sehr unterschiedlich. Es spricht vieles dafür, daß ein schlecht bezahlter Interviewer sich bei seiner Arbeit entsprechend wenig Mühe gibt. Aus diesem Grund sollte der Forscher sicherstellen, daß "seine" Interviewer nicht zu schlecht bezahlt werden - auch wenn er ansonsten mit solchen institutsinternen Dingen nichts zu tun hat.

Zweitens sollte er darauf bestehen, nicht nur die vereinbarte Anzahl von Interviews geliefert , sondern auch dokumentiert zu bekommen, bei wie vielen Adressen sich der Interviewer vergeblich um ein Interview bemüht hat, wann ein Interview ausdrücklich verweigert wurde usw.. Nur so ist eine Einschätzung des Ablaufs der Feldarbeit und insbesondere der "Rücklaufquote" möglich (vgl. hierzu auch die Ausführungen unter "Nachbegehung").

Drittens: Unter den Umfrageinstituten kursiert offenbar eine "schwarze Liste" von Interviewern, die bei Fälschungsversuchen ertappt wurden. Der Auftraggeber einer Studie sollte sich schriftlich bestätigen lassen, daß "seine" Interviewer vor Feldbeginn mit dieser Liste abgeglichen wurden und nicht auf ihr aufgeführt sind.

Viertens: Die Bekanntgabe aller Samplepoints an den Forscher wurde bereits erwähnt (4.a). Ebenfalls schriftlich bestätigt sollte zur Sicherheit werden, daß während der Feldarbeit keine Samplepoints aus organisatorischen Gründen aus der ursprünglichen Stichprobe ausgetauscht werden.

Und fünftens sollten nur Interviews akzeptiert werden, bei denen der Vorname der interviewten Person ausgeschrieben ist, dem Institut bekannt und gegebenenfalls dem

Forscher zu Prüfzwecken zugänglich ist. Die Notwendigkeit der vollen Namensangabe ergibt sich zum einen aus der Notwendigkeit, bei einer schriftlichen Nachbefragung ganz exakt eine bestimmte Person ansprechen zu können (wenn z.b. Monika und Marta Huber in ein und demselben Haushalt wohnen) und zum anderen aus folgendem Phänomen: Gelegentlich stellt sich bei Nachbegehungen heraus, daß in einem gesamten Samplepoint überhaupt keine Interviews durchgefürt wurden - die Fragebogen also offensichtlich vom Interviewer selbst ausgefüllt wurden. Dabei existieren sowohl die angegebenen Haushalte als auch innerhalb der Haushalte eine Person, deren Name mit demselben Buchstaben beginnt wie der des angeblich Befragten. Es existiert also beispielsweise ein "Holger Schmitt", während das Interview angeblich von "Hartmut Schmitt" stammt - den es im Haushalt nicht gibt. Offensichtlich wurden die Adressen also aus irgendwelchen Quellen, in denen nur "H. Schmitt" aufgeführt ist, ermittelt. Dies ist einer der wenigen Fälle, in denen Interviewfälschungen m.E. absolut zweifelsfrei nachweisbar sind - allerdings nur, wenn der Vorname des angeblich Befragten vorliegt.

11. Resümee

Abschließend ist festzuhalten, daß sich, bei entsprechend vorausschauender Anlage einer Untersuchung, mit einem Minimum an technischem und finanziellem Aufwand sehr umfassende Prüfungsmöglichkeiten eröffnen lassen. Falls keine zusätzlichen Kontrollfragen eingefügt werden, was nur in ganz wenigen Sonderfällen nötig sein wird, verlängert sich das Interview für den Befragten praktisch überhaupt nicht. Es werden lediglich einige wenige "unsinnige" Antwortalternativen bei bereits vorhandenen Fragen vorgegeben (vgl. Fragebogengestaltung). Der Interviewer hat ebenfalls kaum zusätzliche Arbeit. Er muß lediglich seinen random-walk dokumentieren, die "Random-Walk-Nummer" des Zielhauses eintragen, vermerken ob die Befragung beim ersten "Personenkontakt" stattfand oder später, Start- und Endzeit des Interviews eintragen (anstelle der üblichen Frage nach der Länge des Interviews) und Interviewunterbrechungen (handschriftlich) sowie die Gesamtdauer der Unterbrechungen festhalten. Wird dann noch ein vergleichsweise geringer Geldbetrag, in der Beispieluntersuchung geschätzterweise 2000 DM bei 1000 Befragten, aufgewendet, dann können bis auf die Auswahl des Gebäudes, in dem die Befragung stattfindet, für *sämtliche* Befragten *alle* Random-Route-Auswahletappen und die wichtigsten Eckdaten des

Interviews nachkontrolliert werden. Der Aufwand des Befragten, bei einer Nachbefragung (schriftlich, telefonisch oder im Rahmen der Nachbegehung) maximal 14 kurze Faktfragen (vgl. Anhang 1) zu beantworten, dürfte auch nicht überzogen sein.

Für den Forscher ergibt sich *zwingend* ein Mehraufwand nur bei den Umcodierungsarbeiten durch die angesprochenen "Besetzungslücken" und die willkürliche Zuweisung von Zahlencodes an die Antworten auf den Antwortlisten, sowie durch die Nachbegehung einzelner, für ihn günstig gelegener Samplepoints. Ansonsten stehen ihm umfassende Prüfmöglichkeiten zur Verfügung, die er zwar nutzen kann, jedoch nicht unbedingt nutzen muß. Nutzt er sie umfassend, so ist auch dann noch der von ihm zu erbringende Aufwand überschaubar. Er besteht, bis auf etwaige Reisekosten für die Nachbegehungen, nur in der Bereitstellung von "manpower" und der EDV-Ausstattung.

Ferner - das ist ein zentraler Punkt - sollte nicht unterschätzt werden, daß allein die *Möglichkeit* umfassender Prüfungen seitens des Forschers und auch natürlich des Umfrageinstituts, entsprechend angekündigt, einen gewissen Effekt etwa auf die Arbeitsmoral von Interviewern haben dürfte.

Literatur

ALT, Christian u.a. 1991: Wie zuverlässig ist die Verwirklichung von Stichprobenverfahren? Random route vs. Einwohnermeldeamtsstichprobe, in: ZUMA-Nachrichten, 28, S. 65-72.

REUBAND, Karl-Heinz 1990: Interviews, die keine sind - "Erfolge" und "Mißerfolge" beim Fälschen von Interviews, in: KZfSS, Heft 4, S. 706-733.

Anhang 1

Aufbau eines Fragen-Formulars (Nachbefragung 1. Panelwelle bzw. einwellige Umfrage)

Sind sie in letzter Zeit überhaupt interviewt worden?   o ja   o nein

                                                  ---> Wenn Sie wirklich nicht
                                                  interviewt wurden, dann machen
                                                  Sie bitte nur Ihr Kreuz
                                                  bei "nein". Senden Sie danach
                                                  bitte trotzdem dieses Blatt
                                                  <u>unbedingt</u> an uns zurück. DANKE!

Ging es dabei auch um .... (z.B. Politik) ...?   o ja   o nein
(besser, aber aufwendiger: offene Frage nach dem Hauptthema!)

Wie lange hat das Interview ungefähr gedauert?   ___Stunden ___Minuten

Können Sie sich noch an das Datum erinnern?   ___Tag ___Monat

evtl. als Zusatzfrage: Und an die Uhrzeit?   Es war begann etwa um ___ Uhr.

Hat Sie der Interviewer bereits bei seinem ersten
Besuch angetroffen, oder mußte er nochmals
wiederkommen, um das Interview führen zu können?
    o er hat mich bei seinem ersten
       Besuch erreicht
    o er mußte nochmals wiederkommen

Wie oft sind Sie in den letzten 12 Monaten interviewt
worden?
    o nur dieses eine Mal
    o zweimal
    o dreimal
    o noch öfter

Ihr Haushalt wurde von unserem Interviwer nach einem Zufallsverfahren ausgewählt. Bitte beantworten Sie nun noch die folgenden Fragen, mit denen wir feststellen können, ob die Auswahl auch ordnungsgemäß durchgeführt wurde.

Wieviele Stockwerke hat ihr Haus ...   ___ Stockwerke
(+ weitere Angaben für "Stockwerk"
entsprechend der Auswahlanweisung)

Im wievielten Stockwerk wohnen Sie?   im ___ Stockwerk

Wieviele Haushalte gibt es auf Ihrem Stockwerk?   ___ Haushalte
(+ weitere Angaben für "Haushalt"
entsprechend der Auswahlanweisung)

Der wievielte Haushalt ist (so gezählt ...) der Ihre?   der ___ Haushalt
(+ weitere Angaben zur Zählweise
entsprechend der Auswahlanweisung)

In welchem Jahr sind Sie geboren?   im Jahre ___

Wieviele Personen leben außer Ihnen noch   ___ Personen
in Ihrem Haushalt?

FALLS SIE NOCH MITBEWOHNER HABEN:
Bitte tragen Sie nun für jede dieser Personen   Meine Mitbewohner sind
ihr Geburtsjahr ein. Dadurch können wir   geboren in den Jahren:
feststellen, ob unser Interviewer in ihrem
Haushalt auch die richtige Person befragt hat.   _____

Anhang 2

Die Interviewer und die Anzahl derer unter ihren Befragten, die bei den verschiedenen Testvariablen auffielen (teilw. erfundenes Demonstrationsbeispiel).

Int. Nr.	Anz.	T1	T2	T3	T4	T5	T6	T7	T8	T9	T10	T11	T12	T13	T14
1	10	1	-	-	-	-	9	5	-	-	-	-	-	-	-
2	10	-	-	-	-	-	-	-	-	-	-	-	-	-	-
3	10	-	-	-	-	-	5	-	-	2	1	-	-	-	-
4	10	-	-	-	-	-	10	-	-	-	-	-	-	-	-
5	14	12	11	5	1	1	-	-	-	-	-	-	-	-	-
6	19	1	-	-	-	-	1	-	-	-	-	1	-	1	-
7	10	-	-	-	-	-	-	-	-	-	-	-	-	-	-
8	10	-	-	-	10	10	10	-	10	-	8	-	1	-	1
9	19	-	-	-	-	-	1	-	-	-	-	-	-	-	-
10	10	-	-	1	-	-	-	-	-	-	-	-	-	-	-
11	20	-	-	-	-	-	-	-	-	-	-	-	-	1	-
12	10	-	-	-	-	-	-	-	-	1	-	-	1	-	-
13	20	-	-	-	-	-	-	-	-	-	-	-	-	-	-
14	10	-	-	-	-	-	-	1	-	-	-	-	-	-	-
15	10	-	-	-	-	1	-	-	-	-	-	-	-	-	-
16	10	-	-	1	2	2	-	-	-	-	-	-	-	-	-
17	20	-	-	-	-	-	-	-	-	1	-	-	-	-	-
18	9	-	-	-	-	-	-	-	-	-	-	-	-	-	-
19	8	-	7	7	-	2	-	-	-	-	-	8	7	7	8
20	8	-	-	-	-	-	-	-	-	-	-	1	-	-	-
21	10	-	2	2	1	2	-	-	-	-	-	-	-	-	-
22	9	-	1	-	-	-	1	-	-	-	-	-	-	-	-
23	18	-	18	18	-	-	-	-	-	15	18	-	-	-	-
24	10	-	-	-	-	-	-	-	-	-	-	-	-	1	-
25	18	-	3	12	2	2	-	1	-	-	-	-	-	-	1
26	8	1	-	-	-	-	1	-	-	-	-	-	-	-	-
27	11	-	1	1	-	-	-	-	-	-	-	1	-	-	-
28	6	-	-	-	-	-	1	-	-	-	-	-	-	-	-
29	10	-	-	-	-	-	-	-	-	-	-	-	-	-	-
30	30	-	20	16	4	4	-	9	-	-	17	23	2	-	-
31	10	-	-	-	-	-	1	-	-	-	-	-	-	-	-
32	10	-	-	-	-	-	1	-	-	10	10	-	-	-	-
33	20	-	-	-	-	-	-	-	-	-	2	-	-	-	-
34	10	-	-	-	-	-	-	-	-	-	-	-	-	-	-
35	8	-	-	-	-	1	-	-	-	-	-	1	-	-	-
36	16	-	-	-	-	2	-	-	-	-	-	-	-	-	-
37	10	1	-	-	-	-	8	-	-	-	-	-	-	-	10
38	10	-	-	-	3	-	-	-	-	1	-	-	-	-	-
39	19	-	-	-	-	-	1	1	-	-	-	-	-	-	1

(Fortsetzung Anhang 2)

Int. Nr.	Anz.	T1	T2	T3	T4	T5	T6	T7	T8	T9	T10	T11	T12	T13	T14
40	10	-	-	1	8	10	-	-	-	-	-	-	-	-	-
41	10	-	-	-	-	-	-	-	-	1	1	-	-	-	-
42	10	-	-	-	-	-	10	-	-	-	-	-	-	-	-
43	20	14	-	-	8	10	16	1	-	18	17	11	18	-	-
44	9	-	1	-	-	-	-	-	-	-	-	-	-	-	-
45	10	-	-	-	-	-	1	8	-	-	-	-	-	-	-
46	10	1	-	-	-	-	-	-	-	-	-	-	-	1	-
47	9	-	-	-	-	-	2	1	-	1	1	-	-	-	-
48	10	-	-	1	10	10	-	-	-	-	-	-	-	-	-

Legende zu Anhang 2:

Int. Nr. Interviewernummer
Anz.   Anzahl der vom Interviewer durchgeführten Interviews
        Testvariablen:
Test 1: gewählte Partei ist nicht wählbar (Wahlsonntagsfrage und Frage nach Parteien, die keinesfalls für eine Wahl im Betracht kommen).
Test 2: CDU oder CSU ist linker als Grüne.
Test 3: CDU oder CSU ist linker als SPD.
Test 4: REP sind linker als Grüne.
Test 5: REP sind linker als SPD.
Test 6: Interviewdauer 35 Min. und kürzer (nach Expertenmeinung zu kurz).
Test 7: Einfamilienhausbewohner; wohnt in Haus mit mehr als 2 Wohneinheiten.
Test 8: Erfundene Person (im Fragebogen zu Testzwecken "Hahnauer" vorgegeben) wird als SPD-Parteivorsitzender genannt.
Test 9: Fehlende offene Antwort zur Begründung der "Wahlentscheidung"
Test 10: Fehlende offene Antwort zum "derzeit wichtigsten politischen Problem"
Test 11: Senkrechte Antwortmuster bei den Fragen 21-31 (Partei, die sich am ehesten einsetzt für ... (11 Probleme) ...)
Test 12: Senkrechte Antwortmuster bei den Fragen 51-63 (Einschätzung von ... (13 Fremdgruppen) ...)
Test 13: Im Fragebogen wurde ein Code angekreuzt, der dort nicht kommentiert ist und auf der vorzulegenden Liste auch nicht erschein
Test 14: per Augenschein festgestellte Merkwürdigkeiten (müssen im Einzelfall gesondert dokumentiert werden).

Wolfgang Jagodzinski / Dieter Ohr

**Parteienaktivität und Wahlverhalten:
Theoretische Überlegungen und empirische Analysen zum Einfluß der nationalsozialistischen Propaganda auf das Wahlverhalten**

1. Einleitung

Ob und gegebenenfalls welchen Einfluß Propaganda auf das Wahlverhalten hat, ist umstritten. War unmittelbar nach dem zweiten Weltkrieg die These von einer Verführung der Deutschen durch Propaganda noch populär, so hat man sich in der Folgezeit in der Wissenschaft eher von ihr distanziert. Die in ökologischen Wahlanalysen immer wieder belegte hohe Stabilität des Wahlverhaltens sprach gegen die Wirksamkeit von Propaganda. Diese könne politisch Desinteressierte nicht erreichen und politisch Interessierte nicht verführen. Wir wollen in diesem Beitrag zunächst die Bedingungen darlegen, unter denen eine Beeinflussung durch Propaganda möglich erscheint. Daran anschließend wollen wir anhand von Aggregatdaten die möglichen Effekte von Propaganda auf den Stimmenzuwachs der NSDAP abzuschätzen versuchen.[1]

2. Wahlkampfkommunikation und rationaler Wähler

2.1 Downs

Im reinen Modell rationaler Wahlentscheidung ist eine Beeinflussung durch Dritte nicht möglich. Der Akteur hat *vorgegebene, modellexogene, langfristig stabile, grundlegende Wählerpräferenzen* (DOWNS 1957: 47) und handelt *politisch rational* (DOWNS 1957: 24). Die Wahlentscheidung hängt im einfachen Distanzenmodell von zwei Kriterien ab, von den wahrgenommenen Issuepositionen der politischen Parteien

---

1 Die in diesem Beitrag verwendeten Daten zur Propaganda der politischen Parteien wurden von Dieter Ohr im Rahmen seines Dissertationsprojekts zum Thema "Parteienaktivität und Wahlverhalten" erhoben und sind Teil eines größeren Datensatzes verschiedener Propagandaformen der deutschen politischen Parteien für die Jahre 1931 bis 1933.

und sodann von den grundlegenden Wählerpräferenzen und deren Beziehung zu den (spezifischeren) Issuepositionen. Eine Änderung der Wahlentscheidung erfolgt, wenn sich die Issuepositionen der Parteien verschieben, neue Issues auftauchen oder sich die Beziehung zwischen den grundlegenden Präferenzen und den konkreten Issues ändert. Bei kostenloser und vollständiger Information über Vergangenheit, Gegenwart und Zukunft kennt jeder Wähler zu jedem Zeitpunkt die Issue-Konstellationen und ist einer Beeinflussung durch Dritte nicht zugänglich.

Führt man jedoch Ungewißheit und Informationskosten in das Modell ein, so ist für den einzelnen Wähler nicht mehr sicher, wo die Parteien stehen und durch welche Mittel die grundlegenden Präferenzen am besten realisiert werden. Neue Informationen, durch Dritte bereitgestellt, können dann zu einer Veränderung der Wahlentscheidung führen. Auch politische Parteien können jetzt die Wahlentscheidung beeinflussen, indem sie ihre Positionen darlegen, bestimmte Issues thematisieren, andere Sachfragen ausklammern oder versuchen, ihre Problemlösungskompetenz in ausgewählten Gebieten zu betonen.

Allerdings bleibt der marginale Nutzen neuer politischer Information häufig gering. Werden große Unterschiede zwischen den Parteien gesehen, so benötigt der Wähler keine zusätzliche Information, da seine Wahlentscheidung im Grunde feststeht. Ist er dagegen zwischen Parteien indifferent, könnte neue Information zwar die Wahlentscheidung verändern, für den Wähler ist es aber ziemlich gleichgültig, welche Partei die Wahl gewinnt. Schließlich muß anstelle des Unterschieds zwischen den Parteien (Parteidifferential) der nur verschwindend geringe Stimmwert als Wert einer richtigen Wahlentscheidung angesehen werden, da ja kein Wähler mit seiner individuellen Stimme den Wahlausgang verändern kann.[2]

Welche Informationen haben unter dieser Voraussetzung die größte Chance, den Wähler zu beeinflussen? Hier gibt DOWNS nur einige spärliche Hinweise:

---

[2] "The result is an enormously diminished incentive for voters to acquire political information before voting. ... Therefore why should he buy political information? Instead he is likely to rely purely on the stream of free information he receives in the course of his nonpolitical pursuits. He will not even utilize all the free information available, since assimilating it takes time" (DOWNS 1957: 245).

(1) Weil seine Informationsverarbeitungskapazität begrenzt ist und seine politischen Aktivitäten mit einer Vielzahl anderer Aktivitäten in Konkurrenz treten[3], wird der rationale Wähler sich auf die wichtigsten Politikfelder konzentrieren und seine Informationskosten senken. Deshalb haben *"freie" Informationen*[4] eine größere Chance, vom rationalen Wähler aufgenommen und verarbeitet zu werden. Dazu zählen in erster Linie Gespräche mit anderen Personen, ebenso Informationsbroschüren der Parteien und Interessengruppen, Berichte professioneller Agenturen (z.B. Fernsehen), aber auch politische Kundgebungen und Versammlungen (vgl. auch KIRCHGÄSSNER 1993).

(2) Zweitens muß die Partei nach DOWNS, wenn sie den Wähler erreichen will, dessen grundlegende Präferenzen ansprechen. Propaganda muß verdeutlichen, daß die Propagandapartei den Entscheidungskriterien des Wählers besser genügt als jede konkurrierende Partei. Wir werden diese beiden Punkte nachfolgend eingehender diskutieren.

2.2 Freie Information als Nebenprodukt

Prinzipiell ist eine Beeinflussung durch Propaganda also im rationalen Modell nicht ausgeschlossen. Politische Aktivitäten wie politische Versammlungen, Demonstrationen, Aufzüge etc. liefern freie Informationen, die der auf Senkung der Informationskosten bedachte Wähler eher aufnehmen wird. Allerdings ist nach DOWNS "zufällig" aufgenommene freie Information als ein *Nebenprodukt* primär nichtpolitischer Aktivitäten mit noch geringeren entscheidungsrelevanten Kosten (Opportunitätskosten) verbunden. Das wäre etwa der Fall, wenn ein Wähler eine Parteikundgebung vor allem wegen des zu erwartenden Spektakels besucht oder wenn er die Parolen und Transparente eines vorüberziehenden Demonstrationszuges zufällig wahrnimmt. Dazu rechnen vor allem politische Informationen, die man am Arbeitsplatz oder in der Freizeit in Gesprächen mit Meinungsführern (two- bzw. multi-step flow of communication) erhält. Weil und soweit man sich bei solchen Gesprächen auf die Bewertung des

---

[3] "Rational citizens in an uncertain world are under great pressure to cut down the quantity of scarce resources they use to obtain political information" (DOWNS 1957: 220).

[4] "When we speak of free information, we mean information which is given to a citizen without any transferable cost. The only cost he must bear consists of the time he spends absorbing and utilizing it" (DOWNS 1957: 222).

Informanten verlassen kann, der sich in der Vergangenheit als kompetent und glaubwürdig erwiesen hat, entfallen Kosten, die sonst bei der Einordnung neuer Informationen entstehen. Zudem erhöht die relativ höhere Glaubwürdigkeit den Nutzen der aus persönlichen Gesprächen gewonnenen Information. Insgesamt sollte daher interpersonelle Kommunikation die wichtigste Form der Beeinflussung sein:"... our a priori expectation is that rational citizens will seek to obtain their free political information from other persons if they can" (DOWNS 1957: 229)[5].

DOWNS liefert eine theoretische Begründung für die empirischen Befunde der Columbia-Schule (vgl. LAZARSFELD/BERELSON/GAUDET 1948). Aber auch neuere Arbeiten, die im Rahmen der Theorie der Ressourcenmobilisierung entstanden sind, lassen sich als Beleg anführen. MCCARTHY/ZALD (1977) unterschieden zwei Kommunikationsformen: zum einen face-to-face-Kommunikation, die Aktivisten einer lokalen Organisation unter Einbeziehung sozialer Netzwerke initiieren, zum zweiten formale Kommunikation etwa über Propagandaveranstaltungen. SNOW/ZURCHER/ EKLAND-OLSON (1980) erweitern diese einfache Klassifikation organisatorischer Kommunikation noch um das Merkmal des "Öffentlichkeitsgrades" und kommen so zu der folgenden Kreuzklassifikation (SNOW/ZURCHER/EKLAND-OLSON 1980:790):

	indirekt	face-to-face
öffentlich	(1) z.B. Rundfunk	(3) z.B. Wahlkampfveranstaltungen
privat	(2) z.B. Flugblätter	(4) z.B. persönliche Gespräche

---

5   Vgl. zu weiteren Gründen LAZARSFELD/BERELSON/GAUDET (1948: 150ff). Unter bestimmten Bedingungen kann die Bewertung der Information selbst an Parteien delegiert werden: "... if a voter believes a certain party will seek to maximize votes by catering to the desires of a specific interest group or section of the electorate, and if his own goals are identical with the goals of that group or section, then he can rationally delegate all his political decision-making to that party" (DOWNS 1957: 234).

Gingen MCCARTHY/ZALD noch von einer prinzipiellen Substituierbarkeit von formaler und informeller Kommunikation aus (MCCARTHY/ZALD 1977: 1228), so spricht die Nebenproduktsthese für die besondere Effektivität von Kanal (4). Genau dies finden SNOW/ZURCHER/EKLAND-OLSON (1980: 791) auch in einer Auswertung von insgesamt zehn Studien zur Rekrutierung sozialer Bewegungen: Persönliche Gespräche in sozialen Netzwerken sind die erfolgreichste Strategie der Rekrutierung. Mit einer Ausnahme sind stets mindestens zwei Drittel der neu gewonnenen Anhänger einer Organisation über soziale Netzwerke geworben worden.

Man kann aus diesen Befunden schließen, daß öffentliche Propaganda nur ein Weg der Beeinflussung unter vielen und wahrscheinlich nicht der wichtigste ist. Das Unterwandern von Organisationen etwa mag eine mindestens so bedeutsame Rolle gespielt haben. Gelingt es einer Partei, entweder zentrale Positionen in etablierten Organisationen mit eigenen Leuten zu besetzen, oder die Inhaber für die eigene Sache zu gewinnen, so eröffnet sich die Möglichkeit des "bloc recruitment" (OBERSCHALL 1973; am Beispiel NSDAP und Landbund vgl. EGERER 1983)[6].

2.3 Unter welchen Bedingungen wirkt Propaganda?

Zu den Bedingungen, unter denen Propaganda wirkt, sagt DOWNS leider nicht sehr viel. Man kann aus den verstreuten Hinweisen eher Bedingungen ableiten, unter denen Propaganda *nicht* wirkt, als daß man die positiven Voraussetzungen von Propaganda bestimmen könnte. Wir stellen nachfolgend einige vorläufige Thesen auf, die aber noch einer eingehenden Diskussion und Begründung bedürfen:

(1) Propaganda wird dann wenig erfolgreich sein, wenn die Partei als Informationsquelle und Empfänger schon in den *grundlegenden Präferenzen* nicht übereinstimmen. Das ist nun keine genuin ökonomische Hypothese, auf sie stößt man in ähn-

---

6   Nicht immer muß die Einbindung eines Individuums in eine bereits bestehende Organisation der Mobilisierung förderlich sein. Sie ist zweckdienlich, wenn solche Organisationen in der Auflösung begriffen sind und/oder nicht in Konkurrenz treten wollen. Verstehen sich aber bereits existierende Organisationen tatsächlich als Konkurrenten, so könnte gerade *wegen* der Einbindung von Individuen die Mobilisierungschance geringer sein. Das Vorhandensein von "countervailing networks" sowie die Integration in solche Netzwerke entscheiden darüber, ob ein Individuum "strukturell verfügbar" ist und damit über die Wahrscheinlichkeit, eine neue Organisation zu unterstützen (SNOW/ZURCHER/EKLAND-OLSON 1980: 798).

licher Form auch in Kongruenz-, Konsistenz- oder Dissonanztheorien (vgl. TAYLOR 1980). Dort finden sich unter dem Stichwort 'Dissonanzreduktion' auch eingehendere Begründungen, weshalb Informationen bei Nichtübereinstimmung mit den grundlegenden Präferenzen und Überzeugungen nicht oder verzerrt wahrgenommen werden, weshalb unter dieser Bedingung die Glaubwürdigkeit der Informationsquelle angezweifelt wird u.a.m. Leider ist die Hypothese aus mehreren Gründen unscharf. Erstens einmal fehlt eine Regel, wie die grundlegenden Präferenzen empirisch zu erfassen sind. Verweisen beispielsweise die Etikettierungen des NSDAP-Programms als 'völkisch-national', 'antisystemisch', 'antisemitisch' und 'antimarxistisch' auf grundlegende Präferenzen oder eher auf konkrete Einstellungen zu Institutionen und Gruppen? Die Einschränkung auf *grundlegende* Präferenzen kann man andererseits kaum fallen lassen, da Personen im Alltag ihre konkreteren Präferenzen relativ häufig aufgrund neuer Informationen ändern. Ein weiteres Problem der Hypothese ist, daß nach Befunden der empirischen Ideologieforschung (CONVERSE 1964; 1970) nur ein sehr kleiner Prozentsatz der Wähler - nämlich die von CONVERSE als Ideologues bezeichneten Personen - imstande ist, die zur Beschreibung grundlegender Präferenzen benutzten Begriffe aktiv oder passiv zu gebrauchen. Trotz dieser Bedenken werden wir auf die obige Hypothese an späterer Stelle zurückgreifen.

(2) *Organisatorische Bindungen* können zur Resistenz gegenüber der Propaganda neuer Parteien beitragen. Dabei wird man zuallererst an die Identifikation mit einer etablierten Partei denken. Parteiidentifikation kann - worauf DOWNS ja hingewiesen hat - bedeuten, daß die Bewertung und Einordnung von politischen Informationen an die Partei delegiert wird. Weil und soweit eine etablierte Partei potentielle Konkurrenten im Zweifel eher diskreditieren wird, immunisiert Parteibindung bis zu einem gewissen Grad gegenüber der Propaganda neuer Parteien.

Ähnlich wie die Parteiidentifikation kann selbstverständlich auch die Integration in Organisationen wie Gewerkschaften oder Kirchen den Einfluß der Propaganda neuer Parteien mindern, sofern die Organisationsführung eine negative Position gegenüber diesen Parteien bezieht.

(3) Die erste Hypothese legt die Vermutung nahe, daß die Propaganda einer neuen Partei ceteris paribus dann erfolgreich sein sollte, wenn sie dem Wähler *ideologisch näher* steht als jede andere Partei, daß also der Inhalt der Propaganda einen wesent-

lichen Einfluß auf die Wirkung hat. Solche Hypothesen finden sich implizit oder explizit in Arbeiten, die als Ursache für den Erfolg der NSDAP nach 1928 eine ideologische Wende der Partei sehen. So meint etwa STACHURA (1978), daß die NSDAP nach der Neugründung im Jahre 1925 bis etwa 1928 "... ihrer Natur nach "sozialistisch" und antikapitalistisch ..." gewesen sei, "... eine politische Organisation, die in erster Linie das deutsche Proletariat zu gewinnen hoffte" (STACHURA 1978: 78). Das Ergebnis der Reichstagswahl vom 20. Mai 1928, wie es sich aus Sicht der NSDAP dargestellt habe - trotz Konzentration der Wahlkampfanstrengungen auf städtisch-industrielle Bezirke dort tendenziell die schlechtesten Ergebnisse - sei Anlaß zur strategischen Neuorientierung hin zur protestantisch-bürgerlichen Mittelschicht gewesen. Nach ihrer strategischen Hinwendung zur "rural strategy" ab 1927 und vor allem nach der Reichstagswahl 1928 (z.B. STACHURA 1978) habe die NSDAP dann eine zu den bürgerlich-protestantischen Parteien in weiten Teilen fast identische Programmatik verfolgt, die sie besonders für den bürgerlich-protestantisch orientierten Teil der Wählerschaft als potentielle Alternative habe erscheinen lassen (WENNINGER-RICHTER 1982: 290).

Erst die Umstellung der Programmatik also macht nach dieser Lesart die Partei für die protestantische Mittelschicht wählbar. PAUL (1990) bezweifelt in seiner Studie eine grundlegende Umorientierung der NSDAP und meint demgegenüber, nach 1928 habe die NSDAP lediglich eine stärker ausdifferenzierte *Zielgruppenpropaganda* betrieben (PAUL 1990: 88). Man kann der These, wonach letztlich *Propagandainhalte* über Erfolg und Mißerfolg der NSDAP entschieden hätten, mit zwei weiteren Argumenten widersprechen. Zum einen kann man mit HENNIG (1983) darauf verweisen, daß sich die Parteiprogramme von NSDAP und protestantisch-bürgerlichen Parteien inhaltlich kaum voneinander unterschieden haben. Anti-Marxismus war keine Besonderheit der NSDAP. Im Gegenteil: Außer SPD und KPD gab es eigentlich keine Partei, die nicht ebenfalls dezidiert anti-marxistisch gewesen wäre. Der Republik kritisch bis feindlich gesonnen waren in gleicher Weise die DNVP und regionale Interessenparteien wie der in Hessen bedeutsame Landbund. Auch Nationalismus als politisches Deutungsmuster war keineswegs auf die NSDAP beschränkt. Die DNVP vertrat die "Idee einer deutschen Volksgemeinschaft", sprach von "nationaler Wiedergeburt", forderte den "Aufbau von Volkstum, einen starken Staat und die opferwillige Arbeitsbereitschaft aller Volksgenossen". Die TV geißelte "übertriebenen Parlamentarismus", und der Christlich-Soziale Volksdienst wollte wie die NSDAP das "innerlich faule Parteiwesen" überwinden (HENNIG 1983: 396).

Zweitens kann man die Frage aufwerfen, welche Wähler feine Differenzierungen in den ideologischen Positionen überhaupt feststellen können. Selbst politisch Interessierten dürfte es schwergefallen sein, die ideologischen Unterschiede zwischen Parteien des rechten Spektrums auszumachen. Uns schiene es jedenfalls eine sehr kühne These, daß die Erfolge der NSDAP durch eine den Wähler mehr ansprechende Programmatik oder eine geschlossenere oder konsistentere Ideologie hervorgerufen worden sind.

(4) Wir vertreten hier nicht die radikale Position, daß Propagandainhalte gänzlich irrelevant seien, obwohl auch dieses sich begründen ließe. Wir meinen, daß es dem Wähler durchaus möglich war, anhand der Propaganda eine Aufteilung nach Freund und Feind vorzunehmen und damit zu bestimmen, ob die Partei der eigenen Gruppe nah oder fern stand. Wir bezweifeln jedoch mit HENNIG (1983), daß innerhalb des rechten Lagers die Propagandainhalte über Erfolg und Mißerfolg entschieden haben. Wenn hier die öffentlichen Aktivitäten der NSDAP zu deren Aufstieg beigetragen haben, so letztlich infolge des Kompetenzzuwachses, den ihr die permanente Propaganda eintrug. Worin sich die NSDAP besonders von den bürgerlich-protestantischen Parteien klar abhob, waren die *Instrumente* und vor allem die *Quantität ihrer Propaganda*. Die etwa ab 1926 beginnende Ausweitung des Ortsgruppennetzes, zusammen mit einer extrem hohen Mobilisierung der Mitglieder von örtlicher Parteiorganisation und SA, ermöglichte es der NSDAP, die anderen Parteien in den Wahlkämpfen ab 1929 im Hinblick auf die Anzahl von Wahlkampfveranstaltungen deutlich zu übertreffen (vgl. Abb. 2). Doch auch das Führen eines "permanenten Wahlkampfes" und der Einsatz von Instrumenten wie den sogenannten "Saturationskampagnen" (ARAFE 1976: 100), die Konzentration von bis zu 200 Veranstaltungen innerhalb eines Gaues in einem Zeitraum von höchstens zehn Tagen, trugen zur Sichtbarkeit und Verbreitung der nationalsozialistischen Positionen selbst in kleinsten Dörfern bei (RICHTER 1986: 118ff.). Hinzu kam die Androhung und Anwendung von Gewalt als weiteres Instrument der nationalsozialistischen Propaganda, etwa durch direkte Einschüchterung lokaler Persönlichkeiten (RICHTER 1986: 124), gewaltsame Störungen der Veranstaltungen anderer Parteien oder die Provokation von Schlägereien zwischen SA und gegnerischen Hilfsorganisationen. Dieser Welle an Wahlkampfveranstaltungen,

Provokationen, direkten Gewaltakten konnten speziell in Hessen lediglich SPD und KPD sowie in katholischen Gebieten das Zentrum etwas entgegensetzen. Die SPD besaß dazu mit einem umfassenden Ortsgruppennetz und dem Reichsbanner als paramilitärischer Hilfsorganisation die organisatorischen Voraussetzungen zur Gegenpropaganda.

Wichtig scheint also zunächst ganz einfach die Tatsache, daß die NSDAP im Vergleich zu ihren Konkurrenten eine *höhere und dauerhaftere Sichtbarkeit* aufwies, dies als Grundvoraussetzung dafür, daß ihre Positionen den Wählern überhaupt bekannt werden konnten.[7] Neben der Schaffung öffentlicher Präsenz als Grundvoraussetzung mußte es der NSDAP gelingen, vor allem die protestantische Landbevölkerung davon zu überzeugen, daß, vor dem Hintergrund der landwirtschaftlichen Depression und den Auswirkungen der Weltwirtschaftskrise, ihre Interessen am besten von den Nationalsozialisten vertreten werden konnten.[8] Die permanenten Propagandaveranstaltungen, die Saturationskampagnen in einzelnen Regionen, die Umzüge der SA waren alle auf diese Ziele gerichtet und bewirkten, daß die Wählerschaft in vielen Gegenden im wesentlichen nur von der Propaganda der Nationalsozialisten erreicht wurde.

Gerade im Vergleich zu den bürgerlich-protestantischen Parteien konnte nationalsozialistische Propaganda interpretiert werden als Ausweis besonderer Tatkraft, Entschiedenheit und Glaubwürdigkeit. Hier trat eine neue Partei auf, die handelte anstatt nur zu reden, die zudem durch organisatorische und propagandistische Präsenz ihren Machtanspruch glaubhaft demonstrieren konnte: "Trotz aller internen Widersprüche in Propagandafragen, trotz gravierender organisatorischer Mängel bei der Umsetzung propagandistischer Anweisungen an der Parteibasis, trotz des Ausschlusses vom Rundfunk und trotz der mitunter geringen Reichweite einzelner Medien reichte das verfügbare Repertoire der Propagandamittel und die Organisationsstruktur der Partei völlig aus, *ein allgemeines Image der NSDAP als das einer entschiedenen, kraftvollen,*

---

7 "The function of Nazi propaganda, like that of the propaganda of other political parties, was *to reinforce the views of people who shared the Nazis' perspectives, to make them aware of the presence of the Nazi movement*" (BESSEL 1980: 29; Hervorhebung W.J. und D.O.).

8 "Being well disposed towards certain parts of the Nazi message was not the same thing as being a Nazi. The propaganda of the NSDAP ... *persuaded people with similar ideological leanings to the Nazis to vote for the NSDAP rather than for the DNVP or the DVP* ... It was, in fact, doing an extremely effective job of political mobilisation in ensuring that the Nazi Party cornered the right-wing vote ..." (KERSHAW 1983: 177; Hervorhebung W.J. und D.O.).

jungen, siegesgewissen "Bewegung" zur Vernichtung von Republik und "Marxismus" zu verbreiten. Dieses Erscheinungsbild und nicht programmatische Aussagen bildeten die eigentliche Attraktion der Partei" (PAUL 1990: 261ff.; Hervorhebung W.J. und D.O.).

Propaganda der NSDAP wäre demnach in zweierlei Hinsicht wirksam gewesen, einmal, um die Positionen der Partei einer breiten Wählerschaft bekannt zu machen, zum zweiten als ein Indikator für Durchsetzungsfähigkeit und Schlagkraft, kurz: Problemlösungskompetenz. Mit dem Konzept des politisch rationalen Wählers sind beide Begründungen gut verträglich: Die Kenntnis der Parteipositionen ist für das Kalkül im Rahmen des Distanzenmodells ohnehin zwingend erforderlich. Zum zweiten kann in einer Welt mit Ungewißheit und dem Zwang, Informationskosten zu senken, das Verhalten von Kandidaten und Parteien im Wahlkampf als rationaler Indikator für (spätere) Problemlösungskompetenz angesehen werden (POPKIN 1991: 62). Dies gilt insbesondere für die Beurteilung oppositioneller Parteien, zu deren Problemlösungskompetenz im allgemeinen gar keine weiteren Informationen vorhanden sind.

2.4 Hypothesen für die nachfolgende Untersuchung

(1) Aus den vorangegangenen Überlegungen leiten wir zunächst einmal ab, daß die *NSDAP erhöhte Aktivitäten in jenen Gebieten entwickelt, in denen der Anteil der ihr ideologisch nahestehenden Wähler hoch und der Anteil der an konkurrierende Organisationen gebundenen Wähler gering ist*. Im katholischen Milieu wird man daher eher geringe Propagandaaktivitäten erwarten, in protestantischen Gebieten umso höhere. Wenn wir in Abb.1 diese Beziehungen als kausale Effekte darstellen, so sollte man nicht übersehen, daß sich hinter jedem Pfeil eine hochkomplexe Kausalstruktur verbirgt. Denn natürlich ist ein hoher Katholikenanteil nicht Ursache von geringen Propagandaaktivitäten der NSDAP. Eher schon sind die Ursachen zu suchen in der Einbindung der Wähler in das Zentrum und katholische Netzwerke und den damit verbundenen weltanschaulichen und politischen Grundorientierungen.[9] Infolgedessen

---

9   Die große ideologische Distanz zwischen Katholizismus und NSDAP zeigt sich einmal in öffentlichen Verlautbarungen der Kirche und nationalsozialistischer Politiker wie auch im alltäglichen Verhalten des katholischen Klerus. Als Beispiele für grundlegende Positionsunterschiede seien genannt die Forderung führender Nationalsozialisten nach einer *vereinigten* deutschen Nationalkirche (FALTER 1991: 189) oder die Erklärung des Mainzer Generalvikars Dr. Mayer, das Programm der NSDAP enthalte Sätze, die sich mit katholischen Lehren und Grundsätzen nicht ver-

wird es der NSDAP einerseits erschwert, in diesen Gebieten Parteiaktivisten zu rekrutieren; andererseits wirkt Propaganda, wo sie versucht wird, eher kontraproduktiv und mobilisiert das gegnerische Lager. Umgekehrt kann man erhöhte Propagandaaktivitäten in protestantischen Gebieten eher erwarten, weil hier dank ideologischer Nähe zur NSDAP, unterstützt durch die überwiegend wohlwollende Haltung der evangelischen Kirche, die Mitgliederrekrutierung leichter gelingt und Propagandaerfolge wahrscheinlicher sind.

Auch die Wähler landwirtschaftlich geprägter Regionen, vor allem die Bauern selbst, dürften der NSDAP ideologisch nahegestanden haben. Verbreitete Vorstellungen wie die des "Kleinbauern auf eigener Scholle" oder der "Autarkie des geschlossenen nationalen Raumes" (NEUMANN 1965: 78) wurden durch die NSDAP-Propaganda aufgegriffen. Zudem konnte die NSDAP an alte antisemitische Traditionen ländlicher Gebiete anknüpfen (SCHÖN 1972: 8ff.).

Besser noch als über die protestantische Prägung einer Gemeinde (gemessen durch den zum Protestantenanteil spiegelbildlichen Katholikenanteil) und den Anteil der in Land- und Forstwirtschaft Erwerbstätigen könnte *rechtes Wählerpotential* in der Bevölkerung über die Stimmenanteile rechter Parteien bereits in der Zeit vor den Wahlerfolgen der NSDAP erfaßt werden. Wir wollen daher später diesen Indikator benutzen und halten es durchaus für möglich, daß direkte Effekte der beiden Sozialstrukturgrößen verschwinden, wenn der Stimmenanteil rechter Parteien konstant gehalten wird.

Die Konzentration nationalsozialistischer Propaganda auf Gebiete mit einem hohen Anteil traditionell rechter Wähler muß - das folgt schon aus den bisherigen Überlegungen - nicht unbedingt das Ergebnis planvoller Strategie sein. Sie kann sich allein

---

einbaren ließen (SCHÖN 1976: 189). Auch auf der Verhaltensebene gibt es zahlreiche Indizien für eine erhebliche Distanz zwischen Katholizismus und der NSDAP. So weigert sich zum Beispiel der Gemeindepriester in Lorsch im hessischen Kreis Bensheim, einen tödlich verunglückten Hitlerjungen im Beisein Hitlers sowie uniformierter SA- und HJ-Formationen zu beerdigen (SCHÖN 1976: 188). Auch wurden katholische NSDAP-Mitglieder nicht zu den Sakramenten zugelassen (SCHÖN 1976: 189).
Ganz anders dagegen die evangelische Kirche vor 1933: Das Evangelische Landeskirchenamt in Darmstadt etwa bot (im Jahre 1931) der NSDAP sogar seine Unterstützung an, indem es "Sondergottesdienste bzw. Sonderveranstaltungen" anregte. Selbst bei Sonnwendfeiern und "Feldgottesdiensten" stellte die evangelische Kirche der NSDAP ihre Dienste zur Verfügung (SCHÖN 1976: 192ff).

dadurch einstellen, daß die NSDAP vornehmlich in diesen Gebieten in der oben unter 2.2 beschriebenen Weise ihre Mitglieder rekrutiert und daß sie jedenfalls in den ersten Jahren vornehmlich in diesem Gebiet Erfolge verbuchen kann. Das Aktivitätsniveau politischer Gruppierungen ist, wie man weiß, wesentlich auch vom Erfolg und Mißerfolg beeinflußt[10]. Ebenso spricht einiges dafür, daß der NSDAP der Zutritt zu Orten mit starker sozialdemokratischer oder kommunistischer Organisation mitunter gar nicht erst gelang.[11]

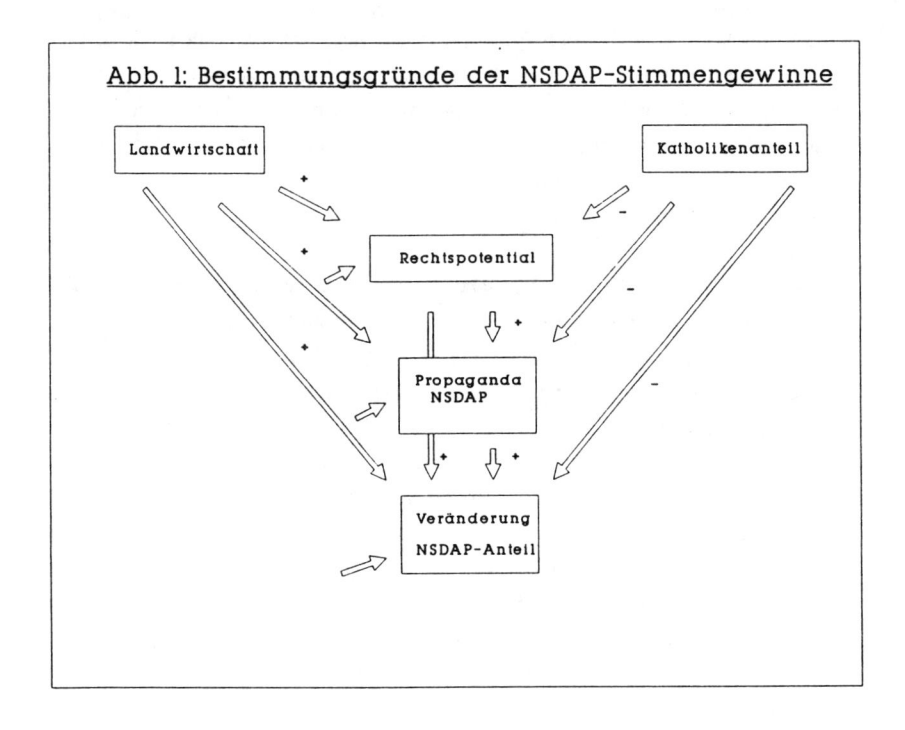

Abb. 1: Bestimmungsgründe der NSDAP-Stimmengewinne

[10] So ist im gesamten Deutschen Reich die Zahl der Eintritte in die NSDAP im Jahre 1931 umso höher, je stärker der NSDAP-Stimmenzuwachs in einem Gebiet von der Reichstagswahl 1928 zur Reichstagswahl 1930 (FALTER 1991: 439).
[11] SCHÖN berichtet zum Beispiel von einer NSDAP-Versammlung in Offenbach im Februar 1930, die nur unter Polizeischutz stattfinden konnte und von blutigen Auseinandersetzungen mit Kommunisten begleitet war. Nach der besagten Versammlung waren Veranstaltungen der NSDAP in Offenbach für längere Zeit verboten (SCHÖN 1972: 166ff.).

(2) Zentrales Ziel unserer Untersuchung ist jedoch nicht die Erklärung der Verbreitung nationalsozialistischer Propaganda, sondern deren Effekt auf die Wahlerfolge der NSDAP (vgl. Abb. 1). Zum Einfluß von Parteiaktivitäten sind in den USA einige Studien durchgeführt worden (vgl. etwa CUTRIGHT/ROSSI 1958; CROTTY 1971; FRENDREIS/GIBSON/VERTZ 1990), die jeweils nur schwache bis mäßige Einflüsse gefunden haben. Teilweise wird dieses etwas enttäuschende Ergebnis damit erklärt, daß man nicht alle Kanäle der Einflußnahme empirisch habe erfassen können. Mit diesem Problem sind auch wir konfrontiert, da wir nur öffentliche Aktivitäten der NSDAP, nicht aber die informelle Einflußnahme auf die Meinungsführer anderer Organisationen, Blockrekrutierungen etc. empirisch erfassen können (vgl. zu einer Einzelfallanalyse solcher Aktivitäten ALLEN 1965). Bessere Indikatoren für diese Form der Einflußnahme mögen die Stärke der lokalen Parteiorganisation (FRENDREIS/GIBSON/VERTZ 1990) oder die Mitgliederentwicklung in den Ortsgruppen sein (FALTER 1991). Uns stehen entsprechende Indikatoren nicht zur Verfügung, doch können wir wenigstens einen indirekten Beleg für derartige Rekrutierungseffekte finden. Wenn die NSDAP ihre Anhänger zwischen 1928 und 1932 vornehmlich aus dem Lager anderer rechter Parteien abgezogen hat, bestätigt ein direkter Effekt der Stimmanteile dieser anderen Parteien auf den Wahlerfolg der NSDAP, der auch bei Kontrolle der Propagandaaktivitäten nicht verschwindet, die im zweiten Abschnitt beschriebene Form der Einflußnahme. Wir erwarten daneben aber auch einen direkten Effekt der Propaganda auf den Wahlerfolg. Wenn sich diese Einflüsse trotz der hohen Erklärungskraft sozialstruktureller Variablen nachweisen ließen, so wäre das eine überzeugende Bestätigung unserer theoretischen Argumentation.

3. Empirische Analyse des Einflusses nationalsozialistischer Propagandaaktivität

3.1 Datengrundlage, Untersuchungsregion und -zeitraum

Die exemplarische empirische Analyse dieses Aufsatzes beschränkt sich auf den hessischen Landkreis Bensheim mit insgesamt 43 Gemeinden. Neben Baden liegen Wahlergebnisdaten der Weimarer Republik auf der Aggregationsebene der Gemeinden (auch unter 2000 Einwohnern) nur für den ehemaligen Volksstaat Hessen vor. Außerdem ist die Datenlage für Hessen bei den eigens zu erhebenden Propagandadaten relativ günstig. Wir haben Bensheim aus den 23 Stadt- und Landkreisen Hessen-Darmstadts für unsere Analyse ausgewählt, da dieser von den (mindestens) sechs Kreisen mit zugänglichen Propagandadaten bislang als einziger vollständig für die EDV-Erfassung aufbereitet werden konnte.

Folgende Wahlergebnisdaten und Daten zur Sozialstruktur liegen der Analyse zugrunde[12]: Ergebnisse zu den Reichstagswahlen vom 20. Mai 1928 und 14. September 1930, zur Landtagswahl vom 15. November 1931, Einwohnerzahl und Berufsgliederung der Wohnbevölkerung nach Wirtschaftsabteilungen laut Volks- und Berufszählung vom 16. Juni 1933 sowie schließlich die konfessionelle Gliederung der Bevölkerung laut Volkszählung vom 16. Juni 1925.

Nach der Verordnung des Reichspräsidenten zur Bekämpfung politischer Ausschreitungen vom 28. März 1931 bestand für alle politischen Versammlungen Anmeldepflicht. Die jeweiligen Anmeldungen mußten rechtzeitig bei den zuständigen Kreisämtern eingereicht werden. Unsere Propagandadaten entstammen einer umfangreichen Sammelliste der politischen Versammlungen ab dem 25. April 1931 bis zum 14. November 1931 für den Landkreis Bensheim.[13] Mehrere Gründe sprechen unseres Erachtens dafür, daß die verwendete Sammelliste vollständig ist und sehr wahrscheinlich auch nur wenige Fehler aufweist. Zum einen wurden insbesondere die extremistischen Parteien der Weimarer Republik polizeilich streng überwacht, so daß eine Verletzung der gesetzlichen Auflage bei öffentlichen Versammlungen leicht bemerkt worden wäre. Des weiteren ist die Führung der Anmeldungslisten im vorliegenden Fall, wie auch bei anderen hessischen Kreisen, ein plausibles Indiz für weitgehende Korrektheit der Daten: So sind zum Beispiel Verbote von Veranstaltungen, ausgefallene Veranstaltungen oder Überschneidungen von Versammlungen konkurrierender Parteien penibel vermerkt.

Nach einer langwierigen Aufbereitung der größtenteils nur sehr schwer leserlichen Eintragungen wurde bei der Datenerfassung zunächst jede einzelne Veranstaltung als eine Untersuchungseinheit behandelt und mit exaktem Datum, Partei und Versamm-

---

12 Die Regionaldatenbank "Gemeinden des ehemaligen Volksstaates Hessen in der zweiten Hälfte der Weimarer Republik" wurde unter der Leitung von Prof. Jürgen W. FALTER (Mainz) aufgebaut und ist uns freundlicherweise zur Verfügung gestellt worden.
13 Sammellisten und Polizeiberichte zu politischen Versammlungen sind im Hessischen Staatsarchiv in Darmstadt zugänglich.

lungsort eingegeben.[14] Vor der Verknüpfung mit den Wahlvergehens- und Sozialstrukturdaten, deren Untersuchungseinheiten die politischen Gemeinden sind, wurden die Versammlungen des genannten Zeitraums für die wichtigsten Parteien auf Gemeindeebene hochaggregiert, so daß zu jeder der 43 Bensheimer Gemeinden absolute Häufigkeiten der politischen Versammlungen zur Verfügung stehen.[15]

Wir untersuchen im folgenden die hessische Landtagswahl vom 15. November 1931, eine Wahl also, die die NSDAP in weiten Teilen Hessens schon vor der Reichstagswahl vom Juli 1932 zur stärksten Partei werden ließ. Insbesondere wollen wir klären, inwieweit nationalsozialistische Propaganda zusammen mit anderen Erklärungsgrößen für den *Zuwachs* der NSDAP von 1930 bis 1931 verantwortlich war.

3.2 Operationalisierungen

Sämtliche in diesem Abschnitt berichteten Stimmanteile der politischen Parteien wurden auf die jeweilige Anzahl der Wahlberechtigten prozentuiert.[16] Die *Veränderung des NSDAP-Anteils* ist dabei die Differenz (in Prozentpunkten) zwischen dem NSDAP-Anteil bei der hessischen Landtagswahl vom 15. November 1931 und dem NSDAP-Anteil bei der Reichstagswahl vom 14. September 1930. Zur Ermittlung des *Anteils rechter Parteien* als Indikator für die Verbreitung eines rechten Wählerpotentials haben wir die Stimmanteile für die DNVP (Deutschnationale Volkspartei), die DVP (Deutsche Volkspartei) und das Hessische Landvolk bei der Reichstagswahl vom 20. Mai 1928 addiert. Andere rechte Parteien haben in der von uns untersuchten Region praktisch keine Rolle gespielt.

Zwei Merkmale der Sozialstruktur gehen in die Analyse ein, einmal der Faktor *Landwirtschaft* als Prozentanteil der berufszugehörigen Personen in der Land- und

---

14 Zu einem großen Teil der Versammlungen konnten weitere Merkmale wie der Name des Redners, die beantragende Ortsgruppe etc. berücksichtigt werden, die aber für die folgende Analyse noch keine Rolle spielen.
15 Umzüge, Märsche etc. ohne politische Ansprache wurden für diesen Beitrag nicht berücksichtigt.
16 Zur Berechnung eines Parteianteils wurden die gültigen Stimmen einer Partei dividiert durch die Summe aus Stimmberechtigten, die noch in das örtliche Wählerverzeichnis eingetragen waren und denjenigen Personen, die mit dem Wahlschein in der entsprechenden Gemeinde *gewählt* haben. Diese Berechnungsweise ist erforderlich, um zu vermeiden, daß die Summe der Parteianteile auf der Gemeindeebene 100 Prozent übersteigt. Dadurch unterstellt man natürlich eine hundertprozentige Wahlbeteiligung der Wahlscheininhaber (LAVIES 1973: 39).

Forstwirtschaft nach der Berufszählung 1933 an der Wohnbevölkerung 1933, dann der *Katholikenanteil* als Prozentanteil der Katholiken nach der Volkszählung 1925 an der Wohnbevölkerung 1925.

Aufgrund theoretischer Überlegungen erscheint es uns wenig sinnvoll, die *Häufigkeit der NSDAP-Versammlungen* in die Zusammenhangsanalyse einzubeziehen, ohne sie vorher an einer geeigneten Basisgröße relativiert zu haben. So wird die absolute Zahl politischer Veranstaltungen nur sehr unvollkommen messen, wie intensiv die Propagandaanstrengungen einer Partei sind, beziehungsweise - aus der Sicht der Bevölkerung - wie stark die Wähler von Propaganda erfaßt werden. Es macht sicherlich einen erheblichen Unterschied, ob eine Partei 100 Wahlkampfveranstaltungen in einer Kleinstgemeinde oder in einer mittleren Stadt abhält. Eine Möglichkeit der Relativierung wäre die Berechnung des Verhältnisses aus Versammlungsanzahl und Wohnbevölkerung. Wir haben uns jedoch dafür entschieden, die Veranstaltungshäufigkeit an den eigentlichen Adressaten der Propaganda, nämlich den Wahlberechtigten, zu relativieren. Das Merkmal *Propagandahäufigkeit der NSDAP* wurde somit wie folgt errechnet: Anzahl der NSDAP-Versammlungen im Zeitraum April bis November 1931 (bis 14. November)/Wahlberechtigte 1931. Der anschaulicheren Deutung wegen erfolgte noch die Multiplikation mit 1000, so daß die resultierende Maßzahl als Versammlungszahl pro 1000 Wahlberechtigte interpretiert werden kann. Für die Regressionsanalysen haben wir das Merkmal zusätzlich einer natürlichen Logarithmus-Transformation unterzogen, um die Effekte von Ausreißern zu mindern.

3.3 Überprüfung der Hypothesen

3.3.1 Propagandaaktivität vor der Landtagswahl 1931 im Volksstaat Hessen und im Kreis Bensheim

Die in der Literatur berichteten Charakteristika der NSDAP-Versammlungspropaganda treffen für den *Volksstaat Hessen*[17] in beeindruckender Weise zu.

---

17 Die Mitteilungen des Hessischen Landesstatistischen Amtes 1932, Nr. 1, enthalten auf der Ebene der 23 Stadt- und Landkreise die Versammlungshäufigkeiten der politischen Parteien für die Monate Mai bis November 1931.

Abb. 2: Politische Versammlungen
Mai bis November 1931
Volkstaat Hessen

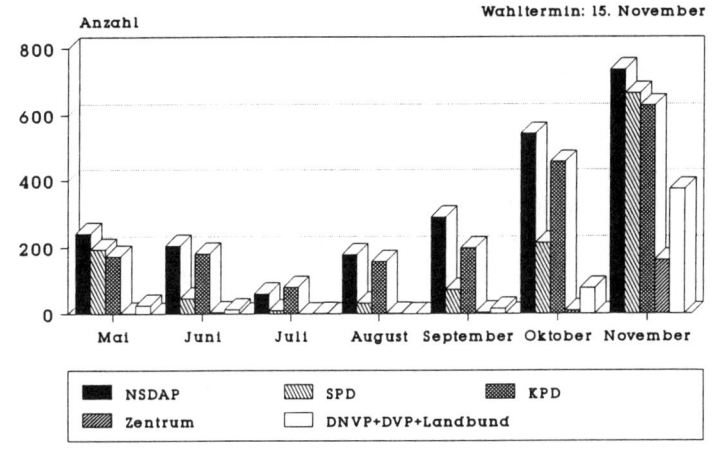

Wahltermin: 15. November

Legende: NSDAP, SPD, KPD, Zentrum, DNVP+DVP+Landbund

Daten vom
Landesstatistischen Amt Hessen

Abb. 3: Politische Versammlungen
Mai bis November 1931
Kreis Bensheim

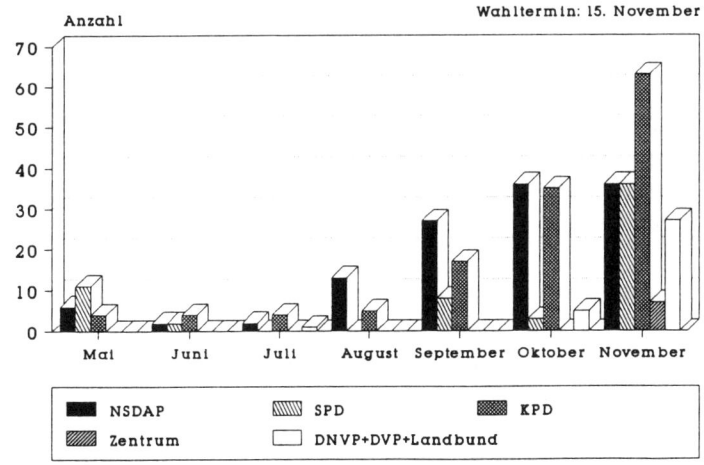

Wahltermin: 15. November

Legende: NSDAP, SPD, KPD, Zentrum, DNVP+DVP+Landbund

Daten vom Staatsarchiv Darmstadt

Abb. 2 zeigt monatsweise die Anzahl politischer Versammlungen in den letzten sieben Monaten vor der hessischen Landtagswahl vom 15. November 1931 für die wichtigsten Parteien und Parteigruppen. In der Tat übertrifft die Versammlungsaktivität der NSDAP auch in Hessen die der anderen Parteien. In jedem der sieben aufgeführten Monate halten die Nationalsozialisten die meisten Veranstaltungen ab. Lediglich die KPD, mit Abstrichen auch die SPD, kann der NSDAP Paroli bieten. Ein weiteres hebt die NSDAP insbesondere von der Gruppe der bürgerlich-protestantischen Parteien aber auch vom Zentrum ab. Während diese Parteien lediglich im November 1931, also nur in den beiden letzten Wochen vor dem Wahltag, eine nennenswerte Versammlungsaktivität entfalten, führen die Nationalsozialisten einen *permanenten Wahlkampf*. Auch die zeitliche Verteilung der KPD-Veranstaltungen weist ein ähnliches Muster auf, bewegt sich allerdings auf etwas niedrigerem Niveau.

Abb. 3 stellt den zeitlichen Verlauf der Versammlungen für den Kreis *Bensheim* dar. Gegenüber dem Volksstaat ist hervorzuheben, daß die NSDAP mit insgesamt 122 politischen Versammlungen auch in Bensheim eine rege Versammlungsaktivität zeigt. Allerdings halten nun die Kommunisten die meisten Veranstaltungen ab (132). Die NSDAP hat in jedem der sieben Vorwahlmonate mindestens die zweitgrößte Versammlungszahl. In den Monaten August und September liegen die NSDAP-Versammlungen wieder deutlich an der Spitze, werden allerdings im November klar von den Kundgebungen der KPD übertroffen. Das Muster des permanenten NSDAP-Wahlkampfes gilt in abgeschwächter Form auch für den Kreis Bensheim. Besonders auffällig ist, wie für das gesamte Hessen, auch in Bensheim die bis auf den Wahlmonat November fast völlige Abwesenheit der bürgerlich-protestantischen Parteien (ebenso des Bensheimer Zentrums) im Wahlkampf. Gerade im Hinblick auf ihre ideologisch benachbarten Konkurrenten im rechten Lager fand die NSDAP propagandistisches Brachland vor.

3.3.2 Bivariate Analysen

Zunächst wollen wir in einfacher Form überprüfen, ob unsere in 2.4 aufgestellte These zutrifft, wonach die NSDAP ihre Versammlungsaktivität auf Gemeinden konzentriert hat, deren Wählerschaft durch ähnliche ideologische Grundüberzeugungen und nur geringe organisatorische Einbindung charakterisiert war. Die NSDAP sollte also, mit anderen Worten, in protestantischen Gemeinden präsent gewesen sein und umgekehrt Orte mit dichtem katholischem Milieu gemieden haben. In gleicher Weise sollte die NSDAP besonders in ländlichen Gebieten propagandistisch aktiv gewesen sein. Wie Abb. 4 am Beispiel des Katholikenanteils zeigt, wird die These deutlich bestätigt[18]:

Während in den protestantischen Gemeinden (Katholikenanteil bis 25 Prozent) auf 1000 Wahlberechtigte im Mittel über fünf NSDAP-Versammlungen kommen, sind dies in den katholischen und gemischt-konfessionellen Orten (Katholikenanteil über 25 Prozent) nur 0,8. Dieser klare Unterschied stellt sich ein, obwohl wir wegen geringer Fallzahlen gezwungen waren, konfessionell relativ heterogene Gemeinden zusammenzufassen. Auch die relativierte Versammlungshäufigkeit bei SPD, KPD und der Gruppe der rechten Parteien ist auf protestantischem Terrain am höchsten, bewegt sich aber nur bei der KPD auf ähnlich hohem Niveau, während die SPD und die rechten Parteien weit darunter liegen. Das Zentrum wird im Wahlkampf praktisch nicht aktiv, die wenigen Veranstaltungen sind überwiegend auf katholische Gemeinden beschränkt. Die Nationalsozialisten sind demnach tatsächlich dort die sichtbarste Partei, wo ideologisch empfängliche Wähler vermutet werden konnten und wo die Wähler bindende, katholische Netzwerke nicht vorhanden waren.

Die Verteilung der relativierten Propagandahäufigkeit von April bis November 1931 entspricht weitgehend der Stimmenverteilung in der Landtagswahl vom November 1931. Bis auf die KPD - und natürlich das Zentrum - schneiden alle in Abb. 5 aufgeführten Parteien in protestantischen Orten im Mittel klar besser ab als in gemischt-konfessionellen oder in katholischen Gemeinden. Neben dem Zentrum zeigt sich besonders für die NSDAP auch in unserem Untersuchungsgebiet die konfessionelle Spaltung im Wählerverhalten. Obwohl wir nur sehr grobe konfessionelle Kategorien unterscheiden konnten, verdoppelt sich der durchschnittliche NSDAP-Anteil an den Wahlberechtigten, wenn wir von den gemischt-konfessionellen und katholischen Gemeinden zur Gruppe der protestantischen Gemeinden übergehen.

---

18 Katholikenanteil und relativierte Versammlungshäufigkeit der NSDAP korrelieren mit -0,44, Landwirtschaftsanteil und Versammlungshäufigkeit mit +0,49.

Abb. 4: Politische Versammlungen
nach Katholikenanteil
Kreis Bensheim

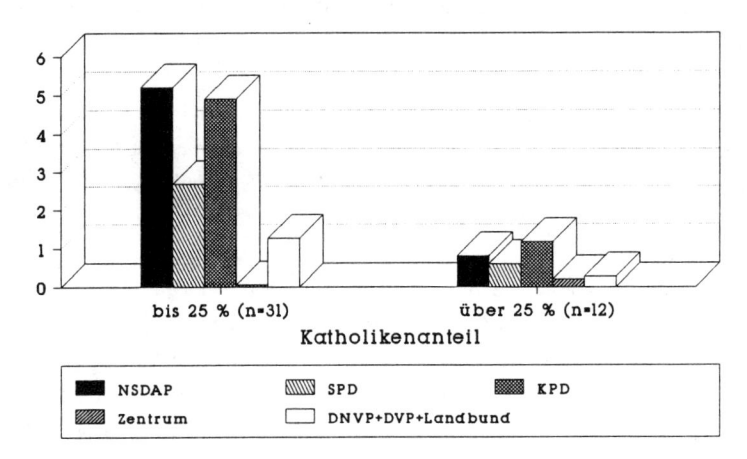

bis 25 % (n=31)   über 25 % (n=12)
Katholikenanteil

- NSDAP
- Zentrum
- SPD
- DNVP+DVP+Landbund
- KPD

Relative Versammlungshäufigkeit:
Versammlungen pro 1000 Wahlberecht. 1931

Abb. 5: Stimmanteile 1931
nach Katholikenanteil
Kreis Bensheim

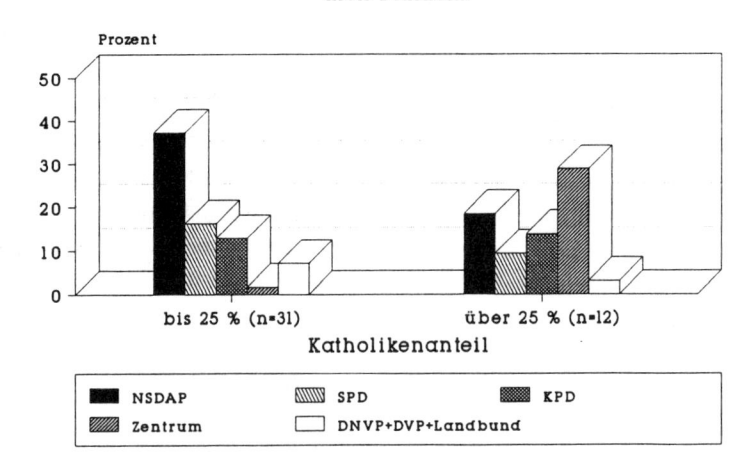

Prozent

bis 25 % (n=31)   über 25 % (n=12)
Katholikenanteil

- NSDAP
- Zentrum
- SPD
- DNVP+DVP+Landbund
- KPD

Stimmanteile in Prozent
der Wahlberechtigten

Unsere abhängige Variable ist im folgenden jedoch nicht das *Niveau* des NSDAP-Erfolges 1931, sondern dessen *Veränderung* zwischen der Reichstagswahl 1930 und der Landtagswahl 1931. Zwei mögliche Erklärungsfaktoren finden dabei zunächst in der bivariaten Analyse Berücksichtigung, wiederum der Katholikenanteil sowie die relativierte Propagandahäufigkeit der NSDAP.

Die immunisierende Wirkung des katholischen Milieus scheint Abb. 6 zufolge auch den *Stimmenzuwachs* der Nationalsozialisten begrenzt zu haben. Die bivariate Korrelation zwischen der Veränderung des NSDAP-Anteils und dem Katholikenanteil beträgt -0,79 und ist damit sogar höher als die Korrelation zwischen dem NSDAP-Anteil 1931 und dem Katholikenanteil (-0,70 in unseren Daten).[19] Neben dem durchschnittlich deutlich höheren Stimmenzuwachs in protestantischen Gebieten erweist sich für Bensheim die wohlbekannte große Homogenität katholischer Regionen, umgekehrt die hohe Heterogenität protestantischer Gebiete. Während die Bandbreite der NSDAP-Veränderung katholischer Gemeinden bei höchstens fünf Prozentpunkten liegt, sind dies in protestantischen Orten fast 30 Prozentpunkte. Trotz des sehr engen Zusammenhangs müssen offensichtlich noch andere Faktoren dem NSDAP-Zuwachs kausal vorgeordnet sein. Ein solcher Faktor könnte die Verbreitung eines rechten Potentials sein, die wir in 3.3.3 wieder aufgreifen wollen. Eine weitere zentrale Erklärungsgröße des NSDAP-Stimmenanstiegs ist nach unserer theoretischen Argumentation die Propagandahäufigkeit der Nationalsozialisten. Demnach erwarten wir eine monoton steigende Beziehung zwischen NSDAP-Veränderung und relativierter Versammlungshäufigkeit. Abb. 7 enthält das entsprechende Streudiagramm. Richtung und Stärke des Zusammenhangs bestätigen unsere eingangs aufgestellten Thesen: Die bivariate Korrelation beträgt +0,70. Eine Transformation des Propagandamerkmals mit der natürlichen Logarithmusfunktion führt zu einem fast identischen Zusammenhang von +0,68.

---

19 Alle Korrelations- und Regressionsanalysen wurden mit gewichteten Daten durchgeführt, d.h. wir haben zunächst aus der Zahl der Wahlberechtigten 1931 (inklusive Wahlscheinwähler) ein im Mittel Eins ergebendes Gewicht erzeugt und anschließend die Untersuchungseinheiten mit diesem Gewicht versehen.

Abb. 6: Veränderung der NSDAP-Stimmanteile 1930/31 und Katholikenanteil Kreis Bensheim

Katholikenanteil

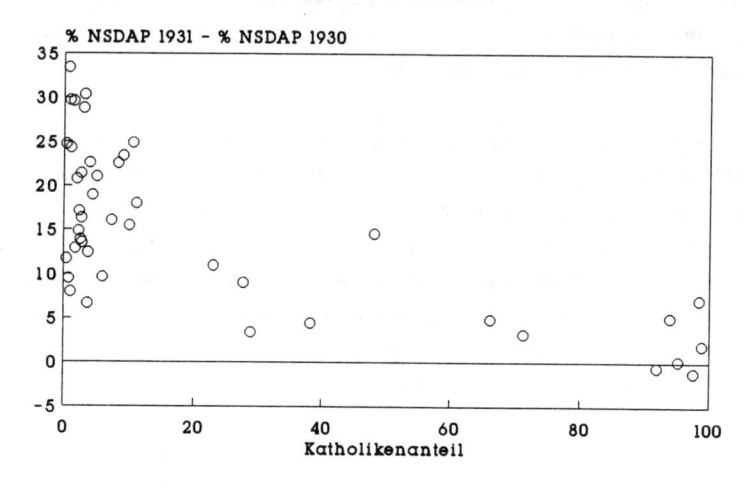

**Abb. 7: Veränderung der NSDAP-Stimmanteile 1930/31 und NSDAP-Versammlungen Kreis Bensheim*

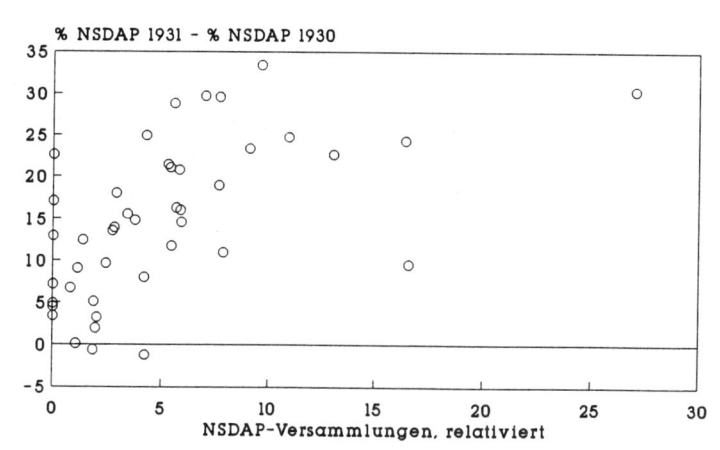

NSDAP-Versammlungen, relativiert

Relative Versammlungshäufigkeit:
Versammlungen pro 1000 Wahlberecht. 1931

Selbstverständlich können die berichteten bivariaten Befunde kein echter Test unserer Überlegungen sein, dies nicht nur wegen der geringen Zahl an Untersuchungseinheiten. So wird für Drittfaktoren nicht kontrolliert. Wir wissen nicht, ob der Zusammenhang zwischen Versammlungsaktivität und NSDAP-Stimmenanstieg erhalten bleibt, wenn man die konfessionelle Prägung oder den Landwirtschaftsanteil der Gemeinden konstant hält. Erst die multivariate Analyse kann hierüber Auskunft geben.

3.3.3 Multivariate Analysen

Um unsere beiden Ausgangshypothesen zu überprüfen, haben wir mit LISREL eine simultane Maximum Likelihood-Schätzung des Gesamtmodells durchgeführt. Zu den gleichen Ergebnissen gelangt man jedoch, wenn man die Koeffizienten des in Abb. 1 dargestellten Modells mittels dreier OLS-Regressionen schätzt. Beginnen wir mit der ersten Hypothese, wonach die Propagandaaktivitäten verstärkt im rechten Milieu auftreten werden, zum einen deshalb, weil die NSDAP ihre Aktivisten primär aus diesem Milieu rekrutiert, zum andern, weil hier die der NSDAP ideologisch nahestehenden Wählergruppen beheimatet sind, mithin Propagandaerfolge am ehesten zu erwarten sind. Nach den in 2.4 aufgeführten Indizien für ideologische Nähe aber auch aufgrund der Untersuchungen von FALTER liegt es nahe, das Milieu sozialstrukturell durch einen hohen Protestantenanteil oder/und durch einen hohen Anteil in der Landwirtschaft beschäftigter Personen zu charakterisieren. Es gibt aber u.E. noch einen direkteren Indikator für die Existenz und die Ausdehnung des rechten Milieus, nämlich den Stimmanteil der Rechtsparteien vor den großen Erfolgen der NSDAP.

Unser komplettes Modell erreicht mit einem CHI-Quadrat-Wert von 0,90 und einem Signifikanzniveau von 0,64 bei zwei Freiheitsgraden eine sehr gute Anpassung. Die kausalen Effekte sind in Abb. 8 dargestellt.[20]

---

20 Unsere multivariaten Analysen sind nicht nur in dem Sinne vorläufig, daß wir uns auf einen sehr kleinen Teil der auszuwertenden Daten stützen. Wir haben bislang auch die unter Umständen durch Heteroskedastizität und autokorrelierte Residuen bedingten Verzerrungen nicht korrigiert. Daß die Residuen in protestantischen und katholischen Gebieten eine unterschiedliche Varianz aufweisen werden, lassen die Abbildungen 6 und 7 befürchten. Daß wir in einem Differenzenmodell Probleme mit autokorrelierten Residuen haben könnten, liegt auf der Hand. Residuen könnten aber auch deshalb autokorreliert sein, weil die Effekte von Propagandaaktivitäten nicht auf einzelne Gemeinden begrenzt sind, sondern auf benachbarte Gebiete ausstrahlen. Es wird nicht ganz einfach sein, diesen Gesichtspunkten Rechnung zu tragen. Vorläufig verteidigen wir

Im Modell erklärt wird zunächst der *Stimmanteil der Rechtsparteien 1928* durch die beiden sozialstrukturellen Variablen. Die standardisierten Strukturkoeffizienten an den Pfeilen in Abb. 8 bestätigen voll und ganz unsere theoretischen Erwartungen. Die starken Effekte des *Katholikenanteils* (ß=-0,73) und *Landwirtschaftsanteils* (ß=+0,27) belegen eindrucksvoll die Wirksamkeit des sozialstrukturellen Milieus. Das Bestimmtheitsmaß liegt mit 0,74 in jenem Bereich, den man sonst bei der Vorhersage des NSDAP-Stimmanteils findet.

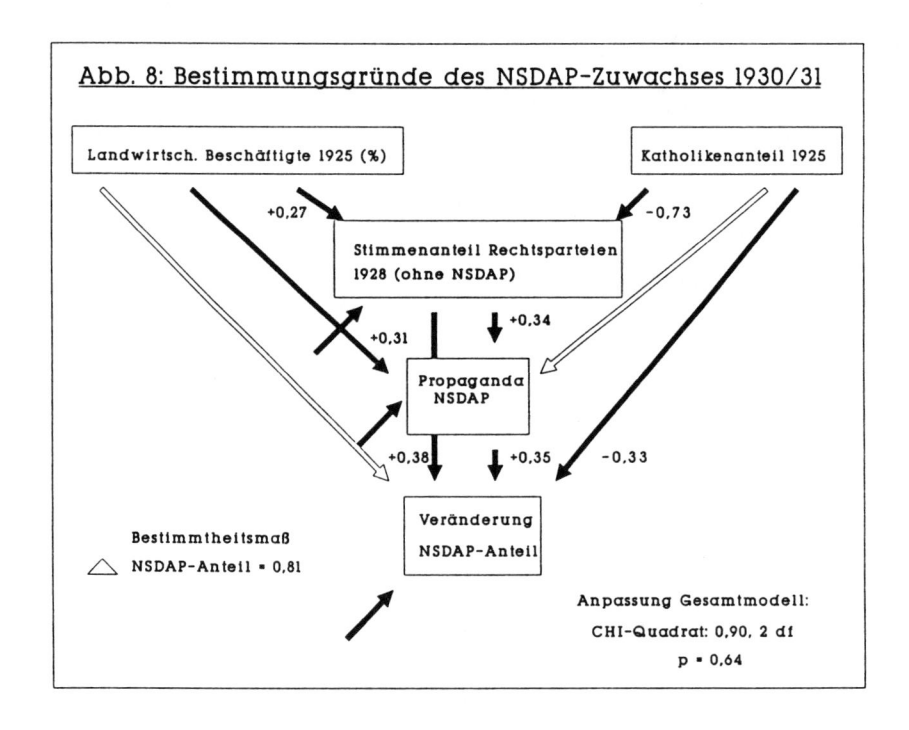

Abb. 8: Bestimmungsgründe des NSDAP-Zuwachses 1930/31

Landwirtsch. Beschäftigte 1925 (%)   Katholikenanteil 1925

+0,27   -0,73

Stimmenanteil Rechtsparteien 1928 (ohne NSDAP)

+0,31   +0,34

Propaganda NSDAP

+0,38   +0,35   -0,33

Bestimmtheitsmaß
△ NSDAP-Anteil = 0,81

Veränderung NSDAP-Anteil

Anpassung Gesamtmodell:
CHI-Quadrat: 0,90, 2 df
p = 0,64

unser Vorgehen mit dem Hinweis, daß wir in erster Linie an einer Deskription der Daten interessiert sind.

Zweitens wird die (auf die Zahl der Wahlberechtigten bezogene und logarithmisch transformierte) *Propagandaktivität der NSDAP* im Jahre 1931 sowohl auf die *Stimmanteile der Rechtsparteien 1928* als auch auf den Landwirtschaftsanteil zurückgeführt, der als einzige sozialstrukturelle Variable einen nennenswerten Effekt[21] auf die *Propagandaaktivität der NSDAP* ausübt. Kaum verwunderlich ist, daß in den Propagandaaktivitäten ein wesentlich geringerer Varianzanteil erklärt wird als in den *Stimmanteilen der Rechtsparteien 1928* ($R^2 = 0,32$), denn rechtes Milieu und landwirtschaftliche Erwerbsstruktur sind ja nur sehr indirekte Voraussetzungen für öffentliche Aktivitäten der NSDAP. Direkter sollten sie beispielsweise mit dem lokalen Organisationsgrad der NSDAP zusammenhängen, der aber für die vorliegende Analyse noch nicht berücksichtigt werden konnte.

Wenden wir uns jetzt der zentralen Frage zu, ob die *Propagandaaktivität* einen Einfluß auf die Stimmengewinne der Nationalsozialisten hatte. Aggregatdaten erlauben selbstverständlich keinen sehr strengen Test dieser Hypothese, doch immerhin läßt sich ein schwaches Testkriterium formulieren: Wenn der Effekt der *Propagandaaktivität der NSDAP* bei Einbeziehung anderer möglicher Ursachen nicht verschwindet, so ist die Ausgangshypothese wenigstens vorläufig gestützt. Wie in Abb. 8 ersichtlich, haben auf die Prozentsatzdifferenz zwischen dem NSDAP-Stimmanteil der Wahljahre 1931 und 1930 drei unabhängige Variablen einen bedeutsamen Effekt: der *Katholikenanteil* (ß = -0,33), die *Propagandaaktivität der NSDAP* (ß = +0,35) und die *Stimmanteile der Rechtsparteien 1928* (ß = +0,38). Nicht nur liegen die Vorzeichen in der erwarteten Richtung, auch der Größenordnung nach passen sie hervorragend zu unserer Ausgangsthese. Der direkte Effekt der *Propagandaaktivität der NSDAP* ist zwar beachtlich, er liegt aber etwas unter den direkten Einflüssen des rechten Milieus. Der starke Effekt der *Stimmanteile der Rechtsparteien 1928* indiziert u.E. Rekrutierungsprozesse, die unabhängig von Propaganda durch private Kontakte und Gespräche in Gang gesetzt wurden. Anscheinend konnte auf diesem Weg ein beträchtlicher Teil neuer Anhänger gewonnen werden. Der direkte negative Effekt des Katholikenanteils dürfte nicht zuletzt darauf zurückzuführen sein, daß die NSDAP auch dort, wo sie in katholischen Gebieten neue Anhänger zu rekrutieren suchte, wenig erfolgreich war.

---

21 Als Kriterium dafür, wann ein Koeffizient als beachtlich anzusehen ist, haben wir - zugegebenermaßen etwas unkonventionell - ein Signifikanzniveau von fünf Prozent gewählt. Bei unseren kleinen Fallzahlen wird damit die Schwelle für einen beachtlichen Effekt sehr hoch angesetzt.

4. Schluß

Politische Propaganda erzielt nach unseren theoretischen Überlegungen bei jenen Adressaten die größten Wirkungen, die der Partei ideologisch nahestehen. NSDAP-Propaganda sollte deswegen eine sehr viel größere Wirkung in jenen Gebieten erzielt haben, in denen Ende der zwanziger Jahre ein größeres rechtes Wählerpotential bereits vorhanden war. Wir konnten in unserer Untersuchung diesen Interaktionseffekt wegen der kleinen Fallzahlen nicht überprüfen. Solche konditionalen Propagandawirkungen bedürfen einer ausführlichen theoretischen und empirischen Analyse in künftigen Forschungen, zumal sie auch aus milieutheoretischen Ansätzen (BURNHAM 1972) abgeleitet werden können. Immerhin spricht für unsere These der Befund, daß die propagandistischen Aktivitäten der NSDAP sich in Bensheim auf jene Gemeinden konzentrierten, in denen eine größere rechte Wählerschaft bereits vorhanden war. Sozialstrukturell lassen sich diese Gebiete als vorwiegend protestantisch und vorwiegend ländlich charakterisieren.

Die NSDAP-Propaganda hat selbst bei Konstanthalten erklärungskräftiger Drittvariablen noch einen relativ starken Effekt auf die Stimmengewinne der NSDAP im Jahre 1931. Das ist ein schwacher Beleg für die Wirkungsthese. Daneben haben wir auch Anhaltspunkte dafür gefunden, daß unabhängig von der Propaganda Rekrutierungsprozesse stattgefunden haben. Wir führen sie auf face-to-face Kontakte und private Kommunikation zurück, die aus theoretischen Gründen eine mindestens so wichtige Rolle wie politische Propaganda haben sollten.

Auf den ersten Blick spricht gegen unsere Wirkungsthese, daß die kommunistische Partei im Kreis Bensheim trotz höheren propagandistischen Aufwands weit weniger erfolgreich war als die NSDAP. Jedoch ergeben sich für die relativierte Propagandahäufigkeit der KPD ganz ähnliche standardisierte ($\beta=0{,}57$) und unstandardisierte Effekte auf den KPD-Stimmenzuwachs wie im Falle der NSDAP. Wenn die KPD nicht zu einer großen Sammlungsbewegung werden konnte, so vermutlich deshalb, weil ihr nur kleine Teile der Wählerschaft ideologisch nahegestanden haben. Das katholische Milieu war weder für Kommunismus noch für Nationalsozialismus sonderlich empfänglich, und das protestantische Kleinbürgertum stand ideologisch jedenfalls dem Kommunismus fern.

Unsere Ergebnisse sind mit vielerlei Kautelen zu versehen. Einige Einschränkungen wurden bereits genannt und brauchen nicht wiederholt zu werden. Viele Faktoren konnten in unserer Analyse noch nicht berücksichtigt werden, insbesondere der den einzelnen Wähler umgebende Kontext. Außerdem haben wir bislang die Versammlungsaktivität einer Partei isoliert erfaßt. Politische Propaganda einer Partei tritt aber natürlich niemals isoliert auf. Die Anstrengungen konkurrierender Parteien könnten sich in ihrer Wirkung neutralisieren, umgekehrt könnte Gegenpropaganda eine polarisierte Stimmung erzeugen und über eine mobilisierte Wählerschaft sogar zu einer erhöhten Wirksamkeit von Propaganda führen. Ganz unterschiedliche Thesen legen es also nahe, die Versammlungsaktivitäten der wichtigsten Parteien simultan in die Analyse einzubeziehen. Wie die beiden skizzierten Thesen zeigen, dürfte es aber in jedem Fall sehr schwierig sein, Richtung und Stärke der Effekte a priori zu spezifizieren.

Ein Haupteinwand gegen unsere Untersuchung bleibt, daß die Wirksamkeit politischer Propaganda mit Aggregatdaten niemals schlüssig dargetan werden könne. Zwar können wir das Argument entkräften, daß maßgeblich allein die langfristigen Wählertraditionen sind. Denn dann müßten die Effekte der Propaganda auf die NSDAP-Stimmanteile verschwinden, wenn man das Rechtspotential der Gemeinden konstant hält. Das aber ist nicht der Fall. Jedoch könnte politische Propaganda Begleiterscheinung einer Mobilisierung der Wählerschaft sein, die mit ganz anderen Mitteln erreicht wurde - etwa durch Gespräche am Arbeitsplatz, durch politische Aktivitäten in Vereinen und Verbänden und anderes mehr. Nur diese andersgearteten Aktivitäten, nicht aber die politische Propaganda hätten dann die Wählerpräferenzen beeinflußt. Diese Möglichkeit müssen wir einstweilen konzedieren. Man kann in weiteren Arbeiten versuchen, durch zusätzliche Differenzierungen der Propagandaaktivitäten das Argument schrittweise zu überprüfen, definitiv widerlegen wird es sich nicht lassen. Nicht zuletzt deshalb sollte man unsere Arbeit als einen ersten, tastenden Versuch betrachten, auf der Grundlage quantitativer Daten die Effekte von Propaganda zuverlässiger zu schätzen.

Literatur

ALLEN, William Sheridan 1965: The Nazi Seizure of Power: The Experience of a Single German Town, 1930-1935 (Revised edition 1984).

ARAFE, Thomas W. 1976: The Development and Character of the Nazi Political Machine, 1928-1930, and the NSDAP Electoral Breakthrough (Diss., Louisiana State University).

ARNS, David E. 1979: Grass-Roots Politics in the Weimar Republic. Long-Term Structural Change and Electoral Behavior in Hessen-Darmstadt to 1930 (Diss., State University of New York).

BESSEL, Richard 1980: The Rise of the NSDAP and the Myth of Nazi Propaganda, in: Wiener Library Bulletin, 33, S. 20-29.

BURNHAM, Walter Dean 1972: Political Immunization and Political Confessionalism. The United States and Weimar Germany, in: Journal of Interdisciplinary History, 3, S. 1-30.

CONVERSE, Philip E. 1964: The Nature of Belief Systems in Mass Publics, in: APTER, David E. (Hrsg.): Ideology and Discontent, Glencoe: The Free Press, S. 206-261.

CONVERSE, Philip E. 1970: Attitudes and Non-Attitudes: Continuation of a Dialogue, in: TUFTE, Edward R. (Hrsg.): The Quantitative Analysis of Social Problems, Reading: Addison-Wesley, S. 168-189.

CROTTY, William J. 1971: Party Effort and its Impact on the Vote, in: American Political Science Review, 65, S. 439-450.

CUTRIGHT, Philip/ROSSI, Peter 1958: Grass Roots Politicians and the Vote, in: American Sociological Review, 63, S. 171-179.

CUTRIGHT, Philip 1963: Measuring the Impact of Local Party Activity on the General Election Vote, in: Public Opinion Quarterly, 27, S. 372-386.

DOWNS, Anthony 1957: An Economic Theory of Democracy, New York: Harper & Row.

EGERER, Wolfgang 1983: Die Entwicklung des Nationalsozialismus im Kreis Friedberg und seine Beziehungen zu den bäuerlichen Organisationen, in: HENNIG, Eike (Hrsg.): Hessen unterm Hakenkreuz. Studien zur Durchsetzung der NSDAP in Hessen, Frankfurt am Main: Insel Verlag, S. 199-222.

FALTER, Jürgen W./ZINTL, Reinhard 1989: Weltwirtschaftskrise und NSDAP-Wahlerfolge. Ein Erklärungsversuch mit Hilfe eines "rationalistischen" Ansatzes und ökologischer Regressionsanalysen, in: FALTER, Jürgen W./RATTINGER, Hans/TROITZSCH, Klaus G. (Hrsg.): Wahlen und politische Einstellungen in der Bundesrepublik Deutschland, Frankfurt am Main: Peter Lang, S. 122-174.

FALTER, Jürgen W. 1991: Hitlers Wähler, München: C.H. Beck.

FRENDREIS, John P./GIBSON, James L./VERTZ, Laura L. 1990: The Electoral Relevance of Local Party Organizations, in: American Political Science Review, 84, S. 225-235.

HENNIG, Eike 1983: »Der Hunger naht« - »Mittelstand wehr Dich« - »Wir Bauern misten aus«. Über angepaßtes und abweichendes Wahlverhalten in hessischen Agrarregionen, in: HENNIG, Eike (Hrsg.): Hessen unterm Hakenkreuz. Studien zur Durchsetzung der NSDAP in Hessen, Frankfurt am Main: Insel Verlag, S. 379-432.

KERSHAW, Ian 1983: Ideology, Propaganda, and the Rise of the Nazi Party, in: STACHURA, Peter D. (Hrsg.): The Nazi Machtergreifung, London: George Allen & Unwin, S. 162-181.

KIRCHGÄSSNER, Gebhard 1993: "Rationale Ignoranten" als Stimmbürger? Die Rolle der Informationsvermittlung in der Demokratie, in: Technologie und Gesellschaft, Nr. 21 (Beilage der NZZ vom 27.1. 1993), S. 57.

LAZARSFELD, Paul F./BERELSON, Bernard/GAUDET, Hazel 1948: The People's Choice. How the Voter Makes Up His Mind in a Presidential Campaign, New York: Columbia University Press.

LAVIES, Ralf-Rainer 1973: Nichtwählen als Kategorie des Wahlverhaltens, Düsseldorf: Droste Verlag.

NEUMANN, Sigmund 1965 (erstmals 1932): Die Parteien der Weimarer Republik, Stuttgart: W. Kohlhammer.

OBERSCHALL, A. 1973: Social Conflict and Social Movements, Englewood Cliffs, N.J.: Prentice-Hall.

OHR, Dieter/WILD, Anton/ZÄNGLE, Michael 1992: Weimarer Wahlen in zwei Dörfern des badischen Grenzlands. Der Beitrag kleinräumiger Fallstudien zur Erklärung des Aufstiegs der NSDAP, in: Historical Social Research, 17, S. 4-48.

PAUL, Gerhard 1990: Aufstand der Bilder. Die NS-Propaganda vor 1933, Bonn: J.H.W. Dietz Nachf.

PLUM, Günter 1972: Gesellschaftsstruktur und politisches Bewußtsein in einer katholischen Region 1928-1933. Untersuchung am Beispiel des Regierungsbezirks Aachen, Stuttgart: Deutsche Verlags-Anstalt.

POPKIN, Samuel L. 1991: The Reasoning Voter. Communication and Persuasion in Presidential Campaigns, Chicago: The University of Chicago Press.

RICHTER, Michaela W. 1986: Resource Mobilisation and Legal Revolution: National Socialist Tactics in Franconia, in: CHILDERS, Thomas (Hrsg.): The Formation of the Nazi Constituency 1919-1933, London & Sydney: Croom Helm, S. 104-130.

SCHMITT-BECK, Rüdiger 1993: Konkordanz und Diskordanz von Kommunikationsumwelten in West- und Ostdeutschland: Interpersonale Kommunikation, Massenkommunikation und politische Einstellungen vor der Bundestagswahl 1990, Beitrag zur Tagung des Arbeitskreises "Wahl- und Einstellungsforschung" der Deutschen Vereinigung für Politische Wissenschaft in Gießen/Rauischholzhausen, 4.-5. März 1993.

SCHNEIDER, Friedrich 1985: Der Einfluß von Interessengruppen auf die Wirtschaftspolitik, Bern: Paul Haupt.

SCHÖN, Eberhart 1972: Die Entstehung des Nationalsozialismus in Hessen, Meisenheim am Glan: Anton Hain.

SNOW, David A./ZURCHER, Louis A., Jr./EKLAND-OLSON, Sheldon 1980: Social Networks and Social Movements: A Micro-Structural Approach to Differential Recruitment, in: American Sociological Review, 45, S. 787-801.

STACHURA, Peter 1978: Der kritische Wendepunkt? Die NSDAP und die Reichstagswahlen vom 20. Mai 1928, in: Vierteljahreshefte für Zeitgeschichte, 26, S. 66-99.

TAYLOR, Howard F. 1970: Balance in Small Groups, New York.

WENNINGER-RICHTER, Michaela 1982: The National Socialist Electoral Breakthrough. Opportunities and Limits in the Weimar Party System. A Regional Study of Franconia (Diss., City University of New York).

WERNETTE, Dee Richard 1974: Political Violence and German Elections: 1930 and July 1932 (Diss., University of Michigan).

ZINTL, Reinhard 1986: Ökonomisches Rationalitätskonzept und normorientiertes Verhalten, in: Jahrbuch für Neue Politische Ökonomie 5, S. 227-239.

ZINTL, Reinhard 1989: Der Homo Oeconomicus: Ausnahmeerscheinung in jeder Situation oder Jedermann in Ausnahmesituationen?, in: Analyse & Kritik, 11, S. 52-69.

Die Autoren

Joachim Behnke, geb. 1962; seit 1991 Wissenschaftlicher Mitarbeiter in einem DFG-Projekt am Lehrstuhl für Politikwissenschaft II der Universität Bamberg.

Frank Brettschneider, geb. 1965; seit 1992 Wissenschaftlicher Mitarbeiter am Institut für Politikwissenschaft der Universität Stuttgart. Veröffentlichungen u. a.: Wahlumfragen: Empirische Befunde zur Darstellung in den Medien und zum Einfluß auf das Wahlverhalten in der Bundesrepublik Deutschland und den USA, München, 1991.

Hans-Bernd Brosius, geb. 1957; seit 1990 Hochschulassistent am Institut für Publizistik der Universität Mainz. Veröffentlichungen u. a.: Der Einfluß der Fernsehnachrichten auf die politische Meinungsbildung (mit H.M. Kepplinger, K. Gotto und D. Haak), Freiburg, 1989.

Felix Büchel, geb. 1957; seit 1992 Wissenschaftlicher Assistent im Fachgebiet "Empirische Wirtschaftsforschung" des Instituts für Volkswirtschaftslehre an der Technischen Universität Berlin. Veröffentlichungen u. a.: Perforierte Langzeitarbeitslosigkeit als Strukturtyp der Arbeitslosenforschung, in: Konjunkturpolitik, 1993.

Stefan Dahlem, geb. 1959; seit 1993 Projektleiter im Marketing. Veröffentlichungen u. a.: Helmut Kohl und Oskar Lafontaine im Fernsehen: Quellen der Wahrnehmung ihres Charakters und ihrer Kompetenz (mit H. M. Kepplinger und H.-B. Brosius), in: C. Holtz-Bacha und L. L. Kaid (Hrsg.): Die Massenmedien im Wahlkampf, Opladen, 1993.

Jürgen W. Falter, geb. 1944; seit 1993 Professor für Politikwissenschaft an der Universität Mainz; 1973 bis 1983 Professor für Sozialwissenschaftliche Methodenlehre und Politische Soziologie an der Universität der Bundeswehr München; 1983 bis 1992 Professor am Zentralinstitut für Sozialwissenschaftliche Forschung der Freien Universität Berlin. Veröffentlichungen u. a.: Faktoren der Wahlentscheidung, Köln, 1973; Der "Positivismusstreit" in der amerikanischen Politikwissenschaft, Opladen, 1982; Politische Willensbildung und Interessenvermittlung (mit C. Fenner und M. Greven, Hrsg.), Opladen, 1984; Wahlen und Abstimmungen in der Weimarer Republik (mit

S. Schumann und T. Lindenberger), München, 1986; Wahlen und politische Einstellungen in der Bundesrepublik Deutschland (mit H. Rattinger und K.-G. Troitzsch, Hrsg.), Frankfurt, 1989; Politische Theorie in den USA (mit H. Honolka und U. Ludz), Opladen, 1990; Hitlers Wähler, München, 1991.

Oscar W. Gabriel, geb. 1947; seit 1992 Professor für Politikwissenschaft an der Universität Stuttgart; 1974 bis 1990 Wissenschaftlicher Mitarbeiter und Apl. Professor an der Universität Mainz; 1990 bis 1992 Professor für Politikwissenschaft an der Universität Bamberg. Veröffentlichungen u. a.: Grundkurs Politische Theorie (Hrsg.), Köln, 1978; Bürgerbeteiligung und kommunale Demokratie (Hrsg.), München, 1983; Materialismus, Postmaterialismus und politische Kultur in der Bundesrepublik Deutschland, Opladen, 1986; Cambio Social y Cultura Politica, Barcelona, 1990; Determinanten kommunaler Investitionspolitik (mit V. Kunz und T. Zapf-Schramm), München, 1990; Der demokratische Verfassungsstaat (mit U. Sarcinelli, B. Sutor und B. Vogel, Hrsg.), München, 1992; Die EG-Staaten im Vergleich (Hrsg.), Opladen, 1992; Wahlen in Zeiten des Umbruchs (mit K.-G. Troitzsch, Hrsg.), Frankfurt, 1993.

Uwe W. Gehring, geb. 1964; seit 1993 Wissenschaftlicher Mitarbeiter an der Universität Mainz. Veröffentlichungen u. a.: Die SPD - Partei der Zukunft? Eine Kohortenanalyse der Bundestagswahlen 1969-1990, in: H.-D. Klingemann und M. Kaase (Hrsg.): Analysen aus Anlaß der Bundestagswahl 1990, Opladen, 1994.

Wolfgang Jagodzinski, geb. 1943; seit 1993 Professor für Soziologie an der Universität zu Köln und Direktor des Zentralarchivs für empirische Sozialforschung; vorher Wissenschaftlicher Mitarbeiter in Regensburg und Köln und anschließend Professor in Bremen und Gießen. Veröffentlichungen u. a.: Materialism in Japan Reconsidered: Toward a Synthesis of Generational and Life-Cycle Explanations, in: American Political Science Review, 1983; Insecure Value Orientations in an Environment of Insecurity: Postmaterialism in the European Community, 1970 to 1980 (mit F. Böltken), in: Comparative Political Studies, 1985; Zur Schätzung der relativen Effekte von Issueorientierungen, Kandidatenpräferenz und langfristiger Parteibindung auf die Wahlabsicht (mit S.M. Kühnel), in: K. Schmitt (Hrsg.): Wahlen, Parteieliten, politische Einstellungen, Frankfurt, 1990; Der Wandel kirchlicher Religiosität in Westeuropa (mit K. Dobbelaere), in: J.R. Bergmann (Hrsg.): Religion und Kultur, Opladen, 1993.

Zoltàn Jùhàsz, geb. 1955; seit 1989 Wissenschaftlicher Mitarbeiter am Lehrstuhl für Politikwissenschaft II der Universität Bamberg. Veröffentlichungen u. a.: Wahlabsicht und Rückerinnerung: Zwei Angaben zur aktuellen Bewertung der politischen Parteien? in: O.W. Gabriel und K.-G. Troitzsch (Hrsg.): Wahlen in Zeiten des Umbruchs, Frankfurt, 1993.

Hans Mathias Kepplinger, geb. 1943; seit 1982 Professor für empirische Kommunikationswissenschaft an der Universität Mainz; 1982 bis 1984 Vorsitzender der Deutschen Gesellschaft für Publizistik und Kommunikationswissenschaft. Veröffentlichungen u. a.: Darstellungseffekte: Experimentelle Untersuchungen zur Wirkung von Pressephotos und Fernsehfilmen, Freiburg, 1987; Der Einfluß der Fernsehnachrichten auf die politische Meinungsbildung (mit K. Gotto, H.-B. Brosius und D. Haak), Freiburg, 1989; Künstliche Horizonte: Folgen, Darstellungen und Akzeptanz von Technik in der Bundesrepublik Deutschland, Frankfurt, 1989; Ereignismanagement: Wirklichkeit und Massenmedien, Oldenburg, 1992.

Gebhard Kirchgässner, geb. 1948; seit 1992 Professor für Volkswirtschaftslehre und Ökonometrie an der Hochschule St. Gallen; 1984-1992 Professor für Volkswirtschaftslehre, insbesondere Finanzwissenschaft, an der Universität Osnabrück. Veröffentlichungen u. a.: Einige neuere statistische Verfahren zur Erfassung kausaler Beziehungen zwischen Zeitreihen: Darstellung und Kritik, Göttingen, 1981; Optimale Wirtschaftspolitik und die Erzeugung politisch-ökonomischer Konjunkturzyklen, Meisenheim, 1984; Homo oeconomicus: Das ökonomische Modell individuellen Verhaltens und seine Anwendung in den Wirtschafts- und Sozialwissenschaften, Tübingen, 1991.

Steffen M. Kühnel, geb. 1956; Hochschulassistent am Institut für Angewandte Sozialforschung der Universität zu Köln. Veröffentlichungen u. a.: Die evaluative Bedeutung ideologischer Selbstidentifikation (mit D. Fuchs), in: M. Kaase und H.-D. Klingemann (Hrsg.): Wahlen und Wähler, Opladen, 1990; Die Struktur ökologischer Wertorientierungen bei Elitegruppen und Bevölkerung (mit D. Fuchs), in: Karl Schmitt (Hrsg.): Wahlen, Parteieliten, politische Einstellungen, Frankfurt, 1990; Zwischen Boykott und Kooperation: Teilnahmeabsicht und Teilnahmeverhalten bei der Volkszählung 1987, Frankfurt, 1993.

Anne Mayer zu Himmern, geb. 1967; seit 1992 Wissenschaftliche Assistentin an der Hochschule St. Gallen.

Dieter Ohr, geb. 1960; seit 1993 Wissenschaftlicher Mitarbeiter am Institut für Angewandte Sozialforschung der Universität zu Köln. Veröffentlichungen u. a.: Wahlprognosen in einer Welt ohne Stichprobenfehler: Analytische Überlegungen und empirische Befunde (mit H. Rattinger), in: J.W. Falter, H. Rattinger und K.-G. Troitzsch (Hrsg.): Wahlen und politische Einstellungen in der Bundesrepublik Deutschland, Frankfurt, 1989; Weimarer Wahlen in zwei Dörfern des badischen Grenzlandes: Der Beitrag kleinräumiger Fallstudien zur Erklärung des Aufstiegs der NSDAP (mit A. Wild und M. Zängle), in: Historical Social Research, 1992; Zur Beziehung zwischen in der Vorwahlzeit erhobenen Wahlabsichten und Wahlergebnissen (mit H. Rattinger), in: O.W. Gabriel und K.-G. Troitzsch (Hrsg.): Wahlen in Zeiten des Umbruchs, Frankfurt, 1993.

Hans Rattinger, geb. 1950; seit 1982 Inhaber eines Lehrstuhls für Politikwissenschaft an der Universität Bamberg; 1987 bis 1989 Gastprofessuren in Toronto und Washington. Veröffentlichungen u. a.: Rüstungsdynamik im Internationalen System, München, 1975; Wirtschaftliche Konjunktur und politische Wahlen in der Bundesrepublik Deutschland, Berlin, 1980; The Public and Atlantic Defense (mit G. Flynn, Hrsg.), Totowa, N.J., 1985; Wirtschaftlicher Wandel, religiöser Wandel und Wertwandel (mit D. Oberndörfer und K. Schmitt, Hrsg.), Berlin, 1985; Sicherheitspolitik in der öffentlichen Meinung (mit P. Heinlein), Berlin, 1986; Wahlen und politische Einstellungen in der Bundesrepublik Deutschland (mit J.W. Falter und K.-G. Troitzsch, Hrsg.), Frankfurt, 1989; Debating National Security: The Public Dimension (mit D. Munton, Hrsg.), Frankfurt, 1991; East-West Arms Control: Challenges for the Western Alliance (mit D. Dewitt, Hrsg.), London, 1991.

Rüdiger Schmitt-Beck, geb. 1956; seit 1990 Koordination des Projekts "Vergleichende Wahlstudie 1990" an der Universität Mannheim. Veröffentlichungen u. a.: Die Friedensbewegung in der Bundesrepublik Deutschland, Opladen, 1990; A Myth Institutionalized: Theory and Research on New Social Movements in Germany, in: European Journal of Political Research, 1992; Denn sie wissen nicht was sie tun...: Zum Verständnis des Verfahrens der Bundestagswahl bei westdeutschen und ostdeutschen Wählern, in: Zeitschrift für Parlamentsfragen, 1993.

Siegfried Schumann, geb. 1957; seit 1993 Akademischer Rat am Institut für Politikwissenschaft der Universität Mainz. Veröffentlichungen u. a.: Wahlen und Abstimmungen in der Weimarer Republik: Materialien zum Wahlverhalten 1919-1933 (mit J.W. Falter und T. Lindenberger), München, 1986; Wahlverhalten und Persönlichkeit, Opladen, 1990; Wahlforschung und Wählerverhalten (mit J.W. Falter und J. Winkler), erscheint 1994.

Bernhard Weßels, geb. 1955; seit 1989 Wissenschaftlicher Angestellter am Wissenschaftszentrum Berlin für Sozialforschung, Abteilung Institutionen und sozialer Wandel. Veröffentlichungen u. a.: Konfliktpotentiale und Konsensstrategien (mit D. Herzog), Opladen, 1989; Abgeordnete und Bürger, Opladen, 1990; Politische Klasse und politische Institutionen (mit H.-D. Klingemann und R. Stöss), Opladen, 1991; Erosion des Wachstumsparadigmas: Neue Konfliktstrukturen im politischen System der Bundesrepublik? Opladen, 1991; Abgeordnete und Gesellschaft: Eine Funktionsanalyse der repräsentativen Demokratie (mit D. Herzog und H. Rebenstorf), Opladen, 1993.

Bettina Westle, geb. 1956; seit 1988 Hochschulassistentin an der Universität Mannheim. Veröffentlichungen u. a.: Politische Legitimität: Theorien, Konzepte, empirische Befunde, Baden-Baden, 1989; Strukturen nationaler Identität in Ost- und Westdeutschland, in: Kölner Zeitschrift für Soziologie und Sozialpsychologie, 1992; Unterstützung des politischen Systems des vereinten Deutschland, in: P.P. Mohler und W. Bandilla (Hrsg.): Blickpunkt Gesellschaft 2, Opladen, 1992.

Carsten Zelle, geb. 1964; seit 1990 Wissenschaftlicher Mitarbeiter im Bereich Forschung und Beratung der Konrad-Adenauer-Stiftung. Veröffentlichungen u. a.: Demokratisierung in Ostdeutschland (mit P. Gluchowski), in: Peter Gerlich, Fritz Plasser und Peter Ulram (Hrsg.): Regimewechsel, Wien, 1992; Vom Optimismus zum Realismus (mit P. Gluchowski), in: Fritz Plasser und Peter Ulram (Hrsg.): Transformation oder Stagnation, Wien, 1993.

Reinhard Zintl, geb. 1945; seit 1993 Inhaber eines Lehrstuhls für Politikwissenschaft an der Universität Bamberg; von 1982 bis 1993 Lehrstuhl für Sozialpolitik an der Universität der Bundeswehr München. Veröffentlichungen u. a.: Individualistische Theorien und die Ordnung der Gesellschaft, Berlin, 1983; Ökonomisches Rationalitätskonzept und normorientiertes Verhalten, in: Jahrbuch für Neue Politische Ökonomie, 1986; The Economic Crisis of the 1930's and the Nazi Vote (mit J.W. Falter), in: Journal of Interdisciplinary History, 1988; Der homo oeconomicus: Ausnahmeerscheinung in jeder Situation oder Jedermann in Ausnahmesituationen? in: Analyse und Kritik, 1989; Horizontale Politikverflechtung: Zur Theorie von Verhandlungssystemen (mit A. Benz und F.W. Scharpf), Frankfurt, 1992; Clubs, Clans und Cliquen, in: B.-T. Ramb und M. Tietzel (Hrsg.): Ökonomische Verhaltenstheorie, München, 1993; Kooperation kollektiver Akteure: Zum Informationsgehalt angewandter Spieltheorie, in: J. Nida-Rümelin (Hrsg.): Praktische Rationalität, Berlin, 1993.

EMPIRISCHE UND METHODOLOGISCHE BEITRÄGE ZUR SOZIALWISSENSCHAFT

Herausgegeben von Jürgen Falter und Rainer B. Pelka

Band 1 Siegfried Schumann: Politische Einstellungen und Persönlichkeit: Ein Bericht über empirische Forschungsergebnisse. 1986.

Band 2 Klaus G. Troitzsch: Bürgerperzeptionen und Legitimierung. Anwendung eines formalen Modells des Legitimations-/Legitimierungsprozesses auf Wählereinstellungen und Wählerverhalten im Kontext der Bundestagswahl 1980. 1987.

Band 3 Gerhard Frasch: Der Rücklaufprozeß bei schriftlichen Befragungen. Formale Modelle zur Analyse kollektiver Regelmäßigkeiten. 1987.

Band 4 Andreas Engel: Wahlen und Parteien im lokalen Kontext. Eine vergleichende Untersuchung des Basisbezugs lokaler Parteiakteure in 24 nordhessischen Kreisparteiorganisationen von CDU, FDP und SPD. 1988.

Band 5 Jürgen W. Falter/ Hans Rattinger/Klaus G. Troitzsch (Hrsg.): Wahlen und politische Einstellungen in der Bundesrepublik Deutschland. Neuere Entwicklungen der Forschung. 1989.

Band 6 Karl Schmitt (Hrsg.): Wahlen, Parteieliten, politische Einstellungen. Neuere Forschungsergebnisse. 1990.

Band 7 Hans Rattinger, Don Munton (Eds.): Debating National Security. The Public Dimension. 1991.

Band 8 Wolfgang Seck: Politische Kultur und Politische Sprache. Empirische Analysen am Beispiel Deutschlands und Großbritanniens. 1991.

Band 9 Jürgen Domes: Politik in China. Beiträge zur Analyse chinesischer Politik. Hrsg. zum 60. Geburtstag des Verf. von Jürgen W. Falter und Eberhard Sandschneider. 1992.

Band 10 Wolf-Dieter Eberwein (Hrsg.): Transformation Processes in Eastern Europe. Perspectives from the Modelling Laboratory. 1992.

Band 11 Steffen-Matthias Kühnel: Zwischen Boykott und Kooperation. Teilnahmeabsicht und Teilnahmeverhalten bei der Volkszählung 1987. 1993.

Band 12 Oscar W. Gabriel / Klaus G. Troitzsch (Hrsg.): Wahlen in Zeiten des Umbruchs. 1993.

Band 13 Hans Rattinger / Oscar W. Gabriel / Wolfgang Jagodzinski (Hrsg.): Wahlen und politische Einstellungen im vereinigten Deutschland. 1994. 2., unveränd. Aufl. 1996.

Band 14 Hans Rattinger / Joachim Behnke / Christian Holst: Außenpolitik und öffentliche Meinung in der Bundesrepublik. Ein Datenhandbuch zu Umfragen seit 1954. 1995.

Band 15 Oscar W. Gabriel / Jürgen W. Falter (Hrsg.): Wahlen und politische Einstellungen in westlichen Demokratien. 1996.

Oscar W. Gabriel / Klaus G. Troitzsch (Hrsg.)

Wahlen in Zeiten des Umbruchs

Frankfurt/M., Berlin, Bern, New York, Paris, Wien, 1993. XI, 518 S., zahlr. Tab. u. Graf.
Empirische und methodologische Beiträge zur Sozialwissenschaft.
Herausgegeben von Jürgen Falter und Rainer B. Pelka. Bd. 12
ISBN 3-631-45837-1   br. DM 105.--*

Nach dem Zusammenbruch der sozialistischen Regime in Ost- und Mitteleuropa fanden zu Beginn der neunziger Jahre in einer Reihe europäischer Staaten erstmals freie Wahlen statt. Für die empirische Wahlforschung ergibt sich dadurch die Möglichkeit, ihre Konzepte und Methoden nunmehr auch in neuen politischen Kontexten anzuwenden. Die Arbeitsgruppe "Wahlen und politische Einstellungen" der Deutschen Vereinigung für Politische Wissenschaft hat deshalb in den vergangenen beiden Jahren einen Schwerpunkt ihrer Arbeit auf die Analyse der Wahlen in den neuen Demokratien Ost- und Mitteleuropas gelegt. Der vorliegende Band enthält Berichte über die ersten demokratischen Wahlen und über die Struktur politischer Einstellungen in der ehemaligen DDR, der Tschechoslowakei und Ungarn. Daneben werden neuere Entwicklungen in der Wahl- und Einstellungsforschung in der alten Bundesrepublik – z.B. das Aufkommen der Republikaner und das Problem geschlechtsspezifischen politischen Verhaltens – untersucht.
Aus dem Inhalt: Methodische Probleme der Wahlprognose · Kandidatendebatten im Fernsehen · Wählerverhalten, politische Einstellungen und "Neue Politik" · Regionales und kommunales Wahlverhalten · Wahlen und politische Einstellungen in der ehemaligen DDR · Wahlen und politische Einstellungen in der Tschechoslowakei und Ungarn

Peter Lang ≣ Europäischer Verlag der Wissenschaften
Frankfurt a.M. • Berlin • Bern • New York • Paris • Wien
Auslieferung: Verlag Peter Lang AG, Jupiterstr. 15, CH-3000 Bern 15
Telefon (004131) 9402121, Telefax (004131) 9402131
- Preisänderungen vorbehalten - *inklusive Mehrwertsteuer